本书为国家社会科学基金重点项目“中国传统科学技术思想通史”（编号：15AZD038）的阶段性成果之一
教育部人文社会科学重点研究基地建设经费资助
河北大学历史学强势特色学科建设经费资助
河北大学中国史学科“双一流”建设经费资助

# 宋代天人相分思想研究

## ——以哲学与科学的关系为视角

吕变庭 著

人民出版社

# 目　录

## 上　编

## 下 编

# 上　编

# 第一章　绪　论

## 一、"天人关系"研究的简要历史回顾

所谓"究天人之际"的天人关系,大致包括"天人合一"与"天人相分"两个方面。回顾过去,国人真正从学理上展开对天人关系的阐释和研究始于20世纪20年代。当时,为了回应"全盘西化"对儒学的挑战,大陆学者梁漱溟、熊十力、贺麟等人,高举"新儒学"(以"天人合一"为特征)的旗帜,提出了"东方文化优越论"的观点。尤其是郭沫若先生在20世纪30年代中叶出版了《先秦天道观之进展》一书,以一个唯物主义史学家的眼光来认识和考察"天"这个观念产生的社会背景和阶级基础,在他看来,殷商时期虽然已经出现了"天"字,但它当时尚不具备神学的意义。只有到殷周之际,随着社会的变革和天人关系的分化,"天"才作为一个特殊的阶级观念而深入到人们的日常生活之中。直到今天,郭老在"天"这个问题上所提出的思想和见解仍然是指导我们研究"天人关系"历史发展与思想演变的重要原则。新中国成立以后,"天人关系"的研究则形成了两种局面:在大陆,法家化的"天人相分"思想被推崇为传统文化的学术主流,而以"天人合一"为价值核心的儒家学说却被冷落一旁;相反,在港台和海外,唐君毅、牟宗三、张君劢、钱穆、杨慧杰等继续以弘扬儒家的"天人合一"思想为己任,"新儒学"(指宋代以后的儒家思想)遂形成了一个更加宽广的研究与传播格局。比如,在美国,普里戈金、杜维明、余英时、李欧梵等学者以欧洲文明为背景,着眼于中国和世界的现实需要,提出了"天人合一"(东方文明)与"天人相分"(西方文明)两种价值形态的"融合论"思想。然而,在"融合论"的问题上,有两种截然不同的态度:一种是积极的态度,如普里戈金在《从混沌到有序》一书中写道:"我们相信,我们正朝着一种新的综合前进,朝着一种新的自然主义前进。也许我们最终能够把西方的传统(带着它对实验和定量表述的强调)与中国的传统(带着它那自发的、自组织的世界观)结合起来。"与此相反,另一种是消极的态度,如台湾学者杨慧杰就公然表示:"在春秋以降的人文思想运动中,从未出现过无神论的思想。"①他

① 杨慧杰:《天人关系论》,台北:大林出版社1981年版,第142页。

所依据的材料就是中国古代文化中的“天人合一”思想，可是，中国古代的“天人关系”本来表现为两幅对子，而“无神论”与“有神论”的对立和斗争则是其中最重要的一幅对子，同时又是贯穿于“天人关系”始终的一对基本矛盾。因此，既然“有神论”与“天人合一”相联系，那么，“无神论”就必然合规律地与“天人相分”相关节。这是我们考察宋代“天人关系”问题时，必须首先明确的态度。

自20世纪70年代之后，鉴于以片面的机械论科学技术为基础的大工业生产给人类所依赖的生态环境带来了严重的破坏，在西方出现了一股专门批判“技术现代化”的“后现代”哲学思潮，从这个角度看，“后现代”哲学思潮的基调就是“反科学”，当然，这种“反科学”仅仅是表现为思想层面的一种话语，它主要是引导人们反思科学技术本身的价值。其代表人物有保罗·费耶阿本德、查德·罗蒂、大卫·格里芬、霍兰德、米歇尔、福柯等。在保罗·费耶阿本德看来，科学与巫术、魔法、占星术等非科学的界限已经模糊，在科学与非科学之间并不存在任何实质上的差别。大卫·格里芬甚至提出了创立“后现代科学”的理论目标，而所谓“后现代科学”其实就是给“超感观视觉”、“心灵感应”等一些“伪科学”以“合法”的地位。不过，霍兰德针对西方科学中传统的“主客二分”思想，提出了一种旨在解构“主客二分”思想的“后现代主客融合主义”。因此，霍兰德的口号就是“把20世纪末定位为现代世界的历史终结”。而随着“现代世界的历史终结”，以“天人合一”为特征的“东方文化优越论”再度成为中国学者关注的焦点。然而，“东方文化”的内在特征究竟是“天人合一”还是“天人相分”？学界至今没有形成一种统一的说法。

恩格斯指出：“全部哲学，特别是近代哲学的重大的基本问题，是思维和存在的关系问题。”①这是就世界范畴的一般哲学形态来说的，至于中国古代的哲学则有其形式上的特殊性，因为它不是以“思维和存在的关系”问题形式出现的，而是以“天人关系”的问题形式来建构它自身的思想体系的。正像在“思维和存在的关系问题”上必然要分成两大相互对立的阵营一样，中国古代在如何对待“天人关系”的问题上亦必然分出相互对立的两派来：一派可以称作是“天人关系”的右翼即“天人合一”派，另一派则可以称作是“天人关系”的左翼即“天人相分”派。那么，这两个派别在中国古代哲学史上的地位究竟是怎样的呢？

学界有两种截然不同的回答。

钱穆先生说：“中国古人认为‘人生’与‘天命’最高贵最伟大处，便在能把他们两者和合为一。离开了人，又从何处来证明有天。所以中国古人，认为一

① 《马克思恩格斯选集》第4卷，人民出版社1972年版，第219页。

切人文演进都顺从天道来。违背了天命,即无人文可言。‘天命’‘人生’和合为一,这一观念,中国古人早有认识。我以为‘天人合一’观,是中国古代文化最古老最有贡献的一种主张。”①

季羡林先生更断言:“天人合一的思想,是东方文明的主导思想。”②

把“天人合一”看作是未来世界的发展方向或归宿,是钱穆、季羡林等人的共同主张,我们亦可将他们称为“新国粹派”。与“新国粹派”的主张相反,牙含章等人明确表示:

“在‘天人’关系问题上,中国历史上的无神论没有形成一个统一的、完整的思想体系。从老子的‘道’到张载的‘气’,虽然在中国无神论史上在‘天人’关系方面写下了光辉的篇章,但是真正在中国无神论历史上,在‘天人’关系问题上,两千多年来占统治地位的,还是儒家的‘天人相分’的思想,即轻‘天命’,重‘人事’,‘人定胜天’的思想。”③

至于“新国粹派”认为中国古代的“天人合一”思想是世界未来文化发展的最后归宿,张世英先生表示:“一味赞扬中国的‘天人合一’说,是不符合人类思想发展之大势的。”④因为科学的发展必然要将“天”与“人”分为两个独立的认识对象,科学技术的发展既然历史地选择了“天人相分”作为它的哲学基础,“天人相分”就必然要伴随着科学的发展而发展,它是绝不会轻易地退出科学发展历史的舞台的。

那么,我们应当如何对待学界的这两派主张。笔者以为,最好从不同的角度看,将其置于不同的问题背景下去定位,而不是笼统地去讲“主导”还是“非主导”的问题。实际上,主客之“融合”是一个历史的演变过程,没有“主客二分”就没有“主客融合”,所以“主客融合”是以“主客二分”为存在前提的。既然如此,那么,我们就必须承认“主客二分”思想的历史地位和现实的合理性。以此为思考“天人关系”的历史背景,我们真的很难想象仅仅依靠“天人合一”思想怎么能将宋代的科学技术推向当时世界历史发展阶段的最高峰。在中国学界,“全盘西化”是一种极端思想,而“东方文化优越论”则是另外一种极端思想。比如,在回答世界文明的未来走向时,持“东方文化优越论”的学者认为,中西两种文化从本质上说不是融合与被融合的关系,而是替代与被替代的关系。钱穆先生不仅认为“天人合一”观是“整个中国传统文化思想之归宿

① 钱穆:《中国文化对人类未来可有的贡献》,《中国文化》1991 年第四期,第 93 页。

② 季羡林:《季羡林谈人生 · 谈读书治学 · 我的人生感悟》,当代中国出版社 2006 年版,第 410 页。

③ 牙含章、王友三:《中国无神论史》导言,中国社会科学出版社 1992 年版,第 16 页。

④ 张世英:《天人之际——中西哲学的困惑与选择》,人民出版社 2005 年版,第 13 页。

处”,而且在他看来“此下世界文化之归趋,恐必将以中国传统文化为宗主”。显然,这些主张并不符合世界历史的发展趋势。因为无论是“东方文化优越论”还是“后现代哲学”,它们都没有也不可能有摧毁现代科学体系的能力,它们更没有将世界上所有的宗教归结为一种宗教的有效方法和手段。而发生于20世纪90年代的“索卡尔事件”便是“现代科学”对后现代科学的一种有力回击,同时,这个事件向世人证明科学仍然是人类生存所依靠的物质力量,世界上还没有任何力量比科学更强大。于是,国内学界在扬弃“全盘西化”论与“东方文化优越论”的基础上形成以张岱年、王元化、方克立、蒋孔阳等先生为代表的“综合创新论”。

“综合创新论”具有如下几个思想特点:

(1)强调文化的多元性。在这里,所谓“多元”就是指建立在不同哲学观、历史观、价值观、美学观基础上的不同的文化形态。张岱年先生说:“社会主义文化必然是一个新的创造,同时又是多项有价值的文化成果的新的综合。”①由于文化的繁荣与文化的多元是相互依赖的,所以中国历史上最有创新的文化时代,比如,春秋战国、宋朝、五四新文化运动,都无一不是多学派和多文化相互影响和相互作用的结果。正如蒋孔阳先生所说:只有“综合比较百家之长,乃能自出新意,自创新派。”②可见,创新是在多元文化这个前提下所出现的一种思想兼容,是一种以吸纳百家为自身营养的意识代谢。

(2)民族文化的自主性与主导文化的统一。世界上任何一种文化,本质上说都是一种民族文化,因而人类文化的景观才具有了丰富性与多样性。然而,如何将一民族文化与另一民族文化相互区别开来呢?张岱年先生认为民族文化的自主性是一民族文化与另一民族文化相区别的根本所在。而民族文化的自主性其实就是它得以存在和发展的内在根据,如中华民族的刚健思想和以德育代替宗教的思想传统,都是民族文化自主性的外现。当然,任何民族文化都是一个统一的整体,而这个整体本身又具有可分性。用张岱年先生的话说,就是“每一民族的文化形成一个文化系统”,③而“任何文化系统都包括若干要素”,其中“一个文化系统所包含的文化要素,有些是不能脱离原系统而存在的,有些是可以经过改造而容纳到别的文化系统中去的”。④ 一般地讲,那些不能脱离原系统而独立存在的文化要素可以称之为“主导文化”。譬

① 《张岱年全集》第6卷,河北人民出版社1996年版,第47页。

② 蒋孔阳著:《美学新论》,安徽教育出版社2007年版,第45页。

③ 《张岱年全集》第6卷,河北人民出版社1996年版,第44页。

④ 《张岱年全集》第6卷,河北人民出版社1996年版,第44页。

如,“天行健,君子以自强不息”与“地势坤,君子以厚德载物”就是中华民族的一种主导文化。从这个角度看,民族文化的自主性与主导文化具有统一性。张岱年先生说:“每一时代,应有一个主导思想,在社会生活及学术研究中起主导作用,同时又容许不同的学术观点存在。有同有异,求同存异。”①

(3)“兼赅众异而得其平衡”。② 在这里,“众异”有两层含义:一是世界上各民族都有自己的主导文化,因此,从全球化的角度讲,世界文化具有不平衡性;二是同一个民族的不同历史发展阶段,其文化的发展也具有不平衡性。在如此繁复的文化形态中,我们当然不可能将世界上或者历史上延绵下来的所有主导文化都加以平衡,所以,“综合创新”的前提便是对已有世界文化及其本民族历史文化的“可析取性”。析取就是选择,而张岱年先生选择的结果是“将唯物、理想、解析综合于一”。③ 所谓“唯物、理想、解析的综合,也即是唯物主义、理想主义、实证论之新的综合,而也可以说是中国哲学与西洋哲学之新的综合,实际上则更可以说唯物论之新的扩大。”④可见,“综合创新”的最终目标是发展唯物主义,而唯物主义的自然科学基础是以实证为特点的各个历史时代的科学与技术。

以此为准,我们回过头来看一看中国古代唯物主义思想发展的历史,则不能不得出这样一个结论:中国古代唯物论思想的产生同样是以每个历史时期的科学技术发展水平为基础的。在欧洲,从古代到近现代,一切唯物主义都以其“主客二分”的思想为特点,那么,中国古代的唯物主义是否就能够不以“主客二分”为特点呢?就目前学界的基本走势看,显然,作肯定回答者占多数。但问题是“天人合一”思想反映的是中国古代唯物主义的基本性质还是中国古代唯心主义的基本性质,结合中国古代哲学史的发展实际,我们可以毫不犹豫地说,“天人合一”反映的是中国古代唯心主义的基本性质,而不是中国古代唯物主义的基本性质。具体地讲,以孟子为代表的一派唯心主义主张“天人合一”(就其主流思想而言),而以荀子为代表的一派唯物主义则主张“天人二分”(就其主流思想而言)。不过,由于中国历史发展的复杂性,我们对于每个历史时代占主流地位的思想形态且不可以简单的态度来处之。比如,宋代的历史就比较特殊,在北宋,虽然各派思想争奇斗艳,各有千秋,但占主流地位的思想却是王安石的唯物主义,换言之,就是“天人相分”的思想主张。在南

① 张岱年:《宇宙与人生》,上海文艺出版社 1999 年版,第 296 页。
② 《张岱年全集》第 3 卷,河北人民出版社 1996 年版,第 220 页。
③ 《张岱年全集》第 3 卷,河北人民出版社 1996 年版,第 275 页。
④ 《张岱年全集》第 3 卷,河北人民出版社 1996 年版,第 274 页。

宋,由于王安石的思想遭受到理学家的打击,因而程朱理学的唯心主义转变成为南宋意识形态的主流,此时“天人合一”也就成了南宋学术的代名词。然而,从整体上看,就其对社会、经济、科学、文化的影响而言,应当承认宋代的哲学思想是以“天人相分”为特征的,惟其如此,我们才能理解宋代的科学技术为什么能够走向中国古代科学技术的最高峰。恰如金春峰先生所说:“汉代人提出‘合’,宋代人强调‘分’,各从一个侧面对辩证法作出了自己的贡献。”而冯禹先生更提出“只将‘合’、‘一’,不讲‘分’、‘两’,从来不是中国哲学的传统的主流”①的观点。他强调说:“如果把历史上的天人关系论简单地归结为人与自然的和谐一致,那显然是不符合事实的,因为它抹杀了另外一个侧面:天人相分的传统。”②话虽这么说,但根据矛盾的不平衡性原理,宋代学术更多的不是一种单极性思维模式,而是一种多极性的“综合创新论”模式。关于这一点,刘东教授在《中华文明论》一书中已经作了比较深入的探究,本书仅以哲学与科学的关系为视角对宋代的“天人相分”思想作一历史的考察。

为了叙述问题的方便,我们需要对“天人相分”这个概念适当作一界定。其实,张世英先生在谈到“天人相分”观跟自然科学发展的关系时,曾提出了下面几个观点:在西方,自然科学因“天人相分”思想而获得了长足发展;③在“天人相分”的解释域内,人相对于自然界则具有主观能动性和独立自主性;④由于“天人相分”观念本身具有“排斥神学”的性质,因而坚持“天人相分”的思想原则,就必然会反对宗教神学;⑤重视自然和自然科学与“天人相分”思想是统一的,⑥如果只是片面发展技术科学和应用科学,却不重视自然科学基础理论的研究,那就完全违背了“天人相分”思想的本质。

以此为前提,我们对宋代的“天人相分”思想似有再认识和再评价的必要。

## 二、北宋之前天人相分思想的发展历程

1.原始的“天人相分”形态,是探讨人与神相互关系的前提。从考古学的角度说,我国至少在旧石器时代的北京猿人时期,就开始出现原始的有神论观念了。⑦

---

① 冯禹著:《“天”与“人”——中国历史上的天人关系》,重庆出版社 1990 年版,第 239 页。

② 冯禹著:《“天”与“人”——中国历史上的天人关系》,重庆出版社 1990 年版,第 238—239 页。

③ 张世英:《天人之际》,人民出版社 2005 年版,第 50 页。

④ 张世英:《天人之际》,人民出版社 2005 年版,第 50 页。

⑤ 张世英:《天人之际》,人民出版社 2005 年版,第 59—61 页。

⑥ 张世英:《天人之际》,人民出版社 2005 年版,第 76 页。

⑦ 张寿祺:《旧石器晚期红土随葬及其原始宗教意识》,载《世界宗教研究》1983 年第 2 期,第 84—89 页。

如在周口店猿人洞穴的山顶洞穴里，发现“有用赤铁矿染红的石珠，似乎已有爱美的观念。人骨化石旁散布着赤铁矿粉粒，似乎已有饰终的仪式。”①这“饰终的仪式”应是一个非常隆重的宗教仪式，由此想见，那时人们对“死”这种现象的重视程度远过于对“生”的重视，这是人类早年对人身异化现象的一种“神学”诠释。与我们今天对待“死”的态度不同，原始时代的人们对“死”这种生命现象似乎并不畏惧，这是因为当时人类的寿命比较短暂，所以在特定的历史条件下，为了克服“死”对人类现实生活的精神压抑，再经过长期的社会教育和有神的价值确证之后，人们对“死”反而产生了一种内心“憧憬”的宗教信仰，于是，人便有了两个生活的处所，即地上与地下，或者说有了两种生活方式，即“生”与“死”。但那时人们究竟是如何看待这两个世界的相互关系的，由于资料欠缺，不得而知。不过，由目前考古发现的一些人体模型推知，在我们的祖先看来，人有两种存在形式：现实的人与虚幻的人。比如，在太阳光下，活的人体与虚幻的身影，面对湖水，外面的活的人形与水中虚幻的人形等等，这些现象不能不使远古人类思考这样一个问题：在这个世界上，为什么除了一个活生生的自我之外，还有另一个自我呢？这两个自我之间究竟存在着怎样的联系？远古人类没有足以能清楚地说明这些自然现象的科学知识，因此，他们就假想着一个由现实世界投射出来的虚幻世界，在那个虚幻的世界里，也生活着与现实世界相似的人类群体，他们的社会关系也与现实的社会关系一样。所以，到新石器时代，人们发明了仿真“人像”的陶塑或石雕艺术，如河南密县莪沟裴李岗文化出土的捏塑人头像、辽宁东沟县后洼屯出土的陶塑人头及半身人像、浙江余姚河姆渡出土的有陶人头等，此外，河北滦平县金沟屯后台子遗址、内蒙古林西县、辽宁西部喀喇沁左翼蒙古自治县东山角村及牛河梁村等地都出土了石雕女裸像。实际上，这些拟人像就是人类最早的“神”。② 正如鲁迅先生所说：“天才们无论怎样说大话，归根结蒂，还是不能凭空创造。描神画鬼，毫无对证，本可以专靠了神思，所谓‘天马行空’似的挥写了，然而他们写出来的，也不过是三只眼，长颈子，就是在常见的人体上，增加了眼睛一只，增长了颈子二三尺而已。”③这种人与神的对立为巫术的出现创造了条件，于是人们慢慢地从昼夜的变换中体悟出一个道理，似乎现实的人就生活在阳间，而虚幻的人包括死去的人与塑造的神则生活在阴间，其人间的巫师则是沟通两个世界的“使者”。故龚自珍说：“人之初，天下通，人上通；旦上天，夕上

① 范文澜：《中国通史简编》第一编，人民出版社 1962 年版，第 84 页。
② 宋兆麟：《后洼遗址雕塑品中的巫术寓意》，载《文物》1989 年第 11 期，第 25 页。
③ 鲁迅著：《鲁迅自编文集 · 且介亭杂文二集》，译林出版社 2013 年版，第 5 页。

天;天与人,旦有语,夕有语。"[①]这说明在远古人类的观念里,人与神是可以沟通的。关于这一点,《山海经》给出了很多史例,如《海内经》载:"华山青水之东,有山,名曰肇山。有人,名曰柏子高。柏子高上下于此,至于天。"又《大荒西经》说:"有氐人之国,炎帝之孙名曰灵恝,灵恝生氐人,是能上下于天。"而那些能沟通人与神之间关系的人便是巫师,巫师在远古人们的心目中享有极其崇高的地位,他们很容易取得部落首领或国王的身份与权势。[②] 所以,杨向奎先生指出,"在远古时代,神守与社稷守不分,所有国王都是神而能通于天;二者之分,当在夏初之世。"[③]从天人关系的角度说,此"神守"属于"天道"的范畴,而"社稷守"则属于"人道"的范畴。按杨先生的理解,天人之分是阶级社会的产物。据考,"帝王"的"帝"字,其本义就是令风作雨、祈祥禳灾。可见,"帝"的职能如同巫师的职能。比如,黎正甫先生说:"卜辞帝字与尞字形尢相近,尞象积薪,既如前述。帝字亦必从尞字演化而来,而帝之初义当与尞同,即柴祭天神。或帝与尞本为一字,帝即禘,尞与禘皆为祀天帝三祭名。"[④]显然,"柴祭天神"是巫师的职责所在。在夏商时期,"天神"亦称为"帝","帝"与"天神"具有同样的功能和意义。但"天神"与人分别处在不同的两个生活领域却是很鲜明的,这便是"天人相分"观念产生的现实基础。因此,《礼记·表记》说:"殷人尊神,率民以事神。"这些事例在甲骨卜辞中随处可见,如"今二月帝不令雨",[⑤]又"王封邑,帝若",[⑥]"丑卜贞:不雨,帝隹暵(旱)我?",[⑦]"贞:烄(焚人求雨的仪式),有雨? 勿烄亡其雨?"[⑧]等,故郭沫若先生说:"殷时代是已经有至上神的观念的,起初称为'帝',后来称为'上帝',大约在殷周之际的时候又称'天':因为天的称谓在周初的《周书》中已经屡见,在周初彝铭如《大丰簋》和《大盂鼎》上也是屡见,那是因袭了殷人无疑。由卜辞看来可知殷人的至上神是有意志的一种人格神,上帝能够命令,上帝有好恶,一切天时上的风雨晦冥,人事上的吉凶祸福,如年岁的丰啬,战争的胜败,城邑

① 龚自珍著:《龚自珍全集》,上海人民出版社 1975 年版,第 13 页。

② [英]詹姆斯·乔治·弗雷泽著,赵昍译:《金枝》上,安徽人民出版社 2012 年版,第 61—75 页。

③ 吴锐:《我国天人关系起源与演变的历程》,引载《东岳论丛》1996 年第 3 期,第 60 页。

④ 黎正甫:《古文字之天帝象义溯源》,载《大陆杂志》1968 年第 31 卷第 2 期,第 50 页。

⑤ 《郭沫若全集·考古编》第二卷:《卜辞通纂》三六四片,科学出版社 1982 年版,第 364 页。

⑥ 《郭沫若全集·考古编》第二卷:《卜辞通纂》三七三片及三七四片,科学出版社 1982 年版,第 367 页。

⑦ 郭沫若:《甲骨文合集》10164,中华书局 1999 年版,第 1489 页。

⑧ 郭沫若:《甲骨文合集》12842 正,中华书局 1999 年版,第 1409 页。

的建筑，官吏的黜陟，都是由天所主宰，这和以色列民族的神是完全一致的。但这殷人的神同时又是殷民族的宗祖神，便是至上神是殷民族自己的祖先。"①然而，"帝"的语源意义亦是生育万物，如王国维说："帝者，蒂也。"②不难想见，"帝"很可能是受"娲"之生理现象的启示而逐步推衍而来，其内涵亦相应地由其纯粹的生育功能扩大到人类生活的各个领域，因而"帝"也就变成了具有主宰人类命运的"至上神"。而"神"的这种原始内涵不管后来在形式上如何演变，但它的本义却始终没有改变。所以，南宋人孙应时便有了下面一段于神庙之中的就职演说：

"惟今守令亦古诸侯，率民事神，莫先社稷。某来祗厥官，首来谒坛壝，惟国之故，非敢惊俗。其自今雨旸，时若土谷，成功则民之福也，神之赐也……吏食于国，神食于民，吏职于明，神职于阴，负国祸民，其责惟均。某方早夜自励，亦惟明神相之。"③

从一定意义上说，"吏职于明，神职于阴"就是一种"天人相分"思想，然而，这里所说的"均责"与殷商时代的"至上神"及其他作为操纵人类命运的主宰者的地位相比，其"天神"的威力已经大打折扣了。这种思想的变化应当是同宋代蔑视巫术的整个社会发展趋势相关联的。殷人注意到"人"与"神"之间的关系不是绝对对立的，而是能够相互沟通的，一般地讲，这种相互沟通的渠道由那些"绝地天通"的巫师来完成。《说文解字》释"巫"字说："巫，祝也，女能事无形以舞降神者也。"至于"降神"的工具，有年轻的女子、神山、树木、龟策等。比如，《山海经》载有许多通往神界的高山，像"登葆山"④、"肇山"⑤、"丰沮玉门"⑥、"日月山"⑦、"合虚"⑧等，都是此一类的神山。山之外还有树，如"柜格之松"⑨、"枫木"⑩、"建木"⑪、"扶木"⑫等，而荆州天星观2

① 《郭沫若全集·历史编》第一卷《青铜时代》，人民出版社1982年版，第324页。

② 王国维：《观堂集林》卷六《释天》，河北教育出版社2003年版，第139页。

③ 孙应时：《烛湖集》卷十三《常熟县到任谒庙文》，文渊阁四库全书本。

④ 《山海经·大荒西经》。

⑤ 《山海经·大荒西经》。

⑥ 《山海经·大荒西经》。

⑦ 《山海经·大荒西经》。

⑧ 《山海经·大荒东经》。

⑨ 《山海经·大荒西经》。

⑩ 《山海经·大荒南经》。

⑪ 《山海经·海内南经》。

⑫ 《山海经·大荒东经》。

号楚墓出土的"建木"实物证实《山海经》所说并非虚言。[①] 对于能够通神的女子,《山海经》载有"女娲之肠"[②]、"常羲"[③]、"士敬"[④]等。所以,由于巫师的特殊身份和地位,这个社会群体或者说作为一种特定历史条件下的文化现象,它一经产生就一直伴随着社会的发展而改变着自己的存在形式,迟迟不能退出历史舞台,甚至到宋代,即使它遭受到了士大夫阶层的重重打击,亦仍然挤占着一定的文化市场。比如,宋人虞策向哲宗上奏说:其时南方之"偏州下邑,遐方远俗,死生之命委之巫祝。"[⑤]而对于巫术这种文化势力,宋代采取了比较严厉的打击措施,如《宋会要辑稿》载宋仁宗于天圣元年(公元 1023 年)十一月八日的诏书曰:"宜令江南东西、荆湖南北、广南东西、两浙、福建路转运司,遍行指挥辖下州、府、军、监、县、镇,今后师巫以邪神为名,屏去病人医食汤药,断绝亲视看承,若情涉于陷害及意望于病苦者,并同谋之人,引用咒诅律条比断遣。如别无憎疾者,从违制失决放。因而致死者,奏取敕裁。"[⑥]当然,从社会效果来说,若想从根本上消除巫术存在的社会条件以及对民众心理的毒化作用,还需要一个长期的和坚持不懈的斗争过程。

2.从人与自然的角度去阐释"天人"关系,因而使"天人相分"具有了认识论的价值和意义。在人与神的关系互动中,"天人相分"更多的是一种宗教式的情感效应。然而,随着商王朝的灭亡,那种用宗教情感所维系着的殷商政权却为西周王朝取而代之,这样,神的"至上性"地位被动摇了,因为殷商所崇拜的"帝神"(即祖先神)原来也不能保佑殷商的后代一统江山,世代不移。因此,文化相对落后的周族灭亡了文明程度较高的商族,这个残酷的事实告诉人们,商族的祖先神肯定是有缺陷的和不完美的。故周史嚣反思说:"吾闻之,国将兴,听于民;将亡,听于神。"[⑦]在史嚣看来,"神"不仅不是"福星",而且是灾难的化身,它只能给人招致祸害。可见,西周想要继续保留"神"或"帝"的形式,显然已经与人民的愿望不相符合了,因此,西周统治者就把殷商的祖先神改造成为一种以自然为基础的"天命"观。故周人认为:殷商的灭亡是"天"

---

① 韩晓玲:《天星观髹漆神树探秘》,载《湖北日报》2003 年 11 月 27 日。

② 《山海经·大荒西经》。

③ 《山海经·大荒西经》。

④ 《山海经·大荒南经》。

⑤ 李焘:《续资治通鉴长编》卷四百七十二"哲宗元祐七年四月丙子",中华书局校,1992 年,第 11272 页。

⑥ 《宋会要辑稿》礼二十之十。

⑦ 《春秋左传·庄公二十二年》。

之所为,即“天降丧于殷,罔爱于殷。”[①]同时,周人从殷商的败亡中看到了这样两个事实:第一,“天命”不是永恒不变的,所谓“天命靡常”[②]是也;第二,“骏命不易”[③],也就是说得到“天命”很不容易。这是因为“皇天无亲,惟德是辅。”[④]尤其对于统治者来说,“德”是“天命”的根本,故“常厥德,保厥位;厥德匪常,九有以亡。”[⑤]如果说那些“巫术”相对于殷商统治是一种外在力量的话,那么,“德”相对于西周统治者来说就是一种内在的力量。因此,由外在转向内在,是西周“天人关系”的一个历史性的进步。

然而,就“天人相分”的思想而言,西周的“天人关系”显然由殷商的“天人相分”转向了“天人合一”。前面讲过,巫术是殷商统治者的治国之术,因而有“国之大事,在祀与戎”[⑥]及殷人重鬼神“几乎每日必卜,每事必卜”[⑦]的说法。把整个国家的命运都压在“巫术”这种工具思维之上,固然不可靠,但我们必须承认,当时的“巫术”自有它的合理性,比如,“巫术”必须借助于外在的工具力量,这便促使人们想方设法去改进观天的仪器和其他的一些生活用具,如《中华第一龙》的作者向我们揭示了如下几条信息:

(1)“在甲骨文里,两个矩尺叠合起来就是巫,矩尺既可画方也可做圆,方是地,圆就是天,这是古人的原始思维,掌握着矩尺(后来又有了规)就是掌握着天地。当时的巫和现在的巫是不同的,在当时他是人群中最有知识、最有学问的人,是当时的知识分子。在东汉时期的画像中,伏羲手里拿着的就是矩尺,女娲手里拿的则是规尺,在那时,他们被看作我们的始祖。”

(2)“商汤既是天子又是大巫。汤取得天下后,天大旱,庄稼绝收,他于是就要以身殉职,站在大火上烧了自己,‘以身为牺牲’与天沟通。巫就是这样一个承天接地的角色。后来,天子和巫相分离,但天子不能和上天直接联系了,他必须通过巫传递信息。”

(3)“以帝星和北斗星为基础,古人把浩瀚的星空划为五个宫,就是中宫和东、南、西、北四宫。中宫的主要星象是北斗七星(也称极星),东西南北四个宫则管辖着二十八宿,又称‘二十八星座’。为了便于识别和记忆,古人将

---

① 《尚书·周书·酒诰》。

② 《诗经·大雅·文王之什·文王》。

③ 《诗经·大雅·文王之什·文王》。

④ 《伪古文商书·蔡仲之命》。

⑤ 《伪古文商书·咸有一德》。

⑥ 《春秋左传·成公十三年》。

⑦ 庞朴、刘泽华主编:《中国传统文化精神——代表中国传统文化的三十本书》,辽宁人民出版社1995年版,第215页。

四宫分别想象为一种动物,即东宫像苍龙,南宫像朱雀,西宫像白虎,北宫像玄武,这就是今天人们常说的'四象'。"①

商汤"以身为牺牲"去沟通天地,跟甲骨文中所记载的焚人祭祀仪式是相吻合的。有人据《周髀算经》中"髀者,股也"及"髀者,表也"的记载推断:"古人最初认识的影子只能是自己的身影,他们也正是通过对自身影子的认识,最终学会测度日影的。髀是古人测度日影的表,它的本义就是人骨,换句话说,用人骨测影是髀的原始含义。北斗斗杓用人骨来安排,显示的正是古人观念中观测北斗与测度日影的综合关系——昼测日影而夜察北斗。"②由此可见,巫师之体骨应当亦是最原始的测天工具——圭表。由商汤的"巫师"身份上溯到商朝的先祖契,他们应当都具有"巫师"这种特殊的身份,故"相土作乘马"、"胲作服牛"③等,这些手工业生产活动大概都属于"巫师"的职业,是其分内之事。其他如青铜铸造、农作物的种植、酿酒等,即使不是巫师所为,也至少与巫师的活动有关。故吴其昌先生说:"远古时代人类主要食物是肉类,农业开始种稻、种黍是为了酿酒,不是为了做饭。"④此论可与《管子》所说商朝人"立皂牢,服牛马,以为利"⑤的记载及《甲骨文合集》之"庚子卜,亘,贞勿牛于敦"⑥的卜辞互证,又"甲骨卜辞中有关祭祀王亥者即有近一百条,祭祀时用牛三十,四十,甚至达三百头,是祭礼中最隆重者"⑦等,这些事例足以说明殷商人是以畜牧业为主的。而"降神"用的"神树"、"玉石"等工具,无疑地会促进植物学和玉石加工业的发展,等等。所以,我们认为殷商时期的"巫师"是一支特殊的科学技术队伍,他们甚至以身殉职,实在跟西周以后的"巫师"有着本质的不同。简言之,殷商时期的"巫师"借助于一定的工具与天沟通,他们的思维不是内在的,而是外在的工具思维,此工具思维是形成"天人相分"的重要物质基础。而周人的"巫文化"不发达,但其"礼文化"却是很有特色的。众所周知,"礼文化"的核心范畴不是"神"而是"天",此"天"的自然色彩重于其神学色彩。因而周人更加关注人们头顶上的"苍天"。如《说文解字》释"天"字云:"天,颠也,至高无上。"那么,"至高无上"的"天"的自然形态究

---

① 于茂世、陈伟:《中华第一龙》,载"河南报业网"2004年11月16日。

② 于茂世、陈伟:《中华第一龙》,载"河南报业网"2004年11月16日。

③ 《世本·作篇》。

④ 袁翰青:《酿酒在我国的起源和发展》,载《中国化学史论文集》,三联书店1956年版,第82页。

⑤ 《管子》卷二十四《轻重戊》。

⑥ 《甲骨文合集》11153。

⑦ 卢采婕、傅荣珂:《甲骨文所反映殷商社会制度之探究》,载《国立嘉义大学通识学报》第2期。

竟是什么样子的？《诗经·大雅·文王之什·文王》回答说："上天之载，无声无臭。"孔子亦说："天何言哉？四时行焉，百物生焉。"①可见，周人所理解的"天"首先是一个自然天，因为孔子自己承认："周监于二代，郁郁乎文哉？吾从周。"②而"自然天"的出现与西周重视农业生产的社会现实相适应。西周是一个农业国，这一点同殷商的社会经济形态有所区别。如《周易·无妄》说："不耕获，不菑畬。"《尔雅·释地》云："田一岁曰菑，二岁曰新田，三岁曰畬。"这是周人创造的一种休耕制或称撂荒制，目的是便于恢复地力，以提高粮食产量。故《诗经·小雅·采芑》亦说："薄言采芑，于彼新田，于此菑田。"此"菑"也有人称作"炽菑"，如"农以利善之耜，炽菑南亩"（黄以周：《儆季杂著·群经说·释菑篇》）。于是，《诗经·豳风·七月》又云："三之日于耜，四之日举趾。"尽管学界对于西周上述田制的具体内容尚有争议，但它们都与"开荒"有关却是一致的。这说明在粗放式的耕作条件下，开荒种地已经成为周人的主要生产方式。不过，如果我们据此认为西周人的思维意识是以"天人相分"为基础的工具思维，那就大错而特错了。实际上，对于西周人来说，农业生产固然重要，但西周人最感兴趣的还是那种"天人合一"式的道德生活。故《易·系辞上》说："天垂象，见吉凶，圣人象之。"对于这样的"天"，周人认为用"巫术"或占卜的形式来解读是无效的，在他们看来，与"天垂象，见吉凶"这种"天文"存在相适应的最佳解读方式应是"占筮"。所以，有人认为："《周易》的出现，是占筮理论成熟化的表现。"③由于"天象"与"吉凶"之间存在着一种可筮的关系，故《尚书·虞夏书·皋陶谟》云："天叙有典，敕我五典五惇哉；天秩有礼，自我五礼有庸哉。同寅协恭和衷哉！天命有德，五服五章哉！天讨有罪，五刑五用哉！"在此，"天叙"、"天秩"、"天命"及"天讨"等都是西周时期才出现的新概念，而这些新概念都贯穿着一个共同的思想纲领，那就是"以德配天，明德慎罚"。在周人看来，"天命"总是归属于"有德"者，所以有"惟克天德"④之说。因此，《尚书·周书·召诰》载：夏、殷两朝"惟不敬厥德，乃早坠厥命。"有鉴于此，《周书》便一再告戒西周的统治者说："肆惟王其疾敬德！王其德之用，祈天永命。"⑤在周人如此地重视"德"的价值与意义之下，"天垂象"与"见吉凶"之间就形成了一种"卦象"与"卦德"的关系。从天人关系的角度讲，"卦象"指的就是广义之"天"或称"自然之天"，它具体化为

① 《论语·公冶长》。

② 《论语·八佾》。

③ 吴锐：《我国天人关系起源与演变的历程》，载《东岳论丛》1996年第3期，第59页。

④ 《尚书·周书·吕刑》。

⑤ 《尚书·周书·召诰》。

自然界的八种物质形态,“卦德”指的就是“人”本身或者指人类个体本身,它具体化为人类自身的八种品质。于是,八卦便有了下面的对应关系:

乾:卦象为天——卦德为“自强不息”;

坤:卦象为地——卦德为“厚德载物”;

兑:卦象为泽——卦德为“朋友讲习”;

离:卦象为火——卦德为“丽乎正”;

震:卦象为雷——卦德为“恐惧修省”;

巽:卦象为风——卦德为“申命行事”;

坎:卦象为水——卦德为“常德行”;

艮:卦象为山——卦德为“思不出其位”。

在上述的对应关系中,周公认为:“天命不易,天难谌。”①又“天不可信,我道惟宁王德延,天不庸释于文王受命。”②既然“天命”外在化为不同的物质形态,且这些物质形态经常处于不断的变动之中,那么,周公在当时的历史条件下得出“难谌”即“不可信”的论断应当说是有现实依据的。与“天难谌”相比,“人事”就要现实得多了。尽管周公强调说“予惟用闵天越民”,③但是他考虑更多的却是“新民”。比如,周公说:“惟助王宅天命,作新民。”④从周革殷命的历史教训中,周公已经认识到民心向背才是决定王朝盛衰的根本因素,所以,他说:“民之所欲,天必从之。”⑤单就“神”与“民”的这种地位变化而言,毋庸置疑,当时西周的整个治国思想已经转移到体察“民情”这个立脚点上来了,而《尚书·周书·康诰》的指导思想正在于此。因此,周公非常明确地讲:“天畏棐忱;民情大可见,小人难保。”⑥可见,重视“民”的好恶,是西周政治建设的基础。侯外庐先生说:“卜辞中没有‘民’字,周人才重视了‘民’。金文‘民’字像刺目形,即奴隶的总称,所谓‘作新民’的新义正指出不同于殷代的旧事物。”⑦

那么,如何“保民”呢?

周公提出来的方案是“德裕乃身”。⑧ 就是说,用和顺的德行来规范自身,

① 《尚书·周书·君奭》。

② 《尚书·周书·君奭》。

③ 《尚书·周书·君奭》。

④ 《尚书·周书·康诰》。

⑤ 《伪古文尚书·泰誓上》。

⑥ 《尚书·周书·康诰》。

⑦ 侯外庐等:《中国思想史》第1卷《古代思想》,人民出版社1980年版,第73页。

⑧ 《尚书·周书·康诰》。

做到自省自律。具体地讲,就是“无作怨,勿用非谋、非彝蔽时忱。丕则敏德,用康乃心,顾乃德,远乃猷,裕乃以;民宁,不汝瑕殄。”①由此可见,实行“德政”无疑是落实“保民”这项基本国策的重要前提,从这个角度看,“德”与“民”是西周“祈天永命”的根基。因此,王国维先生说:对于西周统治者而言,“其所以祈天永命者,乃在德与民二字。”“故知周之制度典礼,实皆为道德而设,而制度典礼之专及大夫、士以上者,亦未始不为民而设也。”②当然,随着“德治”理念为整个西周社会所认同,它必然会给西周社会带来一个新的问题,即究竟应当如何看待“天人关系”这个关乎国家大体的问题。前已述及,现在的“天”,在周人的视阈内,已经变成了人们认识的对象,而不像殷商那样是宗教的对象,是主宰人类命运的“神”。在西周,随着“天人关系”的变化,人们开始逐渐用内在的“德”来取代外在的“天”,因而传统的以“神”为指针的工具思维便不能不发生根本性的动摇和转变,于是,以“德”为轴心的新思维遂成为西周人的一种普遍的对话方式。孔子将其总结为三句话:(1)“君子求诸己,小人求诸人。”③(2)“为仁由己。”④(3)“不怨天,不尤人。”⑤此处之“求诸己”、“由己”等概念无一是依靠“工具”来完成的,而在巫师那里,如果不借助工具的力量,就不可能与天沟通。所以,孔子说:“有德者必有言,有言者不必有德。”⑥何谓德?《周易·系辞下》曰:“古者包牺氏之王天下也,仰者观象于天,俯者观法于地,观鸟兽之文与地之宜,近取诸身,远取诸物,于是始作八卦,以通神明之德,以类万物之情。”又曰:“蓍之德圆而神,卦之德方以智。”可见,此“德”即是事物的性质,或者说是自然界的本性。⑦ 从认识论的视角讲,事物的性质需要用心去把握,故宋人董楷说:“德者得也,得之于心谓之德。”⑧宋人黄伦更说:“心有所得,凡外之富贵、贫贱、死生、患难不足以动之者是所谓德也。”⑨从“观象”到“心有所得”,实际上,这个认识过程本身就是“意象思维”,它有多种表现形式,如“体悟”、“直观”、“静思”等。从汉代以后,随着儒学思潮的兴起,尤其是在儒学成为中国古代的主流文化之后,这种重“意象”而轻“工具”的思维特点,成为“德高而艺下”价值观的重要理论依

---

① 《尚书·周书·康诰》。

② 《王国维学术经典》下,江西人民出版社 1997 年版,第 141—142 页。

③ 《论语·卫灵公》。

④ 《论语·颜渊》。

⑤ 《论语·宪问》。

⑥ 《论语·宪问》。

⑦ 《张岱年全集》第 3 卷,河北人民出版社 1996 年版,第 639 页。

⑧ 董楷:《周易传义附录》卷十上《系辞上》,文渊阁四库全书本。

⑨ 黄伦:《尚书精义》卷六《皋陶谟》,文渊阁四库全书本。

据,因而它从各个方面主导着中国古代传统文化的道德价值走向和思想发展趋势。

我们承认“以德配天”是一个“天人合一”的思想命题,故《周易·文言传》云:“夫大人者,与天地合其德。”在此,“大人”仅仅是周朝社会的一个组成部分,却不是周朝社会的全部。不过,从严格的意义上说,像“大人”、“天命”、“君王”其实所指都是一物,即脱离了劳动生产的那一部分统治者。由于西周的“君主”已经与“巫师”分化为两个不同的社会阶层,其中“君主”再不需要为“沟通天地”而焚烧自己,因为他们现在与天地沟通的方式是用“德”而不是“髀股”即人体的骨骼,在这种条件之下,君主只要用直观的方式去体悟“天命”就可以了。因此,对于“天命”,商汤的命运是以身殉天,而周公则以德配天,这种变化具有历史性的意义。从此,西周社会便分成两个部分:以“意象思维”为特点的“君子”群体和以“工具思维”为特点的“小人”群体,经范文澜先生考证,西周的“小人”是商遗民之一种,他们主要以“务农”和“经商”为职业,属于“自由民”。① 所以,“君子”与“小人”这两个社会群体,如果用孔子的话说就是前者为“劳心者”群体,而后者则为“劳力者”群体,他们各自具有不同的文化背景和思想意识。比如,从“天人关系”的角度看,则“君子”群体的观点是“天人合一”,而“小人”群体的观点则是“天人相分”。所以孔子说:“君子有三畏:畏天命,畏大人,畏圣人;小人不知天命而不畏也,狎大人,侮圣人之言。”②根据中国古代天人关系的理论特征来分析,一般地讲,“天人合一”论者都程度不同地表现出“畏天”的主观意识,而“天人相分”论者却与之相反,几乎都表现出“不畏天”的思想倾向。如孔子就很明确地表示:“务农之义,敬鬼神而远之,可谓知矣。”③

3.“人定胜天”成为春秋战国时期“天人相分”思想的主要内容。在“天命”思想的指导下,周公制礼兴乐,因而为封建社会的建立和发展创立了一种具有长效性的政治范式。孔子说:“为政以德,譬如北辰,居其所,而众星共之。”④当然,“众星共之”(即分封国与宗主国的关系)局面的维持必须依靠“德”之力的吸引。可是,自从周厉王以后,尤其到周幽王时,君王之“德”早已败坏,先是国人暴动,然后是王室分裂,饥馑连年,从而招致亡国之灾。同殷商末年,由于纣王荒淫无道而“小民方兴,并为敌仇”⑤一样,到西周末年,社会各

① 范文澜:《中国通史简编》第1编,人民出版社1962年版,第142页。
② 《论语·季氏》。
③ 《论语·雍也》。
④ 《论语·为政》。
⑤ 《尚书·商书·微子》。

阶层对周幽王的统治亦是同仇敌忾。如史伯说：周幽王“弃高明昭显，而好谗佞暗昧；恶角犀丰盈，而近顽童穷固”，且“以同裨同”，故“凡周存亡，不三稔矣。”①伴随着西周政权的日益腐朽与没落，人们疑天和责天的思潮亦愈益高涨，譬如，《诗经·小雅·雨无止》云：“浩浩昊天，不骏其德。降丧饥馑，斩伐四国。旻天疾威，弗虑弗图。舍彼有罪，既伏其辜。若此无罪，沦胥以铺。”《诗经·大雅·瞻卬》又云：“瞻卬昊天，则不我惠。孔填不宁，降此大厉。邦靡有定，士民其瘵。蟊贼蟊疾，靡有夷届。罪罟不收，靡有夷瘳。”从这些例子中，我们不难发现，当时人们已经对“昊天”干预人事的现象产生了严重的不满情绪和怀疑态度，同时，它亦为唐宋时期“天人不相干”命题的提出准备了条件。在此前提下，伯阳父甚至认为“民乏财用”②是西周灭亡的直接原因，从而把天人关系的研究推向了一个新的历史高度。当然，伯阳父在当时的历史背景下能够意识到社会经济与国家政治之间存在着某种内在的联系，这本身就是“天人相分”思想发展的一种必然结果。

然而，“天人相分”思想在春秋战国时期的表现形式，远不都是如此地直观和单纯，而是充满了矛盾性和复杂性。

首先，老子用“道”的概念来取代“天”或“上帝”的概念，并赋予“天”以新的内容。老子说：“道生一，一生二，二生三，三生万物。”③学界一般都把这段话看作是“天人合一”的一个例证，其实这仅仅是问题的一个方面。因为从殷商以来，凡是“帝”、“天”等概念都包含着“生”这个特殊的意义，在某种程度上可以说无“生”不成“帝”，无“生”也不成“天”。如《周易·系辞上》说：“天生神物，圣人则之。”又说：“生生之谓易。”④“天地之大德曰生。”⑤所以，“易有太极，是生两仪，两仪生四象，四象生八卦。”⑥显然，“生”本身绝不是“合”的过程，而是“分”的自我展现。在“分”的过程中，“天”与“物”相对，“物”与“人”相对，“天”与“人”亦相对。故程颢说：“天地万物之理，无独必有对，皆自然而然，非有安排也。”⑦因此，从“道”到“万物”的形成过程，实际上就是

① 《国语·郑语》。

② 《国语·周语上》。

③ 《老子道德经》下篇《第四十二章》苏辙：《道德真经注》第四十二章《道生一》，华东师范大学出版社 2010 年版，第 53 页。

④ 《周易·系辞上》。

⑤ 《周易·系辞下》。

⑥ 《周易·系辞上》。

⑦ 程颢、程颐：《河南程氏遗书》卷十八《伊川先生语四·刘元承手编》，《二程集》上，中华书局 1981 年版，第 121 页。

"天人相分"的过程。老子又说:"人法地,地法天,天法道,道法自然。"①此"法"谓"法则也",也就是说人以地为法则,地以天为法则,依次类推,直到与自然为一,可见,这个过程便是"天人合一"的过程,所以,在老子的思维世界里,"天人合一"与"天人相分"是对举和并存的。有人说:"'天人相分'不能脱离'天人合一',离开自然的'天人相分'是不能孤立存在的。"②同理,"天人合一"也不能脱离"天人相分",离开人的"天人合一"是不能孤立存在的。依此为根据,老子就不能不将两者对举,而不是"对局",因为老子并没有在两者之中分出胜负。试枚举数例如下:

(1)天人相分:"道生一,一生二,二生三,三生万物。"

天人合一:"人法地,地法天,天法道,道法自然。"

(2)天人相分:"其政察察,其民缺缺。"③

天人合一:"其政闷闷,其民淳淳。"④

(3)天人相分:"以智治国,国之贼。"⑤

天人合一:"不以智治国,国之福。"⑥

诸如"生"、"缺缺"、"智"等这些概念,是人之为人的特征,换言之,就是能动性的表现。所以,"'天人合一'是说,人也是自然的一员;'天人相分'是说,人是自然界中唯一不靠本能适应自然、而具有能动性以改造自然的动物。"⑦通过上面的例证,我们看到,老子既不割舍"天人相分"而孤立地讲"天人合一",又不割舍"天人合一"而孤立地讲"天人相分",倒是我们有些学者在论述"天人关系"问题时常常把两个问题分割开来,只言其一而不言其二,甚至将老子冠以"天人合一"的代表,似乎老子压根儿就不谈"天人相分"思想,显然,那是不符合老子本人对"天人关系"的基本看法的。

---

① 《老子道德经》上篇《第二十五章》。苏辙:《道德真经注》第二十五章《有物混成》,华东师范大学出版社 2010 年版,第 34 页。

② 王生平:《跳出"国学"研究国学——兼评〈论天和人的关系〉》,载《哲学研究》1994 年第 8 期,第 37 页。

③ 《老子道德经》下篇《第五十八章》。苏辙:《道德真经注》第五十八章《其政闷闷》,华东师范大学出版社 2010 年版,第 69 页。

④ 《老子道德经》下篇《第五十八章》苏辙:《道德真经注》第五十八章《其政闷闷》,华东师范大学出版社 2010 年版,第 69 页。

⑤ 《老子道德经》下篇《第六十五章》苏辙:《道德真经注》第六十五章《古之善为道者》,华东师范出版社 2010 年版,第 77 页。

⑥ 《老子道德经》下篇《第六十五章》苏辙:《道德真经注》第六十五章《古之善为道者》,华东师范出版社 2010 年版,第 77 页。

⑦ 王生平:《跳出"国学"研究国学——兼评〈论天和人的关系〉》,载《哲学研究》1994 年第 8 期,第 36—37 页。

其次，孔子对“天人关系”的理解不仅有两面性，而且还有鲜明的阶级性。“君子”与“小人”是孔子分析一切社会问题与认识论问题的基本立脚点，在“天人关系”问题上尤其如此。当然，孔子在“天人关系”问题上除了前面所引证的君子“三畏”与小人“三不畏”外，实际上他还涉及到了很多其他的方面，而为了论述的方便，我们在此只择其一两个问题略作探讨。

第一个问题，孔子对待“天命”的态度。从历史上看，由远古时代的“神”，到殷商时期的“帝”，再到西周时期的“天”，人们对“天”的认识是随着社会的发展而不断地改变其表达的形式，根据《诗经》所反映的史实来分析，早在春秋时期，人们对“天”的信仰就已经发生动摇。所以，在这样的历史条件下，孔子如果仍然保守着“天”的概念而不知变化，那他就肯定会被历史所淘汰。然而，孔子在使用“天”与“命”的概念时，他所采用的方式是多言“命”而少言“天”。比如，《论语·子罕》说：“子罕言利，与命，与仁。”此处为什么言“罕”？李泽厚先生认为：“《论语》一书极少讲‘利’。但屡次讲‘命’，讲‘仁’最多，超过百次以上。但多数注疏均释作少讲利和命和仁，与原书不合。”①对此，刘宝楠注云：“中人以下，不可语上。”②这个解释是说得通的，因为孔子的弟子多为“中人”，而在孔子看来，只有与中人以上的“君子”才可以谈“命”与“仁”，至于“利”则属于“小人”之谈，显然，孔子讲论的对象不是小人，而是“君子”，所以，才出现了《论语》一书中多言“命”与“仁”，少言“利”的情况。那么，孔子所讲的“命”究竟是个什么东西呢？在孔子的思维世界里，“命”与“天”又是一种什么样的关系？孔子说：“生死由命，富贵在天。”③朱子注：“命禀于有生之初，非今所能移；天莫之为而为，非我所能必，但当顺受而已。”④可见，朱熹将“天”与“命”都作了“必然性”的阐释，其实，孔子认为“天”与“命”是不能完全等同的两个概念。前者，即“天”，在孔子那里，具有一般的普遍必然性，如孔子说：“获罪于天，无所祷也。”⑤此“天”就具有“必然性”的意义，既然是“必然性”就说明它本身具有不可抗拒性。但“命”的含义与“天”不同，譬如，“子曰：道之将行也与，命也；道之将废也与，命也。”⑥又如，《汉书》载：“孔子论《诗》，至于‘殷士肤敏，裸将于京’，喟然叹曰：‘大哉天命！’”⑦对此处所出现

① 李泽厚：《论语今读》，安徽文艺出版社 1998 年版，第 213 页。

② 刘宝楠：《论语正义》，河北人民出版社 1986 年版，第 172 页。

③ 《论语·颜渊》。

④ 朱熹集注：《论语》，首都经济贸易大学出版社 2007 年版，第 102 页。

⑤ 《论语·八佾》。

⑥ 《论语·宪问》。

⑦ 班固：《汉书》卷三十六《楚元王传》，中华书局 1962 年版，第 1950 页。

的"天命",宋人王质说:"'天命无常',忽去彼而就此也。"①在这里,"忽去彼而就此"指的是一种或然性,也可称作"偶然性"。李泽厚先生曾解释孔子"畏天命"的思想内涵时说:"'畏天命'便不释为外在的律令或主宰,而可理解为谨慎敬畏地承担起一切外在的偶然,'不怨天不尤人',在经历各种艰难险阻的生活行程中,建立起自己不失其主宰的必然。"②从这个意义上,陈景磐先生认为:"孔子讲'命'基本上都是关于人事方面的。他主张身体力行而不是宿命论者。"③傅佩荣先生也说:"天"与"命"的内涵有所不同,"天既为万物本源,因此终究必须为万物万事负责。人世间一切'限定'(如生死富贵),皆可认为是天命的结果。这种天命即是命运。稍后,命运观念与天意分离,成为某种对人类而言不可知亦不可掌握的力量。"④这样,从狭义"天人关系"的角度,我们对孔子的"天命"思想完全可以作下面的解释:当孔子将"天"看作是具有主宰作用的"普遍必然性"时,他是一个"天人合一"论者,就此而言,孔子才说:"唯天为大,唯尧则之。"⑤故李泽厚说:"禹、汤、文王均大巫,又何况乎尧、舜?尧则天,舜躬己,政如北辰,不均巫术之遗痕?南坐依天施法术也。因此人间治道(人道)即是天道。天人因巫术之施作而沟通而合一。'天人合一'之由来久远,首应溯源于此。"⑥与之相反,当孔子将"命"或"天命"看作是由人自己来主宰的偶然性时,他事实上承认了人的主观能动性,因而这就变成了一种"天人相分"思想。故孔子提出了"知天命"的论题,他说:"不知命,无以为君子。"⑦言"知命"而不言"知天",说明"命"是可以把握的。同时,这个命题在事实上承认了"人"作为认识主体对"天"这个认识客体的能动性,故此,其"知"就是认识,在一定意义上又是生活实践,就是"一己对'命运'的彻底把握",⑧因而就是一种"天人相分"思想。可见,孔子讲"天人关系"是结合"分"与"合"两个方面于一体的。

第二个问题,孔子对待"知识"的态度。孔子说:"君子怀德,小人怀土。"⑨从知识的角度看,此"德"所指是一种道德知识,而"土"所指则是一种

---

① 王质:《诗总闻》卷十六《周大雅·文王·五章》,文渊阁四库全书本。
② 李泽厚:《论语今读》,安徽文艺出版社 1998 年版,第 53 页。
③ 陈景磐:《孔子的教育思想》,湖北教育出版社 1985 年版。
④ 傅佩荣:《儒道天论发微》,台北:台湾学生书局 1985 年版,第 129 页。
⑤ 《论语·泰伯》。
⑥ 李泽厚:《论语今读》,安徽文艺出版社 1998 年版,第 211 页。
⑦ 《论语·尧曰》。
⑧ 李泽厚:《论语今读》,安徽文艺出版社 1998 年版,第 53 页。
⑨ 《论语·里仁》。

专业知识。其中道德知识的实质就是求大和求理想，相反，专业知识则是求小和求实际。道理何在？一般地讲，人的需要是有层次的，恩格斯指出："正像达尔文发现有机界的发展规律一样，马克思发现了人类历史的发展规律，即历来为繁茂芜杂的意识形态所掩盖的一个简单事实：人们首先必须吃、喝、住、穿，然后才能从事政治、科学、艺术、宗教等等。"①按照马克思的历史唯物观，道德知识显然是在满足了"吃、喝、住、穿"等基本的物质生活需要之后的一种比较高级的精神需要，所以孔子将从事这个层次劳动的人称之为"君子"，他明确地表示："君子不器。"②"器"是形而下的东西，是专业性的技术劳动。在孔子看来，只有为生计奔波的人，他才去从事技术性的劳动，因此，他称从事技术性劳动的人为"小人"。故《论语》记载着下面一段对话：

"太宰问于子贡曰：'夫子圣者与？何其多能也？'子贡曰：'因天纵之将至，又多能也。'子闻之，曰：'太宰知我乎！吾少也贱，故多能鄙事。君子多乎哉？不多也。"③

又说："吾不试，故艺。"④这句话的意思是说，我不被朝廷重用，所以才不得不迫于生计而学了很多技术。

此外，《论语》还记载着一段更有名的师徒对话：

"樊迟请学稼。子曰：'吾不如老农。'请学为圃。曰：'吾不如老圃。'樊迟出。子曰：'小人哉，樊迟也！上好礼，则民莫敢不敬；上好义，则民莫敢不服；上好信，则民莫敢不用情。夫如是，则四方之民襁负其子而至矣，焉用稼？"⑤

那么，我们能否据此断定孔子轻视技艺呢？当然不能。因为，不管孔子如何看待君子与小人的关系，单就两者所从事的职业来讲，孔子从来没有歧视技艺之学的言论。相反地，孔子认为"德"与"艺"都是构成人类知识的重要组成部分，它们彼此平等，协调发展，如孔子说："志于道，据于德，依于仁，游于艺。"⑥虽然在这四句教学纲领中，道德知识占有明显的优势，但他丝毫没有偏废科技知识的意思。究竟什么是"德"？它来自何方？孔子虽没有展开论述，但他却作出了直接的回答。孔子说："天生德于予。"⑦这个命题肯定了"德"源于"天"这个思想要点。刘宝楠注："德合天地……夫子五十知天命。知己

---

① 《马克思恩格斯选集》第3卷，人民出版社1972年版，第574页。
② 《论语·为政》。
③ 《论语·子罕》。
④ 《论语·子罕》。
⑤ 《论语·子路》。
⑥ 《论语·述而》。
⑦ 《论语·述而》。

有德，为天所命。"[①]可是，"德"者何？孔子没有明说。不过，他从许多言论中暗示了君子"德"之为"德"的基本内容。比如，他说："君子义以为质。"[②]此"义"有作"宜"解者，[③]亦有作"正义"解者，[④]笔者采"正义"说，因为孔子对"君子德"更有如下说法："君子以义为上"，[⑤]"主忠信，徙义，崇德也。"[⑥]此外，孔子还说："中庸之为德也，其至矣哉！"[⑦]徐复观先生释"中庸"为"平常地行为"，他说："所谓'平常地行为'，是指随时随地，为每一个所应实践所能实现的行为。"由此表明，"孔子乃是在人人可以实践、应当实践的行为生活中，来显示人之所以为人的'人道'，这是孔子之教与一切宗教乃至形而上学断然分途的大关键。"[⑧]所以，结合"君子怀德"之"德"的知识特征看，"德"既是一种行为实践，同时又是一种人生理想。就此而言，孔子所说的"德"就是"天人合一"，就是"中人以上"的一种知识体系。与之相反，还有一种人，他们必须依靠一定的劳动工具去从事技术性的生产，所谓"工欲善其事，必先利其器"[⑨]是也，如农耕、纺织、铸造等，在孔子看来，这些生产活动属于"中人以下"所从事的职业，它的知识基础是"天人相分"而不是"天人合一"。比如，孔子说："小人不知天命。"[⑩]而"不知天命"的结果必然是"裂天人"，即形成"天"与"人"两种相互对立的力量。所以，对于统治者来说，究竟以何者为执政的基础，就需要在"天"与"人"之间作出抉择。从《论语》中有关的言论信息看，孔子非常强调"人"对于执政者的基础地位与作用。例如：

子贡问政。子曰："足食，足兵，民信之矣。"

子贡曰："必不得已而去，于斯三者何先？"曰："去兵。"

子贡曰："必不得已而去，于斯二者何先？"曰："去食。自古皆有死，民无信不立。"[⑪]

又譬如，孔子认为：对于一个统治政权来说，"所重：民、食、丧、祭。"[⑫]在

---

① 刘宝楠：《论语正义》，河北人民出版社1986年版，第147页。

② 《论语·卫灵公》。

③ 刘宝楠：《论语正义》，河北人民出版社1986年版，第342页。

④ 李泽厚：《论语今读》，安徽文艺出版社1998年版，第365页。

⑤ 《论语·阳货》。

⑥ 《论语·颜渊》。

⑦ 《论语·雍也》。

⑧ 徐复观：《中国人性论史》先秦篇，台北：台湾商务印书馆1969年版，第113页。

⑨ 《论语·卫灵公》。

⑩ 《论语·季氏》。

⑪ 《论语·颜渊》。

⑫ 《论语·尧曰》。

此,“民”与“食”是统治政权的物质基础,它的知识特征是“天人相分”,而“丧”与“祭”是统治政权的思想上层建筑,它的知识特征则是“天人合一”。由于孔子把“知识”看成是实现“天人合一”的手段,因此,他非常强调“人”对于“天道”的能动作用,依此为前提,孔子提出了“人能弘道,非道弘人”①的思想命题,从而把西周以来的“天人关系”又推向了一个新的历史高度,并且它还成了宋明理学所探讨和研究的大问题。

再次,郭店楚简与“天人相分”思想的正式提出。从历史上看,“天人相分”的思想源流是很古老的,但它作为一个思想命题却最早见于郭店楚简之《穷达以时》一篇中。原文云:“有天有人,天人有分。察天人之分,而知所行矣。”据李学勤先生考,郭店楚简的时间约为公元前 300 年左右,②处在孔子(前 551—前 479)与孟子(前 390—前 305)之间,而就其文献价值来说,郭店楚简不仅是世界上最早的书,而且还是早期儒家的百科全书,因此,它的思想价值是不可估量的。别的不说,仅就“天人关系”而言,郭店楚简可谓是承前启后之作。承前是说它比较系统地总结了孔子之前的“天人”思想,而启后则是说它开导了孟荀“天人”思想的先河。

现在我们不禁要追问这样一个问题:孟子讲不讲“天人相分”?

郭店楚简《性自命出》云:“性自命出,命自天降;道始于情,情生于性。”对于“天”与“命”的关系,孔子讲“知天命”,但他没有进一步探讨“天命”的形而上根源。与孔子的理路不同,郭店楚简没有“天命”这个词,但它却将“天”与“命”分别开来说,并且把“命”看成是“天”的派生物。因此,在孔子那里,“天”与“命”虽有差别,但还没有地位上的高与低。可是,郭店楚简中的“天”显然较“命”更具有本体层面上的优势。沿着这样的逻辑思路,孟子也承认了“天”的“生物”性功能,比如,孟子说:“天之生物也,使之一本。”③对此,我们要两方面看,一方面是“天之生物”思想实际上早在殷商时便已出现,因为其“帝”字本身就包含着“生育”的内涵,所以孟子不过是把殷商人没有明确化的东西加以明确化而已;另一方面,孟子想藉“天”的至上性来神化君主的权威。故为了对外传达这样的信息,孟子特别引述了《伪古文尚书·泰誓上》中的一段话:“天降下民,作之君,作之师,惟曰其助上帝,宠之四方,有罪无罪,惟我在,天下曷敢有越厥志。”这段话的中心思想就是说天的意志是不能违抗的,

---

① 《论语·卫灵公》。

② 李学勤:《郭店楚简〈六德〉的文献学意义》,载武汉大学中国文化研究院编:《郭店楚简国际学术研讨会论文集》,湖北人民出版社 2000 年版,第 17 页。

③ 《孟子·滕文公章句上》。

而君主与师长专门辅助上帝来管理万民。关于“师”之地位的提高，钱穆先生说：“尧舜以下迄于孔子，可谓王官学时代。其时则学在王官，少及社会平民。孔子以下，百家言兴起，学术下降民间，为中国学术一大变。”①实际上，孟子的主要用意还不在此，虽然“君”与“师”具有“助上帝”和“宠之四方”的作用，但是毕竟在孟子的思维世界里，“君”和“师”已经成为可以与“上帝”或“天”相抗衡的一支社会力量，就“天人关系”而言，它显然不属于“天人合一”的思想范畴。由此出发，我们看到孟子提出了如下两个思想：

(1)“尽其心者，知其性也，知其性则知天矣。”②

(2)“天时不如地利，地利不如人和。”③

从内容上说，上面两句话是悖反的。前面一句讲“性天”的统一，是一种典型的“天人合一”思想。然而，后面一句话则讲天轻人贵，天不如人，因此，它在原则上不是主张“天人合一”，而是主张“天人相分”。可见，孟子虽然没有直接引用《穷达以时》篇中“天人有分”这样的文本语言，但他吸收了其“天人有分”的思想印记却是很明显的。比如，孟子说：

“万章曰：‘尧以天下与舜，有诸？’孟子曰：‘否，天子不能以天下与人。’‘然则舜有天下也，孰与之？’曰：‘天与之。’‘天与之者，谆谆然命之乎？’曰：‘否，天不言，以行与事示之而已矣。’曰：‘以行与事示之者，如之何？’曰：‘天子能荐人于天，不能使天与之天下；诸侯能荐人于天子，不能使天子与之诸侯；大夫能荐人于诸侯，不能使诸侯与之大夫。昔者尧荐舜于天而天受之，暴之于民而民受之。故曰天不言，以行与事示之而已矣。’曰：‘敢问荐之于天而天受之，暴之于民而民受之，如何？’曰：‘使之主祭而百神享之，是天受之。使之主事而事治，百姓安之，是民受之。天与之，人与之，故曰天子不能以天下与人。’……《泰誓》曰：‘天视自我民视，天听自我民听。’此之谓也。”④

在形式上不改变“天”的至上地位的前提下，如“天子能荐人于天”，孟子提出了“天与之”和“人与之”的“天人有分”主张。此思想的理论前提显然是分“天”与“人”为两个不同的客观存在体，即承认“天”与“人”各有自己的职能。以此为基础，孟子藉《泰誓》篇中的话说明了“民之所欲，天必从之”这样的主题思想，从而使“民”的地位超过了“天”的地位。所以，孟子的“民本”思想正是他坚持殷商以来“天人有分”思想的一种必然结果。前面讲过，殷商时

① 钱穆：《宋代理学三书随劄》，三联书店2002年版，第137页。

② 《孟子·尽心章句上》。

③ 《孟子·公孙丑章句下》。

④ 《孟子·万章章句上》。

期“天人相分”有一个显著特点，那就是“工具思维”，或者用李泽厚先生的话说即“工具理性”。当然，如果从文化传统的角度看，那么“工具理性”实源于巫术。与孔子不同，孟子在他的著述中，公开声张“工具思维”，为技术论寻找存在的现实根据。所以，孟子说：

“士之仕也，犹农夫之耕也，农夫岂为出疆舍其耒耜哉！”①

没有“耒耜”何以成“农夫”！“士”没有“道”，也不能称其为“士”，士于“道”的关系就像农于“耒耜”的关系一样，可见，孟子的工具意识是多么的强烈和自觉。分工是社会发展的必然，同时也是形成“天人相分”思想的直接的现实依据。比如，《孟子》记载着陈相与孟子的一段对话：

“孟子曰：‘许子必种粟而后食乎？’曰：‘然。’‘许子必织布而后衣乎？’曰：‘否，许子衣褐。’‘许子冠乎？’曰：‘冠。’曰：‘奚冠？’曰：‘冠素。’曰：‘自织之与？’曰：‘否，以粟易之。’曰：‘许子奚为不自织？’曰：‘害于耕。’曰：‘许子以釜甑爨，以铁耕乎？’曰：‘然。’‘自为之与？’曰：‘否，以粟易之。’‘以粟易械器者，不为厉陶冶；陶冶亦以其械器易粟者，岂为厉农夫哉！且许子何不为陶冶，舍皆取诸其宫中而用之；何为纷纷然与百工交易，何许子之不惮烦！’曰：‘百工之事，固不可以耕且为也。’‘然则治天下独可耕且为与？有大人之事，有小人之事。且一人之身，而百工之所为备。如必自为而后用之，是率天下而路也！故曰：或劳心，或劳力；劳心者治人，劳力者治于人；治于人者食人，治人者食于人，天下之通义也。”②

这段话把社会分工总括为两大类：脑力劳动与体力劳动。孟子认为人类劳动有一方受制于另一方的必然性，反映了他的阶级偏见和时代局限性。不过，从“天人关系”的发展过程看，孟子的劳动分工论显然与他的“天人相分”思想紧密相连。所谓“劳心”实际上就是“性天一体”，而“天”是其主要的认识对象，由于“天”的地位要高于“人”的地位，所以以“天”为认识对象的职业，当然应高于以“工具“为劳动手段的人的地位。《礼记·乐记下》将它概括为“德成而上，艺成而下”的命题，孟子也有类似的说法。当时，社会上有一种尊崇“科学技术”思潮，比如，彭更间就是这种思潮的代表人物之一。对此，孟子诘问彭更间道：“子何尊梓匠轮舆而轻为仁义者哉！”③由这个事例说明，在战国初期，社会上存在着“德高艺下”与“艺高德下”两种相互对立和斗争的思潮。看来，在孔子之后，早期儒家分成左右两派，而荀子旗帜鲜明地主张“天

① 《孟子·滕文公章句下》。

② 《孟子·滕文公章句上》。

③ 《孟子·滕文公章句下》。

人相分”思想，应当是有一定的社会基础与思想背景的。与“劳心”相对，“劳力”者的主要认知对象是天然自然和人工自然，它的劳动成果主要是满足社会各阶层对物质生活的消费需要。但孟子对待“人”之为“人”的价值和意义，却有他自己的定位：人不应当是自然状态的存在者，人是道德的人。他说：“人之有道也，饱食暖衣，逸居而无教，则近于禽兽。圣人有忧之，使契为司徒，教以人伦：父子有亲，君臣有义，夫妇有别，长幼有序，朋友有信。”①由此出发，孟子区分了两种政权形式，即“霸”与“王”。在中国古代，“王”与“霸”的关系是“天人关系”的重要内容。在一定意义上说，“王”与“霸”的关系体现着“天人合一”与“天人相分”思想的对立。孟子说：“以力假仁者霸，霸必有大国；以德行仁者王，王不待大。”②对于“霸”与“王”的优与劣，我们不能简单地下结论。因为两者的关系是在历史的发展过程中形成的，所以，我们也只有在历史的发展过程中才能正确地认识和把握二者的关系。一般地讲，“霸”的前提是经济势力与军事势力的强大，换言之，它的发展和建设目标是国富民强，发展经济，振兴实业。例如，成书战国的《六韬》认为：“故用兵之具，尽在于人事也。善为国者，取于人事，故必使遂其六畜，辟其田野，究其处所。丈夫治田有亩数，妇人织纴有尺度，是富国强兵之道也。”③而“富国强兵”也就成为“霸者”的基本指导思想。孟子认为，国家政治的最高理想是推行“仁”政，即内圣外王之道，或称“王道”。他说：“君臣、父子、兄弟去利，怀仁义以相接也，然而不王者，未之有也。”④理想归理想，在现实生活实践中，孟子是不是就完全不讲利益了呢？也不是。譬如，孟子说：“尊贤使能，俊杰在位，则天下之士，皆悦而愿立于其朝矣。市廛而不征，法而不廛，则天下之商皆悦而愿藏于其市矣。关讥而不征，则天下之旅皆悦而愿出于其路矣。耕者助而不税，则天下之农皆悦而愿耕于其野矣。廛无夫里之布，则天下之民皆悦而愿为之氓矣。信能行此五者，则邻国之民仰之若父母矣。率其子弟，攻其父母，自生民以来，未有能济者也。如此，则无敌于天下。无敌于天下者，天吏也。然而不王者，未之有也。”⑤前面的“王者”与此处的“王者”，在内容上是有所不同的，前者“去利”，而后者“取利”，即“王者”的事业是建立在一定的物质基础之上的。故孟子说：“民事不可缓也。《诗》云：‘昼尔于茅，宵尔索绹。亟其乘屋，其始播百谷。’民之为道也，有恒产者有恒心，无恒产者无恒心。苟无恒心，放僻邪侈，

① 《孟子·滕文公章句上》。

② 《孟子·公孙丑章句上》。

③ 《六韬》卷二《龙韬·农器第三十》。

④ 《孟子·告子章句下》。

⑤ 《孟子·公孙丑章句上》。

无不为已。及陷乎罪,然后从而刑之,是罔民也。焉有仁人在位,罔民而可为也?是故贤君必恭俭、礼下,取于民有制。阳虎曰:‘为富不仁矣,为仁不富矣。’”①可见,孟子并不一般地反对“利”,也不一概地否认“天人有分”的客观存在。而我们片面地强调孟子的“天人合一”思想,甚至将其孤立化与绝对化,那是不符合孟子原典对“天人关系”的基本认识原则的,当然也不符合辩证法的“相互渗透”规律。

与孟子不同,荀子继承了《穷达以时》的“天人有分”思想路线,公开主张“制天命而用之”的思想,其“天人相分”的立场极其鲜明。他说:“天行有常,不为尧存,不为桀亡。应之以治则吉,应之以乱则凶。强本而节用,则天不能贫;养备而动时,则天不能病;循道而不贰,则天不能祸。故水旱不能使之饥,寒暑不能使之疾,妖怪不能使之凶。”②承认“天”是一个有规律的自然过程,不独荀子如此,孟子亦复如此。比如,孟子说:“天下有道,小德役大德,小贤役大贤;天下无道,小役大,弱役强,斯二者天也。顺天者存,逆天者亡。”③又说:“君子创业垂统,为可继也。若夫成功则天也。君如彼何哉?强为善而已矣。”④此处两见“天”字,无疑地都指“规律”,只不过前者指自然规律,而后者似指社会规律,因为“创业垂统”本身就是把历史发展看成是一个连续的和有规律的演进过程,这一点看上去孟子比荀子高明。但孟子在“天”与“人”究竟何者更胜一筹的问题上却犹豫不前了。所以,他将人的能动性与天的神性混淆起来,结果使人的能动性总是要受到“主宰之天”的羁绊。而荀子全然抛弃了“主宰之天”的神威,将人的能动性看成是人之为人的一种本质力量。在荀子看来,人的能动性是一种社会的力量而不是个体的力量。他说:“水火之有气无生,草木有生而无知,禽兽有知而无义,人有气、有生、有知,亦且有义,故最为天下贵也。力不若牛,走不若马,而牛马为用,何也?曰:人能群,彼不能群也。人何以能群?曰:分。分何以能行?曰:义。故义以分则和,和则一,一则多力,多力则强,强则胜物;故宫室可得而居也。故序四时,裁万物,兼利天下,无它故焉,得之分义也。”⑤在这里,“分”的内涵很多,既可以是“天”与“人”的相分,也可以是“人”与“人”的相分。故荀子说:“人道莫不有辨,辨莫

① 《孟子·滕文公章句上》。
② 《荀子·天论》。
③ 《孟子·离娄章句上》。
④ 《孟子·梁惠王章句下》。
⑤ 《荀子·王制》。

大于分,分莫大于礼。”①在此前提之下,荀子更提出了“明于天人之分则可谓至人”②的命题。

当然,我们必须指出,荀子所讲的“天人之分”不是以理性认识为基础的,他仅仅是从功能上对“天”与“人”作了机械性的分割。比如,荀子说:“不为而成,不求而得,夫是之谓天职。如是者,虽深、其人不加虑焉;虽大、不加能焉;虽精、不加察焉,夫是之谓不与天争职。天有其时,地有其财,人有其治,夫是之谓能参。舍其所以参,而愿其所参,则惑矣。”③所谓“不与天争职”就是在不改变自然生态的状况下,从自然界中取得现成的实物形式,顺其自然,而不是改良自然。在荀子看来,自然界给人类生存提出了现成的自然资源,对于人类这个消费群体来说,最好的方式就是只管取来用而不要问为什么。他说:“万物各得其和以生,各得其养以成,不见其事而见其功,夫是之谓神。皆知其所以成,莫知其无形,夫是之谓天。”④“天”是一种自然而然的存在状态,对于这种存在状态,古希腊的亚里士多德提出了“形式”的学说,一般地讲,亚里士多德认为,一切自然状态都可分成形式与质料,其中形式是运动的现实,而质料或称“物质的素材”(physics)则是构成形式的要素。在亚里士多德看来,形式是质料的本质,是决定客观事物“是什么”的原因,因而亦是理性思维的对象。荀子则不然,他认为作为形式的“天”对于人类的存在是不重要的,所以他说:“唯圣人为不求知天。”⑤也就是人们不要去追求决定客观事物“是什么”的原因。因此,荀子说:“学至于行之而止矣。”⑥在一定条件下,把此“行”理解为“知”出发点和归宿,并没有错,但对于荀子所说的话,我们需要分析。在这里,“学”与“行”究竟各自所指者何?我们请看原文:

“不闻不若闻之,闻之不若见之,见之不若知之,知之不若行之,学至于行之而止矣。行之,明也。明之为圣人。圣人也者,本仁义,当是非,齐言行,不失毫厘,无它道焉,已乎行之矣。故闻之而不见,虽博必谬;见之而不知,虽识必妄;知之而不行,虽敦必困。不闻不见,则虽当,非仁也,其道百举而百陷也。”⑦

显然,荀子所讲的“学”是一种道德学,而不是物理学。这与亚里士多德

---

① 《荀子·王制》。
② 《荀子·天论》。
③ 《荀子·天论》。
④ 《荀子·天论》。
⑤ 《荀子·天论》。
⑥ 《荀子·儒效》。
⑦ 《荀子·儒效》。

对“天人相分”的理解是根本不同的，因为在亚里士多德看来，“天”与“人”是对立的两个系统，人把“天”作为一个客观对象来进行描述和研究，这样就形成了一门专业的科学知识即《物理学》。然而，荀子所说的“天”不仅是指自然规律，而且更是一种直观的道德形式。从“自然之天”的角度讲，荀子主张“唯圣人为不求知天”，就是不要追问“天”之所以然，可是，什么是“知天”呢？荀子说：“其行曲治，其养曲适，其生不伤，夫是之谓知天。”①以此看来，一方面，荀子强调人要顺从自然规律，另一方面，他又不主张人们去探讨自然界发展变化的动力因和目的因，这不是前后矛盾了吗？有一种解释认为：荀子这里所说的“唯圣人为不求知天”，主要是针对孟子“知其性，则知天矣”的主张而发的。② 如果从“天人关系”的视角看，则荀子和孟子的“知天”观分别代表着“天人相分”与“天人合一”两种思想的对立，所以“唯圣人为不求知天”的实质就是反对所谓圣人型的“天人合一”，在此基础之上，荀子提出“知天”的基本内容是“天地官而万物役”，③或可称“任天地、役万物也”④及“制割大理”。⑤ 可见，在对待“自然之天”的问题上，荀子既主张尊重客观规律同时又主张发挥人的主观能动性，从而使两者在“天”与“人”的互动中有机地统一起来，体现了“天人相分”的基本特征。可惜，荀子的这个富有科学理性的思想却被一种为圣人所设定的“先天道德”枷锁给活活地窒息了。虽然荀子说：“凡以知，人之性也；可以知，物之理也。”⑥但荀子所说的“物之理”是指纯粹的“自然之理”吗？回答是否定的。荀子说：

“天地以合，日月以明，四时以序，星辰以行，江河以流，万物以昌，好恶以节，喜怒以当，以为下则顺，以为上则明，万变而不乱，贰之则丧也。礼岂不至矣哉！”⑦

在这里，“礼”是宇宙大法，是自然与人类社会共同恪守的道德法则，于是，“天”就不再是一个中性概念了，“天”已经被人性化。故荀子又进一步提出了“天德”这个概念。他说：

“君子养心莫善于诚，致诚则无它事矣；唯仁知为守，唯义之为行。诚心守仁则形，形则神，神则能化矣。诚心行义则理，理则明，明则能变矣。变化代

---

① 《荀子·天论》。

② 刘太恒：《论荀子的科学精神》，载《郑州大学学报》2003 年第 4 期，第 17 页。

③ 《荀子·天论》。

④ 《荀子·天论》。

⑤ 《荀子·解蔽篇》。

⑥ 《荀子·解蔽》。

⑦ 《荀子·礼论篇》。

兴，谓之天德。”①

“天不言而人推高焉，地不言而人推厚焉，四时不言而百姓期焉，夫此有常以至其诚者也。”②

“天德”和“诚”是子思一派世界观的根基，也是其“天人合一”思想的灵魂。荀子认为，人心与天德直接契合，彼此融合，然后形成一个统一的整体。以此为基准，我们反观荀子的“知”与“行”的关系，便很自然地得出一个结论：“知”是“道德意识”，而“行”则是指“道德实践”。因此，荀子说：“学至于行之而止。”这绝不是一个科学认识与科学实践的关系问题，而且这个“行”也不是指一般的社会实践，而是专指道德实践。在通常的情况下，认识与实践的运动总规律是实践—认识—再实践—再认识不断往复与递进的无限发展过程，所以“学”绝对不能“止”于“行”。如果“止”于“行”，那就是一种绝对经验论。中国古代的理论思维之所以不能提升到一个很高的水平，其最大的思想阻力便是中国古代的士大夫太相信人类的“感觉能力”和“比中而行之”③宗教价值了。从这个意义上说，荀子所言“学至于行之而止”实际上就是“比中而行之”，这不仅是汉儒做人的原则，而且也是宋代新儒学的基本道德规范。故荀子主张以“圣人”为“师”，而在古希腊，亚里士多德则提出了以“真理”为师的思想。可见，不同的文化背景造就了不同的知识观，而不同的知识观对科技发展与社会演变所产生的作用和后果亦是大不相同的。至于荀子对待“天人关系”的态度，我们依据矛盾的不平衡性原理，可以得出下面这个结论：正像孟子的“天人合一”论包含着“天人相分”的思想内容一样，荀子的“天人相分”论亦包含着“天人合一”的思想内容，但就矛盾的主要方面来说，孟子是“天人合一”论者，而荀子却是一位特色鲜明的“天人相分”论者。

4.汉、晋时期的“天人相分”思想及其内容。王充（27—约 97）以来的“天人有分”思想传统，肯定了“天”与“人”的相对独立性和异体性。比如，王充说：

“谓天闻人言，随善恶为吉凶，误矣。四夷入诸夏，因译而通，同形均气，语不相晓，虽五帝三王，不能去译，独晓四夷，况天与人异体，音与人殊乎？人不晓天所为，天安能知人所为？”④

自从汉武帝“独尊儒术”之后，“天人合一”渐成汉代意识形态的主导思

① 《荀子・不苟篇》。

② 《荀子・不苟篇》。

③ 《荀子・儒效篇》。

④ 《论衡・变虚篇》。

想，其中董仲舒的"天人相类"论是先秦"天人合一"思想发展到汉代的一种新形式，他说："天亦有喜怒之气，哀乐之心，与人相副。以类合之，天人一也。"①可见，董仲舒讲"天与人相副"，而王充与之针锋相对地讲"天与人异体"，这就从根源上堵塞了"天"与"人"相"副"的通路，其结果只能是"天"与"人"各司其职，不相干预，尤其是天不能高高在上地主宰人的命运，从而把人变成为"天"的附庸。故王充明确指出：

"夫论雷之为火有五验，言雷为天怒无一效，然则雷为天怒，虚妄之言。"②

既然"天"与"人"异体而不类，那么，"夫大人与天地合德"的说法就有问题了。在汉代，王充首当其冲，对"天人合一"思想提出驳难与质疑，从而使"天人异体"思想更加深入，并形成为汉代"天人相分"思想的一种新形式。王充论证说：

"夫大人与天地合德，先天而天不违，后天而奉天时，《洪范》曰：'急恒寒若，舒恒燠若。'如《洪范》之言，天气随人易徙，当先天而天不违耳；何故复言后天而奉天时乎？后者，天已寒温于前，而人赏罚于后也。由此言之，人言与《尚书》不合，一疑也。"③

王充通过揭露"先天而天不违"与"后天而奉天时"之间的矛盾，否定了"大人与天地合德"的说法，应当承认，在"天人合一"思想占据着汉代意识形态统治地位的历史背景下，王充大胆直言，积极为"天人相分"思想争取生存空间，同时也为东汉科学技术的发展提供了丰富的思想营养，在王充之后，汉代的科学技术始进入一个发展的高峰期，从思想史的角度看，那绝不是偶然的。比如，主要生活在汉和帝时期（89—105 年）的蔡伦革新了造纸技术，张衡（78—139 年）创制候风仪与地动仪，张仲景（150—219 年）著《伤寒杂病论》，等。这些科技成就都或多或少地受到王充"天人相分"思想的影响，因此，"人类的进步、经济的增长、生活水平的提高，其动力来自'天人相分'，而不是'天人合一'。"④从这个意义上说，王充的"天与人异体"思想是唐代"天人相分"思想中兴和"天人关系"发展的一个非常重要的逻辑环节。

在"天"与"人"的地位问题上，王充与一般的"天人相分"论者有所不同，他不是把"人"的地位抬高到"天"的地位之上，崇人而抑天，恰恰相反，王充则

---

① 《春秋繁露》卷十二《阴阳义》。

② 《论衡·雷虚篇》。

③ 《论衡·寒温篇》。

④ 王生平：《跳出"国学"研究国学——兼评〈论天与人的关系〉》，载《哲学研究》1994 年第 8 期，第 37 页。

提出了“天本而人末”的命题。他说:“人物系于天,天为人物主也。”①这是因为“天”就是自然界,就是气的运动变化规律。王充说:“何以天之自然也,以天无口目也。案有为者口目之类也,口欲食而目欲视,有嗜欲于内,发之于外,口目求之,得以为利欲之为也。今无口目之欲,于物无所求索,夫何为乎?”②又说:“天动不欲以生物而物自生,此则自然也;施气不欲为物而物自为,此则无为也。”③可见,“天”虽然不能生育万物,但它是万物产生和发展变化的条件,是人物存在和演化的物质基础。所以,王充所说的“主”不是有意志的创造,而仅仅是一种条件,或者说是指“天”对于“人”具有先在性与绝对性,就此而言,王充认为:“夫人不能动地,而亦不能动天。”④用今天的话说,就是人既不能创造规律,也不能消灭规律。因此,在整个自然界面前,人只是万物中的一分子,并无“高贵”可言。董仲舒说:“人受命于天,固超然异于群生,入有们子兄弟之亲,出有君臣上下之谊,会聚相遇,则有耆老长幼之施,灿然有文以相接,欢然有恩以相爱,此人之所以贵也。生五俗以食之,桑麻以衣之,六畜以养之,服牛乘马,圈豹槛虎,是其得天之灵,贵于物也。故孔子曰:‘天地之性人为贵。’明于天性,知自贵于物。”⑤在王充看来,人与万物同类,“人,物也;物,亦物也。虽贵为王侯,性不异于物。”⑥又“人,物也,而物之中有智慧者也;其受命于天,秉气之元,与物无异。”⑦总而言之,从根源上说,人不过是物质结构的一种形式,是宇宙万物发展和变化链条中的一个环节。实际上,王充想通过这个命题来表达这样一个思想意识,即人类的一切有意识的活动都应当以“自然”为师,而不是相反,让“自然”反过来成为人类的学生,让“自然”以“人”为师。在此前提下,一方面,王充认为,天道自然无为,他说:“气也,恬澹无欲无为无事者也。”⑧另一方面,王充又认为:“然虽自然,亦须有为辅助,耒耜耕耘,因春播种者,人为之也。及谷入地,日夜长大,人不能为也,或为之者,败之道也。”⑨在这里,王充强调“无为”与“有为”的辩证关系,其实就是告诉人们自然规律是不能改变的,人类只有在尊重自然规律的前提下才能真正实

---

① 《论衡·变动篇》。
② 《论衡·自然篇》。
③ 《论衡·自然篇》。
④ 《论衡·变动篇》。
⑤ 班固:《汉书》卷五十六《董仲舒传》,中华书局1962年版,第2516页。
⑥ 《论衡·道虚篇》。
⑦ 《论衡·辨祟篇》。
⑧ 《论衡·自然篇》。
⑨ 《论衡·自然篇》。

现自己的目的。

不过,王充并没有很好地解决“无为”与“有为”两者在社会发展中的地位问题,所以入魏晋之后,随着玄学思想的兴起,王充的思想便一分为二,分别催生了王弼“以无为本”的“贵无论”思想和裴頠“济有者皆有也”的“崇有论”思想。前面讲过,“天人相分”的重要内容之一就是崇尚实际,以“有为”为其思想的归宿。但是,究竟如何理解“有为”?自从先秦以来,“天人相分”论者也没有形成一个统一的说法,而是各有发挥,形式多样。例如,荀子说“制天命而用之”,明确了“有为”的实质就是人定胜天。与荀子的思想略有不同,王充认为所谓“有为”即是“自然之辅助”,故“无为”是本,而“有为”是末。裴頠生活的时代,正是玄学鼎盛的阶段,如《晋书·王衍传》载:“魏正始中,何晏、王弼等祖述老庄,立论以为天地万物,皆以无为为本。”①而刘勰更有“何晏之徒,始盛玄论”②的说法,可见,玄学之兴是与当时的门阀政治相适应的,或可说“贵无论”本身就是魏晋门阀政治的一种思想产物。裴頠则挺身而出,跟“贵无论”唱反调儿,并写出了著名的《崇有之论》。裴頠认为宇宙万物的本源是“有”而不是“无”。他说:“夫至无者无以能生,故始生者自生也。自生而必体也,则有遗而生亏矣。生以有为己分,则虚无是有之所谓遗者也。”③显然,这是一种“自然有为”的思想主张,较王充的“无为为主,有为为辅”思想已经前进了一大步。在裴頠看来,社会的进步终究是以“有为”为动力,而不是相反。他说:“惟夫用天之道,分地之利,躬其力任,劳而后飨。居以仁顺,守以恭俭,率以忠信,行以敬让,志无盈求,事无过用,乃可济乎。”④与王充相比,裴頠更加强调人的主观能动性,尤其是他把“工具思维”作为处理“天人关系”的一种基本手段,故裴頠举例说:“匠非器也,而制器必须于匠,然不可以制器以非器,谓匠非有也。”⑤此“匠”与“器”的关系实际上就是“天人关系”,在裴頠看来,“天”是“有”,是一种客观存在,而“人”虽不是“天”,且“天”与“人”亦不能“合一”,但它却是一种与天相对应的精神存在,而这种存在也是“有”,是一种能够“有为”的“有”,故裴頠说:“济有者皆有也。”⑥在这里,“济”字用得好,好就好在它极其生动地说明“有”与“有”之间通过某种特定的“工具”即“制”(如“制器”、“制事”等)而相互联系和相互影响。

---

① 房玄龄等:《晋书》卷四十三《王衍传》,中华书局1987年版,第1236页。

② 刘勰:《文心雕龙·论说》,凤凰出版社2011年版,第77页。

③ 房玄龄等:《晋书》卷三十五《裴頠》,中华书局1987年版,第1046页。

④ 房玄龄等:《晋书》卷三十五《裴頠》,中华书局1987年版,第1044页。

⑤ 房玄龄等:《晋书》卷三十五《裴頠》,中华书局1987年版,第1047页。

⑥ 房玄龄等:《晋书》卷三十五《裴頠》,中华书局1987年版,第1047页。

在裴頠的《崇有之论》以外，杨泉的《物理论》应是魏晋时期“天人相分”思想的又一部非常重要的著作。比如，我们从目前所见到的辑本看，杨泉著述无疑地是以“天人有分”为基本的思想指导原则，在此前提下，他对“天”与“人”的关系作了进一步的探讨和研究。何谓“天”？杨泉说：“儒家立浑天，以追天形，从车轮焉；《周髀》立盖天，言天气循边而行，从磨石焉。斗极，天之中也。言天者必拟之人，自脐以下，人之阴也；自极以北，天之阴也。所以立天地者，水也；成天地者，气也。水土之气升而为天，天者，君也。夫地有形而天无体，譬如灰焉，烟在上，灰在下也。浑天说天，言天如车轮，而日月旦从上过，夜从下过，故得出卯入酉。或以斗极难之，故作盖天，言天左转，日月不行，皆缘边为道。就浑天之说，则斗极不正；若用盖天，则日月出入不定。夫天，元气也，皓然而已，无他物焉。”①把“天”解释为“元气”，显然是继承了王充气一元论的唯物主义思想传统。在杨泉的思维世界里，“天”已经不是一个“无形”的存在，而是一个由“水”与“土”结构而成的具体的物质形态。从本源上看，“气”比“天”更加基本，这样“气”就脱离了天而变成为一个独立的存在，故杨泉说：“土气和合，庶类自生。”②又“惟阴阳之产物，气陶化而播流，物受气而含生，皆缠绵而自周。”③于是，“天”那高高在上的地位便被动摇了，“天”不再是一尊至上神，而是受“元气”支配的一种物质形态。虽然杨泉有“天者，君也”的说法，但这种说法跟董仲舒的“天副人数”思想毫无共同之处，因为杨泉仅仅是为了说明问题而作的比喻，故这个“君”是没有意志的。在杨泉看来，不仅“天”由“元气”构成，而且“人”亦由“元气”构成。杨泉说：“人含气而生，精尽而灭。死犹澌也，灭也。譬如火焉，薪尽而人灭，则无光矣，故灭火之余，无遗炎也。人死之后，无遗魂矣。”④这段话至少包含两层意思：第一层意思是说，既然“人”与“天”的构成物质一样，那么，它们两者在地位上就应当是平等的，将“天”的地位下降到与“人”等齐的程度，无疑地是对“人”的存在价值的一次提升，显然，这是杨泉对“天人相分”思想所作出的一种新的论证形式；第二层意思是说，人的存在并不神秘，亦不会永恒，人与其他的物质存在一样，都是受自然规律支配的，人自身没有也不可能有超物质的存在。杨泉说：“夫死

---

① 杨泉：《物理论》，丛书集成初编本。

② 杨泉：《物理论》，丛书集成初编本。

③ 严可均：《全上古三秦汉三国六朝文》第3册《三国》卷七十五《杨泉·蚕赋》，河北教育出版社1997年版，第707页。

④ 杨泉：《物理论》，丛书集成初编本。

生之有命,非神明之所规。”[①]把人的生死跟“神明”分割开来,这样,对于每个生命个体来说,无论“生”还是“死”,都不过一种由产生也有消亡的自然过程。当然,人毕竟不是一般的物质,而是一种具有创造性的动物。杨泉说:

“伊百工之为技,莫机巧之最长,似人君之列位,百官之设张,匡廓之制度,如城郭之员方,应万机以布错,实变态之有章。是以孟秋之月,首杀庶物,工民呈材;取彼椅梓,贞干修枝;名匠骋工,美乎利器;心畅体通,肤合理同;规矩尽法,因事作容;好无不媚,事无不供。于是乎女工就,素丝轻,贯综纪,筒奸清。织女扬翚,美乎如芒;丽姿妍雅,动有令光;足闲蹈蹑,手习槛匡;节奏相应,五声激扬;浊者含宫,清者应商;和声成柔,慷慨成刚;屈申舒缩,沈浮抑扬;开以厌间,阖以高梁;进以悬鱼,退以侠强;气变相应,阴感乎阳;黾勉不及,进退颉颃。事物之宜,法天之常;既合利用,得道之方。”[②]

其中“事物之宜,法天之常;既合利用,得道之方”一句话,是对人的主观能动性的概括和总结。“天人相分”不是“天人背反”,人之所以从“天”的束缚中解脱出来,并获得相对独立的地位,正是为了更好地认识“天”的运动变化规律,从而为人类的社会存在服务,这就是“法天之常”和“得道之方”的真实内涵。为此,杨泉高度赞扬工匠的科学劳动,认为那是“出乎圣意”之举,是人之为人的本质特征。他说:“夫蜘蛛之罗网,蜂之作窠,其巧亦妙矣,而况复人乎!故工匠之方圆规矩,出乎心,巧成乎手,非睿敏精密,孰能著勋形,成器用哉!”[③]可见,“睿敏精密”和“成器用”是人区别其他一切动物的本质特征。正是从这个意义上,杨泉说:“夫工匠经涉河海,为以浮大川,皆成乎巧手,出乎圣意。”[④]在中国古代,“工具思维”是其“天人相分”思想的主要特征之一,而杨泉的《物理论》尤其明显地体现了“天人相分”思想的这个特征。日本学者薮内清先生说:“如果与欧洲的近代科学的发生相比较来研究的话,可以说在中国的文明中,工匠的传统比较强,而学者的传统比较弱。在欧洲,有以柏拉图、亚里士多德、阿基米德、托勒玫等人为代表的科学传统。然而中国的学者呢,可以说几乎所有的人都倾心于儒教,很少有人去建立成体系的科学理

---

① 严可均:《全上古三秦汉三国六朝文》第3册《三国》卷七十五《杨泉·赞善赋》,河北教育出版社1997年版,第707页。

② 严可均:《全上古三秦汉三国六朝文》第3册《三国》卷七十五《杨泉·织机赋》,河北教育出版社1997年版,第708页。

③ 杨泉:《物理论》,丛书集成初编本。

④ 杨泉:《物理论》,丛书集成初编本。

论。"[①]由于这个缘故,杨泉的"天人相分"思想才以"工匠意识"作为其立论的基础和价值载体。一般地讲,"工匠意识"本身是一种"经验意识",它的发展主要是靠传承,而不是靠推理。如《周礼·冬官·考工记》说:"巧者述之,守之世,谓之工。"可见,"述"与"世"的结合就构成了中国古代工匠社会的基本特点。

到南北朝时,不管南还是北,各代王朝多短命,其政治黑暗,战争连年不断,从而导致士心离析,社会更加动荡不安。于是,道教思想开始由下层转至士人阶层,并由此形成了道教文化中的"炼丹一说"。"炼丹"绝不仅仅是个修性的实践工夫,它同时也是当时落魄士人的一种宗教信仰。不过,"炼丹派"虽然从形式上是追求个体的涵养,使之肉身成仙,但从本质上看却是对"天人关系"的一种思想成果。那些遁入道门的没落士者,他们面对越来越蹇滞穷愁的命运,不能不对传统的"天人关系"进行新的思索,并积极寻找新的答案,而《阴符经》即是他们不断追寻和思索"天人关系"的一个具有里程碑意义的理论成就。据王明先生考证,《阴符经》约成书于南北朝时期。[②] 其作者不详,全文虽然仅 334 字,但它寓意深奥,历来被人们奉为可与《道德经》相媲美的道家经典。《阴符经》云:

"观天之道,执天之行,尽矣。故天有五贼,见之者昌。五贼在乎心,施行于天。宇宙在乎手,万化生乎身。天性,人也。人心,机也。立天之道,以定人也。天发杀机,龙蛇起陆。人发杀机,天地反覆。天人合发,万变定基。性有巧拙,可以伏藏;九窍之邪,在乎三要,可以动静。火生于木,祸发必克。奸生于国,时动必溃。知之修炼,谓之圣人。天生天杀,道之理也。天地,万物之盗;万物,人之盗;人,万物之盗;三盗既宜,三才既安。故曰:食其时,百骸理,动其机,万化安。人知其神而神,不知其不神之所以神也。日月有数,大小有定,圣功生焉,神明出焉。其盗机也,天下莫能知,君子得之固躬,小人得之轻命。瞽者,善听;聋者,善视。绝利一源,用师十倍,三反昼夜,用师万倍。心生于物,死于物,其机在目。天之无恩,而大恩生,迅雷烈风,莫不蠢然。至乐性余,至静则廉。天之至私,用之至公,禽之制在气。生者,死之根;死者,生之根。恩生于害,害生于恩。愚人以天地文理圣,我以时物文理哲。人以虞愚(胜),我以不虞愚(胜)。人以期其圣,我以不期其圣。故曰:沉水入火,自取灭亡。自然之道静,故天地万物生。天地之道浸,故阴阳胜。阴阳相推,变化

① [日]薮内清著,梁策等译:《中国·科学·文明》前言,中国社会科学出版社 1987 年版,第 54 页。

② 王明:《道家和道教思想研究》,中国社会科学出版社 1984 年版,第 146 页。

顺矣。是故圣人知自然之道而不可违,因而制之。至静之道,律历所不能契。爰有奇器,是生万象。八卦甲子,神机鬼藏。阴阳相胜之术,昭昭乎进乎万象矣。"①

从大体上看,上文可分三层意思:一是"天"与"人"的关系;二是"人"与"人"的关系;三是富国强兵之术。在此,我们只谈"天"与"人"的关系。

在《阴符经》里,"天人关系"的基本命题是"宇宙在乎手,万化生乎身",它的中心思想很明确,就是鼓励人们与自然和命运抗争,所谓"天有五贼"实际上是说人生都有机遇,而机遇通常都表现在"命"、"物"、"功"、"神"、"时"五个方面,由于这五个方面不是显在的,相反,他们往往来的时候很突然,去的时候亦很难察觉,故有"贼"之称。所以,《阴符经》的作者认为,在"天"与"人"的关系中,人相对于天具有更大的主动性和创造性,所谓"人发杀机,天地反覆"是也,显然,"天地反覆"是人定胜天思想的一种形象表述。《阴符经》说:"圣人知自然之道而不可为,因而制之。"单就此论而言,它是儒道思想的一种融合,因为在《阴符经》之前,荀子早就有"制天命而用之"的主张,一般地讲,道家主张"无为"思想,不提倡"制用"论,而《阴符经》的作者却将道家的"无为"论与儒家的"制用"观有机地结合起来,因而形成了一种独特的"天人相盗"思想,成为继杨泉之后的又一"天人相分"思想形式,同时"天人相盗"观亦是唐代刘禹锡"天与人交相胜"思想的直接理论来源,或可说"天人相盗"观是"天与人交相胜"思想的理论原型。

《阴符经》公开声张:"天地,万物之盗也;万物,人之盗也;人,万物之盗也。"其中"人盗天地万物"的思想非常深刻,它不折不扣地与西方现代人本主义的价值理念相契合。因为西方现代人本主义的价值理念可概括为八个字:发现自我,创造自我。而"人盗天地万物"的核心亦是发现自我和创造自我。例如,《阴符经》说:

(1)"宇宙在乎手,万化生乎身。"

(2)"人发杀机,天地反覆;天人合发,万变定基。"

(3)"知之修炼,谓之圣人。"

(4)"天之至私,用之至公。"

而"天之至私,用之至公"说得最明确,所谓"天之至私"就是说机遇对于每一个人而言,都是隐秘的和不外露的,因此,人之作为人的价值便是通过自己的努力去创造机会,发现自我价值,而发现自我价值的过程本身则是一个由

① 郭超主编:《四库全书精华 · 子部》第 4 卷《阴符经》,中国文史出版社 1998 年版,第 3929 页。

“私”到“公”的转化过程。因此，从这个角度讲，“天”对于每个人的命运来说又是“公正”和“公平”的，问题就在于你能不能“盗天地万物”，并且能够通过“发杀机”而发现自我。《阴符经》的作者看到了“天地万物”对于人类的社会存在而言，确实是一个无穷无尽的巨大宝藏，但这些宝藏绝不会自动地进入到人类手中，人类要想拥有这“天地万物”的宝藏就必须依靠“贼”与“盗”的精神去发现它和探取它。虽然把人类探索自然奥秘的精神比作“贼”与“盗”，听起来十分别扭和不仁，但它绝对真实地反映了当时士大夫遭受统治政权压抑的心理感受和某种苦难的心态，所以我们从中感悟到的不是“人性”的无奈和软弱而是一种“人性”的挺拔和刚强。

5.唐代“天人相分”思想的内容和特征。法国汉学家谢和耐认为，唐代对于近世社会来说无疑的是一束“新社会的曙光”①，日本史学界更有唐代是由“中古”转向“近世”的历史时期之说。陈寅恪先生亦说：“唐代之史可分为前后两期，前期结束南北朝相承之旧局面，后期开启赵宋以降之新局面。关于政治社会经济者如此，关于文化学术者亦莫不如此。退之者，唐代文化学术史上承先启后转旧为新关捩点之人物也。”②可见，至少从唐代中后期开始，其社会生活的各个领域都比较普遍地出现了近世社会的一些新气象和新面貌，这是肯定无疑的，比如，“两税法”取代“租庸调制”，“募兵制”取代“府兵制”，“封建租佃制”取代“农奴制”等，无一不是具有“近世社会”特征的新的历史现象。然而，作为一个波及社会各阶层及新旧文化传统相互过渡或者说转让的历史阶段，从经济基础到上层建筑（包括政治上层建筑和思想上层建筑）各种社会矛盾的冲突与斗争是无论如何都不可避免的。于是，伴随着唐代变革程度的不断加深，在天人关系问题上，唐代便出现了“天人合一”与“天人相分”两种思想的直接对立和冲突，因而使这个问题渐渐地超出了学术思想的范畴，而愈益变成为一个影响广泛的社会文化问题。例如，韩愈说：

“人之坏元气阴阳也亦滋甚：垦原田，伐山林，凿泉以井饮，窾墓以送死，而又穴为偃溲，筑为墙垣、城郭、台榭、观游，疏为川渎、沟洫、陂池，燧木以燔，革金以镕，陶甄琢磨，悴然使天地万物不得其情，幸幸冲冲，攻残败挠而未尝息。其为祸元气阴阳也，不甚于虫之所为乎？吾意有能残斯人使日薄岁削，祸元气阴阳者滋少，是则有功于天地者也；繁而息之者，天地之仇也。今夫人举不能知天，故为是呼且怨也。吾意天闻其呼且怨，则有功者受赏必大矣，其祸

① ［法］谢和耐：《中国社会史》，江苏人民出版社2005年版，第217页。

② 陈寅恪：《论韩愈》，《金明馆丛稿初编》，三联书店2001年版，第332页。

焉者受罚亦大矣。”①

这段话是韩愈对待“天人关系”的基本态度，在这里，韩愈看到了“人”与“天”即自然界不协调的一面，如果仅仅如此，那么，韩愈的观点就是无可挑剔的。然而，韩愈偏偏又向前多走了一步，他夸大了“人”与“自然”不相协调的方面，结果是真理变成了谬误，在他看来，“残民者昌，佑民者殃”。这是韩愈说的话吗？有人对此表示怀疑，也有人想为这句话开罪。如有人解释说：此话是韩愈“有意作偏激之语，是正话反说。”②其实不然，本来韩愈是一位坚定的“天人合一”论者。譬如，韩愈说：“形于上者谓之天，形于下者谓之地，命于其两间者谓之人。”其中“命于其两间，夷狄禽兽皆人也。”③又说：“无声与形者，物有之矣，鬼神是也。”④这些话同样跟唐代古文运动的领袖韩愈联系不起来，但事实就是事实。韩愈确实说了上面的话，而且这些绝不是“正话反说”，而是他想说的话本来如此。何以见得？那是因为韩愈是一个彻底的“天人合一”论者，他是跟“天人相分”思想唱反调儿的。前面说过，像荀子、王充、杨泉等人，他们都有一个共同的思想特征，那就是赞美人类对自然界的改造活动。例如，杨泉就曾将工匠的劳动称为“出乎圣意”。尤其可贵的是，《物理论》“注意到‘良农之务’、‘工匠之巧’在改造自然中的作用。”⑤可见，“良农之务”和“工匠之巧”是“天人相分”思想的基本物质前提，所以，反对“天人相分”就必然要设法削弱“良农之务”和“工匠之巧”这两项与人类生产和生活联系最为密切的社会事务。韩愈正是这样做的，因为“垦原田，伐山林，凿泉以井饮，窾墓以送死，而又穴为偃溲，筑为墙垣、城郭、台榭、观游，疏为川渎、沟洫、陂池，燧木以燔，革金以镕，陶甄琢磨”等事务都属于“良农之务”和“工匠之巧”的范畴，而这些活动严重影响着“天人合一”思想的传播和民众对它的接受与认知程度。于是，韩愈就采用极端的手段，把戕害民众生产利益者，称作是对“天”有功劳的人；反之，则是对“天”有罪恶的人。这种畸轻畸重、是非颠倒甚至是变态的价值观，如果不从“天人合一”与“天人相分”之间的矛盾斗争中去理解，我们简直就无法去正确认识韩愈当时的非常心态，当然，也就没有办法解释唐代的“天人关系”为什么只有通过论争的方式才能推向前进。

韩愈的话肯定不能为那些坚定的“天人相分”论者所接受，因此，面对韩

---

① 柳宗元：《柳宗元集》卷十六《天说》，中华书局1979年版，第442页。

② 赵俊：《中唐的天人关系论》，载《中国社会科学院研究生院学报》1998年第2期，第26页。

③ 魏仲举：《五百家注昌黎文集》卷十一《原人》，文渊阁四库全书本。

④ 魏仲举：《五百家注昌黎文集》卷十一《原人》，文渊阁四库全书本。

⑤ 肖萐父、李锦全：《中国哲学史》上卷，人民出版社1983年版，第404页。

愈的奇谈怪论和他对“天人相分”思想的挑战,唐代古文运动的另一位杰出领袖柳宗元则应付裕如,据理力争。比如,柳宗元在《天说》一文中反驳韩愈的“有神论”思想说:

“彼上而玄者,世谓之天;下而黄者,世谓之地;浑然而中处者,世谓之元气;寒而暑者,世谓之阴阳。是虽大,无异于果蓏、痈痔、草木也。”

“天地,大果蓏也;元气,大痈痔也;阴阳,大草木也;其乌能赏功而罚祸乎?功者自功,祸者自祸,欲望其哀且仁者,愈大谬矣。”①

这就是说,自然万物的运动变化都有自身的规律,而“天”只是“元气”存在的一种形式,它既不能“赏功”又不能“罚祸”,因为天是天,人是人,人们的吉凶祸福由人而不由天,所以天人“各行不相预”,②这就是结论。

此外,柳宗元在《时令论上》一文中又说:

“凡政令之作,有俟时而行之者,有不俟时而行之者。是故孟春修封疆,端径术,相土宜,无聚大众。季春利堤防,达沟渎,止田猎,备蚕器,合牛马,百工无悖于时。孟夏无起土功,无发大众,劝农勉人。仲夏班马政,聚百药。季夏行水杀草,粪田畴,美土疆,土功、兵事不作。孟秋纳材苇。仲秋劝人种麦。季秋休百工,人皆入室,具衣裘;举五谷之要,合秩刍,养牺牲;趋人收敛,务蓄菜,伐薪为炭。孟冬筑城郭,穿窦窖,修囷仓,谨盖藏,劳农以休息之,收水泽之赋。仲冬伐木,取竹箭。季冬讲武,习射御;出五谷种,计耦耕,具田器;合诸侯,制百县轻重之法,贡赋之数。斯固俟时而行之,所谓敬授人时者也。”③

这段话可谓持平之论,蕴积着道儒两家的思想精粹,安民务本,敬授人时。实际上,它的中心思想就是讲“良农之务”和“工匠之巧”是人类社会存在和发展的两大物质基础,至于“圣人之道”无非就是六个字:“利于人,备于事。”④显然,这是一种传统的功利主义思想。在人类历史上,自从有了国家之后,政与民的关系就构成了经济基础与上层建筑之间矛盾斗争的基本内容,因而是历代思想家最敏感同时也是最棘手的社会问题。孔子说:“使民以时。”⑤其“使”即指“政令”,它包括“农耕”和“土功”两个方面。至于“政”与“民事”的关系,《论语正义》说:“作使民必以其时,不妨夺农务。”周公亦说:“使民之谊也。民失其所务,则害之也;农失其时,则败之也。”⑥然而,“政”与“民”的关

① 柳宗元:《柳宗元集》卷十六《天说》,中华书局1979年版,第442—443页。

② 柳宗元:《柳宗元集》卷三十一《答刘禹锡天论书》,中华书局1979年版,第817页。

③ 柳宗元:《柳宗元集》卷三《时令论上》,中华书局1979年版,第85页。

④ 柳宗元:《柳宗元集》卷三《时令论上》,中华书局1979年版,第85页。

⑤ 《论语·学而》。

⑥ 刘宝楠:《论语正义》,河北人民出版社1986年版,第10页。

系并不是如此简单和纯粹，因为“时”有两种情形：顺时与反时。在“顺时”的情况下，“政”与“民”的关系即如上述，可是，在“反时”情况下呢，“政”与“民”的关系还像“顺时”时那样“俟时而行之”吗？当然不是的。柳宗元批评《月令》把“反时”归结于“天人感应”乃是“特瞽史之语”，即虚妄无根之论。在柳宗元看来，诸如“飘风、暴雨、霜雪、水潦、大旱、沉阴、氛雾、寒暖之气，大疫、风欬、鼽嚏、疟寒、疥疠之疾，螟蝗、五谷、瓜瓠、果实不成，蓬蒿、藜莠并兴之异，女灾、胎夭伤、水火之讹，寇戎来入相掠，兵革并起，道路不通，边境不宁，土地分裂，四鄙入堡，流亡迁徙之变”①等“天灾人祸”的出现，其根本原因还是在于“苛政”，而不是“仁政”。他说：“受命不于天，于其人，休符不于祥，于其仁。惟人之仁，匪祥于天，匪祥于天，兹惟贞符哉。（一本，无符字。）未有丧仁而久者也，未有恃祥而寿者也。”②又说：“力足者取乎人，力不足者取乎神。”③从这个角度看，“顺时”是“力足者”的一种客观外现，而“反时”则是“力不足者”的一种必然后果。所以，柳宗元试图从社会根源方面来寻找“天灾人祸”形成的原因，因而他得出了“顺时之得天，不如顺人顺道之得天也”④的正确结论，显示了柳宗元在“天人关系”问题上具有超常的洞穿力。最后，柳宗元对“天人合一”思想的实质亦进行了一定程度的揭露，他说：“古之所以言天者，盖以愚蚩蚩者耳，非为聪明睿智者设也。”⑤“神道设教”是社会生产力相对不发达的一种思想产物，它在特定的历史条件下具有麻痹人民群众反抗统治阶级压迫的斗争意志的作用，故历代封建统治者都以各种各样的方式来保护民间的“天神”信仰，故魏源在《古微堂集》内集卷一《学篇》中说：“鬼神之说有益于人心，阴辅王教者甚大；王法显诛所不及者，惟阴教足以慑之。”⑥究竟能不能言“天”？柳宗元认为应因人而异，在此，他延续了孔子的“二分法”，把人类群体分成“智”与“愚”两部分。在柳宗元看来，“神道设教”只适用于“愚民”这个社会群体，而“愚民”是人类社会中尚未开化的“群氓”。在这里，不管柳宗元的主观动机是什么，他这样认识人民群众的地位和价值，是不正确的。它反映了柳宗元的“天人相分”思想中还保留着“天人合一”的残余，同时也暴露了

① 柳宗元：《柳宗元集》卷三《时令论上》，中华书局 1979 年版，第 86 页。

② 柳宗元：《柳宗元集》卷一《贞符》，中华书局 1979 年版，第 35 页。

③ 柳宗元：《柳宗元集》卷四十四《非国语上·神降于莘》，中华书局 1979 年版，第 1272 页。

④ 柳宗元：《柳宗元集》卷三《断刑论下》，中华书局 1979 年版，第 90 页。

⑤ 柳宗元：《柳宗元集》卷三《断刑论下》，中华书局 1979 年版，第 91 页。

⑥ 魏源全集编辑委员会编校：《魏源全集》第 12 册《古微堂内外集·古微堂诗集·补录》，岳麓书社 2004 年版，第 3 页。

他的阶级局限性。

循着柳宗元的理路，刘禹锡进一步肯定了人对于天的积极性和能动性。刘禹锡认为：在“天人关系”问题上，可分为“天与人实影响”（即“天人感应”）与“天与人实刺异”（即“天人相分”）两派，而在两派之中刘禹锡则倾向于后者。在刘禹锡看来，“天与人实刺异”具体表现在以下几个方面：

一是从形器的角度看，“天，有形之大者也；人，动物之尤者也。”①因此，就“天”与“人”的性质而言，两者是不相同的，其“刺异”是绝对的，这是“天人相分”之“分”的物质基础和客观前提。

二是从功用上看，“天之道在生植，其用在强弱；人之道在法制，其用在是非。”②“天道”包括日月星辰、风霜雪雨、山川湖海等，它们的相互作用是产生宇宙万物的物质基础，我们通常所说的宇宙演化实际上就是上述物质的一种形态转化，而从宇宙大爆炸的那一瞬间起直到人类的诞生，地球上所有的生命物质和非生命物质都有着共同的结构元素即是明证，故刘禹锡说：“大凡入乎数者，由小而推大必合；由人而推天亦合。以理揆之，万物一贯也。”③一般认为，在人与自然的关系问题上，中国古人的观点是“人为自然界立心”，而西方哲人则主张“人为自然界立法”。然而，刘禹锡似乎亦坚持“人为自然界立法”的立场，比如，他说：“人能胜于天者，法也。”④此“法”不但与“人”有关，而且也与自然界有关，因为刘禹锡把“法制”看成是“人之能胜天之具”。⑤

三是从性质上看，“天”与“人”既相互对立又相互统一。刘禹锡说：“天之所能者，生万物也；人之所能者，治万物也。”⑥在这里，“生”与“治”的关系就是一种对立的关系，故刘禹锡说：“天之能，人固不能也；人之能，天亦有所不能也。”⑦大家知道，对于“天”的性质一直是中国古代思想界反复争论的话题，故人们赋予它各种不同的意义，其中“国之存亡，天也”⑧和“天者，群物之祖也”⑨及“唯天子受命于天，天下受命于天子”⑩的“主宰天”，始终是封建社会的国家意识形态，所以无论人们怎样去改造“天”的存在方式，它的至上地

① 刘禹锡：《刘宾客文集》卷五《天论上》，文渊阁四库全书本。
② 刘禹锡：《刘宾客文集》卷五《天论上》，文渊阁四库全书本。
③ 刘禹锡：《刘宾客文集》卷五《天论上》，文渊阁四库全书本。
④ 刘禹锡：《刘宾客文集》卷五《天论上》，文渊阁四库全书本。
⑤ 刘禹锡：《刘宾客文集》卷五《天论上》，文渊阁四库全书本。
⑥ 刘禹锡：《刘宾客文集》卷五《天论上》，文渊阁四库全书本。
⑦ 刘禹锡：《刘宾客文集》卷五《天论上》，文渊阁四库全书本。
⑧ 《春秋左传·成公十六年》。
⑨ 班固：《汉书》卷五十六《董仲舒传》，中华书局1962年版，第2515页。
⑩ 董仲舒：《春秋繁露》卷十一《为人者天》。

位却总是以这样或那样的形式存在于人们的心灵深处。当然,刘禹锡看到了柳宗元把“天”理解为一个“大果蓏”是有严重缺陷的,人对待“天”怎么能像对待“大果蓏”那样,任人宰割呢!在刘禹锡看来,“天”既不是“主宰天”也不是“大果蓏”,而是同人类一样,都是一种自然存在,所谓“天与人万物之尤者耳”①是也。毫无疑问,这种地位平等的“天人关系”是唐代“天人相分”思想的一个非常重要的特征。以此为前提,刘禹锡提出了“万物之所以为无穷者,交相胜而已矣,还相用而已”②的思想命题。在此,所谓“还相用”就是相互为用的意思,就是在一定条件下宇宙万物的相互作用和相互依存,就是对立面的统一。可见,刘禹锡的“天人关系”说确实把我国古代的“天人关系”推向了一个新的历史高度。正如张立文先生所说:刘禹锡的“天与人交相胜,还相用”思想,从“天人关系”的发展史上看,他“把柳宗元天人不相预的‘二之而已’的对待、相分关系,发展为既对立相分,又相依统一的关系。这样,汉唐时期由董仲舒提出‘天人相与之际’的问题,经历长期演化、扬弃和发展,到刘禹锡提出‘天与人交相胜,还相用’思想,便以当时最高理论水平,解决了这个延续很久的可畏的难题。”③

不过,刘禹锡虽然承认了“天与人”在地位上的平等性,但这绝不意味着他本人对待“天人关系”就没有任何倾向性了。事实上,刘禹锡从人类自身的利益出发,总是希望能通过限制“天”的权威而给人类争取更大的自由空间,所以他说:“用天之利,立人之纪。”④在刘禹锡的视阈里,“天”之“生植”的价值和意义与“人”之“是非”的价值和意义相比,人之“是非”具有更加重要的导向作用。故刘禹锡说:“是非存焉,虽在野,人理胜也;是非亡焉,虽在邦,天理胜也。然则天非预胜乎人者也,何哉?人不宰,则归乎天也。人诚务胜乎天者也,何哉?天无私,故人可务乎胜也。”⑤这段话有两层十分重大的意义:第一层意义是指出人与天在“相胜”问题上存在着一种主动与被动的关系,如“天”胜“人”属于“被动”式的“胜”,若从严格的意义上说,应当就是一种“胜”的让度,即“人不宰,则归乎天也”,换言之,就是“天”胜“人”不是“天”本身的意愿,而是由于人类自身的“不宰”,或者说人与人之间的关系出现了失控的局面。反过来,“人”胜“天”却属于“主动”式的“胜”,是“人”追求自己的目的性的一种必然结果。第二层意义是提出了“天理”与“人理”的问题,这个问题

① 刘禹锡:《刘宾客文集》卷五《天论中》,文渊阁四库全书本。
② 刘禹锡:《刘宾客文集》卷五《天论中》,文渊阁四库全书本。
③ 张立文:《中国哲学范畴发展史——天道篇》,中国人民大学出版社 1988 年版,第 60 页。
④ 刘禹锡:《刘宾客文集》卷五《天论下》,文渊阁四库全书本。
⑤ 刘禹锡:《刘宾客文集》卷五《天论中》,文渊阁四库全书本。

刘禹锡并没有展开来说,但是他却引导着宋代学者在这个问题上进行了多维度的审视和透析,并成为宋学在“天人关系”问题上继续向前迈进的一块重要基石。

## 三、天人相分思想被边缘化的根源

李约瑟先生曾经提出过以下问题:“为什么传统的中国科学技术比西方进步,但现代科学却不出自中国?”①尽管对“李约瑟难题”学界的反响不一,既有认同者也有不认同者,但它给出了人们思考中国传统文化的一个大的问题背景,仅此而言,“李约瑟难题”本身的价值和意义是不容否定的。李约瑟承认,中国古代的科学文化优越于欧洲的古代科学文化,这是一个事实。而就科学文化与“天人”问题之间的历史关系来说,“天人相分”与科学技术的性质和功能是一致的,关于这个特点,张世英先生很明确地说:“科学发展乃是自我意识、主客二分即主体性原则的必然结果。”②以此为前提,我们可以断言,宋代科学技术的发展本身亦是“天人相分”的一种必然结果。具体地说,北宋的科学技术高峰恰恰发生在王安石变法时期,或者说是王安石变法的一种客观效果,如沈括、苏颂、唐慎微、李诫、毕昇、高超、卫朴、俞皓等几乎都生活在北宋中后期,此时的科学技术领域可谓群星灿烂、人才荟萃,用恩格斯的话说,它是“一个需要巨人而且产生了巨人——在思维能力、热情和性格方面,在多才多艺和学识渊博方面的巨人的时代”。③ 因此之故,李约瑟博士才说:“对于科技史家来说,唐代却不如宋代那样有意义,这两个朝代的文献中查找任何一种具体的科技史料时,往往会发现它的主焦点就在宋代,不管在应用科学方面或纯粹科学方面都是如此。”④又说:“谈到十一世纪,我们犹如来到最伟大的时期。”⑤法国汉学家谢和耐更说:“11 世纪,中国精营界的人物与其唐代的先驱们之间的区别,就如同文艺复兴时代的人物与中世纪的人物之间的差异一样。”⑥因而他将北宋称之为“中国‘文艺复兴’的文明”时期。既然如此,从中西比较学的角度看,北宋学术的主导意识形态就理应是“天人相分”而不是“天人合一”。

然而,宋室南渡以后,一方面是社会经济在北宋的基础上继续向前发展,

---

① 杜石然等编著:《中国科学技术史稿》下册,科学出版社 1984 年版,第 329 页。

② 张世英:《天人之际——中西哲学的困惑与选择》,人民出版社 2005 年版,第 89 页。

③ 《马克思恩格斯选集》第 3 卷,人民出版社 1972 年版,第 445 页。

④ [英]李约瑟:《中国科学技术史》第 1 卷第 1 册,科学出版社 1975 年版,第 287 页。

⑤ [英]李约瑟:《李约瑟文集》,天津人民出版社 1998 年版,第 115 页。

⑥ [法]谢和耐:《中国社会史》,江苏人民出版社 1995 年版,第 291 页。

另一方面则是科学技术开始逐步由盛转衰。对此,徐规先生曾有如下的一段议论。他说:

"从经济上说,我国的经济重心从南宋起已经最终地从黄河流域转移到了长江流域。从文化上说,靖康之变以后,随着北方人口的不断南迁,南北文化进一步交融,文化中心也随之南移,使我国的封建文化进入到最为光辉灿烂的时期。另一方面,随着理学在思想界逐渐占据统治地位以后,一个从北宋中期以来,在忠君爱国、挽救社会危机的前提下,各学派自由争鸣、思想文化领域空前活跃的时代宣告结束,学术争鸣再次走向低谷。"①

而在整个士大夫阶层鄙视和漫骂科技人士的声音甚嚣尘上,严重阻碍了科学技术向更高的层次和水平跃进,结果出现了南宋科学技术在总体上较北宋低迷不前的历史局面。如,宋高宗将精于"手算"的人称为"人妖";②南宋人王栐认为宋代"贱技"的现象非常严重,"应伎术官不得与士大夫齿,贱之也"。③ 所以,张邦炜先生说:"宋朝推行贱伎政策,不利影响颇多。其中最为不利的,莫过于晚生后学不肯钻研专门技艺。这对科学文化事业,是个不祥之兆,长期以往,不仅领先地位难保,而且后果不堪设想。果不其然,明清时代科学文化事业终于滑坡。何以如此,原因虽多,但贱技政策愈演愈烈,肯定是重要的一条。"④其实,李约瑟博士早就看出了北宋与南宋在科技发展方面的不同点,因此,他的结论是:北宋是中国古代科技发展的"最伟大的时期"。虽然,程朱理学是从元代开始逐渐取得学术上的统治地位,⑤但是朱熹学说实际上远在南宋中期就已经开始对士大夫的意识形态发生这样或那样的影响了。比如,南宋的数学家秦九韶这样说:"周教六艺,数实成之。学士大夫所从来尚矣。其用本太虚生一,而周流无穷,大则可以通神明,顺性命;小则可以经世务,类万物,讵容以浅近窥哉?"⑥大家知道,朱熹理学的根本特征就是"性命"之学,对此,冯友兰先生说:"盖朱子以天下事物,皆有其理;而吾心中之性,即天下事物之理之全体。穷天下事物之理,即穷吾性中之理也。今日穷一性中之理,明日穷一性中之理。多穷一理,即使吾气中之性多明一点。穷之既多,

---

① 徐规:《南宋史稿》序,见徐规著:《仰素集》,杭州大学出版社1999年版,第1060页。

② 熊克:《中兴小记》卷十九"绍兴五年七月壬申",文渊阁四库全书本。

③ 王栐:《燕翼诒谋录》卷二,中华书局1997年版,第14页。

④ 张邦炜:《宋代政治文化史论》,人民出版社2005年版,第137页。

⑤ 中国科学院自然科学史研究所:《钱宝琮科学史论文选集》,科学出版社1983年版,第589页。

⑥ 秦九韶:《数书九章》序,靖玉树编勘:《中国历代算学集成》,山东人民出版社1994年版,第467页。

则有豁然顿悟之一时。至此时则见万物之理,皆在吾性中。"[①]"万物之理,皆在吾性中"这是一种神秘主义的世界观,而秦九韶可能迫于思想的压力,委身朱熹理学的麾下,说:"数与道非二本。"[②]且不说数学与理学之间究竟是不是"一本"的关系,单就作为一门科学的数学来说,它则寄于作为一种宗教信仰的理学篱下,确实让人有种委肉虎蹊的感觉。尽管科学与宗教的关系并不是我们能够用三言两语就说清楚的事情,但是如果"科学的命运取决于宗教对它的评价",那科学只能成为"神学的婢女"。所以,欧洲近代科学就是从"宗教改革"开始的。恩格斯指出:"自然科学借以宣布其独立并且好像是重演路德焚烧教谕的革命行为,便是哥白尼那本不朽著作的出版,他用这本书来向自然事物方面的教会权威挑战。从此自然科学便开始从神学中解放出来……科学发展从此便大踏步地前进,而且得到了一种力量,这种力量可以说是与从其出发点的距离的平方成正比的。"[③]程朱理学作为一种宗教信仰,虽然它对自然科学的压迫不像中世纪基督教对于科学发展的压抑和限制那么严重,但是从宋代的历史发展状况看,理学与科学的关系不是一种正比关系,而是一种反比关系。比如,北宋的科技高峰与理学之势的相对薄弱相对应,而南宋理学之势的强盛与其科技发展的相对落后相对应。换言之,当欧洲近代科学获得独立发展的时候,中国从 13 世纪中期开始理学便成为束缚北宋科学走向近代化的沉重枷锁,而科学家的思想亦随之由外向性的"天人二分"转入内向性的"天人合一"。叶适说:

"昔周、张、二程考古圣贤微义,达于人心,以求学术之要。世以其非笺传旧本,有信有不信,百年之间,更盛衰者再三焉。乾道五、六年,始复大振,讲说者被闽、浙,蔽江、湖,士争出山谷,弃家巷,赁馆贷食,庶几闻之。"[④]

而程朱理学的"考古圣贤微义,达于人心"的"性命"之学,对于南宋思想上层建筑的影响是非常深刻的,比如,秦九韶以程朱理学为掩护,即说明当时理学势力之强、之盛。尤其重要的是,透过秦九韶这个特定的学术现象,我们能感受到当时整个南宋思想界逐渐明朗化的一种发展趋势,即关注人本身更胜于关注人本身之外的自然界。比如,刘子健先生曾经注意到这样一个事实:"仔细考察两宋之际的中国,给历史学家们留下印象更为深刻的往往是 11 世纪即北宋中期的多姿多彩的发展进步,而不是这些进步在 12 世纪即南宋所发

① 冯友兰:《中国哲学史》,商务印书馆 1947 年版,第 919—920 页。

② 秦九韶:《数书九章》序,靖玉树编勘:《中国历代算学集成》,山东人民出版社 1994 年版,第 467 页。

③ 《马克思恩格斯选集》第 3 卷,人民出版社 1972 年版,第 446 页。

④ 叶适:《水心文集》卷十三《郭府军墓志铭》,《叶适集》,中华书局 1961 年版,第 246 页。

生的转变。”[①]所以，他把北宋与南宋在特征上作了认真的区分与定位，其结论是：“北宋的特征是外向的，而南宋却在本质上趋向于内敛。”[②]如果我们换一种说法，则北宋的主导思想是“天人相分”，而南宋的主导思想却转为“天人合一”。由于“北宋的特征是外向的”，因此，约公元11世纪的北宋便诞生了“一个伟大的自然哲学家的学派”，“沈括，在他的不朽著作《梦溪笔谈》中，第一次客观地描述了许多自然现象，如，磁铁的指向性和偏差度，等等。同时，火药也已经普遍使用；那时，成吉思汗还没有在西方出现。”[③]另外，余英时亦称沈括是一位“外倾型的思想家”。[④] 可见，“天人相分”给北宋带来的最大思想成果就是造就了沈括的科学思想与科学精神。余英时说：

“我认为西方文化的外倾精神有助于系统科学的发展，而中国文化的内倾精神则不积极地激励人去对外在世界寻求系统的了解。这句话认真讨论起来当然不易。简单地说，毕达哥拉斯用抽象的数学形式来解释事物活动的外在结构，是西方最早的一次科学革命。这是西方人第一次从数学观点来解决物理问题。柏拉图根据毕氏的数学形式的观念发展出‘理型说’，把世界一分为二，于是更进一步奠定了西方思想的外在超越的途径。”[⑤]

从柏拉图开始，西方的“天人相分”思想推动了其科学文明的进步。同理，北宋的“天人相分”思想则把北宋的科技水平推向了中国古代历史的最高峰。然而，在西方，“天人相分”的形式无论怎样变化，其“天人相分”的基本内容却是相对稳定的和不变的，所以，近代的科技革命发生在欧洲，而不是在中国，也不是在印度或朝鲜，大概原因就在于，东方的“天人相分”观念在历史发展过程中具有不稳定性和阶段性，而且从长效机制来说，“天人合一”较“天人相分”更容易与中国古代的皇权政治相结合，从而获得皇权政治的支持和保护。相反，“天人相分”观念很容易使“皇权政治”成为一座没有依靠的孤岛，一旦发生灾变它便有被沉陷的危险。对此，张邦炜先生说：“儒学之士和技艺之士的前途和命运，迥然不同，相差太远。士这个阶层对于专制皇权来说，既是一种不能不利用的借用力量，又是一种不得不提防的异己力量。宋朝统治者发展科举制度，笼络儒学之士，在很大程度上是为了化异己力量为借用力量。他们替儒学之士和技艺之士安排下两种迥然不同的前途和命运，则是为了分化瓦解士这个阶层。出身于技艺之士的伎术官为出身于儒学之士的士大

① 刘子健：《中国转向内在》，江苏人民出版社2002年版，第7页。
② 刘子健：《中国转向内在》，江苏人民出版社2002年版，第7页。
③ ［英］李约瑟：《四海之内——东方和西方的对话》，三联书店1992年版，第91页。
④ ［美］余英时：《中国思想传统的现代诠释》，江苏人民出版社2003年版，第16页。
⑤ ［美］余英时：《中国思想传统的现代诠释》，江苏人民出版社2003年版，第16页。

夫所不齿,表明宋朝统治者的分化瓦解政策果然奏效。”①原来,对于宋朝的皇权政治而言,士大夫这个阶层本身则是一把双刃剑,其中在他们看来,“技艺之士”远不如“儒学之士”对宋朝的统治忠实、可靠。这是因为“技艺之士”与“儒学之士”对待“天人关系”的理念是不同的。比如,“技艺之士”的价值理念是以个体意识为根本的,他既不屈服于自然力,也不屈服于来自社会方面的政治力。在前者,有古希腊科学家阿基米德的名言为证:“给我支点,我可以撬动地球。”②在后者,古罗马的女科学家希帕提娅即使被打死也不信仰基督教,可谓是坚定的科学主义卫士。恩格斯在揭示中世纪科学发展的历史时指出:“自然科学当时也在普遍的革命中发展着,而且它本身就是彻底革命的。”③自然科学本身具有“彻底的革命性”,这种性质必然会赋予从事自然科学研究的人以不为任何权威所屈服的品格。而宋朝的最大政治权威就是皇帝,皇帝是什么?皇帝就是人间至尊和全知全能者。故汉代的蔡邕说:“皇帝至尊之称。皇者,煌也,盛德煌煌,无所不照;帝者,谛也,能行天道。事天审谛,故称皇帝。”④然而,能真正“事天审谛”的人,其实不是皇帝,而是那些科学家,包括官方科学家与民间科学家。余英时说:“运用理性以获得真理是西方文化自希腊以来的一贯精神,是外在超越的西方价值系统的一种具体表现。”⑤既然肯定了西方科学精神的一贯性,那么,在东西方相互对峙的文化背景下,其言外之意无非就是说东方的科学精神是断续的和不连贯的。如果进一步追问,东方的科学精神为什么不能一以贯之,最可靠的答案只有一个,那就是东方社会特别是中国古代社会实行的是一种政府干预科学研究制度,换言之,就是一种政府对科学资源的垄断制。当然,从历史上看,这种干预制是有阶段性的和发展变化的。如,《帝王世纪》载:

“(黄帝)使歧伯尝味百草,典医疗疾,今《经方》、《本草》之书咸出焉。其史仓颉,又取象鸟迹,始作文字。史官之作,盖自此始。”⑥

又《世本作篇》载:

“黄帝令大扰作甲子,宋衷曰:大扰,黄帝史官。隶首作算数,隶首作数,宋衷注曰:隶首,黄帝史也。伶伦造律吕,容成造历,宋衷注曰:容成,黄帝史官。苍颉作书,苍颉造文字,沮诵、苍颉作书,并黄帝时史官,宋衷注曰:苍颉、

① 张邦炜:《宋代政治文化史论》,人民出版社2005年版,第136页。

② 吴国盛:《科学的历程》,北京大学出版社2002年版,第90页。

③ 《马克思恩格斯选集》第3卷,人民出版社1972年版,第446页。

④ 蔡邕:《蔡中郎集》卷四《独断》,《四部备要》,第135页。

⑤ [美]余英时:《中国思想传统的现代诠释》,江苏人民出版社2003年版,第17页。

⑥ 皇甫谧:《帝王世纪》卷一《自开皇至三皇》,商务印书馆1937年版,第5页。

沮诵,黄帝史官。黄帝之世,始立史官,苍颉、沮诵,居其职矣。至于夏商,乃分置左右。"[①]

此时之"史"是集社会科学知识与自然科学知识于一身的,是替黄帝掌控整个知识资源的政府官吏,他们直接为黄帝的统治政权服务,即这个时期的知识资源是垄断性的,而不是共享性的。根据现有的甲骨资料,商王朝至少在夏朝"左史"与"右史"的基础上,分化出宰、卜、史、工、马、亚、射、卫等官职。[②]到西周中期,由于官职分化速度加快,为了适应这种官僚政治发展的客观需要,西周王朝开始派生出"士"这个独特的官僚阶层,而且朝廷的众多官职几乎都由"士"包括"庶常吉士"和"济济多士"来担任。[③] 不过,"士"跟一般的官吏相比,它不仅有一定的官位,而且更有专门的科学文化知识。前面说过,科学对于统治者来说无疑的是一把双刃剑,它既可以为统治者所用,也可以为被统治者所用,那就看它究竟掌握在何人手里,是忠实于统治者的士人手里呢还是掌握在忠实于被统治者的士人手里,而在正常情况下,科学知识究竟应用于什么样的士人手上,它所产生的社会后果肯定是大不相同的。于是,《礼记·乐记下》云:"德成而上,艺成而下。"孔颖达疏:"艺成而下者,言乐师商祝之等艺术成就而在下也。"因而"德上艺下"便成为以后整个封建统治阶级评判知识价值的唯一标准,并且是带有严重政治色彩的评判标准。不过,这种对于知识价值的评判意识与西周社会"国"与"野"的政治分层现实是相适应的。在西周,所谓"国"主要指被封者于其封地建城圈地,凡在这个被划定的城圈之内居住者,是谓"国人",反之,则是谓"野人"。由于"国人"的身份是西周贵族,享有称作"士"的特权,[④]故又称"君子",如《春秋左传·文公十二年》载襄仲的话说:"不有君子,其能国乎!"凡"君子"大概都是"劳心者",而凡"野人"则多为"劳力者",所以,孟子说:"或劳心,或劳力,劳心者治人,劳力者治于人,治于人者食人,治人者食于人。"[⑤]又,《春秋左传·襄公九年》载知武子的话说:"君子劳心,小人劳力,先王之制也。"此"先王"大概不出西周时代,它说明在西周"国"与"野"分层的历史条件下,"君子"和"小人"仅仅是一种政治身份的标签,当时还没有被赋予道德的内容和意义。但到西周末期,"国"与"野"的界限被打破,因而原来跟"国"与"野"相连的"君子"和"小人"之别,亦由一种身份歧视转为一种道德认知概念和行为评判标准了,它反映了社会的

---

① 皇甫谧:《帝王世纪》卷一《自开皇至三皇》,商务印书馆 1937 年版,第 109 页。

② 阎步克:《士大夫政治演生史稿》,北京大学出版社 1998 年版,第 49 页。

③ 阎步克:《士大夫政治演生史稿》,北京大学出版社 1998 年版,第 49—50 页。

④ 阎步克:《士大夫政治演生史稿》,北京大学出版社 1998 年版,第 37 页。

⑤ 《孟子·滕文公章句上》。

进步与文明的发展。当然，由于殷商遗民虽臣服于西周的“国人”而成为“野人”，但他们所拥有的知识资源却较“国人”更为丰富。因此，孔子说：“先进于礼乐，野人也；后进于礼乐，君子也。”①可见，殷商遗民中多“士民”，如《尚书·多士篇》云：“殷遗多士，弗吊（淑），旻天大降丧于殷。”而“殷士”属于殷商遗民中“有德”的人，是西周朝廷可以重用的对象，故《尚书·多士篇》又说：“惟尔知，惟殷先人有册有典，殷革夏命。今尔又曰：‘夏迪简在王庭，有服在百僚。’予一人惟听用德；肆予敢求尔于天邑商，予惟率肆矜尔。”其中“惟听用德”表明了周王朝对待“殷士”的态度，那就是以“利用”为主。那么，“殷士”在西周的政治地位究竟如何？《诗·大雅·文王之什》“文王”之第五首云：“殷士肤敏，祼将于京。厥作祼将，常服黼冔。王之藎臣，无念尔祖。”虽然如此，但从“殷士”的实际作用看，他们更擅长于“教”。因此，大概在西周时期，“殷士”中便派生出了一个专门从事教育工作的“教士集团”，时人名之曰“儒”。《说文》释“儒”曰：“柔也，术士之称。”其“柔”说明了“儒士”这个属于殷商遗民中的特殊阶层的性格特征，而“术”则明确了“儒”的职业特点。《周礼·天官·太宰》载：“儒，以道得民。”郑玄注：“儒，诸侯保氏有六艺以教民者。”又，《周礼·地官·大司徒》还出现了“联师儒”的说法，郑玄注：“师儒，乡里教以道艺者。”在此，“师儒”（章太炎先生亦称“私儒”）的出现，实在是当时教育革命的一个前奏。当然，它无疑的是西周以来“士竞于教”（《春秋左传·襄公九年》）的一种必然结果。这是因为“私儒”的出现从整体上打破了周王朝垄断知识资源的历史局面，为春秋以后民间教育的形成和发展创造了条件。众所周知，齐、鲁之地为殷商遗民的聚集之处。如，《汉书》云：齐地，“汤时有逢公柏陵，殷末有薄姑氏，皆为诸侯，国此地。”②《春秋左传·昭公九年》又载：“武王克商，蒲姑、商奄，吾东土也。”同书《定公四年》更说：武王克商，“分鲁公以大路大旗，夏后氏之璜，封父之繁弱（大弓名），殷民六族——条氏，徐氏，萧氏，索氏，长勺氏，尾勺氏，——使帅其宗氏，辑其分族，将其类丑（丑，众也），以法则用公，用即命于周；是使之职事于鲁，以昭周公之明德；分之土田陪敦，祝宗卜史，备物典策，官司彝器，因商奄之民，命以伯食，而封于少皞之虚。”其中，孔子即是“殷商遗民”的后裔，同时又被冯友兰先生称之为“子学时代”的开端。严格地讲，“子学时代”是对“王学时代”的反动，用学术的语言或可称“否定”。如《汉书》说：“古之儒者，博学乎六艺之文。六学者，王教

① 《论语·先进》。

② 班固：《汉书》卷二十八下《地理志下》，中华书局 1962 年版，第 1659 页。

之典籍，先圣所以明天道，正人伦，致至治之成法也。"[①]然而，以"有教无类"的孔子却将"王学"转化为一种共享型的知识资源，于是，与"王学"相对，到春秋以后"私学"开始逐渐兴盛起来，直至演为战国时期的"百家争鸣"。当时，人们将聚徒讲学的"儒士"尊称为"子"，他们以"从道不从君"[②]为学术人格之尊严，并打出"以其学易天下"的鲜明旗帜，周游列国，"辩其谈说"，[③]深为各个诸侯国君主所器重，甚至有的儒士还晋升为"上大夫"[④]之显爵。对此，章学诚说："周衰文弊，诸子争鸣，盖在夫子既殁，微言绝而大义之已乖也。然而诸子思以其学易天下，固将以其所谓道者，争天下之莫可加，而语言文字，未尝私其所出也。"[⑤]由于"私学"于"王学"之外异军突起，给春秋战国的科学文化事业带来了空前的繁荣局面，所以，从思想根源上来挑战"王学"的统治基础，就形成了春秋战国时期"百家争鸣"的一个显著特点。由《尚书·周书·多士篇》知，周人对"殷商遗民"思想统治的根基是"天显"意识或称"天命"观念，但随着西周"王室既微，诸侯力政"[⑥]社会局面的形成，在知识传统途径方面，出现了"礼失而求诸野"[⑦]的社会历史现象。按师古释"礼失"句说："都邑失礼，则于外野求之，亦将有获。"这实际上是"国"与"野"地位的一种"颠倒"，而这种地位"颠倒"的思想意义便是"人道"观获得了的比较广泛的伸张。如，"左丘明观其史记，据行事，仍人道。"[⑧]而《荀子》更提出了"明于天人之分"[⑨]的思想，从此，"天人合一"与"天人相分"便构成了中国古代"天人关系"既相对立又相统一的两个方面。在一定程度上，也可以说"天人合一"主要代表着"国人"的一种思想意识，而"天人相分"本身具有明显的叛逆倾向，因而主要代表着"野人"的一种新兴的思想意识。在西周时期，"野人"是物质财富的主要创造者，他们是井田制下的劳动者。尽管到战国后期，"国人"与"野人"的分界已经被打破，统一成为新的历史条件下的"编户齐民"，但是产生于"野人"群体中的"天人相分"思想并没有因为"野人"的消失而退出历史舞台，相反，它随着历史的发展不断完善自身，并使之成为一股愈益强大的思想潮流。

---

① 班固：《汉书》卷八十八《儒林传》，中华书局1962年版，第3589页。

② 《荀子·子道》。

③ 《荀子·儒效》。

④ 司马迁：《史记》卷四十六《田敬仲完世家》，中华书局2013年版，第2284页。

⑤ 章学诚：《文史通义》内篇四《言公上》，古籍出版社1956年版，第104页。

⑥ 班固：《汉书》卷三十《艺文志》，中华书局1962年版，第1746页。

⑦ 班固：《汉书》卷三十《艺文志》，中华书局1962年版，第1746页。

⑧ 班固：《汉书》卷三十《艺文志》，中华书局1962年版，第1715页。

⑨ 《荀子·天论》。

一般而言,由“野人”与封建统治王朝一起分享既成的知识资源对于封建统治王朝自身来说是存在一定危险性的。因为“批判的武器当然不能代替武器的批判,物质力量只能用物质力量来摧毁,但是理论一经掌握群众,也会变成物质力量。”[①]毛泽东曾经指出希腊唯物主义产生需要五个社会条件,分别是:“(一)对自然法则的认识有待生产技术的进步,人们才能逐渐窥知自然的性质,才能开始用一种与宗教不同的眼光去说明世界;(二)必待有了手工业与商业,有了商业奴隶主,他们有钱有时间,才能发生求高深学问的动机;(三)必待有了商品交换的经验,养成了思维的抽象能力,才能从事于哲学;(四)必待异民族的接触,地理眼界的扩大,才能扩大精神的眼界;(五)必待自然科学的初步发达,有了知识的基础,才能据之找出一种普遍必然的因素,才能形成自然哲学。”[②]而“天人相分”思想出现于春秋战国时,恰恰与希腊唯物主义思想产生的五个社会条件相符合,比如,“殷尚遗民”在西周转为“野人”的一部分后,他们积极从事商品生产与交换,到春秋后期,一批私营工商业者应运而生,故《史记》载:“子赣既学于仲尼,退而仕于卫,废著鬻财于曹、鲁之间,七十子之徒,赐最为饶益。原宪比厌糟糠,匿于穷巷。子贡结驷连骑,束帛之币以聘享诸侯,所至,国君无不分庭与之抗礼。”[③]又“太公望封于营丘,地潟卤,人民寡,于是太公劝其女功,极技巧,通渔盐,则人物归之,繦至而辐凑。故齐地冠带衣履天下,海岱之间敛袂而往朝焉。”[④]在自然科学方面,《甘石星经》、《禹贡》、《考工记》等一批总结性的科学技术成果相继问世,极大地促进了唯物主义思想的发展。以此为基础,人们“开始用一种与宗教不同的眼光去说明世界”,故春秋时期的季梁说:“夫民,神之主也。”[⑤]而此时的“民”已经包含着农、工、商、士四个阶层。[⑥] 同时,传统的卜筮之术亦开始遭到人们的质疑,如《春秋左传・桓公十一年》载斗廉的话说:“卜以决疑,不疑何卜。”向“天人相分”思想迈进了一大步。到鲁昭公十八年(前524),郑国的思想家子产终于提出了“天道远,人道迩”的命题。所以,从社会根源上讲,一方面,反映王学主流意识形态的哲学著作《周易・彖传》、《周易・象传》及《尚书・周书》的“基础原理”,在雷海宗先生看来,就是“天人合一”。[⑦] 另一方面,随着新兴地

① 《马克思恩格斯选集》第1卷,人民出版社1972年版,第9页。

② 《毛泽东哲学批注集》,中央文献出版社1988年版,第217—218页。

③ 司马迁:《史记》卷一百二十九《货殖列传》,中华书局2013年版,第3927页。

④ 司马迁:《史记》卷一百二十九《货殖列传》,中华书局2013年版,第3923页。

⑤ 《春秋左传・桓公六年》。

⑥ 司马迁:《史记》卷一百二十九《货殖列传》,中华书局2013年版,第3923页。

⑦ 雷海宗:《伯伦史学集》,中华书局2002年版,第15—21页。

主阶层的分化，由工商业、手工业转化而来的那部分地主阶级，他们比较注重追求现实的物质利益，积极要求打破传统观念的束缚，于是在意识形态领域便形成了以商鞅、荀子等为代表的“天人相分”派；而由旧奴隶主贵族转化过来的那部分地主则以维护旧的统治政权为宗旨，主张“仁政”学说，于是在意识形态领域便形成了以孟子为代表的“天人合一”派。① 可惜，从汉武帝之后一直到唐代中期，历朝封建统治者几乎都严厉压抑由工商业、手工业转化而来的那部分地主阶级势力的生长，因此，与这个阶级相连的“天人相分”思想没有形成为那个历史阶段之社会意识形态的主流。不过，到唐代后期，从庶族地主阶级中已经衍生出一些具有工商业意识的改革者，如柳宗元就是一个典型的代表。柳宗元看到了物质利益是“立民之本”这个思想原则，他认为“民利”的基本内涵就是“民自利者也”，②主张弛商政策。他说：“夫富室，贫之母也。诚不可破坏，然使其太悻而役于下则又不可。”③显然，柳宗元的“富室”理论是宋代“功利派”经济思想特别是其“富民”论的直接先驱。在强调这个经济思想的前提下，柳宗元针对韩愈的“天人合一”思想，提出了君主“受命不于天，于其人；休符不于祥，于其仁，惟人之仁，匪祥于天”④的“无神论”主张以及天人“各不相预”⑤的“天人相分”思想命题，反映了他积极要求社会进步和政治变革的理想与愿望，并由此而成为唐代反对神学迷信的先锋派人物。与柳宗元不同，韩愈则强调“圣人立教”和“听天顺命”的思想原则，在他看来，一方面，“贤不肖存乎己，贵与贱、祸与福存乎天”，⑥人不可能改变自己的命运，因此，他说：“盖君子病乎在己，而顺乎在天”，“所谓病乎在己者，仁义存乎内，彼圣贤者能推而广之，而我蠢焉为众人。所谓顺乎在天者，贵贱穷通之来，平吾心而随顺之，不以累于其初。”⑦另一方面，他不仅认为“天人相应”⑧是“圣人立言”的理论依据，而且“有神论”亦是不能否认的，他明确表示：“天地神祇，昭布森列，非可诬也。”⑨此外，他还相信：修国史“不有天谴，必有鬼诛。”⑩

---

① 北京大学哲学系中国哲学教研室：《中国哲学史》上册，中华书局 1982 年版，第 69—72 页。

② 柳宗元：《柳宗元集》卷十五《晋问》，中华书局 1979 年版，第 425 页。

③ 柳宗元：《柳宗元集》卷三十二《答元饶州论政理书》，中华书局 1979 年版，第 832 页。

④ 柳宗元：《柳宗元集》卷一《贞符》，中华书局 1979 年版，第 35 页。

⑤ 柳宗元：《柳宗元集》卷三十一《答刘禹锡天论书》，中华书局 1979 年版，第 817 页。

⑥ 韩愈：《韩昌黎集》卷十七《与卫中行书》，文渊阁四库全书本。

⑦ 韩愈：《韩昌黎集》卷十六《答陈生书》，文渊阁四库全书本。

⑧ 韩愈：《韩昌黎集》卷三十六《为宰相贺雪表》，文渊阁四库全书本。

⑨ 韩愈：《韩昌黎集》卷十八《与孟简尚书书》，文渊阁四库全书本。

⑩ 任继愈：《中国哲学史》第 3 册，人民出版社 1979 年版，第 136 页注。

虽然韩愈与柳宗元都是唐代古文运动的领袖人物,但是他们却代表着儒学发展的左右两翼,其中柳宗元代表着儒学发展进程中的左翼,他以“天人相分”为其思想基础,坚持“无神论”,明确“功利”主义对于人生的价值和作用,特别是为维护工商业阶层的实际利益,柳宗元主张“富人”的利益不可侵犯的经济思想,它成为宋代“功利派”思想的理论之源。而韩愈则代表着儒学发展进程中的右翼,他以“天人合一”为其思想基础,宣扬“鬼神论”,肯定“仁义存乎内”的性命之学对于人生的价值和意义,因而韩愈成为引领宋代“理学”转向“内在”的导师和灯塔。然而,知识究竟是采取共享性的方式还是垄断性的方式,对于宋朝统治者更加有利,这既是一个非常难以鉴别和判明的问题,却又是一个很现实的问题。宋朝士大夫的主体意识是一种以“三代”为模式的“贤人”意识,比如,“理”这个范畴就具有“模式”的意思,李约瑟博士说:“朱熹哲学中的关键词是‘理’而不是‘道’。‘道’字现在往往译为‘原则’,但它的原来的意思是指‘玉石的纹理’。因此,‘理’暗示着‘模式’的意思,使我们联想到怀脱海特所说的有机体模式。”①实际上,在二程那里,“三代”这个概念既是一个政治模式,同时又是一个道德模式和知识形态模式。例如,程颐说:“观三代之时,生多少圣人,后世至今,何故寂寥未闻,盖自是有盛必有衰,衰则终必复盛。”②程颢又说:“三代之治,顺理者也。”③二程把上面两种说法结合起来,于是就有了下面这个命题:“圣人与理为一。”④换言之,则圣人之道“通贯只一理”(《二程集》上册,第152页),而“理便是天道也”。⑤ 在此,不论是“理”还是“天道”,仅从“三代”的知识形态来说,它们指的无非就是王权对知识资源的垄断。二程强调说:“天命不已,文王纯于天道亦不已。纯则无二,无杂不已则无间断先后。”⑥“文王”是二程心目中的“圣人”,是他们作为“政治模式”的一个“模型人物”。而为了使“天道”观念更接近于宋代的社会

① [英]李约瑟:《四海之内——东方和西方的对话》,三联书店1992年版,第91页。

② 程颢、程颐:《河南程氏遗书》卷十五《伊川先生语一·入关语录》,《二程集》上,中华书局1981年版,第146页。

③ 程颢、程颐:《河南程氏遗书》卷十一《明道先生语一·师训》,《二程集》上,中华书局1981年版,第127页。

④ 程颢、程颐:《河南程氏遗书》卷二十三《伊川先生语九·鲍若语录》,《二程集》上,中华书局1981年版,第307页。

⑤ 程颢、程颐:《河南程氏遗书》卷二十二上《伊川先生语八上·伊川杂录》,《二程集》上,中华书局1981年版,第290页。

⑥ 程颢、程颐:《河南程氏遗书》卷五《二先生语五》,《二程集》上,中华书局1981年版,第77页。

现实,程颢进一步认为:“君道即天道也。”①平心而论,二程的本意是想通过这种“天道”理念来对“君权”加以节制(关于这一点,有程颐的“尊师严道”②的理性精神与道德实践为证)。然而,这种良好的愿望却并不是宋代统治者所需要的,因而它从形式上不能符合宋代皇权政治的“至上性”原则,所以,二程在北宋政治演进史上的悲剧命运是注定的,而他们的“尊师严道”理想亦难以实现。

历史是一个不断自我否定的发展过程,用二程的话说就是“有盛必有衰,衰则终必复盛”。我们在前面讲过,夏商周三代的“知识形态”采取了“王学”的形式,即君主一统各种知识资源,实行“愚民”政治。至春秋以后,王学垄断知识资源的局面被打破,随着“私学”教育的出现,知识则演变成了王朝与民间相互利用的共享性和开放性的文化资源,于是,由知识的共享到“百家争鸣”的出现,形成为先秦思想文化的一个显著特色。秦汉以后,“王学”复盛,中国历史始进入到封建专制主义的中央集权国家阶段。而为了统一思想,消灭异己,秦始皇甚至用“焚书坑儒”的方式,打击民间“私学”,堵塞通往民间的知识之路。这种局面一直到唐末五代时才有所改观,特别是经过黄巢起义之后,王学衰废,民间“私学”或称“山林教育”复兴,不少儒士退隐山林,专事讲学,譬如,长兴间(930—933)南唐人罗韬建太和匡山书院,“以讲所学”。③又,罗靖在奉新建梧桐书院,等。此外,不以“书院”名而聚徒讲学者,亦广布民间,如陈抟传《先天图》于种放,就是一种师徒传授的教学形式。此际,许多新思想和新观念,风起云涌,渐成不可阻挡之势。例如,产生于民间的《无能子》公然谴责圣人,否定君臣名分,故王明先生称它是“唐末《狂人日记》”;④罗隐(833—909)著《谗书》,其抗争与愤激之言,对于封建统治者来说,犹如利剑穿心,故它一度被列为禁书。据《北梦琐言》载:一次韦贻范与罗隐同舟,彼此不相识,舟人对罗隐说:“此有朝官。”罗隐答道:“是何朝官!我脚夹笔,亦可以敌得数辈。”⑤如此藐视权贵,正气凛然,其人格力量又何尝能禁得了!但看宋人所著之《唐语林》、《太平广记》等书中都收录了这一则事例,即能证明罗隐思想对宋代士大夫的人格塑造还是有深刻影响的。在民间,不仅隐藏着上述这些富有斗争热情的思想家,而且还点布着无数专事“天道”研究的“方术士”,如陈抟、李浩、彭晓、谭峭、徐子平、孙夷中等。诚然,这些方术士中不

---

① 程颢、程颐:《河南程氏遗书》卷十一《明道先生语一·师训》,《二程集》上,中华书局1981年版,第117页。

② 韩钟文:《中国儒学史》宋元卷,广东教育出版社1998年版,第365页。

③ 嘉庆《重修一统志》卷三百二十七。

④ 萧箑父:《中国哲学史史料源流举要》,武汉大学出版社1998年版,第211页。

⑤ 孙光宪著,贾二强点校:《北梦琐言》卷六《罗顾昇降》,中华书局2002年版,第142页。

乏闾巷卖卜者，但亦有一些杰出的思想家，如陈抟、谭峭等。其中谭峭在《化书》中提出了“均食、重俭”的社会政治主张和“非民诈，吏诈也”的思想命题，大胆地为农民起义正名，这种大无畏地反对贪官污吏的斗争精神，就具有着永恒的社会价值和人格魅力。所以，我们不难发现，从五代这个特定历史时期所产生出来的民间思想家，他们对“天道”的叛逆意识实际上已经构成宋代“天人相分”思想的重要组成部分。

然而，这种诬“天道”的思想意识恰恰是宋朝统治者最害怕的。因此，北宋统治者从其自身的利益出发，为了维持政权的稳定和延续，更为了证明其政权的“神授性”，一方面，宋太祖和宋太宗下令对民间的“术士”要严格管制，并对那些在他们看来不能共享的知识资源实行有条件地文化垄断政策，尤其是严禁那些有可能危及宋朝思想统治的“私学”存在，如宋太宗令“两京诸道阴阳卜筮人等向令传送至阙，询其所习皆懵昧无所取，盖矫言祸福诳耀流俗以取赀耳。自今除二宅及易筮外，其天文相术、六壬遁甲、三命及阴阳书限诏到一月送官”；①另一方面，宋朝的皇帝大搞造神运动和偶像崇拜，用以迷惑世众，比如，宋太祖开宝九年（976），“有神降于盩庢（今作周至）民张守真家，守真为道士，即所居创北帝宫。太宗嗣位，真君降言有‘忠孝加福爱民治国’之语，诏于终南山下筑宫。”随后，真宗又于太平兴国六年（981），“十一月壬戌，封神为翊圣将军。大中祥符七年加号翊圣保德真君。”②当然，宋朝统治者不仅造“天上之神”，以编制“天神授命”的神话，而且更造“人间之神”，以显“神道设教”之威，如汉人隗嚣云：“所谓‘神道设教’，求助人神者也。”③毫无疑问，人间最大的神就是皇帝，故宋真宗封“赵氏始祖”为“圣祖上灵高道九天司命保生天尊上帝”。④ 此外，大中祥符元年（1008），宋真宗始封孔子为“玄圣文宣王”，⑤接着，大中祥符五年（1012）又改封为“至圣文宣王”；⑥元丰六年（1083），宋神宗始封孟子为邹国公。⑦ 孔孟作为一种人间“至上神”，被宋王朝崇奉为“神教”，标志着“天人合一”观念的神学化已成定局。在北宋之前，《无能子》斥“圣教”为“逐其末而忘其本”；⑧而北宋的“功利派”代表人物李觏、叶适等更

① 李焘：《续资治通鉴长编》卷十八“太宗太平兴国二年冬十月”，中华书局 1992 年版，第 414 页。

② 《陕西通志》卷二十八《祠祀一》。

③ 范晔：《后汉书》卷十三《隗嚣传》，中华书局 1965 年版，第 514 页。

④ 王卡：《道教三百题》，上海古籍出版社 2000 年版，第 63 页。

⑤ 脱脱等：《宋史》卷七《真宗本纪二》，中华书局 1975 年版，第 139 页。

⑥ 脱脱等：《宋史》卷八《真宗本纪三》，中华书局 1975 年版，第 152 页。

⑦ 脱脱等：《宋史》卷十六《神宗本纪三》，中华书局 1975 年版，第 311 页。

⑧ 《无能子》卷上《圣过》。

有“疑孟”和“非孟”的言论。[①] 不仅如此,究竟如何看待孟子在儒学中的地位甚至成了王安石与司马光之间矛盾斗争的焦点之一。如王安石尊孟,他将《孟子》一书列入科举考试的科目,此举引起司马光的不满,故司马光与之针锋相对,尊扬抑孟,并写出了《疑孟》一文,其弟子晁说之更著《诋孟》,愤激之情溢于言表。尽管王与司的主观动机不同,甚至还可能各有自己迫不得已的一面,但从总体上看,孟子地位的升格,意味着“天人合一”观念已经成为宋代官方意识形态的主流,相反,“天人相分”观念则从北宋末年开始逐渐退居为一种边缘化的思想学说。从理学本身来说,其君权神学化的过程,其实就是“君道即天道”的一种现实体现;反过来,从君主的本质来看,则理学神学化的过程,其实就是“天道即君道”的一种现实体现。仅此而言,理学可以称之为帝王之学。所以,入南宋之后,帝王对待王安石新学与程朱理学的态度截然相反。宝庆三年(1227),宋理宗封朱熹为“信国公”。[②] 淳祐元年(1241),宋理宗又封周敦颐为汝南伯,张载为郿伯,程颢为河南伯,程颐为伊阳伯。而王安石却因“三不足”的主张被宋理宗从“从祀孔子”之列中“黜之”。[③] 本来,王安石在振兴“孔孟之道”的历史过程中,是出了大力的。但是他的“天变不足畏”命题是对“天人相分”思想的张扬,然而却是向“天道”之神的挑战,换言之,亦是对“君道”之主的挑战,与“君道”思想唱反调者,宋理宗岂能容之!

“天人相分”思想的边缘化给宋代社会带来的负面影响是很严重的,首先,使士大夫与科学技术人才之间业已存在的裂缝,愈加难以弥合。程颐说:“技艺不能,安足耻?为士者当知道。己不知道,可耻也。”[④]虽然他自己表示,这个说法的用意在于“勉之”,且不可“嫉人之能而讳己之不能”,[⑤]但是随着二程思想地位的被“神化”,它所带给宋代之整个社会价值观的消极影响是不言而喻的,故南宋的袁采便有了“子弟当习儒业”的“世范”。一般认为,袁采是一位颇具有平等超前意识的士大夫,即使他也没有勇气教导子弟学习技艺,更不要说那些思想顽固的儒生了。在袁采看来,诸如伎术、巫医、农圃、商贾一

---

① 参见夏长朴:《李觏的非孟思想》,载《李觏与王安石研究》,台湾大安出版社 1989 年版;徐洪兴:《论叶适的“非孟”思想》,载《浙江学刊》1994 年第 3 期;杨海文:《李泰伯疑孟公案的客观审视》,载《社会科学战线》1999 年第 2 期,等。

② 脱脱等:《宋史》卷四百二十九《朱熹传》,中华书局 1975 年版,第 12768 页。

③ 《宋史》卷四十二《理宗纪》;曾枣庄、刘琳主编:《全宋文》卷七九七一《宋理宗六》,上海辞书出版社、安徽教育出版社 2006 年版,第 188 页。

④ 程颢、程颐:《河南程氏遗书》卷十八《伊川先生语四 · 刘元承手编》,《二程集》上,中华书局 1981 年版,第 189 页。

⑤ 程颢、程颐:《河南程氏遗书》卷十八《伊川先生语四 · 刘元承手编》,《二程集》上,中华书局 1981 年版,第 189 页。

类职业，顶多算是“可以养生而不至于辱先者”，[①]可见，科学技术在士人的心目中已经低贱至“庸流”的地步了。其次，宋朝实行“文治”政策，甚至宋太祖立有“不杀士大夫及言事者”的誓碑，因此，在宋代，士大夫享受到了历史上从来没有过的言论自由权。可是，“士大夫”的这种特权，“非士大夫”则未必能够与其共享。宋代的士大夫有“应伎术官不得与士大夫齿”[②]的观念，这个观念绝对具有普遍性。所以，南宋政府规定：禁止“天文算术官出入臣僚之家”，[③]同时亦禁止医官“与见任官往来”。[④] 在宋代，科技人才的生命是不受宋朝家法保护的。比如，北宋末期的祝医王仔昔被林灵素“陷以事”而“坐言语不逊，下狱死”。[⑤] 又，宰相文彦博对干预朝政的“方伎之臣”则直言曰：“罪当族。”[⑥]而南宋出身“杂流”的御医王继先亦因干预朝政被解职。[⑦] 此外，宋高宗特别下诏申明一条：凡“应敢妄议，欲摇动朝廷者”与“其同谋及知情曾见闻不告之人，并行处斩。”[⑧]此诏虽然不是专门针对伎术官之言事现象而去的，但是它无疑地又给那些憎恨伎术官的士大夫多了一条治其罪的当然之理由。再次，自南宋始，民间的科技人才开始出现严重的下滑和萎缩现象，从而造成了南宋科学技术在整体上落后于北宋的历史后果。南宋科技人才受理学思潮的冲击很大，整个士大夫阶层几乎都涌向科举仕进而远离了技艺之学，故科技人才相当匮乏。比如，《宋史·方技传》共为35位科技人才立传，其中南宋仅有4人，与北宋相比，差距十分悬殊。所以，学界有人说：“中国古代的官方哲学信奉‘天人合一’，推行‘政治伦理主义’，维系着奴隶制帝国和封建制帝国的统治和压迫，在较多的岁月里，阻碍着生产力的发展。”[⑨]马克思主义认为，科学技术是生产力，而且是第一生产力。因此，“天人合一”观念在特定历史条件下阻碍着生产力的发展，其归根到底是阻碍了科学技术的发展，南宋科技在总体上落后于北宋科技的历史事实即是一个铁证。当然，它也是“天人相分”思想被边缘化以后给南宋社会带来的直接性的消极后果。

---

① 袁采：《袁氏世范》卷二《子弟当习儒业》，中华书局1985年版，第40页。

② 王林：《燕翼诒谋录》卷二，中华书局1997年版，第14页。

③ 徐松：《宋会要辑稿》职官三十一之二。

④ 徐松：《宋会要辑稿》职官三十六之一百一十五。

⑤ 脱脱等：《宋史》卷四百六十二《王仔昔传》，中华书局1975年版，第13528页。

⑥ 脱脱等：《宋史》卷三百一十三《文彦博传》，中华书局1975年版，第10260页。

⑦ 徐梦莘：《三朝北盟会编》卷二百三十“绍兴三十一年八月十一日王继先依旧致仕”，上海古籍出版社1987年版，第1656页。

⑧ 李心传：《建炎以来系年要录》卷九《建炎元年九月癸丑》，中华书局1988年版，第254页。

⑨ 张奎元、王常山：《中国隋唐五代科技史》，人民出版社1994年版，第9页。

## 四、宋代天人相分思想的主要特征

1.崇尚贤人的意识。在宋人的话语文本中，有两种人格外受人关注，一种人是“圣人”，另一种人是“贤人”。何为“圣人”？周敦颐说：“诚、神、几曰圣人。”①可见，所谓“圣人”就是“诚、神、几”合三为一的人，换言之，就是已经进入“天人合一”境界的人。而“贤人”就不同了，何为“贤人”？李觏说：“贤人者，知乎仁、义、智、信之美，而学礼以求之者也。”②又说：“所谓本者，礼也。”而“贤人之性，中也”，即“学而得其本者”。③ 虽然李觏是为功利派立言的，但他的认识在宋代却具有普遍性。比如，二程说：“《乾》，圣人之分也，可欲之善属焉；《坤》，贤人之分也，有诸己之信属焉。一个是自然，一个是做工夫积习而至。”对此，《朱子语类》有下面一段解释：

“《乾》者，纯阳之卦，阳气之始也，始无不善。圣人之心纯乎天理，一念之发，无非至善，故说‘《乾》，圣人之分也，可欲之善属焉’。《坤》者，纯阴之卦，阴气之终，所以成始者也。贤人学而后复其初，欲有诸己，必积习而后至，故曰‘《坤》，贤人之分也，有诸己之信属焉’。”

朱熹又进一步补充说：

“只是一个是自然，一个是做工夫。‘可欲之谓善’，是说资禀可欲，是别人以为可欲。‘有诸己之谓信’，是说学。”④

由此可见，宋代功利派与理学派对“贤人”的理解，基本上是趋同的。而“圣人”与“贤人”之间至少有两个不同点：

一是“生而知之”与“学而知之”的不同。如李觏说：“上智，不学而自能者也，圣人也。”“学而得其本者，为贤人。”⑤石介亦说：“圣人不思而得，识之至也；贤人思之而至，识之机也。”⑥陈襄又说：“圣人者，先得乎诚者也，因诚而后明，无资乎学”，而“贤人者，思诚也，因明而后诚，必择乎善。”⑦用西方的哲学语言表述，则圣人的知识是先验的，是与生俱有的；而贤人的知识是后验的，是通过后天学习获得的。宋人非常重视开发人自身的知识潜力，他们从幼教到

---

① 周敦颐：《周敦颐集·通书》，岳麓书社2002年版，第22页。

② 李觏：《李觏集》卷二《礼论第四》，中华书局1981年版，第11页。

③ 李觏：《李觏集》卷二《礼论第四》，中华书局1981年版，第12页。

④ 黎靖德编：《朱子语类》卷六十一《孟子十一·尽心下·浩生不害问曰章》，中华书局1994年版，第1470页。

⑤ 李觏：《李觏集》卷二《礼论第四》，中华书局1981年版，第12页。

⑥ 石介：《徂徕集》卷十八《送龚鼎臣序》，文渊阁四库全书本。

⑦ 陈襄：《古灵集》卷五《诚明说》，文渊阁四库全书本。

"太学"教育,基本上形成了一个比较完整的体系,而宋代文化"历数千年之演进"而成"造极之世",①应当说它跟宋代比较完善的教育制度有着不可分割的联系。比如,宋徽宗说:"昔太任之妊文王,目不视恶色,耳不听淫声,口不出敖言,而世传胎教者以此。"②单就重视胎教而言,中国古代的封建帝王还没有出其右者。为了砥砺和劝进幼教,宋代从宋太宗时开始,于科举中设立童子科,甚至还出现了三岁"奇童"被赐予同进士的空前之举,③故欧阳修指出:"教育之法,始于童子,谓之小学,君子重焉。"④当时苏州已经出现了"师儒之说始于邦,达于乡,至于室,莫不有学"⑤的盛况。南宋时,更推广乡塾村校于穷乡僻壤,如新安(今安徽歙县)"自开邑田野以至于远山深谷,居民之处,莫不有学。"⑥所以,《宋史》称宋代"学校之设遍天下",⑦实不为过。据史料记载,宋代的皇帝多爱读书,例如,宋太祖"独喜观书",⑧宋太宗亦"不废观书",⑨宋人蔡絛说;"国朝诸王弟多嗜富贵,独祐陵(宋徽宗)在藩时玩好不凡,所事者惟笔砚、丹青、图史、射御而已。当绍圣、元符间,年始十六七,于是盛名圣誉。"⑩宋高宗则"资性朗悟,博学强识,读书日诵千余言",⑪等等。毫无疑问,由于宋朝帝王的提倡,以读书为法成就"贤人"的社会意识逐渐深入士心,如北宋韩琦"家藏图书万余卷,卷末皆题曰:'传贤子孙'。"⑫又,南宋陆游更有"义理开诸孙,闵闵待其大。贤愚未易知,尚冀得一个。"⑬可见,这些士人通过不同的方式表达了一个共同的主题,那就是他们对于自己的儿孙辈学成"贤人"的期待。不仅宋代的士家具有强烈的"贤人"意识,而且整个社会都在努力为"贤人"成长打造一种良好的教育环境和文化氛围。如,北宋的王禹

① 陈寅恪:《金明馆丛稿二编》,三联书店 2001 年版,第 277 页。

② 宋徽宗:《圣济经》卷二《化原篇 · 扶真翼正章》,文渊阁四库全书本。

③ 王明清:《挥麈录 · 后录》卷五《蔡伯俙以神童授官》,文渊阁四库全书本。

④ 欧阳修撰,李逸安点校:《欧阳修全集》卷五十八《州名急就章并序》,中华书局 2001 年版,第 843 页。

⑤ 吕祖谦:《皇朝文鉴》卷七十九《吴郡州学六经阁记》,四部丛刊本。

⑥ 《嘉庆休宁县志》卷一《商山书院学田记》。

⑦ 脱脱等:《宋史》卷一百五十五《选举一 · 科目上》,中华书局 1975 年版,第 3605 页。

⑧ 李焘:《续资治通鉴长编》卷七"宋太祖乾德四年五月甲戌",中华书局 1992 年版,第 171 页。

⑨ 李焘:《续资治通鉴长编》卷二十三"宋太宗太平兴国七年冬十月辛酉",中华书局 1992 年版,第 528 页。

⑩ 蔡絛:《铁围山丛谈》卷一,中华书局 1997 年版,第 56 页。

⑪ 脱脱等:《宋史》卷二十四《高宗一》,中华书局 1975 年版,第 439 页。

⑫ 韩琦:《韩魏公集》卷十九《家传》,文渊阁四库全书本。

⑬ 俞正燮:《癸巳存稿》卷四《陆放翁教子法》,文渊阁四库全书本。

偁表示:“贤人在野,我将进之;佞臣立朝,我将斥之。”[①]北宋的赵湘又说:“当天下之凶否,唯圣人乃能御之;当一方灾祥者,唯贤人乃能守之。由是,圣朝慎四方之选,革唐室之故。”[②]而宋太宗诏令“工商杂类人内有奇才异行、卓然不群者,亦许解送”,[③]即是对唐朝之“工商之家不得预于士”[④]制度的“革故”,这就为“贤人”的脱颖而出创造了一种比较优越的政治环境和社比较宽松的会条件,在此背景下,则“贤人必为国家”,[⑤]而“为国计者必恃至公”[⑥]亦才成为可能。于是,南宋的王庭珪说:“盖自古未有大乱之世,刑赏失柄而能有为者也,惟贤人君子及其尚可以有为之时而图之,过是则恐灾稔祸变,天下靡靡,日转溃腐,遂至于不可支持,然后徐起而图之,则已晚矣。”[⑦]宋代与唐代相比,没有出现大乱的社会局面,这实在是得益于“贤人”之治,故胡寅评论说:“皇朝作兴,文治灿然,百余年间,贤人君子所以推明乎是者,固已昭昭乎心目之间,遏人欲之横流,彰天理于既泯,士生斯时,抑何幸也!”[⑧]

二是“天人合一”与“天人相分”的不同。范祖禹说:“圣人生而知之者,故其性自内而出,自内而出者,得之天而不恃乎人;贤人学而知之者也,故其性自外而入,自外而入者,得之人而后至于天。”[⑨]这里,“得之天而不恃乎人”说明圣人已经实现了人生与“天人合一”之道德境界的统一,用李觏的话说就是“圣人者根诸性者也”,[⑩]而“得之人而后至于天”则说明贤人尚处在人生与“天人相分”相适应的阶段和时期,暂时还没有进入到“天人合一”的道德境界,用李觏的话说就是“贤人者学而后能者也”。[⑪] 事实上,从天人关系的角度来区别何者为“圣人”,何者为“贤人”,是宋代士大夫的一种基本的价值趋向。如,晁说之云:

“诚者,不勉而中,不思而得,从容中道。圣人也者何?天之道也。中道而未从容,则贤人也。”[⑫]

---

① 王禹偁:《小畜集》卷十六《待漏院记》,文渊阁四库全书本。
② 赵湘:《南阳集》卷一《送驾部刘侯赴阙诗并序》,文渊阁四库全书本。
③ 周密:《癸辛杂识》续集下《大辟登科》,中华书局 1988 年版,第 234 页。
④ 《唐六典》卷三《户部郎中员外郎》,清嘉庆庚申扫叶山房刊本。
⑤ 宋祁:《景文集》卷二十九《奏疏·直言对》,文渊阁四库全书本。
⑥ 宋祁:《景文集》卷二十九《奏疏·直言对》,文渊阁四库全书本。
⑦ 王庭珪:《卢溪文集》卷三十三《盗贼论下篇》,文渊阁四库全书本。
⑧ 胡寅:《斐然集·章颖原序》,文渊阁四库全书本。
⑨ 范祖禹:《范太史集》卷三十五《中庸论五首》,文渊阁四库全书本。
⑩ 李觏:《李觏集》卷二《礼论第四》,中华书局 1981 年版,第 11 页。
⑪ 李觏:《李觏集》卷二《礼论第四》,中华书局 1981 年版,第 11 页。
⑫ 晁说之:《景迂文集》卷十二《中庸传》,文渊阁四库全书本。

又云:“诚者,天之道也;诚之者,人之道也。”①

从“天人合一”的性质来看,它的诸多表现形式,如“性天同一”、“天人合德”、“万物一体”、“天人相类”及“天道与人道的统一”等,都有一个共同的特征,即上承天命,克己寡欲,故“天”对于“人”则具有本体性的地位。如,《周易·系辞上》说:“天生神物,圣人则之;天地变化,圣人效之;天垂象,见吉凶,圣人象之;河出图,洛出书,圣人则之。”可见,“圣人”就是以“天”为中心来处理一切社会事务的,故二程说:“圣人之动以天,贤人之动以人。”②何为“圣人之动以天”?二程说出了以下两层意思:

首先,圣人是超验的。二程说:“圣人之神,与天为一,安得有二?至于不勉而中,不思而得,莫不在此。此心即与天地无异,不可小了佗,不可将心滞在知识上。”③此“不可将心滞在知识上”即表明“圣人”具有超验性,所谓“良知良能,皆无所由,乃出于天,不系于人。”④其实指的就是这个意思。而在现实社会中,唯有“圣人”属于“良知良能”者,他们不仅“生而知之”,而且“喜怒不系于心而系于物”。⑤ 此处之“心”是指“人心”,其“物”不是指一般的事物而是指“天理”,这样,便能做到“夫天地之常,以其心普万物而无心;圣人之常,以其情顺万物而无情。”⑥此境界即为“天人合一”,所以,二程说:“圣人即天地也。”⑦

其次,圣人以明理为己任。二程说:“北方之强,血气也;南方之强,乃理强,古圣人贵之。”⑧那么,什么是理?二程的解释是:“天者,理也。”⑨又说:天

---

① 晁说之:《景迂文集》卷十二《中庸传》,文渊阁四库全书本。

② 程颢、程颐:《河南程氏遗书》卷十一《明道先生语一·师训》,《二程集》上,中华书局1981年版,第126页。

③ 程颢、程颐:《河南程氏遗书》卷二上《二先生语二上·元丰己未吕与叔东见二先生语》,《二程集》上,中华书局1981年版,第22页。

④ 程颢、程颐:《河南程氏遗书》卷二上《二先生语二上·元丰己未吕与叔东见二先生语》,《二程集》上,中华书局1981年版,第20页。

⑤ 程颢、程颐:《河南程氏文集》卷二《明道先生文二·书记》,《二程集》上,中华书局1981年版,第460页。

⑥ 程颢、程颐:《河南程氏文集》卷二《明道先生文二·书记》,《二程集》上,中华书局1981年版,第460页。

⑦ 程颢、程颐:《河南程氏遗书》卷二上《二先生语二上·元丰己未吕与叔东见二先生语》,《二程集》上,中华书局1981年版,第17页。

⑧ 程颢、程颐:《河南程氏遗书》卷二上《二先生语二上·元丰己未吕与叔东见二先生语》,《二程集》上,中华书局1981年版,第12页。

⑨ 程颢、程颐:《河南程氏遗书》卷十一《明道先生语一·师训》,《二程集》上,中华书局1981年版,第132页。

道如何,“只是理,理便是天道也。”①从这个层面讲,圣人所体察的“道理”本身即是一种“天人合一”的状态,对此,二程说得很清楚:“有道有理,天人一也,更不分别。”②而为了证明圣人的先天“善性”,程颐则进一步提出了“天命之性”的命题。从历史上看,郭店楚简书已经有了“圣人之性”的说法,如《成之闻之》第二六、二七、二八竹简载:“圣人之眚(性)与忠(中)人之眚(性),其生而未又(有)非之。节于而也,则犹是也。虽其于善道也,亦非有译娄以多也,及其専(溥)长而厚大也,则圣人不可由与禅之。此以民皆又(有)性,而圣人不可莫(慕)也。”在这里,“圣人之性”与“善道”是统一的,对此,郭店楚简《性自命出》第二简又说:“性自命出,命自天降。”其中,“命自天降”这句话可以看作是以后“天命”思想的原始形态,故帛本《五行》第280行说:“圣人知天之道。”后来,《中庸》在此前提下进一步明确提出了“天命之谓性”的思想命题。汉代郑玄释“天命”云:“天命,谓天所命生人者也,是谓性命。”可见,“天理”、“性命”与“天命”三者在实质上都是一个意思,因此,程颐说:“‘天命之谓性’,此言性之理也……若性之理也,则无不善。”③而“圣人作经本欲明道,今人若不先明义理,不可治经。”④这个说法与李觏所言“圣人者根诸性者也”是一致的,于是,朱熹认为:圣人“纯于义理,无人欲之私,则其所以代天而理物。”⑤显然,这种“圣人”仅仅是一种理想人格,而不是现实生活中的人。宋代社会是商品经济比较发达的历史时期,在这样的经济基础之上,与之相适应的思想上层建筑一定是面向实际的,宋代的大多数士大夫之所以抛弃“圣人”而选择“贤人”作为其人生追求和奋斗的目标,大概跟宋代的经济基础是有关系的。

那么,“贤人”与“圣人”相比,究竟具有哪些优越性呢?

第一,“贤人”以“天人相分”为其思想基础,以人事为其敬业的目标。比如,二程说:

“孔子曰:‘天之将丧斯文也,后死者不得与于斯文也。天之未丧斯文也,

---

① 程颢、程颐:《河南程氏遗书》卷二十二上《伊川先生语录八上·伊川杂录》,《二程集》上,中华书局1981年版,第290页。

② 程颢、程颐:《河南程氏遗书》卷二上《二先生语二上·元丰己未吕与叔东见二先生语》,《二程集》上,中华书局1981年版,第20页。

③ 程颢、程颐:《河南程氏遗书》卷二十四《伊川先生语十·郭德久本》,《二程集》上,中华书局1981年版,第313页。

④ 程颢、程颐:《河南程氏遗书》卷二上《二先生语上·元丰己未吕与叔东见二先生语》,《二程集》上,中华书局1981年版,第13页。

⑤ 朱熹:《中庸或问》卷三,朱熹撰:《四书或问》,上海古籍出版社、安徽教育出版社2001年版,第92页。

匡人其如予何!'于'天之将丧斯文也'下,便言'后死者不得与于斯文',则是文之兴丧在孔子,与天为一矣。盖圣人德胜,与天为一,出此等语,自不觉耳。孟子地位未能到此,故曰'天未欲平治天下也,如欲平治天下,当今之世,舍我其谁?'听天所命,未能合一。"①

在宋代一般士大夫的文本里,孔子为"圣人",而孟子则为"贤人"。比如,石介说:"伏羲氏、神农氏、黄帝氏、少昊氏、颛顼氏、高辛氏、唐尧氏、虞舜氏、禹、汤、文、武、周公、孔子者,十有四圣人,孔子为圣人之至。噫,孟轲氏、荀况氏、扬雄氏、王通氏、韩愈氏,五贤人。"②蔡襄亦说:"大舜、孔子,圣人也;孟子、憎参,大贤人也。"③释契嵩更说:"颜子、子思、原宪、孟轲,古之贤人也。"④宋代士大夫在思想上的"尊韩"与"尊孟"倾向,在某种程度上也可以看作是"贤人"意识在宋代学术领域内的反映,同时还可说明当时士大夫阶层对于"天人"关系正在发生一定的知识性分化。例如,二程说:"天命不已,文王纯于天道亦不已。纯则无二、无杂,不已则无间断先后。"⑤此"无二"即指"天人合一",而"文王"是"圣人"。在二程的学生中,有人曾经提出了"《系辞》自天道言,《中庸》自人事言,似不同"⑥的问题,二程尽管否定了《系辞》与《中庸》的不同说,但它们两者之间业已存在的差别却是客观的,更是二程无法用他们自己的意念去加以弥合与沟通的。二程说:"道未始有天人之别。"⑦"天人合一"在理论上是可行的,然而在实践上行不通,尤其在宋代社会经济取得比较迅猛发展的历史条件下,更加行不通。所以,王安石论证说:"尧行天道以治人,舜行人道以事天。"⑧将"圣人"作两面分即"天人相分",有助于推动宋代的政治文化建设和商品经济的发展,同时也给"贤人"转进为"圣人"提供了现实的可能性。

---

① 程颢、程颐:《河南程氏外书》卷十二《传闻杂记》,《二程集》上,中华书局 1981 年版,第 424 页。

② 石介:《徂徕集》卷七《尊韩》,文渊阁四库全书本。

③ 蔡襄:《端明集》卷三十三《毁伤议》,文渊阁四库全书本。

④ 释契嵩:《镡津集》卷六《性德》,文渊阁四库全书本。

⑤ 程颢、程颐:《河南程氏遗书》卷五《二先生语五》,《二程集》上,中华书局 1981 年版,第 77 页。

⑥ 程颢、程颐:《河南程氏遗书》卷十四《明道先生语四 · 亥九月遇汝所闻》,《二程集》上,中华书局 1981 年版,第 141 页。

⑦ 程颢、程颐:《河南程氏遗书》卷二十二上《伊川先生语八上 · 伊川杂录》,《二程集》上,中华书局 1981 年版,第 282 页。

⑧ 程颢、程颐:《河南程氏遗书》卷二十二上《伊川先生语八上 · 伊川杂录》,《二程集》上,中华书局 1981 年版,第 282 页。

第二,“贤人”以“学”为成就事业的前提,讲求“时”效。二程说:“臣窃以议当代者,皆知得贤则天下治,而未知所以致贤之道也。”而“三代养贤,必本于学”,①至于“学”的效果,则有两种体现:一种是“才识”,一种是“时”。苏洵说:“有才者为贤人。”②王安石又说:“贤人则行不皆合于圣人,特其智足以知圣人而已。”③可见,“才识”是贤人之为贤人的一个重要条件。例如,蔡襄说:“国家设科以博取天下士,其敢言直节者曰贤良,方正、学广、智明者曰才识。”④实际上,“贤人”不仅“至公”而“言直”,⑤而且还须有“才识”。关于这一点,南宋魏了翁和真德秀在他们的文集中,多次讲到宋孝宗与宋理宗诏令荐贤能才识之士的史实,⑥真德秀将其称为“蒐拔俊髦此尧舜急贤之心也”,⑦这里所说的“俊髦”就包含着才智与贤能两个方面,它是择贤的两个基本标准。然而,选择贤人是重于“所言”还是重于“所行”,它是关系着宋朝政府价值观取向的大问题,故颇受宋代士大夫的关注,由此形成了“理学派”与“功利派”的对立。在宋代,“理学派”非常重视讲“学”,但“学”的内容却以“明天理”为宗旨。二程要求学者“不必远求,近取诸身,只明天理。”⑧由于“天理”本身是讲求“天人合一”的,因而二程所说的“明天理”实际上就是“圣人之学”。程颐说:“不求于本而求于末,非圣人之学也。”至于“贤人之事”,说到底,可以用两个字来概括,即“反本”。具体地讲,就是“复者,反本也,本有而去之,今来复,乃见天地之心,乃天理也,此贤人之事也。”⑨即“贤人之事”亦以“圣人之学”为标志,为杠杆,为目的。从根源上看,《大学》讲“格物致知”包含着“社会知识”与“自然知识”两个方面,然而,二程却将其“自然知识”之矢给中途拦截了。二程认为学者的知识只要“求于内”就可以了,不须“求于外”⑩和“只

---

① 程颢、程颐:《河南程氏文集》卷一《明道先生文一·表疏》,《二程集》上,中华书局1981年版,第455页。

② 苏洵:《嘉祐集》卷十一《上余青州书》,文渊阁四库全书本。

③ 王安石:《临川文集》卷七十二《答龚深父书》,文渊阁四库全书本。

④ 蔡襄:《端明集》卷二十九《送丘贤良序》,文渊阁四库全书本。

⑤ 宋祁:《景文集》卷二十九《直言对》,文渊阁四库全书本。

⑥ 魏了翁:《鹤山集》卷二十四《应诏荐杨子谟等五人邹状》、卷五十五《杨伯昌浩斋集序》;真德秀:《西山文集》卷十七《荐贤能才识之士状》,文渊阁四库全书本。

⑦ 真德秀:《西山文集》卷十七《荐贤能才识之士状》,文渊阁四库全书本。

⑧ 程颢、程颐:《河南程氏遗书》卷二上《二先生语二上·元丰己为吕与叔东见二先生语》,《二程集》上,中华书局1981年版,第20页。

⑨ 程颢、程颐:《河南程氏外书》卷十《大全集拾遗》,《二程集》上,中华书局1981年版,第404页。

⑩ 程颢、程颐:《河南程氏遗书》卷二十五《伊川先生语十一·畅潜道录》,《二程集》上,中华书局1981年版,第319页。

务观物理”。[①] 如果“求于外”即追求自然知识,那么,就“汎然正如游骑无所归”,[②]在二程看来,一旦人们把主要精力放在追求物理知识上面,必然会造成“所守不约,泛滥无功”[③]的后果。另外,二程认为,“物理”是可以度量的,是有限的,因而对于人生是无关紧要的,他们说:“格也,至也,穷理而至于物,则物理尽。”[④]与之相反,“圣学”却是不可以度量的,是无限的,因而对于人生是至关重要的,他们说:“圣不可知,谓圣之至妙,人所不能测。”[⑤]可见,二程的“天理”说其实是一种神秘主义思想。同样是“学”,张载认为“学”的内容是“闻见之善者”,[⑥]其“闻见”的内涵不仅包括来源于“由耳目所受”[⑦]的感觉经验,而且也包括由“物交而知”[⑧]的观察和实验,显而易见,这种主张不同于二程的“天理”思想,而更接近于“功利派”的认识。因此,张载的为“学”观尽管仍旧没有脱离理学思想的窠臼,但他毕竟从理论上为“功利派”的“贤人之学”开辟了道路。比如,王安石说:“星历之数,天地之法,人物之所,皆前致精好学圣人之所建也。”[⑨]此“圣人”之“致精好学”既包括自然知识又包括社会知识,而重视对自然科学的研究,则是“功利派”在学术思想方面的突出特色。沈括不仅在实践上积极支持新法,而且他从思想上大胆宣传科学,反对宗教神学,写出了《梦溪笔谈》、《苏沈良方》等自然科学名著,为宋代的科学发展作出了杰出的历史贡献。尤其是沈括发展了张载“物交而知”的科学实验思想,并亲自设计了指南针的四种装置方法、纸人共振现象等科学实验,使之科学研究与科学实验相结合,因而在某种意义上我们可以将它称之为近代实验科学的先导。叶适则进一步明确提出了“古人未有不内外交相成而至于圣贤”[⑩]的命题,肯定了“物”而不是“天”对于人类认识的基础地位和决定作用,他强调说:

---

① 程颢、程颐:《河南程氏遗书》卷十《二先生语十 · 洛阳议论》,《二程集》上,中华书局1981年版,第100页。

② 程颢、程颐:《河南程氏遗书》卷十《二先生语十 · 洛阳议论》,《二程集》上,中华书局1981年版,第100页。

③ 程颢、程颐:《河南程氏遗书》卷二上《二先生语二上 · 元丰己未吕与叔东见二先生语》,《二程集》上,中华书局1981年版,第20页。

④ 程颢、程颐:《河南程氏遗书》卷二上《二先生语二上 · 元丰己未吕与叔东见二先生语》,《二程集》上,中华书局1981年版,第21页。

⑤ 程颢、程颐:《河南程氏遗书》卷二上《二先生语二上 · 元丰己未吕与叔东见二先生语》,《二程集》上,中华书局1981年版,第21页。

⑥ 张载著,章锡琛点校:《经学理窟 · 义理》,《张载集》,中华书局1978年版,第273页。

⑦ 张载著,章锡琛点校:《正蒙 · 大心篇第七》,《张载集》,中华书局1978年版,第25页。

⑧ 张载著,章锡琛点校:《张载集》,中华书局1978年版,第24页。

⑨ 王安石:《临川文集》卷六十六《礼乐论》。

⑩ 叶适:《习学记言》卷十四《孟子》。

“非知物者不能至道”，[①]而这实际上是对二程“德性之知不假闻见”[②]思想的否定。而对于“学”本身的意义，二程只重“动机”却不重“效果”，然而，叶适明确表示：“欲折衷天下之义理，必尽考详天下之事物而后不谬。”[③]以此，叶适批评程朱理学的“性命之学”说：

“专以心性为宗主，虚意多，实力少，测知广，凝聚狭，而尧舜以来交相成之道废矣。”[④]

实际上，“虚意”与“实力”正好反映了“理学派”和“功利派”两者的不同学术风格与特色，与此相连，“理学派”一般地追求思想的永恒性和不变性，而“功利派”则一般地追求思想的流动性和可变性。如二程说：“理则天下只是一个理，故推至四海而准，须是质诸天地，考诸三代不易之理。”[⑤]相反，王安石则说：“有阴有阳，新故相除者，天也；有处有辨，新故相除者，人也。”[⑥]《康熙字典》释：“辨”者“变也”，“处”者“止也”、“定也”。如果说“变”这个范畴尚不足以体现“功利派”思想特点的话，那么，李觏提出的“时”概念就具有鲜明的“功利”色彩了。李觏说：“先时而动者妄也，后时而不进者怠也。妄者过之媒，怠者功之贼也。”[⑦]可见，“时”与“功利”是有内在联系的，否则，李觏就不会称“后时”者为“功贼”了。又，从“时乎时，智者弗能违也”[⑧]的语气看，“时”指的当是一种社会发展的必然趋势，它是一种不以人的意志即“智者”为转移的客观规律。于是，李觏提出了“量时制宜”[⑨]的命题。李觏说：“量时制宜，事出一切，愈不可常也。”[⑩]虽然“量时制宜”这个命题在李觏那里不是无条件的，而是附加了“常”与“一”的绝对性条件，即他不主张改变封建社会中的“百代常行之法者，如仁义忠信之例是也”，[⑪]反映了李觏的“时”思想具有不彻底

① 叶适：《习学记言》卷十四《孟子》。

② 程颢、程颐：《河南程氏粹言》卷二《心性篇》，《二程集》下，中华书局 1981 年版，第 1253 页。

③ 叶适：《叶适集》卷二十九《题姚令威西溪集》，中华书局 1961 年版，第 614 页。

④ 叶适：《习学记言》卷十四《孟子》。

⑤ 程颢、程颐：《河南程氏遗书》卷二上《二先生语二上 · 元丰己未吕与叔东见二先生语》，《二程集》上，中华书局 1981 年版，第 38 页。

⑥ 《杨龟山先生集字说辨》引王安石《字说》。

⑦ 李觏：《李觏集》，中华书局 1981 年版，第 37 页。

⑧ 李觏：《李觏集》，中华书局 1981 年版，第 37 页。

⑨ 李觏：《李觏集》，中华书局 1981 年版，第 41 页。

⑩ 李觏：《李觏集》，中华书局 1981 年版，第 41 页。

⑪ 李觏：《李觏集》，中华书局 1981 年版，第 47 页。

性,但是他毕竟承认了“因时立事”①与“事以时变”②的现实合理性,并成为王安石变法革新实践的思想武器和理论依据。另外,苏洵认为“时”是“贤人治世”的一个法则,是“贤人”区别于“圣人”的标志之一。他说:

“天下有大知,有小知,人之智虑有所及,有所不及。圣人以其大知而兼其小知之功;贤人以其所及而济其所不及,愚者不知大知而以其所及丧其所及,故圣人之治天下也以常,而贤人之治天下也以时。既不能常又不能时,悲夫殆哉!夫惟大知而后可以常,以其所及济其所不及而后可以时,常也者,无治而不治者也;时也者,无乱而不治者也。”③

“无乱而不治”确是宋代的一个历史特点,而这个特点的出现看来与宋代的“贤人政治”之间确实存在着一定的内在联系。

2.以求真务实与现实利益的统一为其思想实质和学术追求的最高目标。在宋代,理学派的思想根基是“天理”。如,二程说:“天者,理也。”④又说:格物穷理,“所以能穷者,只为万物皆是一理。”⑤从儒学发展史上看,二程不仅很理性地改造了传统意义上的“天”,并使“天”成为与人“相合”的“理”,而不是与人“相分”的天,而且更将“理”系统化为一个非常重要的思维“范型”,从而使“天型”转换成为“理型”。“天型”这个概念最早见于郭店楚简《语丛三》第十七简,其文云:“天型成人,与物斯里(理)。”⑥它的意思是说“天”以自身为原型一方面塑造了人类,另一方面又塑造了万物。而二程的“理”亦具有“范型”的功能和作用。例如,在西方,柏拉图是最早提出“理型”⑦范畴的思想家,而“理型”的希腊文写作“eidos”或者“idea”,⑧是先于万物的一种形式,或可说“idea”就是万物的原型。比如,柏拉图曾清楚地说过下面的话:

“这些理念好像模型一样树立在自然里,其他事物与他们类似,是它们的

① 李觏:《李觏集》,中华书局1981年版,第47页。

② 李觏:《李觏集》,中华书局1981年版,第46页。

③ 苏洵:《嘉祐集》卷九《明论》,四库全书文渊阁本。

④ 程颢、程颐:《河南程氏遗书》卷十一《明道先生语一·师训》,《二程集》上,中华书局1981年版,第132页。

⑤ 程颢、程颐:《河南程氏遗书》卷十五《伊川先生语一·入关语录》,《二程集》上,中华书局1981年版,第157页。

⑥ 荆门市博物馆编著:《郭店楚墓竹简·语丛三》,文物出版社2003年版,第9页。

⑦ 黄颂杰:《走向实践哲学——黄颂杰教授在复旦大学的讲演》,载《文汇报》2004年9月5日。

⑧ 张祥龙:《西方哲学笔记》,北京大学出版社2005年版,第131页。

摹本。”①

按照柏拉图的说法,从理型到具体的事物的逻辑过程可用一个简式表达,那就是:

理型——投射(“洞穴神话”)——客观事物和人类

虽然二程没有使用“理型”这个词,但他们事实上是把“理”作为一个“范型”来看待的。如,二程说:

“二气五行,刚柔万殊,圣人由一理复其初也。”②

“初”是什么?初就是二程预设的一种先于宇宙万物的初始状态,是一种有结构的形式,是一种产生万事万物的理型。因为“理”与宇宙的这种“初始状态”是统一的。对此,朱熹说得明白:

“未有天地之先,毕竟也只是理。有此理,便有此天地;若无此理,便亦无天地,无人无物,都无该载了!有理,便有气流行,发育万物。”③

然而,在“功利派”看来,程朱理学所讲的“理型”空而不实,试问:作为“虚无”的和先验的“理型”如何形成“实有”的和后验的实物形态呢?这个问题是程朱理学本身是无法回答的。所以,叶适说:“夫形于天地之间者,物也;皆一而有不同者,物之情也。”④此“物形”是相对于“理型”而言的,叶适认为,“物形”或可作“物型”是一种客观存在,是宇宙万物自己形成自己的“摹本”。故叶适说:“天地自位,万物自育。”⑤又说:“《大学》之言备矣,始止于善,终明于德,不待外物而自为正。其用于天下国家也,若环之无端,其序若升高者之于阶,不能以其足为先后也,可谓切且至矣。”⑥从“善”到“德”,叶适实际上在寻找一种“物型”的运动模式。其中,“善”就是一种内在的先天“理式”,它应为非质料的东西,使善之所以为善者,即善的本质。所以,在柏拉图看来,“个个人之行为之善,还不是善本身,只是其不完全的投影。”⑦实际上,这个过程可以用式子表示为:善的“理型”——投影——人的善行。可见,善本身分两个部分:先天的“善”与后天的“善”。如,叶适说:“《大学》之端莫先于致知,所

① 北京大学哲学系外国哲学史教研室:《西方哲学原著选读》上卷,商务印书馆2003年版,第99页。

② 程颢、程颐:《河南程氏粹言》卷二《人物篇》,《二程集》下,中华书局1981年版,第1264页。

③ 黎靖德编:《朱子语类》卷一《理气上·太极天地上》,中华书局1994年版,第6页。

④ 叶适:《水心别集》卷五《诗》,《叶适集》,中华书局1961年版,第699页。

⑤ 叶适:《水心别集》卷七《中庸》,《叶适集》,中华书局1961年版,第733页。

⑥ 叶适:《水心别集》卷七《大学》,《叶适集》,中华书局1961年版,第730页。

⑦ 洪耀勋:《西洋哲学史》,台湾:中国文化大学出版部1983年版,第35页。

知既审则意之所形与心之所发直至于善，不待好恶为佐使矣。”[①]此“所知既审则意之所形与心之所发直至于善”之“善”是先天的“理型”，它是知识的对象。从这个角度讲，孟子提出“性善论”，似有一定的理论依据。柏拉图认为，只有好的和善的东西有“范型”，而坏的和恶的东西没有“范型”。因此，新柏拉图主义和奥古斯丁神学，都认为恶从根本上不存在。[②] 所以，就“理型”来说，孟子的“性善论”与柏拉图的善“理型”说，是趋同的和相互符契的。原则上讲，如果善的“理型”直接赋予人以“善”的内容，那么，此人就称作“善人”。叶适说：“善人天资粹美，不以统纪伦类而自成者也。”[③]然而，孔子说：“善人吾不得而见之矣。”[④]也就是说，纯粹的“善”在人类社会中是不存在的，而人之为善完全是“统纪伦类”即教育的结果，因为“为国命之通塞者莫如政，为人命之通塞者莫如食，至是足以有变矣，此亦制礼之善也。”[⑤]“食”是人的基本生理需要，而这种需要必然会在客观上形成一种与个人利益相粘连的生活欲望，这种欲望不仅与善相瓜葛，而且也与恶结缘。叶适说：

“《大学》言致知在格物，物格而后知至，而此言物至知，知然后好恶形焉。好恶无节于内，知诱于外不能反躬，天理灭矣，则是知与物均为不善，此躬何自而反，天理乌得而存，甚矣。儒者怵怵于言道而不知道之所从也。”[⑥]

这段话可从正反两方面来看，反的一面是说，脱离“知”与“物”的纯粹的“善”是不存在的，于是，叶适认为“盖以心为官出孔子之后，以性为善独自孟子始，然后学者尽废古人入德之条目，而专以心性为宗主，虚意多，实力少。”[⑦]可见，孟子的“性善论”不在于的先天“理型”，而在于他据此而提出了“寡欲”说，即用“理型”的善来限制人的物质生活欲望，对此，叶适显然是不满意的，故他指出孟子的“性善论”是“虚意多，实力少”。而正的一面则说明了“物”与“善”的关系其实是“实”与“虚”的关系。在孟子看来，“知与物均为不善”，因此，他说：“耳目之官不思，而蔽于物。物交物，则引之而已矣。”[⑧]由于“物”本身为“不善”，所以，孟子说：“饮食之人，则人贱之矣。”[⑨]焦循注云：“饮食之

① 叶适：《习学记言》卷八《礼记》。
② 张祥龙：《西方哲学笔记》，北京大学出版社2005年版，第130页。
③ 叶适：《习学记言》卷十三《论语》。
④ 《论语·述而》。
⑤ 叶适：《习学记言》卷三十六《隋书》。
⑥ 叶适：《习学记言》卷八《礼记》。
⑦ 叶适：《习学记言》卷十四《孟子》。
⑧ 《孟子·告子章句上》。
⑨ 《孟子·告子章句上》。

人,人所以贱之者,为其养口腹而失道德耳。”然而,孟子之所贱恰为叶氏之所贵,故叶氏说“诸儒以观心空寂名学,徒默视危拱,不能有论诘,猥曰‘道已存矣’。”①既然孟子讲求“观心”,那叶适自然就会反其道而行之,主张“有物”。这种“有物”不是说有了“天心”之后,才会“有物”,因而“心”对于“物”具有先在性,而是宇宙从一产生的时候起就是“有物”的,在叶适看来,此“物”与“极”具有不同时性,先有“物”后有“极”,“物”在“极”先。叶适说:“夫极非有物,而所以建是极者则有物也。君子必将即其所以建者而言之,自有适无,而后皇极乃可得而论也。”②“物”不仅是产生“道”、“极”这些心灵终产物的根源,而且还是它们运动变化的最后归宿。对此,叶适非常肯定地说:“道虽广大,理备事足,而终归之于物,不使散流。”③由此不难看出,宇宙本体究竟是从“有”到“无”还是从“无”到“有”,是“功利派”与“义理派”矛盾冲突的焦点。故叶适批评理学家的“无极”和“清虚”思想道:

“五行八卦,品列纯备,道之会宗,无所变流,可以日用而无疑矣。奈何反为‘太极’、‘无极’、‘动静’、‘男女’、‘清虚’、‘一大’转相夸授,自贻蔽蒙。”④

陈亮亦批判和揭露理学家“性命”之学的“虚妄”实质时说:

“自道德性命之说一兴,而寻常烂熟无所能解之人,自托于其间,以端悫静深为体,以徐行缓语为用,务为不可穷测,以盖其所无。一艺一能,皆以为不足自通于圣人之道也。于是天下之士,始丧其所有,而不知适从矣。为士者耻言文章行义,而曰尽心知性。居官者耻言政事书判,而曰学道爱人。相蒙相欺,以尽废天下之实,则亦终于百事不理而已。”⑤

可见,从本体论的“有物”到功利主义的“实”,宋代“功利派”的实学特色是极其鲜明的。比如,李觏说:“人非利不生。”⑥又说,“生民之道食为大”而“食不足,心不常,虽有礼义,民不可得而教也。”⑦因此,在“功利派”看来,“食”与“利”是人生最基本的生存需要,如果只讲“义”不讲“利”,甚至“存天理,灭人欲”,那么,“道义”就是“无用之虚语”。⑧ 众所周知,“理欲之辩”是宋代“天人”关系的重要内容,同时也是“功利派”与“义理派”相互讦难的一个

① 叶适:《水心文集》卷二十五《宋厩父墓志铭》,《叶适集》,中华书局1961年版,第490页。

② 叶适:《水心别集》卷七《总述》,《叶适集》,中华书局1961年版,第728页。

③ 叶适:《习学记言》卷四十七《吕氏文鉴》。

④ 叶适:《习学记言》卷十六《子华子》。

⑤ 《陈亮集》,中华书局1987年版,第271页。

⑥ 李觏:《李觏集》卷二十九《原文》,中华书局1981年版,第326页。

⑦ 李觏:《李觏集》卷十九《平土书》,中华书局1981年版,第183页。

⑧ 叶适:《习学记言》卷二十三《汉书》。

基本问题。孟子说:“尽其心者,知其性也。知其性,则知天矣。”①这种“心、性、天”的统一即“天人合一”思想便是宋代“义理派”之“理”范畴的逻辑前提与哲学基础。例如,二程说:“尝喻以心知天,犹居京师往长安,但知出西门便可到长安。此犹是言作两处。若要诚实,只在京师,便是到长安,更不可别求长安。只心便是天,尽之便知性,知性便知天,当处便认取,更不可外求。”②按照二程的逻辑,守穷不要紧,只要“诚实”,只在“穷”,便是“富”,只在“饿”,便是“饱”,只在“义”,便是“利”,只在“死”,便是“生”。看到明明快要饿死的人,二程教导人们说,对于那些快要饿死的人,千万不要说饿死,得说“撑死”,为什么?因为只在“饿”,便是“饱”,“只心便是天”。这是一种典型的崇拜“天理”的宗教,它具有极大的欺骗性。比如,钱穆先生就曾将“天即是人,人即是天,一切人生尽是天命的天人合一观”,称为“古代中国人生的一种宗教信仰”。③ 所以,马克思指出:“宗教批判摘去了装饰在锁链上的那些虚幻的花朵,但并不是要人依旧带上这些没有任何乐趣任何慰藉的锁链,而是要人扔掉它们,伸手摘取真实的花朵。”④对于“义理派”来说,他们的“只心便是天”就是一枝“虚幻的花朵”,而对于“功利派”来说,则“食不足,心不常”就是一枝“真实的花朵”。当然,这枝“真实的花朵”并不是生长在“天人合一”的“贫瘠土壤里”,而是深深扎根于“天人相分”的“沃土”里。比如,陈亮说:“盖天理人欲之并行,其或断或续,固宜如此。”⑤此言“天理”与“人欲”并行,其哲学基础是“天人相分”,因为有“分”才有“并行”,才有两者的不同。于是,陈亮进一步说:“夫人自有生而梏于形体之私,则固不能无人心矣;然而必有得于天地之正,则又不能无道心矣。”⑥虽然陈亮在“人心”与“道心”问题上没有表现出彻底反对“道心”说的勇气,但他承认“人心”与“道心”的来源有别,并提出了“二者并行,迭为胜负”⑦的命题,推动了宋代“天人相分”思想的“现实化”进程,因而在一定意义上说,“功利派”对于“义理派”也具有“宗教批判”作用,而这种批判“使人摆脱了幻想,使人能够作为摆脱了幻想、具有理性的人

---

① 《孟子·尽心章句上》。

② 程颢、程颐:《河南程氏遗书》卷二上《二先生语二上·元丰己未吕与叔东见二先生语》,《二程集》上,中华书局 1981 年版,第 15 页。

③ 钱穆:《中国文化对人类未来可有的贡献》,《中国文化》1991 年第 4 期,第 93 页。

④ 《马克思恩格斯选集》第 1 卷,人民出版社 1972 年版,第 2 页。

⑤ 《陈亮集》下册,中华书局 1987 年版,第 364 页。

⑥ 《陈亮集》下册,中华书局 1987 年版,第 364 页。

⑦ 《陈亮集》下册,中华书局 1987 年版,第 364 页。

来思想，来行动，来建立自己的现实性。”①

3.“天人合一”与“天人相分”两种思想意识往往相互交错，你中有我，我中有你，表现出了一定的曲折性和复杂性。一般地讲，矛盾否定的形式有四种：一是矛盾一方克服和战胜另一方；二是矛盾双方“同归于尽”，并为新的对立双方所代替；三是矛盾双方经过特定的几个发展阶段以后，互相融合为一个新的事物；四是矛盾双方相互贯通，协同发展。② “天人合一”与“天人相分”作为矛盾的双方，既相对立又相统一，他们伴随着儒、释、道三教的合流与融会贯通而相互渗透。具体地讲，两者的关系又可分为两种情况：

第一种情况是，就一个人的思想状态来说，或者在强调“天人相分”的主导地位时，承认“天人合一”思想对于宋代文化发展的积极作用，或者在强调“天人合一”的主导地位时，承认“天人相分”思想对于宋代文化发展的积极作用。例如，张载在“天人”关系问题上的主要倾向是“天人合一”的，但他并不否认“天人相分”的客观存在，而且在他的思想体系中还包含着不少“天人相分”的观念因素。他说：“儒者则因明致诚，因诚致明，故天人合一。”③又说；“有无一，内外合，此人心之所自来也。若圣人则不专以闻见为心，故能不专以闻见为用。无所不感者虚也，感即合也，感也。以万物本一，故一能合异；以其能合异，故谓之感；若非有异则无合。”④既承认“天人异”，甚至还提出了“天与人，有交胜之理”⑤的命题，同时又主张“天人一”，这就是张载天人关系的总体状况。不过，张载讲“分”是有条件的，比如，他说：“阴阳者，天之气也；刚柔缓速，人之气也。生成覆（帱），天之道也；仁义礼智，人之道也；损益盈虚，天之理也；寿夭贵贱，人之理也。天授于人则为命，人受于天则为性；形得之备，气得之偏，道得之同，理得之异。此非学造至约不能区别，故互相发明，贵不碌碌也。”⑥可见，“天人之分”是成就“学造至约”的一个重要条件。然而，“天人合”却是绝对的和无条件的，张载说：“知虚空即气，则有无、隐显、神化、性命通一无二。”⑦又说，“万物本一”，⑧“义命合一存乎理，仁智合一存乎

① 《马克思恩格斯选集》第1卷，人民出版社1972年版，第2页。

② 李彦敏：《马克思主义哲学原理》，河北大学出版社2003年版，第107页。

③ 张载著，章锡琛点校：《正蒙·乾称篇第十七》，《张载集》，中华书局1978年版，第65页。

④ 张载著，章锡琛点校：《正蒙·乾称篇第十七》，《张载集》，中华书局1978年版，第63页。

⑤ 张载著，章锡琛点校：《正蒙·参两篇第二》，《张载集》，中华书局1978年版，第10页。

⑥ 张载著，章锡琛点校：《张子语录·语录中》，《张载集》，中华书局1978年版，第324页。

⑦ 张载著，章锡琛点校：《正蒙·乾称篇第二》，《张载集》，中华书局1978年版，第8页。

⑧ 张载著，章锡琛点校：《正蒙·乾称篇第十七》，《张载集》，中华书局1978年版，第63页。

圣,动静合一存乎神,阴阳合一存乎道,性与天道合一存乎诚。”①

唐代柳宗元在天人关系方面有一个基本观点,他说:“生植与灾荒,皆天也;法制与悖乱,皆人也。二之而已,其事各行不相预,而凶丰理乱出焉。”②这种天与人“各行不相预”的“天人相分”思想成为王安石“天变不足畏”命题的直接理论来源。司马光曾通过他自己的文本语言转述了王安石的“三不足”思想,其中对“天变不足畏”这个命题,司马光述之说:“天地与人,了不相关,薄蚀、震摇,皆有常数,不足畏忌。”③司马光看到了“天人相分”思想必将会动摇封建礼义的统治基础,所以他坚决反对“天人相分”而主张“天人合一”。他说:“天者不为而自成,人者为之然后成,而同其际使之(指天人)无间隙,皆圣人神心之所为也。”④此外,王安石从“天人相分”的角度把事物的性质分为两类:一类是源自天然的“本”,另一类是源自人工的“末”。他说:“本者出之自然,故不假乎人之力而万物以生也;末者涉乎形器,故待人力而后万物以成也。”⑤可见,王安石在天人关系问题上是以“天人相分”为其理论指南的,因而他提出了积极的“尽人事”思想。但如果我们由此而得出王安石是一位彻底的“天人相分”论者,就大错特错了。实际上,王安石对“天人合一”有他独特的理解,他认为人类社会的历史可分成三种类型,其中“天人合一”是相对完美和比较理想的社会政治模式。王安石说:“天人之道合,则贤者贵,不肖者贱;天人之道悖,则贤者贱而不肖者贵也;天人之道悖合相半,则贤不肖或贵或贱……盖天之命一,而人之时不能率合焉,故君子修身以俟命。”⑥在二程那里,“天人合一”是一种道德境界,而王安石却将它改造成为一种社会理想状态,可见,王安石的“天人合一”主要是为其变法实践服务的。又,从“天人合一”的最终归宿来看,二程以个人的身性修养为对象,而王安石却以社会的变法实践为目标,两者的性质是不同的。

第二种情况,就一个学派来说,其内部各个认识主体对于“天人关系”的理解亦不尽一致,言人人殊,这样就更增加了宋代“天人合一”与“天人相分”两者之间辩证关系的复杂性。譬如,理学家从张载到朱熹,在天人关系问题上就存在着物极必反即由“天人合”到“裂天人”的转化过程。前面讲过,张载曾经提出了两个对宋明理学产生了重要影响的命题,那就是“天人合一”与“存

---

① 张载著,章锡琛点校:《正蒙·诚明篇第六》,《张载集》,中华书局1978年版,第20页。

② 柳宗元:《柳宗元集》卷三十一《答刘禹锡天论书》,中华书局1979年版,第817页。

③ 司马光:《传家集》卷七十五《学士院试李清臣等策目一首》,文渊阁四库全书本。

④ 柳宗元注,司马光等重添注:《扬子法言》卷四《问神篇》。

⑤ 王安石:《临川先生文集》卷六十八《老子》。

⑥ 王安石:《临川文集》卷七十《推命对》。

天理,穷人欲"。其中"立天理,穷人欲"实际上已经开始走向"天人合一"的反面。故张载一方面说:"'莫非命也,顺受其正',顺性命之理,则得性命之正,灭理穷欲,人为之招也。"①此"灭理穷欲"既是一种现实现象,同时又是一种自孔孟之后一直延续至宋的客观历史存在,如张载就直言不讳地说:"今之人,灭天理而穷人欲,今复反归其天理。古之学者便立天理,孔孟而后,其心不传,如荀杨皆不能知。"②理学家之所以要高举"义理"这面旗帜,从根源上说便是要正本清源,试图把历史发展的趋向由外转向内,即由追求物质的欲望,转为向心性的反省,在他们看来,这应是解决唐末以来社会动乱的根本途径,即"此道自孟子后千有余岁,今日复有知者。若此道天不欲明,则不使今日人有知者,既使人知之,似有复明之理。志于道者,能自出义理,则是成器。"③另一方面,张载又说:"烛天理如向明,万象无所隐;穷人欲如专顾影间,区区于一物之中尔。"④可见,在"天理"与"人欲"的问题上,张载与二程的说法有所不同,张载的说法是"立天理"或者"烛天理",换言之,张载对"天理"讲"立",而对"人欲"却讲"穷"。他说:"天下之理无穷,立天理乃各有区处,穷(理)尽性,言性已是近人言也。既穷理,又尽性,然后能至于命,命则又就己而言之也。"⑤在张载看来,"立天理"与"穷人欲"这两个过程在本质上是统一的,它们是同一个过程的两个方面,两者之间既不矛盾,也不冲突,因为它们统一的前提就是"天人合一"。所以,张载说:"天人不须强分,《易》言天道,则与人事一滚论之,若分别则是薄乎云尔。自然、人谋合,盖一体也。"⑥因此,我们综合来看,张载虽然将"天理"与"人欲"区分开来,但他始终认为"人欲"仅仅是"天理"的一个有机组成部分,两者在本质上具有统一性。

与张载的"天理"和"人欲"思想不同,二程强调"天理"与"人欲"的对立性而不是统一性,于是便出现了陆九渊批评二程理学的"裂天人"为"二"问题。陆九渊说:

"天理人欲之言亦自不是至论,若天是理,人是欲,则是天人不同矣。此其原盖出于老氏。《乐记》曰:'人生而静,天之性,感于物而动,性之欲,物至知,知而后好恶形焉,不能反躬,天理灭矣。'天理人欲之言盖出于此。《乐记》之言亦根于老氏,且如专言静是天性,则动独不是天性。《书》云:'人心

① 张载著,章锡琛点校:《正蒙·大心篇第七》,《张载集》,中华书局1978年版,第24页。
② 张载著,章锡琛点校:《经学理窟·义理》,《张载集》,中华书局1978年版,第273页。
③ 张载著,章锡琛点校:《经学理窟·义理》,《张载集》,中华书局1978年版,第274页。
④ 张载著,章锡琛点校:《正蒙·中正篇第八》,《张载集》,中华书局1978年版,第26页。
⑤ 张载著,章锡琛点校:《横渠易说·系辞下》,《张载集》,中华书局1978年版,第235页。
⑥ 张载著,章锡琛点校:《横渠易说·系辞下》,《张载集》,中华书局1978年版,第232页。

惟危,道心惟微。'解者多指人心为人欲,道心为天理,此说非是,心一也。人安有二心?自人而言则曰'惟危',自道而言则曰'惟微'。罔念作狂,克念作圣,非危乎!无声、无臭、无形、无体,非微乎!因言庄子眇乎小哉!以属诸人,謷乎大哉!独游于天。又曰:'天道之与人道也,相远矣,是分明裂天人为二也。'"①

陆九渊这段话的批判矛头显然是针对程朱理学的"理欲"观的,关于这一点似无疑义。例如,二程说:"'人心惟危',人欲也。'道心惟微',天理也。"②又说:"视、听、言、动,非理不为,即是礼,礼即是理也。不是天理,便是私欲。人虽有意于为善,亦是非礼。无人欲即是天理。"③"非此即彼",这是形而上学思维的基本程式。如果只就"人欲"与"天理"的"二分"言,二程与张载并没有实质性的差别,然而,张载讲"分"而不讲以"理"灭"欲",二程则与张载不同,二程不仅讲"分",而且更讲"存天理,灭人欲"。二程有一种绝对化的和"二难悖论"式的思维形式,那就是"不是天理,便是私欲",后来朱熹更把这句话升华"革尽人欲,复尽天理"④的思想命题。朱熹反复强调:"人只有个天理人欲,此胜则彼退,彼胜则此退,无中立不进退之理。"⑤又说:"人之一心,天理存,则人欲亡;人欲胜,则天理灭,未有天理人欲夹杂者。"⑥不管程朱之间在理解"天人"关系问题有多少差异,但是他们在将"理欲"问题绝对化为你死我活的"排中律"方面,却是一致的和没有分别的。当然,"理欲"问题仅仅是"天人关系"的必要内容之一,而令人不解的问题是:无论是二程还是朱熹,他们在天人关系的基本方面本来都是只讲"合"而不讲"分"的,然而,他们为什么在"理欲"问题上却如此偏激和独断呢?又,从张载的"立天理,穷人欲"到程朱理学的"存天理,灭人欲",这种大跨度的方向性思维转角究竟是如何历史地实现的?它的可能性在哪儿?可以肯定地说,仅仅用一节内容或者一本书来回答这些问题,显然是不够的,所以本文不想对上述问题作专题性研究,在这里,笔者只想提一点儿蜻蜓点水似的看法,仅此而已。

作为一种学术流派,程朱理学形成于南宋,这是邓广铭先生反复申述过的

---

① 陆九渊著:《陆象山全集》,中国书店1992年版,第252页。

② 程颢、程颐:《河南程氏遗书》卷十一《明道先生语一・师训》,《二程集》上,中华书局1981年版,第126页。

③ 程颢、程颐:《河南程氏遗书》卷十五《伊川先生语一・人关语录》,《二程集》上,中华书局1981年版,第144页。

④ 黎靖德编:《朱子语类》卷十三《学七・力行》,中华书局1994年版,第225页。

⑤ 黎靖德编:《朱子语类》卷十三《学七・力行》,中华书局1994年版,第224页。

⑥ 黎靖德编:《朱子语类》卷十三《学七・力行》,中华书局1994年版,第224页。

问题。比如,邓广铭先生说:“理学之成为流派,则是宋室南渡以后的事。”①又说:“宋廷南迁以后,理学的流派虽已形成,在学术界和思想界虽都已声势很大,影响很大,但仍不能说它已经居于支配的地位。”②而程朱理学尽管对功利派的思想言论大加指责,但他们却忽视了这样一个历史事实,即在“理”与“欲”的关系问题上,他们却是师于“功利派”的,从本来的意义上讲,理学家不过是拾了人家功利派的牙慧,没有什么了不起的,所以,在气势上,功利派更胜理学派一筹。在学界,一般学者只看到了宋代“理学派”与“功利派”之间的对立、冲突和斗争,却看不到两者之间的统一、融合和渗透。说到这里,我们不能不推出功利派的著名代表李觏这个人物来。胡适先生曾说:“李觏是北宋的一个大思想家。他的大胆,他的见识,他的条理,在北宋的学者之中,几乎没有一个对手!”因而李觏“是王安石的先导,是两宋哲学的一个开山大师。”③胡适是实证派思想家,他的话应当是有根据的。过去,人们似乎只注意到了“王安石的先导”这句话,而忽视了“两宋哲学的一个开山大师”这句非常重要的断论。“两宋哲学”的范围很大,但归结起来,可以分为“理学派”与“功利派”两部分。对于李觏是宋代“功利派”的开山大师这样的定位,学界并无异义。可是,如果说李觏是“理学派”的开山大师,恐怕就有人反对了。比如,邓广铭先生就很肯定地说:理学派的开山大师“只能归之于程颢、程颐和张载三人。”④从狭义的角度讲,邓先生的说法并没有错,甚至认为周敦颐应是理学派的开山大师,亦没有错。但具体问题应具体分析,理学派的范畴体系至少包括“理气”、“心性”、“知行”与“天人”四大部分,⑤而“心性”部分是理学派的核心,其“理欲”关系则是理学派核心思想中的基本问题之一。就此而言,李觏对理学派的影响是至关重要的。例如,李觏说:

“养天性,灭人欲,家可使得孝子,国可使得忠臣矣。学校不立,教法不行,人莫知何人可师,道莫知何道可学。”⑥

“三代之英既往,礼教不竞,人欲大胜。”⑦

这两段话虽不长,但李觏分别从哲学的维度与历史的维度探讨了“理欲”问题,具有开山的作用。对于从三代以后的社会性质,李觏的基本判断就是

---

① 《邓广铭治史丛稿》,北京大学出版社 1997 年版,第 192 页。

② 《邓广铭治史丛稿》,北京大学出版社 1997 年版,第 174 页。

③ 胡适:《五十年来之世界哲学》,光明日报出版社 1998 年版,第 28 页。

④ 《邓广铭治史丛稿》,北京大学出版社 1997 年版,第 192 页。

⑤ 蒙培元:《理学范畴系统》,人民出版社 1998 年版,第 1—2 页。

⑥ 李觏:《李觏集》,中华书局 1981 年版,第 112 页。

⑦ 李觏:《李觏集》,中华书局 1981 年版,第 255 页。

"人欲大胜",这个判断事实上已经成为理学派的立论的基本理论来源。如,程颢说:"三代之治,顺理者也。两汉以下,皆把持天下者也。"①又说:"得天理之正,极人伦之至者,尧、舜之道也;用其私心,依仁义之偏者,霸者之事也。"②说"尧、舜"得"天理"之正,与李觏的认识实质上是相同的,只不过李觏是从"人欲"的角度看,而程颢则是从"天理"的角度说。不仅程颢有这样的认识维度和观察历史的视角,而且王安石和张载也都有这样的认识维度和观察历史的视角。比如,王安石说:"尧、舜之世,元凯用而四凶殛,是天人之道合也;桀、纣之世,飞廉进而三仁退,是天人之道悖也;汉、魏而下,贤不肖或贵或贱,是天人之道悖合相半也。"③张载又说:"'舜、禹有天下而不与焉'者,正谓天理驯致,非气禀当然,非志意所与也。"④至于"养天性,灭人欲"这个命题,是否直接影响了程颢本人对于"理欲关系"的判断,目前虽然还没有发现客观的史料依据,但是从当时的学术背景看,这种可能性不是没有。譬如,程颢说:"吾学虽有所受,天理二字却是自家体贴出来。"⑤实际上,在程颢之前,"天理"一词早在《礼记·乐记》中就出现了,原文说:"人化物也者,灭天理而穷人欲者也。"从命题的内容与形式两方面比较来看,《礼记·乐记》的"理欲"关系成为张载阐释"理欲"关系的直接理论来源。如张载说:"顺性命之理,则得性命之正,灭理穷欲,人为之招也。"⑥可是,在程颢的言论里,我们却找不到他的"理欲"观是受《乐记》的传染。但从他的裂天人为二的思维方式看,由张载到程颢之间有一种逻辑上的"裂谷地带",只有通过跳跃的方式才能跨越,然而这对程颢来说是不可能的,因为张载与程颢的学问并非源于一脉,且张载本人在嘉祐二年(1057)曾与二程探讨过《易》学问题,之后,张载对二程的学问有这样的评价:"二程深明《易》道,吾所弗及。"⑦由这个史实表明,二程似无改宗张载思想之必要。但这绝不是说,二程的思想来源就无迹可寻了。程颢为什么只承认"天理二字却是自家体贴出来",而关于其他的范畴和命题如"灭人欲"、"天性"、"仁道"等则不说"自家体贴出来"了呢?理由很简单,因为程

① 程颢、程颐:《河南程氏遗书》卷十一《明道先生语一·师训》,《二程集》上,中华书局1981年版,第127页。

② 程颢、程颐:《河南程氏文集》卷一《明道先生文一·表疏》,《二程集》上,中华书局1981年版,第450页。

③ 王安石:《临川文集》卷七十《推命对》。

④ 张载著,章锡琛点校:《正蒙·诚明篇第六》,《张载集》,中华书局1978年版,第23页。

⑤ 程颢、程颐:《河南程氏外书》卷十二《传闻杂记》,《二程集》上,中华书局1981年版,第424页。

⑥ 张载著,章锡琛点校:《正蒙·大心篇第七》,《张载集》,中华书局1978年版,第24页。

⑦ 脱脱等:《宋史》卷四百二十七《张载传》,中华书局1975年版,第12723页。

颢显然是有的放矢,而这个“的”极有可能就是李觏的“理欲观”。李觏对于“天理”与“人欲”关系的基本态度是:“养天性,灭人欲。”其“养天性”之“天性”,在程颢那里变成了“天理”。当然,这种替换绝不是形式上的,因为“天理”与“天性”相比,前者的思想内涵更加深刻和更加丰富。例如,对于“理”与“性”关系,二程是这样说的:“天之付与之谓命,禀之在我之谓性,见于事业之谓理。”①又说:“须是穷理,便能尽得己之性,则推类又尽人之性;既尽得人之性,须是并万物之性一齐尽得,如此然后至于天道也。”②虽然程颢认为“‘穷理尽性以至于命’,一物也”,③但其过程却是不同的,是有先后的。而“理”相对于“性”则是更为基础的东西,也就是说“天理”较“天性”更具有本源地位和意义。由此可见,李觏在一定程度上完全可以看作是理学派的开山大师之一。

① 程颢、程颐:《河南程氏遗书》卷六《二先生语六》,《二程集》上,中华书局 1981 年版,第 91 页。

② 程颢、程颐:《河南程氏遗书》卷十《二先生语十 · 洛阳议论》,《二程集》上,中华书局 1981 年版,第 115 页。

③ 程颢、程颐:《河南程氏遗书》卷十一《明道先生语一 · 师训》,《二程集》上,中华书局 1981 年版,第 121 页。

# 第二章　功利派的天人相分思想

## 第一节　功利派天人相分思想产生的历史背景及其特点

功利派是宋代天人相分的主导力量，同时也是宋代天人相分思想阐释得最充分和表述得最经典的学术流派。目前，学界有一种倾向认为中国传统文化除了“天人合一”之外，别无“特点”可言，因此，他们对中国传统文化可谓是言必称“天人合一”，甚至有人主张“天人合一”观念“实是整个中国传统文化思想之归宿处”，①但实际情形并非如此。从历史上看，把“天人合一”抬举到“至尊至上”之位的多是那些讲求性命之学的儒者，如孟子、董仲舒等，而宋元以后则转变为新儒学者，如周敦颐、二程、张载等。但不管是旧儒学还是新儒学，他们所提出的“惟合主义”观点，都仅仅是其天人关系的一个方面而已。钱穆先生认为：“西方人喜欢把‘天’与‘人’离开分别来讲。换句话说，他们是离开了人来谈天。这一观念的发展，在今天，科学愈发达，愈益显出它对人类生存的不良影响。中国人是把‘天’与‘人’和合起来看。中国人认为‘天命’就表露在‘人生’上。离开‘人生’，也就无从来讲‘天命’。离开‘天命’，也就无从来讲‘人生’。”②虽然，对东西方传统文化的长处与短处问题，不是我们能用一两句话就能说清楚的，但是，有两点差异则表现得很突出：一是东西方两种文化与科学的发展问题，西方的“天人二分”观念促进了科学的发展，这是确定不疑的事实，尤其近代科学革命发生之后，这个事实就更加确定不疑了。对此，那些主张“惟合主义”的人也是承认的，问题是在宋代中国的科学技术处于世界的领先地位，而这种成就的取得显然不是“天人合一”思想所能产生出来的物质效应，因此，这个事实的存在反证了宋代“天人相分”思想的“伟大处”。比如，清人潘天成说：“如洛下闳鲜于妄人李淳风之流，止能明其数而不能得其所以然之理。终非天人合一之学也。至宋濂溪著太极通书，明

① 钱穆：《中国文化对人类未来可有的贡献》，载《中国文化》1991年第4期，第93页。

② 钱穆：《中国文化对人类未来可有的贡献》，载《中国文化》1991年第4期，第93页。

天人合一之旨，二程张邵继其绪，朱子集其成。”[①]在这里，潘氏的观点很有代表性，它对“天人合一”与“天人相分”的价值定位是现实的，显然，他已经将以科学研究为特点的“天人相分”思想完全排斥在正统的学术之外了，因而在他们的眼界中，“天人相分”变成了另类。二是东西两种思想文化所赖以生长的社会土壤不同，西方世界崇尚商品经济，与之相适应，以“人本主义”为基础的“天人相分”思想便应运而产生了，所以，如果没有工商业经济的发展，就不可能产生出“天人相分”的思想。与西方的社会基础不同，中国古代是一个以农业为根基的经济社会，这个社会离不开“天运”的变化，从这个意义上讲，“天”是农业社会的生存之本，由此便产生出了“天人合一”思想，甚至从某种层面上讲，这种依赖“天运”的农业经济社会只能产生出“天人合一”的思想，而“天人相分”思想则不可能在这样的社会基础上产生出来。但是，如果这种农业经济社会转向了以工商业经济为特色的社会，则在这种转型后的社会基础上就必然会产生出“天人相分”的思想意识来。这实际上就是宋代“天人相分”思想产生的根本社会前提。

## 一、功利派天人相分思想产生的历史背景

唐宋变革是目前宋史学界议论最多的话题之一。从内容上看，“变革”本身是人类历史进步的重要标尺，它包含的内容很多，既有生产力和经济基础方面的，又有政治和思想上层建筑方面的。我们说，“经济基础”是指生产关系的“总和”，而这里所说的“总和”则是指存在于一定社会中具有可变性的现实的生产关系，这样的定义说明存在于现实社会中的具体的生产关系往往不是单一的，而是复合性的。比如，宋代生产关系的类型就至少包括有封建的土地所有制、奴隶制的残余以及个体所有制。至于宋代是否已经出现了资本主义生产关系的萌芽，这个问题目前还没有定论，但笔者倾向于“宋代资本主义萌芽说”。事实上，早在20世纪50年代，我国史学界的老前辈束世澂先生就曾明确提出了“资本主义关系产生于北宋”[②]的主张。当代经济史学家葛金芳则通过仔细考察资本主义萌芽赖以生成的历史条件，之后，他也自觉地得出了我国资本主义萌芽出现于宋代的结论。[③]

马克思指出：“资本主义社会的经济结构是从封建社会的经济结构中产

---

① 潘天成：《铁庐外集》卷一，文渊阁四库全书本。

② 束世澂：《论北宋时资本主义关系的产生》，《华东师范大学学报》1956年第3期。

③ 葛金芳、顾蓉：《从原始工业化进程看宋代资本主义萌芽的产生》，载《社会学研究》1994年第6期，第91—108页。

生的。后者的解体使前者的要素得到解放。"①而促使"封建社会的经济结构"之解体需要两个基本条件,那就是(1)"对农业生产者即农民的土地的剥夺",(2)劳动者"必须摆脱行会的控制"而"成为劳动力的自由出卖者",②即成为"农业中的雇佣工人"。③ 在此,马克思特别提示我们说:"在十四和十五世纪,在地中海沿岸的某些城市已经稀疏地出现了资本主义生产的最初萌芽。"④可见,工商业城市的繁荣和发展是资本主义萌芽的重要物质前提和社会基础。据此,傅筑夫先生在比较了11世纪中国江南几个重要城市和13世纪地中海沿岸几个主要城市的实际发展状况后,发现中国11世纪某些城市所出现的繁盛景况在西方(包括地中海沿岸)即使进入到13世纪之后其最繁华的城市也还赶不上,如13世纪地中海最大最繁华的城市——威尼斯人口才只有10万,而开封市的人口早在11世纪就超过了100万,即使杭州市的人口当时也在32万以上,此外,处于长江三角洲腹地的江宁(即南京)、扬州等城市的人口亦都超过了20万。所以,傅先生认为"宋代是中国资本主义萌芽的主要产生时期"⑤。

那么,城市中的这么多人口都是从哪儿来的?他们究竟靠什么在城市中生活?刘敞于宋仁宗至和二年(1055)说:"臣伏见城中近日流民众多,皆扶老携幼,无复生意。问其所从来,或云久旱耕种失业,或云河溢田庐荡尽。"⑥另,南宋人曾丰又进一步说:"居今之人,自农转而为士,为道释,为伎艺者,在有之,而惟闽为多。闽地偏,不足以衣食之也。于是散而之四方,故所在学有闽之士,所在浮屠老子宫有闽之道释,所在寰阓有闽之技艺,其散而在四方者,固日加多。"⑦

从这两段记载来看,宋代的城市人口多是由农民转化而来,他们之所以进城,主要是因为失去了土地,而为了生存,他们中的相当一部分人便不得不"在寰阓"中出卖自己的"技艺"。结果,他们的这种相对自由的身份便成了宋代商品经济条件下的原始"雇工"。马克思说:"劳动者的奴役状态是产生雇

① 《马克思恩格斯全集》第23卷,人民出版社1972年版,第783页。

② 《马克思恩格斯全集》第23卷,人民出版社1972年版,第783页。

③ 《马克思恩格斯全集》第23卷,人民出版社1972年版,第785页。

④ 《马克思恩格斯全集》第23卷,人民出版社1972年版,第784页。

⑤ 傅筑夫:《有关资本主义萌芽的几个问题》,《中国经济史论丛》下册,三联书店1981年版,第669—708页;傅筑夫:《再论资本主义萌芽》,《中国经济史论丛·续集》,人民出版社1988年版,第186—222页。

⑥ 《历代名臣奏议》卷三百《论水旱之本疏》,文渊阁四库全书本。

⑦ 曾丰:《缘督集》卷十七《送缪帐干解任诣铨改秩序》,文渊阁四库全书本。

佣工人和资本家的发展过程的起点。”①而宋代雇佣工人的产生就是在一种“奴役状态”下面产生出来的，如蔡襄说：宋时的闽浙一带地区，“身丁之直，岁率三百，衣食之余，终年不能足之，必就产子，不幸而疾诸疫，岁旱而力不售，与掌输之官弗严而有遗失之患，愿顾无他营，死焉耳矣。”②“顾无他营，死焉耳矣”就是当时“雇佣工人”产生的非常重要的社会前提，当然，舍此求他目的的实现尚需要人身的相对自由为保障。侯外庐先生说：“生产方式取得支配性地位的标志，则常常通过上层建筑的法律形式折射出来。”③而宋代“雇佣工人”的自由身份就是有法律规定了的，它本身受宋朝法律的保护。如，宋仁宗天圣五年(1027)十一月诏：“江、淮、两浙、荆湖、福建、广南州军：旧条私下分田客，非时不得起移，如主人发遣，给与凭由，方许别住，多被主人折勒，不放起移。自今后，客户起移，更不取主人凭由，须每田收田毕日，商量去住，各取稳便，即不得非时衷私起移。如是主人非理拦占，许经县论详。”④陈振先生认为“这道诏令的重大历史意义，在于使宋代广大地区的租佃关系完全契约化，并得到政府法律的保证”，⑤除此之外，该诏令还具有将农民从土地的束缚中不断解放出来的作用，它是宋代城市化商品经济发展的基本社会前提。事实上，大量“农民工”涌入城市之后，必然会遇到如何管理他们的问题。在宋初之前，安置大量外来人口的主要场所是游离于城市体系之外的“附郭草市”，但在宋初政局不稳的情况下，安定人心是头等大事，而务使进入“附郭草市”的人口因生计问题去铤而走险，则是宋朝城市管理的中心工作。于是，景祐年间，宋朝廷正式下令允许商人只要缴税，就可以到处开设店铺，也就是说，自此进入“附郭草市”的人口便正式纳入了整个城市的管理体系之内。这样，城市的开放性增加了，而入城后的“民工”就业的范围也相应地有所扩大，他们既可受雇于人又可自谋生路，经商做生意。如此一来，传统的坊市分离制度就再也不能适应社会经济发展的客观需要了，由之坊市合一的城市新体制在宋代逐渐形成。从经济学的角度看，“坊市合一制”的显著变化就是人们“到处可以设店、肆和作坊，商业活动场所扩大了”。⑥ 当然，随之城市中非农业人口的显著增加，粮食、副食等生活必需物质的消费也必然越来越大，这就为农产品进入市场提供了重要的社会条件，而农业的商品化生产则遂之成为宋代经济

① 《马克思恩格斯全集》第23卷，人民出版社1972年版，第783页。

② 蔡襄：《端明集》卷二十七《上庞端公书》。

③ 侯外庐：《韧的追求》，三联书店1985年版，第251页。

④ 《宋会要辑稿》食货一之二十四。

⑤ 陈振：《宋史》，上海人民出版社2004年版，第269—270页。

⑥ 漆侠：《中国经济通史·宋代经济史》上，经济日报出版社1999年版，第30页。

发展的一个基本特色。如,孙升说:宋代城乡之间由于这种特殊的"供求关系"而形成了一个"生态链",在这个"生态链"中,一个环节是农村生产者,另一个链条则是城市消费者,其"货殖百物,产于山泽田野,售之于城郭","城郭、乡村之民交相生养,城郭财有余则百货有所售,乡村力有余则百货无所乏,……夫平居无事之时,使城郭之人日夜经营不息,流通财货,以售百物,以养乡村。"①又,宋人有关农业商品化生产的记载非常丰富,显示了当时商品经济发展的繁荣程度和发达水平。试枚举数例于下:

"春初时,洛人于寿安山中斫小栽子卖城中,谓之山蓖子。人家治地为畦塍种之,至秋乃接,接花尤工者一人,谓之门园子,豪家无不邀之。姚黄一接头直钱五千,秋时立券买之,至春见花乃归其直。"②

"福州种植(荔枝)最多,延施原野,洪塘水西,尤其盛处,一家之有,至于万株。……故商人贩益广,而乡人种益多,一岁之出,不知几千万亿。"③

"江州等处水滨产鱼苗,地主至于夏取之出售,以此为利。"④

"惟藉蚕桑办生事,十口之家,养蚕十箔,每箔得茧一十二斤,每斤取丝一两三分,每五两丝织成小绢一匹,每匹易米一石四斗,绢价与米价作也,衣食之给极有准也。以一月之劳,贤于终岁勤动,且无旱干水溢之苦,岂不优裕哉!"⑤

"佃户携米或一斗,或五七三四升,至其肆,易香烛、纸马、油、盐、酱、醯、浆、粉、麸、面、椒、姜、药饵之属不一。皆以米准之,整日得米数十石,每一百石舟运至杭、至秀、至南浔、至姑苏粜钱,复买物货归售水乡佃户。"⑥

"杭州人烟稠密,城内外不下数十万户,百十万口。每日街市食米,除府第、官舍、宅舍、富室、及诸司有该俸人外,细民所食,每日城内外不下一二千余石,皆需之铺家。然本州所赖苏、湖、常、秀、淮、广等处。"⑦

这些发生在经济领域内的"变革"仅仅是唐宋变革中属于"经济基础"的那一部分,按照上层建筑一定要适合经济基础变化的规律,随着经济基础变革

---

① 李焘:《续资治通鉴长编》卷三百九十四"元祐二年正月辛巳",中华书局1992年版,第9611—9612页。

② 欧阳修:《洛阳牡丹记·风俗记》,金锋主编:《唐宋八大家集》第4册,九州出版社2003年版,第333页。

③ 蔡襄:《荔枝谱》第三,曾枣庄、刘琳主编;四川大学古籍整理研究所编:《全宋文》第24册,巴蜀书社1992年版,第205页。

④ 周密:《癸辛杂识·别集》卷上《鱼苗》,上海古籍出版社2012年版,第125页。

⑤ 陈敷:《农书》卷下《种桑之法》。

⑥ 方回:《古今考·续考》卷十八《附论班固计井田百亩岁入岁出》。

⑦ 吴自牧:《梦梁录》卷十六《米铺》。

的不断深入，而建立其上的思想上层建筑必然要发生相应的变化，例如“功利派”的形成与发展就是这种经济变革对于思想上层建筑发生影响之后所产生的一种思想成果。前面讲过，宋代的城市化商品经济的发展程度是比较高的，然而与欧洲城市化商品经济发展的思想成果有所不同，宋代城市化商品经济发展的思想成果是出现了以带有商品经济性质之价值观为基本生活导向的“功利派”，而欧洲城市化商品经济发展的思想成果却是形成了以货币为“财富唯一形态”的“重商主义”，在某种意义上说，“重商主义”与欧洲文艺复兴时期的“人文主义”精神相伴生，因而它本身在一定程度上具有着“资产阶级革命”的客观要求。可是，宋代的“功利派”尽管也提出了“天人相分”的主张，甚至它本身还体现着不少“以人为本”和“以实际为重”的人文主义精神风貌，然限于其资本主义生产关系还不成熟及封建主义的生产关系根基还很坚固等因素，所以，宋代的“功利派”者在当时还不可能在理论上提出“资产阶级革命”的主张。这是宋代“功利派”思想与欧洲资本主义早期所出现的“重商主义”思想的显著不同之处。当然，两者有异就必然有同，如“重商主义”主张“国家干预经济”，而王安石变法的实质也可概括为六个字，即“国家干预经济”。在欧洲，“重商主义”是资产阶级革命的思想来源之一，而宋代“功利派”的思想主张则成为中国早期资产阶级改良运动的主要精神武器之一，如梁启超就曾从王安石变法思想中吸取其精神营养。

## 二、功利派天人相分思想在宋代文化发展进程中的地位和作用

从总体上看，“功利派”表现为宋代社会的一种主导思想潮流，因为它不仅是宋代城市商品经济繁荣发展的客观产物，而且它还以城市商品经济的发展程度为轴心而上下浮动或转移。在宋代，城市商品经济的发展状况是南宋更胜于北宋。比如，有人根据《西湖老人繁盛录》的记载推断，临安有414行，多于北宋的开封。[①] 而《文献通考》举例说，北宋国家岁入最多的熙宁年间，其岁入为五千六十余万，而南宋国家岁入最多的宁宗统治时期，其岁入高达六千余万。[②] 这个数字虽然能够表明南宋统治者加重了对工商业者的剥削，但从总体上看，它反映了南宋工商业经济的发展水平明显超过了北宋。因此，“功利派”思想由北宋到南宋只能随着这种城市商品经济繁荣发展的走势而愈来愈受到社会的重视。众所周知，程朱理学的真正兴盛始于元代，如欧阳玄说：

① 宁欣：《笔谈：多元视野下的中古社会》，载《河南师范大学学报》2006年第2期，第4—6页。

② 马端临：《文献通考》卷二十四《国用二》。

元朝科举“非程朱之学不试于有司，于是天下学术，凛然一趋于正。”[①]而程朱理学为什么受到元朝统治者的欢迎？这个问题固然不是一两句话所能解释清楚的，但有一点儿可以肯定，那就是程朱理学讲求“存公灭私”，恰与元代所推行的官营经济政策相适应。如，二程说：“义与利只是个公与私也。”[②]“仁者公也”，[③]“公则一，私则万殊，至当归一。”[④]而元代经济的重要特色就是把宋代以来日益开放的私营经济归于“一公”，结果民间工商业的发展受到了严重摧残，如元朝政府规定：“诸经商或因事外出，必从有司会问邻保出给文引。”[⑤]而由于民族歧视政策的推行，经商实际上成了色目人的特权，汉人和南人的经商是受限制的，这是问题的一方面。另一方面，虽然蒙古游牧贵族和色目上层向来注重商品交换，但他们却抛弃了宋代先进的以纸币为媒介的等价交换（实际上也是一种信用交换）退回到原始的物物交换，阻碍了商品经济的资本主义化进程。所以，元代的城市商品经济发展是繁荣与衰落参半，但与南宋相比较，元代的最高统计户数在总体上同南宋晚期大致相当。[⑥] 而元代农业和手工业在历史性地向前发展的同时，许多落后的生产与经营管理模式严重地窒息了自南宋以来所逐步出现的资本主义因素。就此而言，元朝的商品经济并没有真正地超过南宋的发展水平，而元朝的城市商品经济则基本上保持着南宋中后期江南地区早已出现了的繁荣状态。与南宋的经济繁荣相比，元朝的物质利益大都归属于特权商人，而南宋的物质利益则大都归属于一般商人，两者的社会性质是有所不同的。所以，元朝的整个社会意识并不利于以一般商人为存在基础的“功利派”思想的发展，因此，宋代的“功利派”思想在进入元朝之后便销声匿迹了。而在宋代则是“功利派”思想主导着社会意识的发展趋势，换言之，“义理派”思想实际上一直处于被阻止的地位，因而“义理派”始终不能成为整个宋代社会的主流意识。如，程颐在《明道先生行状》一文中说：“时王荆公安石日益信用，先生每进见，必为神宗陈君道以至诚仁爱为本，未尝及功利。神宗始疑其迂，而礼貌不衰。尝及陈治道。神宗曰：‘此尧、舜

① 欧阳玄：《圭斋集》卷五《赵忠简公祠堂记》，文渊阁四库全书本。

② 程颢、程颐：《河南程氏遗书》卷十七《伊川先生语三》，《二程集》上，中华书局 1981 年版，第 176 页。

③ 程颢、程颐：《河南程氏遗书》卷九《二先生语九 · 少日所闻诸师友说》，《二程集》上，中华书局 1981 年版，第 105 页。

④ 程颢、程颐：《河南程氏遗书》卷十五《伊川先生语一 · 入关语录》，《二程集》上，中华书局 1981 年版，第 144 页。

⑤ 《元史》卷一百零五《刑法四》。

⑥ 白寿彝主编：《中国通史》第 8 卷《中古时代 · 元时期（上）》，上海人民出版社 1997 年版，第 776 页。

之事，朕何敢当？'先生愀然曰：'陛下此言，非天下之福也。荆公浸行其说，先生意多不合，事出必论列，数月之间，章数十上。"①"愀然"一词形象地道出了整个"义理派"思想在宋代的失落和无奈，而王安石与二程的思想对立，绝不是简单的两派对峙和论争，其实在他们的背后隐藏着两种根本不同的社会经济现实和整个国民的思想价值取向，是其社会存在的一种主观体现。其前者的思想建立在以不完全商品经济为根基的小市民经济的社会基础之上，而后者则建立在以自然经济为特色的小农经济的社会基础之上。两者的经济基础不同，其思想意识也就自然有别。

王安石在均衡农、工、商三者关系的前提下，提出了"盖制商贾者恶其盛，盛则人去本者众，恶其衰，衰则货不通"②的本业与末业之平衡发展原则和国家干预经济思想。他提倡"国家置榷酤之法而使民自贩"③的自由经商政策，而这项政策在很大程度上是为了维护宋代中小商人的切实利益，它反映了当时商品经济发展的客观需要。所以，谷霁光先生说：王安石变法的基本倾向是"较多地反映中小地主和中小商人的要求，尤其是南方地主和商人的要求。"④而这种要求反映在天人关系方面，则表现为：(1)"继天道而成性"的思想，告子说："食色性也。"⑤正义云："饮食男女，人之大欲存焉。"实际上，告子所讲的"食色"，其内在意义已经远远超出了"饮食男女"本身所涵盖的价值，因为它不仅是唯物的，而且是唯美的，这就是人的真正本性。故宋人赵顺孙引辅氏的话说："人之甘食者，知其食之美而甘之也；悦色者，知其色之美而悦之也。知即知觉也，甘与悦即运动也。"⑥可见，这里所说的"色"是指一切能够引起人们视觉愉悦的人或事物。在宋代，理学家似乎觉察到了告子话语中所包含的潜在隐忧以及它可能对于理学思想传播所造成的阻抗性，故他们便不得不去区分"人心"与"道心"及"利"与"义"这些处于两极状态的概念，然后在此基础上去实践或为人们去引导以"天人合一"为基本内核的"义理"之说，在他们看来，只有这样才能真正地显现出"义理"之说的至上性和纯粹性来。比如，朱熹批评告子说："告子只知得人心，却不知有道心；但见趋利避害、饥食

---

① 程颢、程颐：《河南程氏文集》卷十一《伊川先生文七·行状、墓志、祭文》，《二程集》上，中华书局 1981 年版，第 634 页。

② 王安石著，中华书局上海编辑所编：《临川先生文集》，中华书局 1959 年版，第 764 页。

③ 王安石著，宁波等校点：《王安石全集》下，吉林人民出版社 1996 年版，第 753 页。

④ 谷霁光：《王安石变法与商品经济》，载《中华文史论丛》第 7 辑（复刊号），上海古籍出版社 1978 年版，第 103 页。

⑤ 《孟子·告子章句上》。

⑥ 赵顺孙：《孟子纂疏》卷十一《朱子集注·告子章句下》，文渊阁四库全书本。

渴饮等处，而不知辨别义理处，正是本然之性。”①显然，理学家认为“本然之性”仅仅停留在一般动物的生理需求上，距离人的“天命之性”还有一个很长的时段，因此，他们便采取一种极端的方式，将人的生理欲望消灭在“思想意识的萌芽之中”，所谓“存天理，灭人欲”是也。诚然，“天理”和“人欲”是存在于每个人类个体生命中的两种基本性质，朱熹说：“人莫不有是形，故虽上智不能无人心；亦莫不有是性，故虽下愚不能无道心。”②在西方，人们把人的特性亦分为两个方面，即物质和精神。在一定意义上，“人心”同于“物质”，“精神”同于“道心”。其中，物质的存在对于人的生命活动具有决定性作用，它是人性规定中的最基本方面。而理学家否认了物质对于人性的决定作用，认为精神的东西才是人性的本质。于是，他们便有了“革欲复理”的主张。与此相反，以王安石为代表的“功利派”却从告子的主张中看到了物质对于人性的基元性和现实性，所以，王安石说：“食、货，人之所以相生养也。”③人之“生养”的基础是物质性的“食”与“货”，而不是“义”与“理”，在“食”与“货”和“义”与“理”之间，前者是基本的，后者是派生的，一旦失却了前者，后者也就荡然无存了。(2)“天与人异道”④的思想，王安石认为“天道”与“人道”有“交”(即“合一”)的一面，又有“辨”(即“相分”)的一面。如果从人是自然界的一个有机组成部分讲，则人与天都遵循着相同的自然规律，因此，“天道”与“人道”具有同一性；如果从人是一个特殊的类的社会存在体来说，那么，人类社会有不同于自然界的发展规律，因此，“天道”与“人道”就具有了斗争性，其实，斗争性不是别的，正是人的主观能动性。比如，在王安石变法期间，保守派反对变法的重要依据就是那些经常发生于自然界的灾变现象。灾变是一种自然现象，或者是天道的一种客观体现。在历史上，灾变确实既有其独立的一面，又有其不独立的一面。比如，雷电现象早在人类之前就出现了，而且它还是生命产生的必要条件之一，然而，由于近代工业化的原因，不仅造成空气污染，而且还导致了“酸雨”的产生，则是人类活动对于灾变本身所具有的诱动作用。当然，人类活动对于自然界的作用还有积极的方面，例如，把河流由低处引向高处，将荒山开垦为农田，等等。事实上，王安石从来都没有否认灾变与人类生产和生活之间的关系。问题在于，我们是用“天人合一”的观点去解释它还是用“天人相分”的观点去解释它，站在不同的角度和立场所得出的认

① 黎靖德编：《朱子语类》卷五十九《食色性也章》，中华书局 1994 年版，第 1378 页。

② 朱熹：《四书章句集注·中庸章句序》。

③ 王安石著，宁波等校点：《王安石全集》下，吉林人民出版社 1996 年版，第 679 页。

④ 王安石著，宁波等校点：《王安石全集》下，吉林人民出版社 1996 年版，第 674 页。

识和结论是完全不一样的。所以,王安石说:

"人君承天以从事,天不得其所当然,则戒吾所以承之之事可也,必如传云人君行然,天则顺之以然,其固然邪?"①

这段话可分为两层意思:第一层意思是说"天道"与"人道"之间并没有内在的必然联系,但是若以"天道"作为"人道"的一种客观参照系,那么,人们就可以通过参照系中所发生的特定事件来看看自己的行为是否违背了自然界的客观规律。在此,王安石尤其强调人们应当按照客观规律办事,即"承天以从事",而"天不得其所当然",也就是说天道虽可作为人道的一个参照系,但天道这个参照系上并没有告诉你应当怎么去做和不应当怎么去做,所以,人之为人的本质特点就是人具有主观能动性,而这个思想是宋代"功利派"自然观或者说是其对待天人关系的一个基本思想。比如,叶适说:"时自我为之,则不可以有所待也;机自我发之,则不可以有所乘也。"②可见,叶适与王安石的思想是一脉相承的,叶适认为人在"天道"面前能够创造时机,从而自己改变自己的命运,这个思想后来为王夫之所继承,成为其"以人造天"思想的直接理论来源;第二层意思是说人事与天道是两个相对独立的运动系统,各自遵循着不尽相同的变化规律,人们既不能把自己的行为后果完全归结于"天道",同时也不能希望"天道"来顺从或者服务于人的主观意志,因此,王安石大声疾呼"天则顺之以然,其固然邪?"就是说宇宙间根本就没有让"天道"按照人道的法则来运动变化这回事儿。陈亮亦说:"天地常运而人为常不息。"③以此为前提,陈亮提出了"天下之事,孰有大于人心之与民命者乎"④的思想,此"人心之与民命者"实际指的就是社会发展的客观趋势,就是新陈代谢的社会规律,就是"时事",如商人阶层的出现和不断发展壮大便是宋代的"时事",就是宋代的"人心之与民命者"。在自然经济条件下的农业经济,相对于"人道"而言,人们更加关注"天道",因为在科技发展水平相对落后的历史条件下,农业生产在很大程度上取决于自然界的环境变化,因此,生活在这种背景下的人们出现一种"畏天"和"宿命"的社会心理及其思想意识则是完全可以理解的。与之相反,在商品经济的条件下,天道的变化对于商人经营活动的影响并不像它对农业生产的影响那样直接和明显,如果说自然经济条件下的农业事务以简单和朴实为特点的话,那么,商品经济条件下的商业事务显然就要复杂和繁

① 王安石著,宁波等校点:《王安石全集》下,吉林人民出版社 1996 年版,第 757 页。

② 叶适:《水心别集》卷十《息虚论二·待时》,中华书局 1961 年版,第 766 页。

③ 陈亮:《陈亮集》卷二十《与朱元晦秘书》,中华书局 1974 年版,第 287 页。

④ 陈亮:《陈亮集》卷十一《廷对》,中华书局 1974 年版,第 112 页。

忙的多了,这种生活压力与农业事务的压力有着截然的不同内涵。因此,建立在宋代商品经济基础上的"功利"思想,与建立在农业经济基础上的"义理"之学,就不能不产生对立和分歧。例如,在理学家看来,正像四季与农时和农事的关系一样,循环往复,固定不移,天下的事情都受一个"理"的支配,所谓"宇宙之间,一理而已"①是也,且"此理之流行无所适而不在,若其消息盈虚,循环不已,则自未始有物之前,以至人消物尽之后,终则复始,始则复有终。"②显然,这种"消息盈虚,循环不已"的思想意识是与自然经济条件下的农业社会形态相适应的,是一种反映农业原生态之社会生活面貌的理论学说。然而,这种理论学说从本质上讲是与商品经济条件下的商人意识相对立的,因为商品经济是一种可变的和快节奏的生活方式,而建立于其上的思想意识就必然表现为一种螺旋式的而不是循环式的理论学说。比如,农耕有农时,而农时具有相对的稳定性和不变性;经商有商机,但商机却具有瞬息万变的不稳定性。所以,陈亮提出了"千涂万辙,因事作则"③的思想命题。在这里,"事"是具体的和实实在在的,"日用之间无非事"④,这恰好是对商业型社会生活的一种真实反映。因此,叶适进一步将"事"作为判别理论学说是否合于时用的客观标准,他认为"虚意多"而"实力少"⑤的知识只不过是"弃有用而为无益"⑥的理学空谈。

## 三、功利派天人相分的思想特点和实践效果

1.从具体到抽象的思维路径,是宋代"功利派"区别于"义理派"的显著特点之一。在一定意义上说,"天人合一"与"天人相分"是表示人类认识过程的两个阶段,用哲学的语言讲,"天人合一"同于抽象的形态,而"天人相分"则同于具体的形态。如前所述,理学的思想基础是"天人合一",如程颢说:"天人无间断。"⑦程颐又说:"道未始有天人之别。"⑧"道"是什么?程颐说:天道

---

① 朱熹:《晦庵集》卷七十《读大记》,文渊阁四库全书本。

② 朱熹:《晦庵集》卷七十《读大记》,文渊阁四库全书本。

③ 陈亮:《陈亮集》卷二十七《与应仲实书》,中华书局1974年版,第319页。

④ 陈亮:《陈亮集》卷十《书经》,中华书局1974年版,第100页。

⑤ 叶适:《习学记言》卷十四。

⑥ 叶适:《习学记言》卷四十七。

⑦ 程颢、程颐:《河南程氏遗书》卷十一《明道先生语一·师训》,《二程集》上,中华书局1981年版,第119页。

⑧ 程颢、程颐:《河南程氏遗书》卷二十二上《伊川先生语八上·伊川杂录》,《二程集》上,中华书局1981年版,第282页。

“只是理,理便是天道。”①可见,“道”与“天人合一”是同一的,而“天人合一”其实是“道”的一种境界化的表现形式。在理学的宇宙模式里,“天人合一”不仅是先天的,而且是其认识论的起点。例如,张载说:“儒者则因明致诚,因诚致明,故天人合一,致学而可以成圣,得天而未始遗人。”②显然,此处之“致学”就是以“天人合一”为基点的,然后由此开始而循序渐进地成为“圣人”。因此,程颢亦说:“人与天地一物也。”③如果说张载和程颢表述的还不够明确,那么,朱熹的说法就清楚和直观得多了。朱熹说:“圣人未尝言理一,多只言分殊。盖能于分殊中事事物物、头头项项理会得其当然,然后方知理本一贯。不知万殊各有一理,而徒言理一,不知理一在何处?”④在朱熹看来,“于分殊中事事物物、头头项项理会得其当然,然后方知理本一贯”的认识理路是违背“理一”原则的,因为“理一”不是认识的终点,而是认识的起点。为了说明这个问题,他举曾子的认识方法为例:“曾子之鲁,逐件逐事一一根究著落到底。孔子见他用功如此,故告以‘吾道一以贯之’。若曾子元不曾理会得万殊之理,则所谓一贯者,贯个什么!盖曾子知万事各有一理,而未知万理本乎一理,故圣人指以语之。”⑤这就是说,曾子从具体事物开始所形成的认识,终究是不得要领的,是不能“一以贯之”的,因而是不可取的。所以,朱熹说:“天道、人道,初非以优劣言。自其浑然一本言之,则谓之天道;自其与物接者言之,则谓之人道耳。”⑥列宁指出:“从物到感觉和思想呢,还是从思想和感觉到物?”⑦是区分唯物主义和唯心主义的基本标准,而从上面的论述可以看出,程朱理学主张“从思想和感觉到物”,或者说是从“天人合一”(以“理”为内容)到“天人相分”(以“事”为内容),是一条唯心主义的认识理路。与程朱理学的认识理路不同,宋代“功利派”讲求实际,以“事”或“物”为根基,认为“天人相分”是认识的起点,而“天人合一”是认识运动的结果,而不是认识运动的原因,那种导果为因的观点是错误的和不符合客观实际的。比如,陈亮说:历史发展的出

① 程颢、程颐:《河南程氏遗书》卷二十二上《伊川先生语八上·伊川杂录》,《二程集》上,中华书局1981年版,第290页。

② 张载著,章锡琛点校:《正蒙·乾称篇第十七》,《张载集》,中华书局1978年版,第65页。

③ 程颢、程颐:《河南程氏遗书》卷十一《明道先生语一·师训》,《二程集》上,中华书局1981年版,第120页。

④ 黎靖德编:《朱子语类》卷二十七《论语九·里仁篇下》,中华书局1994年版,第677—678页。

⑤ 黎靖德编:《朱子语类》卷二十七《论语九·里仁篇下》,中华书局1994年版,第678页。

⑥ 黎靖德编:《朱子语类》卷二十七《论语九·里仁篇下》,中华书局1994年版,第692页。

⑦ 《列宁选集》第2卷,人民出版社1972年版,第36页。

发点是那些各具特点的"事件"或客观现象，以此为前提，则"始退而穷天地造化之初，考古今沿革之变，以推极皇帝王伯之道，而得汉、魏、晋、唐长短之由。天人之际，昭昭然可察而知也。"①借用朱熹的话说，陈亮认识历史的方法是从"自其与物接者言之，则谓之人道耳"的"人道"，或是以"天人相分"为实质的"人道"，然后上升到"自其浑然一本言之，则谓之天道"的"天道"，或是以"天人合一"为内容的"天道"。即：(1)所谓"始退"就是指研究和认识历史的发展规律，第一步应当是先回到历史的本来起点上，以历史的客观事实为前提；(2)第二步是通过分析历史事件，并应用逻辑推理的方法(即"推极")，总结出历史发展的客观规律(即"道")；(3)第三步是把认识所得的结论放到历史过程中去检验一番，看它是否与历史的客观发展实际相符合，如果"得汉、魏、晋、唐长短之由"，达到了主观与客观的统一，那么，"天人相分"本身就转变成了"天人合一"的境界。然而，在陈亮看来，"天人合一"与"功到成处"是统一的，他说："功到成处，便是有德；事到济处，便是有理。"②不独陈亮如此说，王安石亦有此论。比如，王安石这样说道："始而生之者，天道也；成而终之者，人道也。"③其"成而终之者"的境界就是"天人合一"的境界，就是"天道"与"人道"的统一，可见，在王安石的认识体系里，"人道"是其思想的核心。那么，何为"人道"？王安石的解释是，"有处有辨，新故相除。"④此"辨"即"相分"和"变化"之意，如《周礼·天官》注云："辨谓辨然于事，分明无有疑惑也。"又《楚辞·九辨注》云："辨者，变也。"⑤而就天人关系来说，"人事"是第一位的。王安石反复说道：

"冯相氏辨而会之，羲和之事也，而以中士为之，则世及于此，略天道，详人事矣。"⑥

"知天助之不可常恃，知人事之不可怠，终有大有为之时，正在今日。"⑦

"今或以为天有是变，必有我有是罪以致之；或以为灾异自天事耳，何豫于我，我知修人事而已。"⑧

"吾之所疑而谋者，人事也，必先尽之人，然后及鬼神焉，固其理也。"⑨

① 陈亮：《陈亮集》卷一《上孝宗皇帝第一书》，中华书局1974年版，第8页。

② 陈亮：《陈亮集》卷二十一《致陈同甫书》，中华书局1974年版，第331页。

③ 王安石著，宁波等校点：《王安石全集》下，吉林人民出版社1996年版，第674页。

④ 杨时：《龟山集》卷七引《王氏字说》，文渊阁四库全书本。

⑤ 《康熙字典》，上海书店1985年版，第1397页。

⑥ 王安石：《周官新义》卷十一《春官四》，文渊阁四库全书本。

⑦ 王安石著，宁波等校点：《王安石全集》下，吉林人民出版社1996年版，第435页。

⑧ 王安石著，宁波等校点：《王安石全集》下，吉林人民出版社1996年版，第707页。

⑨ 王安石著，宁波等校点：《王安石全集》下，吉林人民出版社1996年版，第706页。

在这里，王安石坚定地提出了“必先尽之人，然后及鬼神”的“人道”原则，这在当时的历史条件下是非常具有战斗力的。在宋代，诸如“圣人”、“鬼神”、“灾异”、“祥瑞”一类东西，都是“天人合一”的重要内容。例如，二程说：“天人之理，自有相合。人事胜，则天不为灾；人事不胜，则天为灾。人事常随天理，天变非应人事。”①这段话虽然包含着“天人相分”的思想，但其基础却是“天人合一”的，其“人事常随天理”一句话表明二程的态度是以“天理”而不是以“人事”为其学说之立脚点的。因此，二程便进一步提出了“君子谋道不谋食”②的“惟理主义”命题，显然，这个命题既不合日益增长的宋代商人阶层的生活价值需要，又跟“功利派”的主张格格不入。比如，陈亮就赞同楼应元所提出的“财者人之命”③命题，尽管此命题“期人者未免乎薄也”，但是它却“真切而近人情”，是对商品经济条件下宋代社会生活的一种客观反映。朱熹以为“三代以前都无利欲，都无要富贵底人”，然而陈亮从人的生理特性出发，认为“才有人心便有许多不净洁”。④ 这是因为“利欲”与“富贵”本是两个不尽相同的问题，前者是个生理性的问题，而后者却是个经济学的问题；前者没有古人与今人之别，而后者却是历史的产生和发展的，即三代“都无要富贵底人”是与那个时代的生产力水平相适应的，与之相反，宋代出现了“要富贵底人”，则又是与宋代的社会生产力发展水平相适应的。于是，在三代以前不曾发生的事情在宋代发生了，而宋代社会的发展实际和时代主题就是“求强求富”，特别是“求富”几乎是所有“功利派”思想的主张，从李觏到叶适，一以贯之，体现了这个学派的又一个鲜明特征。

2，重视“效果”，讲求实际，是宋代“功利派”区别于“义理派”的根本特征。孟子认为，人皆有“四端”，而“四端”也就成为判定人性之为“善”的重要依据，他说：“恻隐之心，仁之端也；羞恶之心，义之端也；辞让之心，礼之端也；是非之心，智之端也。”⑤在孟子看来，这“四端”是先天的，人人都具有的，然而，先天的“四端”进入后天以后，是会发生变化的，其中有的人还保留着“四端”的善性，但有的人却丢失了“四端”的善性，所以，从孟子以来，尤其是程朱理学，始终把恢复人们心中的“四端”作为其为学的宗旨，甚至在一定意义上

① 程颢、程颐：《河南程氏外书》卷五《冯氏本拾遗》，《二程集》上，中华书局 1981 年版，第 374 页。

② 程颢、程颐：《河南程氏外书》卷六《罗氏本拾遗》，《二程集》上，中华书局 1981 年版，第 379 页。

③ 《陈亮集》卷十五《赠楼应元序》，中华书局 1974 年版，第 272 页。

④ 《陈亮集》卷二十《又乙已秋书》，中华书局 1974 年版，第 293 页。

⑤ 《孟子·告子上》。

说，这也是他们全部人生的奋斗目标。比如，程颐说："圣人，人伦之至。伦，理也。既通人理之极，更不可以有加。"①又说："大抵尽仁道者，即是圣人。"②在此，所谓"人伦之至"，其实就是"天人合一"的另外一种说法。二程说："圣人之神，与天为一。"③如果说"圣人"的境界对一般人有些可望不可及的话，那么，"人之道"就应当是做人的基本要求了。二程认为："仁，理也。人，物也。以仁合在人身言之，乃是人之道也。"④而如何将"仁合在人身"，程朱理学提出了"诚敬"的修养方法，实际上，"诚敬"的目的就是从动机出发去培育人的善性。如，程颐说：

"学者先务，固在心志。有谓欲屏去闻见知思，则是'绝圣弃智'。有欲屏去思虑，患其纷乱，则是须坐禅入定。如明鉴在此，万物毕照，是鉴之常，难为使之不照。人心不能不交感万物，亦难为使之不思虑。若欲免此，唯是心有主。如何为主？敬而已矣。有主则虚，虚谓邪不能入。无主则实，实谓物来夺之……大凡人心，不可二用，用于一事，则他事更不能入者，事为之主也。事为之主，尚无思虑纷扰之患，若主于敬，又焉有此患乎？所谓敬者，主一之谓敬。所谓一者，无适之谓一……《易》所谓'敬以直内，义以方外'，须是直内，乃是主一之义。"⑤

这段话可以说是二程理学思想的纲领，此纲领的要点其实就是两句话："有主则虚，虚谓邪不能入。无主则实，实谓物来夺之。"而"虚"与"实"恰好概括了"义理之学"和"功利之学"的思想特征。虽然两个学派都就"事"来立言，但是"事"与"事"是不同的，"义理之学"所说的"事"，严格地讲，应当是"心事"，即他们着重考量人们做事的主观动机，而"功利之学"所说的"事"，严格地讲，却是指"物事"，即他们着重考量人们做事的客观效果。可见，两派所涉及的问题实际上是一种本源意义上的"心物关系"。所谓"有主则虚"之"主"，名为"直内"，实则是存在于人类个体自身的一种内心活动，而这种内心活动在程朱理学看来是与人的本来善性相互统一的，是不须外物打扰和牵动

① 程颢、程颐：《河南程氏遗书》卷十八《伊川先生语四 · 刘元承手编》，《二程集》上，中华书局 1981 年版，第 182 页。

② 程颢、程颐：《河南程氏遗书》卷十八《伊川先生语四 · 刘元承手编》，《二程集》上，中华书局 1981 年版，第 182 页。

③ 程颢、程颐：《河南程氏遗书》卷二上《二先生语二上 · 元丰己未吕与叔东见二先生语》，《二程集》上，中华书局 1981 年版，第 22 页。

④ 程颢、程颐：《河南程氏外书》卷六《罗氏本拾遗》，《二程集》上，中华书局 1981 年版，第 391 页。

⑤ 程颢、程颐：《河南程氏遗书》卷十五《伊川先生语一 · 入关语录》，《二程集》上，中华书局 1981 年版，第 168—169 页。

的“禅定”。相反,以“实”为内容的“功利派”,不以“心事”为判断人类行为善恶的根据,而是看其做事的效果,即看其最终结果是给社会带来财富还是贫穷。比如,李觏说:“人所以为人,足食也;国所以为国,足用也。”[①]又说:“天之生民未有无能者也。能其事而后可以食,无事而食,是众之殃,政之害也。”[②]其中“能其事”的标准是什么?李觏给出的标准是:“人各有事,事各有功,以兴材征,以济经用。”[③]简言之,就是两个字“功用”。一般地讲,“足食”和“足用”是民富的基本底线。马斯洛的需要层次理论告诉我们,在人类的七种(即生理需要、安全需要、归属与爱需要、尊重需要、认知需要、审美需要及自我实现需要)依次渐进的需要之中,生理需要是最基本和最基础的需要,试想,在正常情况下,我们怎么能要求尚处于饥饿状态中的人去关心你穿着的衣服是美还是不美呢!因为处于饥饿中的人们除了食物以外他们对其他任何事物都根本不感冒。恩格斯更加明确地指出:“正像达尔文发现有机界的发展规律一样,马克思发现了人类历史的发展规律,即历来为繁茂芜杂的意识形态所掩盖着的一个简单事实:人们首先必须吃、喝、住、穿,然后才能从事政治、科学、艺术、宗教等等;所以,直接的物质的生活资料的生产,因而一个民族或一个时代的一定的经济发展阶段,便构成基础,人们的国家制度、法的观点、艺术以至宗教观念,就是从这个基础上发展起来的,因而,也必须由这个基础来解释,而不是像过去那样做得相反。”[④]在此,所谓“吃、喝、住、穿”这些生理需要的满足是社会发展的基础和动力,它决定着“人们的国家制度、法的观点、艺术以至宗教观念”,宋代“功利派”的基本思想亦复如此,只是在具体解释社会不平等的起源时,马克思强调一部分人占有了另一部分人的财富,因而社会出现了剥削者与被剥削者两个阶级,而李觏等人则看到的仅仅是“能其事而后可以食”与“无事而食”这样两类不同的“食者”。不过,根据社会发展的需要,特别是商品经济条件下人们对“能其事”的推崇,“效益原则”事实上已经成为当时社会生活的一个基本价值理念。如,《宋史·食货志下一》在总结宋仁宗时期整个国家所面临的政治和经济状况时说:“承平既久,户口岁增,兵籍益广,吏员益众。佛老、外国耗蠹中土,县官之费数倍于昔,百姓亦稍纵侈,而上下始困于财矣。”[⑤]在这种历史背景下,欲想提高宋朝官吏的行政效率是很不现实的,而此时用“义理之学”来挽救宋朝“财困”的经济危难更是于事无补。

① 李觏:《李觏集》,中华书局 1981 年版,第 75 页。
② 李觏:《李觏集》,中华书局 1981 年版,第 77 页。
③ 李觏:《李觏集》,中华书局 1981 年版,第 77 页。
④ 《马克思恩格斯选集》第 3 卷,人民出版社 1972 年版,第 574 页。
⑤ 脱脱等:《宋史》卷一百七十九《食货志下一》,中华书局 1975 年版,第 4350 页。

在王安石看来,“欲用兵必先聚财,于是青苗、免役之法行。”①其中“免役法”集中体现了“功利派”的经世治用思想,并初步形成了具有中国特色的唯实唯利的“货币主义”钱役观。众所周知,“差役法”就是按户等轮流充当州县政府差役的办法,这个办法从表面上看有利于国家的宏观经济发展,特别是有利于节省政府开支,减少政府冗员,但是它却牺牲了国民的个人利益,从长远的角度看,它是阻止商品经济发展的一个严重障碍。故宋神宗“知民间苦差役,而衙投之任重行远者尤甚,特创免役。”②而“免役法”的实质则是改“力役”为“钱役”,这样就使那些真正忙于经济或其他社会事务的人获得了解放,他们只需出钱给政府,然后由政府出钱雇佣那些相对闲散的人员来充当力役,各取所需,既利国又利民。当然,这个“民”不是指大地主,而主要是指那个正在成长中的商人集团。对此,司马光有两段论说,颇能反映当时城乡关系的变化以及这种变化对人们思想观念所带来的深刻影响。他说:

“按因差役破产者,惟乡户衙前。盖山野愚憨之人,不能干事,或因水火损败官物,或为上下侵欺乞取,是致欠折,备偿不足,有破产者。至于长名衙前,在公精熟,每经重难,别得优轻场务酬奖,往往致富,何破产之有?又鄬者役人皆上等户为之,其下等、单丁、女户及品官、僧道,本来无役,今使之一概输钱,则是敷敛愈重。自行免役法以来,富室差得自宽,贫者困穷日甚,监司、守令之不仁者,于雇役人之外多取羡余,或一县至数万贯,以冀恩赏。又青苗、免役,赋敛多责见钱。钱非私家所铸,要须贸易,丰岁追限,尚失半价,若值凶年,无谷可糶,卖田不售,遂致杀牛卖肉,伐桑鬻薪,来年生计,不暇复顾,此农民所以重困也。”③

任何事物都有两面性,但不论事物呈现给人们以何种面目,都必须历史地去看待它。比如,司马光所说的现象,我们绝不否认它的客观存在,然而这些问题毕竟是宋代社会在发展和前进中所遇到的问题,是转型社会必然会出现的历史现象。从表面上看,司马光好像是在为“重困”的农民着想,实则他是在阻止商品经济对自然经济的冲击,保守传统的农业生产方式。因此,他说:“国家之治乱本于礼,而风俗之善恶系于习。”④这些说法确实跟“义理之学”的主张不谋而合,例如,二程说:“礼之本出于民之情,圣人因而道之耳;礼之

① 赵翼:《二十二史札记》卷二十六《王安石之得君》。

② 脱脱等:《宋史》卷一百七十七《食货志上五》,中华书局1975年版,第4310页。

③ 脱脱等:《宋史》卷一百七十七《食货志上五》,中华书局1975年版,第4310页。

④ 司马光:《温国文正公文集》卷二十二《谨习疏》,文渊阁四库全书本。

器出于民之俗，圣人因而节文之耳。”①此处所说的“民”，自然是局限于土地中的农民，而建立在这种关系上面的“礼乐”必然是适应那种自然经济之生产方式的思想上层建筑。司马光又说：

“自置保甲以来，盗贼倍多，所以然者，乡村无赖子弟，乍涉城市，闻见纷华，自恃身为保丁，坐索本家供给，饮博游荡，习以成性。今虽罢团教，不肯复归南亩，服田力穑，逸欲既深，资用不足，既家藏利兵，又身挟武艺，由是邀结党友，群行攻劫，父兄不能禁，州县不能制，此自然之势也。”②

这段话与上面一段话的语气截然不同，如果说上面一段话是在为遭受“重困”的农民打抱不平的话，那么，下面一段话则完全是在痛诉城市的罪恶了。其实，同免役法在施行的过程中可能会出现部分农民“重困”的现象一样，而与城市发展相适应的“保甲法”，在其施行的过程中亦不可避免地会出现一批“逸欲既深”而“不肯复归南亩，服田力穑”的农村转移劳动力。所以，我们对于司马光上面所讲的两段话，必须结合起来看，因为两者是一种前后相继和彼此制约的历史现象。否则，我们便无法观察其隐藏于现象背后的深刻本质，因而也就不能得出符合历史实际的正确结论。免役法必然要造就一批向城市转移的农村劳动力，这是因为在免役法的推动下，农民与地主之间的依附关系已经开始有所动摇，比如，司马光曾说：

“旧日差役之时，所差皆土著良民，各有宗族田产，使之作公人，管勾诸事，各自爱惜，少有敢大段作过；使之主守官物，少敢侵盗。所以然者？事发逃亡，有宗族田产以累其心故也。今召募四方浮浪之人充役，无宗族田产之累，作公人则恣为奸伪，曲法受赃，主守官物则侵欺盗用。一旦事发，则挈家亡去，变易姓名，往别州县，投名官中，无由追捕，官物亦无处理索。”③

这是司马光批评免役法之“五害”中的第二害，仅从其所流露出来的这些话语中，我们完全能够感受到司马光对于商品经济这个新的社会经济现象是多么得恐惧和不满。而在自然经济与商品经济的对立和冲突中，王安石与司马光分别站在了不同的立场，一个成为推动商品经济向前发展的急先锋，另一个则成为自然经济的卫道士。王安石改“力役”为“钱役”，不单是一种劳役形式的变化，实际上它反映了宋代社会经济发展的客观趋势，不管人们是否承认这种趋势，当时已有越来越多的士大夫能够逐步冷静地思考和正确面对商品

① 程颢、程颐：《河南程氏遗书》卷二十五《伊川先生语十一·畅潜道录》，《二程集》上，中华书局1981年版，第327页。

② 司马光：《温国文正公文集》卷五十四《乞罢保甲招置长名弓手札子》。

③ 李焘：《续资治通鉴长编卷》卷三百六十五“宋哲宗元佑元年二月丙戌”，中华书局1992年版，第8758页。

经济对人们生活观念日益广泛和深刻的影响,却是不争的事实。例如,苏辙说:"臣窃谓虽三代圣人,其法不能无弊,是以易贡为助,易助为彻,要以因时施宜,无害于民而已。今差法行于祖宗,雇法行于先帝,取其便民者而用之,此三代变法之比也。"[①]在此,苏辙承认"雇法"的必然性和现实性,当然,更是民心所向,大势所趋。又,苏辙在一定程度上还猜摸到了商品经济的本质特点,他说:"今青苗、免役,皆责民出钱,是以百物皆钱,而惟钱最贵,欲民之无贫,不可得也。"[②]"惟钱最贵"说明人们的价值观念已经开始发生变化,而传统的"专以稼穑畜牧致饶给,不事奇邪末业"[③]的所谓"本业"思想,也逐渐为"公使皆贩卖"[④]的经济现实所动摇,所否定。马端临更载:宋太祖诏"凡州县皆置务,关镇或有焉。"而宋太宗则进一步规定:"除商旅货币外其贩夫贩妇细碎交易并不得收其算。"[⑤]所谓"收其算"实际上就是征收商税,而对"货币"交易征税是宋代商品经济发展的直接产物,同时也是具有划时代意义的重要物质文明成果。物质成果(包括钱币)总是实实在在的东西,是看得见和摸得着的存在体,所以,通过苏辙"惟钱最贵"一句话的暗示,我们似乎可以肯定宋代社会已经出现了"拜金主义"的思想意识。而随着商品经济的深入发展,南宋的"功利派"主将叶适遂不失时机地提出了"扶持商贾,流通货币"[⑥]和"既无功利,则道义者,乃无用之虚妄尔"[⑦]的实利主张,可见,宋代"功利派"思想的形成和发展是与"货币"这种特殊经济形态的成熟密切相关的,从这种意义上说,货币经济就是宋代"功利派"产生的直接物质前提。

3."商人势力"的不断扩大和增长,形成了宋代"功利派"天人相分思想产生与发展的最坚实和最重要的社会基础。据王曾瑜先生统计,宋真宗统治时期,全国约出现了98万户城市居民即"坊郭户",计有500万口,[⑧]这就是宋初的基本市民阶层及其以"功利"为认知对象的所谓商人社会力量。虽然,与广大的乡村农业人口相比,宋代的坊郭人口还不是太多,但是它毕竟是一股新兴的社会力量,是一种直接破坏旧的封建性生产关系的生产力。然而,由于宋代经济重心的南移,当时的坊郭人口多集中在长江以南的经济比较发达地区,例

---

① 马端临:《文献通考》卷十三《职役考二》。

② 苏辙:《栾城集》卷三十五《自齐州回论时事书·附画一状》,文渊阁四库全书本。

③ 司马光:《温国文正公文集》卷七十五《赠都官郎中司马君墓志铭》。

④ 李焘:《续资治通鉴长编》卷二百二十四"宋神宗熙宁四年六月丙子",中华书局1992年版,第5460页。

⑤ 马端临:《文献通考》卷十四《征榷一·征商》。

⑥ 叶适:《习学记言》卷十九《史记·平准书》。

⑦ 叶适:《习学记言》卷二十三《汉书·传》。

⑧ 王曾瑜:《宋朝的坊郭户》,《宋辽金史论丛》第1辑,中华书局1985年版,第81—83页。

如,根据《弘治徽州府志》卷二的统计,南宋宝庆三年(1227)徽州府的在编户籍中,“主户:坊郭三千九十八,口一万四千一百七十五,乡村户一十二万一千六百四十九,口一十九万二千九百七十五;客户:坊郭七百八十九,口三千五百二十七,乡村户九千四百六,口二万一千八十七。”即主户中之乡村户与坊郭户的比为39∶1,同理,在客户中之乡村户与坊郭户的比却为12∶1。还有人通过考察坊郭户中主户(有房产者)与客户(无房产者)比例的变化,发现宋代客户的比例始终处于不断增长的状态之中,它反映了工商业者的人数在不断增多,同时也说明破产农民的人数在源源不断地脱离土地而涌入城镇,成为宋代坊郭户中的客户。比如,北宋元丰年间,福建汀州坊郭户中之主户户数为六万六千一百五十七,客户户数为一万五千二百九十九,主户与客户的比例是4.3∶1.0;这个比例到南宋宝庆年间便发生了新的变化,据有人统计,当时汀州坊郭户中之主户户数为十二万七千六百一十六,客户户数为九万五千八百一十六,主户与客户的比例是1.3∶1.0。① 那么,坊郭户户数的增长究竟具有什么实际的社会史意义呢?

首先,随着宋代工商业的繁荣和发展,商人的社会地位已经发生了很大的变化,其受国民尊重的程度有了根本性的好转,作为这种根本好转的标志,宋代出现了视工商为“本业”的思想意识。如,叶适的学生陈耆卿曾引述郑至道在绍圣三年(1096)所作《谕俗七篇》的主要内容说:“士勤于学业则可以取爵禄,农勤于田亩则可以聚稼穑,工勤于技巧则以易衣食,商勤于贸易则可以积财货。此四者,皆百姓之本业,自生民以来,未有能易之者也。”②以此为前提,南宋的“功利派”代表人物陈亮更明确提出了“农商一事”和“商籍农而立,农籍商而行”③的主张,显然,“农商一事”本身已经把“商业”的地位提升到与农业相同的“本业”高度了,这无疑是宋代社会的一个大进步。

其次,作为商品流通的一个重要组成部分,以成效为衡量艺术标准的市民文化成为宋代价值观转进的客观标志。市民文化与一般乡村文化的区别主要在于表现形式上,一般乡村文化大都与当地的社会风俗及其民间的宗教信仰有关,多“变怪谶应之谈”,正如鲁迅先生所说:“宋代虽云崇儒,并容释道,而信仰本根,夙在巫鬼,故徐铉吴淑之后,仍多变怪谶应之谈。”④与之不同,由于市民所关心的不是“巫鬼”而是“财源”,因此,以招揽生意为目的的市井文化

① 葛文清:《唐宋汀江流域人口发展与社会经济关系述论》,载《龙岩师专学报(社会科学版)》1997年第1期,第96页。

② 陈耆卿:《嘉定赤城志》卷三十七《风土门·重本业》。

③ 陈亮:《陈亮集》上册,中华书局1987年版,第140页。

④ 鲁迅:《中国小说史略》,百花文艺出版社2002年版,第69页。

便应运而生。对此,鲁迅先生说:“宋一代文人之为志怪,既平实而乏文彩,其传奇,又多托往事而避近闻,拟古且远不逮,更无独创之可言矣。然在市井间,则别有艺文兴起。即兴俚语著书,叙述故事,谓之‘平话’。”①而市井文化是与商品经济相适应的,所以,市井文化可以说是应利而生,以效见用。比如,北宋汴京到处有“瓦舍”有艺人献伎,以投顾客之所好,其“东角楼街巷”计有“街南桑家瓦子、近北则中瓦、次里瓦,其中大小勾栏五十座,内中瓦子莲花棚、牡丹棚,里瓦子夜叉棚、象棚,最大可容数千人。自丁生观、王团子、怯七望辈,后来又有人于此作场。瓦中多有货药、卖卦、喝故衣、探博、饮食、剃剪、纸画、令曲之类,终日居此,不觉抵暮。”②而成都的商家充分利用各种定期的集市,“各求优人善者较艺”,以作为商品促销的手段。如庄绰《鸡肋篇》卷上载:“成都自上元至四月十八日,游赏几无虚辰,使宅后圃名西园春时,纵人行乐,初开园日酒坊两户各求优人之善者较艺于府会,以骰子置于合子中撼之视数多者得先,谓之感雷。自旦至暮,唯杂戏一色坐于演武场,环庭皆府宅看棚,棚外始作高橙,民男左女右,立于其上如山,每诨一笑,须筵中哄堂,众庶皆噱者,始以青红小旗各插于垫上为记。至晚,较旗多为胜。若上下不同笑者,不以为数也。”③在此,艺人的演出效果或者称市场效应非常重要,它是衡量各色艺人演艺水平高低的唯一标准。由于市民的需求是多方面的,因而当时演艺的形式可谓形形色色,五花八门。据周密说:南宋时期的杭州“瓦舍”中有“吹弹、舞拍、杂剧、杂扮、撮弄、胜花、泥丸、鼓板、投壶、花弹、蹴踘、分茶、弄水、踏混木、拨盆、杂艺、散要、讴唱、息器、教水族飞禽、水傀儡、鬻道术、烟火、起轮、走线、流星、水瀑、风筝等不可指数,总谓之赶趁人。”④如此丰富多彩的演艺形式,只有在日益繁荣的市场经济条件下才有可能被激发出来,而就其主导的艺术潮流来说,宋代的市民文化艺术虽有部分消极的因素,但它的成就是主要的,其进步的因素是主流,特别是白话小说和戏剧的出现,则完全可以看作是宋代市民文学的标志性成果。而民间艺人在商品经济之巨大浪潮推动下多从依附于达官贵人的“家伎”转变为相对独立的演艺人,他们自发地组织起来,并按照广大市民阶级的欣赏需要,创造了不少新的剧目和艺术品以适应市场规律的变化,因而成为宋代城市文化发展的重要物质基础之一。

可见,从一般的劳动物品一直到文化艺术产品,在宋代,几乎都可以变成

① 鲁迅:《中国小说史略》,百花文艺出版社 2002 年版,第 75 页。

② 孟元老:《东京梦华录》卷二《东角楼街巷》。

③ 庄绰:《鸡肋篇》卷上,《历代笔记小说大观》,上海古籍出版社 2012 年版,第 19 页。

④ 周密:《武林旧事》卷三《西湖游幸》。

商品。这个历史现象表明，市民社会的价值观从一开始就和农村社会的价值取向及其道德观念有所不同，前者显然重利轻义，而后者则恰好与之相反。所以，宋代的“义”与“利”之辩，说到底是由当时的具体的客观经济背景所决定的，是自然经济及其建立于其上的思想上层建筑与商品经济及其建立于其上的思想上层建筑之间相互斗争的一种外在表现和客观反映。从历史上看，义利两派的论争至少始自春秋战国时期。当时，儒家学派公然主张“义，利之本也”①的观点，崇义而抑利；与之相左，法家的著名代表人物商鞅为了维护商人阶级的切实利益则大胆提出“利者，义之本也”②的命题，与儒家的观点针锋相对。而宋代的义利之辩实际上就是儒法两派义利观之矛盾斗争在新的历史背景下的进一步延续，只不过宋代的“功利派”思想较之法家的观点，其商品经济的色彩更加浓厚而已。比如，王安石说：“正事所以理财，理财乃所谓义也。”③又，清人沈垚说：“宋太祖乃尽收天下之利权归于官，于是士大夫始必兼农桑之业，方得赡家，一切与古异矣。士者既与小民争利，未士者又必先有农桑之业方得给朝夕，以专事进取，于是货殖之事益急，商贾之事益重。非父兄先营事业于前，子弟即无由读书以致身通显。是故古者四民分，后世四民不分。古者士子恒为士，后世商之子方能为士。此宋、元、明以来变迁之大较也。天下之士多出于商，则纤啬之风益甚。然而睦姻任恤之风往往难见于士大夫，而转见于商贾，何也？其业则商贾也，其人则豪杰也。为豪杰则洞悉天下之物情，故能为人所不为，不忍人所忍。是故为士者转益纤啬，为商者转敦古谊。此又世道风俗之大较也。”④所以，叶适总结了南宋以来义利关系的新变化和新特点，提出了“崇义以养利”⑤和“成其利，致其义”⑥的思想命题，它比较准确地反映了当时社会发展的客观实际，是宋代义利观向近世社会迈出的关键一步。

朱熹从“天人关系”的角度来诠释“义”与“利”的内涵，因而赋予“义”与“利”以新的意义。他说：“义者，天理之所宜；利者，人情之所欲。”⑦又说：“仁义根于人心之固有，天理之公也。利心生于物我之相形，人欲之私也。循天

---

① 戴德：《大戴礼记》卷九《四代》，文渊阁四库全书本。

② 公孙鞅：《商子·开塞》。

③ 王安石著，宁波等校点：《王安石全集》下，吉林人民出版社 1996 年版，第 779—780 页。

④ 沈垚：《落帆楼文集》卷二十四《费席山先生七十双寿序》，吴兴丛书本。

⑤ 叶适：《水心别集》卷三《士学上》，中华书局 1961 年版，第 674 页。

⑥ 叶适：《习学记言》卷二十一《汉书·帝纪》。

⑦ 朱熹撰：《四书章句集注》，中华书局 2011 年版，第 72 页。

理,则不求利而自无不利;殉人欲,则求利未得而害已随之。"①此"仁义根于人心之固有"正好与"天人合一"的内容相一致,比如,孟子说:"心之所洞然者何也?谓理也,义也。"此"义"即是"天人合一"之"义",而朱熹所讲的"义",其主导方面便是继承了孟子的上述思想。不过,朱熹不是简单的重复,而是作了进一步的发挥,并演绎为"理欲不能并立"说。故朱熹道:"人之一心,天理存则人欲亡,人欲胜则天理灭,未有天理人欲夹杂者,学者须要于此体认省察之。"②同二程将"天道"与"人道"统一起来去构筑"天人合一"的思想体系一样,朱熹亦讲"物"与"人"的"合一",因此,朱熹在解释"天"之"四德"即元、亨、利、贞与"人"之"五常"即仁、义、礼、智、信之间的对应关系时说:"利者生物之遂,物各得宜,不相妨害,故于时为秋,于人则为义,而得其分之和。"③在此,陆九渊曾经认为朱熹的"天理"与"人欲"之分别是一种"天人相分"观,他说:"若天是理,人是欲,则是天人不同矣。"④从形式上看,陆九渊的说法是对的,而朱熹在"天人关系"问题上也确实有许多自相矛盾处,但是从内容和实质上看,朱熹在"义利关系"问题上所讲的"天人相分"与"功利派"在"义利关系"问题上所讲的"天人相分"并不是一回事,其最明显的差异就是朱熹主张"存天理、灭人欲",而"功利派"则主张义服从于利,承认"欲"的合理性。比如,李觏说:"利可言乎?曰:人非利不生,曷为不可言?欲可言乎?曰:欲者人之情,曷为不可言?言而不以礼,是贪与淫,罪矣。不贪不淫而曰不可言,无乃贼人之生,反人之情,世俗之不喜儒以此。"⑤陈亮亦说:"人生何为?为其有欲。欲也必争,惟曰不足。"⑥可见,"理欲关系"与"义利关系"是相互统一的,用孔子的话说就是"富与贵,是人之所欲也。"⑦与程朱理学讲"义"与"理"是相互统一和相互贯通的一样,"利"与"欲"也是相互统一和相互贯通的。前面讲过,从"天人合一"的角度来理解"义利关系",则义重利轻,"天理"对于"人欲"具有绝对的至上性,朱熹说:"学者须是革尽人欲,复尽天理,方始是学",而"复尽天理"本身便是"天人合一"的最高境界。相反,从"天人相分"的角度来理解"利欲关系",则"人欲"至少与"天理"是平等的,这仅仅是问题的一个方面。另一方面,"物"对于人的存在价值是有"利",而"人"对于物的存在

① 朱熹撰:《四书章句集注》,中华书局 2011 年版,第 188 页。
② 黎靖德编:《朱子语类》卷十三《学七 · 力行》,中华书局 1994 年版,第 224 页。
③ 朱熹撰:《周易本义》卷九《周易文言传》,凤凰出版社 2011 年版,第 93 页。
④ 陆九渊著:《陆九渊集》,中华书局 2008 年版,第 395 页。
⑤ 李觏:《李觏集》,中华书局 1981 年版,第 326 页。
⑥ 陈亮:《陈亮集》下册,中华书局 1987 年版,第 488 页。
⑦ 《论语 · 里仁》。

价值则是“欲”，不过，“人”对于“物”的欲望可以分成两部分：一是人对于物具有认识的作用，二是人对于物还具有改造的作用。而宋代功利派的“天人相分”思想正是在这样的前提下来立论的，比如，李觏说：“三代之英既往，礼教不竞，人欲大胜。欲莫甚乎生，恶莫甚乎死。而道家流诵秘书，称不死法以啖之。故秦汉之际，神仙之学入于王公，而方士甚尊宠。然或云延年，或云轻举，皆人耳目间事，久而未验，众则非之矣。”①这段话，我们应分两面来看，一面是“虚”，即试图用人为的手段来维持生命的不死状态，属于荒诞之举，显然是超出了人的认识和实践能力之外；一面是“实”，即试图用人为的手段来延缓生命的死亡状态，属于人类知识的认识范围之内，是人的主观能动性的重要体现之一，而现代生命科学正在这个方面发挥着它无比的优越性，例如，我国著名的衰老研究专家童坦君教授已经初步阐明 p16 是人类细胞衰老遗传控制程序中的主要环节，同时他还发现衰老相关基因 p21 可保护衰老细胞免于凋亡。另外，又据 2005 年 4 月 22 日英国《泰晤士报》报道，美国科学家通过对大鼠“冬眠”实验技术的研究证明，人类亦完全可以运用“冬眠”技术来实现“延年益寿”的目的，如此等等。这些事例说明，人类的认识活动不仅能改变自然界的存在状态，而且也能改变人类自身的存在状态。所以，从一般的意义上说，“欲”既是社会发展的推动力，又是科技进步的助跑器。戴震指出：“凡事为皆有于欲，无欲则无为矣；有欲而后有为，有为而归于至当不可易之谓理；无欲无为又焉有理！”②“凡事为皆有于欲”虽然出自于戴震之口，但它却无疑的是宋代“功利派”理欲思想发展的一种必然结果。

## 第二节　李觏“人非利不生”的天人相分思想

“天人关系”中所说的“天”在李觏的思想体系里至少包括三个层面的意义：一是真实的天，即由日月星辰及其地球之外人类所能观测到的其他物质实体，它们本身无意志，却与人的意识相对应，这是科学研究的对象，如李觏说：“其在天也，为日、为月、为星、为昼、为旸。”③二是假想的天，即由人们的信仰及各种宗教所理解的抽象物，它们本身被赋予超人的力量和意志，主宰和支配人类的社会行为，是各种神学崇拜的对象，但却是“天人相分”思想所批判的

① 李觏：《李觏集》，中华书局 1981 年版，第 255 页。

② 戴震：《孟子字义疏证》卷下《权》。

③ 李觏：《李觏集》，中华书局 1981 年版，第 273 页。

对象，在李觏看来，“彼卜相之言祸福受之天，而不可变者也。”①而刘牧将《易学》象数化则“穿凿以从傀异”，其所造成的严重社会后果是“诖误学子，坏隳世教”，②故其“龟筴皆妄言”；③三是属于“形而上”的思维对象，它本身也是一个客体，有其独特的运动规律，是哲学研究的对象，如“太极”、“道”等概念。综括起来看，李觏的“天人相分”思想主要表现在第二个层面和第三个层面上，而如何处理神与人两者之间的相互关系问题即是李觏“天人相分”思想的理论核心。李觏以“祸福在乎人”命题为基础，对人的主观能动性及物我关系和神人关系等问题进行了多方位的探讨，提出了很多有价值的观点与看法，因而从客观上有力地推动了“天人相分”思想在宋代的发展。

## 一、从“形而上”与“形而下”的关系看李觏的“天人相分”思想

由于思想体系的需要，宋代理学家虚拟了一个客观对象，它既独立于人的意识之外，并先于人类意识而存在，同时又是人类意识可以认识和把握的“物自体”，是一个本体意义上的“存有”。对于这个“存有”，中国古代的学者给它冠以许多不同的名称，如“道”、“气”、“一”等，而宋代理学则称为“太极”、“道”或“理”。从地位上说，这“太极”、“道”或“理”属于“形而上”的层面，是哲学思维的对象。如李觏说：

“吾以为天地之先，强名太极，其言易有太极，谓有此名曰太极者耳，非谓太极便有形也。如《老子》之言，恍忽中‘有物’、‘有象’，不可一见有字，便指为实物、实象也。”④

那么，作为“形而下”的人类意识能不能认识和把握这个无形的“太极”呢？李觏的回答是肯定的。一则圣人“通而先识”⑤故其“为天之所为也”。⑥一则“以为礼者，天地之别也。”⑦又“夫礼，天之经也，地之义也，民之行也。”⑧而这个“礼”就是圣人对太极本身“分”与“合”及由“形而上”到“形而下”运动变化规律的一种认识。于是，太极之初分“天”与“地”，其“天”内构为六个部分：1，北；3，东；5，中央；7，西；9，南。而其地亦内构为四个部分：2，西南；4，东

① 李觏：《李觏集》，中华书局1981年版，第273页。
② 李觏：《李觏集》，中华书局1981年版，第52页。
③ 李觏：《李觏集》，中华书局1981年版，第215页。
④ 李觏：《李觏集》，中华书局1981年版，第61页。
⑤ 李觏：《李觏集》，中华书局1981年版，第111页。
⑥ 李觏：《李觏集》，中华书局1981年版，第66页。
⑦ 李觏：《李觏集》，中华书局1981年版，第17页。
⑧ 李觏：《李觏集》，中华书局1981年版，第25页。

南;6,西北;8,东北。有了天地两象本身还不能形成宇宙万物,因此,“天”与“地”之内结构要素都由一阴一阳两两组合,则成:1,6,合于北而生水;2,7,合于南而生火;3,8,合于东而生木;4,9,合于西而生金;5,10,合于中而生土。①此“10”,在李觏看来,不仅只有到由天地两气生成五行时才会显露自身,而且它是生成五行的“终止子”,同时又是由“五行”生成万物的“启动子”。由此可知,从天地始至万物(包括人类)止,都属于“形而下”之“气”的范畴。在这个范畴和层面上,李觏提出了《洛书》形成五行和万物说:

“《河图》之数,二气未合,品物未生,何所象乎?《洛书》之数,五行成矣,万物作矣,于是象金而画乾、兑,象土而画坤、艮,象木而画震、巽,象水而画坎,象火而画离,不言五而言四象者,以土分王四时,举四行,则土可知矣。”②

当然,仅有《洛书》还不行,这是因为《河图》能够给万物的生成提出空间方位。李觏说:“《河图》有八方之位,《洛书》有五行之象,二者相须而卦成矣。”③这实际上蕴含着时间与空间是物质运动之存在方式的思想意识,而这个思想意识本身则可看作是李觏“天人相分”观的理论基础。在此前提下,李觏进一步提出了“道”与“欲”的关系问题。“道”是什么?李觏说:“道者,无不备,无不至也。”④“道”作为一个独立于人之外的“客观存在”,人能否与其合为一体?盛行于汉唐的神仙术者对此可谓执迷不悟,然而李觏认为:“仙可得而不可求,道可悟而不可学。”⑤在《疑仙赋》里,李觏对“仙”的存在提出了质疑:“噫噫仙乎,为有为无?为天之居?为地之庐?为山之国?为水之都?为古为今?为智为愚?为崇为卑?为肥为臞?与人类乎?与人异乎?将天下之利乎?将一身而已乎?既匪闻而匪见,我焉知其所如。”⑥就是说人们连仙究竟是什么样子都搞不清楚,想使“道与人合为一体”则更不可能了,而这实际上也是对“天人合一”说的一种否定。那么,明知“道”不可“学”,但为什么社会上还有很多人去“学道”呢?此便是人欲的问题了。李觏解释说:“三代之英既往,礼教不竞,人欲大胜。欲莫甚乎生,恶莫甚乎死。而道家流诵秘书,称不死法以啖之。故秦汉之际,神仙之学入于王公,而方士甚尊宠。然或云延年,或云轻举,皆人耳目间事,久而未验,众则非之矣。”⑦对这段话,我们应当

① 李觏:《李觏集》,中华书局1981年版,第55页。

② 李觏:《李觏集》,中华书局1981年版,第56页。

③ 李觏:《李觏集》,中华书局1981年版,第56页。

④ 李觏:《李觏集》,中华书局1981年版,第20页。

⑤ 李觏:《李觏集》,中华书局1981年版,第3页。

⑥ 李觏:《李觏集》,中华书局1981年版,第4页。

⑦ 李觏:《李觏集》,中华书局1981年版,第255页。

注意两个问题：一个问题是神仙之术都是欺人之谈，不可取信；另一个问题是三代以降，人们所面临的严重社会问题就是“礼教不竞，人欲大胜”。有鉴于此，李觏提出了“养天性，灭人欲”①的命题。

在很多学者的视野里，“存天理，灭人欲”是程朱理学首先提出来的命题，其实不是这样。考，李觏的生卒年为1009年至1059年，而程颢的生卒年则为1032年至1085年，程颐的生卒年为1033年至1107年。显然，二程晚出于李觏，而当李觏的学术观点渐及成熟的时候，二程尚未“受学”。如，《直讲李先生年谱》载：庆历三年（1043年），李觏“作《周礼致太平论》五十篇”，②而“养天性，灭人欲”的命题就出现在其中的第一篇《教道论》中。而据《伊川先生年谱》云，程颐在庆历三年刚满十岁，其正式受学于周敦颐却在“十四五”岁时。③ 按实际情况讲，当二程真正地“体贴”出“天理”两字来的时候，很可能李觏早已不在人世了。程颢说：“吾学虽有所受，天理二字却是自家体贴出来。”④确实，周敦颐没有发明“天理”二字，李觏也没有发明“天理”二字，但“天理”的思想二程却不敢说“是自家体贴出来”，因为李觏不仅讲到了“天理”思想，而且还提出了“养天性，灭人欲”的命题。在“养天性”与“存天理”之间除了文字形式不同外，其实质和内容还有根本的不同吗？没有。比如，二程说：“性即是理，理则自尧、舜至于涂人，一也。”⑤从这个意义上说，李觏与二程的思想之间具有某种内在的联系，而我们应当正确地面对这个残酷的学术事实，绝不能回避甚至取消这个问题。胡适先生曾认为李觏的思想“是王安石的先导，是两宋哲学的一个开山大师”⑥。前一句话经常被学者引用，而后一句则往往不被人们所注意，其实李觏的思想不仅成为以王安石为代表的宋代“功利派”思想的“先导”，而且也是以程朱为代表的宋代“义理派”思想的“先导”。

在李觏看来，“天性”就是“道”，而历史上的“三代”是“大道之行”的时代，在“道”与“欲”的关系问题上，是“道”胜于“欲”；三代以降，社会风气发生

---

① 李觏：《李觏集》，中华书局1981年版，第112页。

② 李觏：《李觏集》，中华书局1981年版，第500页。

③ 程颢、程颐：《河南程氏遗书》附录《伊川先生年谱》，《二程集》上，中华书局1981年版，第338页。

④ 程颢、程颐：《河南程氏外书》卷十二《传闻杂记》，《二程集》上，中华书局1981年版，第424页。

⑤ 程颢、程颐：《河南程氏遗书》卷十八《伊川先生语四·刘元承手编》，《二程集》上，中华书局1981年版，第204页。

⑥ 胡明主编：《五十年来之世界哲学》，光明日报出版社1998年版，第28页。

了逆转,“礼教不竞,人欲大胜。”对此,李觏明确地指出:“道不胜乎欲也。”① 所以,李觏一再强调:“士之不见礼于世久矣。”②而造成这种局面的原因有二:一是五代分裂社会的一种后遗症,欧阳修给五代社会的总体评价就是“礼义日以废,恩爱日以薄”;③二是北宋以来佛教的盛行,因释徒“善自大其法”,④相反,“后之儒者用于世,则无以教导之,民之耳目鼻口心知百体皆无所主,将舍浮屠何适哉?”⑤结果使民众宁可舍儒而求佛,然“彼释之书,数千百卷而不出吾数句间”,⑥故“民之欲善,盖其天性。”⑦但如何引导民众的“天性”返归儒道呢?李觏的观点是“率天下之人为礼求诸内”,在他看来,“率天下之人为礼不求诸内,而竞诸外,人之内不充而惟外之饰焉,终亦必乱而已矣。”⑧那些东西属于“人之内”的内容?李觏说:“圣人会其仁、义、智、信而为法制,固由于内也。贤人学法制以求仁义,亦内也。”⑨其实,“仁、义、智、信”还不是“人之内”的本质,李觏说:“知乎仁、义、智、信之美而不知求之于礼。率私意,附邪说,荡然而不反,此失其本者也。故世有非礼之仁矣,有非礼之义矣,有非礼之智矣,有非礼之信矣,是皆失其本而然也。”⑩故“所谓本者,礼也。”⑪而“礼既行,虽愚者,必知之曰:此仁也,此义也,此智也,此信也。”⑫

诚然,“养天性,灭人欲”是李觏思想的一个重要命题,但“养天性”本身还有讲究。李觏说:“夫道者,通也,无不通也。孰能通之,中之谓也。居东焉,则远于西;南焉,则远于北。立乎中,则四方均焉。故《易》曰‘黄中通理’。凡卦以得中为贵,兹圣人之意也。有问身之安者,必对以导养也。”⑬可见,这“养”实际上就是一种“中庸”的方法。于是,李觏说:“夫道虽正矣,宜得其中,不可过也。”⑭“礼所以制乎中”,⑮以此为据,则“贤人之性,中也。”而“学而得

① 李觏:《李觏集》,中华书局 1981 年版,第 277 页。
② 李觏:《李觏集》,中华书局 1981 年版,第 277 页。
③ 欧阳修:《新五代史》卷五十一《范延光传》,中华书局 1974 年版,第 581 页。
④ 李觏:《李觏集》,中华书局 1981 年版,第 252 页。
⑤ 李觏:《李觏集》,中华书局 1981 年版,第 322 页。
⑥ 李觏:《李觏集》,中华书局 1981 年版,第 322 页。
⑦ 李觏:《李觏集》,中华书局 1981 年版,第 322 页。
⑧ 李觏:《李觏集》,中华书局 1981 年版,第 24 页。
⑨ 李觏:《李觏集》,中华书局 1981 年版,第 25 页。
⑩ 李觏:《李觏集》,中华书局 1981 年版,第 12 页。
⑪ 李觏:《李觏集》,中华书局 1981 年版,第 12 页。
⑫ 李觏:《李觏集》,中华书局 1981 年版,第 11 页。
⑬ 李觏:《李觏集》,中华书局 1981 年版,第 271 页。
⑭ 李觏:《李觏集》,中华书局 1981 年版,第 31 页。
⑮ 李觏:《李觏集》,中华书局 1981 年版,第 331 页。

其本者,为贤人。"①从这个角度说,宋人所推崇的是"贤人"意识而不是"圣人"意识。比如,我们在程颐《伊川易传》中经常会发现"贤人隐"②及"贤人君子不偶于时"③这样的话,说明北宋确是一个呼唤贤人的时代。而在"中"的前提下,李觏说:"夫道之于人,不可须臾去之也。进则饰其行,退则不勉焉,是为利者也,君子耻之。"④也就是说,在"道"之"中点"上,人们的物质活动是正当的,且是既非"欲"也非"利"的,"夫遵道而行,不牵于俗,明哲之任也。"⑤又"然则众多欲而圣寡欲,非寡欲也,知其欲之生祸也。"⑥为什么"欲"生祸?因为"欲"是指人的物质和精神要求都超出了正常需要,是太过的表现。李觏说:"士之能言天下国家之祸福,而未尝有人欲见焉。"⑦没有"人欲",当然就没有"祸",对一个人如此,而对一个国家更是如此。

## 二、从"形而下"的"物我关系"看李觏的"天人相分"思想

李觏的"养天性,灭人欲"命题主要是就"形而上"与"形而下"之间的相互关系层面所提出来的哲学思想。其实,从"天人相分"的角度讲,"形而下"的层面还可分作"气"与"我"或"物"与"己"两个概念及其相互关系。如前所言,"形而上"的"道"与"太极"本身都是一个自然的历史过程,李觏借用《周易》的"元、亨、利、贞"四个字比较形象和具体地刻画了这个自然历史过程。李觏说:"若夫元以始物,亨以通物,利以宜物,贞以干物,读《易》者能言之矣。然所以始之,通之,宜之,干之,必有其状。窃尝论之曰:始者,其气也。通者,其形也。宜者,其命也。干者,其性也。"⑧在此,李觏提出了四个属于"形而下"的概念,即"气"、"形"、"命"、"性"。而由于此"气"、"形"、"命"、"性"的相互作用,又进一步分成两种类型的存在形态:具体的而不是一般的和抽象的物质存在形态与人的存在形态;具体的而不是一般的和抽象的精神存在形态与人的存在形态。

首先,具体的物质存在形态是人的存在形态之前提和条件。在这里,有两层意思:第一是说,人的存在须以物质存在形态的发展规律为基础,既不能超

① 李觏:《李觏集》,中华书局 1981 年版,第 12 页。
② 《伊川易传》卷一《周易上经》。
③ 《伊川易传》卷二《周易上经》。
④ 李觏:《李觏集》,中华书局 1981 年版,第 33 页。
⑤ 李觏:《李觏集》,中华书局 1981 年版,第 34 页。
⑥ 李觏:《李觏集》,中华书局 1981 年版,第 234 页。
⑦ 李觏:《李觏集》,中华书局 1981 年版,第 277 页。
⑧ 李觏:《李觏集》,中华书局 1981 年版,第 64 页。

越事物发展的客观规律也不能违背事物发展的客观规律。如李觏说:“时乎时,智者弗能违矣。先时而动者,妄也;后时而不进者,怠也。妄者,过之媒,怠者功之贼也。”①“时”即客观事物的发展规律和过程,而“智”即人的主观能动性,如果超越了客观事物的发展规律和过程,就犯了主观盲动性(即“妄”)的错误;如果人的认识和实践落后于客观事物本身的发展过程,就犯了保守的退行性(即“怠”)错误。第二是说,具体的物质存在形态对人的存在与发展来说,是外在的和可变的,故它们跟人的存在本身便构成了一种利益关系。如李觏说:“天之生人,有耳焉,则声入之矣;有目焉,则色居之矣;有鼻焉,则臭昏之矣;有口焉,则味壅之矣。耳之好声亡穷,金石不足以听也;目之好色亡穷,黼黻不足以观也;鼻之好臭亡穷,欝鬯非佳气也;口之好味亡穷,太牢非盛馔也。苟不节以制度,则匹夫拟万乘之富或未足以厌其心也。”②这里面实际上说明了两种情况:人没有利不行,但只追求利更不行。对此,李觏说:

“利可言乎?曰:人非利不生,曷为不可言?欲可言乎?曰:欲者人之情,曷为不可言?言而不以礼,是贪与淫,罪矣。不贪不淫而曰不可言,无乃贼人之生,反人之情,世俗之不喜儒如此。孟子谓‘何必悦利’,激也。焉有仁义而不利者乎?其书数称汤武将以七十里、百里而王天下,利岂小哉?孔子七十,所欲不踰矩,非无欲也。于《诗》则道男女之时,容貌之美,悲感念望,以见一国之风,其顺人也至矣。”③

在这段话里,李觏不仅提出了“利”与“欲”的关系问题,而且还作了积极的回答,即“人非利不生”的命题是也。此“利”即具体的物质形态的利,如饮食、衣服、居室等。李觏说:

“人之始生,饥渴存乎内,寒暑交乎外。饥渴寒暑,生民之大患也。食草木之实、鸟兽之肉,茹其毛而饮其血,不足以养口腹也。被发衣皮,不足以称肌体也。圣王有作,于是因土地之宜,以殖百谷;因水火之利,以为炮燔烹炙。治其犬豕牛羊及酱酒醴酏,以为饮食;艺麻为布,缲丝为帛,以为衣服。夏居橧巢,则有颠坠之忧;冬入营窟,则有阴寒重膇之疾,于是为之栋梁。取材于山,取土于地,以为宫室。手足不能以独成事也,饮食不可以措诸地也,于是范金斫木,或为陶瓦,脂膠丹漆,以为器皿。”④

这里,李觏不仅认为由于人类自身生存的需要(即“饥渴存乎内,寒暑交

① 李觏:《李觏集》,中华书局1981年版,第37页。
② 李觏:《李觏集》,中华书局1981年版,第173页。
③ 李觏:《李觏集》,中华书局1981年版,第326页。
④ 李觏:《李觏集》,中华书局1981年版,第9页。

乎外”)而产生了一系列必要的以“利”为特点的物质生产活动,而且这种物质活动是历史地发展着的,因而“利”本身也是历史地发展着的。在当时,李觏的这个思想是很唯物的,所以他的这个思想就形成了宋代“功利派”包括王安石、陈亮、叶适等人的共同思想基础。

其次,具体的精神存在形态是人的存在形态之基本保证。在“形而上”的层面,李觏说“养天性,灭人欲”,而在“形而下”的层面,却又说“人非利不生”,两者之间不是自相矛盾了吗?没有。因为在“形而上”的层面,李觏是一元论者,要么承认“天性”是人之为人的本质特征,要么承认“人欲”或“利欲”是人之为人的本质特征,显然,李觏主张了前者,即他认为“天性”(即“礼”)是人的本质特征,是人区别于其他动物的根本标志,否则,人跟其他动物就混同起来无法区分了,那样一来,人也就被降低到了一般动物的水平。所以,李觏说:

“人受命于天,固超然异于群生。人有父子兄弟之亲,出有君臣上下之谊,会聚相遇,则有耆老长幼之施,粲然有文以相接,欢然有恩以相爱,此人之所以贵也。生五谷以食之,桑麻以衣之,六畜以养之,服牛乘马,圈豹槛虎,是其得天之灵,贵于物也。然则本乎天谓之命,在乎人谓之性,非圣人则命不行,非教化则性不成。是以制民之法,足民之用;而命行矣;导民以学,节民以礼,而性成矣。”①

“性成以礼”这是就“形而上”的层面说的,然而在“形而下”的层面,人性不是“一元”的,而是“三元”的。李觏说:“性之品有三:上智,不学而自能者也,圣人也。下愚,虽学而不能者也,具人之体而已矣。中人者,又可以为三焉:学而得其本者,为贤人,与上智同。学而失其本者,为迷惑,守于中人而已矣。兀然而不学者,为固陋,与下愚同。是则性之品三,而人之类五也。”②因此,在性的不同级次中,“利”与“欲”的关系是不尽相同的。比如,在“圣人”的级次,“利”与“欲”是一致的,因此,“为利乎,以利辅道斯嚮道矣。”③此“道”为利国利民之大道,故“圣人制天下之民,各从其能,以服于事,取有利于国家,然后可也。”④而“圣人”以下的人,从一般的意义上说,与圣人的不同有两点:一是圣人“寡欲”而众人“多欲”;⑤二是圣人贵乎“内修”而众人崇尚“外饰”,如李觏说:“凡天下之事,未有不须明以济者也。然而圣人约之以道,曰

① 李觏:《李觏集》,中华书局1981年版,第66页。
② 李觏:《李觏集》,中华书局1981年版,第12页。
③ 李觏:《李觏集》,中华书局1981年版,第227页。
④ 李觏:《李觏集》,中华书局1981年版,第77页。
⑤ 李觏:《李觏集》,中华书局1981年版,第235页。

蒙以养正,明夷以莅众,贵乎明于内而晦于外也。"①而对于何谓"内",李觏则有明确地界定。他说:"天下之善,无非内者也。圣人会其仁、义、智、信而为法制,固由于内也。贤人学法制以求仁义,亦内也。"②可见,此"内"是一种精神性的意识形态,或曰国家机器也构成了"礼"的重要组成部分。

李觏说:"圣人之所以治天下、国家、修身、正心无他,一于礼而已矣。"③"一于礼"就是以"内治"为主,其具体内容既包括有基本的物质存在形态,也包括必要的精神存在形态和国家机器。李觏说:"饮食,衣服,宫室,器皿,夫妇,父子,长幼,君臣,上下,师友,宾客,死丧,祭祀,礼之本也。曰乐,曰政,曰刑,礼之支也。"④其中"乐"、"政"、"刑"三者属于一种特殊的"礼",是"礼"之用,它们主要以人类的精神性产品为特征,属于国家机器的重要内容,具体包括:"十二管、五声、八音、干戚、羽旄、号令、官府、军旅、食货、符玺节旌、掾属胥徒、甲胄五兵、井田赋贡、城郭沟池、度量权衡、书契版图、囹犴桎梏、鈇钺刀锯、大辟、宫、刖、墨、劓、剕、鞭、扑、流、赎。"⑤我们说,法制是一种精神文明,但在宋代,对传统的"刑法"却有两种意见:一种就是李觏的观点,认为人的觉悟不能仅仅依靠个体的自我修养,还需要刑法等强制手段的"辅助";⑥另一派则是二程的观点,认为"不假刑法严峻而恶自止也",其具体方法是"不尚刑而修政教",使亿兆之众"有农业之业,知廉耻之道"。⑦ 由此看来,李觏与二程的"治国理念"是不同的。如,二程尚"礼义",而李觏则主张"礼"与"刑"兼施;在"礼"的物质基础方面,二程强调崇本(即农业)抑末(即商业),而李觏坚持"本末兼顾",比如他的《富国论》及《安民策》都是以农业和商业的共同发展为基础的。

所以,从精神性的存在形态讲,李觏认为"物"与"我"的关系是先有精神性的存在,然后才有物质性的存在。当然,物质性的存在又构成了精神性存在的客观载体,是其国家意志的外化与体现。对此,李觏说:"有仁、义、智、信,然后有法制,法制者,礼乐刑政也。有法制,然后有其物。无其物,则不得以见法制。无法制,则不得以见仁、义、智、信。备其物,正其法,而后仁、义、智、信

---

① 李觏:《李觏集》,中华书局 1981 年版,第 273 页。

② 李觏:《李觏集》,中华书局 1981 年版,第 25 页。

③ 李觏:《李觏集》,中华书局 1981 年版,第 5 页。

④ 李觏:《李觏集》,中华书局 1981 年版,第 5 页。

⑤ 李觏:《李觏集》,中华书局 1981 年版,第 9 页。

⑥ 李觏:《李觏集》,中华书局 1981 年版,第 9 页。

⑦ 程颐:《伊川易传》卷二《周易上经》。

炳然而章矣。”①

不过，无论是物质性的存在还是精神性的存在，都不能逃避“物”与“我”的“利欲”问题。从存在论的角度看，“物”的存在对于“我”的存在构成“欲”的部分，而“我”的存在对于“物”的存在则构成“利”的部分。在李觏看来，两者的关系应当是“适度”的和“中庸”的，否则，欲多侵利，而利大则浸欲，皆为“恶”之源。如，李觏说：“自周纲解结，礼乐崩坏，商贾大者，衣必文采，食必梁肉，因其富厚，交通王侯，力过吏执，以利相倾，千里游敖，冠盖相望，乘坚策肥，履丝曳縞，兼并豪党之徒，以武断于乡曲。宗室有士公卿大夫以下，争于奢侈，室庐舆服，僭于上，无限度，而贪人恣行矣。凡风俗之所以薄，狱讼之所以繁者，民贪故也。”②因此，不仅“外饰”方面应“适度”，而且“内修”方面亦不能“太过”，李觏说：“复而得中者，颜氏而已乎！”③否则，将招致祸端。比如，在“外饰”方面，李觏对宋代的“销金为器”现象深感忧虑，他说：“古者以金银为币，与泉布并行，既而稍用为器饰，冉亦未甚著也。今……守闾阎者，唯财是视，自饮食靧沐之器，玩好之具，或饰或作，必以白金……故金虽尽出而用益不足也。”④金不足“则价腾跃”⑤即物价飞涨，而“彼农民未尝蓄金银，一旦当具，则必资于豪党。资于豪党，则或坏其产焉。”⑥因此，从货币流通的规律看，过度以“金”为饰必然会造成金币储备匮乏的后果，从而形成社会不稳定的重要根源之一。所以，李觏说：“人之患不在乎不及，而在乎过之。”⑦又说：“夫欲不可逞，强不可恃，放其私心，罔知戒惧，凶之道也。”⑧

至于我们究竟以何种态度来处理“利”与“欲”之间的关系问题，李觏从君主的角度出发提出了“损上益下”的原则，即君主应有效地遏止自己的各种奢侈欲望而尽量地去满足广大民众的物质消费需要，以求得国泰民安。他举例说：

“《语》曰：‘奢则不孙，俭则固。与其不孙也，宁固。’俭非圣人之中制，有时而然，不得已也。故孝文帝躬衣弋绨，革舄韦带，所幸慎夫人，衣不曳地。欲为一台，度用百金，废而不为。夫岂不知说耳目，便身体，极至尊之用哉？盖念不伤财，不害民，损上益下之道也……至武帝之初，七十年间，人给家足，都鄙

① 李觏：《李觏集》，中华书局 1981 年版，第 16 页。
② 李觏：《李觏集》，中华书局 1981 年版，第 173 页。
③ 李觏：《李觏集》，中华书局 1981 年版，第 330 页。
④ 李觏：《李觏集》，中华书局 1981 年版，第 137 页。
⑤ 李觏：《李觏集》，中华书局 1981 年版，第 137 页。
⑥ 李觏：《李觏集》，中华书局 1981 年版，第 137 页。
⑦ 李觏：《李觏集》，中华书局 1981 年版，第 331 页。
⑧ 李觏：《李觏集》，中华书局 1981 年版，第 34 页。

廪庾尽满。”①

可见,在李觏看来,如何处理“利”与“欲”之间的关系问题,实际上就是如何摆正封建统治者与人民大众之间的利益均衡问题,而这个问题亦可归结为“损益”规律,历史很多封建王朝的衰败绝大多数都是没有能够很好地解决这个问题。当然,历史上也有不少相对的“太平盛世”时期,那么,这些能够把一个国家建设成“人给家足”的“太平盛世”时代,其成功的主要经验是什么呢?李觏总结出一句话,那就是“以能适时之变,过自菲薄而然也”。② “菲薄”了君主自己而“富裕”了万众百姓,岂不国家之幸哉!人民之福哉!然而,“利”与“欲”的关系不是固定不变的,我们讲“利”与“欲”的平衡是历史的平衡和动态的平衡。也就是说,随着历史的进步和社会的发展,人们所面对的“利”与“欲”将具有不同的起点。比如,在原始社会时期,人们所说的“利”仅仅是“茹毛饮血”,而“欲”则只限于“养口腹”、“称肌体”而已,③在这样的生活条件下,“酱酒醴酏”对他们来说肯定是一种奢侈,因为当时人们的生活起点很低。等到人们的生活水平普遍地提高了以后,吃饱穿暖,甚至“酱酒醴酏”都属于基本的生活条件了,此时,人们的“利”与“欲”便很自然地转向对金银珠宝的追求和占有。因此,李觏强调说,当人们的“利”与“欲”与其时代发展基本上是相适应的时候,则“利”与“欲”的要求就是正当的和合理的;如果不是这样,而是他们的“利”与“欲”本身超越了其时代发展的一般要求,这样的“利”与“欲”实际上已经转变成为危害社会利益的一种“贪婪”行为了。他们“但以器服物色,升降辞语为玩,以为圣人作礼之方,止于穷奢极富,炫人听览而已矣”。④ 而为了抑制这种行为的产生,李觏认为须以“礼”来“节制”,他说:“夫礼,人道之准,世教之主也。”⑤在此,我们千万不要认为这是一种理论说教,其实李觏所说的“礼”,从形式到内容都跟儒家所说的“礼”大不相同,李觏的“礼”不仅被赋予了“道德”的意义,而且更附加了“法制”的强迫作用,这应是李觏思想的特色之一。

### 三、从社会变革的角度看李觏“天人相分”思想的价值和地位

李觏从自然界运动变化的角度提出了“道不以权,弗能济矣”⑥的命题,其

---

① 李觏:《李觏集》,中华书局1981年版,第134页。
② 李觏:《李觏集》,中华书局1981年版,第134页。
③ 李觏:《李觏集》,中华书局1981年版,第6页。
④ 李觏:《李觏集》,中华书局1981年版,第15页。
⑤ 李觏:《李觏集》,中华书局1981年版,第5页。
⑥ 李觏:《李觏集》,中华书局1981年版,第41页。

中“权”就是“反常”①即“变异”的意思。有“常”有“反常”,这就是历史的辩证法。李觏说:“常者,道之纪也。道不以权,弗能济矣。是故权者,反常者也。事变矣,势异矣,而一本于常。”②在此,李觏肯定了宇宙万物的“变异”并不是无迹可寻的“神秘灾变”,而是“一本于常”的自然现象,“常”即是规律,就是事物的内在必然性。因此,如何从认识论的层面去正确把握“天人关系”是李觏“天人相分”思想的又一个重要内容。

首先,人能认识天,在这一点上李觏坚持了唯物主义的可知论思想。李觏说:“人感阴阳气以生。阳主动,阴主静。动则为谋、为虑、为决断、为事业。静则为懈惰、为因仍、为逸乐。”而“谋”、“虑”表明人对于自然界和人类社会的发展变化不是被动的,“夫心官于耳目,耳目狭而心广者,未之有也。耳目有得则感于心,感则思,思则无所不尽矣。”③那么,如何做到“耳目”与“心”之“广”呢?李觏的方法是:“升高居广,出外行远,明视达听,博览详问,亲贤临众,讲礼播乐。”④这不仅对君主是适用的,而且对广大民众更是适用的。

其次,人能“因时制宜”,在认识和把握自然界及人类社会发展规律的基础上获取其有益于我们自身的东西,而舍去其不益于我们自身的东西,做到取舍适中。李觏说:“圣人因时制宜,文王之时与周公之时异,故文王以其时而言,周公以其时而变也。”⑤在此,“因时而变”不是说人们在任何条件下都可以随心所欲,在自然规律面前为所欲为,比如,李觏一再提醒人们:“畏天者昌,刁天者亡。”⑥此“刁”即把自然规律当儿戏之意,果如此,则“君命何足道哉”,⑦就是说如果君主拿着自然规律当儿戏,那么,他所造成的危害必然是“下延众庶,上累庙社”,⑧“甚可痛也”。⑨ 所以,所谓“圣人者,非其智造而巧为之也。天之常道,地之常理,万物之常情也。天地万物之常而圣人顺之,发乎言,见乎行事。”⑩可见,圣人之为圣人,无非是他们能够自觉地遵从客观规律,按照客观规律办事,一切以时间、地点为转移,因时制宜,量事制宜。⑪

---

① 李觏:《李觏集》,中华书局 1981 年版,第 41 页。
② 李觏:《李觏集》,中华书局 1981 年版,第 41 页。
③ 李觏:《李觏集》,中华书局 1981 年版,第 234 页。
④ 李觏:《李觏集》,中华书局 1981 年版,第 234 页。
⑤ 李觏:《李觏集》,中华书局 1981 年版,第 212 页。
⑥ 李觏:《李觏集》,中华书局 1981 年版,第 246 页。
⑦ 李觏:《李觏集》,中华书局 1981 年版,第 246 页。
⑧ 李觏:《李觏集》,中华书局 1981 年版,第 246 页。
⑨ 李觏:《李觏集》,中华书局 1981 年版,第 246 页。
⑩ 李觏:《李觏集》,中华书局 1981 年版,第 254 页。
⑪ 李觏:《李觏集》,中华书局 1981 年版,第 34 页。

在人类社会中，如何正确处理“时”与“事”的关系问题，它对于人们科学地认识和把握特定社会历史的发展趋势，制定适宜于本国或本地区在特定历史阶段和发展过程中的方针与政策，从而促进社会的发展，维持社会的和谐、稳定，都是非常重要的。在此，李觏提出以时事之“功迹”（即在特定历史时期所作出的历史贡献）为标准来评价历史人物的思想。李觏说：

“时虽异矣，事虽殊矣，然事以时变者，其迹也。统而论之者，其心也。迹或万殊，而心或一揆也。若夫汤汤洪水，禹以是时而濬川；黎民阻饥，稷以是时而播种；百姓不亲，契以是时而敷五教；蛮夷猾夏，皋陶以是时而明五刑。其迹殊，其所以为心一也。统而论之，谓之有功可也。亦有因时立事，事不局于一时，可为百代常行之法者，如仁、义、忠、信之例是也。故夫子于上、下《系》所称者，十有九爻未有言其时者，盖事不局于一时也。是故时有小大。有以一世为一时者，此其大也；有以一事为一时者，此其小也。以一世为一时者，《否》、《泰》之类是也，天下之人共得之也；以一事为一时者，《讼》、《师》之类是也，当事之人独得之也。借如今之世，《泰》之时也，天下所共矣。而所遇之事，人各不同。若其倥侗之质，求师辩惑，《蒙》之时也；立身向导，非礼勿行，《履》之时也；居其德义，以待施惠，《井》之时也；自远之近，观鉴朝美，《观》之时也；量能受任，各当其分，《鼎》之时也；夙夜在公，干君之事，《蛊》之时也……夫此之类，皆以一事为一时，而诸卦之时，君之所遇者多，以事无不统也。臣之所遇者寡，以事有分职也。或一人之身而兼数事，或终食之久而移数时，时既屡迁，迹亦皆变。苟不求其心之所归，而专视其迹，则散漫简策，百纽千结。”①

实际上，整个历史都是由无数之“时”与“事”相互结构而成的矛盾统一体，但不管历史上的“时”与“事”有多少差别和不同，其出现在各个历史发展阶段上的“时”与“事”都必然围绕着一个“中心任务”而运转。由于这个“中心任务”是各个历史阶段之“时”与“事”的统属，因此，只要人们把某个历史时期的遗迹集中起来，加以分析和比类，就能发现与其相对应之“时”的“中心任务”。如，李觏《文集》中所收文章主要以“富国”、“安民”和“强兵”三项为特色，而范仲淹的“庆历新政”与王安石的“熙宁变法”亦主要以“富国”、“强兵”及“安民”为“中心”，由此可见，北宋在初创时期所面临的“中心任务”主要有三项：“富国”、“强兵”及“安民”。我们经常说把握时代脉搏，李觏的“富国”、“强兵”及“安民”三策便紧紧地把握住了北宋初期这个特定历史阶段的脉搏，抓住了那个历史时期的中心任务，因而他的主张必然就与那个时代所跳动的脉搏相契合和一致。而李觏之所以能够代表那个时期历史发展的潮流，就是

① 李觏：《李觏集》，中华书局 1981 年版，第 46—47 页。

因为他的言行没有背离时代的主题，没有舍弃时代的“中心任务”，没有使其“事”与其“时”相分离。从这层意义上讲，我们亦可称李觏是北宋初期那个历史时代的宠儿。

## 第三节　王安石“所谓得天，得民而已”的天人相分思想

学界对“天人相分”本身的蕴意可分为两种意见：一种意见认为“天人相分”是指“天”与“人”各有其特定的职分或功能；另一种意见则认为“天人相分”就是讲“天”与“人”之间的区别，就是讲人与物之分，人与自然之分，人与客体之分。① 其实，从历史上看，上述两种观点在“天人相分”的义域内相互之间并不矛盾，而是兼而有之。比如，王安石的“天人相分”思想就是从“天”与“人”的功能分别以及性质差异等方面来立论的，它既有本体论上的区别，又有认识论和人性论中的不同。

### 一、由悖与合的辩证关系看王安石的“天人之道”思想

虽然《诗经》中已经出现了民众普遍疑天甚至怨天的思想倾向，但真正将“天道”与“人道”作为一对基本的哲学范畴提出来，应归功于春秋末年的郑国贤大夫子产。子产在与大叔争论如何避免火灾的问题时，提出了“天道远，人道迩”②的思想命题。此论一出，即刻引起战国时期诸子学派的高度重视，并迅速成为各家之间相互论争的矛盾焦点，而老子首次把“道”抽象为一个独立的存在本体，认为“道”是哲学的最高范畴，是宇宙万物运动变化的总根源。由此出发，“道”才逐步变成为秦汉以降几乎所有思想流派都绕不过去的文本语言和阐释理念。所以，如何从理论上来界定“道”的内在意义，便是考验各家各派立论修养和为学功夫的一项关键内容。王安石亦不例外，比如，在王氏的著作中，对《老子》的研究就占有很重要的地位，且其思想还对后世穷究《老子》思想者产生了积极影响，而李霖辑《道德真经取善集》、彭耜集《道德真经集注》及刘惟永撰《道德真经集》等都引用了王安石《老子注》中的部分解说，即是明证。“道”在老子那里是一个“玄虚”的思维实体，是一种“惟恍惟惚”、

① 参见赵吉惠：《21世纪儒学研究的新拓展》，社会科学文献出版社2004年版，第213—215页。

② 《左传·昭公十八年》。

幽邃叵测的神秘之物。老子认为："天下万物生于有，有生于无。"①可"无"怎么能够产生"有"，这不仅在逻辑上是有理论缺陷和推论矛盾的，而且在实践上非"灾变说"不能自贻伊戚。而为了克服在将"无中生有"用以解释宇宙万物的生成变化时所形成的这个先天性的机制缺陷，《管子》一书"自我作古"般地将老子以"无"为特征的"道"改造成为物质性的"精气"说，从而开辟了道学中的唯物主义思想路线。如《管子·内业》篇说："凡物之精，此则为生，下生五谷。"②此"精"即"精气"，所谓"精也者，气之精者也"③是也。在此前提下，《管子》才进一步补充说："凡道，无根无茎，无叶无荣，万物以生，万物以成，命之曰道。"④可见，"道"是"精气"之"道"，而"道"经过《管子》的改造之后便被赋予了物质的特性。王安石因社会变革实践的客观需要，他在扬弃老子"道"学中唯心主义思想的同时，积极地吸收了《管子》"道学"中的唯物主义思想成果，并加以取精用宏，遂形成了他的"有物"之"道"说。

王安石说："道非物也。然谓之道，则有物矣，恍惚是也。"⑤其"道非物"是说"道"不是一般的具体事物，而"有物"则说明"道"虽然不是一般的具体事物，但是"道"却是既包含"无"又包含"有"的矛盾统一体。比如，王安石说："盖有无者，若东西之相反而不可以相无，故非有则无以见无，而无无则无以出有。有无之变，更出迭入，而未离乎道，此则圣人之所谓神者矣。"⑥以"有"与"无"的相互统一来规定"道"的性质，这在中国古代哲学史上是一次巨大的理论进步，当然也是对仅局限于从"形而上"的角度来体"道"或悟"道"之传统阐释法的一个重大突破。因此，这种以"有无"之相互统一为特征的"道"学思想就构成了王安石"天人相分"说的基本逻辑前提和根本性的理论基础。

1."天与道合而为一"⑦的"天道"思想。这个思想是王安石在阐释老子"天乃道"一语时所说的话，它本身含有"自然规律"的意蕴，如王安石说："夫道者，自本自根，无所因而自然也。"⑧又说："道者，万物莫不由之者也。"⑨"莫

① 《老子四十章》。
② 《管子·内业》。
③ 《管子·内业》。
④ 《管子·内业》。
⑤ 王安石著，容肇祖辑：《王安石老子注辑本·道经》，中华书局1979年版，第26页。
⑥ 王安石著，容肇祖辑：《王安石老子注辑本·道经》，中华书局1979年版，第3页。
⑦ 王安石著，容肇祖辑：《王安石老子注辑本·道经》，中华书局1979年版，第23页。
⑧ 王安石著，容肇祖辑：《王安石老子注辑本·道经》，中华书局1979年版，第29页。
⑨ 王安石著，宁波等校点：《王安石全集》下，上海古籍出版社1999年版，第698页。

不由之”就是共同遵守的意思，在一定条件下，自然规律具有普适性的特点，因而宇宙万物都必须接受自然规律的支配，这便是王安石所理解的“天道”。他说：

“道者，天也，万物之所自生，故为天下母。”①

“天道而公。”②

“日月为常，天道之运也。”③

所谓“常”其实就是具有普适性的自然规律，而在王安石看来，凡是属于普适性的自然规律，其自身都必然是不偏不倚的，因为它对宇宙间的一切事物都是一样的态度，故云“公”。所以，“公”的意思就是在同样的适用范围之内它对张三如此，而对李四来说亦必然还是如此，这一点儿是绝对的，此亦是任何人所无法改变的。故王安石说：“常者，乃无始已来不变之称也。”④

2.“人谓王也”⑤的“人道”思想。所谓“王”其实就是人的社会实践效果，即“王者，业也。”⑥而这个“业”与“仁义礼信”相统一，因而是“王者之道”。可见，“人道”具体分为“王道”与“霸道”两个方面，而王安石是主张“王道”的。他说：

“王者之道，其心非有求于天下也，所以为仁义礼信者，以为吾所当为而已矣。以仁义礼信修其身而移之政，则天下莫不化之也……霸者之道则不然：其心未尝仁也，而患天下恶其不仁，于是示之以仁；其心未尝义也，而患天下恶其不义，于是示之以义。其于礼信，亦若是而已矣，是故霸者之心为利，而假王者之道以示其所欲；其有为也，唯恐民之不见而天下之不闻也。”⑦

3.“天道”与“人道”的关系，可具体分成两个方面：首先，“天道”与“人道”是对立的，从地位和功能上将“天”与“人”区别开来，是王安石天人关系的重要内容，也是其哲学思想的显著特色之一。比如，王安石以“天道”与“人道”的差别为基础，认为“天之道损有余而补不足。人之道则不然，损不足以奉有余。”⑧此论是否具有普遍性，作为一个学术问题我们可以探讨。但王安石从“分”和“差异”的角度来思考问题，并根据北宋社会的实际，对“天道”与

---

① 王安石著，容肇祖辑：《王安石老子注辑本·德经》，中华书局1979年版，第45页。

② 王安石：《周官新义》卷九《春官二》，文渊阁四库全书本。

③ 《周官新义》卷十一《春官四》。

④ 王安石著，容肇祖辑：《王安石老子注辑本·道经》，中华书局1979年版，第23页。

⑤ 王安石著，容肇祖辑：《王安石老子注辑本·道经》，中华书局1979年版，第29页。

⑥ 王安石著，容肇祖辑：《王安石老子注辑本·道经》，中华书局1979年版，第23页。

⑦ 王安石著，宁波等校点：《王安石全集》下，上海古籍出版社1999年版，第723页。

⑧ 王安石著，容肇祖辑：《王安石老子注辑本·德经》，中华书局1979年版，第59页。

"人道"的内容作了"损补"和"损奉"的说明,似有一定的合理性。另外,对于《河图》与《洛书》的不同,王安石认为,《河图》示"天道"而《洛书》示"人道",他说:"图以示天道,书以示人道。""尚变者天道也","而尚占者人道也。"①在此,王安石言"占"不是一般地承认卜筮的合理性,而是从"书者以法言也"及"效法之谓人"②的角度,将"占"定位于对以"变"为特征的自然规律的认识与把握,既然"天道"尚变,作为"效法"的人就不应墨守成规,不知进取与变革。因此,王安石提出了"略天道,详人事"③的命题,在此前提下,王安石说:"圣人之于人道也,孝而已;圣人之于天道,则孝不足。"④如果说这句话听起来还有些模糊,那么,下面的话就清晰多了。王安石说:"远而尊者,天道也;迩而亲者,人道也。"⑤其"远而尊"就是圣人对"天道则孝不足"的原因,而"迩而亲"则是圣人对"人道也孝而已"的根由。可见,王安石以"人事"为本的"事功"主张是其"天人相分"思想的一种必然结果。正因如此,所以王安石的"天人相分"思想遭到了"义理派"的蓄意中伤和攻击,如杨时说:"其(指王安石)于人道、天道,分而为二。尽子道则人伦之道尽矣。'尽人道,不能尽天道',则天道果何物哉!学者虽多,徒亦赘矣。"⑥其次,"天道"与"人道"又是相互联系的,一方面,"天道"是"人道"的物质基础,所谓"人法地,王亦大是也。"⑦另一方面,"人道"可以"至于天道",即"王者,人道之极也。人道极,则至于天道矣。"⑧因此,在"天道"与"人道"的关系问题上,王安石既坚持了唯物的立场,又举起了辩证法的旗帜,批郤导窾,显示了其高超的理论修养和超人的思维水平。

## 二、"变化之所为在我"的主观能动性思想

《老子》一书的基本观点就是"人道"对于"天道"的"无为",其主要表现就是"三绝"即"绝圣弃智"、"绝巧弃利"和"绝仁弃义"。⑨ 在王安石看来,"无为而天下功"⑩固然是一种最理想的"人道"境界,即"王者之至尊,咸法于

---

① 王安石著,宁波等校点:《王安石全集》下,上海古籍出版社1999年版,第685页。
② 王安石著,宁波等校点:《王安石全集》下,上海古籍出版社1999年版,第685页。
③ 《周官新义》卷十一《春官四》。
④ 《周官新义》卷十一《春官四》。
⑤ 王安石著,宁波等校点:《王安石全集》下,上海古籍出版社1999年版,第674页。
⑥ 王安石著,邱汉生辑校:《诗义钩沉》,中华书局1982年版,第73页。
⑦ 王安石著,容肇祖辑:《王安石老子注辑本·道经》,中华书局1979年版,第29页。
⑧ 王安石著,容肇祖辑:《王安石老子注辑本·道经》,中华书局1979年版,第23页。
⑨ 《老子八十章》。
⑩ 王安石著,容肇祖辑:《王安石老子注辑本·道经》,中华书局1979年版,第29页。

道”,[①]但“至尊”毕竟只是一种境界而不是过程,作为过程,王安石牢牢地抓住了“天人相分”之“分”的关键点,而主张人的“五事”观。所以,从“天道”的角度看,王安石不反对“天道”无为的说法。比如,他说:“道之为物,渊深而能万物;不应于物,而物自恃以生,又能供万物之求。”[②]但从“人道”的角度看,则王安石主张圣人“贵乎能致用者也”,[③]他说:“夫身安德崇而又能致用于天下,则其事业可谓备也。事业备而神有未穷者,则又当学以穷神焉。”[④]而“致用”与“学”的最终目的,就是通过人的认识能力而达到“与道为一”的境界,然“与道为一”不是一蹴而就的事情,它本身须经过“事道”的过程,即“士者,事道之名。始乎为士,则未离乎事道者也。”[⑤]故王安石强调说:

“道有本有末。本者,万物之所以生也。末者,万物之所以成也。本者,出之自然,故不假人之力而万物以生也。末者,涉乎形器,故待人力而后万物以成也。夫其不假人之力而万物以生,则是则是圣人可以无言也,无为也。至乎有待于人力而万物以成,则是圣人之不能无言也,无为也。”[⑥]

“夫道之自然者,又何所预乎?唯其涉乎形器,是以必待于人之言也,人之为也。”[⑦]

显然,这里所说的“人之为”就是指人的主观能动性和“致用性”(即将自然规律用来为人类自身的生存和发展服务)。而“致用”的前提是分别“天人之际”,对此,王安石表达得很清楚:“闷闷者,无所分别。惟其无所分别,则常使民无知无欲,故民淳淳。察察者,有所分别也。有所分别,则其民不能无知无欲,而常缺缺矣。”[⑧]在王安石看来,有知有欲正是人之为人的特征。他说:

“夫人莫不有视、听、思。目之能视,耳之能听,心之能思,皆天也。然视而使之明,听而使之聪,思而使之正,皆人也。”[⑨]

“视”、“听”、“思”,再加上“貌”与“言”,王安石称之为“五事”。他说:“五事,人所以继天道而成性者也。”[⑩]虽曰“继天道”,但“五事”又具有相对的独立性,且其本身还是一个递次展开的能动序列,王安石说:“此(指五事)言

① 王安石著,容肇祖辑:《王安石老子注辑本·道经》,中华书局1979年版,第29页。
② 王安石著,容肇祖辑:《王安石老子注辑本·道经》,中华书局1979年版,第8页。
③ 王安石著,宁波等校点:《王安石全集》下,上海古籍出版社1999年版,第717页。
④ 王安石著,宁波等校点:《王安石全集》下,上海古籍出版社1999年版,第718页。
⑤ 王安石著,容肇祖辑:《王安石老子注辑本·道经》,中华书局1979年版,第21页。
⑥ 王安石著,容肇祖辑:《王安石老子注辑本·道经》,中华书局1979年版,第19页。
⑦ 王安石著,容肇祖辑:《王安石老子注辑本·道经》,中华书局1979年版,第19页。
⑧ 王安石著,容肇祖辑:《王安石老子注辑本·德经》,中华书局1979年版,第50页。
⑨ 王安石著,容肇祖辑:《王安石老子注辑本·德经》,中华书局1979年版,第51页。
⑩ 王安石著,宁波等校点:《王安石全集》下,上海古籍出版社1999年版,第697页。

修身之序也。恭其貌，顺其言，然后可以学而至于哲。既哲矣，然后能听而成其谋。能谋矣，然后可以思而至于圣。思者，事之所终成而所成始也，思所以作圣也。"①通过"哲"与"谋"两个环节，并不能完成一次认识过程，它们只是为"思"的出现创造了条件或者说准备了前提。而"哲"、"谋"与"思"三者相互衔接和相互贯通，一起构成认识运动的总过程，而这个总过程就可称作"觉"。王安石说："性之圆为觉。"②而"圆"以"动"为特征，故《周易·系辞下》云："见机而作，不俟终日。"孙思邈将它解释为"智圆"的意思，说："智者动，天之象，故欲动。"③它的寓意就是说人们应当对宇宙万物的运动状态做到由微知著，即在事物的某种运动状态刚露出端倪的时候，就抓住时机努力去认识和把握它的内在规律，从而为以后能成功地驾驭它并在此基础上有所作为而创造条件。当然，真要做到"智圆"的境界尚有一个可能性与现实性的关系问题。比如，王安石说："吾之知欲以上格乎天，下浃乎草木，旁溢乎四夷，而吾之用有时而匮也，然则吾可以无求乎？此智者之所以必动也。"④如果我们把这里的"知"理解为人的主观能动性，那么，其"用"指的就是实现人的主观能动性的条件。王安石的论说非常清楚，在他看来，人的主观能动性不是无条件的和绝对的，因此，在理想与现实之间可能会出现"匮"（即能力不足）的情况。而"匮"其实就是一种抽象的可能性，就人的认识水平而言，它的意思是说此刻之"知"不能说没有一定的根据和条件，只是其根据和条件尚不充分，因而在当前情况下还无法实现的可能性。但王安石并不认为在"抽象的可能性"与"现实的可能性"之间有一条不可逾越的鸿沟，因此，他才说"吾可以无求乎"，这就是说人的认识在一定条件下尽管出现了"匮"的情况，但人们不能就此止步不前，并对未来失去信心，而是应当继续为可能性的转化创造条件。

恩格斯曾经指出："只有人才给自然界打上自己的印记。"⑤在学界，被打上人类印记的那部分自然界，就称作"人工自然"。很显然，"人工自然"是人类主观能动性的客观化，是人类区别于其他动物的根本标志。在北宋，王安石亦看到了这一点。比如，他说："太古之人不与禽兽朋也几何，圣人恶之也，制作焉以别之。"⑥在此，所谓"制作"就是指生产劳动，就是制造工具。

老子认为自然界以"无"为基本的存在状态，而王安石说，老子这是只见

---

① 王安石著，宁波等校点：《王安石全集》下，上海古籍出版社 1999 年版，第 700 页。
② 王安石：《周官新义》附卷上《考工记》。
③ 欧阳修：《新唐书》卷一百九十六《孙思邈传》，中华书局 1975 年版。
④ 王安石著，宁波等校点：《王安石全集》下，上海古籍出版社 1999 年版，第 726 页。
⑤ ［德］恩格斯：《自然辩证法》，人民出版社 1972 年版，第 19 页。
⑥ 王安石著，宁波等校点：《王安石全集》下，上海古籍出版社 1999 年版，第 741 页。

自然而不见人类自身的一种思维表现。何以见得？王安石说，在人类没有出现之前，自然界的实际价值尚未被开发出来，从这种意义上，我们可以说“自然界”的存在状态是“无”。但人类出现之后，自然界的存在状态因人类活动而发生了改变，尤其是自然界对于人类体现出了无穷的“为用”价值，而这“为用”不是“无”而是“有”。所以，老子和庄子为了不改变自然界之“无”的性质，他们极力主张“愚民”政治。比如，老子说：“古之善为道者，非以明民，将以愚之。民之难治，以其智多。”①而庄子更直截了当：“故天下每每大乱，罪在于好智。”②人的主观能动性真的如此可怕吗?！王安石严厉地批评了这种观点，他认为老庄的观点从根本上抹杀了人的认识能力，因而是一种非常愚蠢的表现。如，王安石在剖析老子“夫毂辐之用，固在于车之‘无’用”的悖谬时说：

“然工之琢削未尝及于‘无’者，盖‘无’出于自然之力，可以无与也。今之治车者知其毂辐而未尝及于‘无’也。然而车以成者，盖毂辐具，则‘无’必为用矣。如其知‘无’为用而不治毂辐，则为车之术固已疏矣。今知‘无’之为车用，‘无’之为天下用，然不知所以为用也。故‘无’之所以为用者，以有毂辐也。‘无’之所以为天下用者，以有礼、乐、刑、政也。如其废毂辐于车，废礼、乐、刑、政于天下，而坐求其‘无’之为用也，则亦近于愚矣。”③

人类通过“哲”、“谋”、“思”以及“制作”而作用于自然界，于是自然界对于人类的活动便表现出“为用”的特性。当然，自然界的“为用”不是“坐求”来的，而是人类通过认识和实践的统一过程不断被发现出来的。发现自然界的“为用”性与人类的认识活动密切相关，但其“为用”不是任意而为，它是人的认识符合自然规律的一种外在体现，或者说是人们对自然规律的一种应用和转移，王安石把它看成是人的最可贵之处，甚至在王安石看来，人的主观能动性能否与自然界及人类社会的运动规律相符合是判断社会治与乱的重要标志。所以，王安石说：

“夫天之生斯人也，使贤者治不贤，故贤者宜贵，不贤者宜贱，天之道也；择而行之者，人之谓也。天人之道合，则贤者贵，不肖者贱；天人之道悖，则贤者贱而不肖者贵也；天人之道悖合相半，则贤不肖或贵或贱。尧舜之世，元凯用而四凶殛，是天人之道合也；桀、纣之世，飞廉进而三仁退，是天人之道悖也；寒、魏而下，贤不肖或贵或贱，是天人之道悖合相半也，盖天之命一，而人之时

---

① 王安石著，容肇祖辑：《王安石老子注辑本 · 德经》，中华书局1979年版，第54页。
② 王安石著，容肇祖辑：《王安石老子注辑本 · 德经》，中华书局1979年版，第54页。
③ 王安石著，容肇祖辑：《王安石老子注辑本 · 道经》，中华书局1979年版，第19—20页。

不能率合也,故君子修身以俟命,守道以任时,贵贱祸福之来,不能沮也。"①

把人类社会简单地区分为"贤"与"不贤",并且主张由"贤者治不贤",这种观点显然是一种阶级偏见的反映,因而是错误的。但王安石的主旨却在于说明自然界和人类社会的进步是有规律可循的,只要按照客观规律办事,则人们的社会行为必然表现为"贤",反之,为"不贤"。仅此而言,似乎又有一定的合理性。然而,在现实的社会运动过程中,人们的思想意识并不能保证在社会发展的每一个历史阶段都与客观规律相符合或相一致,即所谓"人之时不能率合也"。因此,想要使人的主观能动性既不"过"又不"不及",人们就得不断进取,不断"修身",进而达到"致其一"的境界。所以,王安石说:"圣人之学至于此,则其视天下之理皆致乎一矣。天下之理皆致乎一,则莫能以惑其心也。"②

### 三、"天变不足畏"的无神论思想和王安石的社会变革实践

王安石承认:"万物待是而后存者,天也;莫不由是而之焉者,道也。"③合而言之,此"天道"就是指宇宙万物的运动变化规律,这是问题的一个方面,同时,我们还应看到,人类的社会生活离不开自然界提供给我们的各种物质成果,这是问题的另一个方面。所以说,王安石理解的"天道"略加辨析,则知它的具体内容应分两部分:有形的物质实体和无形的物质规律。用王安石的话说就是:"无者,形之上也。自太初至于太始,自太始至于太极。太始生天地,此名天地之始。有,形之下者也。有天地然后生万物,此名万物之母,母者,生之谓也。"④此处之"无"可理解为"无形的物质运动规律","有"可理解为"有形的物质实体",而这两个方面结合在一起便具体地构成了人类生存和发展的基本物质前提与基础。

当然,由自然界具体地构成人类生存和发展的基本物质前提与基础,还不是问题的全部。因为自从出现了人类之后,在"天然自然"之外,又增加了"人工自然",由"天然自然"与"人工自然"的相互结合组成了人类社会的现实物质条件,亦可统称"社会存在"。而对于"社会存在"与"社会意识"的关系,王安石虽然还不能清晰地认识到社会存在决定社会意识这个唯物史观的基本原理,但他已经朦朦胧胧地猜测到了社会条件对于人类认识能力产生和发展的

---

① 王安石著,秦克、巩军标点:《王安石全集》,上海古籍出版社 1999 年版,第 238 页。
② 王安石著,宁波等校点:《王安石全集》下,上海古籍出版社 1999 年版,第 718 页。
③ 王安石著,宁波等校点:《王安石全集》下,上海古籍出版社 1999 年版,第 719 页。
④ 王安石著,容肇祖辑:《王安石老子注辑本·道经》,中华书局 1979 年版,第 1 页。

重要作用这一点。比如，他说："盖圣人之心不求有为于天下，待天下之变至焉，然后吾因其变而制之法耳。至孔子之时，天下之变备矣，故圣人之法亦自是而后备也。"①所谓"待天下之变至焉"就是说圣人是社会变革的产物，即只有社会变革的客观条件成熟之后，圣人才有可能应运而生。换言之，当社会变革的客观条件不成熟时，人们无论怎么去呼唤圣人，圣人也是不可能从天而降的。基于这样的认识，王安石不仅重申了子产"天道远，人道迩"②的思想命题，而且更提出了"略天道，详人事"的思想。这个思想不仅是王安石反对有神论的基本理论依据，而且也是其推行社会变革的一面旗帜。

首先，"无神论"是其"远天近人"思想的实际体现。王安石说：

"天道升降于四时。其降也，与人道交（即相合，引者注）；其升也，与人道辨（即相分，引者注）冬曰上天与人道辨之时也，先王于是乎以天道事之；秋则未辨乎人也，于是乎以人道事之。以天道事之，宜远人，宜以自然，故于郊、于圆丘；以人道事之，则宜近人，宜以人为，故于国、于明堂。始而生之者，天道也；成而终之者，人道也。"③

在这段话里，有三点需要注意：一是"天人合一"与"天人相分"是宇宙间并存的两个运动性质不同或者说是相反（即升降）的物质现象，既然如此，"天道"就有"天道"的运动规律，而"人道"亦有"人道"的运动规律，两者各自独立，互不干涉，更不"相感"；二是远"天道"而近"人事"，所谓"远"并不是指距离上的疏远，而是指未被人类改造和利用的自然界原生态，这种原生态有常态与非常态之分别。故王安石主张"以天道事之"的地方在原生态特色比较明显的"郊"或"圆丘"，此即"宜以自然"的真正内涵。与之相对，所谓"近"则是指已为人类所征服与改造过的人工态物质存在，故"以人道事之"的地方便选择在"人为"的"国"或"明堂"上。可见，"远"与"近"跟"轻"与"重"是相对应的；三是"始而生之"指人类未形成之前的天然自然，而"成而终之"则指人类形成之后的人工自然，前者不依赖于人而存在，后者则是人类自身的创造物，而一旦离开人类的社会存在，其人工自然本身也就不可能存在了。

因此，在王安石看来，"天然自然"完全是物质性的气之运动变化的结果，与"神"毫无干系。比如，王安石说："生物者，气也。"④又说："道有体有用。体者，元气之不动。用者，冲气运行于天地之间，其冲气至虚而一，在天则为天

---

① 王安石著，宁波等校点：《王安石全集》下，上海古籍出版社 1999 年版，第 721 页。

② 《周官新义》卷十《春官三》。

③ 王安石著，宁波等校点：《王安石全集》下，上海古籍出版社 1999 年版，第 674 页。

④ 王安石著，宁波等校点：《王安石全集》下，上海古籍出版社 1999 年版，第 699 页。

五，在地则为地六。盖冲气为元气之所生，既至虚而一，则或如不盈。”[①]这个过程人无法干预，而神亦不能“预”。对此，王安石很肯定地说：“夫道之自然者，又何予乎？”[②]

当然，天然自然之原生态既有常态也有非常态。比如，王安石说：“日月随天旋，疾迟与天侔，寒暑自有常，不顾万物求。”[③]又“岁月日有常而不可变。”[④]这里所说的“天然自然”指的是原生性常态，而在常态之外尚有非常态，王安石称“非常态”为“过”，他说：“天有过乎？有之，陵历斗蚀是也。地有过乎？有之，崩驰竭塞是也。”[⑤]此处所说的“陵历斗蚀”及“崩驰竭塞”指的就是“天然自然”的原生性非常态。但不管是原生性常态，还是原生性非常态，都是属于客观的自然现象，是“天然自然”本身在运动变化过程中所发生的物理反应，既然如此，人们又何必杞人忧天，为之多虑呢？因此，王安石尖锐地指出：“天地与人，了不相关，薄蚀、震摇，皆有常数，不足畏忌。”[⑥]因此，“畏天者不足以保天下，故战战兢兢，如临深渊，如履薄冰者，为诸侯之孝而已。所谓天之所为者，如河决是也。天地之大德曰生，然河决以坏民产而天不为之变，以为非祈寒暑雨不能成岁功故也。”[⑦]在“天然自然”的原生性非常态的各种灾异现象面前，人们不能畏首畏尾，束手待毙，而是通过积极地“修人事，以应天灾”，王安石说；“所谓救政者，修政以救凶灾也，盖吉凶之变，虽出乎天，而其所以感召之者，实自乎人，知凶而修政以救之，则可以转祸为福矣。”[⑧]

其次，社会变革是“人道”自身演进规律的内在需要，根本不受“天道”的干扰和影响。王安石说：“有阴有阳，新故相除者，天也；有处有辩，新故相除者，人也。”这是王安石对天之道“不召而自来”一句话所作的阐释，它最先见于杨时的《王氏“字说”辨》一文中，后来漆侠先生更进一步解释说：“自然界的‘新故相除’表现为‘阴阳代谢’；而人类社会中的‘新故相除’，则是‘有处有辨’，也就是有因有革，既有继承也有变革，由此强调人为的作用。”[⑨]那么，人类社会为什么会“新故相除”？王安石诚然无法概括和提炼出社会运动的基

---

① 王安石著，容肇祖辑：《王安石老子注辑本·道经》，中华书局1979年版，第1页。

② 王安石著，秦克、巩军标点：《王安石全集》，中华书局1999年版，第231页。

③ 王安石著，宁波等校点：《王安石全集》下，上海古籍出版社1999年版，第54页。

④ 王安石著，宁波等校点：《王安石全集》下，上海古籍出版社1999年版，第708页。

⑤ 王安石著，宁波等校点：《王安石全集》下，上海古籍出版社1999年版，第742页。

⑥ 司马光：《司马温公文集》卷七十二《学士院试李清臣等策目》，文渊阁四库全书本。

⑦ 李焘：《续资治通鉴长编》卷二百三十六“熙宁五年闰七月辛酉”，中华书局1992年版，第5742页。

⑧ 《周官新义》卷十《春官三》。

⑨ 漆侠：《宋学的发展与演变》，河北人民出版社2002年版，第338页。

本矛盾问题,也无法看到正是生产力与生产关系的矛盾运动推动着人类社会的发展,而社会变革说到底就是生产关系不适应生产力发展状况规律的一种调节性反映,但王安石毕竟猜测到了“民”之与社会变革的关系,认为:“卿士之好恶不自用而从民。”[①]“从民”就是顺从民众的愿望,不违背民众的意志,而大凡社会变革都反映了或部分反映了广大民众在特定历史条件下的意志与愿望,毋庸置疑,王安石的“从民”观是中国传统“民为邦本”思想在宋代的一种新的流转和表现形式。王安石说:“朝廷制法,当内自断以义,而要久远便民而已。”[②]在北宋中期,其所谓“祖宗法制”是否顺乎民情民意,是王安石与反对变法者论争的一个焦点问题。比如,文彦博说:“祖宗法制具在,不须更张,以失人心。”[③]范纯仁亦说:“王安石变祖宗法度,掊克财利,民心不宁。”[④]但在王安石看来,恰恰相反,不是变法失去了民心,而是旧的祖宗家法逐渐背离了广大民众的意志,并且它的许多内容实际上已经与社会发展的总趋势不相适应了。例如,在农田水利方面,“农民坏于徭役,而未尝特见救恤,又不为之设官以修其水土之利”[⑤];在财政方面,则“大抵无法,故虽俭约而民不富”[⑥]等等,“夫民者,天之所不能违也。”[⑦](《洪范传》)所以,王安石变法的目的之一就是为了“富民”,[⑧]而从实践效果看,王安石变法也确实基本上实现了这个愿望,只不过其“民”不是一家一地之“民”,而是整个“国民”。故明人杨士奇说:王安石变法期间“天下之财大半归于公室矣。”[⑨]正因如此,故梁启超云:“则一国之母财举匮,而民之生无以复聊,于是殚精竭虑求以拯救,其道莫急于摧抑兼并。而能摧抑兼并者谁乎?则国家而已。荆公欲举财权悉集于国家,然后由国家的酌盈剂虚,以均诸全国之民,使各有所藉以从事于生产……其青苗、均输、市易诸法,皆本此意也。”[⑩]虽然梁氏说得可能有些大,但总体上讲还是比较符合历史实际的。

---

① 王安石著,宁波等校点:《王安石全集》下,上海古籍出版社1999年版,第708页。

② 李焘:《续资治通鉴长编》卷二百二十三“熙宁四年五月丙午”,中华书局1992年版,第5433页。

③ 李焘:《续资治通鉴长编》卷二百二十一“熙宁四年三月戊子”,中华书局1992年版,第5370页。

④ 脱脱等:《宋史》卷三百一十四《范纯仁传》,中华书局1975年版。

⑤ 王安石著,宁波等校点:《王安石全集》下,上海古籍出版社1999年版,第435页。

⑥ 王安石著:《王安石集》,中国戏剧出版社2002年版,第217页。

⑦ 王安石著,宁波等校点:《王安石全集》下,上海古籍出版社1999年版,第708页。

⑧ 参见邓广铭:《北宋政治改革家王安石》,人民出版社1997年版,第74页。

⑨ 杨士奇:《历代名臣奏议》卷四十《财用上》,文渊阁四库全书本。

⑩ 梁启超著:《王安石传》,中国三峡出版社2009年版,第85页。

综上所述,我们可以初步得到如下结论:"天人相分"是自春秋以来我国思想界就一直断续相沿下来的一种学术传统,而王安石不仅是"火传"之人,而且更是中国古代"天人相分"思想的一面旗帜。其"略天道,详人事"命题,既体现了王安石"天人相分"思想的重心所在,同时又极大地丰富和发展了宋代"事功学派"的理论内容,而王安石变法本身则可看作是"天人相分"思想在宋代传承与发展的一种必然结果。

## 第四节　陈亮"天人相遭"与"天人相因"之既分又合的"天人观"

陈亮是永康学派的代表人物,是南宋"功利之学"的一面旗帜。他继承先秦以来的"天人之际"思想传统,"兢兢业业,天人之际",①对"天人"关系作了多方面的理论探讨,他一方面认为"天人之未易合",②另一方面他又认为"天人相因,绳牵丝连"。③ 然而,陈亮在"天人关系"问题上,其主要的思想倾向是主张"天人相分"的,尤其是他进一步发挥了邵雍"天就是物"的"观物"思想,提出"盈宇宙者无非物"的哲学命题,并赋予传统"天人相分"思想以"实事实功"的具体内容,因而将宋代的"天人相分"思想研究推向了一个新的认识领域,故肖萐父先生把陈亮以"实事实功"的"天人相分"思想称作是"一个大胆的公开的进步"。④

### 一、"天与人每不相值"的"天人相分"思想

宋代的天人关系内容比较生动丰富,形式复杂多样。例如,庞朴先生在讨论郭店楚简所见的天人关系内容和类型时,认为先秦的天人关系应有三式:"天人有分";"言慎求之于己,而可以至顺天常矣";"性自命出,命自天降;道始于情,情生于性。"用庞朴先生的话说就是:天人为二,天人合一及天人非一非二,亦一亦二,共三式。⑤ 而陈亮的著述中,不仅包含有上述三式的全部内容,而且其每一式都有多种形式,所以,陈亮是宋代非常有特色的"天人关系"论者。

---

① 陈亮:《陈亮集》下册,中华书局 1987 年版,第 430 页。

② 陈亮:《陈亮集》下册,中华书局 1987 年版,第 292 页。

③ 陈亮:《陈亮集》下册,中华书局 1987 年版,第 439 页。

④ 肖萐父、李锦全:《中国哲学史》下册,人民出版社 1984 年版,第 112 页。

⑤ 庞朴:《天人三式——郭店楚简所见天人关系试论》,Confucius2000 网,2004 年 2 月 21 日。

经过五代的社会动乱，宋初士人鉴于时代的特殊需要，毅然掀起了中国古代历史上第二次怨天、疑天、责天甚至骂天的狂潮巨浪，并成为北宋时代的一种显著标志。如，石介说："诉号仰天，天不闻九州之禾皆干瘁！"①欧阳修亦说："夫天非不好善恶，其不胜于人力者，其势之然欤！"②又，范仲淹更进一步指出："乃言命运者，是善恶不辨而归诸天也，岂国家之美事哉？"③回顾历史，春秋时期的责天和疑天思潮的出现与那个时期的社会变革现实密切相关，如随着周王室的衰落，各个诸侯国开始为自己的存在寻找理论根据，于是人们将依赖的对象逐步由"上天"转移到"下民"，故春秋时期随国的大夫季梁说："夫民，神之主也。"④虢国的太史嚣亦说："国将兴，听于民。"⑤这种"天"与"民"的换位意识，有力地推动了"天人相分"思想的产生和发展。首先，在春秋以前"天"与"人"是一体的，这样便产生了"绝地通天"的人，他们成为中国古代最早的神职人员或者说是"巫人"，这些"巫人"的重要职责之一就是替上天来为人们迎吉避凶，由此可见，这些"巫人"掌握着"天神"的话语权，因此，欲使天的地位下降，就必须将天与人分开，使上天不能再支配和主宰人的命运，同时，其对"天神"的话语权也应逐渐从"巫人"转移至民间，正是在这样的历史背景下，周内史叔兴便提出了"吉凶由人"⑥的命题，由此开辟了先秦以后"天人相分"的思想路线。其次，人们对天作出了新的阐释，"天"在夏商人的头脑里是一个有意志的人格神，它具有至上性和神圣不可侵犯性，如《诗经·商颂》称"帝立子生商"，而西周为了取代商的统治地位，便改有意志的"天"为道德的"天"，故有"以德配天"的说法，所以，进入春秋以后，天的神秘性虽然被大大削弱了，但是天的概念毕竟已经深入人心，它的社会影响力还没有完全消除，这就意味着"天"这个概念在新的历史条件下仍然有可利用的价值。因而人们在否定人格天的同时便又赋予了"天"以"自然"的意义。如孔子说："天何言哉？四时行焉，百物生焉。"⑦老子又提出"道法自然"的哲学命题，孙子更把自然界中的阴阳、寒暑、时制等现象称作"天"。这种把"天"与"自然"结合起来的观念，其最重要的思想意义就是"天"的地位不再凌驾于人之上了，

---

① 石介：《徂徕集》卷二《寄永叔》，文渊阁四库全书本。

② 欧阳修著：《欧阳修集》，中国戏剧出版社 2002 年版，第 270 页。

③ 李焘：《续资治通鉴长编》卷一百四十三"仁宗庆历三年丁卯"，中华书局 1992 年版，第 3436 页。

④ 《左传·桓公六年》。

⑤ 《左传·庄公三十二年》。

⑥ 《左传·僖公十六年》。

⑦ 《论语·阳货》。

而是变成了与人平等对立的一种客观存在。再次，骂天成了被统治者反抗奴隶主统治的一种舆论方式，而《诗经》里就记载着不少“骂天”的诗句，如《大雅·荡之什·荡》云：“荡荡上帝，下民之辟。疾威上帝，其命多辟。”又如《生民之什·板》更骂道：“上帝板板，下民卒瘅。”“天之方难，无然宪宪。”前一句话的意思是说上帝反常而使下民遭殃，后一句话的意思则是说皇天予下民以灾难，而它自己却幸灾乐祸。这些非常激进的思想情绪反映了当时先民对上天的怀疑和否定，同时也在一定程度上为后来“人本”思想的形成创造了条件。宋代初创时期所遇到的社会境况，与春秋时期非常相似，礼坏乐崩，“天人相遭”，①于是随着各种疑天和责天思想破土而出，藉此而宋人便形成一股强大的重新阐释“天人关系”的学术思潮。如邵伯闻在阐述邵雍的天人思想时说：“时者天也，事者人也……圣人惟不能违物，故天亦不能违圣人，是以先天而天弗违，后天而奉天时。天之时由人之事乎？人之事由天之时乎？”②这个思想便成为邵雍“亦由天道亦由人”③“二元论”天人关系命题的理论基础。张载说：“神，天德，化，天道。德，其体，道，其用，一于气而已。”④这样，“天”就变成了一种物质性的“气”，并且“天”以“德”为本体，显然，这是继承了西周以来的“以德配天”思想。以此为前提，张载一方面说“世衰则天人交胜，其道不一”，⑤另一方面，他又认为“天人不须强分，《易》言天道，则与人事一滚论之”，⑥说“天人异用，不足以言诚；天人异知，不足以尽明。”⑦像张载这样动摇于“天人相分”与“天人合一”两种态度之间的现象，在二程、李觏、王安石等人身上亦都有程度不同的体现，可见，在宋代士大夫所面对的思考天人关系问题上，他们所表现出来的这种现象不能固守一论，既是宋代多变社会的一种思想反映，同时又是儒、释、道三者发生融合作用时所产生出来的一种必然结果。因为，从北宋初年开始，无论是“天人相分”论思想，还是“天人合一”论及“亦天亦人”论思想，它们各自在历史的演进过程中逐渐地形成涓涓溪流，几经波折，数历险滩，终于在南宋的陈亮那里汇合，因而，陈亮的“天人”思想几乎综括了宋代所有的天人观念，并吸纳了其承载天人关系的所有形式，从这个角度说，陈亮在天人关系研究方面完全可以称为宋代之百科全书式人物。

① 陈亮：《陈亮集》下册，中华书局1987年版，第423页。
② 邵雍著，黄畿注，卫绍生校理：《皇极经世书》，中州古籍出版社1993年版，第453页。
③ 邵雍：《击壤集》卷十三《天人吟》，文渊阁四库全书本。
④ 张载著，章锡琛点校：《正蒙·神化篇第四》，《张载集》，中华书局1978年版，第15页。
⑤ 张载著，章锡琛点校：《横渠易说·系辞下》，《张载集》，中华书局1978年版，第226页。
⑥ 张载著，章锡琛点校：《横渠易说·系辞下》，《张载集》，中华书局1978年版，第232页。
⑦ 张载著，章锡琛点校：《正蒙·诚明篇第六》，《张载集》，中华书局1978年版，第20页。

陈亮讲"天人相分"的内容明显多于其他两式,表现了他本人在天人问题上的态度。"天人相分"不是孤立的学术问题,由于"天人相分"与"王霸"之争、"义利"之辨等政治道德问题紧密相连,所以陈亮在具体阐释天与人的"不相合"问题时,必然对"王霸"、"义利"等问题也同时作出自己的回答。下面,我们把陈亮的"天人相分"思想分成几个方面来作一探讨。

1."天地人各有其道"的思想。将天道、地道与人道分开来阐释其中的要义,是《周易》的基本精神,《周易·说卦》说:"昔者圣人之作《易》也,将以顺命之性。是以立天之道曰阴与阳,立地之道曰柔与刚,立人之道曰仁与义。"不言而喻,《周易》一书并没有将"天道"、"地道"及"人道"三者杂糅一起,而是各有标的,因道设义。入宋以后,周敦颐则通过《太极图》始将"天"、"地"与"人"三者整合为一个统一的整体,成为宋人讲"天人合一"说的理论依据。如果说"天人合一"是适应北宋初年政治统一的特殊需要而产生的话,那么,"天人相分"也是宋代现实社会发展的客观需要,是社会各阶层在政治上要求平等权利的一种思想反映。如,宋代的商业经济发展迅速,国外贸易不断增多,因此,传统的贱商意识非常不利于宋代商品经济的发展,而如果商品经济不发展,那"富国强兵"就纯粹变成了一句空话。对于这其中的利害关系,宋代的封建统治者当然不会不知道,同时亦不能不在某种程度上对它表现出几度热忱的态度来。所以,在这样的历史背景之下,宋人的商业意识以及对待商人的政治态度明显地发生了一些新变化。比如,宋太祖于"开基之岁,首定《商税则例》,自后累朝守为家法。"①在中国古代历史上,通过中央政府颁布《商税则例》,这是第一次。它的颁行证明宋朝不仅鼓励商品经济的发展,而且商人的经营权还受到了国家政策的保护,这是一种经济行为中的人道主义。在陈亮看来,"天道"属于"形而上"的范畴,是个很抽象的东西,而"地道"与"人道"则属于"形而下"的范畴,是个很实际的东西。陈亮说:

"一阴一阳之谓道,而三极之立也,分阴阳于天,分刚柔于地,分仁义与人,天地人各有其道,则道既分矣。"②

"立三极"与"道既分"实际上是一个问题的两个方面,从形式上看,"三极之立"有利于提升"人道"的地位,而按照二程"君道即天道"的说法,当"三道立极"的时候,"天道"高高在上的地位自然而然就被动摇了,故陈亮说:"方天地设位之初,类聚群分,以戴其尤能者为之长君,奉其能者为之辅相,彼所谓后

---

① 马端临:《文献通考》卷十四《征榷一》。

② 陈亮:《陈亮集》上册,中华书局 1987 年版,第 172 页。

王君公,皆天下之人推而出之,而非其自相尊异据乎人民之上也。"①在这里,"天下之人推而出之"与"君权神授"格格不入,而陈亮所希望的"治道"当然是前者而不是后者;从本质上看,陈亮讲"三极之立"并不是取消"君臣"之间的等级关系,恰恰相反,通过"一道三极"化之后,一方面,人道获得了相对独立的意义,尤其是当人道与天道脱离了关系后,人道可以按照自己的规律发展变化,假如人君违背了人民的意志,则"君臣之分犹可干",②即臣民可以取代原君主的地位而成为新的君主,所以,与二程贬抑唐太宗的人生价值不同,陈亮认为"太宗抽矢蹀血"③是替天行道,"天人之厌乱极矣,岂其使建成、元吉得稔其恶以自肆于民之上哉!"④另一方面,为了稳定社会秩序,巩固统治政权,陈亮在强调"其才能德义足以为一代之君师"⑤的前提下,又承认了"君臣之定分"的合理性。他说:"自风气初开,人极肇建,于是有君臣上下之分,而为之号以尊异之。"⑥又说:"武王周公合天下之诸侯,使之小大相承,而方伯实总之以听命于天子,天子不能以一人之私而制天下也,故定立嫡之法以塞觊觎争夺之门,而君臣之定分屹然如天地之不可干矣。"⑦结合上下文分析,这种"常"与"变"、"不可干"与"可干"的"君臣"关系,集中体现了"人道"的内在要求,符合历史的辩证法。另外,"三极之立"亦使"天道"、"地道"及"人道"各自的功能有了明确的定位,从而使人们在理论上不要相互干涉,比如,研究"天道"的自然科学,与研究"人道"的社会科学就是两门各有专攻的知识学科,而传统的知识体系对此却不加以必要的区分,因而出现了"巫人"垄断知识的现象,它严重地阻碍了科学的发展。

2."天人之未易合"论。当"天道"与"人道"相互分离之后,"天道"有"天道"的运动变化规律,同样,"人道"亦有"人道"的运动变化规律,这样一来那些专以"推命之术"为业的人便失去了存在的根基。所以,陈亮说:"中不中皆未可知,而天运果能与人意合乎!"⑧显然,"天运"是不会必然与"人意"相合的,又说:"知天人之未易合,而今古之莫能同。"⑨在陈亮看来,不仅"天"与

① 陈亮:《陈亮集》上册,中华书局 1987 年版,第 39 页。
② 陈亮:《陈亮集》上册,中华书局 1987 年版,第 33 页。
③ 陈亮:《陈亮集》上册,中华书局 1987 年版,第 35 页。
④ 陈亮:《陈亮集》上册,中华书局 1987 年版,第 35 页。
⑤ 陈亮:《陈亮集》上册,中华书局 1987 年版,第 33 页。
⑥ 陈亮:《陈亮集》上册,中华书局 1987 年版,第 45 页。
⑦ 陈亮:《陈亮集》上册,中华书局 1987 年版,第 33 页。
⑧ 陈亮:《陈亮集》下册,中华书局 1987 年版,第 273 页。
⑨ 陈亮:《陈亮集》下册,中华书局 1987 年版,第 292 页。

"人"不容易相合,而且古人与今人亦不相同。毫无疑问,陈亮的立场是鲜明的,其观点也是正确的,不过,这并不是问题的全部,而仅仅是问题的一个方面。另一方面,由于"天"与"人"有一个共同的物质基础,即两者都以自然界为自己存在的前提,因此,在特定的条件下,两者又具有统一性和一致性。故陈亮说,"夫人只是这个人,道只是这个道,岂有三代、汉、唐之别?"①

一般地说,"天人易合"是相对的和有条件的,而"天人不易合"则是无条件的和绝对的。因为在陈亮看来,"天的运行为有常,人之祈望为无已",②"无已"与"有常"是一对矛盾,而且是一对包含着内在差异的矛盾;"道之在天下,至公而已矣。屈曲琐碎皆私意也",③"有公则无私,私则不复有公",④"公"与"私"是一对矛盾,而且也是一对包含着内在差异的矛盾;"盖天理人欲之并行,其或断或续,固宜如此。至若论其本然之妙,则惟有天理而无人欲。是以圣人之教人,必欲其尽去人欲而复全天理也。若心则欲其常不泯而不恃其不常泯也,法则欲其常不废而不恃其不常废也。所谓'人心惟危,道心惟微,惟精惟一,允执厥中'者,尧、舜、禹、相传之密旨也。夫人自有生而梏于形体之私,则固不能无人心矣;然而必有得于天地之正,则又不能无道心矣。日用之间,二者并行,迭为胜负,而一身之是非得失,天下之治乱安危,莫不系焉。"⑤"天理"与"人欲"、"道心"与"人心"是两对矛盾,而且更是两对包含着内在差异的矛盾。由此可见,"天人不易合"不是由事物的外在矛盾所决定的,而是由于事物的内在矛盾而引起的一种固有的差异性,差异就是矛盾,诺贝尔化学奖的得主美国科学家洛德·霍夫曼曾转引埃米里·格鲁霍的话说:"变化产生于差别。因此,差别在我们的语言和思想中,表现为二元的对立的形式。古老的形而上学的二元对立性,是我们人类智慧的构成部分。虽然它有不确定的性质,但仍然代表了某种基本的、不可回避的事情。"⑥然而,形而上学的思维方法,把矛盾看成是一种灾难,看成是不应该发生的事情,因此,他们的目标就是试图消灭矛盾,取消事物的"极性",如程朱在"天理"与"人欲"问题上的思维方式就是这样。众所周知,陈亮与朱熹两人之间理论论争的焦点之一就是如何对待"天理"与"人欲"的关系问题。在这个问题上,朱熹的态度很明朗,那就是"存天理,灭人欲",显然,这是一种极端的以取消矛盾为解

① 陈亮:《陈亮集》下册,中华书局 1987 年版,第 366 页。
② 陈亮:《陈亮集》下册,中华书局 1987 年版,第 439 页。
③ 陈亮:《陈亮集》下册,中华书局 1987 年版,第 354 页。
④ 陈亮:《陈亮集》下册,中华书局 1987 年版,第 354 页。
⑤ 陈亮:《陈亮集》下册,中华书局 1987 年版,第 364 页。
⑥ [美]洛德·霍夫曼:《相同与不相同》,吉林人民出版社 1998 年版,第 226—227 页。

决矛盾为手段的形而上学思维方法，他们以为那样就能实现“人心”向“道心”的回归，就能实现“天人合一”的道德境界，殊不知，存在于事物内部的矛盾是人的力量所没有办法做到的，因为那是一种“基本的、不可回避的事情”，与朱熹的思维方式不同，陈亮不仅承认天与人之间的固有矛盾，而且他认为这种矛盾是不能消灭和取消的，即“人欲若浮，天理如莹。物必有对，鸾凤枭獍”，①所以他提出了“天理人欲之并行”的哲学命题，体现了他的辩证思维方法和尊重客观规律的求真务实精神，而这种精神正是浙东事功学派的活的灵魂，是其“天人相分”思想的实质与核心。

3.“天人相遭”的思想。陈亮说：“天下乃赖人之智力以维持。”②那么，“智力”是什么？“智力”就是人的主观能动性。陈亮说：“盈宇宙者无非物，日用之间无非事。”③从“天人相分”的角度说，“物”与“事”是两个相互对立的物质客体，如果就人的实践活动而言，人通过自己特有的“智力活动”而将“物”与“事”两者贯通起来，于是，陈亮便有了“道在事中”的说法。他说：

“天下岂有道外之事哉，而人心之危不可一息而不操也。不操其心，而从容乎声、色、货、利之境，以泛应乎一日万几之繁，而责事之不效，亦可谓失其本矣。此儒者之所甚惧也。夫道，非出于形气之表，而常行于事物之间者也。人主以一身而据崇高之势，其于声、色、货、利，必用吾利焉，而不敢安也；其于一日万几，必尽吾心焉，而不敢忽也……天下固无道外之事也。”④

陈亮把话说得再明白不过了，他的“物事”观的根本点就是主张“物事”即“声、色、货、利”，这些实实在在的东西，是人类所赖以生存与发展的物质基础，它涉及到了“义”与“利”的关系问题。程朱理学惧怕人们“不操其心，而从容乎声、色、货、利之境”，陈亮则认为，“义”与“利”既然是矛盾着对立面，是两个相互依存的方面，那么，“义”与“利”就是不能割裂的，更不能随意取消其中的任何一个方面。因此，陈亮提出了“义利双行”⑤的主张。在这里，“利”体现了人类智力的一种物质成果，用陈亮的话说就是“天人相遭”的一种产物。“天”与“人”是一道之两面，有合也有分，但因“分”相对于“合”要更加贴近于社会实际而成为“天人”观的主要内容。陈亮说：“天人相遭，有幸与不幸。五行之运，厚薄偏正，参差不齐，孰得其称！”⑥人是思维能力的动物，它意味着人

① 陈亮：《陈亮集》下册，中华书局 1987 年版，第 43 页。

② 陈亮：《陈亮集》下册，中华书局 1987 年版，第 484 页。

③ 陈亮：《陈亮集》下册，中华书局 1987 年版，第 103 页。

④ 陈亮：《陈亮集》下册，中华书局 1987 年版，第 100 页。

⑤ 陈亮：《陈亮集》下册，中华书局 1987 年版，第 340 页。

⑥ 陈亮：《陈亮集》下册，中华书局 1987 年版，第 423 页。

不仅能够认识“天”，而且还能够改造“天”，甚至战胜“天”。在这个互动的和矛盾冲突的过程中，既可能会出现人战胜天的情况，也可能会出现天胜人的情况。其中，如果出现了前一种情况就称作“幸”，而如果发生了后一种情况就称作“不幸”，所以“幸”与“不幸”就是“天人相遭”后必然导致的两种后果。陈亮说：

“虽自古之或然，冀天定之能胜。不然，则盛衰消长，是非毁誉，乃足以汩人之正性也耶！”①

“天定胜人，后将有考。”②

“呜呼苍天，栽培倾覆，倚伏变迁，一往一来，如环无端。有幸与不幸，理难概然，必其在人，为之后先。”③

“天定胜人”至少表现在两个方面：一是从生命过程来说，人的生命相对于自然界是十分短暂的和“无常的”，因而陈亮发出了“天不可以问，命不可以力争”④的感叹；二是“天”是一个不可穷尽的自然历史过程，而人的智力“常不足”，这便构成了“无穷”与“有穷”的对立。对此，老子的回答是：“吾生也有涯，而知也无涯，以有涯随无涯，殆已。”⑤在庄子看来，以“有穷”的生命去追求“无穷”的自然或知识，其本身就是一种不幸。陈亮却不这样看，他承认人的认识能力的有限性，故说：“孝悌忠信常不足以趋天下之变，而材术辩智常不足以定天下之经。”⑥但此“不足”并不是人性的弱点，恰好相反，正是由于人有了这些“不足”，才有了不断追求进步与创新的动力。以此为前提，陈亮给予扬雄的《太玄》一书以很高评价。他说：

“伏羲氏始画八卦，假象以明理……扬雄氏犹惧天下之人不足以通知其变，故因天地自然之数，覃思幽眇，著为《太元》，以阐物理无穷之妙，天道人事之极。”⑦

“天下而未明乎《元》（即《太玄》）也，则时日分数之理无往而能得其用，将何以应事物之变而通天地之心？是雄之书虽人道之所不可少，而犹有待于后之君子也。”⑧

---

① 陈亮：《陈亮集》下册，中华书局 1987 年版，第 443 页。

② 陈亮：《陈亮集》下册，中华书局 1987 年版，第 407 页。

③ 陈亮：《陈亮集》下册，中华书局 1987 年版，第 439 页。

④ 陈亮：《陈亮集》下册，中华书局 1987 年版，第 409 页。

⑤ 《庄子·养生主》。

⑥ 陈亮：《陈亮集》下册，中华书局 1987 年版，第 426 页。

⑦ 陈亮：《陈亮集》下册，中华书局 1987 年版，第 99 页。

⑧ 陈亮：《陈亮集》下册，中华书局 1987 年版，第 100 页。

知识的不断创新与传承本身则对人类来说又是一个“天定之能胜”的过程。陈亮说:“天地之性,以人为贵。”①人贵就贵在具有主观能动性,能动的人在自然界面前往往具有变被动为主动的积极性和创造性。正如陈亮所说:“天下大势之所趋,天地鬼神不能易,而易之者人也。”②而能“易之者人也”的“人”不是一般的人,而是那些有知识的人。所以,陈亮便有了尊重知识人才的呼声,他说:“人为万物之灵,而才智之士又人之最灵者也,先王所以顺天地之纪而立人之政者,取其最灵者以治之而已。”③其“顺天地之纪”就是人的认识与客观规律相一致,就是产生“幸”的前提和基础,而“慢天”就是人的认识与客观规律不一致,甚至违背客观规律,则必然会遭受自然规律的惩罚,故陈亮说:“夫赏,天命;罚,天讨也。天子,奉天而行者也,赏罚而一毫不得其当,是慢天也,慢至于颠倒错乱,则天道灭矣,灭天道,则为自绝于天。”④于是,陈亮强调“有幸与不幸,理难概然,必其在人”的思想,他的本意是说人在自然规律面前,之所以产生“幸”与“不幸”两种不同的结果,其关键不在“天”的方面,而在于“人”的方面,故“人”本身应是产生“幸”与“不幸”的根源。陈亮的这个思想非常深刻,因为人本身是一个复杂的社会系统,在这个系统里,有“善”也有“恶”,有“道心”也有“人心”,有武也有文,有官也有民,有商也有农,有民也有兵,等等。人的利益不同,思想变化和道德境界亦必然不同。因此,陈亮说:“人各有心,非力可取。”⑤“人心”者何?在陈亮看来,“人心”就是与“天运之公”⑥相对的“私心”,而“私心”的直接体现就是“欲”或曰“物欲”。陈亮说;“人生何为?为其有欲。欲也必争,惟日不足。”⑦具体地讲,“欲”的内容如下:

“夫喜、怒、哀、乐、爱、恶(欲之),所以受形于天地而被色而生者也,六者得其正则为道,失其正则为欲……夫道岂有他物哉,喜、怒、哀、乐、爱、恶得其正而已;行道岂有他事哉,审喜、怒、哀、乐、爱、恶之端而已。”⑧

这样,我们便明白了陈亮为什么有“欲也必争”的说法和认识,原来“欲”仅仅是“喜、怒、哀、乐、爱、恶”六者“失其正”的结果。那么,什么力量才能使

---

① 陈亮:《陈亮集》下册,中华书局 1987 年版,第 415 页。

② 陈亮:《陈亮集》上册,中华书局 1987 年版,第 124 页。

③ 陈亮:《陈亮集》下册,中华书局 1987 年版,第 156 页。

④ 陈亮:《陈亮集》上册,中华书局 1987 年版,第 106—107 页。

⑤ 陈亮:《陈亮集》下册,中华书局 1987 年版,第 440 页。

⑥ 陈亮:《陈亮集》下册,中华书局 1987 年版,第 441 页。

⑦ 陈亮:《陈亮集》下册,中华书局 1987 年版,第 488 页。

⑧ 陈亮:《陈亮集》上册,中华书局 1987 年版,第 101 页。

“喜、怒、哀、乐、爱、恶得其正”呢？陈亮提出了“人法并行”以法治国的主张，而“法”也就成了一种“正天地之常经”。故陈亮说：

“自有天地，而人立乎其中矣。人道立而天下不可以无法矣。人心之多私，而以法为公，此天下之大势所以日趋于法而不可御也。”①

“自秦坏天地之大经，而天下之变始开矣。汉，任人者也；唐，人法并行者也；本朝，任法者也。天下之大势一趋于法，而欲一切反之于任人，此虽天地鬼神不能易，而人固亦不能易矣。任人任法，与夫人法并行之外，又将何所出以正天地之常经耶？虽有圣智，安得而不病其难也！然常思之：法固不可无，而人亦不可少。”②

说来说去，“任人”与“任法”一样，都有片面性和局限性。正确的方法就是“人法并行”，而“人法”两者又以提高人的素质最为重要。陈亮反复说：

“天下岂有身外之事，而性外之物哉！百骸九窍具而为人，然而不可以赤立也，必有衣焉以衣之，则衣非外物也；必有食焉以食之，则食非外物也；衣食足矣，然而不可以露处也，必有室庐以居之，则室庐非外物也；必有门户藩篱以卫之，则门户藩篱非外物也。至是宜可以已矣。然而非高明爽垲之地则不可以久也；非弓矢刃之防则不可以安也。若是者，皆非外物也。有一不具，则人道为有阙，是举吾身而弃之也。”③

从这段话中，我们不难看出，陈亮比较明确地指出了“立人道”的基础就是人们对物质生活资料的追求与满足，这是一种不自觉的和素朴的唯物主义历史观。当然，陈亮由于受阶级地位的局限，他还不可能揭示“不幸”的真正的社会根源，但他能够在他认识所及的范围内看到“人”与“法”相结合才是解决“人心之多私”问题的有效办法，尤其是陈亮认为凡“性物”都是与人身紧密联系的“性物”，甚至在他看来连“仁义孝悌，礼乐刑政，皆其物也”，④这个论断，实际上就等于否定了先天的理和先验的性，这是一个历史的大进步。

## 二、“天人相因”的“天人合一”观及其“天乎人乎”思想

陈亮在坚持“天人相分”思想的前提下，有时候也讲“天人合一”，但“天人合一”思想不是陈亮“天人”观的主流，更不是其天人思想的主要方面。陈亮是极有创造个性的思想家，他的“天人合一”思想虽然不是他“天人”观的重

---

① 陈亮：《陈亮集》上册，中华书局1987年版，第124页。

② 陈亮：《陈亮集》上册，中华书局1987年版，第124页。

③ 陈亮：《陈亮集》上册，中华书局1987年版，第44页。

④ 陈亮：《陈亮集》上册，中华书局1987年版，第119页。

心,但他却没有照搬别人对"天人合一"研究的成果形式,而是独辟新径,提出了富有思想特点的"天人合一"观。归纳起来,主要有如下几个要点:

首先,陈亮提出了"天人相因"的命题。把"天"与"人"分割成两个部分,是陈亮"天人"观的基本特点,但是由于受佛教"因缘感应"①思想的影响,宋代士人多崇奉"感应"说,如,袁燮说:"夫天理人事感应甚明。"②二程也非常肯定地说:"天地之间,只有一个感与应而已。"③卫泾更说:"感应有机,自有不期然而然者矣。"④另外,宋代潜山山谷寺有"七宝塔舍利感应符",⑤南宋湘乡县有"感应寺"⑥等。从理论上讲,宇宙万物都处在一个因果关系的链条之中,人类仅仅是这个链条中的一个环节,所以当人们对天与人之间的关系还模糊不清的时候,"因果关系"就很容易被绝对化,而佛教的"因缘感应"说就是将"因果关系"绝对化的一种思想形式。陈亮认为:"本末感应只是一理。"⑦此"理"就是规律,就是客观事物发展变化的内在必然性,从这个角度来理解"感应"的内涵,则"感应"就变成了一个相互联系的客观性问题,是人们可以认识和把握的,因而同宗教宿命论划清了界限。陈亮说:"天人相因,绳牵丝连。"⑧肯定了天与人之间存在着天然的联系,实际上就从另外一种意义上承认了"象数学"的合理性与有效性,这便是陈亮为什么反对程朱理学而不反对甚至赞同"象数学"的根本原因。陈亮说:

"道,数之宗也,而道据其一,所以别道于数也。数,固四者之宗也。而列而为五,所以偶数于器也。苟非道以主之,则天下之数何能生生而不穷,天下之器何能分别而为用!"⑨

如果把"道"理解为一种自然规律,而"数"是由此规律而派生出来的物质现象,那么,陈亮的观点就是对的,是符合客观实际的。但陈亮却从"道"与"数"的客观联系中,引申出"卜筮"之术的客观实在性来,那就又陷入宗教神学的泥沼中去了。他说:

"关子明之筮,同州府君实书而藏之。备其本末者,亦福畤也。世往往以

---

① 黄裳:《演山集》卷三十四《夫人林氏墓志铭》,文渊阁四库全书本。

② 袁燮:《絜斋集》卷十二《太保罗公行状》,文渊阁四库全书本。

③ 程颢、程颐:《河南程氏遗书》卷十五《伊川先生语一·入关语录》,《二程集》上,中华书局1981年版,第152页。

④ 卫泾:《后乐集》卷十七《度人经后跋》,文渊阁四库全书本。

⑤ 郭祥正:《青山集》卷三《留题潜山山谷寺》,文渊阁四库全书本。

⑥ 《鹤山集》卷四十九《湘乡县褚公洗笔池》。

⑦ 陈亮:《陈亮集》下册,中华书局1987年版,第348页。

⑧ 陈亮:《陈亮集》下册,中华书局1987年版,第439页。

⑨ 陈亮:《陈亮集》上册,中华书局1987年版,第138页。

其筮为怪。《易》有理有数。数出于理者也。得其理足以知百世之变,明其数足以计将来之事,而又何怪焉!"①

"象数学"不等于卜筮,我们不能够因为"数出于理"就认为诸如卜筮一类的"数术"就具有客观实在性了。自然之理是具有客观实在性的,是不易改变的,然而"人的命运"却是偶发的和不确定的,因为人是环境的产物,人会随着环境的变化而不断地改变自己的生存方式。可见,当陈亮将"数"的客观实在性转而成为其论证"卜筮"之术合理性的理论依据时,他就完全退回到"天人合一"的原始形态中去了,并成为宋代"天人合一"思想的一种新形式,这种"天人合一"思想尽管打着"规律"的旗号,但它却从根本上违背了数理学的特征。

其次,"和同天人之际"②的思想。陈亮说:

"《易》'穷则变,变则通,通则久',是以圣人成天下之大顺,致天下之大利,和同天人之际,而使之无间。"③

"天人无间"与"和同天人之际"其实是一个意思,它是宋人心目中的一种政治理想状态与道德境界。陈亮承认,天与人距离"和同"的路程还很漫长,他说:"夫日异而月不同者时也,纪日以成岁者法也。时者天之所为也,法者人之所为也。法立而时不能违,则人谋足以胜天命,盖自然之理,而未有知其由来者也。然而三代而下,治日常少,乱日常多,则人谋必有遗憾,而非天命之固然也。"④此"天命"与"人谋"的对立,反映了"和同天人之际"本身是一个矛盾的运动过程,而任何矛盾都是既对立又统一的。当然,对立和统一绝不是楚汉式的分界,也不是形而上学的和毫无内在联系的两个方面。在黑格尔看来,一个事物矛盾的发展过程分正、反、合三个阶段,其中"'正'是单纯的肯定,'反'是单纯的否定,这表示肯定和否定的分化、对立;'合'则是对'反'即单纯的否定的再否定,或者说是否定之否定,这是肯定和否定的统一。"⑤陈亮虽然不懂得黑格尔的辩证法,但他有意或无意地猜测到了历史发展的辩证法。他说:"三代以天理行,汉唐专是人欲。"⑥把"天理"与"人欲"的对立看成是历史的对立和发展过程中的对立,这便是一种历史的辩证法。在此,"天理"或"公"是"正","人欲"或"私"是"反",是对"正"的否定,而按照辩证法的三阶

① 陈亮:《陈亮集》下册,中华书局1987年版,第252页。
② 陈亮:《陈亮集》下册,中华书局1987年版,第419页。
③ 陈亮:《陈亮集》上册,中华书局1987年版,第171页。
④ 陈亮:《陈亮集》上册,中华书局1987年版,第174页。
⑤ 冒从虎等:《欧洲哲学通史》下卷,南开大学出版社2000年版,第244页。
⑥ 陈亮:《陈亮集》上册,中华书局1987年版,第174页。

段论，则“正”与“反”之后还应当出现一个“合”的阶段，也就是“正”与“反”相统一的阶段。这个阶段陈亮预见到了吗？答案是肯定的。比如，陈亮说：“天运之公，人心之私，苟其相值，公私合一。”①此外，陈亮还曾提出了这样的问题，他说：

“世之曲儒末学，后生小子，窃闻其说而诵习之，讪诲前辈以为不足法，蔑视一世才智之士，以为醉生梦死而不自觉。推此道也，则长幼能否方不安其分，岂真能以天地万物为一体乎！”②

这段话的意思是说人们一旦割断了历史，否认了前人的认识成果，则欲使天地万物为一体是不可能的。可见，“以天地万物为一体”本身也是历史的和层垒的过程。于是，陈亮勾画出了下面的社会蓝图：

“古者用民，岁不过三日，什一而税，不立意以罔民利，不喜察以导民争。上下有制，末作有察，兵不吾蚀，缁黄不吾蠹。使之各力其力以业其业，休戚相同，有无相通。无告者得伸，而况力能自达者乎！”③

“自汉而言之，则萧、曹之遇高祖，丙、魏之遇宣帝，盖可谓汉家遇合之盛矣。自唐而言之，则房、杜之遇太宗，姚、宋之遇明皇，亦可谓唐家遇合之盛矣。其一时君臣之遇合，足以扶斯世而苏生民，贻谋方来而光映前古；其所谋谟成就，后世皆莫之先也。而卒有愧于三代，岂其期运不接，源流不继，而天人之际至难合欤……周室之衰，以迄于秦，天下之乱极矣。斯民不知有生之为乐，而急于一日之安也。高祖君臣独知之，三章之约以天下更始，禁网疏阔，使当时之人阔步高谈，无危惧之心。虽礼文多阙，而德在生民矣。曹参以清净而继‘画一’之歌，此其君臣遇合之盛，无一念之不在斯民也。魏相之奉天时，行故事，丙吉之不务苛碎，不求快意，以供奉宣帝宽大之政，亦不负君臣之遇合矣。”④

陈亮的这番话告诉了我们两个道理：一是从国家政治的高度看，其“天人之相合“的“合”状态往往是“一时”的，而不是连续的和“可常的”，用陈亮自己的话说就是“夫君臣之相遭，盖天人之相合，而一代之盛际也，此岂可常之事哉”；⑤二是出现国家政治之稳定和社会经济繁荣昌盛的两个基本条件是“君臣之遇合”与“德在生民”。可是陈亮希望看到的并不是“一时”或“一代”的“天人之相合”，而是连续的和多时段的“天人之相合”。那么，如何实现这

---

① 陈亮：《陈亮集》下册，中华书局 1987 年版，第 441 页。
② 陈亮：《陈亮集》上册，中华书局 1987 年版，第 168 页。
③ 陈亮：《陈亮集》下册，中华书局 1987 年版，第 262 页。
④ 陈亮：《陈亮集》上册，中华书局 1987 年版，第 128—129 页。
⑤ 陈亮：《陈亮集》上册，中华书局 1987 年版，第 129 页。

个目标呢？陈亮的方案是：

“昔人谓其以己而观之者，天地之性本同也。夫天祐下民，而作之君，作之师：礼乐刑政，所以董正天下而君之也；仁义孝悌，所以率先天下而为之师也。二者交修而并用，则人心有正而无邪，民命有直而无枉，治乱安危之所由以分也。尧、舜、三代之治所以独出于前古者，君道师道无一之或阙也。后世之所谓明君贤主，于君道容有未尽，而师道则遂废矣。夫天下之事，孰有大于人心之与民命者乎？”①

自二程开始，“君道”与“师道”的问题就一直是宋人探讨社会运行规则的理论焦点。如，二程说：“君道即天道也。”②何谓“君道”？程颢的解释是：“一心诚意，择善而固执之也。”③而“善”的标准是“以圣人之训为必当从，先王之治为必可法”，④程颐又进一步补充说：“人君当与天下大同，而独私一人，非君道也。”⑤不过，“人君”怎么学会“择善”呢？程颢的办法是：“礼命老成贤儒……俾日亲便坐，讲论道义，以辅羊圣德。”⑥这仅仅是问题的一个方面，另一方面就是在立“师道”的基础上实行“一道德”的方策。比如，程颢说：“古者一道德以同俗，苟师学不正，则道德何从而一？”⑦显然，陈亮继承了二程的“君道”与“师道”思想，并根据南宋社会发展的客观实际，加以适当损益，从而形成了他自己的“君道”与“师道”思想。陈亮强调“君道”的实质就是“董正天下”，而“师道”的实质则是“率先天下”，两者均以天下为己任，且“人君”不仅要“法先王”，而且更要“法后王”，这是陈亮与二程在“君道”问题上最显著的不同之点。所谓“法先王”就是孟子所主张的以“仁义”为特征的政治制度，尤以“三代”为楷模，而“法后王”则是荀子所主张的以“功利”为指导原则的政治制度，尤以汉、唐为楷模。比如，王安石认为北宋政治之失主要在于“不法

---

① 陈亮：《陈亮集》上册，中华书局1987年版，第116页。

② 程颢、程颐：《河南程氏遗书》卷十一《明道先生语一·师训》，《二程集》上，中华书局1981年版，第118页。

③ 程颢、程颐：《河南程氏文集》卷一《明道先生文一·表疏》，《二程集》上，中华书局1981年版，第447页。

④ 程颢、程颐：《河南程氏文集》卷一《明道先生文一·表疏》，《二程集》上，中华书局1981年版，第447页。

⑤ 程颢、程颐：《周易程氏传》卷一《周易上经上》，《二程集》下，中华书局1981年版，第767页。

⑥ 程颢、程颐：《河南程氏文集》卷一《明道先生文一·表疏》，《二程集》上，中华书局1981年版，第447页。

⑦ 程颢、程颐：《河南程氏文集》卷一《明道先生文一·表疏》，《二程集》上，中华书局1981年版，第448页。

先王之政”,[①]而南宋的罗从彦更训导其皇帝应“法先王之治,正心诚意”。[②]在宋代,与主张“法先王”者相比,真正主张“法后王”的人数并不多,且他们的“法后王”意识亦不如“法先王”者的“法先王”意识强烈。如欧阳修认为:“古之为国者,法后王为其近于已,制度文物可观故也。”[③]另外,在“法先王”与“法后王”两论之间,还有“并行”一论。如,宋人郑獬说:“孟子之法先王,荀子之法后王,二子未为偏论也。孟子之法先王必法其是者而去其非是者,荀子之法后王亦必法其是者而去其非是者,俱法其是,又何先后之异哉?”[④]陈亮继承了郑獬的思想,认为理想政治的最佳方案就是既“法先王”亦“法后王”,所谓“义利双行”[⑤]是也。二程是不尊“法后王”的,他们说:“上焉者,三王以上,三皇已远之事,故无证。下焉者,非三王之道,如诸侯霸者之事,故民不尊。”[⑥]说“民不尊”其实就是二程不尊,不仅不尊,而且还有所批评和指责,其最鲜明的例证就是二程对汉、唐政治的强烈抨击。如程颐说:“唐太宗,后人只知是英主,元不曾有人识其恶,至如杀兄取位。若以功业言,不过只做得个功臣,岂可夺元良之位?”[⑦]同样是对唐太宗,陈亮的态度与程颐截然相反。陈亮说:“太宗君臣独知之,兴朴植僵,以《六典》正官,以进士取人,以租庸调任民,以府卫立兵。虽礼乐未讲,而天下之废略举矣。房、杜谋断相先,而卒与共济斯美。此其君臣遇合之盛,亦无一念之不在斯民也。”[⑧]对同样的历史人物,二程与陈亮的评价如此判然泾渭,实在是基于他们不同的哲学观点和认识立场。可见,陈亮对理想政治的期望就是八个字“苟其相值,公私合一”。[⑨] 当然,从“天人相值”到“天人合一”或“公私合一”,不是一步就能到位的,中间需要经历许多曲折甚至迂回。正是考虑到这一点,所以陈亮又不得不承认“天人之难合也”这一社会观点。[⑩]

再次,“定其分于一体”的思想。此“一体”实际上就是“思维中的统一

① 王安石著,宁波等校点:《王安石全集》下,上海古籍出版社 1999 年版,第 426 页。

② 罗从彦:《豫章文集》卷八《论正学礼贤》,文渊阁四库全书本。

③ 欧阳修著:《欧阳修集编年笺注八》附录卷二,巴蜀书社 2007 年版,第 411 页。

④ 郑獬:《郧溪集》卷十八《读荀孟》,文渊阁四库全书本。

⑤ 陈亮:《陈亮集》下册,中华书局 1987 年版,第 340 页。

⑥ 程颢、程颐:《河南程氏遗书》卷十八《伊川先生语四・刘元承手编》,《二程集》上,中华书局 1981 年版,第 226 页。

⑦ 程颢、程颐:《河南程氏遗书》卷十七《伊川先生语三》,《二程集》上,中华书局 1981 年版,第 178 页。

⑧ 陈亮:《陈亮集》上册,中华书局 1987 年版,第 129 页。

⑨ 陈亮:《陈亮集》下册,中华书局 1987 年版,第 441 页。

⑩ 陈亮:《陈亮集》上册,中华书局 1987 年版,第 128 页。

性”,也就是说人的认识可以把纷乱复杂的经验世界整合为一个统一的世界。陈亮说:“取之虽异,而吾心则一,故曰:‘理一分殊’。”①“心”具有“合异同”的功能,对此,惠施曾提出了“大同而与小同异,此之谓小同异;万物毕同毕异,此之谓大同异。”②在惠施看来,“异”是事物存在的一个方面,而“同”是事物存在的另一个方面,“合”则是“异”与“同”在逻辑思维中的统一,也就是说“合”是通过人的思维运动来实现的一种“与我为一”的认识目的与结果。庄子说“万物与我为一”,③这个命题的内涵究竟是形而上学还是辩证法?那就看我们是站在什么样的角度来认识它,如果只讲“一”这个结果,而不讲“与我”的过程,那我们就可以说庄子的断言是一个形而上学的命题。如果在这个命题里,我们不是仅仅取其“结果”而不看过程,那这个说法就是一个辩证法的命题,或者说至少是一个主观辩证法的命题。实际上,就此而言,庄子的“万物与我为一”观与孟子的“万物皆备于我”思想,具有异曲同工之妙,其本质是一样的。因为“我”本身就是“一”,其“一”即“人能洪道,非道洪人”④的意思。对此,陈亮有如下说法:

“文武之道一也,后世始歧而为二:文士专槧,武夫事剑楯。彼此相笑,求以相胜。天下无事则文士胜,有事则武夫胜。各有所长,时有所用,岂二者卒不可合耶?吾以谓文非铅椠也,必有处事之才;武非剑楯也,必有料敌之智。才智所在,一焉而已,凡后世所谓文武者,特其名也。”⑤

“三代之时,民生足以自衣食,而力足以自卫,五人之中,必有智过五人者,等而上之,以至倍蓰、什百、千万而无筭。先王为之农官,次第以处之,使用其智力以养其所隶之人,故智愚各得其所,而上下各安其业。无事皆良农,有事皆精兵,而将校又皆常人,此兵农合一所以为天地之常经也。井法坏而兵犹出于民,则业民犹有常法,恤民犹有实惠。及兵民既分,则民知奉租税而已,兵知执干戈而已,无事则兵偷而民惰,有事则民穷而兵骄。”⑥

“处小存大,大则不遗于小,此所以随所寓而尝有余。夫治道之与吏道,又焉有二物哉!”⑦

这些事例说明,陈亮不仅有“相分”的思维,同时又有“合一”的思维,其

---

① 陈亮:《陈亮集》下册,中华书局 1987 年版,第 260 页。

② 《庄子·天下篇》。

③ 《庄子·齐物论》。

④ 陈亮:《陈亮集》上册,中华书局 1987 年版,第 49 页。

⑤ 陈亮:《陈亮集》上册,中华书局 1987 年版,第 50 页。

⑥ 陈亮:《陈亮集》上册,中华书局 1987 年版,第 163 页。

⑦ 陈亮:《陈亮集》下册,中华书局 1987 年版,第 265 页。

"合一"思维亦是陈亮"天人"观的一个重要特点，是他用于分析和解决社会问题的一把钥匙。当然，陈亮在用"合一"思维来考察客观事物时，他有一个前提那就是宇宙万物之"道"或"理"是一个统一的整体。所以，他说：

"尝试观诸其身，耳目鼻口，肢体脉络，森然有成列而不乱，定其分于一体也。一处有阙，岂惟失其用，而体固不完矣。"①

"苟能使吾生之所固有者各当其定分而不乱，是其所以为理一也。"②

在此，"定分"所指无非是天下万物各守其位，安于现状而已。陈亮曾说："天下有二道：其一分也，其一义也。"③又说："义行则分立矣。"④在中国古代历史上，将"分"与"义"作为一对思想范畴提出来，陈亮恐怕是第一人。其陈亮不讲"义利"关系，而讲"分义"关系，自有他的道理。因为"分"标志着客观事物的一种正常的存在状态，而"义"则是存在于人本身的一种正常的道德状态。这两种状态本来不是一码事，但当"义"与"分"相互关节的时候，实际上，是人自身通过"义"的力量而把存在于事物之中的"分"移植到了人们的现实社会里来，使之成为一种生活模式和价值标准。如陈亮说："夫道之在天下，何物非道，千涂万辙，因事作则，苟能潜心玩省，于所已发处体认，则知'夫子之道，忠恕而已'，非设辞也。"⑤此"忠恕"与"义"理是相通的。因此，在现实社会中，"义"先于"分"，"义"如果作一种政治概念来理解，那它的作用就是把人们的思想统一到一个目标上来，用陈亮的话说即是"一道德"。故陈亮说："夫天下之学不能以相一，而一道德以同风俗者，乃五皇极之事也。"⑥由此观之，从"义"到"分"是一个自上而下的过程，也就是从"国家政治"到"社会秩序"的过程。从上，陈亮强调："君臣固当相与如一体也"，⑦至下则"治乱安危于是乎分"。⑧ 反过来，自下而上说，由"分"至"一理"，则"收天下之小以为大，合人情之异以为同"，⑨或者说"惟人心一正，则各循其本，而天下定矣。"⑩可见，"天人合一"与"天人相分"的价值指向是不同的，前者指向"君臣"关系，而后者则指向于"君民"关系，而且两者的着眼点也有所不同，"天人合一"

① 陈亮：《陈亮集》下册，中华书局 1987 年版，第 260 页。
② 陈亮：《陈亮集》下册，中华书局 1987 年版，第 261 页。
③ 陈亮：《陈亮集》下册，中华书局 1987 年版，第 312 页。
④ 陈亮：《陈亮集》下册，中华书局 1987 年版，第 312 页。
⑤ 陈亮：《陈亮集》下册，中华书局 1987 年版，第 319 页。
⑥ 陈亮：《陈亮集》上册，中华书局 1987 年版，第 117 页。
⑦ 陈亮：《陈亮集》上册，中华书局 1987 年版，第 120 页。
⑧ 陈亮：《陈亮集》上册，中华书局 1987 年版，第 120 页。
⑨ 陈亮：《陈亮集》下册，中华书局 1987 年版，第 300 页。
⑩ 陈亮：《陈亮集》上册，中华书局 1987 年版，第 109 页。

主要着眼于"君权",而"天人相分"则主要着眼于"民权",尽管"民权"这个词在宋代还没有出现,但陈亮的"民命"①思想,多少有点"民权"的因素。比如他说:"《周官》之儒以道得民,师以贤得民,亦以当得民之二条耳。"②又说:"合民命而为国命",③再有"使王命、民言交出迭入,而得以同归于道"。④其"王命、民言交出迭入"的形式肯定了"民言"是国家政治的重要组成部分,尽管这在当时是一种"乌托邦"的空想,但它本身却成为"师道"立言的根本。

那么,是不是陈亮认为只要将"天人"关系界分为"天人相分"与"天人合一"两种形式就能够把"天道"与"人道"的内容都穷尽了呢?当然不是。陈亮说:"天人之机,惧其错综。"⑤一句"错综"可算是道尽了"天人"关系的真正"玄机",而"天人"关系之所以能够成为中国传统文化的主干,就因为它是"家国之所系"。陈亮说:"天乎人乎,家国所系。"⑥在这里,当陈亮说"天乎人乎"时,显然他既没有倾向于"天",又没有倾向于"人",而是"亦天亦人"的,即天中有人,人中有天。前面讲过,这是"天人"关系的第三种形式。对此,陈亮说:"人之所以与天地并立而为三者,非天地常独运而人为有息也,人不立则天地不能以独运,舍天地则无以为道矣。夫'不为尧存,不为桀亡'者,非谓其舍人而为道也,若谓道之存亡非人所能与,则舍人可以为道,而释氏之言不诬矣。"⑦这段话我们可分两个层面来说,第一个层面是"人"与"天地"的关系,陈亮说:"人不立则天地不能以独运",若从物质论的角度看,自然界不依赖于人而存在,这是唯物论的基本命题,依此来衡量陈亮的观点,那他的"亦天亦人"观点就是错误的;若从认识论的角度说,作为主体的人与作为客体的"天地"确实有一种相互依存的关系,没有主体就没有客体,则陈亮的"亦天亦人"观点就是合理的,至少包含有部分真理的因素。第二个层面是"宏观科学"与"量子力学"的关系,陈亮说:"夫'不为尧存,不为桀亡'者,非谓其舍人而为道也",若从宏观的角度看,"不为尧存,不为桀亡"本身是一个客观规律,它是独立的和自为自在的,因而就不需要人的参与,所以,对于"不为尧存,不为桀亡"这句话,一般人都没有把它当作是一个"主体"与"客体"相统一的思想命题,而是将其理解为自然规律的独立自在性和不依赖于人的意志为转移的客

① 陈亮:《陈亮集》上册,中华书局1987年版,第116页。
② 陈亮:《陈亮集》上册,中华书局1987年版,第117页。
③ 陈亮:《陈亮集》下册,中华书局1987年版,第298页。
④ 陈亮:《陈亮集》上册,中华书局1987年版,第119页。
⑤ 陈亮:《陈亮集》下册,中华书局1987年版,第420页。
⑥ 陈亮:《陈亮集》下册,中华书局1987年版,第421页。
⑦ 陈亮:《陈亮集》下册,中华书局1987年版,第345页。

观实在性。比如,郑獬说:“荀子曰‘天行有常,不为尧存,不为桀亡’,然则日月之经会,天星之隐见,至于虹霓冠珥凌蚀之变不可不察也。”①此处之“不为尧存,不为桀亡”指的就是自然规律;朱熹说:“天理具备,元无少欠,不为尧存,不为桀亡,父子君臣,常理不易。”②此处之“不为尧存,不为桀亡”则为人的道德原则和伦理规范;若从基本粒子的角度看,则“人”与“基本粒子的运动规律”就存在着相互依赖的关系,因此,与郑獬和朱熹的理解不同,陈文蔚将“不为尧存,不为桀亡”这句话作了两方面的解释,他说:“不为尧存,不为桀亡,行尧之道是尧而已。可以古今论者,时也;不可以古今论者,理也。”③此处之“时”指的是“人道”,与人的社会活动相关联;而此处之“理”却指的是“天道”,与人的社会活动无任何关联。显然,陈亮的理解既不同于郑獬和朱熹,又不同于陈文蔚,他是把“人”与“天道”贯通起来,认为没有人的参与就没有“天道”,而这种认识非常接近于现代“测不准原理”和“互补原理”的哲学思想。在主客体的解释域内,“测不准原理”认为,一个基本粒子的运动速度(即动量)与它的位置具有反比性质,也就是说我们没有办法既准确地测量一个基本粒子的位置,同时又准确地测量它的动量。所以“测量”的意义就是人“参与其中”,换言之,即主客体不分离。而玻尔在阐释“互补原理”的哲学意义时说:“在原子问题或心理学问题中,客体和测量仪器之间的相互作用,或是客观内容和观察主体的不可分割性,将阻止人们直接应用那些用来说明日常生活的经验的习见概念。”④尽管对于这段话,学界还有不同的认识和争论,但它显然是从哲学的层面来讨论人与微观客体的关系这一点却是没有争议的。因此,在这样的条件下,玻尔认为在量子力学的视阈内,观察主体与被观察客体具有“不可分离”性,并无不当。陈亮不懂得量子力学,也不懂得“互补原理”,但他根据自己的理解,超乎寻常地认为“人不立则天地不能以独运,舍天地则无以为道矣”,其“人不立则天地不能以独运”只有从“主客体不可分”的角度来理解它才能够真实地反映陈亮思想的本真。不过,正如他自己所说,他的表述是粗疏的和不精确的。然而,“纵有所论,粗疏茫广,不能自合,愿参政尊其所闻而已。”⑤陈亮的意思是说,他所提出来的观点尽管显得有些粗疏,但提出来总比提不出来更有意义。

由于第三种形式的存在,“天人”关系就变得愈益复杂化了。陈亮注意

① 郑獬:《郧溪集》卷二《灵台郎制》。

② 郭齐、尹波点校:《朱熹集》第5册,四川教育出版社1996年版,第2676页。

③ 陈文蔚:《克斋集》卷二《答徐子融师尧说》,文渊阁四库全书本。

④ [丹麦]玻尔:《原子物理学与人类知识》,商务印书馆1978年版,第33页。

⑤ 陈亮:《陈亮集》下册,中华书局1987年版,第380页。

到,在特定的历史背景下,正像一束光照都能改变基本粒子的动量和位置一样,人的一句话也会改变社会历史发展的面貌或进程。所以,人对于"天道"的干预是无时不在的,也是无所不在的。故陈亮说:"古之贤君为是设科以待非常之才者,其求言之意可谓切矣。"①此"求言"之"言"事实上已经构成君主制定国家大政方针的一个有机组成部分了,因为一人之言或许能够影响甚至改变君主的意志,因而对社会进程发生这样或那样的作用。陈亮以董仲舒与汉武帝的关系为例说明了"天人"关系的复杂性和难叵性。他说:

"夫言之难亦久矣。要之,以其君为心,则其言之缓急无不当于时也。汉武帝,英明愿治之主也,负其雄才大略,欲挈还三代之盛,而汉家制度之变亦其时矣。仲舒以为汉杂伯道以维持未安之天下,天下既安而教化犹未纯也,劝帝以更化,而更革之际岂可任意而为之哉,天人相与之际甚可畏,故缓其言,使武帝舒徐容与,因天下所同欲而更其所当先者,岂敢以一毫奋历之气而激武帝之雄心哉。仲舒之言虽缓而实切于时者,以武帝为心也,夫岂计其合与不合哉!"②

如果我们将"天人"关系作狭义的理解,则君臣关系可谓"人道"之大者,是"天人"关系中最为复杂和最为难知的一个环节。陈亮说:"夫当世之务亦多矣,必其以君为心,然后其言之缓急当于时。言之缓急当于时,而后不负于国家非常之求哉。"③"其以君为心"显然是把"君命"看成了社会发展的动力,是不对的,也是与他自己的"民命"主张相矛盾的。而究竟是"君命"对于社会发展更基本呢?还是"民命"对于社会发展更基本?陈亮并没有明确的答案,这个事实说明"天人"关系之"分"(以"民命"为本)与"合"(以"君命"为本)是不确定的,很难说哪一个更重要和更基本,所以只能随坡就弯,走到哪儿说到哪儿。陈亮说:"阳极必阴,阴极必阳,迭相为主而不可穷尽也。"④以此为前提,我们自然也可以说,"君命"与"民命"两极相逢,"迭相为主而不可穷尽也"。但陈亮不是用"极性"的思维方式来探讨社会问题,所以他更愿意看到"君命"与"民命"的并行不悖,所谓"苟天人之皆同,则时命之自合"⑤是也。"时命"是个好词,它含有一切以时间、地点为转移的哲学蕴意,因而它便成为"君命"与"民命"相统一的基础。由于这样的原因,陈亮不止一次地说:"天乎

① 陈亮:《陈亮集》上册,中华书局1987年版,第142页。
② 陈亮:《陈亮集》上册,中华书局1987年版,第143页。
③ 陈亮:《陈亮集》上册,中华书局1987年版,第143页。
④ 陈亮:《陈亮集》下册,中华书局1987年版,第314页。
⑤ 陈亮:《陈亮集》下册,中华书局1987年版,第292页。

人乎,是皆不可得而知。”①但“知者”惟“时”,因此,“因时制法”②,“因时而为”③,“因时之宜”④,“与时偕行”⑤等词语就成了陈亮使用频率最高的文本语言,而“时”本身也就成为“天人相分”与“天人相合”两种思维形式的最佳结合点。

## 三、陈亮“天人相分”思想的历史地位

“天人相分”在陈亮的思想体系里,对其他的道德范畴起着调节与平衡的作用。在宋代,程朱一系的思维方式主要是一种以“对立”为特色的“极性”思维,诸如“天理”与“人欲”、“义”与“利”、“王道”与“霸道”、“君子”与“小人”、“公心”与“私心”、“夏”与“夷”等,这些范畴固然都构成了现实生活和思维领域中的矛盾问题,但解决矛盾问题的方式有许多种,像“矛盾的一方克服另一方”、“矛盾双方同归于尽,为新的对立双方所取代”、“矛盾双方经过一系列的发展达到对立面的融合”⑥等。通过比较,我们发现程朱一系在解决矛盾问题时,所采用的方法就是“矛盾的一方克服另一方”,比如二程说:“不是天理便是私欲……无人欲即皆天理”,⑦朱熹更说:“克去己私以复天理”。⑧ 可见,程朱不仅把“天理”与“私欲”或称“人欲”看成是对立的,而且解决两者对立的方式是用一方去消灭另一方,即用“天理”去克服“私欲”。陈亮与此不同,虽然陈亮亦把“天理”与“人欲”看成是矛盾对立的两个方面,但他解决矛盾的方式却是主张两者的并行与融合。如陈亮说:“王霸可以杂用,则天理人欲可以并行矣。”⑨

此“天人”关系之“并行”论,是宋代“天人相分”或称“天人二分”思想的一种特殊形式,其核心是:“天”与“人”不仅在功能上相互区分,而且在地位上相互平等。这一点既区别于二程和朱熹的“天人相分”思想,同时也区别于叶适的“天人相分”思想。程朱讲“天人相分”都有一个非常重要的前提,那就是“天尊地卑”观。如程颐说:“后人解《易》,言《乾》天道也,《坤》地道也,便是

---

① 陈亮:《陈亮集》下册,中华书局 1987 年版,第 449 页。

② 陈亮:《陈亮集》上册,中华书局 1987 年版,第 104 页。

③ 陈亮:《陈亮集》上册,中华书局 1987 年版,第 92 页。

④ 陈亮:《陈亮集》上册,中华书局 1987 年版,第 103 页。

⑤ 陈亮:《陈亮集》上册,中华书局 1987 年版,第 10 页。

⑥ 汪华岳:《马克思主义哲学原理》,高等教育出版社 1999 年版,第 89 页。

⑦ 程颢、程颐:《河南程氏遗书》卷十五《伊川先生语一·入关语录》,《二程集》上,中华书局 1981 年版,第 144 页。

⑧ 郭齐、尹波点校:《朱熹集》第 3 册,四川教育出版社 1996 年版,第 1731 页。

⑨ 陈亮:《陈亮集》下册,中华书局 1987 年版,第 354 页。

乱说。论其体,则天尊地卑;如论其道,岂有异哉?”[①]又说:“中和,若只于人分上言之,则喜怒哀乐未发既发之谓也。若致中和,则是达天理,便见得天尊地卑、万物化育之道,只是致知也。”[②]朱熹亦说:“所谓礼者,天尊地卑而乾坤定,卑高以陈而贵贱位截然甚严也。及其用则天道下济而光明,地卑而上行,此岂非和乎?”[③]在程朱看来,“礼”就是“理”,而“理”又是“天”,这样,自然界中的“尊卑”现象被应用到人类社会中来,便形成了“天道即君道”的思想意识。陈亮虽然也讲“礼”,但他仅仅认为“礼者,天则也”。[④] 什么是“天则”?陈亮没有具体界定,但可以肯定的是他绝没有规定“天则”就是“天尊地卑”的意向。陈亮强调说:“人道废,则其君岂能独存哉!”[⑤]此句话的喻义实际上否定了“君道即天道”的思想,把“君主”看成是“人道”的有机组成部分,“君命”与“民命”是等价的,并不存在“君道”比“民道”更高贵的道理。而叶适认为:“仁必有方,道必有等。”这里,“等”不是“平等”的意思,相反,叶适承认“世言夫妇,盖有等差”。[⑥] 虽然,陈亮也说“君臣父子兄弟夫妇之大伦”,[⑦]但他讲的“大伦”不是以“尊卑”为内核的“大伦”,而是讲“君臣轻重之分”[⑧]的“大伦”,是讲“君臣本乎一体”[⑨]的“大伦”,是讲“君任其美,臣任其责,君臣之体也”[⑩]的“大伦”。可见,“君”与“臣”有“定分”,更有双方责任的对等。

不仅“君臣”关系如此,而且“本末”关系亦如此。程颢说:“教本于农,虽极勤劳之事;功收于后,自无怨仇之因。”[⑪]程颐又说:“古者四民(即士、农、工、商,引者注)各世其业,后世法度不立,失守易业,仕族之贵而为工商杂类

---

① 程颢、程颐:《河南程氏遗书》卷十八《伊川先生语四·刘元承手编》,《二程集》上,中华书局1981年版,第182页。

② 程颢、程颐:《河南程氏遗书》卷十五《伊川先生语一·入关语录》,《二程集》上,中华书局1981年版,第160页。

③ 朱熹撰,朱杰人、严佐之等主编:《朱子全书》第22册,上海古籍出版社、安徽教育出版社2002年版,第2276页。

④ 陈亮:《陈亮集》上册,中华书局1987年版,第105页。

⑤ 陈亮:《陈亮集》上册,中华书局1987年版,第105页。

⑥ 叶适:《水心文集》卷二十八《祭内子令人文》,《叶适集》,中华书局1961年版,第588页。

⑦ 陈亮:《陈亮集》下册,中华书局1987年版,第467页。

⑧ 陈亮:《陈亮集》下册,中华书局1987年版,第250页。

⑨ 陈亮:《陈亮集》下册,中华书局1987年版,第296页;《陈亮集》上册,中华书局1987年版,第26页。

⑩ 陈亮:《陈亮集》上册,中华书局1987年版,第30页。

⑪ 程颢、程颐:《河南程氏文集》卷二《明道先生文二·书记》,《二程集》上,中华书局1981年版,第462页。

者有矣。此朝廷当禁而未能者，固未尝立文许其然也。既流落入于非类，岂复能责其士人行检？"[①]把"工商业"称作"非类"，低"士农"一等，这是一种典型的贱商意识。当然，在中国"贱商"意识由来已久，比如，商鞅变法的核心思想就是"崇农抑商"，几乎举全民之力来发展农业，从而更加强化了北方以农业为基础的产业结构。在此前提下，人口的流动性相应地被弱化了，而随着农村人口的不断增加与土地面积的不断拓展，为了进一步稳定农民的农业生产秩序和生活秩序，尽快建立一种与农业型社会相适应的伦理道德模式就是非常必要的事情了。于是，秦律规定："凡一户有两个以上儿子到立户年龄而不分居的，加倍征收户口税。禁止父子兄弟（成年者）同室居住。"[②]这便是中国古代"小农经济"的来源，而"小农"的"个体"形式虽然是"小"规模的，但它的"家族"形式却是越来越膨大，以至于最后形成一个以"亲属关系"为纽带所结成的蜘蛛网，它的核心就是每个相对独立的"小家庭"，然后像水的波纹一样层层迭进，推己及人。那么，这种家庭关系会不会发生错位现象吗？不会的，一个村庄由简单的聚居而居，到规模比较庞大的聚族而居，人们按照"人伦"原则，分别父子、长幼、夫妇、兄弟，并在此基础上形成一个有"差序"具有家族结构的乡土社会，所谓"圣人南面而治天下，必自人道始矣。立权度量，考文章，改正朔，易服色，殊徽号，异器械，别衣服，此其所得与民变革者也；其不可得变者则有矣。亲亲也，尊尊也，长长也，男女有别，此其不可得与民变革者也。"[③]说的就是这个意思。可见，"礼治"是与"农本"社会相关节的，是农业社会发展的必然产物。

南宋的政治中心由北方转移至南方，这种地理环境的变化多少对南宋社会经济的发展产生了一定程度的影响，尤其是经过几百年的对外贸易积累，南方在 13 世纪中后期，其商品经济获得了迅猛发展，城乡市场发育良好，专业分工进一步扩大，货币的交换职能越来越增强，土地买卖盛行。因此，胡适先生将宋代主要指南宋称为"中古的革新世纪"。[④] 比如，南宋的都城临安到南宋中后期已经发展成为人口近百万的消费性城市，[⑤]据周密《癸辛杂识》续集卷上载："杭城除有米之家，仰籴而食，凡十六七万人，人以二升计之，非三四千

① 程颢、程颐：《河南程氏文集》卷七《伊川先生文三·学制》，《二程集》上，中华书局 1981 年版，第 567 页。

② 张传玺：《简明中国古代史》，北京大学出版社 1995 年版，第 89 页。

③ 《礼记·大传》。

④ 胡适：《胡适口述自传》，安徽教育出版社 1990 年版，第 303—304 页。

⑤ 陈振：《宋史》，上海人民出版社 2004 年版，第 537 页。

石不可以支一日之用，而南北外二厢不与焉，客旅往来又不与焉。”①吴自牧亦说：“杭城大街，买卖昼夜不绝，夜交三四鼓，游人始稀；五鼓钟鸣，卖早市者又开店矣。”②同书卷十六《米铺》更载：“杭州人烟稠密，城内外不下数十万户，百十万口。每日街市食米，除府第、官舍、宅舍、富室，及诸司有该俸人外，细民所食，每日城内外不下一二千余石，皆需之铺家。”③临安之外，建康、扬州、成都、泉州、平江、福州、潮州等也都已发展成为著名的商品消费性城市。如“福与兴、泉土产素薄，虽当上熟，仅及半年，专仰南北之商转贩以给”，④建康亦“岁仰籴客贩”，⑤有“七闽、二广风帆海船之饶”⑥的美称等。此外，随着南方人口的剧增以及耕地的相对减少，越来越多的农村劳动力从农业中游离出来，成为专门的工商业者，如南宋时的福州“自农转而为士，为道释，为伎艺者，在有之，而惟闽为多。闽地偏，不足以衣食之也。”⑦而发达的海外贸易则使泉州由北宋时的“人稠山谷瘠，虽欲就耕无地辟”⑧的穷壤僻乡变为“舟车走集，繁华特盛于欧闽”⑨的天下“富州”与“乐土”。⑩ 由于宋金对峙，为防不测，宋高宗先令“南外宗正司”迁移至泉州，⑪继又“命六宫自温州泛海往泉州”，⑫于是，那里“夷夏杂处，权豪比居”，极一时之盛。为了解决这些达官贵人的生活问题，宋政府特诏其“招徕蕃商，课额增羡”，⑬因而揭开了泉州历史的新篇章。当时，国内外商船“风樯鳞集”，使泉州成为享誉欧亚的国际贸易商城，如“倭人冒鲸波之险，舳舻相衔，以其物相售”；⑭又“泉南有巨贾南蕃回回佛莲者，蒲氏之婿也，其家富甚，凡发海舶八十艘”。⑮ 据绍兴末年统计，泉、广“两舶司抽

---

① 周密：《癸辛杂识》续集卷上，文渊阁四库全书本。

② 吴自牧：《梦粱录》卷十三《夜市》，文渊阁四库全书本。

③ 吴自牧：《梦粱录》卷十六《米铺》。

④ 真德秀：《西山文集》卷十五《奏乞拨平江百万仓米赈粜福建四州状》，文渊阁四库全书本。

⑤ 刘宰：《漫塘集》卷二十二《建康平止仓免回税记》，文渊阁四库全书本。

⑥ 王象之：《舆地纪胜》卷十七《江宁府》。

⑦ 曾丰：《缘督集》卷十七《送缪帐干解任诣铨改秩序》。

⑧ 王象之：《舆地纪胜》卷十七《泉州》。

⑨ 施宣圆《泉州与“光明之城”》引南宋时意大利犹太商人雅各的话，人民网 2006 年 3 月 29 日。

⑩ 刘克庄：《后村大全集》卷六十八《胡伉知泉州制》。

⑪ 脱脱等：《宋史》卷一百六十四《职官志》，中华书局 1975 年版，第 3889 页。

⑫ 李心传：《建炎以来系年要录》卷八十“绍兴四年九月乙丑”。

⑬ 李心传：《建炎以来系年要录》卷五十八“绍兴二年九月庚辰”。

⑭ 《开庆四明续志》卷八《蠲免抽博倭金条》。

⑮ 周密：《癸辛杂识·续集》卷下《佛莲家赀》。

分及和买，岁得息钱二百万缗”，①故真德秀说：“惟泉为州，所恃以足公私之用者，番舶也。”②

从本质上说，传统的农业经济与商品经济是两种不同的经济方式。尽管南宋的商品经济与小农经济还有着千丝万缕的联系，但在个别地区商品经济事实上已经成为社会经济的主要支柱，并促使传统的农业经济开始发生部分质变。如“宋高宗时，四川立限让典卖田宅者纳税印契，一次就征收到契税四百万贯。这时四川的土地价格每亩为近四贯，官府卖田定价为八贯到十贯。如果以每亩十贯计算，四川这次纳税印契的田土共有四百万亩，夔州有三十万亩。虽然这些田地的买卖可能前后相隔了一二十年，但加上另一部分在交易时就向官府纳税印契的田地，足以说明当时投入流通领域土地的数量之大，也说明土地所有权的转移之迅速。”③此外，南宋政府的财政收支愈来愈依赖货币，所以时人杜范议论说：“今者土地日蹙，赋入日少，恃和籴以足糗粮，倚造楮以为泉货。”④甚至当时还出现了通货膨胀现象，所谓“造币以立国，不计其末流剥烂糜灭之害”，⑤其后果必然会因纸币（即“交子”）发行量超过商品流通中的实际需要量而引起货币贬值现象，对此，洪迈有一段议论说：“沈存中《笔谈》书国初时州县之小官俸入至薄，故有‘五贯九百六十奉，省钱且作足钱用’之语。黄亚夫皇祐间自序其所为《伐檀集》云：历佐一府三州，皆为从事，逾十年，郡之政巨细无不与，大抵止于簿书狱讼而已，其心之所存，可以效于君、补于国、资于民者，曾未有一事可以自见，然月廪于官，粟麦常两斛，钱常七千，问其所为乃一常人皆可不勉而能，兹素餐昭昭矣。遂以伐檀名其集，且识其愧。予谓今之仕宦虽主簿、尉盖或七八倍于此，然常有不足之叹，若两斛七千只可禄一书吏、小校耳。岂风俗趋于浮靡，人用日以汰，物价日以滋，致于不能赡足乎！”⑥而“风俗趋于浮靡，人用日以汰，物价日以滋”正反映了私有制条件下商品经济社会发展的基本特点。经济基础的变革决定着思想上层建筑的变革，在“自然经济”的状况下，人们基本上过着一种衣食无忧的生活，恰如《盐铁论·水旱》篇所说：“古者千室之邑，百乘之家，陶冶工商，四民之求足以相更。故农民不离畦亩，而足乎田器。”然而，南宋社会的整个经济形态已经突破了“自给自足”的经济局限，而商品交换不仅仅是“自然经济”的一种补

① 《建炎以来朝野杂记》甲集卷十五《市舶司本息》。
② 真德秀：《西山文集》卷五十四《祈风祝文》，文渊阁四库全书本。
③ 朱瑞熙：《宋代社会研究》，中州书画社 1983 年版，第 59 页。
④ 杜范：《清献集》卷十二《经筵已见奏札》。
⑤ 高斯：《耻堂存稿》卷一《轮对奏札》。
⑥ 洪迈：《文忠集》卷一百三十五《论知县俸》。

充,而且实际上已经构成当时许多沿海城市的主要生活方式了。如果说司马迁所说"以末致财,用本守之"①反映了自然经济条件下商品交换仅仅起着一种补充作用的话,那么,以商品交换为主要经济支柱的南宋沿海地区则已转变为"舍农桑,事雕饰"②的"弃本逐末"型的经济生活方式了。而对于这两种经济类型的内在差别,南宋人陈渊说:"古之征商抑其贪,所以利民;今之征商取其赢,所以利国。夫利国而不及民,已非先王之意,况其所征有甚于异日乎?"③此处之议论不仅表现出对南宋所推行的重商政策的怀疑,而且还说明了"商人"在自然经济条件下与在商品经济条件下的地位差异,前者是"抑其贪",而后者"取其赢",两者在内容上是根本不同的,因为前者反映的是自然经济条件下商品交换的性质,而后者则反映的是商品经济条件下商品交换的性质。那么,为什么在南宋的少数几个沿海或沿江城市率先步入商品经济的社会形态?其根本原因就是这些地方的城市化进程比较快,城乡的分裂化程度也比较高。马克思曾经说过:"一切发展了的商品交换为媒介的分工,都以城市与乡村分裂为基础。"④城市的发展必然促进社会分工的更加精细化和专业化,据《西湖老人繁胜录》记载,南宋临安城里已出现了412个行业,可见,当时城市社会的分工之精细是前所未有的。以此为前提,南宋社会培育出了一个已经脱离土地关系而专以工商为职业的"食利阶层",如泉州就出现了"海商世家",诸如杨客⑤、郑立三⑥、佛莲⑦等,他们都是"以海商为业"的"食利者"。另外,有研究者指出:"仅从数量上看,都铎王朝和斯图亚特王朝时代的英国,在英格兰地区有市场760个,威尔士地区50个。而中国宋代仅蜀川四路就有市场722个,经济最发达的东南四路和华北四路还不在考虑范围内。可见10到13世纪中国的商品经济和资本主义萌芽发达的程度丝毫不逊于15、16世纪的英国。"⑧不过,从质量上讲,宋代的资本经济还没有从地主制经济中完全独立出来,因而当时虽然在个别部门出现了雇佣性质的劳动,但是这种建立在依附性而不是自由性基础上的雇佣劳动还不可能构成真正意义上的

① 司马迁:《史记》卷一百二十九《货殖列传》,中华书局2013年版,第3281页。

② 杨冠卿:《客亭类稿》卷八《治体》。

③ 陈渊:《默堂集》卷十二《又上殿札子》。

④ [德]马克思:《资本论》第1卷,人民出版社1975年版,第424页。

⑤ 洪迈:《夷坚志》丁卷六。

⑥ 《夷坚志》戊卷一。

⑦ 周密:《癸辛杂识·续集》下卷《佛莲家赀》。

⑧ 秦蕾:《从宋代资本主义萌芽发展看制度对经济的影响》,载刘灿主编:《走近经济学:观察与思考国家经济学基础人才培养基地首届大学生论文选粹》,西南财经大学出版社2001年版,第84页。

资本主义生产关系。所以,吴承明先生用“市场经济的萌芽”①而不是用“资本主义的萌芽”来概括宋代经济的社会性质,我们认为也是一种比较适当的说法,不过,要从根本上将市场经济的萌芽与资本主义的萌芽区别开来,恐怕是很困难的。恩格斯说:“历史从哪里开始,思想进程也应当从哪里开始,而思想进程的进一步发展不过是历史过程在抽象的、理论上前后一贯的形式上的反映;这种反映是经过修正的,然而是按照现实的历史过程本身的规律修正的,这时,每一个要素可以在它完全成熟而具有典范形式的发展点上加以考察。”②而陈亮的“天人相分”思想就是在南宋商品经济已渐成气候的历史背景下形成和发展的,因此,他的“天人”观就是一种具有商人意识的“天人”观,比如,陈亮说:“功利之习,君子羞道焉。”③此“君子”是传统社会分工意义上的“君子”,据此,晁公溯说:“天下民四而各有业”,如果“失其业者是谓离制弃本”,就是“奸宄之民”。④ 照此说法,像上面提到的“海商世家”便都是“奸宄之民”了。可是,南宋的“奸宄之民”已经失去了其“守业”的本意,因为南宋对“弃本逐末”之人已经没有了身份的歧视,或者说已经淡化了身份的意识,这是南宋商品经济获得迅猛发展的先决条件。故陈亮说:“古者官民一家也,农商一事也。”⑤又说:“农商费费相视,以虞其垄断而已。利之所在,何往而不可为哉。”⑥从这句话中,我们能够猜测出在商品经济条件下的“垄断”现象对人们心理承受力的影响,然而,似乎陈亮发现了“垄断”与商品经济发展的内在联系,因而他不仅不否认“垄断”的事实,而且还说“利之所在,何往而不可为”,也就是说为了“利”而出现一定的商业垄断完全是正常的经济现象,它是历史进步的表现,而不是相反。

所以,对“利”与“欲”,陈亮有他自己的认识和理解。他说:“耳之于声也,目之于色也,鼻之于臭也,口之于味也,四肢之于安佚也,性也,有命焉。出于性,则人之所同欲也。委于命,则必有制之者而不可违也。”⑦“天理”与“人欲”是一个矛盾体,它本身既有相互对立的方面,同时又有相互统一的方面。程朱抓住其“对立”的方面而试图以“存天理,灭人欲”来消灭矛盾,显然,陈亮

① 吴承明:《要重视商品流通在传统经济向市场转换中的作用》,载《中国经济史研究》1995 年第 2 期。

② 《马克思恩格斯选集》第 2 卷,人民出版社 1972 年版,第 122 页。

③ 陈亮:《陈亮集》下册,中华书局 1987 年版,第 250 页。

④ 晁公溯:《嵩山集》卷四十九《程氏经史阁记》。

⑤ 陈亮:《陈亮集》上册,中华书局 1987 年版,第 140 页。

⑥ 陈亮:《陈亮集》上册,中华书局 1987 年版,第 140 页。

⑦ 陈亮:《陈亮集》上册,中华书局 1987 年版,第 42 页。

是不认可这种简单的“存灭论”的，在他看来，“天理”与“人欲”是相互统一的，而“人欲”本身就是“天理”，就是“天命”。在此，把“人欲”看作是“天理”的物质基础，是陈亮“天人”观的显著特色，也是他对明清功利主义学派如李贽、黄宗羲、戴震等人的思想都产生了积极影响的方面。如李贽说：“穿衣吃饭即是人伦物理。除却穿衣吃饭，无伦物矣。世间种种，皆衣与饭类二。故举衣与饭，而世间种种自然在其中。”①此“穿衣吃饭即是人伦物理”的思想是对陈亮“天理人欲并行”观的继承和发展。又，李贽说：“知势利之心亦吾人秉赋之自然矣。”②此论同陈亮“出于性，则人之所同欲也”思想也是一脉相承的。陈亮与叶适根据南宋社会经济发展的客观实际，主动站出来为富人辩护，反对国家危害富人的切身利益。比如，陈亮认为王安石变法在某些方面就损伤了富人的利益，因而是不可取的。他说：“青苗之政，惟恐富民之不困也；均输之法，惟恐商贾之不折也。”③陈亮反对“均贫富”，承认社会财富占有的不平衡性，符合矛盾的特殊性原理，具有一定的进步意义。从历史上看，中国地域经济的发展差异较大，自北宋之后，江浙地区已经成为全国经济发展的命脉，故苏轼有“两浙之富，国之所恃”④的说法，陈亮亦说：“钱塘终始五代被兵最少，而二百年之间，人物日以繁盛，遂甲于东南。”⑤与此相适应，江浙便形成了颇具区域特色的“事功”思想学派，而陈亮和叶适就是此派文化的杰出代表，其“富人”意识应是浙东事功学派的基本内容之一。明代的王夫之说：“国无富人，民不足以殖。”⑥可见，随着明清商品经济的进一步发展，保护富人利益的呼声愈益高涨，甚至它后来演变为近代爱国志士向西方寻求“富国”之路的一种思想动力。

## 第五节　叶适“内外交相成”的认识论与“自我为之”的“人定胜天”思想

对叶适的哲学思想，前人作了很多方面的研究和发掘，笔者似无补赘之必要。本节所述，仅仅是把前人没有注意或者说关注不够的“天道”与“人道”思想，结合学界已有的研究成果，并根据自己多年来积累的一些心得，经简单地

① 李贽：《焚书》卷一《答邓石阳》。

② 《李贽文集》卷一《明灯道古录》。

③ 陈亮：《陈亮集》上册，中华书局 1987 年版，第 6 页。

④ 《东坡全集》卷五十九《进单锷吴中水利书状》。

⑤ 陈亮：《陈亮集》上册，中华书局 1987 年版，第 7 页。

⑥ 《读通鉴论》卷二。

罗列与整合,分几个问题,试将叶适的“天人相分”思想作一探讨。

## 一、“一气之所役”与“天有常道”的“天道”观

叶适不反对“天道”,他认为“道”是物质的载体,就此而言,“道”就是“气”,就是“一”或云“一气”。叶适说:

“道原于一而成于两。古之言道者必以两。凡物之形,阴、阳,刚、柔,逆、顺,向、背,奇、耦,离、合,经、纬,纪、纲,皆两也。夫岂惟此,凡天下之可言者,皆两也,非一也。一物无不然,而况万物。”①

那么,此“道原于一”之“一”是物质性的客观实体还是精神性的虚无?叶适作了肯定性的回答,他说:“夫天、地、水、火、雷、风、山、泽,此八物者,一气之所役,阴阳之所分,其始为造,其卒为化,而圣人不知其所由来者也。因其相摩相荡,鼓舞阖阖,设而两之,而义理生焉,故曰卦。”②可见,“道原于一”的“一”指的就是“气”,而这种道生于气的主张,说明叶适坚持了“气”一元论的唯物主义立场,同时还构成了其“功利”思想的哲学基础。当然,叶适不仅承认了“道”的物质性,而且更指出“道”运动变化的根源在于其内部的矛盾性,比如,叶适明确主张:“理未有不对立者也。”③又说:“学者观其一,不观其二,此《易》道所以难明也。”④很显然,从王安石的“道立于两”⑤到叶适的“言道者必以两”,唯物辩证法与宋代特殊的社会背景相结合,因而使“天道”获得了一种唯物主义的新形式。比如,叶适与程朱理学所主张的“理先于气”的观点恰好相反,不是“理在气先”而是“气在理先”,故先有“一气”的“造”与“化”,然后才有“义理生焉”。

而在叶适看来,“一气”的“造”与“化”便构成“道”的辩证运动,宇宙因此而逐步展开其自身,并产生了天地和人物。何以知之?叶适回答说:“道不可见,而在唐、虞、三代之世者,上之治谓之皇极,下之教谓之大学,行之天下谓之中庸,此道之合而可名者也。其散在事物,而无不合于此,缘其名以考其实,即其事以达其义,岂有一不当哉!”⑥此段话的意思是说,“道”虽隐晦不显,然“道”却“散在事物”,故每一事物其实都是“道”本体的一种物质缩影,而事物本身的存在状态就是“道”的存在状态,所以只要我们认识和把握住了事物的

① 叶适:《水心别集》卷七《中庸》,《叶适集》,中华书局1961年版,第732页。

② 叶适:《水心别集》卷五《易》,《叶适集》,中华书局1961年版,第696页。

③ 叶适:《习学记言》卷一《易》。

④ 叶适:《习学记言》卷一《易》。

⑤ 王安石著,宁波等校点:《王安石全集》下,上海古籍出版社1999年版,第698页。

⑥ 叶适:《水心别集》卷七《总述》,《叶适集》,中华书局1961年版,第726页。

运动状态,就等于认识和把握住了"道"的运动状态。而按照叶适的理解,"道"最初是一个混沌的"天人"不分的存在体,尔后,在"两"的内力作用下,"天地之道粲然矣"。叶适说:

"天地之与人也,杂揉众大,惄然而不相及也。幽而不明,微而不章,浑沦而不能知,是其初也。圣人以为何以治之,夫是以见其要而执其纪,而名之为《易》。夫其杂糅众大、幽微浑沦者,皆《易》也,而后天地之道粲然矣。"①

在这段话里,我们需要注意两点:第一点,自《易》诞生以至于宋代,学者对《易》的发明可谓多矣,但除了叶适之外,没有一个将《易》看成是"明于天人之分"的一个客观标志物和一座界碑。而叶适第一次从"天道"变易的角度,明确了《易》跟"天道"与"人道"之间的一种内在联系,那就是《易》的产生将"天人"关系一分为二,"天道"即"天道","人道"即"人道",两者粲然各自有分,从此而脱离了"浑沦而不能知"的状态,故叶适说:"圣人之所以为《易》者,明天下而已矣。"②换言之,则"天道"与"人道"两者之间相互"不相及"也,其"不相及"是指"天道"与"人道"自被《易》"道"分开之后,便各自遵循着自身的运动规律而发展变化,且互不干涉其内在的运动过程。而从历史上看,对于《易》学的思想实质,以孟子一派为代表,认为《易》学的主旨就是讲究"天人合一"思想,他们的主要理论依据便是《易》中的一句话:"《易》与天地准,故能弥纶天地之道。"此"准"即为"相合"③之意,故可作"天人合一"的思想看待。如清人胡煦说:"《易》象所阐,乃天人合一之旨。"④又说:"圣人作易,无非发明天人合一之道。"⑤然而,叶适却从《易》象中发明出"天人相分"之意,这不仅仅是对宋代"义理"之学的悖逆和反动,而且对《易》学的研究亦是一个新的贡献。第二点,以《易》为标志,历史发展可分为"天人合一"与"天人相分"两个阶段,其前者是原始态,而后者则是分化态。在叶适看来,"天人合一"并非是一种高度醇化的人生境界,实在是宇宙尚未开化的表现,是"幽微浑沦者",是一种朴拙的原始世界,而自《易》出之后,"天人相分"则"义理生焉"。于是,"天地之初未始有君臣、父子、仁义、礼乐也,故天下不治而不乱,不安而不危。自结绳以来,圣人继起,则文化日盛,庶事日修,其极于不可复加矣。而今也天下大乱,则何术以善其后……且固以昔者为拙,今者为巧也,今者之华而昔者之朴也,是以立于其末而欲反其初……是故以仁为失,以礼为乱,斫华复

① 叶适:《水心别集》卷六《扬雄太玄》,《叶适集》,中华书局1961年版,第714页。
② 叶适:《水心别集》卷六《扬雄太玄》,《叶适集》,中华书局1961年版,第714页。
③ 参见《汉语大字典》,湖北人民出版社、四川辞书出版社1999年版,第128页。
④ 胡煦:《周易函书约存》卷首上《总义》。
⑤ 胡煦:《周易函书约存》卷首中《象》。

朴,取拙去巧,使天下复于结绳而用之。”[①]可见,作为“天人合一”的宇宙世界,其特色是“朴”与“拙”,而“天人相分”的宇宙世界的特色却是“华”与“巧”。毋庸置疑,由“朴”而“华”,由“拙”而“巧”是宇宙进化的必然趋势和规律,“夫已立者不可改也”,[②]因此,从社会发展的规律看,“天人合一”的实质就是一种“复古”论,是一种倒退。叶适根据宋代社会发展的客观实际,认为经济的繁荣(即“华”)和科技的进步(即“巧”)是历史发展的必然结果,故而他提出了一种“富人政治”论。叶适说:“富人者,州县之本,上下之所赖也。”[③]诚然,在阶级矛盾日益尖锐化的南宋社会背景下,这种“富人政治”论固然有其阶级局限性,但对于叶适的“富人政治”论,我们应历史的看,因为任何思想都是社会存在的反映,而“富人政治”当然也是对南宋社会经济繁荣的一种思想折射,在当时具有一定的进步意义。

叶适说:“天有常道,地有常事。”[④]既谓“常道”就说明“天道”本身应当有它自身的演变模式和进化路径。对此,叶适虽然讲的不细,但他还是下意识地提及了这个问题。例如,叶适说:

“有《易》则有太极,太极立而始终具矣,因而两之而变生焉。”[⑤]

“数起乎一,转入于万物,其往无穷,分而为二十四节以应寒暑,其候杂而无差焉。是星官历师能之,而非圣人之所以为《易》也。”[⑥]

在此,“一”就是指产生宇宙万物的物质实体。在叶适看来,从“一”到“万物”,不能脱离“数”这个客观的量化形式,如果从质和量的关系讲,则“一”就是事物存在的“质”,而“万物”则表示事物存在的“量”,其“万物”之“万”就是反映事物质的量,就是一种“多”。在具体的自然科学中,人们把这个反映宇宙万物由“一”到“多”演变规律的数量形式,称之为“常数”。如力学中的“万有引力常数”,量子力学中的“普朗克常数”,分析化学中的“摩尔吸光系数”等,这些“常数”也可理解为“天道”的一种数量化形式。故叶适说:“《易》存乎道,见道者足以为《易》。”又说:“夫物之推移,世之变迁,流行变化,不常其所,此天地之至数也,圣人已见之矣。”[⑦]在此,“数”有两层含义:1、“变化”是宇宙万物存在和发展的特征,2.“变化”不是“无常”,不是绕过“常道”的不可

① 叶适:《水心别集》卷,《叶适集》第2册,中华书局1961年版,第708页。
② 叶适:《水心别集》卷,《叶适集》第2册,中华书局1961年版,第708页。
③ 叶适:《水心别集》卷,《叶适集》第2册,中华书局1961年版,第657页。
④ 叶适:《水心别集》卷,《叶适集》第2册,中华书局1961年版,第697页。
⑤ 叶适:《水心别集》,《叶适集》第2册,中华书局1961年版,第696页。
⑥ 《叶适集》第2册,中华书局1961年版,第713—714页。
⑦ 《叶适集》第2册,中华书局1961年版,第695页。

琢磨的东西，而是“变”中的“不变”，即宇宙万物的变化总是围绕着一种“常数”轴而盘桓上升。而一旦人们不能把握这个“天道”之常，则必致祸乱，所以，叶适说：“天地之数与人心之不肖相寻于无穷，是以溃散而不可支。”①

仅仅具有“常数”还不能完全揭示宇宙万物的运动规律，因为具体事物的发展变化还需要很多其他的客观要素，只有将客观事物之诸要素与其“常数”之间的变化规律联系起来，形成定理或定律，我们才能说掌握了“物之理也”，如“万有引力常数”与万有引力定律，“普朗克常数”与普朗克公式，“摩尔吸光系数”与比耳定律，等等。因此，叶适说：

“夫形于天地之间者，物也；皆一而有不同者，物之情也；因其不同而听之，不失其所以一者，物之理也；坚凝纷错，逃遁谲伏，无不释然而解，油然而遇者，由其理之不可乱也。”②

实际上，叶适在这里不仅指明了世界本源的物质特性，而且还进一步提出了物质世界的统一性问题。叶适认为，宇宙间万物不是由单一的物质所组成，而是具有无限的层次性和多样性。其中，“皆一而有不同者”，是说物质世界具有复杂性和多样性，反过来，“因其不同而听之，不失其所以一者”，则是说物质世界无论多么复杂和多样，都源自同一个物质基础，换句话说就是，多样性的物质世界又具有同源性。因此，物质世界的多样性与同源性的辩证统一就构成了物质世界的统一性。可见，叶适的话虽然不多，却揭示了一个非常深刻的哲学道理。而叶适的世界的物质统一性思想是宋代“天人相分”思想的一个重大突破，它为宋代“功利派”思想的进一步发展奠定了坚实的理论基础。

## 二、“既无功利则道义者乃无用之虚语尔”的“人道”思想

“天道”固然重要，可它在叶适的思维世界中并不占有核心位置。比如，叶适说：

圣人“立之卦以告之，重之画以明之，以为其所以《易》者如是也。探鬼神之赜而出之，钩阴阳之动以陈之，以为是卓然而不可惑也。聚九州四海之珍，藏于一人之耳目而使得兼焉，将以明己也，非以玄己也。”③

圣人作《易》的关键不在于为了“明道”而“明道”，而是为了“明己”而“明道”，此“己”实指与“天道”相对应的那个“人道”，说白了那“圣人之所以为《易》也”其实就是为了“以道易天下”。对此，叶适有一段极精彩的论述，他说：

① 《叶适集》第2册，中华书局1961年版，第695页。

② 《叶适集》第2册，中华书局1961年版，第699页。

③ 《叶适集》第2册，中华书局1961年版，第714页。

“道以易天下而不待其自易，迎其端萌，察其逆顺而与之终始。自有天地生民以来，至于成周之衰，虽帝王异号，更易不一，而未尝有大变极乱如后世之酷者，圣人迭起而能以道易天下故也。呜呼！自秦、汉而下者，何其祸乱之酷耶！彼惟无圣人，不能以道易天下而听其自易，天地之数与人心之不肖适相寻于无穷，是以溃散而不可支。”①

自从老子提出“道”这个思想范畴之后，“道”便被人们赋予了各种不同的含义。但归结起来，不外“天道”与“人道”两义。而在此所言“以道易天下”之“道”指的应是“人道”。在叶适看来，“人道”是一个包括诸多要素的自组织系统，是一个复杂的社会行为体系。比如，叶适这样说道：

“上古圣人之治天下，至矣。其道在于器数，其通变在于事物；其纪纲、伦类、律度、曲折莫不有义，在于宗庙、朝廷、州闾、乡井之间；其教民周旋、登降、会通、应感之节而诵说其所以然之意，使之自得于心而有余于身，以行之于君臣、父子、夫妇、昆弟，在于学官。其波顺风靡，而天下之人无不根于性命，闲于道德而习于死生之变。其治之成若此。”②

把上述的“器数”、“事物”、“纪纲”、“伦类”、“律度”、“曲折”、“宗庙”、“朝廷”、“州闾”、“乡井”、“周旋”、“登降”、“会通”、“应感”、“君臣”、“父子”、“夫妇”、“昆弟”、“性命”、“道德”、“死生”等结构起来，就形成了一个庞大的“人道”体系，凡人类社会的一切行为活动尽收囊中，一览无余，故“其治之成若此”。而如何将如此丰富的“人道”范畴和行为要素有机地整合起来，并结构成为一个实用的社会发展纲领，是叶适努力追求的学术目标。所以，与程朱理学那种片面追求抽象的道德境界的治学目的不同，叶适的著述（包括信札）中基本上没有诸如“义理”、“心性”、“敬意”等方面的专题，他感兴趣的是“治势”、“国本”、“民事”、“财计”、“官法”、“兵权”、“士学”、“制科”、“监司”、“茶盐”等关系国计民生的事情，不仅实实在在，而且都是当务之急，关乎千家万户的切身利益。例如，在《经总制钱二》一文中，叶适共提出了南宋所面临的三个最为严重的社会问题：一曰“人才日衰”，二曰“生民日困”，三曰“国用日乏”。这些问题事关全局，不解决不能挽救南宋愈益急迫的各种社会危机，因此，叶适慷慨激昂地批评南宋的人才政策说：“其平居道先古，语仁义、性与天道者，特雅好耳，特美观耳，特科举之余习耳。一日为吏，簿书、期会迫之于前，而操切无义之术用矣。”③可见，叶适思想的特色非常鲜明，正如漆

① 《叶适集》第2册，中华书局1961年版，第695页。

② 《叶适集》第2册，中华书局1961年版，第693页。

③ 《叶适集》第2册，中华书局1961年版，第776页。

侠先生所说：叶适“既不讲什么‘天人合一’，也不强调天道，而是老老实实议论人道。”①

那么，叶适的“人道”思想究竟包括一些什么内容呢？仔细归结起来，大致可概括为四点：

首先，《易》是一部指导人类社会实践行为的“人道”大纲，它本身则是对“天道”运动规律的客观反映，是人们主观能动性的客观体现。叶适说：

“卦之有八也，是文字所以从生也，时也，义也，德也。其为六十四卦也，犹其为八也。《彖》以实之，《象》以形之，爻以备之，所以明其义之必然也。圣人之与愚夫愚妇，上古之与后世，皆用之而不能违者也。六十四合而《易》可见，《易》见而天地可准也。以反以正，以冬以夏，错出而致其顺焉而已耳。”②

《易》的内容是客观物质世界运动规律的真实再现，是先人对宇宙大道的深刻体悟，它本身并不是先圣的主观预设，而仅仅是客观规律的一种主观形式。故叶适说：“分之，掛之，揲之，扐之，有祸有福，有从有违，是有《易》者之事，而非圣人之所以为《易》也。”③这就是说，《易》虽然是一种客观的真实，但人们在实际应用的过程中不免带有某种程度的主观随意性，甚至流于末俗与迷信。不过，人们的这种主观态度跟《易》学的真实本质毕竟不是一码事，而且人们将《易》学用作占卜，亦“非圣人之所以为《易》”的根本目的，因此，我们研究《易》书，评论其价值，一定要将它的客观内容与主观形式区分开来，以免造成“冥其畛”、“渺其根”、“幽其所以然”④的错误后果。叶适看到，在现实生活中，由于各种各样的原因，人们对于《易》书更愿意取其末而去其本，结果是“《易》之明也而天下晦之，《易》之显也而天下隐之”，“此圣人之所痛也。”⑤看来，欲使《易》学之大义显明，其关键不是实践的问题，而是认识的问题。在此，叶适实际上涉及到了中国传统哲学思想中“知”与“行”的关系问题。入北宋以来，知与行的关系问题颇受学者关注，议者纷呈，论者相搅，既有二程的“行难，知亦难”⑥说，又有程颐和朱熹提出的“先知后行”⑦观，更有杨万里综合前面两派意见，积极主张“知行合一”⑧论。在此，叶适尽管没有明确的知难

① 漆侠：《宋学的发展与演变》，河北人民出版社 2002 年版，第 595 页。

② 《叶适集》第 2 册，中华书局 1961 年版，第 714 页。

③ 《叶适集》第 2 册，中华书局 1961 年版，第 714 页。

④ 《叶适集》第 2 册，中华书局 1961 年版，第 714 页。

⑤ 《叶适集》第 2 册，中华书局 1961 年版，第 714 页。

⑥ 程颢、程颐：《河南程氏遗书》卷十八《伊川先生语四 · 刘元承手编》，《二程集》上，中华书局 1981 年版，第 187 页。

⑦ 《晦庵集》卷四十二《答吴晦叔》。

⑧ 《诚斋文集》卷十五《庸言》。

行易说，但明眼人一看便知，他的知行观多少跟二程的看法接近，只是更加委婉而已。不过，这仅仅是问题的一个方面，因为叶适在另外的场合又表达了与此截然相反的观点。如，叶适说：

“故皇极无不有也，而其难在于建；建极非难也，而其难在于识其所以建。天畀之，禹受之，武王虚己而访之，箕子斋戒而言之，皆非极也，皆建极也。故曰其难在于建。虽然，后世之建极而能尽合乎箕子之言者，何其少也！故曰其难在于识其所以建。”①

从这段话中，我们不难发现，叶适的知行观很特别，忽儿说“知难行易”，忽儿又说“知易行难”，从表面上看，这很矛盾，却是事实，而这“知行”关系问题上的两重性恰恰就是叶适知行观的特色。因为别人论“知”与“行”的关系问题是静态的，而他论“知”与“行”的关系问题则是动态的和历史的。所以，方法不同，结论就必然有别。比如，在西周时期，以“建极”为重，故行难于知；西周以降，则以“识其所以建”为重，故知难于行。可见，在叶适看来，“知”与“行”的关系问题应当放在一个特定的历史环境中去考察，由于每个历史时期的社会矛盾和政治背景不同，所以“知”与“行”的“难”和“易”是可以转变的，这是一种在“知行”关系问题上的辩证法，是叶适“天人相分”思想的又一亮点。

劳动是人类区别于其他动物的本质特征，而这亦是人类主观能动性的现实根据和物质基础。叶适说：

“水行于地而上于井，虽十仞之深，未有不上者也。人实求水，水非求人，故邑可改以就井，井不可改以就人也……盖水非求人，人求水而用之，其勤劳至此。夫岂惟水，天下之物，未有人不极其勤而可以致其用者也。目之色，耳之声，口之味，四肢之安佚，皆非一日之勤所能为也。知者知之积一粒之萌芽，一缕之滋长以教天下。天下由之而不自知也，皆劳民劝相之道也。”②

其“人求水而用之”显示了人具有认识自然和改造自然的能动力量，而且通过艰苦的劳动（即“极其勤”），人类不仅获得了相应的物质财富与精神财富，同时更促进了智力的提高和发展，因此便有了“积一粒之萌芽”的生产过程与“劳民劝相之道”。由于劳动，人体的功能器官进一步细化，既有专业的劳动器官如手，又有高度集成化的思维器官如大脑，同时，人的感觉器官如眼、耳、鼻等亦获得了极大的延伸。因此，人类不断从被动适应自然环境的状态中解放出来，积极进取，主动创造，因为自然不会轻易地将它的宝藏奉献给人类，

① 《叶适集》第2册，中华书局1961年版，第714页。

② 《习学记言》卷三《易》。

所以“不为,则无时矣,何待?”①这种在自然界面前积极有为的思想意识不仅是对老庄一派“无为”主义的批判与否定,而且极大地丰富和发展了先秦以来“天人相分”的思想内容,“为王夫之‘与天争权’、‘以人造天’的唯物主义认识论提供了重要的先行思想资料”。②

其次,尊重客观规律,不要“以己形物”,更不能违背客观规律而“恃其力之足以致物”。叶适尽管不重“天道”,但这绝不等于说他因而就教唆人们对自然规律为所欲为。他反复强调说:“虽天地之大,圣人之崇高,未有逆理而能动者也。”③又说:“与之者天也,修之者人也。”④所谓“与之者天也”是指人是自然界长期演化的产物,离开了自然界,人类自身亦就不存在了,人类仅仅是宇宙万物的一分子,是自然界的一个有机组成部分。故此,叶适说:“君子不以须臾离物也。”⑤又说:“书有刚柔比偶,乐有声器,礼有威仪,物有规矩,事有度数,而性命道德,未有超然遗物而独立者也。”⑥就是说,人的生命、身体,连同思维一起,都受自然规律的支配,都由物质结构而成,世界上不存在脱离物质而独立存在的东西,宇宙间任何的客观存在都是物质的存在。在宋代,二程说:“天地人只一道也。才通其一,则余皆通。如后人解《易》,言《乾》天道也,《坤》地道也,便是乱说。”⑦他们非常反感人们将“道”分为“天道”与“人道”两部分,说:“安有知人道而不知天道者乎? 道一也。岂人道自是人道,天道自是天道?”⑧这是一种典型的“一天人”或曰“天人合一”的思想,在此前提下,人的地位绝对地服从“天”的地位,既没有独立自主性,也没有主观能动性,这种处于消极状态中的人其实同一般的物种已经没有什么本质的差别了。因此,朱熹不能不扬弃二程的这种“一天人”思想,而主张“天道”与“人道”毕竟有所分别的观点。如,朱熹说:“天道是体,人道是用。”⑨又说:“自其浑然一本言之,则谓之天道;自其与物接者言之,则谓之人道耳。”⑩可见,对于

---

① 《叶适集》第2册,中华书局1961年版,第765页。

② 肖萐夫、李锦全:《中国哲学史》下卷,人民出版社1984年版,第120页。

③ 《习学记言》卷一《易》。

④ 《叶适集》第1册,中华书局1961年版,第225页。

⑤ 《叶适集》第2册,中华书局1961年版,第731页。

⑥ 《叶适集》第2册,中华书局1961年版,第730页。

⑦ 程颢、程颐:《河南程氏遗书》卷十八《伊川先生语四·刘元承手编》,《二程集》上,中华书局1981年版,第183页。

⑧ 程颢、程颐:《河南程氏遗书》卷十八《伊川先生语四·刘元承手编》,《二程集》上,中华书局1981年版,第182页。

⑨ 黎靖德编:《朱子语类》卷二十七《论语九》,中华书局1994年版,第674页。

⑩ 黎靖德编:《朱子语类》卷二十七《论语九》,中华书局1994年版,第692页。

“道”的认识，程朱理学本身也在发生着变化，由“一天人”进而到“两天人”，而叶适正是从这种“变”与“分”的角度，既肯定了人道的自主性，又充分强调了天道对于人道的基础地位，仅此而言，叶适比朱熹更加接近二程的思想。从这里可以看到，“天人相分”思想在宋代的发展与演变，不是直线上升的，而是曲折的、迂回的和复杂的，所以，对于宋代“义理”学派和“功利”学派，如果我们只看到其如水火相克制的一面，而看不到其如水火相生化的一面，那就犯了机械的和形而上学的思维错误，因而就不能得出符合历史实际的正确结论。

而在铁的规律面前，人们的态度并不相同。如，叶适说：

“按：孔子告颜子‘一日克己复礼，天下归仁焉。’盖己不必是，人不必非，克己以尽物可也。若动容貌而远暴慢，正颜色而近信，出辞气而远鄙倍，则专以己为是，以人为非，而克与未克，归与未归，皆不可知，但以己形物而已。”①

“以己形物”的态度，实际上就是把自己的主观意志无条件地强加给自然界或者外物上，从而显示自己是一个“征服者”的存在，这种人很容易得意忘形，因而终究会遭受自然规律的惩罚。自然规律如此，社会规律亦复如此。不按规律办事，刚愎自用，过高地估价自己而无视规律的客观存在，逆天忤道，狂怒故态，实等于自掘坟墓。叶适举鲧治水以为例：

“鲧以人欲胜天，水方泛滥，不能顺导，乃崇土以塞之，一事不顺天人之理乱矣，此桀纣暴德之始。”②

“不顺天人之理”就是违背了自然规律，而“以人欲胜天”则是将人的主观意志强加于自然界，结果遭到自然界的报复，不亦悲乎！

叶适又举“君王”以为例：

“一人御于宫中，昧爽而起，天下之物有非吾之所求而自至者千万也。所以为应之之具，曰可否、予夺、爵赏、生杀而已，皆因其求而设以予之。吾唯无言，言则天下无不听命。暂出于我，而天下之人被之者，或惨怛而畏，或欢乐而慕，或去贫贱而得富贵，或失尊荣而就忧辱。其效如此，夫是谓之力足以致物。夫徒恃其力之足以致物，则吾应物之道浅而心之所存者狭矣。”③

“恃其力之足以致物”的后果是什么呢？贫富不均，荣辱失则，以至于人道沦丧，社会暴乱，国无一日安，民无一日宁。所以，叶适说：“圣贤之所以过人者，不恃其力之足以致物，而忧其心之未能通物。”④在此，“以力致物”与

① 《习学记言》卷十三《论语》。

② 《习学记言》卷三十七《隋书》。

③ 《叶适集》第2册，中华书局1961年版，第734页。

④ 《叶适集》第2册，中华书局1961年版，第734页。

"以心通物"是对待客观规律的两种态度,前者是一种不顾行为后果和不管客观条件成熟与否的"蛮干",而后者则是一种充分发挥人们的主观能动性,在认识和掌握了事物一定运动变化规律之后的"巧干",其"巧干"的结果必然是人们为人与物的共同存在而开创出一种比较和谐的文化环境,故叶适说:

"人之所甚患者,以其自为物而远于物。夫物之于我,几若是之相去也,是故古之君子,以物用而不以己用;喜为物喜,怒为物怒,哀为物哀,乐为物乐。其未发为中,其既发为和。"①

"以物用"就是依照客观规律来办事,从而使自己的行动与事物的运动变化规律相一致,叶适亦称此为"格物"。② 不过,"以物用"而不能"自为物",所谓"自为物"就是为规律所奴役。因此,在规律面前,叶适所主张的是一种"主人"意识而不是"奴仆"意识。在《圣经》里,自然界是作为人类的对立面而出现的,所以,人类只有征服自然,做自然的主人才能生存下去。然而,人类征服自然的目的,是为了人与自然更加和谐的相处,恰恰在这个方面,《圣经》缺少了一种东方意义的人文关怀。于是,在西方的人文世界里,以《圣经》为精神支柱的"天人相分"思想始终以"对立"为特点,而中国传统的"天人相分"思想则是一种以和谐为根基的"对立",这种"对立"更准确地讲,应当是一种"对称",一种和谐的"对称"。毫无疑问,这个特点在叶适的"天人相分"思想里表现得尤为突出。比如,叶适说:"古之人君,若尧、舜、禹、汤、文、武,汉之高祖、光武,唐之太宗,此其人皆能以一身为天下之势;虽其功德有厚薄,治效有深浅,而要以为天下之势在己而不在物。夫在己而不在物,则天下之事惟其所为而莫或制其后。"③诚然,"以为天下之势在己"是一种唯心史观,因为它过分凸显了个人在历史进程中的作用,然而,这里的"在己"毕竟已非常接近于西方文化阈中的"历史主体"思想了。"历史主体"包含两个方面的内容:英雄人物与人民群众。在哲学思想史上,如果以"英雄人物"作为"历史主体",就叫作"历史唯心主义";反之,如果以"人民群众"作为"历史主体",就叫作"历史唯物主义"。而退回到南宋这个特定的历史时期,我们要求叶适把"人民群众"作为"历史的主体"是很不现实的。因此,就那个时代讲,叶适能够提出历史发展的"在己"与"在物"问题,应当说他的思想已经远远地超越了他的同时代人。叶适说:自唐朝以降,"天下之势在物而不在己。故其势之至也,汤汤然而莫能遏,反举人君威福之柄以佐其锋;至其去也,坐视而不能止,而国家随

① 《叶适集》第 2 册,中华书局 1961 年版,第 731 页。

② 《叶适集》第 2 册,中华书局 1961 年版,第 731 页。

③ 《叶适集》第 2 册,中华书局 1961 年版,第 637 页。

之以亡。”[①]我们知道,从唯物史观的角度看,“在己”的实质是指一种生产关系,而“在物”的实质则是指一种物质生产力。叶适不懂得“天下之势在物而不在己”本身就是社会的发展规律,是人类进步的源泉。所以,当我们把被叶适所颠倒了“在己”与“在物”关系再重新颠倒过来之后,那么,叶适的解释就说得通了,就正确了。实际上,“在己”与“在物”的关系就是适应和不适应的关系,当“在己”与“在物”处于基本相适应的时期,人类社会就进入了一种“中”与“和”的状态,反过来,当“在己”与“在物”处于不相适应的时期,就必然会发生社会革命,并出现更朝换代现象,从而使新的“在己”与新的“在物”相适应。从这个角度讲,叶适所说“以物用而不以己用”思想,寓意非常深刻,而且其基调亦基本上是正确的。因为它的本意是说人类社会的发展是有客观规律的,是不以人们的主观意志为转移的(“不以己用”),因此,人们只能顺从客观规律的发展趋势,努力去适应各种社会变革,积极为新的“在己”与“在物”关系创造一种和谐的发展环境。

第三,“内外交相成”是人类知识产生的根本方法。叶适认为《易》是“天”与“人”分界的标志,而《易》本身又是客观规律与人的主观形式的结晶体,是一种知识的产物。叶适说:“名之为《易》者,上古之圣人也,道也;卦,伏羲也;重,文王也;彖,孔子也。盖圣人之始作也,自以为名;而后世犹患其微,是以圣人更起而名之。至于孔子,以为足矣,然而不终于《既济》,而终于《未济》,所以见《易》之无穷也。”[②]诸如伏羲、文王、孔子等,都是人类智慧的化身,是知识的人格化体现。其《易》之所以能沟通天、地、人三才,主要就是因为有人类知识这个重要纽带。那么,什么是知识呢?叶适有他自己的解释。在《习学记言》卷十四《孟子》篇中,叶适讲了一段非常经典的话,他这样说道:

“耳目之官不思而蔽于物,物交物则引之而已矣;心之官则思,思则得之,不思则不得也。此天之所以与我者,先立乎其大者,则小者弗能夺也,此为大人而已矣。按:《洪范》耳目之官不思为聪明,自外入以成其内也;思曰睿,自内出以成其外也。故聪入作恶,明入作谋,睿出作圣,貌言亦自内出而成于外。古人未有不内外交相成而至于圣贤,故尧舜皆备诸德,而以聪明为首。”[③]

用现代的观点看,“耳目之官”指的是人们的感性认识,它是一种对事物外部的各种客观现象之间的认识,其特点是人的感觉对事物进行直接感知,故云“物交物则引之而已矣”。而“心之官”指的则是人的理性认识,他是一种对

① 《叶适集》第2册,中华书局1961年版,第637—638页。

② 《叶适集》第2册,中华书局1961年版,第715页。

③ 《习学记言》卷十四《孟子》。

事物内部各要素之间必然联系的认识，是对事物存在和发展过程的深刻把握，因而具有抽象性和间接性的特点。当然，感性认识和理性认识不是两个各自不相干的“孤岛”和两个各自不动的“坐标系”，实际上，两者都是一个不断运动的过程，比如，“自外入以成其内”的反映过程就构成了感性认识，反之，“自内出以成其外”的反映过程就构成了理性认识。可见，感性认识和理性认识都能形成知识，一般而言，人们将前者所形成的知识称之为“经验知识”，而将后者所形成的知识称之为“理性知识”。在不同的历史阶段，由于两种知识形态的价值表现各异，地位有差，所以人们便对两者各自的重要性问题提出了截然相反的看法，在西方表现为“经验论”与“唯理论”的对立，而在中国古代则表现为“功利派”与“义理派”的对立。在“功利派”看来，“耳目之官”为大，而“以聪明为首”，叶适就其基本倾向来说，显然是坚持了“功利派”的立场。于是，他对“义理派”的“心性”说提出了批评：

“盖以心为官出孔子之后，以性为善独自孟子始。然后学者尽废古人入德之条目，而专以心性为宗，主虚意多，实力少；测知广，凝聚狭，而尧舜以来内外交相成之道废矣。”①

“实力”正是“功利派”思想的特色所在，而“实力”不能脱离“耳目之官”，不能舍弃“自外入以成其内”的认识过程，据此，叶适更提出了其现实性和实效性都极强的“欲利”观。从思想根源上说，“耳目之官”是产生物质欲望的生理基础，故告子说：“食、色，性也。”汉代赵歧注云：“人之甘食悦色者，人之性也。”②看来孟子本身并不反对“食色”，但是老庄一派经过魏晋玄学的鼓动，到程朱理学时，“食色”竟然变成了洪水猛兽，以至于他们非置于其被灭绝的境地不可。尽管朱熹的本意可能不是这样，但说者无心，听者有意，他的话一说出口，传播者便大加渲染，他们从“耳目之官”到“殖货利”一起灭绝，恨不能连根拔掉。比如，宋人有一种观点说：“五声令人耳聋，五色令人目盲，则声色所以贼其性者也。迩声色则性为物蔽，财犹腻耳；近之污人则货财所以丧其志者也，殖货利则志为物累，惟不迩声色则视听不蔽，而耳目聪明；惟不殖货利则思虑不惑，而心志广大。”③不断满足人类日益增长的物质文化需要是社会生产力发展的必然结果，如果连“五色”、“五声”甚至“殖货利”都不要了，那社会就没有办法进步。因此，叶适明确表示：“以性为静，以物为欲，尊性而贱

① 《习学记言》卷十四《孟子》。

② 汉赵氏注：《孟子注疏》卷十一《告子章句上》。

③ 黄伦：《尚书精义》卷十六。

欲,相去几何?”[①]这就从认识论上与程朱理学划清了界线,他认为“感于物而动,性之欲也,但不生耳,生即动”[②],就是说除了死去的人没有了欲望,凡是活着的人都有各种不同的物质欲望,因为“欲”与“性”是统一的,有“性”就有“欲”,反之,无“欲”亦就无“性”,所以“欲”是“性”之“欲”,“性”是“欲”之“性”。故叶适说:近世之论学,“以天理、人欲为圣狂之分者,其择义未精也。”[③]可见,“人欲”是无法谫灭的,而建立在“人欲”基础上的“殖货利”之“利”亦是合乎“人道”的。叶适说:“古人以利与人而不自居其功,故道义光明。后世儒者行仲舒之论,既无功利,则道义者乃无用之虚语耳。”[④]斩钉截铁,一针见血,其崇尚“功利”的学术倾向多么鲜明而执著!“天下之物,养之者必取之”[⑤],它反映了商人阶层在南宋势力的不断发展壮大,而这个商人阶层也就成为叶适功利思想的物质基础。

不仅如此,叶适进一步把这种功利意识引入到认识领域,于是便形成了其具有一定实证主义性质的真理观。在中国古代,墨子曾提出了检验真理标准的“三表”说,其中“第三表”就是主张用社会效果来检验知识的真与假,后来王充更加明确地指出:“凡论事者,违实不引效验,则虽甘义繁说,众不见信。”[⑥]因而形成了一条鲜明的“实证主义”认识路线。而叶适不仅继承了这条路线,而且还有所拓展。比如,他说:“夫欲折衷天下之理,必尽考详天下之事物而后不谬。”[⑦]这是其实证主义真理观的前提,而此前提显然与朱熹的“格物”说相通,例如,朱熹说:“以为不必穷于事事物物之间而直欲侥幸于三反知十之效,吾恐其卤莽灭裂而终不能有所发明。”[⑧]在此,朱熹明确肯定了“知识创新”的前提是“穷于事事物物之间”,然而朱熹仅仅停留在了这一步,他认为只要人们“穷于事事物物之间”,就必定能“知至”,[⑨]即获得绝对真理,这种知识观显然是不可靠的。与朱熹的观点不同,叶适没有仅仅停留在“前提”这一步,而是又继续向前迈了一步,因此,他在这个问题上超越了朱熹。叶适认为,只做到“尽考详天下之事物”还不够,为了保证知识的可靠性,就必须“尽观而

---

① 《习学记言》卷四十四《荀子》。
② 《习学记言》卷四十四《荀子》。
③ 《习学记言》卷二《易》。
④ 《习学记言》卷二十三《汉书三》。
⑤ 《叶适集》第2册,中华书局1961年版,第676页。
⑥ 《论衡·知实篇》。
⑦ 《叶适集》第2册,中华书局1961年版,第614页。
⑧ 《晦庵集》卷五十二《答姜叔权》。
⑨ 《晦庵集》卷五十二《答姜叔权》。

后自为之”，也就是说把获得的结论性认识拿到实践中去检验一番，否则就是“空言”。[①] 他说道：“则无验于事者其言不合，无考于器者其道不化，论高而实违，是又不可也。”[②]其中“验于事”及“考于器”讲的都是实际效果，都是客观实在的功效。

第四，道是有层次、有等差的。在宋代，叶适是第一个肯定了道有层次的思想家。他说：“昔孔子称愤启悱发，举一而返三，而孟子亦言充其四端至于能保四海，往往近于今之所谓悟者。然仁必有方，道必有等，未有一造而尽获也；一造而尽获，庄、佛之妄也。”[③]其“道必有等”的内容究竟如何？下面我们依据《习学记言》和《水心文集》及《水心别集》中所出现的概念，并加以适当分类汇总，特制图表如下：

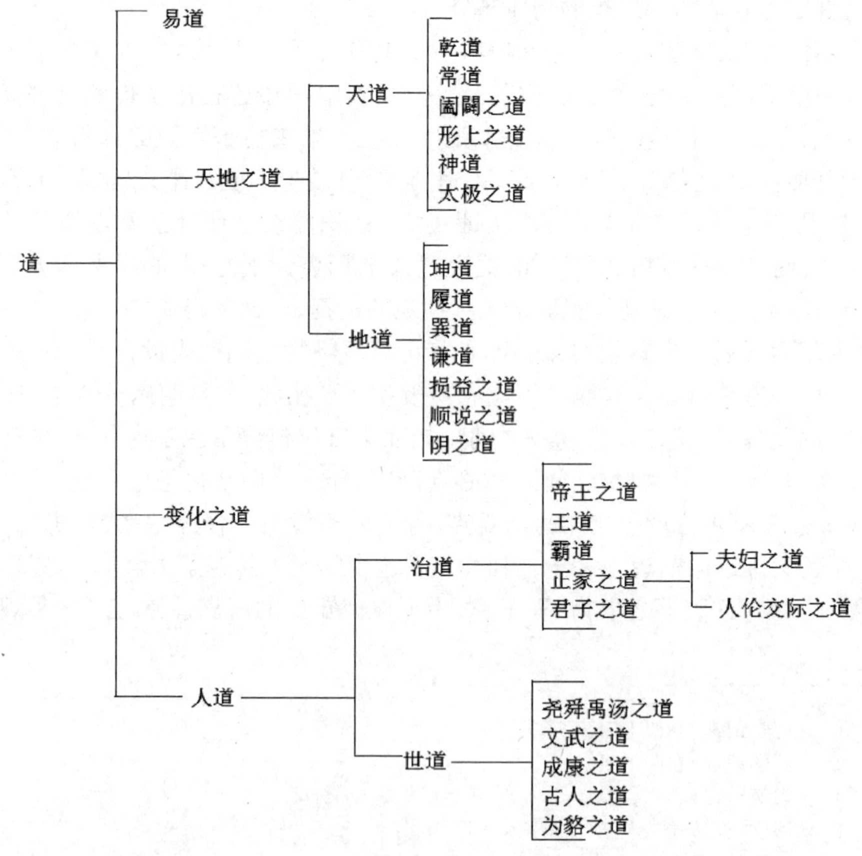


① 《叶适集》第2册，中华书局1961年版，第695页。

② 《叶适集》第2册，中华书局1961年版，第694页。

③ 《叶适集》第1册，中华书局1961年版，第326页。

由图表中知，叶适的“人道”观本身不仅是有诸多层次级联而成的思想体系，而且他对其中许多概念的理解与界定也很有特色，甚至是独有创见。为了说明问题，笔者在此不妨枚举两例，以示其在宋学发展与演变中的特殊地位。

1.对“道”的认识可谓发前人之未发，其见解独到而精辟。他说：“道者，阳而不阴之谓也，一阴一阳非所以谓道也。”①众所周知，“一阴一阳之谓道”是《周易·系辞上》所申述的一条基本原理，在叶适之前还从来没有人对此表示过任何疑义。叶适却不然，他不仅非难“一阴一阳之谓道”这条原则，而且还延及“形而上之谓道”这个命题，他这样说道：“形而上者谓之道。按：一阴一阳之谓道，兼阴说虽差犹可言也，若夫形上则无下，而道愈隐矣。”②就是说言“道兼阴”犹可恕，而只指“形上谓之道”却无“形下”则对叶适来说真的是“是可忍，孰不可忍”，在叶适看来，其《易》“书仅存而道不明”③的根源就在于此。叶适反复强调说：“《易》非道也，所以用是道也。”④此“所以用”讲的便是《易》的社会功效，即只有那些对社会进步有效用的微言大义，才可称之为“道”，反之，就不是“道”。以此为标准，叶适深有感触地谈了下面一段话，他说：

“故夫圣人推为仁义礼乐，制为生杀赏罚，作为宫室器用，第为尊卑名品，文字以通其心意，权度以一其偏私，举皆归之于《易》；而文王、孔子立忧患之世，有以见天下之情而惧其不能知，则又重之以示其变，系之而存乎辞，而《易》之为书备矣。书之未备也，《易》存乎道，见道者足以为《易》。书之既备也，《易》存乎书，天下即其书而求之，书备而《易》始穷矣。测之以象数，别之以筮占，离析其卦爻而杂之以事物之故，辨智几殚而不得其毫芒，于是阴阳、律历、曲学小数，时日下俚之说，与夫素隐行怪、窥测异端、恢诡不伦之士，埋伏于山林草野之间者，又皆自托于《易》。故后世以《易》为幽远难通之书，其上下出入，鬼神恍惚，不可穷诘，而无以为用于天下。”⑤

这段话的中心意思是说，当《易》书尚不完备的时候，《易》中还能看见“道”，但当《易》完备之后，其中的“道”反而看不见了，都隐于“山林草野之间”，其结果是《易》书“无以为用于天下”，而其用却正是《易》之道，或曰“易道”之所在在其“用”，而不在其“辞”，故叶适说：“圣人之道与《易》之书，未知

① 《习学记言》卷四《易》。

② 《习学记言》卷四《易》。

③ 《叶适集》第2册，中华书局1961年版，第713页。

④ 《叶适集》第2册，中华书局1961年版，第695页。

⑤ 《叶适集》第2册，中华书局1961年版，第695—696页。

其孰离也。”①而“圣人之道”就是以社会功效为突出特征的治世之道，如尧舜禹汤之道、文武之道、成康之道、劳民劝相之道等。那么，叶适为什么剔除了“阴”之元素独以“阳”为“道”呢？这是因为：从本体论的角度讲，叶适坚持了“气”一元论的唯物主义立场，这种“党性”立场必然促使他走向崇尚“阳道”的思想路线。“气”在理论上属于“阳”的范畴，它以“动”为特征，而叶适的“天人相分”观说白了就是一种讲求“动”的哲学思想。比如，他说：“夫乾其静也，专其动也，直是以大生焉；夫坤其静也，翕其动也，闢是以广生焉，广大配天地，《易》于乾坤不并言，盖因乾而复有坤也；天地则并言之矣，盖有天则必有地也。”②又说：“‘人生而静，天之性也；感于物而动，性之欲也。’但不生耳。生即动，何有于静？”③“乾”是“动”，“生”是“动”，“欲”也是“动”，宇宙万物就是在“动”中发展，在“动”中求“生”，这就是叶适“动”的哲学思想的实质与核心。另外，我们还要看到，南宋的民族矛盾异常突出和尖锐，在这样的历史背景下，统治者的治策究竟是求“静”好还是求“动”妙，人们的意见很不一致。所以，从理论上论证“动”相对于“静”对社会发展具有更重要的功效，就成为叶适学术研究中最为迫切的一个大问题。为此，叶适根据南宋社会经济发展的客观实际，认为守“静”不仅不能有助于社会经济的繁荣与发展，反而会招致社会的混乱和国家的败局。他说：“天下之人，惟其安于君臣、父子、仁义、礼乐之际而莫见其机，是以默然不喻而自从。今老聃将遂与之并用其机，则是乱愈激而民愈不可治也。”④此路既然走不同，死路一条，那叶适指给我们的生路是什么呢？叶适说：“盖自伏羲至于孔子而道始存于经。自孔子至于今而其经始明，有能施之于治，殆庶几乎！会之以心，验之于物，其行之于诚，其财之以义，其聚为仁，其散为礼，本末并举，幽显一致，卓乎其不可易也。”⑤此“心”与“物”相兼，“诚”与“义”并施，就是叶适指给我们的生路，就是他的一切思想的总纲。

2.主张“道艺可合”的“王道”思想，从而使其“功利”学说具有了更加丰富的社会内容和坚实的理论基础。追索先人典籍，卜辞中已经出现了“王”与“霸”的称谓，而其思想内涵主要指“有天下者为王，诸侯之长为霸。”⑥入春秋之后，“王”与“霸”的内涵逐渐演变为“王道”与“霸道”的对立。其中“王道”

① 《叶适集》第2册，中华书局1961年版，第696页。

② 《习学记言》卷四《易》。

③ 《习学记言》卷八《礼记》。

④ 《叶适集》第2册，中华书局1961年版，第709页。

⑤ 《叶适集》第2册，中华书局1961年版，第694页。

⑥ 张立文：《中国哲学范畴史·人道篇》，中国人民大学出版社1995年版，第679页。

的核心思想是“以礼服人”，而“霸道”的轴心意识则是“以力服人”。于是，围绕着社会发展究竟是行“王道”还是行“霸道”的问题，先秦诸子相互之间展开了激烈地论争。比如，儒家和墨家主“王道说”，孟子指责“五霸”（即齐桓公、晋文公、秦穆公、楚庄王、吴王阖闾）云：“三王之罪人也。”①墨子亦坚决倡导“王道”；②而法家则主“霸道说”，以商鞅最为典型，他明确主张：“吾说公以霸道，其意欲用之矣。”③作为先秦“王”与“霸”之辨的自然延续，宋人结合当时社会发展的客观实际，其“王道”与“霸道”之争大致可划分为“心性之学”与“功利之学”两派。如二程说：“得天理之正，报人伦之至者，尧舜之道也；用其私心，依仁义之偏者，霸者之事也。”④可见，二程崇尚“王道”的思想倾向是明确的。与之相反，王安石却为“霸道”大唱赞歌，他说：“霸者之心为利，而假王者之道以示其所欲，其有为也。”⑤在此，王安石崇尚“有为”的“霸者”的思想倾向亦是非常明确的。南宋虽然在军事及外交上连连失利，但其凭借江浙的地域优势，商品经济却较北宋还要发达，更盛于汉唐，比如，叶适在《上光宗皇帝札子》一文中说：“今之茶盐净利酒税征榷何其浩大欤，虽汉唐极盛之时，尽一天下之输曾未能当今三务场之数。”⑥在此背景之下，朱熹站出来，对汉唐两朝盛世大放厥词，认为其“全体却只在利欲上”⑦而对汉唐之功绩基本上予以否定。对此，叶适表示反对，他尽管对唐太宗之治有“曾不能望齐桓之十一”⑧之论，但他认为整个说来汉唐的历史功绩是不能磨灭的。因此，他阐明了自己的主张：“后世以经术起之，无不欲上继尧舜而鄙陋汉唐，然古人议论断绝皆尽，而偏歧旁径，从横百起，莫觉莫知而皆安之以为当然也，岂不可叹哉！”⑨在叶适看来，“王道”与“霸道”其实并不是绝对对立的，“王道”须藉“霸道”来达到自己的目的，而“霸道”又须以“王道”为其价值指南，故“王道”脱离不开“霸道”，“霸道”亦无法割断“王道”而孤立存在，两者相辅相成，缺一不可。因此，叶适说：

“苏氏言孔子盖罪汤武以警后世，而谓太宗从谏如流，为秦汉以来百王之

---

① 《孟子·公孙丑上》。

② 《墨子·兼爱下》。

③ 司马迁：《史记》卷六十八《商君列传》，中华书局2013年版，第2694页。

④ 程颢、程颐：《河南程氏文集》卷一《明道先生文一·表疏》，《二程集》上，中华书局1981年版，第450页。

⑤ 王安石著，宁波等校点：《王安石全集》下，上海古籍出版社1999年版，第723页。

⑥ 《叶适集》第2册，中华书局1961年版，第841页。

⑦ 陈亮：《陈亮集》上册，中华书局1987年版，第296页。

⑧ 《习学记言》卷五十《吕氏文鉴》。

⑨ 《习学记言》卷四十八《吕氏文鉴》。

冠,可乎?程氏又有三代天理,汉唐人欲之论。嗟夫,人必逼父杀兄而后为欲,则其所恶又将若何哉?"①

这就是说简单地将汉唐作"王道"或"霸道"的划分,难免以偏概全,不能给予公正的评价。这是因为,纯粹的以"功利主义"为内核的"霸道"只能给国家和人民带来灾难。叶适说:

"凡为管仲之术者,导利之端,启兵之源,济之以贪,行之以诈,而天下之乱益起而不息。"②

此外,纯粹的以"心性主义"为生存根基的"王道"更于社会无补,比如,叶适说:

"今之为道者,务出内以治外也;然而于君臣、父子、兄弟、朋友、夫妇,常患其不合也。守其心以自信,或不合焉,则道何以成?"③

所以说:"言仁、义、礼、乐必归于唐、虞、三代,儒者之功也;言仁、义、礼、乐,至唐、虞、三代而止,儒者之过也,仁、义、礼、乐,三才之理也……何尝一日不行于天下。"④在叶适看来,真正的"王道"是"礼、乐、刑、政四达而不悖"⑤的"王道",是"道艺可合"⑥的"王道"。由此可见,叶适的"王道"观与他的哲学思想是一致的,因为叶适的"王道"观的基本理论依据就是"道在器中"四个字,即"王道"具体地存在于"霸道"之中,无"霸道"亦即无"王道",同"利"是"义"的物质基础一样,"霸道"是成就"王道"的物质前提,而用姜国柱先生的话说就是"以实际之学求实际之效",⑦这便是叶适的思想和叶适的为人,尽管他的思想还不可能超越他所生活的那个多灾多难的历史时代,亦无法跨过他所属阶级的羁绊,因而他的思想中还充满着各种各样的冲突与矛盾,但他那"因时施智,观世立法"⑧的思想气势,锐不可当,而随着社会的发展和人类的进步,叶适的"天人相分"思想必将会放射出更加绚丽多彩的光芒。

## 三、陈亮和叶适"事功"思想的性质与特点

宋代"士、农、工、商"四民的分界开始被打破,标志着传统社会向近代社

---

① 《习学记言》卷三十八《唐书》。

② 《叶适集》第2册,中华书局1961年版,第706页。

③ 《叶适集》第2册,中华书局1961年版,第727页。

④ 《叶适集》第2册,中华书局1961年版,第742页。

⑤ 《习学记言》卷二十一《汉书》。

⑥ 《叶适集》第2册,中华书局1961年版,第605页。

⑦ 姜国柱:《中国历代思想史·宋元卷》,台北文津出版社1894年版,第509页。

⑧ 《叶适集》第2册,中华书局1961年版,第657页。

会的转型。虽曰“四民”,但“士”的身份非常特殊。从历史上看,士大概是从事卜筮、管理和指导农业生产的人,如《说文解字》说:“士,事也。数始于一,终于十。孔子曰:推一合十为士。”①“推一合十”是一种占卜术,与农业生产密切相关。故近人吴承仕说:“士事菑古音并同,男字从力,依形得义,士则以声得义也。事今为职事事业之义者,人生莫大于食,事莫重于耕,故臿物地中之事引申为一切之事也。”②其实,仅就字形来判断“士”字更像是沟通天地之神,而专司这种职业的人就称作士,后代所说的“博士”很可能是“卜士”一词的谐音。循此,则不仅沟通天地,而且沟通天、地、人三者的人,便称为“王”,所以“士”在地位上总是较“王”低一等,而“王”将“士”作为一种统治工具,其本义也是利用“士”人之沟通天地的职能。由于“士”的这种特殊身份,因此,在春秋时期,“士”还没有混同于“民”,如《左传》桓公二年载:“士有隶子弟,庶人、工、商”,其“庶人、工、商”为三“民”。此“庶人”一般指“农民”,而“士”则有别于“三”民,属于“贵族”阶层的一员,如元人吴澄说:“士,殷之诸臣有位者。”③与“民”相对立,即为“民神不杂揉”,也即“绝地天通”,④所以,“绝地天通”的本意就是将“天”与“人”分割开来,将“天”凌驾于“人”之上。对此,苏轼有一个比较明确地界定,他说:“尧乃命重黎授时劝农而禁淫祀,人神不复相乱,故曰绝地天通。”⑤不过,到春秋时期,随着私有制的逐步成熟,土地由原来的王公所有一变而为“土地主”个人所有,⑥与之相适应,其“士”之沟通天地职能也势必要发生转移,因而就又形成了“天人作享,家为巫史”⑦的“民神同位”局面,这样一来,“士”的传统地位便开始发生动摇了,如果说在春秋之前“士”是那些有固定职位的“贵族”,士庶界限分明,那么,自春秋末期以后,士庶之间的界限就越来越模糊了,以至于出现了“士庶人”⑧的说法。在这里,“士”的地位虽然下降到了“庶人”的地位,甚至《春秋穀梁传》成公元年春三月还出现了“古者有四民:有士民,有商民,有农民,有工民”的称谓,但“士”毕竟不可能再像庶人那样,“纯其艺黍稷”。这样,既不务农,又失去了官位,他们便开始以传授知识为责任,从而带来了一场伟大的知识革命。如孔子讲学

---

① 许慎:《说文解字》,中华书局 1987 年版,第 14 页。

② [美]余英时:《士与中国文化》,上海人民出版社 2004 年版,第 5 页。

③ 吴澄:《书纂言》卷四下《多士》,文渊阁四库全书本。

④ 《尚书·吕刑》。

⑤ 苏轼:《书传》卷十九《周书·吕刑》,文渊阁四库全书本。

⑥ 周谷城:《中国通史》上册,上海人民出版社 1985 年版,第 131 页。

⑦ 吴澄:《书纂言》卷四下《多士》。

⑧ 郭沫若:《两周金文辞大系》,科学出版社 1957 年版,增订本,第 191 页。

立言，其“受业身通者，七十有七人，皆异能之士也。”①从“承问对”②到“传道授业”，“士”的这种职能转换，可以说是一种完全意义上的价值确证，具有革命性的意义。孟子说：“士之失位也，犹诸侯之失国家也”，又说：“惟士无田”。③ 而“无田”之“士”就变成了“游士”，顾炎武说：“春秋以后，游士日多”，“游士兴而先王之法坏矣。”④所谓“先王之法坏”就是说由于“知识阶层”的出现而打破了原有的社会关系格局，且从齐桓公始，“为游士八十人，奉以车马衣裘，多其资币，使周游四方，以号召天下之贤士，而战国之君遂以士为轻重。”⑤这说明“游士”的社会影响力在不断扩大。此时，在人们的观念里，“四民”似乎已经有了“本”与“末”之分别。如荀子说：“土之与人也，道之与法也者，国家之本作也。”⑥此“土之与人”显然是就“农”与“士”而说的，可见，“士”与“农”两者在战国时期已渐渐地上升为“国家之本作”的地位。有“本作”自然就有“末作”，由于地域经济的不同，到战国中后期，各国为了取得霸主地位，相继进行改革以“富国强兵”，其中魏有李悝，楚有吴起，秦有商鞅，尤以商鞅变法最彻底，影响最深远。商鞅变法中有“重农抑商”一项内容，该项内容规定：“僇力本业，耕织致粟帛多者复其身。事末利及怠而贫者，举以为收孥。”⑦“索隐”释：“末，工商也。”这样一来，商鞅就把传统的“四民”一分为二：“士农”为“本”，而“工商”为“末”。在秦人看来，“重农抑商”的根据就是社会应当追求劳动与效益相均衡的原则，而不能使不劳而食，或者劳而不食成为衡量社会价值的基本尺度。故秦人给“农”与“商”的定位是：“天下有其实而无其名者，商人是也。无把铫推耨之势，而有积粟之实，此有其实而无其名者也。无其实而有其名者，农夫是也。解冻而耕，暴背而耨，无积粟之实，此无其实而有其名者也。无其名又无其实者，王乃是也。”⑧这种给“农”与“商”的定位，虽然有秦国当时的特殊历史原因和局域生存背景，但毫无疑问，这种定位是小农经济的意识，而不是大经济意识。所以，从长效机制看，这种意识和极端政策给中国中古社会发展所带来的消极后果是非常明显的。比如，自西汉开始，为了对商人势力进行实质性地打击，国家不仅实行盐铁专卖或称官

---

① 司马迁：《史记》卷六十七《仲尼弟子列传》，中华书局 2013 年版，第 2643 页。

② 钱穆：《两汉经学今古文平议》，香港：香港新亚研究所 1958 年版，第 166 页。

③ 《孟子》卷六《滕文公下》。

④ 顾炎武：《日知录》卷 7《士何事》。

⑤ 顾炎武：《日知录》卷 7《士何事》。

⑥ 《荀子·致仕篇》。

⑦ 司马迁：《史记》卷六十八《商君列传》，中华书局 2013 年版，第 2696 页。

⑧ 《战国策》卷六《秦四》。

营，汉令“敢私铸铁器鬻盐者，钛左趾，没入其器物”，①而且还进一步推行均输平准政策，“令远方各以其物如异时商贾所转者为赋，而相灌输。置平准于京师，都受天下委输。召工官治车诸器，皆仰给大农。大农诸官尽笼天下之货物，贵则卖之，贱则买之。如此，富商大贾亡所牟大利，则反本，而万物不得腾跃。”②此项措施一直为后代封建国家所沿用，并成为其“抑商”的基本手段。当然，经济上的“抑商”远不是中国中古封建国家对待“商人”态度的全部，更为严重的是自西汉以后，封建国家从政治上歧视“商人”之风愈演愈烈，甚至发展到人格侮辱和身份歧视的程度。如“高祖乃令贾人不得衣丝、乘车，重税租以困辱之。”③同时，汉代还设立了市籍制度，凡被纳入到“市籍”之中的人多是与商贾有染者，他们是国家征发从军的主要对象，因为他们只有这样才能获得由“贱民”擢升为“良民”的机会。又如，晋令“侩驵者皆当著巾白帖额题所侩驵者及姓名，一足着白履，一足着黑履。”④隋朝更规定“工商不得入仕”⑤，唐因汉、隋之制，“禁工商不得乘马”⑥，且“工商杂色之流，假令术踰侪类，止可厚给财物，必不可超授管秩，与朝贤君子比肩而立，同坐而食。”⑦此令无疑加剧了“士”与“商”之间的矛盾，尤其助长了“士不齿于商”之社会风气。虽然唐朝中后期歧视和限制商人的政府行为有所“弛禁”，但“士”与“商”之间的裂隙却久久地难以弥合。马克思在《资本论》第一卷中说：“资本主义社会的经济结构是从封建社会的经济结构中产生的。后者的解体使前者的要素得到解放。”⑧在中国中古时期，资本主义的“要素”却无法得到解放，这应是中国封建社会多因素综合作用的后果。而资本主义的“要素”在中国封建社会得到部分解放的历史时期则始于宋代，故日本学者内藤湖南主张：“唐代是中世纪的结束，而宋代则是近世的开始。”⑨内氏的观点可能还存在着许多不足，但他的启示作用不能低估。仅就对待商人的态度而言，宋代与唐代相比，确实发生了很多属于部分质变性的变化。例如，宋太祖“首定《商税则例》，自

① 班固：《汉书》卷二十四《食货志第四下》，中华书局1962年版，第1166页。

② 班固：《汉书》卷二十四《食货志第四下》，中华书局1962年版，第1175页。

③ 班固：《汉书》卷二十四《食货志第四下》，中华书局1962年版，第1153页。

④ 李昉等：《太平御览》卷八百二十八《资产部·驵侩》，中华书局影印，1960年版，第3694页。

⑤ 马端临：《文献通考》卷二十八《举士》。

⑥ 王溥：《唐会要》卷三十一《杂录》，中华书局1975年版，第572页。

⑦ 刘昫：《旧唐书》卷一百七十七《曹确传》，中华书局1975年版，第4607页。

⑧ 《马克思恩格斯全集》第23卷，人民出版社1972年版，第783页。

⑨ 李华瑞：《20世纪中日“唐宋变革“观研究述评》，载《史学理论研究》2003年第4期。

后累朝守为家法。”①实际上,这是以“家法”的形式承认了商人的合法地位,是一次历史性的突破。自此,宋代取消了唐代的“坊市”格局,允许商人自由、开放式的经营各种非禁榷的货物。于开封,“其士农工商诸行百户衣装,各有本色,不敢越外”;②于杭城,“街市买卖人,各有服色、头巾,各可辨认是何名目人。”③必须指出,宋代的行业着装,显然是一种职业服装,里面不包含任何身份歧视的意思。宋代商贾亦可举仕,其“工商杂类人内有奇才异行,卓然不群者,亦许解送。”④有人统计,宋代“盐、茶、酒、商税、市舶、矿冶等工商收入约占总收入的 70%,其中北宋商税年平均征收约 1000 万贯钱,占总收入的 10%”,⑤可见,工尚杂类已经成为宋代经济发展的一支主要力量。难怪宋人陈耆卿说:“士勤于学业则可以取爵禄,农勤于田亩则可以聚稼穑,工勤于技巧则可以易衣食,商勤于贸易则可以积财货,此四者皆百姓之本业,自生民以来未有能易之者也。”⑥因此,陈亮说:“农商一事也。”⑦叶适亦说:“富人者,州县之本,上下之所赖也。”这些“富人论”观点是一种具有“近代意义”的启蒙思想,是一种张扬“财富”的近代资产阶级人文意识。正是由于陈亮和叶适的努力和疾呼,才出现了明代“商贾大于农工”⑧的思想命题,从世界范围内来看,“商贾大于农工”的思想显然已经是一种“重商主义”思想了。而“重商主义”的本质就是反对自然经济论,主张货币是财富的唯一形式,它与人文主义运动相伴生,积极推行“以实际为重”的人文主义理念,深刻反映了在封建社会内部逐渐成长起来的新兴资产阶级的思想动态,有力地促进了资本主义生产方式的形成与发展。以此为准绳,仔细地和历史地衡量一下,陈亮和叶适的“事功”思想也具有把“重商主义”与“人文主义”精神结合起来的特点,只是由于缺少必要的社会基础,陈亮和叶适的“重商主义”思想没有像西欧 15 至 17 世纪的“重商主义”那样形成一股强大的思想潮流,因而陈亮和叶适的“事功”学说还仅仅是一种不成熟的“重商主义”思想,它在一定程度上反映了正在成长中的南宋“商人化地主阶层”⑨的意志和愿望,可惜“在他们当中没有出现一

---

① 《文献通考》卷十四《征榷考一》。

② 孟元老:《东京梦华录》卷五《民俗》。

③ 吴自牧:《梦粱录》卷十八《民俗》。

④ 《宋会要辑稿》选举十四之十五。

⑤ 李绍强:《中国封建社会工商管理思想的变迁》,载《东岳论丛》2006 年第 1 期。

⑥ 陈耆卿:《赤城志》卷三十七《重本业》。

⑦ 陈亮:《陈亮集》上册,中华书局 1987 年版,第 140 页。

⑧ 何心隐:《何心隐集》卷三《答作主》。

⑨ 任继愈:《中国哲学史》第 3 册,人民出版社 1979 年版,第 270 页。

个像范仲淹、王安石那样的领导群伦的杰出人物，统一大家的认识，实行第三次政治变革运动”。①

当我们通过历史的考察，在明了了陈亮和叶适的思想性质以后，自然要对他们的思想特点作一总结。

1.同西欧“重商主义”者“反对西欧封建社会经院哲学家用宗教教义和伦理规范来说明社会经济现象，反对他们维护自然经济而敌视货币财富，开始对社会经济现象进行实际的考察”一样，陈亮和叶适也反对程朱理学用“小农经济”的观点来压制与排挤“富人”的思想观点，大胆而锐利，给南宋思想界输入了一股新鲜血液，对于启蒙近代中国民族资产阶级的“民生”思想具有积极的先导意义。在陈亮的一生中，最可称道的地方就是他与朱熹围绕着“王霸义利”问题所进行那一次次言辞激烈的争论。据《朱熹年谱》载：“（淳熙）十一年甲辰（1184），五十五岁。是岁，辨浙学。”②那么，朱熹为什么要“辨浙学”？淳熙八年（1181）秋八月，朱熹除提举两浙东路常平茶盐公事。淳熙九年春正月，陈亮来访朱熹，不久，朱熹又回访了陈亮。朱熹虽然来浙东的时间不长，但他通过观察和了解，浙东思想业已产生的影响力完全出乎他所料，至此，他才深深感到浙学对于“理学”的巨大“危害性”。比如，他在《答沈叔晦书》文中说：“近日一派流入江西，蹴踏董仲舒而推尊管仲、王猛。”③又《答耿直之书》说：“顷岁入浙，从士大夫游，数月之间，凡所闻者无非枉尺直寻、苟容偷合之论，心窃骇之。”④再《答黄直卿书》更说：“婺州近日一种议论愈可恶，大抵名宗吕氏，而实主同父（即陈亮），深可忧叹。”⑤故在朱熹看来，“舍《六经》、《论》、《孟》而尊史迁，舍穷理尽性而谈世变，舍治心修身而喜事功，大为学者心术之害。”⑥此“三舍”即是朱熹对浙学的总体认识与评价，是程朱理学与陈亮、叶适“事功”学对立的焦点。对于朱熹所“辨”的内容，其中心就是“天理”与“人欲”、“王道”与“霸道”、“义”与“利”之辨。朱熹说：“至若论其本然之妙，则惟有天理而无人欲。是以圣人之教人，必欲其尽去人欲而复全天理也。若心则欲其常不泯而不恃其不常泯也，法则欲其常不废而不恃其不常废也。”⑦又说：“若高帝，则私意分数犹未甚炽，然已不可谓之无；太宗之心，则吾

① 漆侠：《宋学的发展和演变》，河北人民出版社 2002 年版，第 560 页。

② 王懋竑：《朱熹年谱》，中华书局 2006 年版，第 142 页。

③ 王懋竑：《朱熹年谱》，中华书局 2006 年版，第 145 页。

④ 王懋竑：《朱熹年谱》，中华书局 2006 年版，第 146 页。

⑤ 王懋竑：《朱熹年谱》，中华书局 2006 年版，第 146 页。

⑥ 王懋竑：《朱熹年谱》，中华书局 2006 年版，第 143 页。

⑦ 陈亮：《陈亮集》卷二十八《附朱熹寄陈同甫书八》，中华书局 1987 年版，第 364 页。

恐其无一念之不出于人欲也。"[①]朱熹把他的"理欲"观应用于分析中国古代历史的演变,具有明显地崇三代而抑汉唐的思想倾向。对此,陈亮回答说:"自孟、荀论义利王霸,汉、唐诸儒未能深明其说。本朝伊洛诸公,辩析天理人欲,而王霸义理之说于是大明。然谓三代以道治天下,汉、唐以智力把持天下,其说固已不能使人心服;而近世诸儒,遂谓三代专以天理行,汉、唐专以人欲行,其间有与天理暗合者,是以亦能久长。信斯言也,千五百年之间,天地亦是架漏过时,而人心亦是牵补度日,万物何以阜蕃,而道何以常存乎?"[②]在陈亮看来,"天理人欲"与"王霸"是历史地统一的,既没有脱离"人欲"的"天理",没有脱离"霸道"的"王道",没有脱离"利"的"义",也没有脱离"天理"的"人欲",没有脱离"王道"的"霸道",没有脱离"义"的"利"。一方面,汉唐之"事功"是霸道中有王道,"谓之杂霸者,其道固本于王也。诸儒自处者曰义曰王,汉唐做得成者曰利曰霸,一头自如此说,一头自如彼说;说得虽甚好,做得亦不恶:如此却是义利双行,王霸并用。"[③]另一方面,"三代"之"本天理"中也有"人欲",其"王道"中也有"霸道",陈亮说:"昔者三皇五帝与一世共安于无事,至尧而法度始定,为万世法程。禹启始以天下为一家而自为之。有扈氏不以为是也,启大战而后胜之。汤放桀于南巢而为商,武王伐纣,取之而为周。武庚挟管蔡之隙,求复故业,诸尝与武王共事者,欲修德以待其自定,而周公违众议,举兵而后胜之。夏、商、周之制度定为三家,虽相因而不尽同也。五霸之纷纷,岂无所因而然哉。"[④]陈亮认为,"霸道"源于"王道",而"五霸"之所因正来自于夏、商、周"三家"。可见,"王霸"是相互依赖和相互统一的,"义"与"利"亦如此。所谓"利"不是一私之利,而是"生民之利"。陈亮批判二程说:"伊川所谓'如其仁'者,称其有仁之功用也。仁人明其道不计其功,夫子亦计人之功乎?"如此,则"伊川所论'心迹元不曾判'者,今亦有时而判乎?"[⑤]二程一则讲"仁义",一则又讲"功利",岂不自相矛盾!孟子不以人之一事而论人之短长,而是"于驳杂中有以得其真心",相反,范仲淹以"生民之利"所"利","取其以仁义公恕统天下",而朱熹却说他"假仁借义以行之",[⑥]这不是很滑稽的事情吗!所以,陈亮说:"利欲万端,宛转于其中而能察其真心之所在者,

① 陈亮:《陈亮集》卷二十八《附朱熹寄陈同甫书六》,中华书局 1987 年版,第 361 页。
② 陈亮:《陈亮集》下册,中华书局 1987 年版,第 340 页。
③ 陈亮:《陈亮集》下册,中华书局 1987 年版,第 340 页。
④ 陈亮:《陈亮集》下册,中华书局 1987 年版,第 344 页。
⑤ 陈亮:《陈亮集》下册,中华书局 1987 年版,第 349 页。
⑥ 陈亮:《陈亮集》下册,中华书局 1987 年版,第 349 页。

此君子之道所以为可贵耳。"①显然,在陈亮看来,"君子之道"就存在于"利欲"之中,舍"利欲"也就无所谓"君子之道"了。这场争论,虽然最终都没有分出胜负,即"朱元晦意有不与,而不能夺也",②但它本身所产生的学术效应却远远超出了这场争论本身。继陈亮之后,叶适进一步从理论根源上揭露了程朱理学假尧舜以自举的真正本质。叶适说:"古者言道者,以道为止;后之言道者,以道为始。以道为之者,周公、孔子也;以道为始者,子思、孟轲也。"③从思、孟本身的传承看,他们都以"三代"为标的,然而,程朱却割裂了"思、孟"与"三代"之间的内在联系,为我所用,取其"舜、文王"而舍其"尧、禹",以至于出现了"以今疑古"④、"其本少差,其末大弊"、"力践非实"⑤的严重后果。同陈亮一样,叶适认为:"仁、义与功利是统一的。他提倡'以利和义',使仁、义具有实在的内容;反对'以义抑利',因为'以义抑利',不但没有功利,同时也丧失了仁、义。"⑥在"天理"与"人欲"问题上,叶适强调性情本出于自然,而孟子"专以心性为宗主"则"虚意多,实力少",⑦故"性正而身安,此古人之微言笃论也。若后世之师者教人抑情,礼不能中,乐不能和,则性枉而身病矣。"⑧可见,"情"与"性"是不能分离的,而且在一定程度上讲,"人情"更具有实实在在的意义。如叶适说:"人情之好恶,习俗之流传,亘古今而常在。"⑨故"古之善教在通人情,所谓不以格物者也。"⑩就此而言,"天地之情岂远乎哉!"⑪最后,叶适得出结论说:"君子莅民不可以不知民之性而达诸民之情,既知其性又习其情,然后民乃从命矣。"⑫

2.尊重人的基本生存需要是以"事功"为特征的浙学"天人"观的思想基础。浙学主要分以陈亮为代表的永康学派和以叶适为代表的永嘉学派,这两个学派都承认"情性"相对于"礼义"是先在的和第一位的,如陈亮十分肯定地说:

---

① 陈亮:《陈亮集》下册,中华书局1987年版,第349页。
② 《水心集》卷十二《龙川集序》。
③ 《习学记言》卷四十四《法言》。
④ 《习学记言》卷五《文侯之命费誓秦誓》。
⑤ 《水心集》卷二十七《答吴明辅书》。
⑥ 任继愈:《中国哲学史》第3册,人民出版社1979年版,第286页。
⑦ 《习学记言》卷四十四《法言》。
⑧ 《习学记言》卷七《周礼·仪礼》。
⑨ 《习学记言》卷三十七《隋书》。
⑩ 《习学记言》卷二十七《三国志》。
⑪ 《习学记言》卷二《易》。
⑫ 《习学记言》卷十七《孔子家语》。

"道之在天下,平施于日用之间,得其性情之正者,彼固有以知之矣。当先王时,天下之人,其发乎情,止乎礼义,盖有不知其然而然者。先王既远,民情之流也久矣,而其所谓平施于日用之间者,与生俱生,固不可得而离也。"①

所谓"天下之人,其发乎情,止乎礼义",就是说"情"是人的一种本能,是"礼义"的基础。叶适更具体地指出:"情者,耳目口鼻四肢之节也。"②而人的"耳目口鼻"都有相对应的生理性的物质需要,如"耳之于声也,目之于色也,鼻之于臭也,口之于味也,四肢之于安佚也,性也,有命焉。出于性,则人之所同欲也;委于命,则必有制之者而不可违也。富贵尊荣,则耳目口鼻之与肢体皆得其欲;危亡困辱则反是。"③在此,陈亮肯定了"声"、"色"、"臭"、"味"及"安佚"的神圣性和"不可违"性。而叶适则进一步认为"礼者,欲而已矣",这就从理论上证实了这样一个客观真理,即满足人的基本生理需要是社会发展的根本前提。叶适说:

"礼者,养也。刍豢稻粱五味调香,所以养口也;椒兰芬苾,所以养鼻也;雕琢刻镂,黼黻文章,所以养目也;疏房檖貌,床笫几筵,所以养体也……礼者,欲而已矣。"④

把"富贵尊荣,则耳目口鼻之与肢体皆得其欲"与"礼者,欲而已矣"结合起来,就构成了人之为人的全部内容。在南宋,由于传统的贵族制早已退出历史舞台,相应地,"富贵在天"思想也逐步为"富贵在人"思想所代替,因为人们已经接受了这样一个现实,"贫富无定势,田宅无定主",⑤那就是说子辈无法从父辈那里继承其属于父辈的"富贵尊荣"了,"富贵尊荣"有吗?当然有。不过,你想得到"富贵尊荣",就必须付出艰苦的劳动。因此,叶适说:

"天下之物未有人不极其劳而可以致其用者也,目之色,耳之声,口之味,四肢之安佚,皆非一日之勤所能为也。"⑥

如此说来,劳动才是人类生存和发展的根本源泉。尽管叶适的"劳动"观还存在着一定的时代局限性,但他似乎已朦胧地认识到劳动创造财富这个经济学的基本原理。对此,陈亮说得更明白:"一妇不织,天下必有受其寒暑。"⑦

---

① 陈亮:《陈亮集》上册,中华书局 1987 年版,第 104 页。

② 《习学记言》卷七《周礼·仪礼》。

③ 陈亮:《陈亮集》上册,中华书局 1987 年版,第 42 页。

④ 《习学记言》卷四十四《荀子》。

⑤ 袁采:《袁氏世范》卷三《治家·富家置产当存仁心》,知不足斋本。

⑥ 《习学记言》卷三《易》。

⑦ 陈亮:《陈亮集》下册,中华书局 1987 年版,第 437 页。

又说:“厥初生民,必完其力。力完于心,乃见天则。形顾分之,与物交役。”①所谓“完其力”就是指人类的物质劳动,而人类的物质劳动也就是“天则”。在陈亮看来,由于劳动才使人的形体与一般动物的形体区分开来,而人的形体在劳动过程中变得愈来愈完善,特别是人不仅能利用自然界已有之物,而且还能创造出自然界中没有之物,故曰“形顾分之,与物交役”。其中,在“力”与“心”的关系问题上,陈亮明确地肯定了“力”在时间上先于“心”的历史事实。既然如此,那么,“力”与“心”就应当是统一的,其相互统一的基础应是“实学”,而不是“心学”。换言之,就是说“心”统一于“力”,或者说“心学”统一于“实学”,实学不仅是“心学”的基础和前提,而且还是人类社会存在和发展的基础与前提。故叶适说:“鼎之烹饪有实,人所资以生养。”②而其“有实”都是劳动的收获,不过,“力”与“心”是在社会发展的历史进程中获得了统一性,因而仅仅强调“力”的一面,而忽视了“心”的一面,亦是不可取的。所以,叶适说:“其有欲于物者,势也;能使反之则其无欲于物者,亦势也。”③其中“有欲于物”是指人的基本的物质性生理需要,它是人类社会发展的根本动力;而“无欲于物”则是指人的基本的精神性生理需要,它对“有欲于物”本身起到一个调节和促动的作用。由此可见,我们不能夸大“心学”的作用,更不能像程朱理学那样避实就虚,甚或“存天理,灭人欲”。当然,这绝不等于说人的存在就只有“人欲”一途,更不是说人生价值就只剩下“惟欲至上”这一点儿了。实际上,“实学”是一个非常广泛的思想范畴,不独限于“人欲”,其他如社会生产的调控、人力资源的配置及人的各种道德行为之规范等,亦都需要“务实黜虚”。④ 因此,从讲求“实效”的角度,陈亮非常欣赏章德文说过的下面一段话:

“苟人事皆得其实,是乃应天之实也。人材欲取实能,政事欲取实效。诸所进用,必靠其实,使一时虚名求售者不得冒进……人修实行,事建实功,上施实德,下受实惠。应天之实,宜无大于此者。”⑤

这段话虽不是陈亮所说,但它比较集中地反映了浙学“天人”思想的本质特征。正如黄宗羲所说“永嘉之学(还有永康之学,引者注),教人就事上理会,步步著实;言之必使可行,足以开物成务。”⑥可见,陈亮与叶适的“天人”

① 陈亮:《陈亮集》上册,中华书局1987年版,第111页。

② 《习学记言》卷三《易》。

③ 《习学记言》卷十五《老子》。

④ 《水心集》卷一《上孝宗皇帝札子》。

⑤ 陈亮:《陈亮集》下册,中华书局1987年版,第453页。

⑥ 黄宗羲:《宋元学案》卷五十二《艮斋学案》。

思想从人的最着实处入手，以追求人的现实需要为宗旨，因而他们以“经世致用为帜志，对于当时空疏迂远之道学，排斥不遗余力。”①朱熹跟陈亮的私交不错，然两个人在思想见解方面却格格不入。在朱熹一生中，真正让他搞不懂的事情并不多，但有一件事情他始终都没有搞明白，那就是“陆氏之学虽是偏，尚是要去做个人；若永嘉、永康之说，大不成学问！不知何故如此?”②其实，朱熹在发现“今浙中人却是计利害太甚”③的现象时，而“永嘉、永康之说”为什么在浙中有那么多的追随者，这个问题的答案便迎刃而解了。不管朱熹承认与否，浙东事功学确实有着相当的社会基础，正是从这种意义上说，陈亮和叶适可以称为中国近世资本主义启蒙运动的先觉。

3.“左袒非朱，右袒非陆，而自为门庭”④的独立创造意识和大胆而睿智的批判学风。从学术思想的源头讲，陈亮和叶适的思想都传承自张载及程颐，是理学的一个组成部分，更准确地讲，应当说是从理学体系中派生出来的一种“异端”学说。当然，这种“异端”是与南宋相对发达的工商业经济状况相适应的，是由中国传统的小农经济与萌芽中的商品经济相互结合而产生出来的一种特殊思想意识，它反映了社会的进步趋势，具有一定的反叛性。前面说过，从学术的层面看，无论陈亮，还是叶适，都以批判朱熹的理学思想为己任，如陈亮说：

“亮尝以为得不传之绝学者，皆耳目不洪、见闻不惯之辞也。人只是这个人，气只是这个气，才只是这个才。譬之金银铜铁，只是金银铜铁，炼有多少则器有精粗，岂其于本质之外，换出一般，以为绝世之美器哉！”⑤

“人只是这个人，气只是这个气”说明了陈亮的思维方法是具体的和经验的，而朱熹所采用的“于本质之外，换出一般”的方法则是抽象的和理性化的。由此可以推导出，南宋理学与事功学在天人观上也必然存在着方法论的对立。其中“天人合一”所采用的应是一种抽象的思维方法，与之相对，“天人相分”所采用的则是一种具体的思维方法。单就思维方法论，似乎陈亮是用一种片面去否定另一种片面，其结果仍然是一种片面。但是，如果从历史的角度看，陈亮所采用的具体思维方法就具有了非常重要的意义。这是因为南宋是一个在客观上迫切要求经济独立的历史时代，不仅社会分工越来越细，越来越专业，而且人们也越来越向往摆脱土地对其人身的束缚，成为自由的劳动力。比

① 陈钟凡：《两宋思想述评》，商务印书馆1933年版，第260页。

② 黎靖德编：《朱子语类》卷一百二十二《吕伯恭》，中华书局1994年版，第2957页。

③ 黎靖德编：《朱子语类》卷一百二十二《吕伯恭》中华书局1994年版，第2958页。

④ 黄宗羲：《宋元学案》卷五十三《止斋学案》，中华书局1986年版，第1724页。

⑤ 陈亮：《陈亮集》下册，中华书局1987年版，第347页。

如,雇工就是一种相对自由的劳动个体,他是具体的和具有一定使用价值的劳动者。据《鸡肋编》卷下载:福州建溪茶场"于龙团之中,采茶工匠几千人,日支钱七十足。"在此,这些采茶工匠的日工资仅仅是劳动力的价值,而不是劳动价值,其中的"剩余价值"就被雇主无偿地占有了。显而易见,这种劳动性质已经具有了资本主义生产的萌芽,可惜它仅仅是局部质变,而没有逐步演变为整个社会生产性质的变化。又《丹渊集》亦载:四川井研县"土人凿地植竹为之卓筒井,以取咸泉鬻炼盐色……每一家须役工匠四五十至三二十者,此人皆是他州别县浮浪无根著之徒,抵罪逋逃变易姓名,尽来就此傭身赁力,平居无事则俯伏低折与主人营作,一不如意则递相扇诱群党,譁譟算索工直,偃蹇求去,聚墟落入镇市,饮博奸盗,靡所不至,已复又投一处,习以为业。"①此处之"傭身赁力"、"譁譟算索工直,偃蹇求去"等记载说明这些"浮浪无根著之徒"已经成为相对独立和自由的劳动者,他们向"雇主"出卖自己的劳动力,有时也为争取提高工资而与雇主进行斗争,等等。所有这些现象从本质上看,都是封建社会内部生长出来的新的社会因素,甚至在一定程度上说它们已经属于"资本主义社会的经济结构"了。在科学技术方面,以实际而具体为特色的科技著述不断出现,如《洗冤集录》、《数书九章》等。叶适说:"八珍,美膳也,必有烹调之方;文锦,奇服也,要识裁制之实。"②《洗冤集录》亦复如此,只不过它不是"裁制之实",而是法医之实。宋慈从"大辟莫重于初情,初情莫重于检验"的法学理念,在书中记载了各种尸伤的检验与区分方法,具有很强的实用性。而《数书九章》的 81 道算题也多从生产和经济生活的实际问题引入,秦九韶在序中曾明确地说:"窃尝设为问答,以拟于用。"③所以,南宋社会由于商品经济的发展,因而在某些经济比较发达的区域重视实际应用已经普遍成为人们处理一切问题的基本指导思想,而陈亮和叶适的"事功学"就是在南宋的这种社会背景之下形成的。因此,叶适对朱熹的不务实际的理学思想也给予了批判。他说:

"仁人正谊不谋利,明道不计功。此语初看极好,细看全疏阔。古人以利与人,而不自居其功,故道义光明。后世儒者,行仲舒之论,既无功利,则道义者,乃无用之虚语尔。"④

从政治的层面看,陈亮和叶适都有敢于直谏犯颜,不怕坐牢的个性特征。

① 文同:《丹渊集》卷三十四《奏为乞差京师官知井研县事》。

② 《习学记言》卷二十一《汉书》。

③ 秦九韶:《数书九章·序》,中华书局 1985 年,丛书集成初编本。

④ 《习学记言》卷二十三《汉书》。

南宋政治矛盾复杂、各种利益冲突此起彼伏，在这种特定的历史条件下，真难得像陈、叶那样坚持原则、“务实黜虚”的士人，因为当时士大夫的一般情况是：“进焉而柔良，退焉而刚方，面焉而唯唯否否，背焉而戚戚喳喳，成焉而挟其所尝言以夸示于人，不成焉而托干所尝料以议其上。”①那么，如何应对南宋已经出现的各种政治和社会危机？陈亮认为人们应当首先在精神上树立一种“豪杰”意识，他说：

“天地之正气抑郁而不得泄。岂以堂堂中国，而五十年之间无一豪杰之能自奋哉！其势必有时而发泄矣。苟国家不能起而承之，必将有承之者矣。不可恃衣冠礼乐之旧，祖宗积累之深，以为天命人心可以安坐而久系也。”②

诚然，陈亮的“豪杰”意识是以“天道六十年一变”③的“循环论”为前提的，但与一般的“天命观”不同，陈亮并没有把全部希望寄托在“天道”上，“天道”在陈亮那里仅仅是一种外部因素，而内部因素还在于“豪杰之士”的觉悟。在这个问题上，陈亮显然又提出了另外一种“天人相分”的思想形式，即“人内天外”说。所以，陈亮便有了下面的说法：

“臣不佞，自少有驱驰四方之志，常欲求天下豪杰之士而与之论今日之大计。盖数至行都，而人物如林，其论皆不足以起人意，臣是以知陛下大有为之志孤矣……天人之际，昭昭然可察而知也。”④

此“天人之际”即是以天为外因，而以“豪杰之士”为内因的“天人”思想，是陈亮激励宋孝宗一展宏图大志的理论基础。史称：宋孝宗“卓然为南渡诸帝之称首。”⑤此言不虚，确实，宋孝宗在其执政期间的中、前期，尚能有所作为，实有不少可道之处。比如，在政治方面，为岳飞平反，改进吏治；在兴修水利方面讲求实效，并出现了“虽有水旱，民无菜色”⑥的可喜景象；在学术方面，鼓励旧学，砥砺新学，故“诸儒彬彬辈出”⑦，等等。但是，宋孝宗由于受宋高宗的牵制太多，故他也必然有一些自己想做而做不成的事情。于是，陈亮暗示宋孝宗说：“臣尝观自古大有为之君，康慨果敢而示之以必为之意，明白洞达而开之以无隐之诚，故天下雄伟英豪之士，声从响应，云蒸雾集，争以其所长自效而不敢萌欺罔之心，截然各职其职而不敢生不满之念。故所欲而获，所为而

① 魏了翁：《鹤山大全集》卷十六《论士大夫风俗》。
② 陈亮：《陈亮集》上册，中华书局1987年版，第3页。
③ 陈亮：《陈亮集》上册，中华书局1987年版，第8页。
④ 陈亮：《陈亮集》上册，中华书局1987年版，第9页。
⑤ 脱脱等：《宋史》卷三十五《孝三》，中华书局1975年版，第692页。
⑥ 《皇宋中兴两朝圣政》卷五十四。
⑦ 《慈溪黄氏日抄分类》卷六十八《读水心集》。

成，而卓乎其不可及也。”[①]这段话的意思是告诉宋孝宗说，有为之君必须“康慨果敢”，而不能优柔寡断。淳熙十四年（1187）宋高宗死去，而按常理说，宋孝宗如释重负，本应大干一番事业才对。可惜，宋孝宗此时也过了花甲之年，其斗志日渐消沉。因此，一方面，陈亮“欲激孝宗恢复”，另一方面，宋孝宗却变得胸无大志。这种处境对宋孝宗来说，是很不好受的。于是，陈亮通过《戊申再上孝宗皇帝书》（1248）“欲激孝宗恢复，而是时孝宗将内禅，不报。由是在廷交怒，以为狂怪。”[②]君臣之间发生如此不愉快的事情，实在有点令人痛惜。

叶适在淳熙时“屡以大仇未复为言”，[③]而“复仇”情结亦就成为叶适政治生命的灵魂。由于“复仇”情结，于是才有了淳熙十四年（1187）叶适的《上孝宗皇帝札子》。叶适开宗明义地说：“臣窃以今日人臣之义所当为陛下建明者一大事而已，二陵之仇未报，故疆之半未复，此一大事者天下之公愤，臣子之深责也。”[④]那么，如何“复仇”？叶适的基本指导思想就是“机自我发”和“时自我为”八个字。[⑤] 为此，他提出了“讲利害，明虚实，断是非，决废置”[⑥]的改革主张。然而，叶适的改革主张还未及被皇帝采纳，一场新的政治斗争便在朝中发生了。上面说过，宋孝宗是个很讲实际的皇帝，同时也是一个颇有包容心的皇帝。当时，因学术见解不同而引发相互争论的事情是很自然的，但是侍郎林栗出于泄私愤的目的，故意将学术问题政治化，搞得士心惶惶。淳熙十五年（1188）六月，朱熹除兵部郎官辞不就，这本来是一件很平常的事，但曾与朱熹在《易》、《西铭》上存在学术分歧的林栗却藉此大做文章，极力弹劾朱熹，并想通过禁道学而把矛盾扩大化，从而达到其排挤异己的政治目的。对此，叶适直言不讳，挺身为朱熹说话：“栗劾熹罪无一实者，特发其私意而遂忘其欺矣！至于其中‘谓之道学’一语，利害所系，不独朱熹。”且“栗为侍从，无以达陛下之德意志虑，而更袭用郑丙、陈贾密相付授之说，以道学为大罪，文致语言，逐去一熹，自此善良受祸，何所不有！”[⑦]叶适深深懂得学术争鸣与政治斗争之间的利害关系，而学术发展自有它自身发展的规律，一旦用政治手段来解决学术

① 陈亮：《陈亮集》上册，中华书局 1987 年版，第 25 页。
② 脱脱等：《宋史》卷四百三十六《陈亮传》，中华书局 1975 年版，第 12942 页。
③ 吕思勉：《理学纲要》，商务印书馆 1934 年版，第 137 页。
④ 《水心集》卷一《上孝宗皇帝札子》。
⑤ 《水心集》卷一《上孝宗皇帝札子》。
⑥ 《水心集》卷一《上孝宗皇帝札子》。
⑦ 脱脱等：《宋史》卷四百三十四《叶适传》，中华书局 1975 年版，第 12890 页。

问题时,往往会造成"贤士惴慄,中材解体"①的严重后果。庆元三年(1197),韩侂胄专权,宣称"道学"为"伪学","一时小人在言路者,创为'伪学'之名,举海内知名士贬窜殆尽",②而叶适则因曾为朱熹辩护也被打入"伪学逆党籍",还差点被捕入狱,从而酿成南宋最大的一桩"名士"冤狱。

宋学之所以能够取代汉学的统治地位而成为中国古代学术的又一个高峰,主要是由于宋学富有批判的精神。从批判中发现自我和创造自我是宋代诸学派共有的思想特征,只不过,他们所批判的对象各有不同而已。众所周知,陈亮的"天人相分"思想是在检讨历史和批判程朱理学的过程中建立和发展起来的,同时他还在检讨历史和批判程朱理学的过程中形成了自己的学术个性,创造了"专言事功而无所承"的学术风格。如,陈亮在检讨历史中形成了下面的思想:

"孔明苟全于危世,不求闻达,三顾后起,而惓惓汉事,每以天人之际为难知,管、乐功利之学,盖未能造此室也。天资之高,目力之异,卓然有会于胸中,必有因而发耳。贾生于汉道初成之际,经营讲画,不遗余虑,推而达之于仁义礼乐,无所不可,申、韩之书,直发其经世之志耳。魏证于太宗求治如不及之时,从容论议,有过必救,有善必达,虽礼乐之未暇,而治体盖亦略尽,纵横之学,直发其遇合之机耳。豪杰之士,天资之高,目力之异,未可以一书而律之也。"③

"未可以一书而律之"是陈亮检讨历史的总结,也是他批判程朱理学"本本主义"的客观依据。人类的历史活动由理论与现实两个部分所构成,其中"现实"是指具有内在根据的、合乎必然性的存在,是宇宙万物与自然和社会现象各种联系的综合。现实是客观的,也是发展的。而不管理论多么深奥与高深,它总是现实的反映,即使理论被实践证明是正确的,也毕竟不是现实本身。所以,如果"以一书而律之",而不顾现实的状况,就是一种思想落后于实际的保守主义。正是从这样的认识角度,陈亮揭露了"道学"对于社会进步的危害性:

"道德性命之说一兴,而寻常烂熟、无所能解之人,自托于其间,以端慤静深为体,以徐行缓语为用,务为不可穷测以盖其所无,一艺一能皆以为不足自通于圣人之道也。于是天下之士始丧其所有,而不知适从矣。为士者耻言文章、行义,而曰'尽心知性';居官者耻言政事、书判,而曰'学道爱人'。相蒙相

① 脱脱等:《宋史》卷四百三十四《叶适传》,中华书局 1975 年版,第 12890 页。

② 脱脱等:《宋史》卷四百三十四《叶适传》,中华书局 1975 年版,第 12892 页。

③ 陈亮:《陈亮集》上册,中华书局 1987 年版,第 127 页。

欺以尽废天下之实,则终亦于百事不理而已。"①

仅仅拘于"理"而不务"实","终亦于百事不理",就是说离开"实"而谈"理",其"理"也不成其"理"。把"圣人之道"凌驾于"一艺一能"之上,认为"圣人之道"即"天道",而"一艺一能"即"人道",则在理论上只能流于虚无主义,在行政上流于形式主义,而"形式主义"的理论根源就在于传统的和脱离实际的"天道"思想,因为"天道"本身就是一种先天的形式。而为了克服认识过程中的"形式主义"和批判朱熹的"存天理"、"兴王道"说,陈亮提出了如下思想:(1)"天不远人,人不自反尔";②(2)"天下岂有身外之事,而性外之物哉";③(3)"人才之在天下,固乐乎人君之尽其用,而尤乐乎同列之知其心";④(4)"夫渊源正大之理,不于事物而达之,则孔孟之学真迂阔矣,非时君不用之罪也";⑤(5)"仁义孝悌,礼乐刑政,皆其物也";⑥(6)"法者公理也,使法自行者私心也,恃公理而不恃使法自行之私心,则他日必有变通而至于不穷者";⑦(7)"夫君臣之相遭,盖天人之相合,而一代之盛际也";⑧(8)"古者官民一家也,农商一事也";⑨(9)"中不中皆未可知,而天运果能与人意合乎";⑩(10)"义利双行,王霸并用"。⑪ 当然,陈亮的思想远不只这些。而就其"天人相分"思想而言,他的独创性是不言而喻的。如"天不远人,人不自反尔"就是人的自觉能动性的一种很有个性的表述方式。又如"义利双行,王霸并用"绝对是陈亮的文本语言,可谓前无古人,后无来者。

叶适尽管在学统上与陈亮有别,但他不拘师说,自成一家之言的开拓和创新精神却与陈亮的主体意识相一致。也许是受理学思维方式影响的缘故,叶适的"天人相分"思想更富思辨的色彩,其哲学味更重,而陈亮的"天人相分"思想却是透过历史人物来显现其本质,故其史学味更加强烈一些。然而,思辨性丝毫没有减弱叶适本人对"理学"的批判气势,同陈亮一样,通过对"理学"思想的剖析与批判,叶适逐步地建立起了一个以"功利"为内容的"天人相分"

---

① 陈亮:《陈亮集》下册,中华书局 1987 年版,第 271 页。
② 陈亮:《陈亮集》上册,中华书局 1987 年版,第 32 页。
③ 陈亮:《陈亮集》上册,中华书局 1987 年版,第 44 页。
④ 陈亮:《陈亮集》上册,中华书局 1987 年版,第 97 页。
⑤ 陈亮:《陈亮集》上册,中华书局 1987 年版,第 102 页。
⑥ 陈亮:《陈亮集》上册,中华书局 1987 年版,第 119 页。
⑦ 陈亮:《陈亮集》上册,中华书局 1987 年版,第 125 页。
⑧ 陈亮:《陈亮集》上册,中华书局 1987 年版,第 129 页。
⑨ 陈亮:《陈亮集》上册,中华书局 1987 年版,第 140 页。
⑩ 陈亮:《陈亮集》下册,中华书局 1987 年版,第 273 页。
⑪ 陈亮:《陈亮集》下册,中华书局 1987 年版,第 340 页。

思想体系。如,叶适说:

"《书》称:'惟皇上帝,降衷于下民',即'天民之谓性'也。然可以言降衷,而不可以言天命。盖物与人生于天地之间,同谓之命,若降衷,则人固独得之矣。降命而人独受,则遗物,若与物同受命,则物何以不能率,而人能率之哉!《书》又称:'若有恒性',即'率性之谓道'也。然可以言'若有恒性',而不可以言率性。盖已受其衷矣,故能得其当然者。若人而有恒,则可以为性。若止受于命,不可知其当然也,而以意之所谓当然者率之,则道离于性而非率也。"①

这段话的中心思想就是讲人的主观能动性问题,而叶适的思维方式显然与陈亮的思维方式有着很大的不同,相比较而言,叶适的论述更委婉和更理性。把"降衷"与"天命"区分开来,突出了人的能动地位,所谓"若降衷,则人固独得之矣",实际上就是说,人的认识能力既是自然界长期发展的产物,同时也是人通过劳动而获得的一种适应自然界变化规律的生存能力。面对自然界,有两种截然不同的生存能力:一种是被动的生存能力,另一种是主动的生存能力。叶适说:"若与物同受命,则物何以不能率,而人能率之哉",此"物"指一般的动植物,它们适应自然界的能力和方式是被动性的,而人却是主动性的,故曰"能率之"。具体言之,何谓"能率之"?"能率之"不是别的,正是"中和之道"。叶适说:"不微不危,则中和之道致于我,而天地万物之理遂于彼矣。"②将"天"与"人"作"彼此"分,唯有叶适,由此可显见其卓尔不群的思想个性。从这个前提出发,叶适对老子"厚此薄彼"的说法作了进一步修正:

"今老子徒以孤意妄为窥测,而其说辄累变不同。曰'天地不仁,以万物为刍狗',夫天地以大用付阴阳,阴阳成四时,杀此生彼,岂天地有不仁哉?曰'玄牝之门,是为天地根',则是不以乾统天,而天之行非健也。曰'飘风不终朝,骤雨不终日,天地尚不能久,而况人乎',夫飘风骤雨,非天地之意也。陵肆发达,起于二气之争,至于过甚,亦有天地所不能止者矣。然君子之象为'振民育德','赦过宥罪',而区区血气之争,何敢拟于其间?盖老子以人事言天,其不伦如此。夫有天地与人而道行焉,未知其孰先后也。老子私其道以自喜,故曰'先天地生',又曰'天法道',又曰'天得一以清'。不稽于古圣贤,以道言天,而其慢侮如此。及其以天道言人事,则又忘之,曰'天道其犹张弓',则是天常以机示物,而未尝法道之虚一无为也。然则从古圣贤者畏天敬天,而

① 黄宗羲:《宋元学案》卷五十四《水心学案上》。

② 黄宗羲:《宋元学案》卷五十四《水心学案上》。

从老子者疑天慢天，其不可也必矣。”①

叶适批判了老子在混天人问题上的自相矛盾之处，天属于“彼”，用康德的话说，就是“彼岸世界”；而人属于“此”，用康德的话说，就是“此岸世界”。只不过，叶适并不像康德那样，在“天”与“人”之间划了一条不可逾越的鸿沟。在叶适看来，既不能“以人事言天”，也不能“以天道言人事”，因为那样会破坏“天”与“人”的“中和之道”。“天”是什么？天就是自然规律，就是“常以机示物”之“物”或现象，是人类思维认识的对象。从这个角度讲，老子“疑天慢天”的态度是有失偏颇的，是不足取的。于是，叶适说道：

“圣人敬天而不责，畏天而不求，天自有天道，人自有人道，历象璇玑，顺天行以授人，使不异而已。若不尽人道，而求备于天以齐之，必如‘影之象形，响之应声’，求天甚详，责天愈急，而人道尽废矣。”②

人道不能脱离天道，叶适的这个思想是十分明确的。那么，“天道”能否脱离“人道”而独立存在？这个问题陈亮的回答是很肯定的，而叶适似乎亦不否认陈亮的说法。因此，叶适说：“何敢拟于其间？盖老子以人事言天，其不伦如此。”在此，已包含着“天、地、人”三者相互统一和不分彼此的意思。从前面的引述看，叶适一会儿分“天人”为“彼此”，一会儿又讲不分彼此，岂不自相矛盾！叶适的说法其实并不矛盾，因为分“彼此”是就天人关系的“功用”方面来说的，而不分“彼此”则是就天人关系的本体方面来说的。两者立论的基点不同，所以说法各异。当然，陈、叶将“人”的能动性上升到“天”的层面，不一定恰当，但他们的本意在于强调“事功”的天然性和绝对性，在于“嗤黜空疏”。③ 所以，陈、叶在这个问题上的主流思想是值得肯定的，而他们敢于“左袒非朱，右袒非陆，而自为门庭”的创新精神和学术品格也值得我们学习，赵纪彬先生说得好：“永嘉、永康两个学派，都从程、张两家派生而出。但它们是发展了张、程哲学里面的唯物论部分，所以它们比较理学派，赋有更多的科学成分和积极精神。”④

① 黄宗羲：《宋元学案》卷五十四《水心学案上》。

② 黄宗羲：《宋元学案》卷五十四《水心学案上》。

③ 黄宗羲：《宋元学案》卷五十六《龙川学案》。

④ 赵纪彬：《中国哲学思想》，中华书局1948年版，第153页。

# 第三章 义理派的天人相分思想

## 第一节 张载"不以天能为能而以人谋为能"的天人相分观

中国传统的"天人关系"发展到宋代,便进入了一个新的历史阶段,其突出的特点就是随着儒、释、道三教的"合流","天人合一"与"天人相分"两种思想发生融合与重组几乎是不可避免的事情了,而张载敏锐地意识到了这种历史发展趋势,所以如何打通"天人合一"与"天人相分"两种思想之间的联系,就成为当时学界迫切需要解决的重要课题。张载尽管生活在远离北宋政治与学术中心的关中,但是这里却处于北宋对外战争的最前沿,各种社会矛盾尖锐对抗,而所有这些条件则成为张载认真研究和探索"天人"问题的有利因素。一方面,张载高度总结和概括了自孟子以来的"性天同一"①思想,第一次提出了"天人合一"这个成语,而这个成语后来变成了中国古代传统文化的代名词;另一方面,张载又提出了"若非有异则无合"②的"天人相分"命题。这样,张载运用辩证的思维方法很巧妙地打通了"天人合一"与"天人相分"两者的联系,因而使他们实现了某种程度的相互贯通和相互渗透。

### 一、"天与人有交胜之理"的天人相分观

从历史根源上看,"天人合一"思想祖于远古的巫术。如,《山海经·大荒西经》载:"大荒之中有山,名曰丰沮玉门,日月所入。有灵山,巫咸、巫即、巫盼、巫彭、巫姑、巫真、巫礼、巫抵、巫谢、巫罗十巫,从此升降,百药爰在。"在远古人类的脑海中,人有两个世界,肉体的世界(人)和灵魂的世界(天或神)。而巫者便成为沟通天与人或人与神之间联系的桥梁和媒介,因此,在特定的部落和血缘家族内,人们共同拥有原始的巫术信仰和巫术的宗教功能。但当阶级社会出现之后,统治者不仅要垄断百姓的土地资源,而且还要垄断他们的精

---

① 《张岱年全集》卷三,河北人民出版社 1996 年版,第 637 页。

② 《张载集》,中华书局 1978 年版,第 63 页。

神资源。于是,《国语·楚语下》载:

“古者民神不杂……民是以能有忠信,神是以能有明德,民神异业,敬而不渎,故神降之嘉生,民以物享,祸灾不至,求用不匮。”①

“及少皞之衰也,九黎乱德,民神杂糅,不可方物。夫人作享,家为巫史,无有要质。民匮于祀,而不知其福。烝享无度,民神同位。民渎齐盟,无有严威。神狎民则,不蠲其为。嘉生不降,无物以享。祸灾荐臻,莫尽其气。颛顼受之,乃命南正重司天以属神,命火正黎司地以属民,使复旧常,无相侵渎,是谓绝地天通。”②

这两段史料至少蕴含着如下三个方面的信息:一是“天人相分”的观念从时间上要早于“天人合一”的观念,“古者民神不杂”及“民神异业”说明远古人们由于社会生产力比较落后,故将“天”与“人”分作两个相对独立的“实体”来看待;二是入少皞世后,家庭化的“巫史”第一次把“天”与“人”关节起来,由此便产生了“天人相通”的观念和巫术实践;三是自颛顼始,“巫史”由家族的“通天使者”转变为国家的“通天使者”,而“巫史”这种角色的变换表明“天人相通”仅仅是少数人的特权了,“黎民”被剥夺了“通天”的权利,这就是后来封建王朝为什么垄断天学的历史原因,而“巫”亦随之变成中国古代最早的“天文学家”。因此,“天人相分”与“天人相通”就具有了不同的社会政治功能,其中“天人相分”关注的焦点是“民”或“民生”,清末以后进一步由“民生”转变为“民权”,而“天人相通”或“天人合一”关注的焦点则是“君”或“君权”。

北宋虽然确立了赵宋“家天下”的统治地位,但如何平衡“君权”与“民生”的关系问题,仍是摆在宋代士人面前的一项艰巨而深远的历史任务。比如,范仲淹的“君本民用”③思想,就是对当时“君权”与“民生”关系的一种回答。而张载却倾向于以“民生”为先,他说:

“养兵之费,在天下十居七八。今边患作矣,将谨防于外,修实于内,为持久之计,而不爱用吾财,则患日增而力日不足,岂善为计议者哉!今关内诸城,诚能因民固守以省戍,教义勇知战以省兵,则每岁省费不啻二百余万,不踰数年,粟实财丰而不可胜用矣。不如是,恐财匮力殚,虏乘吾敝,将无从而制也。”④

---

① 《国语》卷十八《楚语下》。

② 《国语》卷十八《楚语下》。

③ 参见拙作:《范仲淹的“先天下”观是一种“民本”思想吗?》,载《党史博采》2005年第6期。

④ 张载著,章锡琛点校:《文集佚存·边议》,《张载集》,中华书局1978年版,第358页。

“从来西人只知本国利中原物货，原欲稍通博买，但苦朝廷未尝许与，故已各定分，不敢妄有来请。治平元年中……开示意度，却许令民间暗行些小博易。西人乐闻此言，即时唱喏，遣罢兵众，此足见西界原欲通行博买之意，然不知此事若行，尤系朝廷大利。今来西人若再议通和，窃恐主计臣僚，为见即目课利频亏，遽陈此说，不务艰难其事，因以成功为拓土息兵、丰财制虏之计。”①

以“民”为本，“因民固守”不失为一个有效的“取胜之道”。而在这个问题上，程颐的态度亦很明确：“当先自治，不宜专为尚武。”②“自治”在某种意义上亦可理解为“民治”，所谓“民治”虽然与民众自己管理自己的路程还相差很远，但民众拥有相对自主的权力却是可以肯定的，而承认民众相对独立的社会地位正是“天人相分”思想产生的社会基础。因为在“天人相分”域界内，天人各自具有相对独立的地位，各不附属，即天不附属于人，反过来，人也不附属于天。由此推演到“君”与“民”的关系问题上，亦复如此，其中“民”不附属于“君”，“君”也不附属于“民”。所以，“天人相分”思想的产生和发展实际上是“民众”这个群体在整个社会中的地位有所上升的一种客观反映。

张载说：“天与人，有交胜之理。”③

又说：“世衰则天人交胜，其道不一，《易》之情也。”④

何谓“天”？张载说：“圣犹天也。”“神则天也。”⑤以此为准，张载否定了“人神混一”的观点，认为“神则不可言人也”。他说：

“圣人则事天爱民，不恤其他，诞先登于岸。九五‘大人造也’，造，成就也，或谓造为至义亦可。大人成性则圣也化，化则纯是天德也。圣犹天也，故不可阶而升。圣人之教，未尝以性化责人，若大人则学可至也。位天德则神，神则天也，故不可以神属人而言。庄子言神人，不识义理也；又谓至人真人，其辞险窄，皆无可取。《孟子》六等，至于神则不可言人也。”⑥

把“神”与“人”分别开来，从表面上看，似是削弱了人的力量，实际上，将人从神的枷锁下解放出来，给人以独立性的地位，这本身便是对人的能动性的肯定，是对荀子人胜天思想的继承和发展。于是，在此基础上，张载更提出了

---

① 张载著，章锡琛点校：《文集佚存 · 泾原路经略司论边事状》，《张载集》，中华书局 1978 年版，第 362 页。

② 程颢、程颐：《周易程氏传》卷三《周易下经上》，《二程集》下，中华书局 1981 年版，第 920 页。

③ 张载著，章锡琛点校：《正蒙 · 参两篇第二》，《张载集》，中华书局 1978 年版，第 10 页。

④ 张载著，章锡琛点校：《横渠易说 · 系辞下》，《张载集》，中华书局 1978 年版，第 226 页。

⑤ 张载著，章锡琛点校：《横渠易说 · 上经》，《张载集》，中华书局 1978 年版，第 76 页。

⑥ 张载著，章锡琛点校：《横渠易说 · 上经》，《张载集》，中华书局 1978 年版，第 76 页。

“御天”的思想，而“御天”思想其实是张载“二神人”思想发展的逻辑必然。张载说：

“万物皆始，故性命之各正。惟君子为能与时消息，顺性命、躬天德而诚行也。精义时措，故能保合大和，健利且贞，孟子所谓终始条理，集大成于圣智者欤！《易》曰：‘大明终始，六位时成，时乘六龙以御天……’其此之谓乎！”①

“凡言龙，喻圣也，若颜子可以当之。”②

虽然张载在此所说的“御天”，就整个人类的认识而言，是一种有条件和片面的能动性，因为他认为仅仅少数“圣人”具有“御天”的能力，但是张载能够把“御天”之“御”作人的能动性解，这已经是一个很大的进步了。至于“惟君子为能与时消息”，其根据就在于“性命之正”。张载说：“‘乾道变化，各正性命’，此谓六爻。言天道变化趋时者，六爻各随时自正其性命，谓六位随时正性命各有一道理，盖为时各不同。”③“时”就是“历史”与“历境”的统一，在不同的时间内，人们改造自然即“御天”的能力必然会发生变化，又由于“天下之物无两个有相似者”，④所以人的认识能力就“不齐”，就有“智”与“愚”的差异。张载认为，“上智下愚，习与性相远既甚而不可变者也。”⑤又说，“上智下愚不移，充其德性则为上智，安于见闻则为下愚，不移者，安于所执而不移也。”⑥在此，张载与二程比，在“智”与“愚”的关系问题上，张载显然是落后了，因为二程突破了“上智”与“下愚”的分界，认为“下愚”通过学习可以转变为“上智”；然而，张载若跟孔子相比，则又进了一步，其进步的标志就是张载对“上智”与“下愚”的内涵作了具体的规定，而且他的规定符合人类认识运动的规律。因为人类的认识能力分“感性认识”和“理性认识”，在张载看来，人类仅仅依靠“感性认识”并不能“御天”，故他将“所执”为“闻见之知”者称为“下愚”。与之相反，如果人们从“感性认识”上升到“理性认识”，即“充其德性”，则情况就截然不同了，在“理性认识”层面，人们的认识已经深入到了事物的内部，直接触及到被人们称为“神”、“鬼”、“至理”的“本体性存在”，因此，“浩然无间则天地合德，照无偏系则日月合明，天地同流则四时合序，酬酢不倚则鬼神合吉凶。”⑦而这种认识就是真理性的认识，我们知道，在现实生活

---

① 张载著，章锡琛点校：《横渠易说·上经》，《张载集》，中华书局1978年版，第70页。
② 张载著，章锡琛点校：《横渠易说·上经》，《张载集》，中华书局1978年版，第79页。
③ 张载著，章锡琛点校：《横渠易说·上经》，《张载集》，中华书局1978年版，第70页。
④ 张载著，章锡琛点校：《张子语录·语录中》，《张载集》，中华书局1978年版，第322页。
⑤ 张载著，章锡琛点校：《正蒙·诚明篇第六》，《张载集》，中华书局1978年版，第23页。
⑥ 张载著，章锡琛点校：《张子语录·语录上》，《张载集》，中华书局1978年版，第307页。
⑦ 张载著，章锡琛点校：《横渠易说·上经》，《张载集》，中华书局1978年版，第80页。

中真正能获得真理性认识的人并不多,难怪张载只把这一小部分人专门从众人中分别出来,赋予他们以“大人”的地位,并成为张载心目中的“上智”之人。

诚然,如果我们仅停留在“大人”的层面,其所见的确就只有是“天人合一”的一面。对此,张载自己说的很明白:“‘大人者与天地合其德,与日月合其明,与四时合其序,与鬼神合其吉凶’,如此则是全与天地一体,然不过是大人之事,惟是心化也。”①何谓“心化”?“心化”当然就是一种理性认识,是人的认识与客观事物发展规律的符合。可见,“与天地一体”完全是一个理性问题,是一个思维的问题,而不是一个实践的问题。用中国古代的认识范畴来讲,就是“知”与“行”的问题。在张载看来,“知”的问题可以归结为“天人合一”问题,因为“天人合一”只有在“知”的范畴中才具有可能性。然而,“行”的问题就不同了,“行”的问题归结为“天人合一”问题,因为“天人合一”无法解决“行”的问题,“行”的问题只有在“天人相分”的范畴内才能成为可能,才具有真实有效性,否则就流于形式或虚妄。比如,张载说:“君子所性,与天地同流异行而已焉。”②此处之“异行”最清楚不过地表明“天”与“人”在实践上属于两个不同的“实体”,一般地讲,在实践的意义上,“天”是“客体”,而“人”是“主体”。虽然张载当时还不可能提出“实践”这个认识范畴,但他却以此为基点,对人类的许多实践行为都给予了积极的肯定,从而将自己与二程理学区别开来。如,张载说:

“饮食男女皆性也,是乌可灭?”③

“上达反天理,下达徇人欲者欤!”④

“反”即“回归”之意,“徇”即“营求”之义。这就是说,回归天理并不一定以牺牲“人欲”为前提。在某种程度上,张载承认人们谋求物质利益的正当性和合理性,这与“禁欲主义”思想是有本质不同的。如老子说:“无欲以静,天下将自定。”⑤二程更提出“去人欲,存天理”的命题。张载虽然亦讲“立天理”,但他不讲“去人欲”,所以相对于二程的理学思想,张载的思想则具有更加鲜明的现实性特点。张载说:

“湛一,气之本;攻取,气之欲。口腹于饮食,鼻舌于臭味,皆攻取之性也。

① 张载著,章锡琛点校:《横渠易说·上经》,《张载集》,中华书局1978年版,第77页。

② 张载著,章锡琛点校:《正蒙·诚明篇第六》,《张载集》,中华书局1978年版,第23页。

③ 张载著,章锡琛点校:《正蒙·乾称篇第十七》,《张载集》,中华书局1978年版,第63页。

④ 张载著,章锡琛点校:《正蒙·诚明篇第六》,《张载集》,中华书局1978年版,第22页。

⑤ 《老子道德经·第三十七章》。苏辙:《道德真经注》三十七章《道常无为》,华东师范大学出版社2010年版,第46页。

知德者属厌而已，不以嗜欲累其心，不以小害大、末丧本焉尔。”①

“今之灭天理而穷人欲，今复反归其天理。古之学者便立天理，孔孟而后，其心不传，如荀扬皆不能知。”②

“烛天理如向明，万象无所隐；穷人欲如专顾影间，区区于一物之中尔。”③

可见，二程和张载所面临的问题是一样的，但其立足点和解决问题的方法与途径不同：二程以“去人欲”为手段，而张载则以“立天理”为手段。前者是一种消极的态度，而后者则是一种积极的态度。所以，二程“存天理”是强迫性的，而张载“立天理”却是引导性的。张载说：

“譬之目明者，万物纷错于前，不足为害。”④

这就是说，通过提高人们的“自治”⑤力来明辨“人欲”适度与否，是“立天理”的唯一可行的有效途径。张载不明着说“去人欲”，而是让人们懂得正确处理“天理”与“人欲”的关系，引导“人欲”朝着健康向上的方向发展，不以末丧本，也不以小害大。张载说：“徇物丧心，人化物而灭天理者乎！存神过化，忘物累而顺性命者乎！”⑥此“人化物”显而易见是人为外物所奴役，惟物是图，结果因“物累”而“丧心”，这是张载所反对的。所以，张载说：

“吾徒饱食终日，不图义理，则大非也，工商之辈，犹能晏寐夙兴以有为焉。”⑦

“工商之辈”是社会中最看重物质利益的一个阶层，即使这样的阶层，亦不至于“不图义理”，而那些整天“饱食终日”、无所事事的人与“工商之辈”的情况就不同了，这些人不给社会创造任何价值，是“大非”之人，尽管“工商之辈”重利轻义，但他们却是“有为”之人。因此，张载对“工商之辈”的这种积极认识是同北宋商品经济的日益繁荣和工商阶层社会地位相对提高的历史发展状况相适应的。而社会经济的繁荣必然与人们的“多欲”情结相联系，“多欲”与社会经济的繁荣在一定程度上讲是成正比的。故张载说：“古人耕且学则能之，后人耕且学则为奔迫，反动其心。何者？古人安分，至一箪食，一豆羹，易衣而出，只如此其分也；后人则多欲，故难能。然此事均是人情之难，故以为

---

① 张载著，章锡琛点校：《正蒙·诚明篇第六》，《张载集》，中华书局1978年版，第22页。

② 张载著，章锡琛点校：《经学理窟·义理》，《张载集》，中华书局1978年版，第273页。

③ 张载著，章锡琛点校：《正蒙·中正篇第八》，《张载集》，中华书局1978年版，第26页。

④ 张载著，章锡琛点校：《经学理窟·义理》，《张载集》，中华书局1978年版，第276页。

⑤ 张载著，章锡琛点校：《经学理窟·义理》，《张载集》，中华书局1978年版，第273页。

⑥ 张载著，章锡琛点校：《正蒙·神化篇第四》，《张载集》，中华书局1978年版，第18页。

⑦ 张载著，章锡琛点校：《经学理窟·义理》，《张载集》，中华书局1978年版，第271页。

贵。”①以“多欲”为贵,这是一个非常进步的社会历史思想。试想,如果没有人们的“多欲”需要为基础,那人类社会怎么进步呢?由此可见,同是一种理学思想,但张载同程朱思想的差异还是比较明显的。

当然,在一般情况下,“天人相分”与“天人合一”的区分不是绝对的。比如,张载以《易传》为例说:

“天人不须强分,《易》言天道,则与人事一滚论之,若分别则是薄乎云尔。”②

如果以《易》为研究问题的基点,把“天道”与“人道”分别为两件事情来谈,就难以发现《易传》的微言大义,且不免流于肤浅。但具体问题应当具体分析。同样的情况,如果以活生生的现实社会为基点,其结果可就不同了。张载说:“盖尽人道,并立乎天地以成三才,则是与天地参矣。但尽人道,理自当,不必受命。”③“《易》即天道,独入于爻位系之以辞者,此则归于人事。”④“天能性,人谋能,大人尽性,不以天能为能而以人谋为能,故曰‘天地设位,圣人成能’。”⑤人事是实实在在的,而每个具体的人所遇到的生活问题亦是千差万别的,其对现实生活的心态亦是形形色色的,因此,张载说:“心所以万殊者,感外物而不一也。”⑥从这个角度看,“天”与“人”就不能不分,“不须强分”绝不等于“不分”,张载只是说“分”是有条件和有特定局域的,而在人们的现实生活域内,“混天人”就变成虚伪的说教了。如果说在以“天道”为实质的《易传》这个层面上,“天人不须强分”,那么在以人事为核心的《系辞》这个层面上,则“人不可以混天”。故张载说:

“《系》之为言,或说《易》书,或说天,或说人,卒归一道,盖不异术,故其参错而理则同也。‘鼓万物而不与圣人同忧’,则于是分出〔天〕人之道。〔人〕不可〔以〕混天,‘鼓万物而〔不〕与圣人同忧’,此言天德之至也。与天同忧乐,垂法于后世,虽是圣人之事,亦犹圣人之末流尔。”⑦

又张载在解释“《易》之序也”一辞的内涵时说:

“序犹言分也。《易》之中有贵有贱,有吉有凶,皆其自然之分也。”⑧

---

① 张载著,章锡琛点校:《经学理窟·气质》,《张载集》,中华书局1978年版,第266页。
② 张载著,章锡琛点校:《横渠易说·系辞下》,《张载集》,中华书局1978年版,第232页。
③ 张载著,章锡琛点校:《横渠易说·系辞上》,《张载集》,中华书局1978年版,第178页。
④ 张载著,章锡琛点校:《横渠易说·上经》,《张载集》,中华书局1978年版,第181页。
⑤ 张载著,章锡琛点校:《横渠易说·系辞下》,《张载集》,中华书局1978年版,第232页。
⑥ 张载著,章锡琛点校:《横渠易说·系辞下》,《张载集》,中华书局1978年版,第224页。
⑦ 张载著,章锡琛点校:《横渠易说·系辞上》,《张载集》,中华书局1978年版,第189页。
⑧ 张载著,章锡琛点校:《横渠易说·系辞上》,《张载集》,中华书局1978年版,第180页。

此外,张载讲到“分”的地方还有多处。如:

“有息者根于天,不息者根于地。根于天者不滞于用,根于地者滞于方,此动植之分也。”①

“九五分而下,初六分而上,故曰‘刚柔分’。‘合而章’,合而成文也。”②

“天地虽一物,理须从〔此〕分别。”③

“地所以两,分刚柔男女而效之,法也。”④

可见,“分”是张载思想体系中一个非常重要的概念,也是他构建其“义理”之学的基石之一。有“分”必有“合”,反过来,有“合”亦必有“分”,在张载看来,没有“分”则必无“合”,因为“分”是“合”的前提。或者说“合”是境界,而“分”是生活。故张载说:“无两则安用一。”⑤又说:“道得之同,理得之异。”⑥由此观之,“分”与“合”是“一物之两体”,不可分割。

## 二、“与天为一”的“天人合一”思想

前面讲过,“合”在张载的话语文本中,具有特定的含义,它是以“分”或“异”为存在依据的。正是从这样的立场和看问题的角度,张载才批评了“天人一”的观点。所谓“天人一”的“一”就是取消了差别的“同一”,因而是个抽象的“同一”,形而上学的“同一”。如张载说:

“浮屠明鬼,谓有识之死受生循环,遂厌苦求免,可谓知鬼乎?以人生为妄〔见〕,可谓知人乎?天人一物,辄生取舍,可谓知天乎?孔孟所谓天,彼所谓道。惑者指游魂为变为轮回,未之思也。大学当先知天德,知天德则知圣人,知鬼神。今浮屠极论要归,必谓死生转流,非得道不免,谓之悟道可乎?悟则有义有命,均死生,一天人,惟知昼夜,通阴阳,体之不二。自其说炽传中国,儒者未容窥圣学门墙,已为引取,沦胥其间,指为大道。”⑦

“天人一物”及“一天人”都是佛学的基本思想,而这个思想的根本错误就在于取消了“天”与“人”的差别,把人生纯粹归结为“天命”,认为“人生”就是“幻妄”,活着就是痛苦。所以,张载对此大发雷霆,因为“自古诐、淫、邪、遁之

---

① 张载著,章锡琛点校:《正蒙·动物篇第五》,《张载集》,中华书局1978年版,第19页。

② 张载著,章锡琛点校:《横渠易说·上经》,《张载集》,中华书局1978年版,第108页。

③ 张载著,章锡琛点校:《横渠易说·系辞上》,《张载集》,中华书局1978年版,第178页。

④ 张载著,章锡琛点校:《横渠易说·说卦》,《张载集》,中华书局1978年版,第233页。

⑤ 张载著,章锡琛点校:《横渠易说·说卦》,《张载集》,中华书局1978年版,第233页。

⑥ 张载著,章锡琛点校:《张子语录·语录中》,《张载集》,中华书局1978年版,第324页。

⑦ 张载著,章锡琛点校:《正蒙·乾称篇第十七》,《张载集》,中华书局1978年版,第64页。

词，翕然并兴，一出于佛氏之门者千五百年。”[①]而佛教之盛，给国人带来的社会后果是相当严重的，张载指出：

“释氏语实际，乃知道者所谓诚也，天德也。其语到实际，则以人生为幻妄，〔以〕有为为疣赘，以世界为阴浊，遂厌而不有，遗而弗存。就使得之，乃诚而恶明者也。儒者则因明致诚，故天人合一，致学而可以成圣，得天而未始遗人，《易》所谓不遗、不流、不过者也。”[②]

一句话，佛与儒的差别就是“诚而恶明”还是“因明致诚”，前者是佛教“一天人”的理论基础，而后者则是儒学“天人合一”的思想根基。这一字之差，却发生了实质性的变化。“一天人”以取消矛盾为特征，而“天人合一”却以矛盾作为其立论的根据。在此，“合”是有“差异”的“合”。比如，张载说：

“乾坤合为坎离，之数当六七，精为日月，粗为水火，坎离合而后万物生。”[③]

“‘五位相得而各有合’，一二相间，是相得也；各有合，以相对合也，如一、六，二、七，三、八，四、九。各有合，神也；位相得，化也。”[④]

“自然、人谋合，盖一体也，人谋之所经画，亦莫非天理。”[⑤]

通过以上事例，我们能够看出，张载所讲的“合”是以“对”即“分”为前提的，诸如“水火”、“相对”、“自然”与“人谋”等，都是相互对立的矛盾统一体。从这层意义上说，佛教的“一天人”之“一”就是形而上学，而张载所说的“天人合一”之“合”则是辩证法。因此，张载的“天人合一”思想明显地具有以下两个方面的特征：

1.张载的“天人合一”思想是在回应佛教“一天人”的挑战中提出来的，其本身具有极强的批判性。佛教自隋唐以至五代，在中国获得了空前的发展时机，而“隋文承周武之后，大崇释氏，以收人望。”[⑥]唐之太宗、武则天亦复如此，甚至武则天时佛教之盛有“所费以万亿计，府藏为之耗竭”[⑦]的说法。虽然后来有唐武宗灭佛及五代末之周世宗灭佛两次“法难”，但佛教在民间仍拥有相

---

① 张载著，章锡琛点校：《正蒙 · 乾称篇第十七》，《张载集》，中华书局 1978 年版，第 64 页。

② 张载著，章锡琛点校：《正蒙 · 乾称篇第十七》，《张载集》，中华书局 1978 年版，第 65 页。

③ 张载著，章锡琛点校：《横渠易说 · 系辞上》，《张载集》，中华书局 1978 年版，第 195 页。

④ 张载著，章锡琛点校：《横渠易说 · 系辞上》，《张载集》，中华书局 1978 年版，第 196 页。

⑤ 张载著，章锡琛点校：《横渠易说 · 系辞下》，《张载集》，中华书局 1978 年版，第 232 页。

⑥ 宋敏求：《长安志》卷七。

⑦ 司马光：《资治通鉴》卷二百五《唐纪二十一》，中华书局 1956 年版，第 6498 页。

当势力的信徒,[①]而佛风之盛委实让北宋初年的反佛儒士们好好地忙碌了一阵子。例如,宋学就是在与佛教的斗争中建立起来的,其中孙复、石介、李觏、王安石等,他们的思想中都有明确的辟佛主张。当然,宋人的"辟佛"并不是对佛教理论的全盘否定,而是"扬弃",即有否定亦有吸收与继承,故明人黄绾说:"宋儒之学,其入门皆由于禅。"[②]但在宋学初创时期,辟佛是矛盾的主要方面,而"援释入儒"则是矛盾的次要方面。所以,我们不能因为"三教合流"而忽视了北宋初年包括张载在内的那些辟佛勇士为恢复儒学宗主地位所作出的积极贡献。张载走过了一条同二程相似的学术理路,他们都曾出入于释、老之间,如《吕大临横渠先生行状》云:张载曾读《中庸》,"虽爱之,犹未以为足也,于是又访诸释、老之书,累年尽究其说,知无所得,反而求之《六经》。"[③]话虽这么说,但多年的释学知识积淀,对于张载从根本上将儒与释区别开来是颇有益处的。比如,张载说:"释氏不知天命而以心法起灭天地,以小缘大,以末缘本,其不能穷而谓之幻妄,真所谓凝冰者与!"[④]且"释氏以感为幻妄,又有憧憧思以求朋者,皆不足道也。"[⑤]又说:"释氏无用,故不取理。彼以性为无,吾儒以参为性,故先穷理后尽性。"[⑥]张载对释氏的批判不是仅仅单纯的口诛笔伐,而是探入到释氏学说的深层,对其进行理性的分析,找出与儒学的不同点,然后加以去伪存真,显示了张载斗争水平的提高和理论造诣之精深。

2.在张载的"天人合一"思想里,洋溢着辩证法的气息,充满着新陈代谢的生命活力,从而体现了宋学积极进取的责任意识和创造精神。张载说:

"一物两体,气也。一故神,两故化,此天之所以参也。两不立则一不可见,一不可见则两之用息。两体者,虚实也,动静也,聚散也,清浊也,其究一而已。有两则有一,是太极也。若一则,有两亦〔一〕在,无两亦一在,然无两则安用一? 不以太极,空虚而已,非天参也。"[⑦]

"不有两则无一。"[⑧]

"性其总,合两也。"[⑨]

---

① 陈淳:《北溪字义》卷下。

② 黄绾:《明道编》卷一。

③ 张载著,章锡琛点校:《文集佚存·杂时》,《张载集》,中华书局1978年版,第381页。

④ 张载著,章锡琛点校:《正蒙·大心篇第七》,《张载集》,中华书局1978年版,第26页。

⑤ 张载著,章锡琛点校:《正蒙·中正篇第八》,《张载集》,中华书局1978年版,第125页。

⑥ 张载著,章锡琛点校:《横渠易说·系辞下》,《张载集》,中华书局1978年版,第234页。

⑦ 张载著,章锡琛点校:《横渠易说·系辞下》,《张载集》,中华书局1978年版,第234页。

⑧ 张载著,章锡琛点校:《正蒙·太和篇第一》,《张载集》,中华书局1978年版,第8页。

⑨ 张载著,章锡琛点校:《正蒙·诚明篇第六》,《张载集》,中华书局1978年版,第22页。

对于“天人合一”之“合”的两个方面，张载反复申明，不可只顾其一，而忽略了其二。例如，在“实一”与“万殊”的问题上，就是如此。张载说：

“太虚者，气之体。气有阴阳，屈伸相感之无穷，故神之应也无穷，其散无数，故神之应也无数。虽无穷，其实湛然；虽无数，其实一而已。阴阳之气，散则万殊，人莫知其一也；合则混然，人不见其殊也。”①

以此为前提，张载创造性地提出了“天人相待”的思想命题，遂成为中国古代“天人合一”观的一种新形式，即孟子的“天人相通”，董仲舒的“天人感应”及张载的“天人相待”。对于“天人相待”的命题，张载是这样说的：

“知虚空即气，则有无、隐显、神化、性命通一无二，顾聚散、出入、形不形，能推本所从来，则深于《易》者也。若谓虚能生气，则虚无穷，气有限，体用殊绝，入老氏‘有生于无’自然之论，不识所谓有无混一之常；若谓万象为太虚中所见之物，则物与虚不相资，形自形，性自性，形性、天人不相待而有，陷于浮屠以山河大地为见病之说。”②

在这里，张载实际上从认识方面，揭露了佛教割裂感性认识与理性认识的辩证联系，因而否认理性认识的片面感觉论的错误实质。在张载看来，认识客观事物的存在都是“幽”与“明”的统一，其中事物“明”的方面，是暴露于客观事物表层的现象，因而是人类感性认识的对象；而事物“幽”的方面，是隐藏在客观事物深层的部分，因而是人类理性认识的对象。张载说：

“天文地理，皆因明而知之，非明而皆幽也，此所以知幽明之故。万物相见乎离，非离不相见也。见者由明而不见非无物也，乃是天之至处。彼异学则皆归之空虚，盖徒知乎明而已，不察夫幽，所见一边耳。”③

知识的产生有两途：一是观察和经验；二是逻辑推理。天文和地理这两门科学都起源于人类的生活实践和人类日常的观察经验，但在人类的观察与经验之外，还有很多发生在人类经验和观察之外的属于“幽”性的客观现象，对于这些现象人类并没有放弃对它们的认识，相反，人类只有更加努力地去把握这些“幽”性现象，才能更有效地保护我们自己的生存权利。张载主张“实有”而否定“虚无”，他认为宇宙间根本不存在所谓的“虚空”世界，凡世界都是“实有”的和可以认识的。他说：

“至虚之实，实而不固；至静之动，动而不穷。实而不固，则一而散；动而

① 张载著，章锡琛点校：《正蒙·乾称篇第十七》，《张载集》，中华书局1978年版，第66页。

② 张载著，章锡琛点校：《正蒙·太和篇第一》，《张载集》，中华书局1978年版，第8页。

③ 张载著，章锡琛点校：《横渠易说·系辞上》，《张载集》，中华书局1978年版，第182页。

不穷，则往且来。”①

“有无虚实通为一物者，性也；不能为一，非尽性也。”②

“有无一，内外合，此人心之自来也。若圣人则不专以闻见为心，故能不专以闻见为用。无所不感者虚也，感即合也，咸也。以万物本一，故一能合异；以其能合异，故谓之感；若非有异则无合。天性，乾坤、阴阳也，二端故有感，本一故能合。”③

在此，张载又一次强调了“分”与“合”的辩证关系。而从“合”的层面上看，“虚”这个概念至少包含五种意思：

第一种是自然界的存在状态，是“有无”和“虚实”的统一体，其中“虚”是“实”之“虚”，“实”是“虚”之“实”，因此，“有若无，实若虚”，④有无不分。张载说：“太虚即气〔则无有有无。故圣人语性与天道之极，尽于参伍之〕神变易而已。诸子浅妄，有有无之分，非穷理之学也。”⑤比如，老子就将“有”与“无”分割开来，片面地把“虚无”看成一种宇宙本体，认为：“天下万物生于有，有生于无。”⑥又宇宙万物的本源“绳绳不可名，复归于无物。”⑦对于这种宇宙本体论，张载则针锋相对，提出了自己鲜明的“实有论”观点。他说：“太虚无形，气之本体。”⑧“知虚空即气，则有无、隐显、神化、性命通一无二。”⑨“若谓虚能生气，则虚无穷，气有限，体用殊绝，入老氏‘有生于无’自然之论，不识所谓有无混一之常。”⑩由此可见，张载认为“虚不能生气”，而“气”是宇宙万物的本源，“虚”（即“时空”）仅仅是气的一种存在方式。故张载说：“与天同原谓之虚。”⑪

① 张载著，章锡琛点校：《正蒙·乾称篇第十七》，《张载集》，中华书局1978年版，第64页。

② 张载著，章锡琛点校：《正蒙·乾称篇第十七》，《张载集》，中华书局1978年版，第63页。

③ 张载著，章锡琛点校：《正蒙·乾称篇第十七》，《张载集》，中华书局1978年版，第63页。

④ 张载著，章锡琛点校：《横渠易说·下经》，《张载集》，中华书局1978年版，第154页。

⑤ 张载著，章锡琛点校：《横渠易说·系辞上》，《张载集》，中华书局1978年版，第200页。

⑥ 《老子道德经·第四十章》。苏辙：《道德真经注》四十章《反者道之动》，华东师范大学出版社2010年版，第51页。

⑦ 《老子道德经·第十四章》。苏辙：《道德真经注》十四章《视之不见》，华东师范大学出版社2010年版，第15页。

⑧ 张载著，章锡琛点校：《正蒙·太和篇第一》，《张载集》，中华书局1978年版，第7页。

⑨ 张载著，章锡琛点校：《正蒙·太和篇第一》，《张载集》，中华书局1978年版，第8页。

⑩ 张载著，章锡琛点校：《正蒙·太和篇第一》，《张载集》，中华书局1978年版，第8页。

⑪ 张载著，章锡琛点校：《张子语录·语录中》，《张载集》，中华书局1978年版，第325页。

“太虚者天之实也。万物取足于太虚,人亦出于太虚。”①

第二种是指自然规律,张载说:“太虚者自然之道。”②规律是无影无形的,但它却是“至实”的,故张载说:“天地之道无非以至虚为实,人须于虚中求出实。”③所谓“虚中求出实”就是从宇宙万物的运动变化中找出实实在在的普遍规律,对此,张载有着十分明确的说法,他说:“日月星辰,象之著也;当以心求天之虚。”④很明显,这里所说的“日月星辰”就是指天体现象,而“求天之虚”的“虚”则是指隐藏在各种天体现象背后的运动规律,即那些可以用数学语言刻画出来的各种定理、定律及公式。不仅如此,张载甚至还看到了自然现象的可变性与自然规律的相对不变性之间的差别,他举例说:“金铁有时而腐,山岳有时而摧,凡有形之物即易坏,惟太虚无动摇,故为至实。”⑤

第三种是一种道德境界,张载称之为“天德”,他说:“天德即是虚,虚上更有何说也!”⑥又说:“大率天之为德,虚而善应。”⑦“天德”在某种意义上也可称“大心”,一方面,张载说:“道要平旷中求其是,虚中求出实”⑧,另一方面,张载又说:“今有心以求其虚,则是已起一心,无由得虚。切不得令心烦,求之太切则反昏惑。”⑨这两处所说的“虚”是不一样的,前者指的是一种实学,是求真实的学问,求真理性的认识,故谓“虚中求出实”,而后者指的则是一种道德境界,是人生追求的一种理想,是寻求心灵的一种高度纯化,因而它也就成了张载理学的最终归宿,“感物之美,莫若以虚受人”。⑩ 张载说:“虚者,仁之原。”⑪又说:“天地以虚为德,至善者虚也。”⑫在这里,“至善”本身就是人生所追求的一种最高境界。

第四种是指一种“微观世界”的存在,张载虽然表达的尚不十分清晰,但他的意思人们还是可以心领神会的,张载说:“凡不形以上者,皆谓之道,惟是有无相接处与形不形处,知之为难。须知气从此首,盖为气能一有无,无则气

---

① 张载著,章锡琛点校:《张子语录·语录中》,《张载集》,中华书局1978年版,第324页。
② 张载著,章锡琛点校:《张子语录·语录中》,《张载集》,中华书局1978年版,第325页。
③ 张载著,章锡琛点校:《张子语录·语录中》,《张载集》,中华书局1978年版,第325页。
④ 张载著,章锡琛点校:《张子语录·语录中》,《张载集》,中华书局1978年版,第326页。
⑤ 张载著,章锡琛点校:《张子语录·语录中》,《张载集》,中华书局1978年版,第325页。
⑥ 张载著,章锡琛点校:《经学理窟·气质》,《张载集》,中华书局1978年版,第269页。
⑦ 张载著,章锡琛点校:《正蒙·乾称篇十七》,《张载集》,中华书局1978年版,第66页。
⑧ 张载著,章锡琛点校:《经学理窟·气质》,《张载集》,中华书局1978年版,第269页。
⑨ 张载著,章锡琛点校:《经学理窟·气质》,《张载集》,中华书局1978年版,第269页。
⑩ 张载著,章锡琛点校:《横渠易说·下经》,《张载集》,中华书局1978年版,第125页。
⑪ 张载著,章锡琛点校:《张子语录·语录中》,《张载集》,中华书局1978年版,325页。
⑫ 张载著,章锡琛点校:《张子语录·语录下》,《张载集》,中华书局1978年版,第326页。

自然生,是道是易。"[①]实际上,此"道"(即"不形")自为一微观世界,此"气"(即"形")则自为一宏观世界,而介乎于"不形"和"形"之间的那部分世界就是"半微观世界",它是目前人们所面临的最困难的一个世界。比如,在宏观领域,人类发现了牛顿力学定律;在微观领域,人类又发现了量子力学规律和量子色动力学规律;但半微观领域的物质运动受什么规律支配,目前人类还在探索之中。

第五种是指人类的理性思维,即"无所不感者虚也",而"无所不感者"则是人类思维的本性,其"虚"的意思是说人类的思维不是一种实物存在形式,它的生理基础虽然是脑神经,但思维的过程却是通过传递生物电、处理信息流的特殊方式来实现的,钱学森先生甚至将"动态的电磁现象与脑的意识作用连在一起",从而把人类的思维运动称之为"大的循环反馈"。[②] 可见,张载说"惟是有无相接处与形不形处,知之为难"是符合科学技术发展的实际情况的。另外,张载认为:"赤子之心今不可知也,以其虚也。"[③]从人类目前对人脑思维机制的认识程度看,张载说人的思维机制在当时不可知亦是实事求是的。

## 三、"开物成务"思想与"别生分类"的科学意识

如果说"天人合一"重在理论性的话,那么,毫无疑问,"天人相分"则重在实际,重在成效。张载不是"功利派"的代表人物,但张载的思想意识中却不乏"功利"派的思想因素,这便是宋代学术思想的不纯性与复杂性之所在,当然,"兼收并蓄"恰巧是宋代学术的一个典型特征和治学品格。张载讲实际,重功效,并非是我们强加在他头上的冠冕。张载这样说道:

"'开物成务',物,凡物也;务,事也;开,明之也;成,处之也。事无大小,不能明何由能处!虽至粗至小之事,亦莫非开物成务。譬如不深耕易耨,则稼乌得而〔生〕!'惟深也故能通天下之志,惟几也故能成天下之务',是则开物成务者,必也有济〔世〕之才。"[④]

"'大人造也',造,成就也,或谓造为至义亦可。"[⑤]

尽管张载所说的"成就"与我们今天理解的"成就",其内涵有所不同,如张载亦把"成就"解释为"至义",它是一种道德境界,且具有鲜明的传统特色,但"成就"在体现人类的能动性方面却是相同的。在现实社会中,无所事事,

---

① 张载著,章锡琛点校:《横渠易说 · 系辞上》,《张载集》,中华书局 1978 年版,第 207 页。

② 钱学森:《人体科学与现代科技发展纵横谈》,人民出版社 1997 年版,第 271 页。

③ 张载著,章锡琛点校:《张子语录 · 语录下》,《张载集》,中华书局 1978 年版,第 326 页。

④ 张载著,章锡琛点校:《横渠易说 · 系辞上》,《张载集》,中华书局 1978 年版,第 202 页。

⑤ 张载著,章锡琛点校:《横渠易说 · 上经》,《张载集》,中华书局 1978 年版,第 76 页。

根本无“成就”可言。而凡是事业有成者,都无不“心钦”和“勤恳”。对此,张载提示人们:

“欲事立须是心立,心不钦则怠惰,事无由立,况圣人诚立,故事无不立也。道义之功甚大,又极是尊贵之事。”①

“‘屈信相感而利生,感以诚也’情伪相感而利害生,杂以伪也。诚则顺理而利,伪则不顺理而害。”②

对于“诚”,张载认为:“所谓诚明者,性与天道不见乎小大之别也。”③也就是说“性与天道合一”即为“诚”,因此,“诚”本身是“天人合一”的存在状态,没有“天人合一”即无“诚”,反过来,无“诚”亦即无“天人合一”的归宿,张载说:“天人异用,不足以言诚;天人异知,不足以尽明。”④此处之“明”指的是人的主观认识与客观事物的一致性,就此而言,当然不能“天人异知”了;而“诚”指的则是天然自然跟人类实践目的的一致性,虽然天然自然本身没有目的性,但人类的实践过程可以将天然自然改变为人化自然,可以为人类的生产和生活服务,就此而言,当然不能“天人异用”了。所以,从表面上看,“诚”是以“天人合一”为内容的,但从本质上看,“诚”却以“天人相分”为基础。

过去由于经济体制方面的原因,人们对“诚”或“诚信”与“事业”的关系理解得比较肤浅。而随着商品经济的发展,今天的人们对于“圣人诚立,故事无不立也”及“屈信相感而利生,感以诚也”两句话的感悟则是越来越深刻了。“诚信”绝不是一种空洞的说教,而是一种实实在在的利益,是一种无形的价值。现代企业理论认为,诚信不是无价的,只是它的价值实现是一个长效过程,而正因如此,所以诚信才会给企业带来的利润远远大于其有形产品带给企业的实际利润,这就是“亚洲四小龙”为什么将儒家学说引入到他们的企业管理中去的根本原因,因为儒家学说能够给他们的企业创造价值,使他们生产的商品增值。在宋代,理学在一定程度上能够容忍商人的赢利行为,并积极倡导勤劳致富的思想意识。如张载说:“人多言安于贫贱,其实只是计穷力屈,才短不能营画尔,若稍动得,恐未肯安之。须是诚知义理之乐,于利欲也乃能。”⑤因此,什么叫成功?张载的回答是:“天资美不足为功,惟矫恶为善,矫惰为勤,方是为功。”⑥可见,张载的这种主张同宋代的商业精神相一致,是宋

① 张载著,章锡琛点校:《经学理窟·气质》,《张载集》,中华书局1978年版,第268页。
② 张载著,章锡琛点校:《横渠易说·系辞下》,《张载集》,中华书局1978年版,第233页。
③ 张载著,章锡琛点校:《正蒙·诚明篇第六》,《张载集》,中华书局1978年版,第20页。
④ 张载著,章锡琛点校:《正蒙·诚明篇第六》,《张载集》,中华书局1978年版,第20页。
⑤ 张载著,章锡琛点校:《经学理窟·气质》,《张载集》,中华书局1978年版,第271页。
⑥ 张载著,章锡琛点校:《经学理窟·气质》,《张载集》,中华书局1978年版,第271页。

代商人力量不断发展壮大的一种客观反映。

当然,“开物成务”不是一蹴而就的事情,而是一个渐进的过程。这是因为“事”本身具有以下几个特点:

1.“通变之谓事”,因此,“变”就是“事”之为“事”的一个本质特征。事物是常变不息的,虽然庄子将“变”绝对化为相对主义的诡辩论,但他强调事物运动变化的绝对性,仅此而言,则有合理的思想成分。张载将“变”引入他的哲学体系中,把“事功”说建立在“变”的基础上,从而使“开物成务”跟“与时通变”结合为一体,成为事业成功的重要前提。张载说:“理势既变,不能与时顺通,非尽利之道。”①又说:“能通其变而措于民,圣人之事业也。”②至于什么是“变”与“通”?张载解释说:“乾坤交,因约裁其〔化〕而别之,故谓之变。推行其变,尽利而不遗,可谓通矣;举尽利之道而错诸天下之民以行其典礼,《易》之事业也。”③

2.“事”以“贞”为体,为“干”,这样,我们在做事时就应当懂得抓矛盾的主要方面,尽量提高“成事”的几率。何谓“贞”?《易传》没有解释,而宋人在注释《易传》之“贞”时,给出了多种不同的说法。如胡瑗释:“贞者,正也,固也,言物之既成必归于正。”④程颐说:“贞者,万物之成。”⑤苏轼又说:“贞,正直也。”⑥耿南仲更云:“贞者,性也”,故“事之本于性也”。⑦ 张载的解释则独辟蹊径,与众不同,他说:“一天下之动,贞也。贞者,专静也。”⑧这就是说做事要专心,因为只有专心,才能把事做成做好。“动”与“静”是事这个矛盾体的两面,如果人们在做事时,将“动”作为矛盾的主要方面,因而见异思迁,不专一,不安心于做完一事再做一事,则最后必定什么事都做不成。

3.事是“著”与“渐”的统一。张载说:“变,言其著;化,言其渐。万物皆始,故性命之各正。”⑨如果不做死板的理解,“著”就相当于事物的质变,而“渐”则相当于事物的量变。任何一件事情都不可能只有“变”而没有“化”,反过来,也不可能只有“化”而没有“变”。对于这种关系,张载说道:“‘变则

① 张载著,章锡琛点校:《横渠易说·系辞上》,《张载集》,中华书局1978年版,第205页。

② 张载著,章锡琛点校:《横渠易说·系辞上》,《张载集》,中华书局1978年版,第190页。

③ 张载著,章锡琛点校:《横渠易说·系辞上》,《张载集》,中华书局1978年版,第207页。

④ 胡瑗:《周易口义》卷一《上经·乾》,文渊阁四库全书本。

⑤ 程颢、程颐:《周易程氏传》卷一《周易上经上》,《二程集》下,中华书局1981年版,第695页。

⑥ 苏轼:《苏氏易传》,四川大学出版社1998年版,第422页。

⑦ 耿南仲:《周易新讲义》卷一,文渊阁四库全书本。

⑧ 张载著,章锡琛点校:《横渠易说·上经》,《张载集》,中华书局1978年版,第70页。

⑨ 张载著,章锡琛点校:《横渠易说·上经》,《张载集》,中华书局1978年版,第70页。

化’，由粗入精也，‘化而裁之谓之变’，以著显微也。”①实际上，张载指出了事物本身发展的两个阶段：由量变到质变，再由质变到新的量变，循环往复，以至无穷。具体到人事方面，道理亦一样。如，张载说：

“穷理亦当有渐，见物多，穷理多，从此就约，尽人之性，尽物之性。天下之理无穷，立天理乃各有区处，穷理尽性，言性已是尽人言也。既穷理，又尽性，然后能至于命，命则又就已而言之也。”②

“大率因一事长一智。”③

突出实际做事的能力是以“天人相分”为根基的“事功”思想的重要内容之一，张载将“做事”与“穷理”和“长智”（即增长知识）联系起来，寓理于事，不仅“大人之事”是“穷理”，而且常人之事亦是穷理。张载说：

“《易》大象皆是实事，卦爻小象则容有寓意而已。言‘风自火出家人’，家人之道必自烹饪始；风，风也，教也，盖言教家人之道必自此始也。”④

把《易》“大象”看成是“实事”的集合，强调“事功”对于人类生活的现实意义，这是张载对《易》思想的一个重要发展。一般而言，任何事情都是“知”、“情”、“意”三者的结合，其中“情”便是“实事”。如，张载就很肯定地说：“情则是实事，喜怒哀谓也。”⑤从“事功”的角度讲，兴趣（即“喜”）是做事取得成功的最基本条件。只要兴趣在，就会有恒心在，就能“既穷理，又尽性，然后能至于命”。不过，“事功”不单是生活常事，还有生活之外的非常事；不单有简单的重复性劳动，还有非重复的创造性劳动；不单有体力的工作，还有脑力性的工作；不单有生产实践，还有科学实验与科学研究，等等。但不管是什么性质的劳动，它们都能够创造知识，因而都是人类知识劳动的一个有机组成部分。在人类社会的发展进程中，知识的增长快于物质产品的增长，因此，如何更有效地把既有的知识组织起来，使之发挥出更大的社会效益，并成为发现新知识的前提和基础，一直是人们非常关注的事情。从古希腊到近现代的欧洲大陆，由逻辑到非逻辑，知识创造学的内容越来越丰富，思维方法亦是层出不穷。诚然，随着科学知识的不断增长，各种专业性的科研方法已经从基本的逻辑方法中脱颖而出，而且越来越显示出其强大的生命力。然而，任何专门的科研方法都是以基础的逻辑方法为前提的，因此，基本的逻辑方法至今仍然是被人们广泛使用的一种思维方法。中国古代具有比较深厚的思维逻辑根底，而

---

① 张载著，章锡琛点校：《横渠易说·系辞上》，《张载集》，中华书局1978年版，第208页。
② 张载著，章锡琛点校：《横渠易说·说卦》，《张载集》，中华书局1978年版，第235页。
③ 张载著，章锡琛点校：《经学理窟·气质》，《张载集》，中华书局1978年版，第269页。
④ 张载著，章锡琛点校：《横渠易说·上经》，《张载集》，中华书局1978年版，第100页。
⑤ 张载著，章锡琛点校：《横渠易说·上经》，《张载集》，中华书局1978年版，第78页。

《墨经》一书就包含着很多逻辑学的著名命题和思维范畴,如“类”、“故”、“理”便是由《墨经》提出来的三个最典型的逻辑范畴。以此为前提,《墨经·非攻下》更概括出“察类明故”的命题。[①] 此“类”即“分类”之意,此“故”就是事物千差万别的原因及事物发展演变的规律。张载继承了墨子的“察类明故”思想,并根据宋代科学技术发展的实际情况,对“类”范畴又作了进一步的研究和探讨。

1.“各从其类”的思想。“各从其类”出自《易·乾》中,本不是张载的发明。但张载由此悟出了“两分法”的“类”思想,却是一个很了不起的发现。他说:“龙虎水火之喻,盖明各逐一类去,本在上者却上去,本在下者却逐下。德性本乎天者今复在天,是各从其类也。”[②]“上”与“下”是一种“两分法”,亦可称为“类分法”。张载说:“‘别生分类’,孟子所谓明庶物、察人伦者与!”[③]其中“庶物”就是“庶事”[④]。然如何“别生分类”?《易传·系辞上》云:“形而上者谓之道,形而下者谓之器。”这是最广泛和最有影响力的一种“两分法”,在此前提下,张载进一步对“性”本身亦作了“两分法”,因而出现了“天地之性”与“气质之性”的说法。张载说:

“形而后有气质之性,善反之则天地之性存焉。”[⑤]

虽然张载对他的两性说,没有深入展开,但两性说却构成了程朱“性理之学”理论基础。而张载由此开始,创造了许多这种属于“两分法”的“大类”范畴:如“湛一”与“攻取”[⑥],“德性”与“物欲”[⑦],“烛天理”与“穷人欲”[⑧],“志公”与“意私”[⑨],“君子之道”与“小人之道”[⑩],“虚”与“实”[⑪],“自诚明”与“自明诚”[⑫]等。这些范畴不仅在宋代引人注目,而且有些范畴直到今天仍然是人们讨论的焦点问题。

2.“推类”与“尽心”相结合的逻辑思想。从逻辑的角度讲,“推类”是一种

---

① 肖萐父、李锦全:《中国哲学史》上卷,人民出版社1983年版,第94—95页。
② 张载著,章锡琛点校:《横渠易说·上经》,《张载集》,中华书局1978年版,第75页。
③ 张载著,章锡琛点校:《正蒙·作者篇第十》,《张载集》,中华书局1978年版,第38页。
④ 张载著,章锡琛点校:《张子语录·语录下》,《张载集》,中华书局1978年版,第329页。
⑤ 张载著,章锡琛点校:《正蒙·诚明篇第六》,《张载集》,中华书局1978年版,第23页。
⑥ 张载著,章锡琛点校:《正蒙·诚明篇第六》,《张载集》,中华书局1978年版,第22页。
⑦ 张载著,章锡琛点校:《正蒙·诚明篇第六》,《张载集》,中华书局1978年版,第24页。
⑧ 张载著,章锡琛点校:《正蒙·大心篇第七》,《张载集》,中华书局1978年版,第26页。
⑨ 张载著,章锡琛点校:《正蒙·中正篇第八》,《张载集》,中华书局1978年版,第32页。
⑩ 张载著,章锡琛点校:《正蒙·大易篇第十四》,《张载集》,中华书局1978年版,第49页。
⑪ 张载著,章锡琛点校:《张子语录·语录中》,《张载集》,中华书局1978年版,第325页。
⑫ 张载著,章锡琛点校:《张子语录·语录下》,《张载集》,中华书局1978年版,第330页。

逻辑思维,而“尽心”则是一种非逻辑的直觉思维。“推类”这种逻辑方法在先秦的惠施、公孙龙、后期墨家和《易传》那里获得了比较充分的发展,因而形成了具有中国特色的以“推类”为主干的逻辑思想体系。如后期墨家提出“以类取,以类予”①的命题,此“予”即是指依据同一类概念进行逻辑推论。此外,后期墨家还总结出“推也者,以其所不取之同于其所取者予之也,是犹谓他者同也,吾岂谓他者异也”②的逻辑类比方法。对此,张载说:

“言尽物者,据其大总也。今言尽物且未说到穷理,但恐以闻见为心则不足以尽心。人本无心,因物为心,若只以闻见为心,但恐小却心。今盈天地之间者皆物也,如只据己之闻见,所接几何,安能尽天下之物?所以欲尽其心也。穷理则其间细微甚有分别,至如偏乐,其始亦但知其大总,更去其间比较,方尽其细理。若便为推类,以穷理为尽物,则是亦但据闻见上推类,却闻见安能尽物!今所言尽物,盖欲尽心耳。”③

“推类”法在“尽物”的认识过程中扮演着非常重要的角色,起着非常关键的作用,这是张载也不否认的。但“尽物”不惟“推类”一途,而且张载认为也不是最佳的一种“尽物”的认识方法。中国的传统文化与西方传统文化的差别,如果从认识论的角度讲就是逻辑方法与非逻辑方法在中西传统文化中所起的作用不同,其中西方传统文化重逻辑思维,而中国传统文化则重非逻辑思维。前者可以说是“尽物”,而后者却是“尽心”。“尽心”这个概念,一般人将它理解为一个伦理概念,不全面,我们认为,“尽心”不止是个伦理概念,而且还是个非逻辑的思维范畴。张载说:

“大其心则能体天下之物,物有未体,则心为有外。世人之心,止于闻见之狭。圣人尽性,不以见闻梏其心,其视天下无一物非我,孟子谓尽心则知性知天以此。天大无外,故有外之心不足以合天心。见闻之知,乃物交而知,非德性所知;德性所知,不萌于见闻。”④

在张载看来,“推类”从本质上说仍属于“见闻之知”,因为它的前提源自经验,源自人们的感性认识。然而,“尽心”则不同,“尽心”也是“大心”,其本身属于灵感或直觉思维,是一次思维运动过程的飞跃。事实上,在人类的思维领域,认识过程从来都不是单一形式的,既有渐进式的积累,又有爆发式的突破,既有长久的思索,又有刹那间的顿悟。而这种顿悟往往没有遵循严格的逻

① 毕沅校注:《墨子·小取》,上海古籍出版社2014年版,第213页。

② 毕沅校注:《墨子·小取》,上海古籍出版社2014年版,第213页。

③ 张载著,章锡琛点校:《张子语录·语录下》,《张载集》,中华书局1978年版,第333页。

④ 张载著,章锡琛点校:《正蒙·大心篇第七》,《张载集》,中华书局2007年版,第24页。

辑规范,而仅仅是一种即时的和一过性的灵感。在解释灵感思维的起源问题时,张载限于时代的束缚,认为"虚心然后能尽心"①,好像灵感思维是一种无中生有的认识现象,这是不对的。因为灵感思维亦是一种有条件的思维方法,而"直觉正是以凝缩的形式包含了以往社会的和个人的认识发展的成果。归根到底,它是实践的产物,是持久探索的成果"②。

## 第二节　二程"天人所为,各自有分"思想与"感而遂通"观的矛盾冲突

二程的"天人"思想是很矛盾的,一方面,他们绍承孟子以来的"天人相通"思想,认为"道未始有天人之别"③;另一方面,他们也不能不正视北宋社会所出现的愈演愈烈的"天人相分"思潮,甚至有学者将宋代"天人关系"归结为以"分"为特征④,因此,二程在"天人合一"的前提下,又提出了"天人所为,各自有分"⑤的思想,从而使他们的思想不断分化出自我否定的积极因素。当然,宋代本来是一个众说杂糅的学术时代,而生活在宋代的每一位思想家都或多或少地吸收和接纳了他们各自论敌的一些思想和观点,二程亦不例外,比如程颐评论程颢学术"泛滥于诸家,出入于老、释"⑥,而程颐本人则"援佛入儒",其思想"明显地带有华严宗影响的痕迹"⑦。所以,二程的思想是在历史发展过程中所形成的思想体系,因而他们的思想首先是北宋历史现实发展状况的客观反映,是突出北宋之求理学术成长过程本身的一种观念综合。正如金春峰先生说:"汉代人提'合',宋代人强调'分',各从一个侧面对辩证法作出了自己的贡献。"⑧而在这个贡献中,二程则占有非常重要的历史地位。

---

① 张载著,章锡琛点校:《张子语录·语录中》,《张载集》,中华书局2007年版,第325页。

② [德]恩格斯:《自然辩证法》,人民教育出版社1982年版,第357—358页。

③ 程颢、程颐:《河南程氏遗书》卷二十二上《伊川先生语八上·伊川杂录》,《二程集》上,中华书局1981年版,第282页。

④ 金春峰:《从范畴看中国古代辩证法思想的发展及其规律》,载《中国哲学范畴集》,人民出版社1985年版,第165—166页。

⑤ 程颢、程颐:《河南程氏遗书》卷十五《伊川先生语一·入关语录》,《二程集》上,中华书局1981年版,第158页。

⑥ 程颢、程颐:《河南程氏文集》卷十一《伊川先生文七·明道先生行状》,《二程集》上,中华书局1981年版,第638页。

⑦ 侯外庐等:《宋明理学史》上,人民出版社1997年版,第138页。

⑧ 金春峰:《从范畴看中国古代辩证法思想的发展及其规律》,载《中国哲学范畴集》,人民出版社1985年版,第167页。

## 一、在天人关系中充满矛盾的"合"、"分"观

从历史上看,"天人合一"的思想命题源自孟子。《孟子·尽心上》说:"尽其心者,知其性也。知其性,则知天矣。"张岱年先生将此概括为"性天同一"①的思想命题,认为"宋明理学的'天人合一'观念基本上是孟子、《中庸》思想的进一步发展"②。程颐曾说:"孟轲死,圣人之学不传。"③而程颢乃"使圣人之道焕然复明于世,盖自孟子之后,一人而已。"④可见,二程的思想同孟子的思想是血脉相通、共为一体的。其实,重塑孟子精神已经成为北宋时期整个历史时代的召唤,而二程不过顺应了那个时代的呼唤罢了。为了说明问题,我们不妨略举数例如下:

《契丹国志》卷十九《马保忠传》载:"时(指1031—1055年辽光宗执政期间)朝政不纲,溺志浮屠,僧至有正拜三公三师者,官爵非人,妄有除授。保忠尝从容进谏,帝至怫然怒之。又尝上言:'强天下者,儒道,弱天下者,吏道。今之授官,大率吏而不儒。崇儒道,则乡党之行修;修德行,则冠冕之绪崇。自今其非圣帝明王孔、孟圣贤之教者,望下明诏,痛禁绝之。'其笃意风教如此。"

光宗一朝虽不见起色,但到辽道宗时,情况就发生了很大的改变。《契丹国志》卷九《道宗天福皇帝》载:"尝有汉人讲《论语》,至'北辰居其所而终星拱之',帝曰:'吾闻北极之下为中国,此岂其地耶?'又讲至'夷狄之有君',疾读不敢讲。又曰:'上世獯鬻、猃狁荡无礼法,故谓之'夷',吾修文物,彬彬不异中华,何嫌之有?'卒令讲之。"这种前后的变化,是"时势"之使然,辽欲治国必趋向于"儒",此为辽国的特殊国情所决定的。

《宋史》卷四百八十五《夏国传上》载:"元昊(1038—1048年在位)自制蕃书,命野利仁荣演绎之,成十二卷,字形体方整顿八分,而画颇重复。教国人纪事用蕃书,而译《孝经》、《尔雅》、《四言杂字》为蕃语。"又:谅祚帝(1048—1067年在位)向宋太宗"求《九经》、《唐史》、《册府元龟》及宋正至朝贺仪,诏赐《九经》。"⑤但不知是《宋史》作者有意回避,还是别的什么原因,《宋史》的这则史料中遗漏了最核心的一个内容,那就是西夏对《孟子》的需求。比如,李焘《续资治通鉴长编》卷一百九十八庆历六年丙戌条载:宋仁宗"以国子监所印《九经》及《正义》、《孟子》、医书赐夏国,从所乞也。"契丹辽欲"明王孔、

① 张岱年:《张岱年全集》第3册,河北人民出版社1996年版,第637页。

② 张岱年:《张岱年全集》第3册,河北人民出版社1996年版,第639页。

③ 脱脱:《宋史》卷四百二十七《程颢传》,中华书局1977年版,第12717页。

④ 脱脱:《宋史》卷四百二十七《程颢传》,中华书局1977年版,第12717页。

⑤ 脱脱:《宋史》卷四百八十五《夏国传上》,中华书局1977年版,第14002页。

孟圣贤之教”，而西夏亦向宋朝求《孟子》一书，两个少数民族王朝差不多在同一个时间段内不约而同地寻找着同样一个问题，这绝不可能是历史的巧合，应当说它是那个时代所迫切需要解决的政治问题。所以，西夏经过近半个世纪的发展，到毅宗谅祚帝时，亦改“蕃礼”为“汉礼”，而“汉礼”的实质还是以孔、孟之道为轴心意识的一种思想儒化，跟契丹辽一样，毅宗谅祚帝这样做也是反映了西夏历史发展的客观需要，是大势所趋，而并不是由毅宗谅祚帝的个人意志所能决定了的。

至于北宋，早在北宋初年，宋太宗与宰相赵普之间曾有一段对话，对我们理解二程理学之诞生颇有帮助。元人张光祖《言行龟鉴》卷一《学问门》载其事云：

“太宗欲相普，或谮曰：‘普山东学究，惟能读《论语》耳。’太宗疑之，以告普。普曰：‘臣实不知书，但能读《论语》，佐艺祖定天下，才用得半部，尚有一半可以辅陛下。’上意释然，卒相之。”

这仅仅是问题的一个方面，宋太宗治天下，当然不止《论语》，《论语》之外尚有《孟子》、《易经》、《春秋》、《尚书》等。然在北宋初年，宋太宗最用力的应是《孟子》一书，其受朝廷的重视程度远在其他书之上。比如，从《郡斋读书志》、《直斋书录解题》、《玉海》等所记载的书目刊行情况看，当时研究诠释《孟子》一书的著作有：

“《孟子音义》二卷，右皇朝孙奭等撰。大中祥符（1008—1016 年）中被旨校正《孟子》，因以张镒、于公著《音义》参考成书，上之。”①“（孙奭）又撰《（孟子）正义》。”②

孙奭奉命行事，撰《孟子音义》和《孟子正义》两书。可见，推崇孟子反映了当时北宋帝王普遍的一种政治心理和统治所需。比如，孙奭在《孟子正义序》中说：“夫总群圣之道者，莫大乎《六经》，绍《六经》之教者，莫尚乎孟子。”③此言恐怕不仅仅是孙奭本人的见识，其中夹带着某种政治的特殊需要。如太祖初定天下，便诏令“今之武臣欲尽令读书，贵知为治之道。”④其“为治之道”说明北宋社会政治的中心开始发生变化，借用人们总结国民党在 20 世纪 40 年代政治形势时的话说，就是“军政时期”基本结束，而“训政时期”开始到来。一般地说，“军政时期”的中心任务是“争夺天下”，而“训政时期”的中

① 晁公武：《郡斋读书志》卷三上《儒家类》，宋淳祐袁州刻本。

② 王应麟：《玉海》卷四十一《祥符孟子正义》，文渊阁四库全书本。

③ 赵岐注：《孙奭疏 · 孟子注疏》，上海古籍出版社 1990 年版，第 1 页。

④ 罗从彦：《豫章文集》卷二《遵尧录序》，文渊阁四库全书本。

心任务则是"保守天下"。对此,李心传《道命录序》对《孟子》的政治功能曾讲过一句很有见地的话,他说:"由《孟子》之言则修身、守道者,可以知所任。"这句话可以同《宋史全文》中的一则史料结合起来看,其文云:"太祖皇帝尝问赵普曰:'天下何物最大?'对曰:'道理最大,'太祖皇帝屡称善,夫知道理为大则必不以私意而失公。"①南宋人黄应龙更说得明白:"自艺祖皇帝开辟宇宙以来,一以道理最大,为立治之本。"②又有人认为此乃实"开万世理学之原"③,故李心传称"惟伊川先生绍明道学为宋儒宗"④。

综上所述,我们可以用一句话来概括整个北宋的政治思想发展形势,那就是《孟子》应时而兴,它适应了北宋统治者的"立治"需要,而这种需要便构成了二程理学产生的必要社会条件和政治基础。所以,到北宋中后期,《孟子》研究形成了一个高峰期,其标志性的著述有:程颐《孟子解》,张载《孟子解》,王安石、王雱、许允成《孟子解》,元祐五臣(即范祖禹、孔武仲、吴安诗、丰稷、吕希哲)《解孟子》,苏辙《孟子解》等。那么,《孟子》思想的灵魂是什么?

"有宋受命,肇基立极,艺祖皇帝一日洞开诸门,曰:'此如我心,少有邪曲。'人皆见之。识者谓得三圣传心之妙。"⑤对宋太祖"令洞辟诸门,便皆端直开豁,无所壅蔽者"一事,宋人罗从彦这样解释说:

"人君者,天下之表,若自心正则天下正矣。自心邪曲何以正天下。太祖于寝殿中令洞辟诸门,便皆端直开豁无所壅蔽矣。夫辟四门、明四目、达四听,尧舜之道也。若太祖可谓近之者也。"⑥

而范祖禹又说:"盖自孟子没而《中庸》之学不传,后世之士不循之本而用心于末,故不可与入尧舜之道。"⑦看来"尧舜之道"的中坚非孟子莫属,而二程之所以被称作"宋儒宗",主要就是因为他们复兴了"尧舜之道",使之孟子的思想"传播天下"。孟子说:"圣人之于天道也,命也。"⑧历代的注家一致认为:"圣人得以天道,王于天下,皆命禄遭遇。"⑨徐硕称"有宋受命",其"命"当

---

① 李之亮点校:《宋史全文》卷二十五上《宋孝宗上》,黑龙江人民出版社 2005 年版。

② 黄淮:《历代名臣奏议》卷九《黄应龙奏》,上海古籍出版社 1989 年版。

③ 单庆、徐硕:《至元嘉禾志》卷二十五《传贻书院记》,文渊阁四库全书本。

④ 黄宗义原著,全祖望补修,《宋元学案》卷三十《刘李诸儒学案·道命录序》,中华书局第 1088 页。

⑤ 单庆、徐硕:《至元嘉禾志》卷二十五《传贻书院记》,文渊阁四库全书本。

⑥ 罗从彦:《豫章文集》卷二《遵尧录序》,文渊阁四库全书本。

⑦ 范祖禹:《明道先生哀词》,载曾枣庄、刘琳主编:《全宋文》第 49 册,上海辞书出版社、安徽教育出版社 2006 年版,第 226 页。

⑧ 《孟子·尽心章句下》。

⑨ 参见汉赵岐注《孟子》。

然是"天命"，是"天道"，是"天理"，而赵氏王朝迫切需要道学家论证和宣扬的恰恰就是这一点。故有人问程颐"介甫言'尧行天道以治人，舜行人道以事天'，如何？"程颐回答说：

"介甫自不识道字。道未始有天人之别，但在天则为天道，在地则为地道，在人则为人道。"①

程颐又说："天地人只一道也。才通其一，则余皆通。如后人解《易》，言《乾》天道也，《坤》地道也，便是乱说。"②

这种"天人合一"思想的根本目的就在于为宋朝的统治寻找一条"可久之道"，正如二程所说"天地所以不已，有常久之道也。人能常于可久之道，则与天地合。"③而对于这条"可久之道"，宋太祖认为通过"读书"可获得"为治之道"④。二程亦然，主张"读书求道"⑤。如二程说：

"于《语》、《孟》二书知其要约所在，则可以观《五经》矣。读《语》、《孟》而不知道，所谓'虽多亦奚以为？'"⑥

"《大学》之道，明德新民不分物我，成德之事也。"⑦

"或问：'《中庸》九经，先尊贤而后亲亲，何也？'子曰：'道孰先于亲亲？然不能尊贤，则不知亲亲之道。故尧之治，必先克明峻德之人，然后以亲九族。"⑧

在二程看来，"读书求道"不是大海捞针，而应有的放矢，此"的"先秦称"六经"（即《诗》、《书》、《礼》、《乐》、《易》、《春秋》），汉称"五经"（将《乐》析出），唐称"九经"（即《易》、《书》、《诗》、"三礼"、"三传"），宋则先为"十一经"（在唐"九经"的基础上加上《孝经》、《尔雅》），后又增补《论语》和《孟子》

---

① 程颢、程颐：《河南程氏遗书》卷二十二上《伊川先生语八上・伊川杂录》，《二程集》上，中华书局 1981 年版，第 282 页。

② 程颢、程颐：《河南程氏遗书》卷十八《伊川先生语四・刘元承手编》，《二程集》上，中华书局 1981 年版，第 183 页。

③ 程颢、程颐：《河南程氏粹言》卷二《天地篇》，《二程集》下，中华书局 1981 年版，第 1225 页。

④ 罗从彦：《豫章文集》卷二《遵尧录序》，文渊阁四库全书本。

⑤ 程颢、程颐：《河南程氏文集》卷六《伊川先生文二・表书》，《二程集》上，中华书局 1981 年版，第 541 页。

⑥ 程颢、程颐：《河南程氏粹言》卷一《论书篇》，《二程集》下，中华书局 1981 年版，第 1204 页。

⑦ 程颢、程颐：《河南程氏粹言》卷一《论书篇》，《二程集》下，中华书局 1981 年版，第 1204 页。

⑧ 程颢、程颐：《河南程氏粹言》卷一《论书篇》，《二程集》下，中华书局 1981 年版，第 1208 页。

两书,合称“十三经”。可见,随着时间的推移和社会发展的实际需要,传统的“经典”必将水涨船高,而越来越令学者手忙脚乱,不得圣学要领。所以,二程极力推崇《论语》、《孟子》、《大学》及《中庸》四书,欲以凌驾于诸经之上,这是一个前所未有的创举,它的意义非同寻常,当然,二程为此所付出的艰辛我们常人恐怕亦很难想象得到。众所周知,唐代以前《孟子》是不受官方重视的,因而《孟子》一书始终被排斥在诸经之外。而为了给《孟子》一书以应有的历史地位,唐代的反佛斗士和古文运动的领袖韩愈第一次将孟子标榜为反对佛教的一面旗帜,他认为正是由于孟子之后“尧舜之道”失传,故此,佛教才钻了空子,而孟子思想一旦重放光芒,则笼罩在人们心头的迷雾自然就会散去。从这个意义上说,“先王之教”胜出“夷狄之法”①。然而,韩愈却仍以《诗》、《书》、《易》、《春秋》为“先王之教”,而他当时还没有意识到应将《孟子》一书吸收到“先王之教”的体系中来。所以,这个任务便历史地落在了二程的肩头,清人顾炎武说;“自汉以来,儒者相传但言‘五经’,而唐时立之学官,则云‘九经’者‘三礼’、‘三传’分而习之,故为九也,其刻石国子学则云‘九经’并《孝经》、《论语》、《尔雅》。宋时,程朱诸大儒出,始取《礼记》中之《大学》、《中庸》及进《孟子》以配《论语》,谓之‘四书’。”②而以“四书”取代“诸经”的地位并成为宋朝统治者的基本指导思想,不是一蹴而就的事情,而是经过了曲折与反复,特别是经过了崇孟与非孟两派之间的激烈论争之后,孟子才终于获得了“配享孔子庙”③的地位,只有到此时《孟子》才最终得到北宋统治者的认可。如,宋真宗景德二年(1005)二月,孙奭奏曰:“诸子之书,老、庄称首,其道清虚以自守,卑弱以自持。逍遥无为,养生济物,皆圣人南面之术也。”④老、庄之道被视为“圣人南面之术”,它反映了在北宋早期孟子一派学说仍无地位,而二程奋起反对老、庄之学,其中心目的就是为孟子争“宗主”的地位,其间有王安石之鼎力相助。然而,在这个过程中,非孟者却大有人在,其中司马光和李觏两人的非孟言行最为激烈。此处仅以司马光为例,司马光曾专门著《疑孟》一文,对孟子的思想提出质疑,譬如,孟子认为“齐人伐燕”的根本理由是“燕无道”,对此,司马光极为恼火,他说:“孟子知燕之可伐,而必待能行仁政者乃可伐之,齐无仁政,伐燕非其任也。使齐之君臣不谋于孟子,孟子勿预知,可也。沈同既以孟子之言劝王伐燕,孟子之言尚有懷而未尽者,安得不告王而

① 韩愈:《原道》,《韩愈全集》,上海古籍出版社 1997 年版,第 121 页。

② 顾炎武著,陈坦点校:《日知录》卷十八《十三经注疏》,安徽大学出版社 2007 年版。

③ 脱脱:《宋史》卷十七《哲宗一》,中华书局 1977 年版,第 318 页。

④ 徐松:《宋会要辑稿·崇儒》,上海古籍出版社 2014 年版,第 212 页。

止之乎？夫军旅大事，民之死生，国之存亡皆繫焉。苟动而不得其宜，则民残而国危，仁者可忍坐视其终委乎？"[①]甚至司马光攻击王安石的理由之一就是王安石"黜《春秋》而进《孟子》"[②]。在司马光眼中，孟子仅仅是诸子中的一子，是个普通人，他远远不够出子入经的资格。因此，我们在这里有必要对王安石的尊孟史实作一简单介绍。宋人杜大珪说：王安石"早有盛名，其学以孟轲自许，荀况、韩愈不道也。"[③]另一位宋人罗从彦亦有王安石"盖以孟子自待"[④]的说法。胡适先生曾写了一篇《记李觏的学说》的论文，其副标题是"一个不曾得君行道的王安石"，称李觏思想"是王安石的先导"[⑤]。可是，李觏与王安石在对待孟子思想的态度上却截然相反，大相径庭，王安石"尊孟"而李觏"非孟"，两人之间如同陌路人，一下子就没有了一致性。这个事实再一次说明，宋代学人的思想是复杂多变的，同中有异，异中有同的现象特别突出，它是宋学演变的一个非常重要的特点。不管怎么说，王安石的影响力在北宋中后期显然胜过二程，所以在王安石的影响下，宋神宗遂于元丰六年（1083）十月"诏封孟轲为邹国公"，接着，元丰七年（1084）又"以邹国公孟轲配食文宣王"，其地位进一步上升，至元丰八年（1085）三月孟子终于取得"配享孔子庙"的神圣地位。故晁公武说："介甫素喜孟子，自为之解，其子雱与其门人许允成皆有注释，崇观间场屋举子宗之。"[⑥]在尊孟还是非孟的问题上，最终还是以王安石为首的尊孟派取得了胜利，从表面上看，这是一种权力的压迫，但从深层讲，孟子的思想跟宋朝统治者的"读书求道"理念是相适合的。当然，它还需要从理论上作更缜密的论证。由于种种原因，王安石没有能够完成这个任务。所以，如何从理论上论证孟子思想与宋朝统治者之间的密切关系，还有一段艰难的路要走，而二程是继续这段路程的先行者。

考程颐曾有一部《孟子解》的著作，是由其门人辑录的。如《郡斋读书志·后志》卷二载程颐《孟子解》十四卷，并释云："颐居洛阳，其门人号之为伊川先生。"《玉海》卷四十一及《文献通考》卷一百八十四亦载有程颐《孟子解》十四卷。惟《宋史》卷二百五则载程颐《孟子解》四卷，疑为"十四"之误，且脚下特别注明"程颐门人记"五个字。这个本来十分确定的史实，却在明清的刻

---

① 司马光：《司马文正公传家集》卷七十三《疑孟》，商务印书馆1937年版，第896页。

② 司马光：《司马文正公传家集》卷八《起请科场札子》，中华书局1985年版，第208页。

③ 杜大珪：《名臣碑传琬琰之集》下卷十四《王荆公安石传》，北京图书馆出版社2003年版。

④ 罗从彦：《豫章文集》卷七《韩琦传》，文渊阁四库全书本。

⑤ 胡适：《五十年来之世界哲学》，光明日报出版社1998年版，第28页。

⑥ 晁公武：《郡斋读书志·后志》卷二，宋淳祐袁州刻本。

板过程中,因编辑者的主观态度不同,对程颐所作《孟子解》作出了截然不同的处置结果,取舍两立。对此,《四库全书总目》云:

“明徐明达编《二程全书》,并《诗解》二卷为一卷,而别增《孟子解》一卷,《中庸解》一卷,共为八卷。然《经义考》引康绍宗之言,谓‘《孟子解》乃后人纂集《遗书》、《外书》而成,非程子手著。’”①

后清末学者莫友芝(1811—1871)在《邵亭知见传本书目》卷七《二程遗书》二十五卷《附录》一卷条目下面又注《二程遗书》的刻板情况云:

“程子门人所记,朱子编次,成化丁酉张瓒刊本。《二程全书》本六十五卷,弘治戊午李瀚重刊。又明阎禹锡刊本五十一卷。又金立敬重刊本。均无《经说》。又明徐必达刊《二程全书》六十八卷。吕氏宝诰堂刊本,佳。河南祠堂本,不佳。又有明分类本三十一卷。明杨廉编。宋淳祐丙午,古汴赵师耕刊大字本《遗书》、《外书》于明教,世谓麻沙本。宋又有春陵本,刊于淳祐六年秋。东川李袭之题云:‘《程氏遗书》,长沙本最善而字小,岁久漫漶。教授王湜出示五羊本,参校即精,大字亦便观览,然无《外书》。袭乃模锓于春陵郡库,又取长沙所刊《外书》附焉。’元有至正二年壬戌,临川谭善心刊大字本,盖即依赵、李二本。页二十行,行二十字。”

其实,二程本人说得很清楚:“《论语》、《孟子》,只剩读著便自意足,学者须是玩味。若以语言解著,意便不足。某始作此二书文字,既而思之,又似剩。只有些先儒错会处,却待与整理过。”②据此,我们认为,《孟子解》是在对《孟子》一书先行“整理过”的基础上所作的阐释,自有许多新意。可惜,今已不传。

宋人赵师耕虽刊印了《程氏遗书》和《程氏外书》,但他从来没有说过由此而穷尽了二程的所有著述。由《郡斋读书志》和《玉海》的记载知,程颐《孟子解》是单独行世的,它并未被时人收入《遗书》或《外书》中。赵师耕为南宋理宗朝人,他在淳祐间(1241—1252)曾任泉州知州兼权市舶,从思想信仰看,他似乎是个佛教的信徒,比如今泉州紫帽山摹崖石刻尚保留着他的题字,那字里无不映现出他“惟心妙理”的人生感悟。此时,生活在福建的赵师耕能否看到二程门人手头有关二程生前的全部言语史料,还是个很大的疑问。又,《经义考》卷二三三在“程子颐《孟子解》”条下载“《宋志》十四卷”,接着又说:“未见。”并以小字注云:“《通考》同《集》止一卷。”为慎重起见,《经义考》又引明

① 《四库全书总目》卷三三《经部·五经总义类》,中华书局2003年版,第270—271页。

② 程颢、程颐:《河南程氏外书》卷第五《冯氏本拾遗》,《二程集》上,中华书局1981年版,第375页。

人康绍宗的话说:“晁氏《读书志》载程氏《孟子解》十四卷,《大全集》止载一卷,《近思录》及时氏本无之,校之阁本,又止载‘尽信书不如无书’一章。及反覆通考,则皆后人纂集《遗书》、《外书》之有解者也。”因此,中华书局校点本在重复了明人康绍宗的话之后,补充云:“故今亦不复载,因存其目云。”[①]本来明末徐本《二程全书》中还收有程氏《孟子解》一卷的,入清后经吕留良、涂宗瀛等人的重校之后,反而连一卷都没有了,其问题究竟出在那个环节上,是吕留良有意为之,抑或涂宗瀛从中作祟,因史料缺乏,不得而知。而我们面临的困境依然是程氏《孟子解》不明原因地从《全集》中消失了,我们失却了揭破二程建立理学的一个最为关键的直接理论依据。不过,尽管如此,但我们还是能够通过现有的文献资料,对二程“天人合一”思想的具体内容形成一个大致的认识和理解。

1.“王道”与“师道”的统一。二程说:“《春秋》事在二月则书王二月,事在三月则书王三月,无事则书天时,书首月。盖有事则道在事,无事则存天时,正王朔。天时备则岁功成,王道存则人理立,《春秋》之大义也。”[②]又说:“诸侯当上奉天时,下奉王正,故《春秋》曰春王正月。明此义,则知王与天同大,而人道立矣。”[③]“王与天同大”是一种政治性的“天人合一”,体现了以“大一统”为基础的“王道”理念和治世精神。董仲舒曾说:“有国家者不可不学《春秋》,不学《春秋》则无以见前后旁侧之危,则不知国之大柄,君之重任也。”[④]又说:“道,王道也。王者,人之始也。王正则元气和顺,风雨时,景星见,黄龙下;王不正则上变天,贼气并见。”[⑤]董氏认为,“五帝三王之治”即是“王道”。所以,二程讲“王道”以《春秋》喻之,内含“尊王攘夷”的意思,与北宋社会的整个大形势是贯通的,至少它反映了当时结节于北宋最高统治层心中的一个愿望。但在二程看来,仅有“王道”还不行,还不能行“天道”或曰“尧舜之道”。因为他们认为:“孔子没,曾子之道日益光大。孔子没,传孔子之道者,曾子而已。曾子传之子思,子思传之孟子,孟子死,不得其传,至孟子而圣人之道益尊。”[⑥]

---

① 程颢、程颐:《河南程氏经说》卷七《伊川先生》,《二程集》下,中华书局 1981 年版,第 1151 页。

② 程颢、程颐:《河南程氏粹言》卷一《论书篇》,《二程集》下,中华书局 1981 年版,第 1201 页。

③ 程颢、程颐:《河南程氏粹言》卷一《论书篇》,《二程集》下,中华书局 1981 年版,第 1201 页。

④ 董仲舒:《春秋繁露》卷六《俞序第十七》,上海古籍出版社 1991 年版,第 35 页。

⑤ 董仲舒:《春秋繁露》卷四《王道第六》,上海古籍出版社 1991 年版,第 25 页。

⑥ 程颢、程颐:《河南程氏遗书》卷二十五《伊川先生语十一・畅潜道录》,《二程集》上,中华书局 1981 年版,第 327 页。

换言之,孟子实际上就是"天道"的载体,而孟子本身即是"圣人之道"。二程说:"知《春秋》者,莫若孟子。"①"由孟子可以观《易》"②,"学者当以《论语》、《孟子》为本。《论语》、《孟子》既治,则《六经》可不治而明矣。"③因此,二程主张"读书求道",其"载道"之书则不出《论语》和《孟子》,这可以说是二程的创见,且二程认为《孟子》的要义就是三个字"尊王道",从这个角度看,孟子理当为帝王之师。而程颐一生的学术实践本身便是为了"尊师严道",力行"学以变化气质"④之旨,因为"学问之道惟在变化气质"⑤。二程说:"圣人尽道,以其身之所行者教人,是欲天下之人皆至于圣人之域也。"⑥程颐在这个问题上说得更加明白,比如,他认为对于年幼的君主:贵"在涵养熏陶而已"⑦,尔后"自然气质变化,德器成就。"⑧故程颐说:"人君必有师","师,道之教训。"⑨既然如此,那么,人君于师就如"畏天","以寅畏祇惧为首"⑩,"惧一政之不顺于天,一事之不合于理"⑪,要想事事皆合于理,则必须做到"畏天命"、"畏大人"和"畏圣人之言"三者的统一⑫,因为"'畏圣人之言',则可以进德"⑬。只

---

① 程颢、程颐:《河南程氏遗书》卷二十五《伊川先生语十一·畅潜道录》,《二程集》上,中华书局1981年版,第327页。

② 程颢、程颐:《河南程氏外书》卷三《陈氏本拾遗》,《二程集》上,中华书局1981年版,第366页。

③ 程颢、程颐:《河南程氏遗书》卷二十五《伊川先生语十一·畅潜道录》,《二程集》上,中华书局1981年版,第322页。

④ 黄宗羲:《明儒学案》卷五十八《东林学案》,中华书局1985年版,第1412页。

⑤ 黄宗羲:《明儒学案》卷五十四《诸儒学案下二》,中华书局1985年版,第627页。

⑥ 程颢、程颐:《河南程氏粹言》卷二《人物篇》,《二程集》下,中华书局1981年版,第1268页。

⑦ 程颢、程颐:《河南程氏文集》卷六《伊川先生文二·表疏》,《二程集》上,中华书局1981年版,第537页。

⑧ 程颢、程颐:《河南程氏文集》卷六《伊川先生文二·表疏》,《二程集》上,中华书局1981年版,第537页。

⑨ 程颢、程颐:《河南程氏文集》卷六《伊川先生文二·表疏》,《二程集》上,中华书局1981年版,第538页。

⑩ 程颢、程颐:《河南程氏文集》卷六《伊川先生文二·表疏》,《二程集》上,中华书局1981年版,第539页。

⑪ 程颢、程颐:《河南程氏文集》卷六《伊川先生文一·上书》,《二程集》上,中华书局1981年版,第529页。

⑫ 程颢、程颐:《河南程氏外书》卷二《朱公掞问学拾遗》,《二程集》上,中华书局1981年版,第360页。

⑬ 程颢、程颐:《河南程氏外书》卷二《朱公掞问学拾遗》,《二程集》上,中华书局1981年版,第360页。

有这样,才能“养主上尊儒重道之心”①。因此,从“师道”的角度讲,“天者,理也。”②程颐又说:“自理言之,谓之天。”③而“天”与“理”的基础还在于读圣人之书,因为圣人之书不仅连结“师道”,而且亦贯通“王道”,故“圣人以王道作经”④,正是从这个角度看,二程说:“王道与儒道同,皆通贯天地,学纯则纯王纯儒也。”⑤

2.“体用一源”。“体用”范畴最早见于《荀子》卷六《富国篇》,其文云:“万物同宇而异体,无宜而有用。为人,数也。”王先谦释:“同生宇内,形体有异。虽于人无常定之宜,皆有可用人之理。”王念孙亦说:“万物于人虽无一定之宜而皆有用于人,数也。数也云者言道固然也。”⑥在此,荀子与老子的道无形思想不同,认为道是形体与功用的统一,这个思想后来为程颐所继承。魏晋时期,体用关系越来越具有思辨性,如王弼说:“万物虽贵,以无为用,不能舍无以为体也。”⑦后来佛学进一步将“体用”关系上升到本体论的层面,提出了“显体专用理,宗用但论事”⑧、“体用不碍双存”⑨等命题,成为宋人“体用”范畴的直接思想来源,故北宋的晁说之说:“经言体而不及用,其言用则不及体。体用所自,乃本乎释氏。”⑩当然,从整体上这么说是可以的,但具体到每个人则情况就不同了,比如程颐的“体用”观便是直接取自荀子,而又杂糅了释教的一些思辨色彩。因此,对其“体用”范畴究竟取自释还是儒,宋人有所争议,大概就是由于这个缘故。程颐说:“至微者,理也;至著者,象也。体用一源,显微无间。”⑪这句话还有另外一种表达方式,即“至显者莫如事,至微者莫如

---

①　程颢、程颐:《河南程氏文集》卷六《伊川先生文二·表疏》,《二程集》上,中华书局1981年版,第539页。

②　程颢、程颐:《河南程氏遗书》卷十一《明道先生语一·师训》,《二程集》上,中华书局1981年版,第133页。

③　程颢、程颐:《河南程氏遗书》卷二十二上《伊川先生语八上·伊川杂录》,《二程集》上,中华书局1981年版,第296页。

④　程颢、程颐:《河南程氏遗书》卷二十五《伊川先生语八·伊川杂录》,《二程集》上,中华书局1981年版,第280页。

⑤　程颢、程颐:《河南程氏外书》卷十一《时氏本拾遗》,《二程集》上,中华书局1981年版,第411页。

⑥　王先谦:《荀子集解》,河北人民出版社1986年版,第113页。

⑦　王弼:《老子注》第三十八章,影印武英殿聚珍版。

⑧　智顗:《性相圆融说》。

⑨　法藏:《法界缘起章》。

⑩　黄宗羲、全祖望:《宋元学案》卷二十二《景迁学案》,中华书局1986年版,第863页。

⑪　程颢、程颐:《周易程氏传》之《易传序》,《二程集》上,中华书局1981年版,第689页。

理,而事理一致,微显一源。"①

综合起来,上述两段话可分三个层面说:第一个层面是从本体论上看,理是本质的方面,而象或事则是现象的方面,它们的关系可概括为现象与本质的关系;第二个层面是从认识论上看,理是属于内在的方面,而象或事则属于外在的方面,它们的关系可概括为内与外的关系;第三个层面是从价值论上看,理属于形体的方面,而象或事则属于功用的方面,它们的关系可概括为形体与功用的关系,此义为"体用"的原始意义。二程认为,宇宙万物都可以分体用,如二程说:

"忠者天下大公之道,恕所以行之也。忠言其体,天道也;恕言其用,人事也。"②

"凡下学人事,便是上达天理。"③

"诚为统体,敬为用。敬则内自直。诚合内外之道,则万物流形,故义以方外。"④

"维天之命,于穆不已,不其忠乎! 天地变化草木蕃,不其恕乎!"⑤

"圣人,凡一言便全体用。"⑥

如果说以上二程对宇宙万物之"体"与"用"的关系论述还嫌笼统和粗疏的话,那么,程颐在《周易程氏传》中所说的一段话,就清楚得多了。他说:

"夫天,专言之则道也,天且弗违是也;分而言之,则以形体谓之天,以主宰为之帝,以功用为之鬼神,以妙用谓之神,以性情为之乾。"⑦

此"体"之被解释为"形体"是程颐对老子道"无状无象"思想的重要修正,也是对其兄程颢"有形总是气,无形只是道"⑧观以及他本人之"理无形"⑨意识的自我超越。从时间上看,《周易程氏传》是程颐晚年的作品,是其

① 程颢、程颐:《河南程氏遗书》卷二十五《伊川先生语十一 · 畅潜道录》,《二程集》上,中华书局 1981 年版,第 323 页。

② 程颢、程颐:《河南程氏外书》卷二《朱公掞问学拾遗》,《二程集》上,中华书局 1981 年版,第 360 页。

③ 程颢、程颐:《河南程氏外书》卷二《朱公掞问学拾遗》,《二程集》上,中华书局 1981 年版,第 360 页。

④ 程颢、程颐:《河南程氏外书》卷二《朱公掞问学拾遗》,《二程集》上,中华书局 1981 年版,第 364 页。

⑤ 程颢、程颐:《河南程氏外书》卷七《胡氏本拾遗》,《二程集》上,中华书局 1981 年版,第 392 页。

⑥ 程颢、程颐:《河南程氏外书》卷七《胡氏本拾遗》,《二程集》上,中华书局 1981 年版,第 393 页。

⑦ 程颢、程颐:《周易程氏传》卷一《周易上经上》,《二程集》下,中华书局 1981 年版,第 695 页。

⑧ 程颢、程颐:《河南程氏遗书》卷六《二先生语六》,《二程集》上,中华书局 1981 年版,第 83 页。

⑨ 程颢、程颐:《周易程氏传》卷一《周易上经上》,《二程集》下,中华书局 1981 年版,第 695 页。

思想成熟之后的产物。按:《周易程氏传》有程颐本人在元符二年(1099)所作的序言,又《四库全书总目》卷一《经部·易类二》说:“考程子以绍圣四年(1097)编管涪州,元符三年迁峡州,则当成于编管涪州之后。”以此可证,《周易程氏传》确是程颐晚年的思想成果,然而,对于程颐晚年的《周易程氏传》学界给予的评介却很低,认为其书中的很多言论均不可采信,大有一笔否定其学术价值的趋向。比如,李日章先生在《程颢·程颐》一书中,凡二程的其他书目不管文集还是语录,全部一一列出,独不列《周易程氏传》。为什么会出现如此现象?这是因为老年程颐跟青年程颐及程颢思想发生了不一致甚至截然相反,对此,不少人便用取其前期的思想而舍弃其后期思想的方法,干脆将《周易程氏传》置之于二程思想的“荒外”,认为不值得一看。其实,正是《周易程氏传》才真正反映了程颐思想的一种返朴理路和人生本质,而对于程颐前期与后期思想的显著差异,我们可用简单的一句话来概括,那就是前期的思想重“天人合一”,而后期的思想则转向重“天人相分”,这样的思想大转折,在古代的学者中很少见,或可说是绝无仅有,但惟其如此,才是程颐,也只有程颐敢于面对实际,敢于以后我否定前我,而历史上还有一个人可与程颐相媲,这个人就是梁启超。梁启超有一句名言:“以今日之我,难昔日之我。”①而此“非我”恰恰就是一种“自我”,这种在“自我否定”之中求“自我”的真精神,乃是一种真正的最高的学术境界。这是后话,此不赘言。在此,我们需要搞清楚,老子的“道无形体”说到程颐这里怎么一下子就变成了“道有形体”了呢?回答这个问题其实不难,我们只需要举两个事例即可。

第一个事例:老子说:“大道废,有仁义;慧智出,有大伪;六亲不和,有孝慈;国家昏乱,有忠辰。”②故老子主张“四绝”,即“绝圣弃智”、“绝仁弃义”、“绝巧弃利”及“绝学无忧”。看来否定人类知识的价值和作用,则是老子思想的根本。

第二个事例:有人问:“知崇礼卑。”程颐说:“崇的便是知,卑的便是礼。”③程颐又说:“哲,明智也。贤智之人,明辩物理。”④“求知所至而后至之,

---

① 梁启超:《饮冰室合集》专集之三十四《清代学术概论》,中华书局2003年版,第63页。

② 《老子道德经》上篇《十八章》。

③ 程颢、程颐:《河南程氏外书》卷七《胡氏本拾遗》,《二程集》上,中华书局1981年版,第398页。

④ 程颢、程颐:《周易程氏传》卷一《周易上经上》,《二程集》下,中华书局1981年版,第771页。

知之在先,故可与几,所谓‘始条理者知之事也’。”①所以,程颐大胆地提出了“学以知为本”②的思想命题。

与老子的“弃智”观截然不同,程颐的基本态度是崇尚知识,因为道可以通过知识而将自身的形体展现出来,即用数理的方式来刻画道的形体特征应是知识的基本功能。而这种能力,在程颐看来是先天固有的,他说:“知者,吾之所固有。”③此“固有”是不是就是纯粹的“先验论”,我们需要作一下分析。如果说,程颐所指是人类知识本身,则他的观点就是错的;如果说,程颐所指是人类知识本身的生理结构,则他的观点就不完全是错的,有其合理的因素。如人类大脑是由1000亿个神经细胞所组成的神经巨网络系统,而这个系统则是人类本身所固有的和先天的一种生理结构,程颐将它称为“几”,“所谓几者,始动之微也。”④如果用“体用”关系言之,则“几”亦可视为“用”,具体地讲,就是“以功用为之鬼神,以妙用谓之神”,从这层意义上说,“几”与“鬼神”、“神”的内涵是相同的。程颐说:“有理而后有象,有象而后有数。”⑤在此,“理”为“体”,而“象”和“数”为“用”,很明显,“体用”关系在空间上为一体,但在时间上却是分先后的。这个观点不仅跟象数派的基本主张相悖,而且也与程颢的“体用无先后”⑥命题相左。可见,二程的“体用”观在个别地方确有不一致之处,但这并不妨碍他们在下述几个方面依然能够保持着一致的认识和看法。

第一、“理体义用”说。程颢说:“理义,体用也。”⑦程颐亦说:“‘配义与道’,即是体用。道是体,义是用,配是合也。气尽是有形体,故言合。气者是积义所生者,却言配义。”⑧综合二程的思想,他们认为“道”或“理”是“本质”,

---

① 程颢、程颐:《周易程氏传》卷一《周易上经上》,《二程集》下,中华书局1981年版,第700页。

② 程颢、程颐:《河南程氏遗书》卷二十五《伊川先生语十一·畅潜道录》,《二程集》上,中华书局1981年版,第324页。

③ 程颢、程颐:《河南程氏遗书》卷二十五《伊川先生语十一·畅潜道录》,《二程集》上,中华书局1981年版,第316页。

④ 程颢、程颐:《周易程氏传》卷二《周易上经下》,《二程集》下,中华书局1981年版,第780页。

⑤ 程颢、程颐:《河南程氏文集》卷九《伊川先生文五·书启》,《二程集》上,中华书局1981年版,第615页。

⑥ 程颢、程颐:《河南程氏遗书》卷十一《明道先生语一·师训》,《二程集》上,中华书局1981年版,第119页。

⑦ 程颢、程颐:《河南程氏遗书》卷十一《明道先生语一·师训》,《二程集》上,中华书局1981年版,第133页。

⑧ 程颢、程颐:《河南程氏遗书》卷十五《伊川先生语一·入关语录》,《二程集》上,中华书局1981年版,第161页。

是“本体性的存在”,而“配义”之“气”则是“现象”,是“外在性的存在”。这里,“义”内涵有“多样性”的意思,因为“理”虽是“一”,但它的表现方式是多种多样的,因而人们对它的认识和理解亦必然不是单一的和一元的。

第二、“忠体恕用”说。程颢说:“以己及物,仁也。推己及物,恕也。忠恕一以贯之。忠者天理,恕者人道。忠者无妄,恕者所以行乎忠也。忠者体,恕者用,大本达道也。”①程颐亦如是说:“忠者,无妄之谓也。忠,天道也。恕,人事也。忠为体,恕为用。”②在程颐看来,“无妄”就是“无我”,因此,“忠恕”的体用关系可以表述为:“以无我为体,以恕为用。”③

第三、“性体命用”说。二程说:“性便是天。”④又说:“只性为本。”⑤那么,“性”本体究竟是什么?二程回答说:“性之善是性之本。”⑥又说:“性即理也。”⑦故“若性之理也,则无不善”⑧,“称性之善谓之道,道与性一也。”⑨归根到底一句话,“天只是以生为道,继此生理者,即是善也。”⑩由此可见,二程的“性本”思想孕育着一种积极向上的人生哲学。一方面,从时间上看,二程说:“‘穷理尽性以至于命’,三事一时并了,元无次序。”⑪另一方面,从空间与功

① 程颢、程颐:《河南程氏遗书》卷十一《明道先生语一·师训》,《二程集》上,中华书局1981年版,第124页。

② 程颢、程颐:《河南程氏遗书》卷二十一下《伊川先生语七下·附师说后》,《二程集》上,中华书局1981年版,第274页。

③ 程颢、程颐:《河南程氏遗书》卷二十一下《伊川先生语七下·附师说后》,《二程集》下,中华书局1981年版,第275页。

④ 程颢、程颐:《河南程氏遗书》卷二《二先生语二上·元丰己未吕与叔东见二先生语》,《二程集》上,中华书局1981年版,第15页。

⑤ 程颢、程颐:《河南程氏遗书》卷二《二先生语二上·元丰己未吕与叔东见二先生语》,《二程集》上,中华书局1981年版,第33页。

⑥ 程颢、程颐:《河南程氏遗书》卷二十二《伊川先生语八上·伊川杂录》,《二程集》上,中华书局1981年版,第291页。

⑦ 程颢、程颐:《河南程氏遗书》卷二十二《伊川先生语八上·伊川杂录》,《二程集》上,中华书局1981年版,第292页。

⑧ 程颢、程颐:《河南程氏遗书》卷二十五《伊川先生语十一·畅潜道录》,《二程集》上,中华书局1981年版,第313页。

⑨ 程颢、程颐:《河南程氏遗书》卷二十五《伊川先生语十一·畅潜道录》,《二程集》上,中华书局1981年版,第318页。

⑩ 程颢、程颐:《河南程氏遗书》卷二上《二先生语二上·元丰己未吕与叔东见二先生语》,《二程集》上,中华书局1981年版,第29页。

⑪ 程颢、程颐:《河南程氏遗书》卷二上《二先生语二上·元丰己未吕与叔东见二先生语》,《二程集》上,中华书局1981年版,第15页。

能上看,二程又说:"天命犹天道也,以其用而言之则谓之命,命者造化之谓也。"①对于"天道",程颐作了这样的界定,他说:"天之法则谓天道也。"②由此推论,其"法则"的应用便是"命",或云"天之付与之谓命"③,显然,这是一种隐秘形式的"宿命论"。

3."万物一体"。"万物一体"的思想萌发于先秦时期,如《庄子·齐物论》云:"天地与我并生,而万物与我为一。"本来,抹杀了宇宙万物的差别,仅仅强调形式上的统一,是一种典型的"抽象同一学说"。而实际的客观事物却并不是这样,因此,二程虽亦讲"万物一体",但跟庄子相比,二程的"万物一体"却是承认差别的"一体",是具体的而不是抽象的同一。二程说:"故物之不齐,物之情也。而庄周强要齐物,然而终不齐也。"④其"不齐"就是指宇宙万物本身所具有的差异性,"齐"与"不齐"是辩证统一的,有"齐"就必然有"不齐",反之,无"不齐"也就没有了"齐"。不仅如此,二程甚至认为"差异"正是事物矛盾运动的根源,他们说:"天地之化,既是二物,必动以不齐。"⑤以此为前提,二程又说:"若夫至仁,则天地为一身,而天地之间,品物万形为四肢百体。"⑥这种以"品物万形"为基础的"万物一体"思想,二程将它概括为"仁者,以天地万物为一体,莫非己也"⑦的命题,而"仁"仅仅是一种统一的形式,"天地万物"则为"仁"的内容,所以,所谓"万物一体"的含义其实就是"仁"与"天地万物"的统一。此外,二程以"生"为"一体"的根本,认为"所以谓万物一体者,皆有此理,只为从那里来。'生生之谓易',生则一时生,皆完此理。"⑧"生"是运动和过程的意思,在运动中而不是在静止中把握"万物"的统一性,这个思

① 程颢、程颐:《河南程氏遗书》卷二十一下《伊川先生语七下·附师说后》,《二程集》上,中华书局 1981 年版,第 274 页。

② 程颢、程颐:《周易程氏传》卷一《周易上经上》,《二程集》上,中华书局 1981 年版,第 703 页。

③ 程颢、程颐:《河南程氏遗书》卷六《二先生语六》,《二程集》上,中华书局 1981 年版,第 91 页。

④ 程颢、程颐:《河南程氏遗书》卷二上《二先生语二上·元丰己未吕与叔东见二先生语》,《二程集》上,中华书局 1981 年版,第 33 页。

⑤ 程颢、程颐:《河南程氏遗书》卷二上《二先生语二上·元丰己未吕与叔东见二先生语》,《二程集》上,中华书局 1981 年版,第 31 页。

⑥ 程颢、程颐:《河南程氏遗书》卷四《二先生语四·游定夫所录》,《二程集》上,中华书局 1981 年版,第 74 页。

⑦ 程颢、程颐:《河南程氏遗书》卷二上《二先生语二上·元丰己未吕与叔东见二先生语》,《二程集》上,中华书局 1981 年版,第 14 页。

⑧ 程颢、程颐:《河南程氏遗书》卷二上《二先生语二上·元丰己未吕与叔东见二先生语》,《二程集》上,中华书局 1981 年版,第 33 页。

想既与老、释“致虚极，守静笃，万物并作，吾以观复”①的虚无主义观点区别开来，又与庄子“有始也者，有未始有始也者，有未始有夫未始有始也者”②的相对主义不可知论划清了界线，故二程说：“观天理，亦须放开意思，开阔得心胸，便可见。”③

4.“天人无间”。此“间”之义究竟指“空间”还是“间断”？二程似乎没有一个确定的说法。如二程说：

“今如此混然说做一体，犹二本，那堪更二本三本！今虽知‘可欲之为善’，亦须实有诸己，便可言诚，诚便合内外之道。今看得不一，只是心生。除了身只是理，便说合天人。合天人，已是为不知者引而致之。天人无间。夫不充塞则不能化育，言赞化，已是离人而言之。”④

此“诸己”是指主体的人，是指“仁”之“大我”。“诚”则是属于认识范畴中的“客体”，而“诚”与“诸己”相对，其“合内外之道”实际指的就是主体与客体的统一。所以，离开主体与客体的统一，我们就没办法理解“合天人”的真正内涵。二程讲得很清楚，“合天人，已是为不知者引而致之”，其“知”就是人类的主观意识，就是主观见之客观的认识过程，而所谓“不知者”指的便是那些不懂得这个认识过程的人，故“合天人”本身则引导他们建立起主体与客体相统一的思想意识，用现代的话说就是“场意识”。从这个角度讲，“天人无间”。何谓“无间”？“无间”就是一种“场”，而“不充塞则不能化育”这句话用“实物形态”的物质则显然是解释不通的，唯有“场”才符合其“不充塞则不能化育”的基本要求。我们知道，“场”是弥漫于宇宙空间的一种基本的物质存在方式，它跟基本粒子具有密切的联系，而一切基本粒子实际上都可看作是场的最小物质单位——量子。所以，实物在场中产生和发展，而天与人亦在场中相互作用和相互联系，从这个角度看，“言赞化”则是将天与人分割了开来，失去了统一性。二程反复强调说：“天人本无二，不必言合。”⑤而一旦“言合”则必然会将“天”与“人”一分为二，即“天人”本身不是“一”而是“二”了，同样，如果“言赞化”则必然亦会将“天人”一分为二，即“天人”本身不是“一”而是

① 《老子道德经·十六章》。

② 《庄子·齐物论》。

③ 程颢、程颐：《河南程氏遗书》卷二上《二先生语二上·元丰己未吕与叔东见二先生语》，《二程集》上，中华书局1981年版，第33页。

④ 程颢、程颐：《河南程氏遗书》卷二上《二先生语二上·元丰己未吕与叔东见二先生语》，《二程集》上，中华书局1981年版，第33页。

⑤ 程颢、程颐：《河南程氏遗书》卷六《二先生语六》，《二程集》上，中华书局1981年版，第81页。

“二”了。可见,二程的这个思想跟《中庸》的观点是有明显区别的。《中庸》说:

“自诚明,谓之性;自明诚,谓之教。诚则明矣,明则诚矣。唯天下至诚,为能尽其性;能尽其性,则能尽人之性;能尽人之性,则能尽物之性;能尽物之性,则可以赞天地之化育,可以赞天地之化育,则可以与天地参矣。”

虽然二程说:“至诚可以赞天地之化育,则可以与天地参。赞者,参赞之义,‘先天而天弗违,后天而奉天时’之谓也,非谓赞助。只有一个诚,何助之有?”①从表面上看,好像二程已经认可了“参赞”之释义,其实不然,“与天地参”而不是“与天地一”,这大概就是二程感到不满意却又无可奈何的地方,而“一天人”则是二程非常看重的一个思想命题。比如,二程说:“须是合内外之道,一天人,齐上下,下学而上达。”②又说:“有道有理,天人一也,更不分别。”③当然,“一天人”不仅在空间上是“弥漫的”、“充塞的”和“无间”的,而且在时间上也是连续的和不间断的,如二程说:“天人无间断。”④此处所说的“无间断”应当指人类认识的无限性,而人类的本质就是在“不间断”中认识宇宙和无限地逼近真理。动中求合,合里见动,所以,在二程看来,“天人合一”应是一个历史的连续的积淀过程,而不是一个静止不动的几何平面。

以上我们将二程的“一天人”思想讲了很多,但由此我们能不能得出结论说,二程就是彻头彻尾的“天人合一”论者了呢?还不能。因为二程在讲到“天人合一”问题时,经常附加着一个为学界所忽视了的条件,那就是“天人合一”仅仅是二程头脑中的一种预设,是一种理想和境界。比如,二程说:“合天人,通义命,此大贤以上事。”⑤我们在前面讲过,宋代是一个贤人的时代,但“大贤”却少有人提及,这是因为“呼唤贤人”已属不易,而“大贤”则距离人们的生活就更加遥远了。于是,二程在天人合一问题上便有了以下的说法。

“道,一本也。或谓以心包诚,不若以诚包心;以至诚参天地,不若以至诚

① 程颢、程颐:《河南程氏遗书》卷十一《明道先生语一·师训》,《二程集》上,中华书局1981年版,第133页。

② 程颢、程颐:《河南程氏遗书》卷三《二先生语三·谢显道记忆平日语》,《二程集》上,中华书局1981年版,第59页。

③ 程颢、程颐:《河南程氏遗书》卷二上《二先生语二上·元丰己未吕与叔东见二先生语》,《二程集》上,中华书局1981年版,第20页。

④ 程颢、程颐:《河南程氏遗书》卷十一《明道先生语一·师训》,《二程集》上,中华书局1981年版,第119页。

⑤ 程颢、程颐:《河南程氏外书》卷七《胡氏本拾遗》,《二程集》上,中华书局1981年版,第392页。

体人物，是二本也。知不二本，便是笃恭而天下平之道。"①

"孟子曰：'尽其心者知其性也，知其性则知天矣。'心也，性也，天也，非有异也。"②

"若知道与己未尝相离，则若干不克己复礼，何以体道？"③

"合天人，已是为不知者引而致之。"④

"这个义理……百姓又日用而不知。"⑤

在上述引文中，有一个共同点，那就是每句话中都有一个"知"字。在某种意义上说，这个"知"字便是二程"天人合一"思想的限定条件。而由这个"知"我们能够体会在"知"之背后所隐藏着很多的"不知"，就此而言，"知"是理想，而"不知"是现实。原来，"天人合一"仅仅是历史发展的一种趋势，它的实现条件在宋代还很不完备，因而它只能停留在纸上，成为二程的一种"乌托邦"式的说教。当然，这种说教不能全无用，因为它毕竟为人生规划了一种很纯化的理想境界，甚至在一定程度上，它对人们的社会行为还起到了规诫和引导的作用。二程说：

"圣人之动以天，贤人之动以人。"⑥

而宋代既然是一个"贤人"的时代，那么，"动以人"而不是"动以天"便成为宋代整个社会生活的基本特征。于是，从实践上看，这"圣人"与"贤人"之分别，事实上已将"天"与"人"一分为二了。

## 二、以"分"为主架的理学范畴体系及其内容

二程承认："学者当以《论语》、《孟子》为本。"⑦而他们自己则是忠实的孔孟信徒，因此，二程的思想与孟子的思想非常接近，或可说一脉相承。那么，孟

① 程颢、程颐：《河南程氏遗书》卷十一《明道先生语一·师训》，《二程集》上，中华书局1981年版，第117—118页。

② 程颢、程颐：《河南程氏遗书》卷二十五《伊川先生语十一·畅潜道录》，《二程集》上，中华书局1981年版，第321页。

③ 程颢、程颐：《河南程氏遗书》卷一《二先生语一·端伯传师说》，《二程集》上，中华书局1981年版，第3页。

④ 程颢、程颐：《河南程氏遗书》卷二上《二先生语二上·元丰己未吕与叔东见二先生语》，《二程集》上，中华书局1981年版，第33页。

⑤ 程颢、程颐：《河南程氏遗书》卷二上《二先生语二上·元丰己未吕与叔东见二先生语》，《二程集》上，中华书局1981年版，第42页。

⑥ 程颢、程颐：《河南程氏遗书》卷十一《明道先生语一·师说》，《二程集》上，中华书局1981年版，第126页。

⑦ 程颢、程颐：《河南程氏遗书》卷二十五《伊川先生语十一·畅潜道录》，《二程集》上，中华书局1981年版，第322页。

子究竟是怎样的一个思想家？学界几乎都将他归于“天人合一”派的重要代表人物了。其根据就是孟子下面所说的一段话：

“尽其心者，知其性也；知其性，则知天矣。”①

在郭店楚墓竹简《穷达以时》未出土以前，孟子的“天人合一”思想并未引起学界的质疑。1993 年郭店楚墓竹简出土了一篇非常重要的哲学文献——《穷达以时》，2003 年《哲学研究》第四期发表了梁涛先生的一篇论文，题目为《竹简〈穷达以时〉与早期儒家天人观》，梁文明确主张：“竹简的意义在于，它使人们发现孟子原来也讲天人之分。”这个论断是否经得起历史检验，答案是不言而喻的。例如，《穷达以时》开篇便说道：

“有天有人，天人有分。察天人之分，而知其所行矣。有其人，无其世，虽贤弗行矣。”②

从时间上看，《穷达以时》早于《荀子》，是目前已知提出“天人之分”思想的最早历史文献。而《孟子》的性命观直接导源于《穷达以时》，与孔子的思想有所不同，这可能是北宋之前为什么人们不承认《孟子》之经学地位的重要原因。孟子不止如此这般，而且还在此基础上，更进一步提出了“性命之分”的“天人相分”思想③。如《孟子》说：“口之于味也，目之于声也，鼻之于臭也，四肢之于安佚也，性也，有命焉，君子不谓性也。仁之于父子也，义之于君臣也，礼之于宾主也，知之于贤者也，圣之于天道也，命也，有性焉，君子不谓命也。”④据此，我们想到了二程说过的一句话：“天人所为，各自有分。”⑤看来，二程的这个“天人相分”思想极有可能直接来源于《穷达以时》。

孟子讲“天人相分”，二程亦讲“天人相分”，可见，“天人相分”绝不是与儒家及其宋明理学格格不入的东西。本来，“天人合一”命题仅仅是人们心中的一个理想，是一个能够诱导人们不断用于“正命”修养的“天方夜谈”，一个带有几分神奇色彩的东方神话。然而，与“天人合一”的思想实质不同，“天人相分”则是一个面向生活实际的思想命题，是一个“以利为本”的人生价值学说。二程既然生活在人世间他们怎么能不说一点“功利性”的话呢！《明道先

---

① 《孟子·尽心上》。

② 彭浩：《郭店楚墓竹简》，文物出版社 1998 年版，第 145 页。

③ 梁涛：《竹简〈穷达以时〉与早期儒家天人观》，载《哲学研究》2003 年第 4 期。

④ 《孟子·尽心下》。

⑤ 程颢、程颐：《河南程氏遗书》卷十五《伊川先生语一·入关语录》，《二程集》上，中华书局 1981 年版，第 158 页。

生行状》中确实载有程颢"以至诚仁爱为本，未尝及功利"①的话，但这能不能说二程就是只讲"义理"而不讲"功利"的假道学家了呢？当然不能，因为至少程颐就明确提出了"天下只是一个利"的思想命题。比如，程颐说：

"'故者以利为本'，故是本如此也，才不利便害性，利只是顺。天下只是一个利，《孟子》与《周易》所言一般。只为后人趋著利便有弊，故孟子拔本塞源，不肯言利。其不信孟子者，却道不合非利，李觏是也。其信者，又直道不得近利。人无利，直是生不得，安得无利？且譬如椅子，人坐此便安，是利也。如求安不已，又要褥子，以求温暖，无所不为，然后夺之于君，夺之于父，此是趋利之弊也。利只是一个利，只为人用得别。"②

仅从这段话来看，程颐应是一个坚定的"功利主义"者。事实上，二程由此出发，还对董仲舒的"天人感应"思想提出了怀疑，甚至批判。如，有人问："汉儒谈《春秋》灾异，如何？"程颐这样回答说："自汉以来，无人知此。董仲舒说天人相与之际，亦略见些模样，只被汉儒推得太过。亦何必说某事有某应？"③如果说此处尚表现为一种怀疑态度的话，那么下面一段言辞则显示了二程批判"天人感应"说的立场和勇气。二程说：

"《春秋》书灾异，盖非偶然。不云霜陨，而云陨霜；不云夷伯之庙震，而云震夷伯之庙；分明是有意于人也。天人之理，自有相合。人事胜，则天不为灾；人事不胜，则天为灾。人事常随天理，天变非应人事。如祁寒暑雨，天之常理，然人气壮，则不为疾；气羸弱，则必有疾。非天固欲为害，人事德不胜也。如汉儒之学，皆牵合附会，不可信。"④

又程颢说：

"盖五行者天之道也，五事者人之道也。修人事而致天道，此王者所以治也。五事修，五行叙，则其生材也美焉，阜焉，民居其中，享其利而安焉，岂非皇极之道用而致乎？五材之生，天也，非人也。五事之修，人也，非天也。虽然，五事正，则五材自然得其性矣。是则天之道，亦王者之所为也。王者既修五事而致五材，则又举正德之教而率之，明利用之源而阜之，开厚生之道而养之，五行协

① 程颢、程颐：《河南程氏文集》卷十一《伊川先生文七·明道先生行状》，《二程集》上，中华书局1981年版，第634页。

② 程颢、程颐：《河南程氏遗书》卷十八《伊川先生语四·刘元承手编》，《二程集》上，中华书局1981年版，第215—216页。

③ 程颢、程颐：《河南程氏遗书》卷二十二下《伊川先生语八下·附杂录后》，《二程集》上，中华书局1981年版，第304页。

④ 程颢、程颐：《河南程氏外书》卷五《冯氏本拾遗》，《二程集》上，中华书局1981年版，第374页。

于上，六府利于下，三事举于中。修焉，其功之叙也；和焉，其德之行也。”①

这两段话可以说将二程“天人相分”思想的基本内核都呈现出来了。首先，“天变非应人事”，这就从根本上将“天道”与“人道”区分了开来，“天人各自有分”，各行其道，相互作用，但不发生主宰与被主宰的关系；其次，二程在“人事胜，则天不为灾”命题中，包含着“人定胜天”的思想萌芽，它是二程“天人相分”思想中最积极的能动意识和“无神论”的思想因素；再次，“五材之生，天也，非人也。五事之修，人也，非天也”，不仅仅是一种理论上的方向性定位，而且更是一种实践上的基本立足点，它反映了二程尤其是程颐“天人相分”思想的价值走向与重心所在。原来，程颐也是一个面向实际的思想家，他是宋明理学家中最富思想魅力的“天人相分”论者。

程颐说：“天人之际甚微，宜更思索。”②而他“思索”的结果，就是在“天人关系”问题上，有怀疑“天数”对“人事”的干扰和影响，到积极主张“人事”胜“天数”的“天人相分”思想。在这期间，他走过了一条曲折的思想发展与演变之路。试枚举若干事例如下：

(1)程颐说：“‘莫是天数人事看那边胜否?’曰：‘似之，然未易言也。’”③

由此可以看出，程颐的思想是矛盾的，犹豫的和不坚定的，其在“天数”和“人事”之间的思想倾向尚不鲜明。

(2)程颐又说：“凡下学人事，便是上达天理。”④

不难看出，此时的程颐已经开始对“人事”产生了一定的信心，其思想重心在原来犹豫不决的基础上已经开始有所偏移。

(3)程颐继续说：“世事虽多，尽是人事。”⑤“儒者只合言人事，不得言有数，直到不得已处，然后归之于命可也。”⑥“人于天地间，并无窒碍处，大小大

① 程颢、程颐：《河南程氏文集》卷二《明道先生文二·南朝试九叙惟歌论》，《二程集》上，中华书局1981年版，第464页。

② 程颢、程颐：《河南程氏遗书》卷十八《伊川先生语四·刘元承手编》，《二程集》上，中华书局1981年版，第238页。

③ 程颢、程颐：《河南程氏遗书》卷十八《伊川先生语四·刘元承手编》，《二程集》上，中华书局1981年版，第238页。

④ 程颢、程颐：《河南程氏外书》卷二《朱公掞问学拾遗》，《二程集》上，中华书局1981年版，第360页。

⑤ 程颢、程颐：《河南程氏遗书》卷十五《伊川先生语一·入关语录》，《二程集》上，中华书局1981年版，第145页。

⑥ 程颢、程颐：《河南程氏外书》卷五《冯氏本拾遗》，《二程集》上，中华书局1981年版，第375页。

快活。”①

对“人”生活本身的乐观和豁达，即表现了程颐内心所思所想的一种定型化情绪。当然，我们从中亦能多少地感受到他在摆脱了以“感应”为基础的“天数”思想束缚之后的那种喜悦心情，而这种心情在程颐晚年所著的《程氏易说》一书中表现得就更为突出了。如，程颐说：“推乾之道，施于人事。元亨利贞，乾之四德，在人则元者众善之首也，亨者嘉美之会也，利者和合于义也，贞者干事之用也。”②又，释《周易》“泰，小往大来，吉亨”之辞说：

“小谓阴，大谓阳。往，往之于外也。来，来居于内也。阳气下降，阴气上交也。阴阳和畅，则万物生遂，天地之泰也。以人事言之：大则君上，小则臣下，君推诚以任下，臣尽诚以事君，上下之志通，朝廷之泰也；阳为君子，阴为小人，君子来处于内，小人往处于外，是君子得位，小人在下，天下之泰也。”③

程颐以一种积极的人事态度来看待北宋的社会和政治，提出了和谐社会“君子来处于内，小人往处于外”的基本制度原则，既说明了他本人对北宋政治改革的关注，同时又表达了他对于建立稳定社会政权机制的殷切期望，而这正是程颐“天人相分”思想的一个重要特色。所以，为了使人们对二程的“天人相分”思想有一个整体的把握和理解，下面我们试将其架构“天人相分”思想体系的几个理论范畴单独抽取出来，并略作分析、阐释和研究。

第一、“王道”与“霸道”。从“王”与“霸”的角度对“道”进行区分，是先秦诸子在如何治国救乱问题上争论的焦点之一。在北宋，对待“道”的属性究竟是“一”还是“二”形成了两派观点。一派以司马光为代表，认为“道一不二”，如司马光说：“自孟子而下，皆曰由王道而王，由伯道而霸。道岂有二哉?”④另一派以二程为代表，认为“道二不一”，如二程说：“诚心而王则王矣，假之而霸则霸矣，二者其道不同，在审其初而已。”⑤“道二”就是对立，把“王道”与“霸道”对立起来，并由此去探讨社会历史的发展规律，是二程“人道”思想的基本理路和方法。

---

① 程颢、程颐：《河南程氏遗书》卷十五《伊川先生语一·入关语录》，《二程集》上，中华书局1981年版，第152页。

② 程颢、程颐：《周易程氏传》卷一《周易上经上》，《二程集》下，中华书局1981年版，第699页。

③ 程颢、程颐：《周易程氏传》卷一《周易上经上》，《二程集》下，中华书局1981年版，第753页。

④ 司马光：《司马文正公传家集》卷七十四《迂书·道同》，商务印书馆1937年版，第539页。

⑤ 程颢、程颐：《河南程氏文集》卷十五《明道先生文一·表疏》，《二程集》上，中华书局1981年版，第451页。

二程说:“孔子之时,周室虽微,天下诸侯尚知尊周为义,故《春秋》之法,以尊周为本。至孟子时,七国争雄,而天下不知有周,然而生民涂炭,诸侯是时能行王道则可以王矣,盖王者天下之义主也,故孟子所以劝齐之可以王者此也。”①实际上,这段话说明了“王道”与“霸道”之争的历史背景。从春秋到战国,各诸侯国的势力逐步强大起来,并相互之间开始发生侵吞与兼并的混战现象,而支撑这种混战现象的法术特点就是九个字:智术欺骗和武力征服。于是,当时学人就把这种法术称为“霸道”。宋人吕祖谦说:“强而止于强者,必不能保其强也;伯(即霸,下同)而止于伯,必不能保其伯也。”②因此,吕氏主张:“进伯而至于王”③,惟其如此,才能“极天下之所期”④,才能真正实现社会的稳定和谐与国家的长治久安。那么,何谓“王”?孟子有一个非常经典的解释,他说:“以力假仁者霸,霸必有大国;以德行仁者王,王不待大。”⑤可见,“王霸之分,德与力也。”⑥而宋人张九成则有一段评论,讲得较透,他说:“善论王霸之道,无出于孟子矣。盖霸者以智术为主,王者以至诚为主。王者以至诚行仁政,是其心出于救民耳,非有所冀也;以智术假仁政是特假途以要利尔,岂以民为心哉!”⑦

这里引出一个问题:孟、程之“王道”是否不讲“利”?关于这个问题,我们将在“义”与“利”的关系范畴中展开来谈,在此只就“王道”本身所及而作一回答。先看孟子,孟子的“王道”思想包含着以“民众利益”为上的内容,是一种以“仁义”为最终诉求的“大利益”观。孟子说:“谨庠序之教,申之以孝悌之义,颁白者不负戴于道路矣。老者衣帛食肉,黎民不饥不寒,然而不王者,未之有也!”⑧说“老者衣帛食肉,黎民不饥不寒”难道不是一种物质利益观吗!可见,孟子不仅讲“利”,而且还把满足广大人民群众的基本物质需要作为“王道”的前提条件,而在孟子看来,只有满足广大人民群众基本物质需要的“利益”才是符合“仁义”的“利益”,才是孟子所崇尚和追求的利益观。以此为基础,二程对“王道”与“霸道”的内涵又作了进一步的阐释。二程说:

“得天理之正,极人伦之至者,尧舜之道也;用其私心,依仁义之偏者,霸

---

① 程颢、程颐:《河南程氏外书》卷八《游氏本拾遗》,《二程集》上,中华书局1981年版,第399页。

② 吕祖谦:《左氏博议》卷十一《会于葵丘寻盟》,文渊阁四库全书本。

③ 吕祖谦:《左氏博议》卷十一《会于葵丘寻盟》,文渊阁四库全书本。

④ 吕祖谦:《左氏博议》卷十一《会于葵丘寻盟》,文渊阁四库全书本。

⑤ 《孟子·公孙丑章句上》。

⑥ 《孟子·公孙丑上》。

⑦ 张九成:《张状元孟子传》卷六,文渊阁四库全书影印本。

⑧ 《孟子·梁惠王上》。

者之事也。王道如砥,本乎人情,出乎礼义,若履大路而行,无复回曲。霸者崎岖反侧于曲径之中,而卒不可与入尧舜之道。"①

认为王道"本乎人情"是二程的一种新见解,"人情"是以"利益"为特征的,对此,二程自己有明确的界定,比如,程颢说:"人情莫不乐利。"②也就是说,二程所讲的"王道"同孟子一样并不是抛弃了"利"之后而去空谈什么"仁义","仁义"也是以一定的物质利益为内容的,用二程的话说就是"人情之所宜则义也"③可见,二程所说的"利"是建立在"人情之所宜"基础上的"利",因此,以"礼义"为先,而以"利益"为后的"适治"就是"王道"。反之,则是"霸道"。程颢说:"夫事有大小,有先后。察其小,忽其大,先其所后,后其所先,皆不可以适治。"④所以,割裂了"利"与"义"关系的"王道"并不是二程理想中的"王道"。

第二、"义"与"利"。从理论上将"义"与"利"两个概念区分开来,确实是孟子一派思想的特色。《孟子·梁惠王上》载有梁惠王与孟子的一段对话,它经常被学者作为孟子去利取义的基本依据。原文云:

"王曰:'叟不远千里而来,亦将有以利吾国乎?'孟子对曰:'王何必曰利,亦有仁义而已矣。'"

就此而言,我们说孟子根据当时的社会现实将"利"与"义"看成两件不同性质的事情,是具有一定合理性的。但如果据此认为孟子完全将"利"与"义"对立了起来,那就错了。其实,孟子在人生和社会的价值取向上,坚持了"仁义先行而利后至"的立场,讲求以"义"为生活前提和价值导向的"物质利益"。对此,二程解释说:

"'利贞者性情也',言利贞便是《乾》之性情。因问:'利与以利为本之利同否?'先生曰:'凡字只有一个,用有不同,只看如何用。凡顺理无害处便是利,君子未尝不欲利。然孟子言'何必曰利'者,盖只以利为心则有害。如'上下交征利而国危'。便是有害。'未有仁而遗其亲,未有义而后其君。'不遗其

---

① 程颢、程颐:《河南程氏文集》卷十五《明道先生文一·表疏》,《二程集》上,中华书局1981年版,第450页。

② 程颢、程颐:《河南程氏文集》卷十五《明道先生文二·南朝试佚道使臣民赋》,《二程集》上,中华书局1981年版,第462页。

③ 程颢、程颐:《河南程氏遗书》卷十一《明道先生语一·师训》,《二程集》上,中华书局1981年版,第127页。

④ 程颢、程颐:《河南程氏文集》卷十五《明道先生文一·表疏》,《二程集》上,中华书局1981年版,第451页。

亲,不后其君,便是利。仁义未尝不利。”①

这里,二程既是在阐释孟子的思想,同时也是在表明他们自己对“义利”关系的认识和看法。以此为前提,二程提出了“以义致利”的思想命题。二程说:

“‘子罕言利’,非使人去利而就害也,盖人不当以利为心。《易》曰:‘利者义之和。’以义致利斯可矣。”②

在二程看来,“利”分“大利”与“小利”,“公利”与“私利”。比如,二程说:

“夫水利之兴,屯田之制,府兵之复,义仓之设,皆济时之大利。”③

“戎狄强盛,古未有比……尚幸二虏无谋,厌小欲而忘大利,故我得以纾朝夕之急。”④

“夫王者之取人,以天下之公而不以已,求其见正而不求其从欲。”⑤此“天下之公”即是一种“公利”,而“己”则是一种“私利”。程颐说:

“古之时得丘民则得天下,财散则人聚。后世苟私利于目前,以兵制民,以财聚众。聚财者能守,保民者为迂。秦、汉而下,莫不然也。”⑥

而“天下之公”的“公利”和关系国计民生的“大利”本身就是“义”。关于这一点,二程说得也非常清楚:“圣人以大公无私治天下,于显比见之矣。”⑦而这句话跟“圣人缘人情以制礼,事则以义制之”⑧并无实质的不同,它们实际上是一物之两面。因此,所谓“公利”其实就是指有义之利,而所谓“私利”则是指无义之利。

第三、“公心”与“私心”。这对范畴从伦理的层面对“心体”作了“二分

---

① 程颢、程颐:《河南程氏遗书》卷十九《伊川先生语五·杨遵道录》,《二程集》上,中华书局1981年版,第249页。

② 程颢、程颐:《河南程氏外书》卷六《罗氏本拾遗》,《二程集》上,中华书局1981年版,第383页。

③ 程颢、程颐:《河南程氏文集》卷二《明道先生文二·书记》,《二程集》上,中华书局1981年版,第470页。

④ 程颢、程颐:《河南程氏文集》卷五《伊川先生文一·上书》,《二程集》上,中华书局1981年版,第520页。

⑤ 程颢、程颐:《河南程氏文集》卷五《伊川先生文一·上书》,《二程集》上,中华书局1981年版,第530页。

⑥ 程颢、程颐:《河南程氏文集》卷九《伊川先生文五·书启》,《二程集》上,中华书局1981年版,第600页。

⑦ 程颢、程颐:《周易程氏传》卷一《周易上经上》,《二程集》下,中华书局1981年版,第742页。

⑧ 程颢、程颐:《河南程氏遗书》卷六《二先生语六》,《二程集》上,中华书局1981年版,第87页。

式”的划界，但无论“私心”还是“公心”，都是人的本性，是人本身所固有的两种特性，这是因为“私心”源自一切动物的本能，而“公心”则是人之为人的独有性质，是真正具有社会性的人区别于其他非社会性动物的根本特性之一。青年毛泽东曾经说过：“人类固以利已性为主，然非有此而已也，又有推以利人之性，此仍是一性，利人乃所以自利也。”①可见，人天生具有“两心”，即“公心”和“私心”。在正常情况下，两心与始终人相随，交互作用，保持着一个动态平衡。但由于家庭及社会环境的原因，人的两心在特定条件下可能会发生相互分离现象，特别是“私心”无限膨胀，以至于变成危害他人的一种恶性力量。尽管这样，我们必须从理论上承认“公心”和“私心”两者的合理性及其客观必然性，而任意夸大两者任何一个方面的作用，都是错误的。基于这些道理，我们回过头来再看看二程在这个问题上的主要观点与看法。二程说：

“为政须要有纲纪文章，先有司、乡官读法、平价、谨权量，皆不可阙也。人各亲其亲，然后能不独亲其亲。仲公曰：‘焉知贤才而举之？’子曰：‘举尔所知，尔所不知，人其舍诸？’便见仲公与圣人用心之大小。推此义，则一心可以丧邦，一心可以兴邦，只在公私之间耳。”②

“亲其亲”是人之“私心”，而“不独亲其亲”则是“公心”，此两心共同存在于人心之中，正是从这个角度，二程说，人不能“无心”，而应是“无私心”③。对于“公心”，二程预设了一个绝对“公心”的化身，即“圣人”。程颢说：“圣人致公，心尽天地万物之理，各当其分。”④“圣人”不同于一般人，因为“圣人之公心，如天地之造化”⑤，而一般人“只为私心隔断”。对此，二程解释说：

“孟子曰：‘其为气也，至大至刚；以直养而无害，则塞于天地之间。’尝谓凡人气量窄狭，只为私心隔断。苟以直养而无害，则无私心。苟无私心，则志气自然广大，充塞于天地之间。”⑥

对于常人而言，圣人仅仅是一种人格理想，一种人生价值的目标追求。因

---

① 陈晋：《毛泽东读书笔记解析》上册，广东人民出版社1996年版，第155页。

② 程颢、程颐：《河南程氏遗书》卷十一《明道先生语一·师训》，《二程集》上，中华书局1981年版，第134页。

③ 程颢、程颐：《河南程氏外书》卷十二《传闻杂记》，《二程集》上，中华书局1981年版，第440页。

④ 程颢、程颐：《河南程氏遗书》卷十四《明道先生语四·亥九月遇汝所闻》，《二程集》上，中华书局1981年版，第142页。

⑤ 程颢、程颐：《河南程氏经说》卷二《伊川先生·书解》，《二程集》下，中华书局1981年版，第1035页。

⑥ 程颢、程颐：《河南程氏文集》卷九《伊川先生语五·书启》，《二程集》上，中华书局1981年版，第618页。

此,从孔子到二程,无论是儒家还是程朱理学,他们都坚持一条“克己”而“致公”的思想方法和路线。如二程说:

“克己则私心去,自然能复礼。”①

在现实社会里,没有“私心”固然不合人之常情,亦不通于生活实际。但一个和谐社会所必需的最重要的道德要素就是“公心”之火不被世俗所泯灭,所以,如果不是用“公心”作为道德基础而建立起来的政治社会,欲使其社会生活保持持久的稳定与和谐,则是不可能的。从这个角度看,“公则一”便是一个非常重要的思想命题。程颐说:

“公则一,私则万殊,至当归一,精义无二。人心不同如面,只是私心。”②

“合而听之则圣,公则自同。若有私心便不同,同即是天心。”③

可见,“公心”即是“天心”,是人与生俱来的道德品性。但这丝毫不否认后天教育的作用,因为人的思想和行为是个“变数”,是随着环境条件的变化而不断变化的。故此,二程特别强调“公心”对“私心”的约束和向导作用。比如,有人问:“舜能化瞽、象,使不格奸,何为不能化商均?”程颐回答说:

“所谓‘不格奸’者,但能使之不害己与不至于大恶也。若商均则不然。舜以天下授人,欲得如己者。商均非能如己尔,亦未尝有大恶。大抵五帝官天下,故择一人贤于天下者而授之。三王家天下,遂以与子。论其至理,治天下者,当得天下最贤者一人,加诸众人之上,则是至公之法。后世既难得人而争夺兴,故以与子。与子虽是私,亦天下之公法,但守法者有私心二。”④

正是由于这后一个结果,因此,二程才极力向宋朝的统治者灌输“公心”意识和“致公”思想,其目的就在于劝诫各朝君主“不格奸”,尤其是“不至于大恶”。在此,二程很好地利用“公心”的劝善和向导作用,欲使君主的行为做到“如天地之无私焉”⑤。

第四、“德”与“艺”。“德”即“道德”,二程亦称之为“天德”或“德性”,“艺”即“技艺”,用今天的话说主要是指科学技术。因此,“德”与“艺”的关系

---

① 程颢、程颐:《河南程氏遗书》卷二上《二先生语二上·元丰己未吕与叔东见二先生语》,《二程集》上,中华书局1981年版,第18页。

② 程颢、程颐:《河南程氏遗书》卷十五《伊川先生语一·入关语录》,《二程集》上,中华书局1981年版,第144页。

③ 程颢、程颐:《河南程氏遗书》卷十五《伊川先生语一·入关语录》,《二程集》上,中华书局1981年版,第145页。

④ 程颢、程颐:《河南程氏遗书》卷十八《伊川先生语四·刘元承手编》,《二程集》上,中华书局1981年版,第228页。

⑤ 程颢、程颐:《河南程氏遗书》卷二十四《伊川先生语十·郭德久本》,《二程集》上,中华书局1981年版,第313页。

实际上就是道德与科学技术的关系。就总体而言，宋代是“崇德抑艺”的政治社会，士大夫鄙薄科学技术的心态近乎丧心病狂，他们甚至在这个问题上已经畸形化到了无以复加的程度。例如，在宋代，技术官不能出任文官，因为在宋代的士大夫看来，“伎术杂流玷辱士类”①。因此，在当时士大夫阶层普遍贱艺情绪的感染下，二程不可避免地也发表了一些鄙视技艺学的言论，并对后世科学技术的发展产生了极其消极的社会影响。然而，事物要一分为二地看，综合二程在“德”与“艺”关系方面所发表的言论，我们不难发现二程在对待“艺”之价值和地位问题上的态度是不一致的和矛盾的。而造成这种状况的原因既有社会的因素，也有个人的因素。所以，具体地和客观地分析二程的“德艺”观，对于正确地认识和解读其理学思想的性质和地位不无意义。

二程对“德”和“艺”的内容，都有比较明确的认识。比如，有人问：“道者一心也，有曰‘仁者不忧’，有曰‘知者不惑’，有曰‘勇者不惧’，何也？”二程回答说：

“此只是名其德尔，其理一也。得此道而不忧者，仁者之事也；因其不忧，故曰此仁也。知、勇亦然。不成却以不忧谓之知，不惑谓之仁也？凡名其德，千百皆然，但此三者，达道之大也。”②

又说：“德者得也，须是实到这里须得。”③

“有德者，得天理而用之，既有诸己，所用莫非中理。”④

由上述所引知，二程所说的“德”其实就是“天理”，就是“仁”、“知”和“勇”的统一，是一种内在的道德素质，因而二程将“德”也称为“天德”。二程说：

“圣贤论天德，盖谓自家元是天然完全自足之物，若无所污坏，即当直而行之；若小有污坏，即敬以治之，使复如旧。”⑤

“心具天德，心有不尽处，便是天德处未能尽，何缘知性知天？尽己心，则

---

① 徐松：《宋会要辑稿》职官三六之一一五。

② 程颢、程颐：《河南程氏遗书》卷一《二先生语一·端伯传师说》，《二程集》上，中华书局1981年版，第2页。

③ 程颢、程颐：《河南程氏遗书》卷二上《二先生语二上·元丰己未吕与叔东见二先生语》，《二程集》上，中华书局1981年版，第42页。

④ 程颢、程颐：《河南程氏遗书》卷二上《二先生语二上·元丰己未吕与叔东见二先生语》，《二程集》上，中华书局1981年版，第14页。

⑤ 程颢、程颐：《河南程氏遗书》卷一《二先生语一·端伯传师说》，《二程集》上，中华书局1981年版，第1页。

能尽人尽物,与天地参,赞化育。”①

“‘毋不敬,严若思,安定辞,安民哉’,君德也。君德即天德也。”②

“敬义夹持直上达天德。”③

“天然完全自足之物”便是“天德”的“本体”,它是圣人内在的“德性”。而“德”本身具有“敬”、“义”的性质和“知性”、“知天”的功能,故“德”的价值量级与“理”处于同一水平。二程推崇“德”,视“君德”如“天德”跟其主张“公心”的出发点是一样的,他们看不到人民群众的力量,而将社会发展的希望寄托在君主一人身上,试图实行“开明君主”制,依靠一两个“贤”人而将社会推向进步。显而易见,这是一种根本不可能实现的政治“乌托邦”,但二程产生这种思想的根源在于宋代社会的“集权政治”,而不是个人的独裁政治。“德”如此,而“艺”却不然。因为,从客观上讲二程论述“艺”的言论不多,但前后矛盾之处却十分明显,而二程为什么在这个问题上动摇不定呢?这是一个值得人们重视的文化现象。在二程看来,“艺”有两重性,可“助德”之“成功”,也可“败德”于“人欲”之中。比如,二程说:

“世有以读书为文为艺者。曰:‘为文谓之艺,犹之可也。读书谓之艺,则求诸书者浅矣。’”④

读书是求“道”还是求“艺“的问题,应当因人而异,但二程似乎将读书求艺的路给堵死了。故有人问:“技艺之事,耻己之不能,如何?”程颐回答说:

“技艺不能,安足耻?为士者,当知道。己不知道,可耻也。”⑤

对一个士大夫来说,不学“技艺”不是一件可耻的事情,然士大夫不学“道”却是一件很可耻的事情。这种价值取向对后世读书人的影响是很深远的,当二程理学没有被官方尊奉为国家哲学的时期,北宋的科技发展非常迅猛,以至于取得了中国古代历史的最高成就。可是,到南宋以后,理学开始影响人们社会生活的各个领域,其思想亦成为当时国家意识形态的轴心,而就是在这样的历史时期,科学技术的前进步伐明显缓慢了下来,甚至在有些领域还

① 程颢、程颐:《河南程氏遗书》卷五《二先生语五》,《二程集》上,中华书局 1981 年版,第 78 页。

② 程颢、程颐:《河南程氏遗书》卷十一《明道先生语一·师训》,《二程集》上,中华书局 1981 年版,第 117 页。

③ 程颢、程颐:《河南程氏遗书》卷五《二先生语五》,《二程集》上,中华书局 1981 年版,第 78 页。

④ 程颢、程颐:《河南程氏遗书》卷四《二先生语四·游定夫所录》,《二程集》上,中华书局 1981 年版,第 70 页。

⑤ 程颢、程颐:《河南程氏遗书》卷十八《伊川先生语四·刘元承手编》,《二程集》上,中华书局 1981 年版,第 189 页。

出现了停止现象。所以，二程的“艺学”思想给明清时期我国科学技术发展所带来的消极影响是客观存在的，这个事实不能抹杀。不过，我们能不能把明清时期我国科学技术落后的责任全部归结于二程的理学思想呢？我们认为是不能的，因为中国近代科技落后的原因是多方面的和综合的，远不是二程理学这一个原因所能说清楚的。事实上，二程除了上述的消极言论外，他们在对待“艺”学的问题上，也有态度积极的时候，也有赞美技艺的言辞和思想。比如，二程这样说道：

“若臧武仲之知，又公绰之不欲，卞庄子之勇，冉求之艺，合此四人之偏，文之以礼乐，方成圣人，则尽之矣。”①

冉求具有“游于艺”的科学素质，二程认为，他的这个素质是成就圣人之身的基本条件之一，而在北宋能够达到这样的理论认识，恐怕只有二程了。不仅如此，二程更进一步说：

“今百工技艺作为器用，吾得而用之。”②

“盖大贤以下即论才，大贤以上更不论才。圣人与天地合德，日月合明。六尺之躯，能有多少技艺？人有身，须用才；圣人忘己，更不论才也。”③

“人有身”即有物质财富的需要，就有对宇宙万物产生好奇的欲望，所有这一切都需要科学技术即“技艺”之学来满足，“技艺”能够创造人身所需的外在形式，如衣、食、住、行等能够引起感官欲望的物质实体，佛教将它称作“外学”。而二程说，“大贤以上更不论才”其“才”实际上指的就是物质性的“形器”，所谓“大贤”则是指不以物的外在形式为满足的人，他们以道的内在形式为本质，“与天地合德，日月合明”。因此，程颐说：“‘君子不器’，无所不施也。若一才一艺，则器也。”④在此，“不器”与“器”指的便是“道学”与“艺学”的关系。其实，二程在主观上并没有恶意诋毁“艺学”的倾向，他们所反对的仅仅是脱离“道”的“艺”，或者是“惟艺而艺”的世俗偏见。如果将“道”与“艺”结合起来，那么对于这样的“艺”，二程不仅不反对，反而还以有这样的“艺”才而

① 程颢、程颐：《河南程氏遗书》卷六《二先生语六》，《二程集》上，中华书局1981年版，第93页。

② 程颢、程颐：《河南程氏遗书》卷十七《伊川先生语三》，《二程集》上，中华书局1981年版，第175页。

③ 程颢、程颐：《河南程氏遗书》卷十八《伊川先生语四 · 刘元承手编》，《二程集》上，中华书局1981年版，第191页。

④ 程颢、程颐：《河南程氏外书》卷六《罗氏本拾遗》，《二程集》上，中华书局1981年版，第379页。

骄傲和自豪。比如,二程的后人就以二程“多才艺”①为荣耀。

二程的后人认为二程“多才艺”是有客观依据的,从有关的文献资料看,二程不仅擅长诗文,而且具有一定的科学文化知识素养。比如,二程说:“天本廓然无穷,但人以目力所及,见其寒暑之序、日月之行,立此规模,以窥测他。天地之化,不是天地之化其体如城郭之类,都盛其气。假使言日升降于三万里,不可道三万里外更无物。”②这是一种朴素的宇宙无限思想,当然,以人的视觉能力所及,宇宙总是有边界的,即使科技发展了,人的观测能力有了很大的提高,其人类通过仪器观测到的宇宙也依然是有边界和范围的,因此,宇宙的有限和无限是个辩证统一的过程。此外,二程认为,人与其周围的自然环境构成一个相对闭合的生态系统,在这个系统里,客观的自然环境对人类的生产和生活将产生决定性的影响。如,汝州的地方病——瘿就跟当地的饮用水中矿物质结构不合理有关,二程将此称为“地气”③。对于“钻木取火”的原理,二程正确地解释为“两木相戛,用力极则阳生”④,即摩擦生火,而不是木自身产生出火来,这是符合力学原理的。对物质世界的未来发展趋势究竟是日趋“衰落”还是不断走向“繁荣”和“兴盛”,人们有三种截然不同的态度,如《列子》卷上《天瑞》篇载:“天地不得不坏,则会归于会。”又说:“坏与不坏,吾所不能知也。”而二程明确主张宇宙万物愈益繁盛的观点,是建立在宇宙无限性基础上的乐观主义者。二程说:“木生火,火生土,土生金,金生水,水生木,只是迭盛也。”⑤自然界是一个具有自我修复能力的自组织系统,在这个系统中生物界呈现出彼此协调和自我平衡的运动规律,对此,二程已有所认识,如程颐说:“天地生物常相称。”⑥等等。可见,二程的科技观是其“天人相分”思想的重要组成部分,是其理学体系中最具“实证”精神的生动体现。

第五、“时”与“常”。“时”是二程理学体系中一个非常重要的思想范畴,

---

① 程颢、程颐:《河南程氏文集》卷十二《伊川先生文八 · 墓志、家传、祭文》,《二程集》上,中华书局 1981 年版,第 659 页。

② 程颢、程颐:《河南程氏遗书》卷十五《伊川先生语一 · 入关语录》,《二程集》上,中华书局 1981 年版,第 148 页。

③ 程颢、程颐:《河南程氏外书》卷十《大全集拾遗》,《二程集》上,中华书局 1981 年版,第 406 页。

④ 程颢、程颐:《河南程氏遗书》卷十八《伊川先生语四 · 刘元承手编》,《二程集》上,中华书局 1981 年版,第 237 页。

⑤ 程颢、程颐:《河南程氏遗书》卷十八《伊川先生语四 · 刘元承手编》,《二程集》上,中华书局 1981 年版,第 223 页。

⑥ 程颢、程颐:《河南程氏遗书》卷二十二上《伊川先生语八上 · 伊川杂录》,《二程集》上,中华书局 1981 年版,第 290 页。

可惜多为学者所忽视。在二程的思想体系中，“时”的具体含义可分为如下几个方面：(1)指具体的时间单位，自西周起，我国就已实行十二时辰制，至北宋时人们始将十二时辰中的每一时辰平分为初、正两部分，遂变为二十四时辰，基本上与我们今天所实行的一天二十四小时制相同，但两者疏密程度不同，宋时疏，可称作“时段制”；西时密，可称作“时秒制”。如二程说：“一辰须有辰初、辰正、辰末之差也。”①其“辰末”常与“辰初”重合，故宋人一般地仅分为“辰初”与“辰正”两个时段。(2)特制春、夏、秋、冬四个季节的循环往复，如二程说：“据测景，以三万里为中，若有穷然。有至一边已及一万五千里，而天地之运盖如初也。然则中者，亦时中耳。”②此“时中”之“时”即指具体的四季。又“‘以闰月定四时成岁’，其法至尧而精密详具，故举其法以敕羲、和使职之。”③故“民物皆随天时而然也”④。(3)指历史本身，或指社会发展变化的客观必然性。如二程说：

“时者圣人所不能违，然人之智愚，世之治乱，圣人必示可易之道，岂徒为教哉？盖亦有其理故也。”⑤

“孟子曰‘天民’者，达可行于天下而后行之者也；‘大人’者，正己而物正者也。说‘天民’者，能尽天民之道也，践形者是也，如伊尹可当之矣。民之名则似不得位者，必达可行于天下而后行之者也。大人者，则如《乾》之九二，‘利见大人’，‘天下文明’者也。天民大人，亦系乎时与不时尔。”⑥

此“时”即指历史规律，也即是社会发展的内在趋势，只不过与“常”相比较，“时”是历史规律中的局部而不是总体，是一个一个的段落。所以，“时”与“不时”说明诸如“天民”、“大人”等都是跟特定的历史发展阶段相适应的，是“适时”的产物。一句话，“时”就是“变”，就是“动”，就是“革旧布新”。比如，二程说：

---

① 程颢、程颐：《河南程氏遗书》卷二下《二先生语二下·附东见后录》，《二程集》上，中华书局1981年版，第55页。

② 程颢、程颐：《河南程氏遗书》卷二上《二先生语二上·元丰己未吕与叔东见二先生语》，《二程集》上，中华书局1981年版，第35页。

③ 程颢、程颐：《河南程氏经说》卷二《伊川先生·书解》，《二程集》下，中华书局1981年版，第1037页。

④ 程颢、程颐：《河南程氏经说》卷二《伊川先生·书解》，《二程集》下，中华书局1981年版，第1036页。

⑤ 程颢、程颐：《河南程氏遗书》卷十一《明道先生语一·师训》，《二程集》上，中华书局1981年版，第122页。

⑥ 程颢、程颐：《河南程氏遗书》卷九《二先生语九·少日所闻诸师友说》，《二程集》上，中华书局1981年版，第105页。

“识变知化为难。古今风气不同,故器用亦异宜。是以圣人通其变,使民不倦,各随其时而已矣。”①

“时所以有古今风气人物之异者,何也?气有淳漓,自然之理……尚所以异,亦由心所为。心所以然者,只为生得来如此。至如春夏秋冬,所生之物各异,其栽培浇灌之宜,亦须各以其时,不可一也,须随时。只如均是春生之物,春初生得又别,春中又别,春尽时所生又别。礼之随时处宜,只是正得当时事。所谓时者,必明道以贻后人。”②

可见,“时”不是固定的,此时与彼时必然会发生环境的变化,因此,人们就应当不断改变自己的思想以适应新的环境,新的时变,惟其如此,才能被称为“时者”。而“常”是与“时”相对的一个概念,两者都是指规律而言,“变”是规律,“不变”亦是规律,但两者毕竟还是有差异的。如果说“时”是历史规律中的“局部段落”,是其不断流变的部分,那么,“常”就是历史规律中的“总体”,是其相对稳定和持久的部分。如,二程说:

“日月薄蚀而旋复者,不能夺其常也。”③

“今之始开荒田,初岁种之,可得数倍,及其久,则一岁薄于一岁,此乃常理。”④

“以理言之,盛必有衰,始必有终,常道也。”⑤

“天地之化,虽廓然无穷,然而阴阳之度、日月寒暑昼夜之变,莫不有常,此道所以为中庸。”⑥

这里所说的“常”就是在自然界中必然地或迟早要发生的现象,因而是不变的和恒定的。在二程看来,不仅自然界中有恒定不移的规律存在,而且在人类社会中,亦有恒定不移的规律存在,既曰“恒定”就是说它是客观的和不以人的意志为转移的。如,二程说:

① 程颢、程颐:《河南程氏遗书》卷十一《明道先生语一·师说》,《二程集》上,中华书局1981年版,第129页。

② 程颢、程颐:《河南程氏遗书》卷十五《伊川先生语一·入关语录》,《二程集》上,中华书局1981年版,第156页。

③ 程颢、程颐:《河南程氏遗书》卷十一《明道先生语一·师说》,《二程集》上,中华书局1981年版,第122页。

④ 程颢、程颐:《河南程氏遗书》卷十五《伊川先生语一·入关语录》,《二程集》上,中华书局1981年版,第146页。

⑤ 程颢、程颐:《周易程氏传》卷二《周易上经下》,《二程集》下,中华书局1981年版,第852页。

⑥ 程颢、程颐:《河南程氏遗书》卷十五《伊川先生语一·入关语录》,《二程集》上,中华书局1981年版,第148页。

“父子君臣，常理不易，何曾动来？因不动，故曰‘寂然’。”①

从总体上看，二程说“父子君臣，常理不易”是有道理的，但具体而言，却不尽然，如宋太祖代后周反臣为君，岂不悖常理！是故，为了不将自己至于尴尬境地，二程又补充了下面的一套理论：

“人心常要活，则周流无穷，而不滞于一隅。”②

“君尊臣卑，天下之常理也。伯夷知守常理，而不知圣人之变，故隘。”③

“常理”与“变”是一对矛盾，而正确处理两者之间的矛盾，故“徇流俗非随时，知事可正，严毅独立，乃是随时也。”④可见，“君”与“臣”的关系既有“常”的一面，又有“时”的一面，关键就要看它是否“知事可正”，如果“可正”的时候不能“正”，不能“严毅独立”，那就叫“流俗”，就叫“隘”。

在“时”与“常”的关系问题上，二程既反对只讲“常”而不讲“时”的“流俗”观，同时又反对片面强调“时”而不顾“常”的“无常”观。二程说：

“有生者，必有死；有始者，必有终；此所以为常也。为释氏者，以成坏为无常，是独不知无常乃所以为常也。”⑤

世界上没有长生不死之物，一切事物皆有生死，这是一个辩证法的观点，旗帜鲜明，显示了二程理学中确实也孕育着不少颇具生命力的思想。而二程理学之所以能对后世产生那么大的社会影响力，首先是因为它的合理性，由于它自身存在着许多现实的合理性，于是人们才有可能相信它，而它的消极因素同时也才有可能随机浸入到人们的头脑中，并成为其桎梏人们思想行为的一种惰性力量。

当然，在“时”与“常”的关系问题上，二程同样表现出了极度的矛盾状态，其中消极思想与积极的主张同时并存。比如，二程说：

“‘知天命’，是达天理也。‘必受命’，是得其应也。命者是天之所赋予，如命令之命。天之报应，皆如影响，得其报者是常理也；不得其报者，非常理也。然而细推之，则须有报应，但人以狭窄之见求之，便谓差互。天命不可易

---

① 程颢、程颐：《河南程氏遗书》卷二上《二先生语二上·元丰己未吕与叔东见二先生语》，《二程集》上，中华书局1981年版，第43页。

② 程颢、程颐：《河南程氏遗书》卷五《二先生语五》，《二程集》上，中华书局1981年版，第76页。

③ 程颢、程颐：《河南程氏遗书》卷十八《伊川先生语四·刘元承手编》，《二程集》上，中华书局1981年版，第217页。

④ 程颢、程颐：《河南程氏遗书》卷十五《伊川先生语一·入关语录》，《二程集》上，中华书局1981年版，第146页。

⑤ 程颢、程颐：《河南程氏外书》卷七《胡氏本拾遗》，《二程集》上，中华书局1981年版，第394页。

也，然有可易者，惟有德者能之。”①

这段话里，二程一方面强调“天命不可易”，另一方面却又主张“天命”可以有条件的变易，此矛盾思想应当说是北宋社会现实矛盾性在二程思想中的反映。另外，二程在这里承认因果报应说，等于在一定程度上他们又自己否定了他们自己的“无神论”思想。

第六、“天地之性”与“气质之性”。人性问题是中国传统思想的焦点和热点问题之一，从先秦一直延续至清末，两千多年论者不绝，这是因为欲治中国传统文化研究则谁都无法绕过“人性”论这个基本问题。而先秦的“人性”论可分三派：孟子的“性善论”，荀子的“性恶论”和告子的“性无善恶论”。汉代的董仲舒则综合先秦三家之说，进一步提出了“性三品论”即“圣人之性”、“斗筲之性”与“中民之性”，他说：“圣人之性不可以名性，斗筲之性又不可以名性。名性者，中民之性。中民之性如茧如卵，卵待覆二十日而后能为刍，茧待缫以涫汤而后能为丝，性待渐于教训而后能为善。”②后来，唐代的韩愈为了确立“圣人立教”的“道统”思想，他通过对孟子“性善”、荀子“性恶”及扬雄“性善恶混”的批判与克服以及对董仲舒“性三品”说的改造，尤其是将“性三品”的名称重新命名，比如改“斗筲之性”为“下性”，语言较温和，这就从感官上大大减弱了董仲舒话语中负面效应，尤其是由此而对百姓感情所产生的种种伤害和它对某些不稳定情绪的刺激。韩愈说：“性之品有上中下三。上焉者，善焉而已矣；中焉者，可导而上下也；下焉者，恶焉而已矣。”③一般认为，韩愈是宋学产生和发展的“原点”，而韩愈对宋学的影响是直接而有力的。如在人性问题上，司马光亦主张“性三品说”，司马光云：“善至多而恶至少，则为圣人；恶至多而善至少，则为愚人；善恶相半，则为中人。”④可见，司马光的思想像是韩愈的，而用辞却像是董仲舒的。显然，对司马光的言辞和主张，张载与二程是不感冒的。比如，张载与司马光相对，在人性问题上主张“二分法”，即将人性分为“天地之性”和“气质之性”，其对人性的用辞更趋理性，更趋中和了。二程不仅直接吸收了张载的“性二分”思想，而且又作了进一步的发挥。

首先，程颐将人性分为“深”与“浅”两个层次，毫无疑问，这种划分法较张

① 程颢、程颐：《河南程氏遗书》卷十五《伊川先生语一 · 入关语录》，《二程集》上，中华书局 1981 年版，第 161 页。

② 董仲舒：《春秋繁露》卷十《实性第三十六》，上海古籍出版社 1991 年版，第 63 页。

③ 曾枣庄、刘琳主编：《全宋文》卷七七七《释契嵩一四 · 非韩第三》，上海辞书出版社、安徽教育出版社 2006 年版，第 304 页。

④ 曾枣庄、刘琳主编：《全宋文》卷一二二《司马光四十九 · 善恶混辩》，上海辞书出版社、安徽教育出版社 2006 年版，第 146 页。

载的分法无论是在理论上还是在实践上都更趋于合理化。因为在程颐之前人们对人性的分法虽然有层次,但各层之间却是相互分离的,而程颐则第一次使人性的层次有了历史的联系和动态的考量。在程颐看来,“性即理也”①,以此为前提,程颐认为:“性即是理,理则自尧舜至于涂人,一也。才禀于气,气有清浊,禀其清者为先,禀其浊者为愚。”②这样,不管是圣人还是涂人,其性的来源是相同的,是原始平等的。如此一来,横亘于圣人与涂人之间的那道隔离墙就被推翻了。所以,由本源上的平等性必然导致过程的公正性。就是说,在从“气质之性”向“天地之性”转进的过程中,机会对于每个人都是公平的,凡是那些能够抓住机会同时又不放弃努力的人最终都会成为圣人,此所谓“随时而已”。对此,程颐说得非常恳切和分明:

“问:‘愚可变否?’曰:‘可。孔子谓上智与下愚不移,然亦有可移之理,惟自暴自弃者则不移也。’曰:‘下愚所以自暴自弃者,才乎?’曰:‘固是也,然却道佗不可移不得。性只一般,岂不可移?却被他自暴自弃,不肯去学,故移不得。使肯学时,亦有可移之理。”③

“‘性相近也,习相远也,性一也,何以言相近?’曰:‘此只是言性(一作气)质之性。如俗言性急性缓之类,性安有缓急?此言性者,生之谓性也。’又问:‘上智下愚不移是性否?’曰:‘此是才。须理会得性与才所以分处。’”④

归纳上述两段话的意思,不外两点:一是把“性”和“才”区别开来,也就是说以孟子的看法,“性”本身是“形而上”的范畴,其“善”是从本源上说的,故称为“性”,而以告子的看法,“性”则是“形而下”的范畴,其“善”与“恶”是从生活过程这个角度来说的,故称为“才”。两者的内涵不同,但“才”是“性”的基础,“性”是“才”的最后归宿和深刻化,“才”与“性”不是被割裂开来的,“才”只要具备了相应的条件就会转变为“性”;二是“才”向“性”的转化需要“学”这个条件,而围绕着“学”程颐又提出了“格物穷理”的思想命题。程颐说:

“格物穷理,非是要尽穷天下之物,但于一事上穷尽,其它可以类推。至

---

① 程颢、程颐:《河南程氏遗书》卷二十二上《伊川先生语八上·伊川杂录》,《二程集》上,中华书局 1981 年版,第 292 页。

② 程颢、程颐:《河南程氏遗书》卷十八《伊川先生语四·刘元承手编》,《二程集》上,中华书局 1981 年版,第 204 页。

③ 程颢、程颐:《河南程氏遗书》卷十八《伊川先生语四·刘元承手编》,《二程集》上,中华书局 1981 年版,第 204—205 页。

④ 程颢、程颐:《河南程氏遗书》卷十八《伊川先生语四·刘元承手编》,《二程集》上,中华书局 1981 年版,第 207 页。

如言孝,其所以为孝者如何?如一事上穷不得,且别穷一事,或先其易者,或先其难者,各随人深浅,如千蹊万径,皆可适国,但得一道入得便可。所以能穷者,只为万物皆是一理。至如一物一事,虽小,皆有是理。”①

这段话指明,“穷理”的方法是多种多样的,每个人可以根据自己禀气的厚薄和受性的深浅,不拘一格,脚踏实地,从自身的社会地位和生活现实出发,多方位、多角度、多途径地寻求“穷理”的方法,不管大小,“但得一道入得便可”。这实际上类似于禅定的方法,以“明理”②为要,九九归一,最后反本于“天理”,从而成就“圣人”的崇高事业。

其次,善恶交相胜是社会发展与人类文明进步的基本动力之一。善恶不是先天的,这是二程反复声张的一个观点。如,二程说:

“‘生之谓性’,性即气,气即性,生之谓也。人生气禀,理有善恶,然不是性中元有此两物相对而生也。有自幼而善,有自幼而恶,是气禀有然也。”③

在此,“气禀”既不是先天的,那就是后天之环境使然。这里我们所说的“环境”包括家庭环境和社会环境两个方面,而这两个方面一般地构成了人们生长所依赖的客观环境和社会风气。基于这种认识,程颐对“善恶”与“社会发展”的内在关系,作出了下面的界定:

“君子观大有之象,以遏绝众恶,扬明善类,以奉顺天休美之命。万物众多,则有善恶之殊。君子享大有之盛,当代天工,治养庶类。治众之道,在遏恶扬善而已。”④

“治众之道”是社会发展的基础,因为“众”既是物质财富的创造者又是精神财富的创造者,从这个角度说,管理好“众”是社会发展的根本前提。在二程看来,“善”与“恶”在时间上不是“同时性”的,而是有先有后的。例如,程颐说:

“元者物之先也,物之先岂有不善者乎?事成而后有败,败非先成者也。兴而后有衰,衰而后有兴也。得而后有失,非得则何以有失也?至于善恶治乱

---

① 程颢、程颐:《河南程氏遗书》卷十五《伊川先生语一·入关语录》,《二程集》上,中华书局1981年版,第157页。

② 程颢、程颐:《河南程氏遗书》卷十八《伊川先生语四·刘元承手编》,《二程集》上,中华书局1981年版,第189页。

③ 程颢、程颐:《河南程氏遗书》卷一《二先生语一·端伯传师说》,《二程集》上,中华书局1981年版,第10页。

④ 程颢、程颐:《周易程氏传》卷一《周易上经上》,《二程集》下,中华书局1981年版,第769页。

是非,天下之事莫不皆然,必善为先。”①

由“兴而后有衰,衰而后有兴也”可以推导出“善恶交相胜”的历史演变规律。当然,善恶在历史的演变过程中并不是“虚无”的“本体”,而是“实有”的“定在”,它们各自有自己的历史主体,其“善”的历史主体是“君子”,而“恶”的历史主体则是“小人”。君子与小人的矛盾斗争贯穿于封建社会历史的始终,而每当“君子”之“善”为“盛”时,封建王朝就必然出现太平盛世,反之,则民怨沸腾,天下大乱。所以,程颐提醒人们,当善道处于盛期时,更要以“戒惧之心”为念,“知尚有危道”。他说:

“小人方盛之时,君子之道未盛,安能显然以正道决去之?故含晦俟时,渐图消之之道。今既小人衰微,君子道盛,当显行之于公朝,使人明知善恶,故去扬于朝庭。孚,信之在中,诚意也。号者,命众之辞。君子之道虽长盛,而不敢忘戒备,故至诚以命众,使知尚有危道,虽以此之甚盛,决彼之甚衰,若易而无备,则有不虞之悔,是尚有危理,必有戒惧之心,则无患也。”②

程颐是个头脑非常清醒的思想家,他懂得善恶交相胜的规律,因此,他便有了上述那段“居安思危”的主张。然而,君子究竟应当如何战胜小人?在善与恶的交相盛过程中,如何延长“善道”的持续时间?这些问题都是“治道”必须解决的问题。对此,程颐的看法是:

“君子之治小人,以其不善也,必以己之善道胜革之,故圣人诛乱,必先修己。舜之敷文德是也。邑,私邑。告自邑,先自治也。以众阳之盛,决于一阴,力固有余,然不可极其刚至于太过,太过乃如《蒙》上九之为寇也。戎兵者,尚武之事。不利即戎,谓不宜尚壮武也。即,从也。从戎,尚武也。利有攸往:阳虽盛,未极于上;阴虽微,犹有未去;是小人尚有存者,君子之道有未至也,故宜进而往也。”③

“善道”以“修己”和“自治”为特征,武力并不是解决“恶道”的最佳手段,所谓“以众阳之盛,决于一阴”绝不是君子向小人去炫耀武力,而“善道”之治“恶道”宜采取“进而往”的方法。此“进”即“渐进”之意,就是通过改变整个社会大环境的软手法去“遏恶扬善”,使全社会形成一种崇尚“善道”的社会风气,而人们只有在这样的生活环境中,才能颐养天年,福寿安康。相反,如果人

① 程颢、程颐:《周易程氏传》卷一《周易上经上》,《二程集》下,中华书局 1981 年版,第769 页。

② 程颢、程颐:《周易程氏传》卷三《周易下经上》,《二程集》下,中华书局 1981 年版,第918—919 页。

③ 程颢、程颐:《周易程氏传》卷三《周易下经上》,《二程集》下,中华书局 1981 年版,第919 页。

们改用硬手法用武力来解决“恶道”问题,则后果往往是天下大乱,生灵涂炭,导致“不善之气”横生。故程颐说:

“然人有不善之心积之多者,亦足以动天地之气。如疾疫之气亦如此。不可道事至目前可见,然后为见也。更如尧舜之民,何故仁寿?桀纣之民,何故鄙夭?才仁便寿,才鄙便夭。寿夭是善恶之气所致。仁者善气也,所感者亦善。善气所生,安得不寿?鄙则恶气也,所感者亦恶。恶气所生,安得不夭?”①

这里所讲的“善气”与“恶气”是指整个社会环境而言的,而从这样的角度来解释民众之“寿”与“夭”现象,立意很高,且多少包含着“环境决定论”思想的合理因素,与“天明论”划清了界限,因而是程颐“天人相分”思想的一个积极成果。

除此之外,二程还提出了诸如“性”与“心”、“理”与“气”、“敬”与“静”、“真知”与“常知”等范畴,由于这些范畴跟其“天人相分”思想的联系并不紧密,故此存而不论。但通过上述的阐释,我们已经发现二程的“天人相分”思想具有很丰富的内容,其中他们的“唯物论”、“无神论”及科技思想在当时具有积极的历史价值和促进科技进步的作用,所以这些优秀的思想文化是我们应当认真研究和总结的一笔巨大的精神财富。当然,过高地或低估地甚至是歪曲地处理二程思想中之“合理内核”的做法都是不可取的,我们还原二程的理学思想,正是为了更好地扬弃二程的理学思想,取其精华,去其糟粕,从而使其学术思想的生命力更加持久和强大。

### 三、二程“天人相分”思想在宋学发展中的地位

二程的思想是矛盾的,而这个矛盾思想与北宋社会阶层的进一步分化有关,其最显著也是最典型的例子,就是农民与市民这两个阶级开始对立和斗争,与“功利派”代表市民的利益不同,二程的倾向则动摇于农民与市民这两个阶级之间,既不偏于农,亦不偏于商,由此出发,二程的学术思想中就不能不表现出比较严重的矛盾性格来。譬如,程颐说:

“有一便有二,才有一二,便有一二之间,便是三,已往更无穷。”②

“‘道二,仁与不仁而已’,自然理如此。道无无对,有阴则有阳,有善则有

① 程颢、程颐:《河南程氏遗书》卷十八《伊川先生语四 · 刘元承手编》,《二程集》上,中华书局1981年版,第224页。

② 程颢、程颐:《河南程氏遗书》卷十八《伊川先生语四 · 刘元承手编》,《二程集》上,中华书局1981年版,第225页。

恶，有是则有非，无一亦无三。孤《易》曰：‘三人行则损一人，一人行则得其友，只是二也。’”①

忽儿有“三”又有“一”，忽儿既无“三”亦无“一”，惟有“二”，甚至在“理”与“心”的关系问题上，二程更明确地主张“理与心一，而人不能会之为一”②的思想，可见，在二程看来，“理”与“心”原本为两物，其原生态是“相分”的而不是“相合”的。因此，上述一句话，从实质上看，应是一个典型的“天人相分”思想命题。众所周知，二程对“一”是情有独钟，推崇备至的，且在言谈话语中经常表现出唯一不二的态度。比如，他们说：

“知、仁、勇三者，天下之达德，所以行之者一。一则诚也。”③

“圣人之神，与天为一，安得有二？”④

由种种迹象看，似乎程颢崇一抑二的态度较程颐更加坚决。如程颢说：

“古者一道德以同俗，苟师学不正，则道德何从而一？”⑤

“‘一哉王心’，言致一而后可以有为也。”⑥故“尽正邪之辨，致一而不二，其能胜之乎？”⑦

不止程颢主张“一道德”，王安石亦主张“一道德”，看来“一道德”是当时北宋社会的客观要求，而并不是王安石个人意志的产物。

由上述引文看，此“一”显然是“天人合一”的态度，而前面所说的“二”则又明显是“天人相分”的态度。细分析，二程的这两种相互矛盾的态度，对后世天人关系的发展产生了深刻的影响。试举几例以说明之：

(1)有人说：“朱子本程颐的学说”，而“陆象山主张心就是理的学说，和程颢为近。”⑧

---

① 程颢、程颐：《河南程氏遗书》卷十五《伊川先生语一·入关语录》，《二程集》上，中华书局 1981 年版，第 153 页。

② 程颢、程颐：《河南城市遗书》卷五《二先生语五》，《二程集》上，中华书局 1981 年版，第 76 页。

③ 程颢、程颐：《河南程氏遗书》卷二上《二先生语二上·元丰己未吕与叔东见二先生语》，《二程集》上，中华书局 1981 年版，第 19 页。

④ 程颢、程颐：《河南程氏遗书》卷二上《二先生语二上·元丰己未吕与叔东见二先生语》，《二程集》上，中华书局 1981 年版，第 22 页。

⑤ 程颢、程颐：《河南程氏文集》卷一《明道先生文一·表疏》，《二程集》上，中华书局 1981 年版，第 448 页。

⑥ 程颢、程颐：《河南程氏文集》卷十五《明道先生文一·表疏》，《二程集》上，中华书局 1981 年版，第 451 页。

⑦ 程颢、程颐：《河南程氏文集》卷十五《明道先生文一·表疏》，《二程集》上，中华书局 1981 年版，第 451 页。

⑧ 王伯祥、周振甫：《中国学术思想演进史》，亚细亚书局 1935 年版，第 107—108 页。

(2)明朝大儒王守仁说:“析心与理为二,而精一之学亡。”①

王守仁公开将自己的学说等同于陆象山,认为他们的思想本质都是“精一之学”。前面讲过,程颐是“析心与理为二”的理学家,朱熹亦然。所以冯友兰先生说:“程颐开创的理学到朱熹而完成”②,与之相对,还有源自程颢的一派,即“心学派”,“肇始于于程颢,经陆象山和王守仁而完成。”③二程思想不仅影响了朱、陆,而且还影响了陈亮。比如,赵纪彬先生说:“程颢的唯心论被陆象山所发展,是为南宋的心学派;程颐的二元论被朱熹所发展,是为南宋的理学派;程颐二元论里面的唯物论要素,被叶水心所发展,更承藉于张载的唯物思想而为南宋的永嘉学派。”④可见,二程思想在南宋成为中国传统文化的主干之后,它对明清学术发展的内在影响是非常深刻的,特别是以“天人相分”思想为根基的“实学”观一直到今天仍然发挥着其积极的影响。

## 三、张载与二程“天人相分”思想的异同

张载和二程不仅有血亲关系,而且他们都生活在同一时代,其社会基础具有共同性。比如,张载关心土地问题,认为非“均平”不能解决北宋社会越来越严重的土地兼并问题。他说:“仁政必自经界始,贫富不均,教养无法,虽欲言治,皆苟而已。世之病难行者,未始不以亟夺富人之田为辞,然兹法之行,悦之者众,苟处之有术,期以数年,不刑一人而可复,所病者特上未之行尔。”⑤从孟子以来,“井田制”即“经界”已成为许多志士仁人改造社会的理想蓝图,然而,在私有制的条件下,它只能是一种政治“乌托邦”。不知是相互切磋的结果,还是各自理论的必然推论,二程尤其是程颢亦持有与张载相同的主张。如程颢说:“井田今取民田使贫富均,则原者多,不原者寡。”⑥而且二程对实行“井田制”还充满了信心,如用休问:“井田今可行否?”程颐回答说:“岂有古可行而今不可行者?”⑦这表明张载同二程所面临的社会经济问题是一样的,而他们解决问题的方式与思路亦有相同点。

---

① 王守仁:《王文成全书》卷七《象山文集序》,上海古籍出版社 1992 年版,第 245 页。

② 冯友兰:《中国哲学简史》,新世界出版社 2004 年版,第 305 页。

③ 冯友兰:《中国哲学简史》,新世界出版社 2004 年版,第 319 页。

④ 赵纪彬:《中国哲学思想》,中华书局 1948 年版,第 149 页。

⑤ 张载著,章锡琛点校:《附录 · 吕大临横渠先生行状》,《张载集》,中华书局 1978 年版,第 384 页。

⑥ 程颢、程颐:《河南程氏遗书》卷十《二先生语十 · 洛阳议论》,《二程集》上,中华书局 1981 年版,第 111 页。

⑦ 程颢、程颐:《河南程氏遗书》卷二十二《伊川先生语八上 · 伊川杂录》,《二程集》上,中华书局 1981 年版,第 291 页。

在政治方面,张载和二程都主张推行"礼制"和"宗子法"。

首先,张载说:"举尽利之道而错诸天下之民以行其典礼,《易》之事业也。"①又说:"上古无君臣尊卑劳逸之别,故制以礼,垂衣裳而天下治……自夫子(即孔子)而损益之,见其礼而知其政,闻其乐而知其德,不可加损矣。"②可见,张载主张"礼制"的实质就是为了维护封建社会的等级制。二程更说:"礼者,理也。"③又说:"人往往见礼坏乐崩,便谓礼乐亡,然不知礼乐未尝亡也。如国家一日存时,尚有一日之礼乐,盖由有上下尊卑之分也。"④在二程看来,封建社会的统治秩序是永恒的和不灭的。可见,张载与二程都不约而同地从"天人相分"的内涵中去寻找封建等级制之所以永恒的理论根据。如张载说:"无形迹者即道也,如大德敦化是也;有形迹者即器也,见于实事如礼义是也。"⑤程颐亦说;"履,礼也。礼,人之所履也。为卦,天上泽下。天而在上,泽而处下,上下之分,尊卑之义,理之当也,礼之本也,常履之道也。"⑥尽管张载和二程的"天人相分"思想在此处有些变形,但他们都在"天"与"人"之"相分"而不是"相合"的角度来论证封建"礼制"的合理性,却是一致的和共同的。

其次,"宗子法"也即"宗法",是西周用于巩固氏族制度的一项政治措施,它的核心就是"独尊长者",即"在众多兄弟中立一个'宗子',作为其他兄弟之尊长,以统辖他们。"⑦就此而言,封建社会的统治政权实际上是"宗子法"的一种延续。对此,张载认为:"夫所谓宗者,以己之旁亲兄弟来宗己。所以得宗之名,是人来宗己,非己宗于人也。"⑧在张载看来,"宗子之法不立",于国则"朝廷无世臣"⑨,于家则"无百年之家,骨肉无统,虽至亲,恩亦薄。"⑩"宗子"法既利于国家之长治久安,又利于家族之绵延不绝,一举两得,何乐而不为?在这个方面,二程不仅重复了张载的说法,而且还有所发挥。比如,二程

---

① 张载著,章锡琛点校:《横渠易说·系辞上》,《张载集》,中华书局1978年版,第207页。

② 张载著,章锡琛点校:《横渠易说·系辞下》,《张载集》,中华书局1978年版,第212—213页。

③ 程颢、程颐:《河南程氏粹言》卷一《论道篇》,《二程集》下,中华书局1981年版,第1177页。

④ 程颢、程颐:《河南程氏遗书》卷十八《伊川先生语四·刘元承手编》,《二程集》上,中华书局1981年版,第225页。

⑤ 张载著,章锡琛点校:《横渠易说·系辞上》,《张载集》,中华书局1978年版,第207页。

⑥ 程颢、程颐:《周易程氏传》卷一《周易上经上》,《二程集》上,中华书局1981年版,第749页。

⑦ 李日章:《程颢·程颐》,东大图书公司1988年版,第158页。

⑧ 张载著,章锡琛点校:《经学理窟·宗法》,《张载集》,中华书局1978年版,第259页。

⑨ 张载著,章锡琛点校:《经学理窟·宗法》,《张载集》,中华书局1978年版,第259页。

⑩ 张载著,章锡琛点校:《经学理窟·宗法》,《张载集》,中华书局1978年版,第259页。

重复张载的话说:“管摄天下人心,收宗族,厚风俗,使人不忘本,须是明谱系世族与立宗子法。”①在此基础上,二程更提出了立宗子法“只是一个尊卑上下之分”②的观点,明确肯定了“立宗子法”与“封建礼制”有异曲同工之妙的意义和价值,两者在本质上是相通的。程颐说:

“今无宗子法,故朝廷无世臣。若立宗子法,则人知尊祖重本。人既重本,则朝廷之势自尊。古者子弟从父兄,今父兄从子弟,由不知本也。”③

历史是不断进步的,封建“官僚制”是对“宗子制”的否定,虽然“官僚制”仍存在着种种弊端,但它本身却是历史发展的产物,是社会进步的一种客观标志。所以,试图用复古或倒退的方式来维护封建统治的永恒性,在实践上是行不通的,而张载和二程反对王安石变法,在政治上鼓吹保守主义的封建宗法制,主张士官终身制,反对“朝廷无世臣”,所有这一切,都与历史的进步潮流相背反,因而是反动的和落后的。

在思想文化方面,为了重振儒宗的权威,张载和二程一致反对佛教“圣学”。众所周知,佛教虽经五代末年之周世宗毁灭性打击,但北宋初年,从宋太祖到宋真宗,可谓尊奉佛教不遗余力,故而佛教又重新炽热起来,如杨意说:“太祖以神武戡乱,而崇净刹,辟度门;太宗以钦明御办,而述秘诠,畅真谛;皇上(即宋真宗)以睿文继志,而序圣教,绎宗风。”④从上层统治者的这种崇佛意识看,在理学的初创时期确实面临着来自佛教方面的强大阻力,而理学之所以不能盛于北宋,与佛教之势在民间的蔓延和统治者的倡导有直接的关系。正是在这样的历史背景下,张载与二程口诛笔伐,辟佛当前,态度坚决。如张载说:“释氏妄意天性而不知范围天用,反以六根之微因缘天地。明不能尽,则诬天地日月为幻妄,蔽其用于一身之小,溺其志于虚空之大,所以语大语小,流遁失中。”⑤二程亦说:“看一部《华严经》,不如看一《艮》卦。”⑥不难看出,张载与二程都认为佛教不匹儒学,是因为佛教于性命之说太疏浅,远不如儒学

① 程颢、程颐:《河南程氏遗书》卷六《二先生语六》,《二程集》上,中华书局 1981 年版,第 85 页。

② 程颢、程颐:《河南程氏遗书》卷十八《伊川先生语四 · 刘元承手编》,《二程集》上,中华书局 1981 年版,第 242 页。

③ 程颢、程颐:《河南程氏遗书》卷十八《伊川先生语四 · 刘元承手编》,《二程集》上,中华书局 1981 年版,第 242 页。

④ 曾枣庄,刘琳主编:《全宋文》卷二九五《杨意一四 · 景德传灯录序》,上海辞书出版社、安徽教育出版社 2006 年版,第 396 页。

⑤ 张载著,章锡琛点校:《正蒙 · 大心篇第七》,《张载集》,中华书局 1978 年版,第 26 页。

⑥ 程颢、程颐:《河南程氏遗书》卷六《二先生语六》,《二程集》上,中华书局 1981 年版,第 81 页。

深刻。在理论上，张载和二程为了创建“理学”的思想体系，都不能不以“天人合一”为其立论根基，然而面对宋代日益繁荣的商品经济，他们又不得不以“天人相分”为骨架来构造他们的理学范畴体系，并有意地突出了理学的“实”的特色。因此，将理论与实际结合起来，便形成了“关”、“洛”两个学派的共同特点。

张载说：“天下之物无两个有相似者”①两个事物如此，两个学派的思想更是如此。关、洛两个学派在其思想的主要点上确实有不少相同的地方，有共性，但同中有异，经仔细比较，张载与二程的天人思想还有许多不同的地方，他们都有自己的学术个性。由于个性，张载的“天人相分”思想才跟二程的“天人相分”思想区别开来，才使他们在北宋的学术舞台上各领风骚，别树一帜。

1.他们主张“天人相分”的理论基础不同。对于究竟是“理在气先”还是“气在理先”，张载与二程的回答是不一样的。张载说：“神，天德，化，天道。德，其体，道，其用，一于气而已。”②又说：“太虚不能无气，气不能不聚而为万物，万物不能不散而为太虚。”③“天惟运动一气，鼓万物而生”④。显然，张载不仅主张宇宙万物是由气构成的，而且认为“道”也是由“气”构成的，气是宇宙万物的本源，更是“天道”的本体，因此，在这个问题上张载与二程的观点截然相反。二程说：“‘形而上者谓之道，形而下者谓之器’，若如或者以清虚一大为天道，则乃以器言而非道也。”⑤在二程看来，张载认为“气是道”本身则反器为道，从而颠倒了“道”与“气”的关系。他们认为：“气是形上下者，道是形而上者。”⑥也就是说，“道”与“气”的地位是不能颠倒的，“道”是宇宙万物的本源，而“气”仅仅是“道”的表现。当然，以程颐“体用一源”⑦的观点看，“道”与“气”又是相互统一的，所以从这个角度说：“道本无本末精粗之别，洒扫应对，形而上者在焉。”⑧

---

① 张载著，章锡琛点校：《张子语录·语录中》，《张载集》，中华书局1978年版，第322页。

② 张载著，章锡琛点校：《正蒙·神话篇第四》，《张载集》，中华书局1978年版，第15页。

③ 张载著，章锡琛点校：《正蒙·太和篇第一》，《张载集》，中华书局1978年版，第7页。

④ 张载著，章锡琛点校：《横渠易说·系辞上》，《张载集》，中华书局1978年版，第185页。

⑤ 程颢、程颐：《河南程氏遗书》卷十一《明道先生语一·师训》，《二程集》上，中华书局1981年版，第118页。

⑥ 程颢、程颐：《河南程氏遗书》卷十五《伊川先生语一·入关语录》，《二程集》上，中华书局1981年版，第162页。

⑦ 程颢、程颐：《河南程氏文集》卷八《伊川先生文四·杂著》，《二程集》上，中华书局1981年版，第582页。

⑧ 程颢、程颐：《河南程氏粹言》卷二《心性篇》，《二程集》下，中华书局1981年版，第1257页。

2.在“天理”与“人欲”的关系问题上,张载坚持“多欲”观而二程主张“灭人欲”说。关于张载的言论,前面已经引述,兹不赘言。不过,在这里,我们只想补充一点,即张载的“多欲”观反映了北宋商业经济发展的客观要求,同时在此前提下,他又提出了一种颇具特色的“利益”观。人们通常认为“利”与“欲”是结合在一起的,因而合称“利欲”。张载说:“仁之难成久矣,人人失其所好,盖人人有利欲之心,与学正相背驰。故学者要寡欲。”①又说:“烛天理如向明,万象无所隐;穷人欲如专顾影间,区区于一物之中尔。”②故“莫非天也,阳明胜则德性用,阴浊胜则物欲行。领恶而全好者,其必由学乎!”③同二程一样,张载也看到了当时社会存在着十分严重的“灭理穷欲”④现象,但他从来没有将前面四个字颠倒过来说,即张载认为解决“灭理穷欲”这个社会问题的方法不是“穷理而灭欲”,而是通过读书学习使人们由“穷欲”变为“寡欲”,仅此而已。然而,二程的态度就大不相同了,二程公然声称:“不是天理,便是人欲。人虽有意于为善,亦是非礼。无人欲即是天理。”⑤把“天理”与“人欲”绝对地对立起来,二程就必然会走到“灭人欲”的绝路上去。

3.从“天人相分”的视角看,二程只讲“分”,而张载不仅讲“分”,而且还讲“胜”。在天人关系问题上,二程暴露出了极端的矛盾性,这说明他们的内心斗争是剧烈的,他们的理想与社会现实之间是有冲突的,至少宋神宗就不能接受二程的说教⑥。故一方面,二程说:“天人一也”⑦,“人在天地之间,与万物同流,天几时分别出是人是物?”⑧另一方面,他们又不得不承认,“天人所为,各自有分”⑨,又说,“尧夫尝言:‘能物物,则我为物之人也;不能物物,则我为

① 张载著,章锡琛点校:《经学理窟·学大原上》,《张载集》,中华书局1978年版,第281页。

② 张载著,章锡琛点校:《正蒙·大心篇第七》,《张载集》,中华书局1978年版,第26页。

③ 张载著,章锡琛点校:《正蒙·诚明篇第六》,《张载集》,中华书局1978年版,第24页。

④ 张载著,章锡琛点校:《正蒙·诚明篇第六》,《张载集》,中华书局1978年版,第24页。

⑤ 程颢、程颐:《河南程氏遗书》卷十五《伊川先生语一·入关语录》,《二程集》上,中华书局1981年版,第144页。

⑥ 程颢、程颐:《河南程氏文集》卷十一《伊川先生文七·明道先生行状》,《二程集》上,中华书局1981年版,第634页。

⑦ 程颢、程颐:《河南程氏遗书》卷二上《二先生语二上·元丰己未吕与叔东见二先生语》,《二程集》上,中华书局1981年版,第20页。

⑧ 程颢、程颐:《河南程氏遗书》卷二上《二先生语二上·元丰己未吕与叔东见二先生语》,《二程集》上,中华书局1981年版,第30页。

⑨ 程颢、程颐:《河南程氏遗书》卷十五《伊川先生语一·入关语录》,《二程集》上,中华书局1981年版,第158页。

物之物也。'亦不消如此。人自人,物自物,道理甚分明。"①尽管二程以"义理与客气常相胜"看成区分"君子和小人"的客观标准,说:"义理与客气常相胜,又看消长分数多少,为君子小人之别。"②但对于天人关系,他们既讲"天人合一",也讲"天人相分",可就是不讲"天人交相胜"。这说明二程仅仅承认"天"与"人"在功能上有所不同,然而,他们并没有勇气承认人有战胜"天"的能力,因而不敢把"天人"关系从"分"的层次进一步提升到"交相胜"的理论高度。与二程不同,张载认为"天"与"人"在实践上是各自独立的,人具有"不为物役"的主观能动性。张载说:"心存默识,实信有此,苟不自信,则终为物役。事千变万化,其究如此而已,天下之动贞夫一者也。"③

为此,张载特别地扩展了"贞明"与"贞观"这两个概念的内涵。张载说:

"著天地日月,以刚柔立其本也,其变虽大,盖不能迁夫正者也。贞明不为日月所眩,贞观不为天地所迁。贞,正也,本也,不眩、不惑、不倚之谓也。天地之道至(广)至(大),贞乃能观也;日月之明,贞乃能明也;天下之动,贞乃能一也。盖言天地之道,不眩惑者始能观之;日月之明,不眩惑者始能明之;天下之动,不眩惑者始能见夫一者也。"④

像"贞明不为日月所眩,贞观不为天地所迁"这些话实际上都是对人的主观能动性的一种表述,因为只有人才具有"贞观"和"贞明"的功能。张载曾明确地说:"道至有难明处而能明之,此则在人也。"⑤于是,在充分肯定人对于天道具有积极的能动作用的条件下,张载大胆地提出了"天与人有交胜之理"的思想命题,从而极大地丰富了北宋"天人相分"的思想内容。在此,我们尤其应当肯定的是张载明确提出了"民心之同即天"的思想,他说:"天无心,心都在人之心。一人私见固不足尽,至于众人之心同一则却是义理,总之则却是天。故曰天曰帝者,皆民之情然也。"⑥"众人之心同一"即是"义理",即是"天",其"总"就是说把众人的力量集合起来。可见,张载在这里实际上已经不自觉地猜测到人民群众的历史作用了,也许正因为如此,他才敢于用民众的力量来否定"天"和"帝",应当说张载的这个思想是非常难能可贵的。

---

① 程颢、程颐:《河南程氏遗书》卷一《二先生语一·端伯传师说》,《二程集》上,中华书局1981年版,第9页。

② 程颢、程颐:《河南程氏遗书》卷一《二先生语一·端伯传师说》,《二程集》上,中华书局1981年版,第4页。

③ 张载著,章锡琛点校:《横渠易说·系辞下》,《张载集》,中华书局1978年版,第210页。

④ 张载著,章锡琛点校:《横渠易说·系辞下》,《张载集》,中华书局1978年版,第210页。

⑤ 张载著,章锡琛点校:《横渠易说·系辞上》,《张载集》,中华书局1978年版,第208页。

⑥ 张载著,章锡琛点校:《经学理窟·诗书》,《张载集》,中华书局1978年版,第256页。

4.对“利”这个概念的理解不同。“利”是“天人相分”思想的重要内容之一，而“天人合一”在很大程度上是以牺牲人的物质利益来满足人们对道德理想的需求。事实上，道德理想与物质利益并不是水火不相容的关系，人本来就是物质与精神的统一体，没有精神的需要不行，没有物质的需要更不行，而片面追求一个方面的满足其结果是十分有害的。张载深刻地认识到了“利”在个人、国家和民众之间的地位和作用是不一样的，因此，他对“利”便形成了一种独特的观念。他认为：

“报者，天下之利，率德而致。善有劝，不善有沮，皆天下之利也。小人私己，利于不治，君子公物，利于治。”①

“一市之博，百步之地可容万人，四方必有屋，市官皆居之，所以平物价，收滞货，禁争讼，是决不可阙。故示意之政，非官专欲取利，亦所以为民。百货亦有全不售时，官则出钱以留之，亦有不可买时，官则出而卖之，官亦不失其利，民亦不失通其所滞而应其所急。故市易之政，止一市官之事耳，非王政之事也。”②

“利，利于民则可谓利，利于身利于国皆非利也。”③

我们从上述引文中，不难发现，张载的“利”是一种“民利”，即凡是有益于民众切身利益的“利”才是真正的“利”，他反对“私利”，同时也反对“国利”。所以，张载所主张的“利”是一种“公利”思想，或者是一种“大利”思想，即着眼于“利”之大处的“利”。而二程与此不同，二程所讲的“利”主要是一种“不至于妨义”的“利”，是一种以“不以利为心”的“利”，或者说是一种“小利”，即着眼于“利”之小处的“利”。比如，二程说：

“所谓利者一而已。财利之利与利害之利，实无二义，以其可利，故谓之利。圣人于利，不能全不较论，但不至妨义耳。乃若惟利是辨，则忘义矣，故罕言。”④

“‘子罕言利’，非使人去利而就害也，盖人不当以利为心。《易》曰：‘利者义之和。’以义而致利斯可矣。”⑤

---

① 张载著，章锡琛点校：《正蒙·有司篇第十三》，《张载集》，中华书局 1978 年版，第 48 页。

② 张载著，章锡琛点校：《经学理窟·周礼》，《张载集》，中华书局 1978 年版，第 249 页。

③ 张载著，章锡琛点校：《张子语录·语录中》，《张载集》，中华书局 1978 年版，第 323 页。

④ 程颢、程颐：《河南程氏外书》卷七《胡氏本拾遗》，《二程集》上，中华书局 1981 年版，第 396 页。

⑤ 程颢、程颐：《河南程氏外书》卷六《罗氏本拾遗》，《二程集》上，中华书局 1981 年版，第 383 页。

“凡顺理无害处便是利，君子未尝不欲利。”“盖以利为心则有害。”①

“不独财利之利，凡有利心，便不可。如作一事，须寻自家稳便处，皆利心也。圣人以义为利，义安处便为利。”②

“古之士者，自十五入学，至四十方仕，中间自有二十五年学，又无利可趋，则所志可知，须去趋善，便自此成德。后之人，自童稚间，已有汲汲趋利之意，何由得向善？故古人必使四十而仕，然后志定。只营衣食却无害，惟利禄之诱最害人。”③

“大凡出义则入利，出利则入义。天下之事，惟义利而已。”④

可见，张载与二程都不反对人们正常的趋利行为，所不同的是前者主要以民众的利益为“利”之出发点，因而张载把民众的利益看得高于国家和个人的利益，后者则主要以每个社会个体的利益行为为轴心，讲求通过道德修养来树立“不至妨义”的利益观，也就是二程要求人们只许有“义心”，不许有“利心”，“以义为利”，积极向善。他们认为，只有这样人们才能真正“以仁为利而行之”⑤，社会才能出现“因其顺利而道之”⑥的经济繁荣局面。

## 第三节　邵雍以象数为特征的天人相分思想

“象数”与“义理”一样，其理论根源都出自《易传》。《易传·系辞上》有“四象”和“大衍之数”的记载，在中国古代很多人将《易传》中的“象”与“数”仅仅作为一门具体的技艺之学来看待，而把“象”与“数”上升到本体的高度来探讨和研究的人就非常稀少了。这是因为《易传》本来就义奥辞微，而“象数”则是《易传》中的“哥底巴赫猜想”，其艰深的程度可想而知。如果从这样的角度来审视《皇极经世书》一书，我们就能不同寻常地感悟到邵雍做学问时那种

---

① 程颢、程颐：《河南程氏遗书》卷十九《伊川先生语五·杨遵道录》，《二程集》上，中华书局1981年版，第249页。

② 程颢、程颐：《河南程氏遗书》卷十六《伊川先生语二·己巳冬所闻》，《二程集》上，中华书局1981年版，第173页。

③ 程颢、程颐：《河南程氏遗书》卷十五《伊川先生语一·入关语录》，《二程集》上，中华书局1981年版，第166页。

④ 程颢、程颐：《河南程氏遗书》卷十一《明道先生语一·师训》，《二程集》上，中华书局1981年版，第124页。

⑤ 程颢、程颐：《河南程氏外书》卷六《罗氏本拾遗》，《二程集》上，中华书局1981年版，第381页。

⑥ 程颢、程颐：《河南程氏外书》卷六《罗氏本拾遗》，《二程集》上，中华书局1981年版，第390页。

"学以人事为大"①的真精神。虽然由于学科的局限,人们对于邵雍的先天象数学可能存在着各种不同的评价和看法,褒贬不一,论说有差,如一方面尊崇者说:"邵子内圣外王之学,其于天地万物之理究极奥蕴,古今治乱兴废之由,洞如指掌。"②另一方面反对者又说:"邵尧夫者,取黄冠之异说,以惑乱天下。"③但是无论如何,邵雍在宋学形成与发展过程中的历史地位却是谁也不能抹杀的。正如王伯祥先生所云:"理学的兴起,有周敦颐、邵雍、张载三人。④"而南宋人称邵雍为"北宋五子"之一⑤,其思想对程朱理学都有一定的影响。

## 一、"先天易"与"后天易"的区分

把"天"与"人"用原始的思维方法分割开来,分别将"天"和"人"作为两个独立的实体进行解剖分析,从而找出它们各自运动变化的规律,一直是古代人们的知识追求与学术理想。而屈原的《天问》,荀子的《天论》,庄子的《天道》、《天运》,刘安的《天文训》,王充的《谈天》,柳宗元的《天对》、《天说》以及刘禹锡的《天论》等,就是我国古代在这个方面所取得的一系列的探索性成果。把"天"作为一个独立的实体,对其进行科学的追问、思考和研究,尤以屈原的《天问》和柳宗元的《天对》最为特色鲜明,一问一答,代表了当时我国古代认识"天"这种自然现象的最高理论成果。然而,在唐代之前,人们对"天"的研究基本上停留在定性研究的阶段,而"天"究竟是如何运动变化的?对这个问题人们却并没有从理论上给予比较充分的哲学论证和量化的说明。从这个层次上讲,邵雍的《皇极经世书》完成了中国古代对"天"这个问题的研究由定性转向了定量,因而具有里程碑的意义。

在中国古代,人们把研究"天"的学问,称之为"物理之学"。《皇极经世书》提要云:"其作《皇极经世》,盖出于物理之学,所谓'《易》外别传'者是也。"⑥张行成《易通变序》中亦指出:邵雍之学"盖天地万物之理,尽在其中矣。"余敦康更明确地说:"邵雍称自然科学为天学,人文科学为人学,并且以有无人文因素的参与作为区分先天与后天的标准。"⑦另,根据《宋史》卷四百

---

① 邵雍:《皇极经世书》卷十四《格物外篇下》,九州出版社 2012 年版,第 513 页。

② 王植:《皇极经世全书解》卷首《书意》,文渊阁四库全书本。

③ 黄宗炎:《周易寻门余论》。

④ 王伯祥、周振甫:《中国学术思想演进史》,亚细亚书局 1935 年版,第 95 页。

⑤ 陈来:《宋明理学》,华东师范大学出版社 2004 年版,第 98 页。

⑥ 纪昀等:《四库全书总目提要》卷一百八《皇极经世书》提要,文渊阁四库全书本。

⑦ 余敦康:《内圣外王的贯通》,学林出版社 1997 年版,第 226 页。

二十七《邵雍传》的记载,邵雍曾向李之才学习“物理性命之学”,说明邵雍的“象数”学首先是“物理之学”,然后才是“性命之学”。无论在西方古代,还是中国古代,凡“物理之学”都是纯粹的知识学,是自然科学与哲学的结合体。正由于这个缘故,邵雍之学便不为实证科学和义理之学两者所接受,如沈括公开评价《皇极经世》一书云:“余闻其言怪,兼复甚秘,不欲深诘之。”[①]即实证科学家并不认同邵雍的“物理之学”,认为他的学问“怪”和“秘”。而朱熹又说,“康节之学,近似释氏”[②],又说,“似老子。”[③]无论“似释氏”还是“似老子”,朱熹的话无疑是将邵氏之学扫地出门,而很多理学家将邵雍的“象数学”看成程朱理学的“异端”,恐怕跟程朱本身对邵氏之学的低调反应有关。现在我们知道,邵雍的“物理之学”是一门基本科学,它的宗旨就是“为了求知而求知”[④],既不考虑实用的问题,也不追求商业性效益[⑤]。可以想象,如果没有“天”与“人”各自的独立性,那么,把“天学”变成一门纯粹的知识学将是十分困难的。张行成说:“先生(即邵雍)之学祖于象数二图,其用皆起于交。”[⑥]所以,为了阐明邵雍物理之学的起源,我们就不能不先来追究一下“象数二图”究竟是怎么回事的问题。

《周易·系辞上》说:“天生神物,圣人则之;天地变化,圣人效之;天垂象,见吉凶,圣人象之;河出图、洛出书,圣人则之。易有四象,所以示之。”这段话可以看作是邵雍之学的总纲,它包含了邵子之学的“象数学”、“观物论”和“四分法”。虽说象数学源自《河图》与《洛书》,但在北宋之前,《河图》与《洛书》究竟是个什么样,除了几个传说外没有人能说得清楚。如汉人对《河图》和《洛书》的解释就不同,因此,宋人程大昌说:汉时“图书已自不存,故各出意想而终无定证也。”[⑦]然多数易家认为汉人孔安国的说法,似有一定道理。孔安国说:“《河图》则八卦也,《洛书》则九畴也。”[⑧]其《九畴》即《洪范九畴》:一曰五行,二曰五事,三曰八政,四曰五纪,五曰皇极,六曰三德,七曰稽疑,八曰庶政,九曰五福、六极。显然,《九畴》是关于人事方面的治道,跟纯粹的自然科学研究在性质上是不同的,同时,与《河图》相比,《洛书》在时间上亦是后起

① 沈括:《梦溪笔谈》卷七,中华书局1985年版,第49页。
② 朱熹:《朱子语类》卷一百《邵子之书》,中华书局1986年版,第2544页。
③ 朱熹:《朱子语类》卷一百《邵子之书》,中华书局1986年版,第2544页。
④ [美]余英时:《内在超越之路》,中央广播电视大学出版社1993年版,第92页。
⑤ [美]余英时:《内在超越之路》,中央广播电视大学出版社1993年版,第92页。
⑥ 张行成:《易通变序》,文渊阁四库全书本。
⑦ 程大昌:《易原》卷一《河图所起》,文渊阁四库全书本。
⑧ 李鼎祚:《周易集解》卷十四,文渊阁四库全书本。

的。如孔安国说:“龙马出河,伏羲则其文以画八卦,谓之《河图》。”又说:“天与禹洛出书,神龟负文出川于背,有数至于九,禹遂因而次第之,以成九类。”①从历史上看,伏羲和夏禹分处两个不同的时代,这两个时代由于相隔数千年,所以不仅他们的文化面貌有别,而且他们的思维方式亦不一样。根据斯佩利的脑神经理论,人类的早期主要使用以非逻辑性的图画为特征的右脑来思维,其语言为“图画语言”,而进入文字时代以后,人们则由右脑思维改变为以逻辑性的文字为特征的左脑思维,交流思想的语言方式亦相应地改变为“文字语言”。故《书正义》说:“《洛书》九类,各有文字,即是书也。”②还有一种说法认为:“《河图》陈四象而不言五行,《洛书》演五行而不述四象。”③即“四象”比“五行”早出,事实上,单从《河图》和《洛书》两者的字面上就能看出,“图”(形象)与“书”(文字)是两种不同的思维表达方式,而后人不加区别地将两者混淆在一起,是不确当的。所以,宋人祝泌在《观物篇解》中说:“《周易》祖于《洛书》,用九;《皇极》祖于《河图》,用十,其旨不同。今《皇极经世》,古之《连山易》也。”又《周易折中》卷十九《易学启蒙》载:“《河图》与《易》之天一至地十者合,而载天地五十有五之数,则《周易》之所自出也。《洛书》与《洪范》之初一至次九者,合而具九畴之数,则固《洪范》之所自出也。”而宋人章如愚更云:“故伏羲但据《河图》作《易》,不必预见《洛书》而逆与之合。大禹但据《洛书》作《范》,亦不必追考《河图》而暗与之符。”④可见,《河图》与《洛书》具有相对独立性,至少在宋人看来是合理的。所以,由邵雍《皇极经世》的具体内容知,邵雍把“数理”作为宇宙的本原,当是直接地从《河图》中来。《河图》即“八卦”,这是邵雍始终坚持的看法。比如,邵雍说:“《图》(即《河图》虽无文,吾终日言,而未尝离乎是。盖天地万物之理尽在其中矣。”⑤然而,《河图》的内容也是发展变化的,而伏羲氏与文王所理解的《河图》就其用途来说亦是大不相同的。如《汉书》卷三十《艺文志》载:

“‘宓戏氏仰观象于天,俯观法于地,观鸟兽之文,与地之宜,近取诸身,远取诸物,于是始作八卦,以通神明之德,以类万物之情。’至于殷、周之际,纣在上位,逆天暴物,文王以诸侯顺命而行道,天人之占可得而效,于是重《易》六爻,作上下篇。”

《帝王世纪》卷一《自开辟至三皇》又云:

---

① 程大昌:《易原》卷一《河图所起》,文渊阁四库全书本。

② 刘牧:《易数钩隐图》卷中。

③ 刘牧:《易数钩隐图》卷中。

④ 章如愚:《群书考索·别集》卷一《洛书》。

⑤ 邵雍:《皇极经世书》卷十三《观物外篇上》,九州出版社 2012 年版,第 499 页。

“庖牺作八卦，神农重之为六十四卦，黄帝、尧、舜引而申之，分作二易。至夏人因炎帝曰《连山》，殷人因黄帝曰《归藏》，文王广六十四卦，著九六之爻，谓之《周易》。”

一般认为，作《易》有三个阶段：伏羲画卦的阶段；文王演卦的阶段；孔子作传的阶段。其中“画卦”仅仅是远古人类认识自然界的图象，里面包含着丰富的自然科学思想，而“演卦”就不同了，“演卦”的主要目的是“天人之占可得而效”，它由探索自然奥秘的“数理学”一变而成了问吉凶的“数术学”即卜筮之书①。如，宋人冯椅《厚斋易学》卷一《经上篇》说：“《连山》始‘艮’，《归藏》始‘坤’，夏商用之皆以不变为占，故其数止于六十有四而已。文王因羑里之囚，用以卜筮，遂窜易繇辞更改述数，立大衍之说。”另，《周礼·春官·大卜》载：“大卜掌三兆之法，一曰玉兆，二曰瓦兆，三曰原兆，其经兆之体皆百有二十，其颂皆千有二百；掌三易之法，一曰《连山》，二曰《归藏》，三曰《周易》，其经卦皆八，其别皆六十有四。”在此，“三兆之法”与“三易之法”有别，按郑玄注，颂即“繇”之义，由此可知，“《连山》、《归藏》是没有爻辞的，因此无法于三易之下并言其繇数”即“据爻论断”②，故文王卦位的形成则“适应了占筮的需要”③，更重要的是由于“自孔子定六经止赞《周易》，门人又述其绪言以为之传，而《连山》、《归藏》始废。”④，因此，邵雍“明伏羲、文王之易”，称《周易·说卦》“天地定位”一节“先天象数”即“先天易”。《周易》原文云：

“天地定位，山泽通气，雷风相薄，水火不相射，八卦相错，数往者顺，知来者逆，是故易逆数也。”

其“天地定位”即乾为天，位居南，坤为地，位居北；“山泽通气”即艮为山，位居西南，兑为泽，位居东北；“雷风相薄”即震为雷，位居东南，巽为风，位居西北；“水火不相射”即离为火，位居东，坎为水，位居西。具体构图如下：

根据目前的考古资料知，伏羲先天卦位图至少在河姆渡新石器文化时期就已经萌芽了，而江苏海安县青墩遗址出土了刻有数字卦的骨角和鹿角枝⑤。有资料证明《连山易》很可能早在商末周初就传入到了欧洲⑥，而日本的学者铃木由次郎在《汉易研究》一书中认为，汉代时“先天卦位图”仍在流行，中国学者尚秉和先生在其所著《周易尚氏学》一书中亦持同论。可见，“先天图”并

① 冯友兰：《中国哲学史》上册，中华书局1982年版，第142页。

② 曹福敬：《论文王卦位的形成及其与〈易经〉的关系》，载《周易研究》2005年第1期。

③ 曹福敬：《论文王卦位的形成及其与〈易经〉的关系》，载《周易研究》2005年第1期。

④ 冯椅：《厚斋易学·自序》，文渊阁四库全书本。

⑤ 张政烺：《试释周初青铜器铭文中的易卦》，载《考古学报》1980年第4期。

⑥ 王赣等：《古易新编》上，黄河出版社1988年版，第68页。

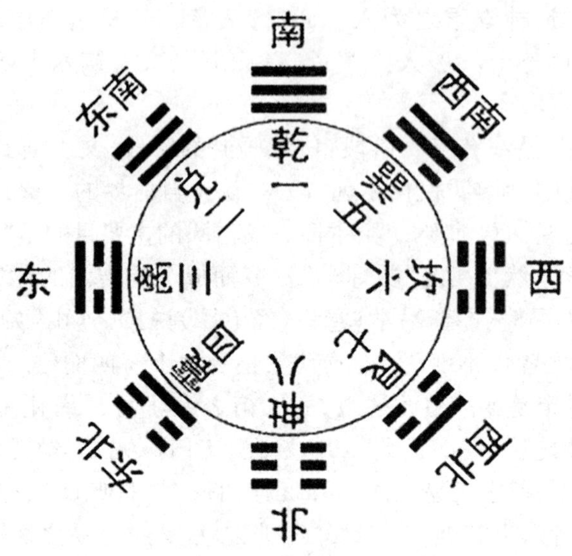


伏羲先天卦位图

不是邵雍的发明，实际上，在邵雍之前“先天卦位图”早已在社会上流传，而邵雍所作的仅仅是进一步将它“数理”化而已。

与“先天易”相对应，邵雍称《周易·说卦》“起震终艮”一节“后天象数”即“文王后天易”。《周易》原文云：

“万物出乎震，震东方也；齐乎巽，巽东南也；齐也者，言万物之絜齐也；离也者，明也，万物皆相见，南方之卦也，圣人南面而听天下，向明而治，盖取诸此也；坤也者，地也，万物皆致养焉，故曰致役乎坤；兑，正秋也，万物之所说也，故曰说言乎兑；战乎乾，乾西北之卦也。言阴阳相薄也；坎者，水也，正北方之卦也，劳卦也，万物之所归也，故曰劳乎坎；艮，东北之卦也，万物之所成终而所成始也，故曰成言乎艮。”

依此，则文王“后天卦位图”的卦次排列为：离居南，巽居东南，震居东，乾居西北，兑居西，坤居西南。其具体构图如下：

在邵雍的“数理”思想体系中，“先天图”与“后天图”在宇宙演变中的性质与地位是不同的，其中“先天图”是“体”，而“后天图”是“用”。如邵雍说：

“八卦者，明交像错而成六十四卦也。数往者顺，若顺天而行，是左旋也，皆已生之卦也。故云数往也。知来者逆，若逆天而行，是右行也，皆未生之卦也。故曰知来也。夫《易》之数，由逆而成矣。”①

① 邵雍：《皇极经世》卷六十三《观物外篇上》，九州出版社2003年版，第520页。

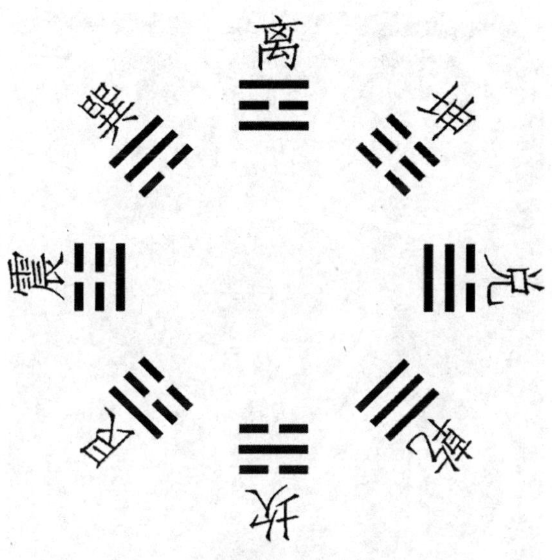


文王后天卦位图

这是邵雍对“伏羲八卦图”的总体概括，也是对他自己“数理学”思维特点的一种认识，其中“明交像错”是核心，而“顺”（指顺时针“向左而旋”，由“震”至“乾”为“顺”）与“逆”（指逆时针“向右而行”，由“坤”至“巽”为“逆”）的相互结合便构成了一个“莫比乌斯带”，这个“带”就形成了邵雍“数理学”的理想宇宙模型。关于这个问题，后面再加详解。邵雍又说：

“至哉！文王作《易》也，其得天地之用乎？故乾坤交而为泰，坎离交而为既济也。乾生于子，坤生于午，坎终于寅，离终于申，以应天之时也。置乾于西北，退坤于西南，长子用事，而长女代母。坎离得位，而兑艮为偶，以应地之方也。王者之法，其尽于是矣。”①

“天地之用”表现为四时，五行，二十八宿，等等。由上面的“文王后天卦位图”知，“离”南为火，“坎”北为水，“兑”西为金，“震”东为木，中央为土，即属于“五行”的“离”、“坎”、“震”、“兑”被置于四个正位，而不属于“五行”系列的“乾”、“坤”、“艮”、“巽”则被置于四个角位。这种位序显然跟《洛书》以“五行”（如下图）为核心的基本理念有关，在北宋初年，周敦颐将《河图》与《洛书》结合起来，构建了一个结构严谨的《太极图》，同样，邵雍亦以《河图》与《洛书》为依据，以《河图》为轴心建构了一个“数理”思想体系，因而成为中国古代真正的“数理学家”。对此，二程说：“邵尧夫数法出于李挺之，至尧夫

① 邵雍：《皇极经世书》卷六十三《观物外篇上》，九州出版社 2003 年版，第 520 页。

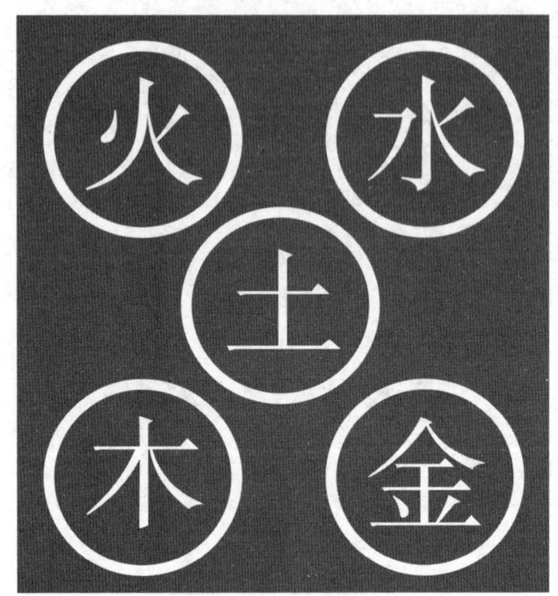


清毛奇龄《经问》卷十七

数方及理。"①那么,究竟应该如何理解和阐释这个"理"? 邵雍自己说:"先天图者,环中也。自下而上谓之升,自上而下谓之降。升者,生也。降者,消也。故阳生于下,阴生于上。是以万物皆反生,阴生阳,阳生阴,阴复生阳,阳复生阴。是以循环而无穷也。"②所以,"环中"就是从先天卦的中间一层"爻"开始作"顺时针"与"反时针"运动,并"天地之相衔",则"先天图"便扭曲为"莫比乌斯带"。其过程是:

第一步,从《乾》卦的"中爻"开始,按顺时针方向旋转,"《易》有真数,三而已"③,即以"三"个为一卦(如下图所示),换言之,即每旋转 90°为一卦,则(1)从"乾"开始自旋 90°至"坎",由三个"⚊"组合成"乾"卦;(2)依此,从"坎"再自转 90°至"坤",由一个"⚊"(居上位)与两个"⚋"(居中、下位)组合成"震"卦;(3)从"坤"转至"离",由三个"⚋"组合成"坤"。

第二步,(4)从"离"至"乾","环中"经弯曲盘升入"乾"之"上爻",由一个"⚋"(居上位)与两个"⚊"(居中、下位,且"下位"取自"乾"之"上爻")组

① 程颢、程颐:《河南程氏遗书》卷十八《伊川先生语四 · 刘元承手编》,《二程集》上,中华书局 1981 年版,第 197 页。

② 邵雍:《皇极经世书》卷六十四《观物外篇下》,九州出版社 2003 年版,第 549 页。

③ 邵雍:《皇极经世》卷六十三《观物外篇上》,九州出版社 2003 年版,第 478 页。

“环中”图

合成“兑”卦,故“兑”的成卦始由二维空间体正式转变为三维空间体。故邵雍说:“兑艮名与位皆可易也。”[①]继之,(5)从“乾”自转至“坎”,由两个“⚊”(分别居上、中位)与一个“⚋”(居下位)组合成“巽”卦;(6)从“坎”转至“坤”,由两个“⚋”(居上、下)与一个“⚊”(居中)组合成“坎”卦;(7)从“坤”转至“离”,由两个“⚋”(居上、中位)与一个“⚋”(居下位)组合成“艮”卦;(8)从“离”转至“乾”,由两个“⚊”(分别居上、下位)与一个“⚊”(居中位)组合成“离”卦。至此,“生之卦”完成。邵雍说:“升者,生也。”[②]又说:“生而成,成而生,《易》之道也。”[③]而“环中”的本质就在于“生”。如果我们把由“环中”经自我旋转所完成的“生之卦”,用立体的形式描绘出来,则整个旋转过程就构成了一个“莫比乌斯带”(见下图所示)。

而这个只有旋转却没有起点与终点的“莫比乌斯带”就是一个“一”,此“一”邵雍亦称作“太极”,或者“道”,或者说是“一动一静之间”,它被邵雍看作是宇宙万物的本体和根源。

---

① 邵雍:《皇极经世书》卷六十三《观物外篇上》,九州出版社 2003 年版,第 533 页。

② 邵雍:《皇极经世书》卷六十四《观物外篇下》,九州出版社 2003 年版,第 549 页。

③ 邵雍:《皇极经世书》卷六十三《观物外篇上》,九州出版社 2003 年版,第 516 页。

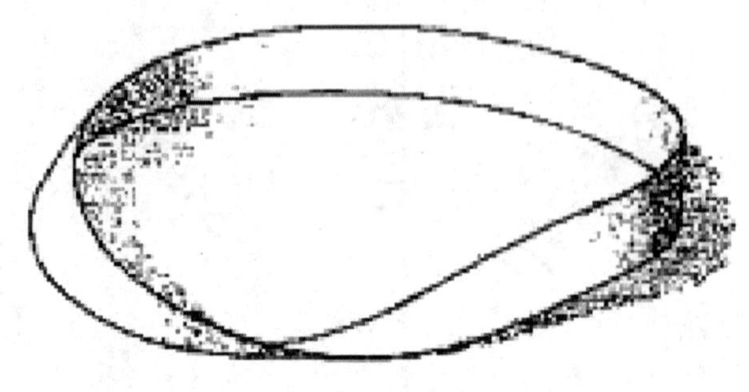

莫比乌斯带

## 二、加一倍分的宇宙分化体系与结构

邵雍说："语其体，则天分而为地，地分而为万物，而道不可分也。其终则万物归地，地归天，天归道。"①诚然，这段话既讲"天人相分"，又讲"天人合一"，不过，在邵雍看来，"天人相分"或者说宇宙之分是"天人合一"的基础，没有"分"也就没有"合"。在这里，我们必须强调，"分"与"合"在邵雍的"数理"思想体系中，具有截然不同的含义，其"分"相当于"生"的过程，而"合"则相当于"消"的过程。

前面讲过，邵雍将"一"作为宇宙的本体，他说："一者何也？天地之心也，造化之源也。"②因此，他主张一种"数理"宇宙观。如邵雍说："天下之数出于理。违乎理，则入于术。世人以数而入于术，故不入有于理也。"③可见，邵雍称自己的思想是"数理"而不是"数术"。

然而，《易》与"数理"之间存在着一种什么样的关系呢？邵雍说："自然而然，不得而更者，内象内数也。他皆外象外数也。"④又说："《易》有内象，理数是也。有外象，指定一物而不变者是也。"⑤此"内象"或"内数"即指宇宙万物的内在特征，而"外数"或"外数"则指宇宙万物的外在特征。在邵雍看来，宇宙万物的形成和变化是从内到外，具体包括"五"个既相区别又相联系的阶段。邵雍总结说："太极不动，性也。发则神，神则数，数则象，象则器，器则变，复归于神也。"⑥其中"从发则神"到"象则器"这四个阶段属于"分"的阶

① 邵雍：《皇极经世书》卷六十三《观物外篇上》，九州出版社 2003 年版，第 496 页。

② 王植：《皇极经世书解》卷八《观物内篇之十一 · 邵伯温系述》，文渊阁四库全书本。

③ 邵雍：《皇极经世书》卷六十四《观物外篇下》，九州出版社 2003 年版，第 592 页。

④ 邵雍：《皇极经世书》卷六十四《观物外篇下》，九州出版社 2003 年版，第 593 页。

⑤ 邵雍：《皇极经世书》卷六十四《观物外篇下》，九州出版社 2003 年版，第 594 页。

⑥ 邵雍：《皇极经世书》卷六十四《观物外篇下》，九州出版社 2003 年版，第 600 页。

段,而“器则变”则属于“合”的阶段。对此,邵雍说:

“太极既分,两仪立矣。阳上交于阴,阴下交于阳,四象生矣。阳交于阴,阴六月交于阳,而生天之四象。刚交于柔,柔交刚而生地之四象,于是八卦成矣。八卦相错,然后万物生焉。是故一分为二,二分为四,四分为八,八分为十六,十六分为三十二,三十二分为六十四。故曰分阴分阳,迭用柔刚。故易六位,而成章也。十分为百,百分为千,千分为万,犹根之干,干之有枝,枝之有叶,愈大则愈少,愈细则愈繁。合之斯为一,衍之斯为万。是故乾以分之,坤以翕之,震以长之,巽以消之。长则分,分则消,消则翕也。”①

从这段话里,我们知道宇宙万物经过了“长则分,分则消,消则翕”即“长、分、消、翕”四个发展阶段,相对应的卦是“震”、“乾”、“巽”、“消”。宇宙万物通过“分”而形成一个“树”状结构,整个“分”从第二层开始,上下两个层级间便呈一种“倍数”关系,其公倍数是“2”,如第二层是“2”,则第三层就是“4”,而第三层是“4”,则第四层就是“8”,依此类推,人们将此称为“加一倍分”。其具体形式如下:

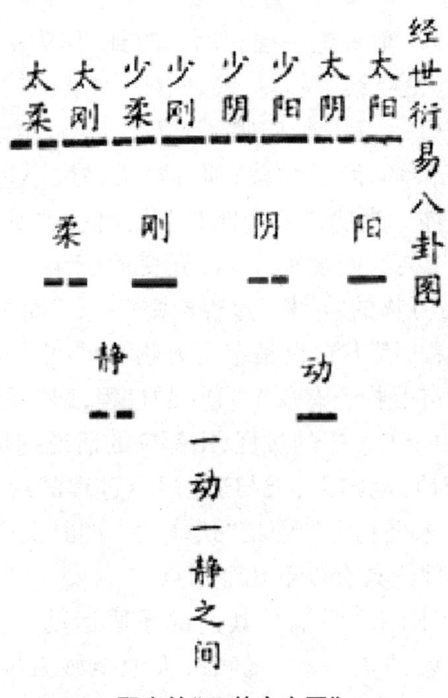


邵雍的“八卦次序图”

① 邵雍:《皇极经世书》卷六十三《观物外篇上》,九州出版社 2003 年版,第 522 页。

这个“图”并不完全,因为它只就“八卦”本身的次序而言,没有涉及“重卦”的次序,所以不能全面地反映整个卦体的次序。于是,朱熹进一步将邵雍的这种宇宙分化理论转变为下面的图形:

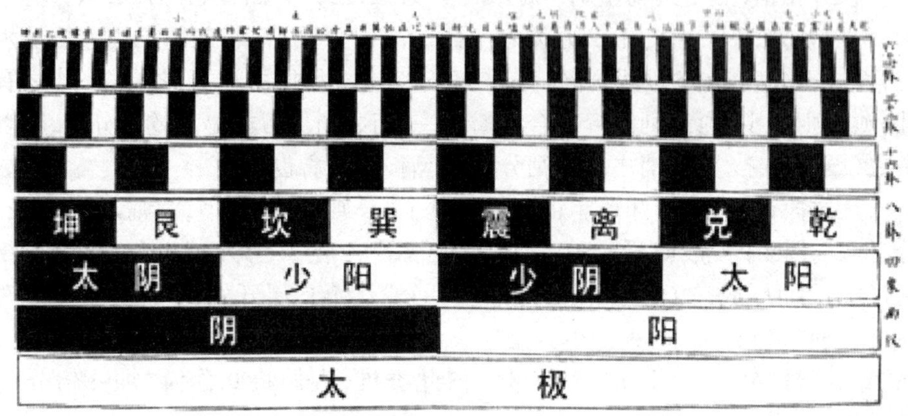


**伏羲六十四卦次序图**

最下一层为“太极”,而最上一层为六十四卦,其从左到右依次是:乾、夬、大有、大壮、小畜、需、大畜、泰、履、兑、睽、归妹、中孚、节、损、临、同人、革、离、丰、家人、既济、贲、明夷、无妄、随、噬嗑、震、益、屯、颐、复、姤、大过、鼎、恒、巽、井、蛊、升、讼、困、未济、解、涣、坎、蒙、师、遁、咸、旅、小过、渐、蹇、艮、谦、否、萃、晋、豫、观、比、剥、坤。当然,“六十四卦”若仅仅以“卦”论则“一变而二,二变而四,三变而八卦成矣。四变而十六,五变而三十二,六变而六十四卦备矣。”①可是,若以宇宙万物的“消长”过程论则“一变”而至“六十四卦备”远没有终止宇宙的分化过程,因为它只是宇宙万物发展变化的一个过程,即“顺”的过程,与之相对,宇宙万物还有一个“逆”的过程,即“反生”的过程,换言之,就是从“六十四卦”回归到“一”的过程,用邵雍的话说就是“天分而为地,地分而为万物”与“万物归地,地归天,天归道”两个过程的统一。因此,我们把邵雍的“八卦次序图”与朱熹刊定的邵雍“伏羲六十四卦次序图”对照着看,不难发现邵雍的宇宙生成理论具有以下几个特点。

1.由“太极”分出“阴阳”两端是其内部矛盾运动变化的产物。邵雍说:“元有二,有生。”②又说:“夫一动一静者,天地至妙者欤?夫一动一静之间

① 邵雍:《皇极经世书》卷六十三《观物外篇上》,九州出版社 2003 年版,第 541 页。

② 邵雍:《皇极经世书》卷十四《观物外篇下》,文渊阁四库全书本。

者，天地人之至妙至者欤？”[①]其中“阳”与“阴”各自都具有“动”和“静”两种功能，所谓“性非体不成，体非性不生。阳以阴为体，阴以阳为性，动者，性也；静者，体也。在天则阳动而阴静，在地则阳静而阴动。性得体而静，体随性而动。”[②]也就是说“动”中有“阴阳”，“阴阳”中亦各自有“动静”。邵雍认为：“太极”是“阴阳分”的状态，而在“太极”之前，还有个“混阴阳”的状态，这个状态就叫“无极”。邵雍说：“无极之前，阴含阳也，有象之后，阳分阴也。”[③]由“阴阳”又进一步分“性情”与“形质”。因为“性情”属“天”，在先，而“形质”属“地”，在后。故由“阴阳”分“性情”为：太阳、少阳，太阴、少阴。邵雍说：“动者大者，谓之太阳；动之小者，谓之少阳；静之大者，谓之太阴；静之小者，谓之少阴。太阳为日，太阴为月，少阳为星，少阴为辰。日月星辰交，而天之体尽之矣。静之大者，为之太柔；静之小者，谓之少柔；动之大者，谓之太刚，动之小者，谓之少刚。太柔为水，太刚为火，少柔为土，少刚为石。水火土石交，而地之体尽之矣。”[④]《周易·说卦》云：“立天之道曰阴与阳，立地之道曰柔与刚。”但“阴阳”是根本，所以不论是“天”还是“地”，都离不开“阴阳”的相互依赖和相互作用，因为“阳不能独立，必得阴而后立，故阳以阴为基；阴不能自见，以必待阳而后见，故阴以阳为唱。”[⑤]

2.把整个宇宙万物的变化还原为一种数量关系，以“数”为宇宙的本源。如邵雍说：“乾坤起自奇偶，奇偶生自太极。”[⑥]又说：“有象必有数。”[⑦]“阴阳”是太极所变化出来的“两象”，故“阴”与“阳”就可转换成“数”，即“阳一”和“阴二”。具体地讲，就是“天一，地二，天三，地四，天五，地六，天七，地八，天九，地十。”[⑧]其中1、3、5、7、9“五个”数为“奇数”，属阳；2、4、6、8、10“五个”数为“偶数”，属阴。从数的奇偶特征，邵雍规定了“阳”与“阴”的性质：“阴无一，阳无十。阳无十，故不足于后。阴无一，故不足于首。”[⑨]正是这种阴阳性质才使之动静相倚，消长相迭。在邵雍看来，当构成天地万物的“十个”基本数确立之后，其万物的形成不过是“十”个基本数之间的排列组合关系。邵雍

---

① 邵雍：《皇极经世书》卷五十五《观物内篇之五》，九州出版社2003年版，第394页。

② 邵雍：《皇极经世书》卷十四《观物外篇下》，文渊阁四库全书本。

③ 邵雍：《皇极经世书》卷六十三《观物外篇上》，九州出版社2003年版，第526页。

④ 邵雍：《皇极经世书》卷五十一《观物内篇之一》，九州出版社2003年版，第349页。

⑤ 邵雍：《皇极经世书》卷六十三《观物外篇上》，九州出版社2003年版，第506页。

⑥ 邵雍：《皇极经世书》卷六十四《观物外篇下》，九州出版社2003年版，第559页。

⑦ 邵雍：《皇极经世书》卷六十四《观物外篇下》，九州出版社2003年版，第592页。

⑧ 邵雍：《皇极经世书》卷六十三《观物外篇上》，九州出版社2003年版，第503页。

⑨ 邵雍：《皇极经世书》卷六十三《观物外篇上》，九州出版社2003年版，第503页。

说,有象必有数,反过来,有数亦必有象。如构成天地物质的基本元素,都可以用特定的排列组合的数量关系来表示,而任何客观物质都可以分解为一定的物质元素,所以任何客观物质也都可以用排列组合的数量关系来表示,如石膏的化学分子式为 CaSO4·2H2O,碳酸锌的化学分子式为 ZnCO3,明矾的化学分子式为 K2SO4·AL2(SO4)3·24H2O,等等。故海森堡说:“在现代量子论中,无疑地,基本粒子最后也还是数学形式,但具有更为复杂的性质。”①另,翟智高先生在释邵雍“乾遇巽时观月窟,地逢雷处识天根,天根月窟常往来,三十六宫都是春”一诗的含义时亦说,所谓“天根”就是指“阳爻”的符号“⚊”,而“月窟”则是指“阴爻”的符号“⚋”,在邵雍看来,其“天根”与“月窟”反复不同的“数码组合变幻以至无穷,可以实现任何事物的象(图像)与数(数码)之间的转变”,而且“邵雍的‘先天八卦六十四卦方圆图’,其组合是在排列概念的基础上进一步的抽象思维,要求更高的智力水平,必须具有相对抽象的分析比较能力和一定的全局概念为基础。就是说,序数概念是排列行为的必然前提,组合概念是排列基础上的智力飞跃。”②从世界范围来说,古希腊的毕泰戈拉学派及柏拉图都以“数”为宇宙本体的主张,如毕泰戈拉学派说:“万物的本原是一。从一产生出二,二是从属于一的不定的质料,一则是原因。”③柏拉图进一步认为:“万物的真正元素是数和形,即是说万物的本质和始基是一种数学原则。”在柏拉图看来,“数和形既是宇宙万物的元素,又是美的原因,由于数的原则,不但产生了万物的组合和运动,而且也使宇宙尽善尽美,创造了秩序和原则。”④

3.“数理”先于“物理”,这实际上就是坚持“先天”在时间上优先于“后天”的思想,因而成为程朱关于“理在气先”问题的先导。邵雍说:“数也者,尽物之体也。”⑤又说:“天下之数出于理。”⑥且“数则象,象则器”⑦。在此,“数”就是指一、二、三、四、五、六、七、八、九、十,“象”是指天、地、水、火、雷、风、山、泽,“器”则指具体的物质形态。由前面的提示可以推断,“数”不仅先在于“器”,而且亦先在于“象”。故《皇极经世》卷六十四《观物外篇下》注曰:“各

① [德]海森堡:《物理学和哲学》,商务印书馆 1981 年版,第 35 页。

② 翟志高:《邵雍对世界科学文明的贡献》,http://column.bokee.com/123809.html。

③ 北京大学哲学系外国哲学史教研室编译:《西方哲学原著选读》上卷,商务印书馆 1981 年版,第 20 页。

④ 冒从虎等:《欧洲哲学史》上卷,南开大学出版社 2000 年版,第 118—119 页。

⑤ 邵雍:《皇极经世书》卷五十四《观物内篇之四》,九州出版社 2003 年版,第 385 页。

⑥ 邵雍:《皇极经世书》卷六十四《观物外篇下》,九州出版社 2003 年版,第 592 页。

⑦ 邵雍:《皇极经世书》卷六十四《观物外篇下》,九州出版社 2003 年版,第 593 页。

见之象，因乎图数。一、二、三、四、五、六、七、八、九、十之数立，则天、地、水、火、雷、风、山、泽之象因以生。”可见，“数”与“象”是原因与结果的关系，其中“数”是“因”，而“象”是果。

4.宇宙生成变化的“圆方”结构模型。天圆地方是中国古代最古老的宇宙学说，它成熟于《周髀算经》时期。比如，《周髀算经》一书提出了“日光照射的范围是以十六万七千里为半径的球”和“天与地为平行平面”①的思想，这些思想虽然不是邵雍“六十四卦圆方图”的直接来源，但却为邵雍创建“六十四卦圆方图”提出了必要的思想资料。

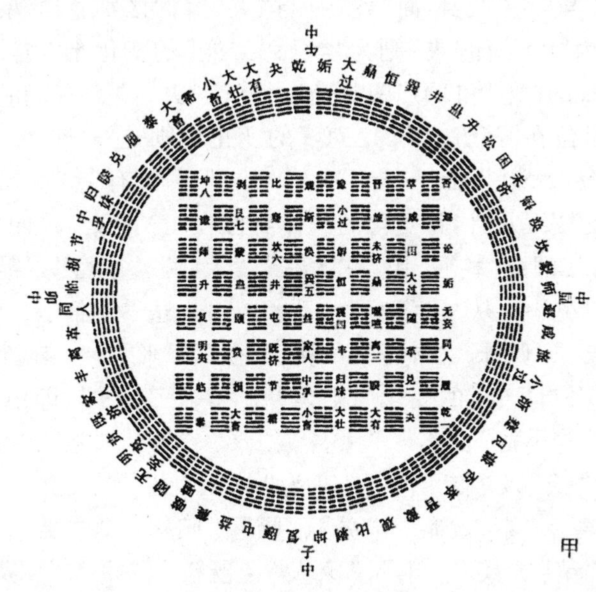

**邵雍“六十四卦圆方图”**

对于此“六十四卦圆方图”（以下简称“圆图”）的特点，邵雍说：

“天圆而地方。圆者之数，起一而积六；方者之数，起一而积八。变之，则起四而积十二也。六者常以六变，八者常以八变，而十二者亦以八变，自然之道也。”②

“圆者裁方以为用。故一变四，四去其一则三也。三变九，九去其三则六也。方者展圆以为体，故一变三，并之四也。四变十二，并之十六也。故用数

① 江晓原等：《中国天学史》，上海人民出版社 2005 年版，第 220 页。

② 邵雍：《皇极经世书》卷六十四《观物外篇下》，九州出版社 2003 年版，第 564 页。

成于三而极于六,体数成于四而极于十六也。”①

“圆者六变,六六而进之,故六十变而三百六十矣。方者八变,故八八而六十四矣。”②

“盖圆者,《河图》之数;方者,《洛书》之文。”③

何为“圆者六变”?“六变”是构造“圆图”的基本方法和步骤,它以“六爻重卦”(从上至下的序位名称是“上爻”、“第五爻”、“第四爻”、“第三爻”、“第二爻”及“初爻”)之乾为起点,“一变”即从乾卦的“上爻”(即第六爻)开始,“母体”为“乾”,“子体”为“夬”,其变化原则是“一变为二”,即“乾”一变而为“夬”卦,成“乾”与“夬”两卦,而“乾”卦与“夬”卦的区别就出现在各自的“第六爻”,其“乾”为“⚌”,而“夬”则为“⚍”;“二变”的变化原则是“二变为四”,即“母体”由原来的“乾”和“夬”两卦变为“乾”、“夬”、“大有”和“大壮”四卦,其变化的具体卦位在“第五爻”;“三变”的变化原则是“四变八”,即由“乾”、“夬”、“大有”及“大壮”四卦变为“乾”、“夬”、“大有”、“大壮”、“小畜”、“需”、“大畜”及“泰”八卦,其变化的具体卦位在“第四爻”;“四变”的变化原则是“八变十六”,即由“乾”、“夬”、“大有”、“大壮”、“小畜”、“需”、“大畜”及“泰”八卦变为“乾”、“夬”、“大有”、“大壮”、“小畜”、“需”、“大畜”、“泰”、“履”、“兑”、“睽”、“归妹”、“中孚”、“节”、“损”及“临”十六卦,其变化的具体卦位是“第三爻”;“五变”的变化原则是“十六变三十二”,即由“乾”、“夬”、“大有”、“大壮”、“小畜”、“需”、“大畜”、“泰”、“履”、“兑”、“睽”、“归妹”、“中孚”、“节”、“损”及“临”十六卦变为“乾”、“夬”、“大有”、“大壮”、“小畜”、“需”、“大畜”、“泰”、“履”、“兑”、“睽”、“归妹”、“中孚”、“节”、“损”、“临”、“同人”、“革”、“离”、“丰”、“家人”、“既济”、“贲”、“明夷”、“无妄”、“随”、“噬嗑”、“震”、“益”、“屯”、“颐”及“复”三十二卦,其变化的具体卦位在“第二爻”;“六变”的变化原则是“三十二变六十四”,即由“乾”、“夬”、“大有”、“大壮”、“小畜”、“需”、“大畜”、“泰”、“履”、“兑”、“睽”、“归妹”、“中孚”、“节”、“损”、“临”、“同人”、“革”、“离”、“丰”、“家人”、“既济”、“贲”、“明夷”、“无妄”、“随”、“噬嗑”、“震”、“益”、“屯”、“颐”及“复”三十二卦变为“乾”、“夬”、“大有”、“大壮”、“小畜”、“需”、“大畜”、“泰”、“履”、“兑”、“睽”、“归妹”、“中孚”、“节”、“损”、“临”、“同人”、“革”、“离”、“丰”、“家人”、“既济”、“贲”、“明夷”、“无妄”、“随”、“噬嗑”、“震”、“益”、“屯”、“颐”

① 邵雍:《皇极经世书》卷六十四《观物外篇下》,九州出版社2003年版,第566页。

② 邵雍:《皇极经世书》卷六十四《观物外篇下》,九州出版社2003年版,第567页。

③ 邵雍:《皇极经世书》卷六十四《观物外篇下》,九州出版社2003年版,第571页。

及“复”而变为“乾”、“夬”、“大有”、“大壮”、“小畜”、“需”、“大畜”、“泰”、“履”、“兑”、“睽”、“归妹”、“中孚”、“节”、“损”、“临”、“同人”、“革”、“离”、“丰”、“家人”、“既济”、“贲”、“明夷”、“无妄”、“随”、“噬嗑”、“震”、“益”、“屯”、“颐”、“复”、“姤”、“大过”、“鼎”、“恒”、“巽”、“井”、“蛊”、“升”、“讼”、“困”、“未济”、“解”、“涣”、“坎”、“蒙”、“师”、“遯”、“咸”、“旅”、“小过”、“渐”、“蹇”、“艮”、“谦”、“否”、“萃”、“晋”、“豫”、“观”、“比”、“剥”及“坤”六十四卦，其变化的具体卦位在“初爻”。

何谓“方者八变”？“八变”是构造“方图”的基本方法和步骤，它的成“图”关键就是“四象相交成十六事”[1]这“八”个字。从“先天图”上分，自“震”至“乾”之“震”、“离”、“兑”、“乾”四卦为“天之四象”，而从“坤”至“巽”之“坤”、“艮”、“坎”、“巽”四卦为“地之四象”，根据最原始的组合法，从“乾”卦开始每一卦都依次与“天之四象”与“地之四象”组合，也就是由基本卦变为“重卦”，共成“八八六十四”个“重卦”。其“方图”由下至上总分为八列，从“乾”卦所在的第一列“变”起，“变”的方向均为由右向左，即“顺天左行”之意，故有“顺数”之说，邵雍云：“顺数之乾一、兑二、离三、震四、巽五、坎六、艮七、坤八”[2]，依此，则“一变”即由基本卦“乾”一一与“先天图”中的八个基本卦组合而成重卦“乾”、“夬”、“大有”、“大壮”、“小畜”、“需”、“大畜”及“泰”，此“列”构成“乾一”列，也是“第一列”；“二变”即由基本卦“兑”一一与“先天图”中的八个基本卦组合而成重卦“履”、“兑”、“睽”、“归妹”、“中孚”、“节”、“损”及“临”，此“列”构成“兑二”列，也是“第二列”；“三变”即由基本卦“离”一一与“先天图”中的八个基本卦组合而成重卦“同人”、“革”、“离”、“丰”、“家人”、“既济”、“贲”及“明夷”，此“列”构成“离三”列，也是“第三列”；“四变”即由基本卦“震”一一与“先天图”中的八个基本卦组合而成重卦“无妄”、“随”、“噬嗑”、“震”、“益”、“屯”、“颐”及“复”，此“列”构成“震四”列，也是“第四列”；“五变”即由基本卦“巽”一一与“先天图”中的八个基本卦组合而成重卦“姤”、“大过”、“鼎”、“恒”、“巽”、“井”、“蛊”及“升”，此“列”构成“巽五”列，也是“第五列”；“六变”即由基本卦“坎”一一与“先天图”中的八个基本卦组合而成重卦“讼”、“困”、“未济”、“解”、“涣”、“坎”、“蒙”及“师”，此“列”构成“坎六”列，也是“第六列”；“七变”即由基本卦“艮”一一与“先天图”中的八个基本卦组合而成重卦“遁”、“咸”、“旅”、“小过”、“渐”、“蹇”、“艮”及“谦”，此“列”构成“艮七”列，也是“第七列”；“八变”即由基本卦“困”

① 邵雍：《击壤集》卷十七《大易吟》，文渊阁四库全书本。

② 邵雍：《皇极经世》卷六十三《观物外篇上》，九州出版社 2003 年版，第 544 页。

一一与“先天图”中的八个基本卦组合而成重卦“否”、“萃”、“晋”、“豫”、“观”、“比”、“剥”及“坤”，此“列”构成“坤八”列，也是“第八列”。

可见，“圆图”与“方图”的显著区别就表现在：前者为“爻”变，而后者为“卦变”；前者代表天，后者代表地。当然，这种差别是外在的差别，另外还有更深刻的和内在的差别，我们知道圆内正方形无论怎么分割都不能穷尽“圆”面积，这个事实说明了一个道理，即“天”与“地”永远不能重合或两者完全合一。所以，“坤，偶也，阴也，顺也。故天下之顺莫如地，所以顺天也。”①而“方图”便是在这种原则下构成的。

5.任何物质结构都可以还原为“数”，数的变化就是“道之运也”。邵雍说：“数者何也？道之运也，理之会也，阴阳之度也，万物之纪也，明于幽而验于明，藏于微而显于管，所以成变化而行鬼神者也。”②基于这样的前提，在《六十四卦圆方图》里便包含着一系列有名和无名的“自然之数”，如邵雍仅以“伏羲六十四卦圆图”言，则“天自临以上，地自师以上，运数也。天自同人以下，地自剥以下，年数也。运数则在天者也，年数则在地者也。天自贲以上，地自艮以上，用数也。天自明夷以下，地自否以下，交数也。天自艮以上，地自晋以上，有数也。天自益以下，地自豫以下，无数也。”③其实，在邵雍的“圆方图”中，不仅仅包含着“运数”、“年数”、“用数”、“有数”这些概念，而且还包含着诸如“用数”、“体数”④、“《河图》之数”⑤等。在这里，邵雍尤其重视《河图》中所蕴藏着的“数理”思想。他说：

“《易》之大衍何数也，圣人之倚数也。天数二十有五，合之为五十。地数三十，合之为六十。故曰五位相得而各有合也。五十者，蓍数也。六十者，卦数也。五者，蓍之小衍也，故五十为大衍也。八者，卦之小成，则六十四为大成也。蓍德圆，以况天之数，故七七四十九也。五十者，存一而言之也。卦德方，以况地之数也，故八八六十四也。六十者，去四而言之也。蓍者用数也，卦者体数也。用以体为基，故存一也。体以用为本，故去四也。圆者本一，方者本四。”⑥

此段话将“圆图”与“方图”的数学性质说得非常清楚，同时也把《河图》与《易传》中“大衍之数”之间的关系说得非常清楚。于是，宋人所悟出来的

① 邵雍：《皇极经世书》卷六十四《观物外篇下》，九州出版社2003年版，第583页。

② 王植：《皇极经世书解》卷八《观物内篇之十一·邵伯温系述》，文渊阁四库全书本。

③ 邵雍：《皇极经世书》卷六十四《观物外篇下》，九州出版社2003年版，第553页。

④ 邵雍：《皇极经世书》卷六十四《观物外篇下》，九州出版社2003年版，第566页。

⑤ 邵雍：《皇极经世书》卷六十四《观物外篇下》，九州出版社2003年版，第571页。

⑥ 邵雍：《皇极经世书》卷六十三《观物外篇上》，九州出版社2003年版，第479—480页。

《河图》就是一幅数学结构图。

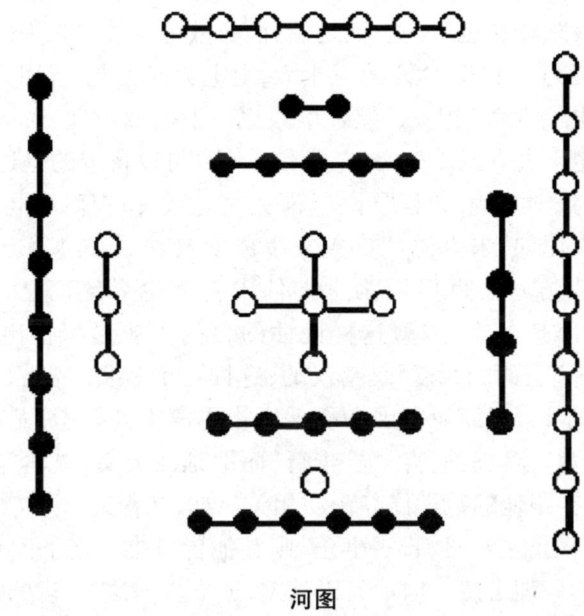

河图

这些“黑圆点”与“白圆点”分别指代“天地之数”中的“阳数”和“阴数”。其中指代1、3、5、7、9五个数的“白圆点”，为阳数，它们的和等于“25”；另指代2、4、6、8、10（即上、下两个“5”相加）五个数的“黑圆点”，为阴数，它们的和等于“30”。因此，“阳数”的和与“阴数”的和相加即为“天地之数”55。故《周易·系辞上》说；“天数五，地数五，五位相得而各有合。天数二十有五，地数三十。凡天地之数五十有五，此所以成变化而行鬼神也。”此外，《河图》“中心”的五个“白圆点”，易学家称之为“小衍之数”。而由“天地之数55”减去“小衍之数5”则得“大衍之数50”。那么，《易传》为什么确定“50”作“大衍之数”？对这个问题我国经学界至今都没有形成一个统一的说法，但一般地观点认为，“50”体现着“体”与“用”兼备的原则，是“一”与“多”的统一。所以，邵雍说：“一者数之始，而非数也。”①而《周易·系辞上》云：“大衍之数五十，其用四十有九。”而《周易》从“50”中取出“1”来不用，是因为“1”是宇宙的本体，是“太极”。如王弼说：“演天地之数，所赖者五十也，其用四十有九，则其一不用也。不用而用以之通，非数而数以之成，斯易之太极也。四十有九数之

① 邵雍：《皇极经世书》卷六十三《观物外篇上》，九州出版社2003年版，第503页。

极也。”①由此便产生了数学的各种“乘法”(即生数)规律,如邵雍说:“天一,地二,天三,地四,天五,地六,天七,地八,天九,地十。参伍以变,错综其数,而天地之相衔,昼夜之相交也。一者数之始,而非数也。故二二为四,三三为九,四四为十六,五五为二十五,六六为三十六,七七为四十九,皆用其变者也。五五二十五,天数也。六六三十六,乾之策数也。七七四十九,大衍用数也。八八六十四,卦数也。九九八十一,元范之数也。”②可以肯定的是这些数学运算法绝不是纯粹的数学游戏,如程颐说:“邵尧夫之数,似玄而不同。”③此外,也不仅仅用于卜筮,比如,朱熹说:“邵尧夫以象学授种放,放庐江许坚,坚授范谔,此一枝传于南方也。世但以为学神仙术善人伦风鉴而已,非知图南者也。”④“图南”是陈抟的字,朱熹这样说话的目的主要是想指出当时人们对“象术”的理解是不全面的,甚至是错误的,这样一个事实。实际上,人类的社会生活离不开数学,宋代商业发展和科学进步更离不开数学,尤其天文历法,如果没有数学作为工具,就简直寸步难行,而邵雍在天文、数学等科学领域所作出的杰出贡献亦跟他的数学修养密切相关。如,二程说:

“历象之法,大抵主于日,日一事正,则其他皆可推。洛下闳作历,言数百年后当差一日,其差理必然。何承天以其差,遂立岁差法。其法,以所差分数,摊在所历之年,看一岁差著几分,其差后亦不定。独邵尧夫立差法,冠绝古今,却于日月交感之际,以阴阳亏盈求之,遂不差。”⑤

“尧夫之数,只是加一倍法。”⑥

而“加一倍法”的科学内涵则是多方面的,从纯数学的角度讲,跟沈括《梦溪笔谈》卷十八所给出的“棋局都数”一样,邵尧夫的“加一倍法”也是重复排列的例题,它们都为宋代数学的发展增加了新的内容⑦;从应用数学的角度讲,邵雍所定《伏羲先天六十四卦图》不仅与德国数学家莱布尼茨所发现的二进制数学具有统一性,而且与德国生物学家魏尔啸所发现的细胞分裂模式也

① 韩康注、孔颖达疏:《周易注疏》卷十一《系辞上》。

② 邵雍:《皇极经世书》卷六十三《观物外篇上》,九州出版社 2003 年版,第 503—504 页。

③ 程颢、程颐:《河南程氏遗书》卷十八《伊川先生语四·刘元承手编》,《二程集》上,中华书局 1981 年版,第 231 页。

④ 朱熹:《宋名臣言行录·前集》卷十《陈抟》。

⑤ 程颢、程颐:《河南程氏遗书》卷十五《伊川先生语一·入关语录》,《二程集》上,中华书局 1981 年版,第 150 页。

⑥ 程颢、程颐:《河南程氏外书》卷十二《传闻杂记》,《二程集》上,中华书局 1981 年版,第 428 页。

⑦ 中国科学院自然科学史研究所编:《钱宝琮科学史论文选集》,科学出版社 1983 年版,第 587 页。

具有统一性。当然，从形式上看，邵雍的“加一倍法”仅仅局限于“六十四卦”之内，如《经世天地始终之数图》总共有六十四个数；《皇极经世图》（即世界历史年谱）共开列了六十四个项目等，这就很容易使人误入定数论，如蔡元定解释说：“天地之数穷于八八，故元、会、运、世、岁、月、日、辰之数极于六十四也。”①而邵雍自己则这样说，“八卦生万物之类，重卦定万物之体”②，意思是说宇宙万物的存在和变化本身都由六十四卦所决定。又说：“日月星辰之变数，一万七千二十四，谓之动数。水火土石之化数，一万七千二十四，谓之植数。再唱和日月星辰水火土石之变化通数，二万八千九百八十一万六千五百七十六，谓之动植数。”③显然，邵雍把动物和植物的数量常数化，是不符合进化论的。因此，王夫之批评说：“邵子之图，一切皆自然徘比，乘除增减，不可移易，则亦何用勤勤于德业为耶？”④应当承认，王夫之的批评是很中肯的，的确，由邵雍的定数说不难推出这样一个结论，既然人们的一切都由六十四卦所决定，那么，每个生命个体还有什么必要为生计而辛苦奔波呢！这不是一种非常空虚的理论说教吗！也许邵雍意识到了这一点，故为了避免引起“象数”与“现实”两者之间更加混乱的逻辑矛盾，邵雍特别突出了六十四卦的交互作用和循环运动，以此为前提，邵雍说：“分阴分阳，迭用柔刚。”⑤这里的“迭用”就包含着交替和循环的意思。又：“阴复生阳，阳复生阴，是以循环无穷也。”⑥“阴阳”变化如此，而具体到《经世天地始终之数图》中的“元、会、运、世”运动变化，亦复如此，如邵伯温说：“《皇极经世》但著一元之数，使人伸而引之，可至于终而复始也。”⑦一个循环又一个循环，大循环之中包含着小循环，整个宇宙万物的运动变化从本质上看就是一个循环运动。对于邵雍的这种循环思想，我们不能简单地认为它是一种毫无意义地形而上学观，实际上，邵雍的循环思想部分地反映了客观事物运动变化的性质，具有一定的合理因素。如，自然界中碳、氮、氧的转化与循环，水文循环，大气循环；人体内有气与血的大循环和微循环等。可见，在一定意义上说，没有物质的循环运动就没有地球上的生态系统与生命形式。

---

① 蔡元定：《皇极经世指要》。

② 邵雍：《皇极经世书》卷十四《观物外篇下》，文渊阁四库全书本。

③ 邵雍：《皇极经世》卷六十一《观物内篇之十一》，九州出版社 2003 年版，第 447 页。

④ 邵雍：《皇极经世书》卷十四《观物外篇下》，文渊阁四库全书本。

⑤ 邵雍：《皇极经世》卷六十三《观物外篇上》，九州出版社 2003 年版，第 522 页。

⑥ 邵雍：《皇极经世》卷六十四《观物外篇下》，九州出版社 2003 年版，第 549 页。

⑦ 黄宗羲著，全祖望修定，缪天绶选注：《宋元学案》卷九《百源学案》，商务印书馆 1928 年版，第 373 页。

## 三、以能动性为基础的"手代天工"人道观

由"数"与"器"的关系知,"数"属于宇宙万物的本质和内在的必然性,而"器"属于宇宙万物的现象和外在的偶然性,本质相对于现象具有共同性和统一性,故可以概括为"一",相反,现象相对于本质则具有分散性和多样性,故可以概括为"多"。从这层意义上说,"数"与"器"的关系就是"一"与"多"的关系。因此,邵雍说:"天地人物则异矣,其于道一也。"①这句话是说,"天"与"人"分别属于不同的两种物质现象,它们两者之间有差异,有分歧,有各自的特殊性,然而,这个事实却并不否认它们两者的运动变化都遵循着一个共同的宇宙规律。

在邵雍看来,宇宙万物合规律地排列成一个具有等级特点的"金字塔"式结构。比如,邵雍说:"然则人亦物也,圣亦人也。有一物之物,有十物之物,有百物之物,有千物之物,有万物之物,有亿物之物,有兆物之物。为兆物之物,岂非人乎？有一人之人,有十人之人,有百人之人,有千人之人,有万人之人,有亿人之人,有兆人之人。为兆人之人,岂非圣乎？"②从进化论的角度讲,"物有七等"(即一、十、百、千、万、亿、兆)的概念未必准确和科学,但进化是有层次的,这一点具有客观真理性。人之为人,人之有别于一般的物,是因为人类既是自然界长期进化的产物,同时又是社会自身发展的产物。而自然界的基本进化规律就是其后一种更加高一级的运动形式,总是把前一种或前几种的比较低级的运动形式都包括在自己的运动形式之内,例如,化学的运动形式高于物理的机械运动形式,因此,化学运动形式就必然包括物理的机械运动形式于自身之内,此即"有十物之物",而生物的运动形式又高于化学的运动形式,故生物的运动形式则必然包括化学的运动形式和物理的机械运动形式于自身的运动形式之内,此即"有百物之物",如此等等。人类的社会运动形式最高级且又最复杂,所以人类的运动形式必然包括所有的物质运动形式于自身之内,就此而言,"人为兆物之物"。然而,人类本身也不是等齐的,也是有等次、有异化的。邵伯温说:"物有巨细,人有贤愚。生一一之物能当兆物者,人之谓也,言人能兼兆物也。生一一之人能当兆人者,圣人之谓也,言圣人能兼兆人也。"③只要我们将邵雍的思想不仅作阶级的分析,而且更要作历史的分析,就应当承认其"为兆物之物,岂非人乎"命题中,包含着很深刻的人的主

① 邵雍:《皇极经世书》卷五十九《观物内篇之九》,九州出版社 2003 年版,第 429 页。

② 邵雍:《皇极经世书》卷五十二《观物内篇之二》,九州出版社 2003 年版,第 362 页。

③ 王植:《皇极经世书解》卷五十二《观物内篇之二》,文渊阁四库全书本。

观能动性思想。在北宋人与物的关系问题上,有究竟是“人役于物”还是“物役于人”的争论,甚至人们将它作为划分“君子”与“小人”的客观标准。而邵雍能在当时的历史条件下,如此明确地肯定了人对于物的“能动”地位,表明他本身还是坚持了“天人相分”的思想立场的。具体地讲,邵雍“能动性”思想主要包括以下几项内容:

1.人以自然为用的思想。邵雍承认人是自然界长期发展演变的产物,他说:“天地如盖轸,覆载何高极。日月如磨蚁,往来无休息。上下之岁年,其岁难窥测。且以一元言,其理尚可识。一十有二万,九千余六百,中间三千年,迄今之陈迹。治乱与废兴,著见于方策。”①邵雍把宇宙万物看成是由元、会、运、世四个阶段的循环往复运动,一个元周期或称“单元”为 129600 年,其中一元包括十二会,一会包括三十运,一运包括包括十二世,一世包括三十年,分别用子、丑、寅、卯、辰、巳、午、未等十二地支来命名,在邵雍看来,宇宙万物的不断自我更新便是通过一个又一个“单元”的更替来实现的,而天、地、人则是在宇宙演变的不同循环阶段上所产生出来的客观实在。与六十四卦相对应,邵雍认为我们目前所在的宇宙始于复卦,即宇宙在第一会中形成,经历了一万零八百年,即 30×12×30,黄畿说:“在月子第一会也。无极之前六阴溟涬,亥会之后天根渐萌。”②由第一会至第二会,即月丑,又经历了一万零八百年,是为二万一千六百年,对应于六十四卦中的临卦,地于此会形成,黄畿说:“一气运转于外者,轻清浮于上而为天,则其凝聚于内者,重浊坠于下,而为地……故曰地辟于丑。”③地球形成之后,宇宙的演化紧接着由第二会转入到第三会,即寅会,又经历了一万零八百年,是为三万二千四百年,对应于六十四卦中的泰卦,人类于此会中形成,黄畿说:“天开地辟之初,未有人物,其生皆气化。如走之生不以胎,飞之生不以卵,木之生不以核,草之生不以实,皆气所化者……及乾道成男,坤道成女,既有人物,其生皆以形化。若走之生以胎,飞之生以卵,木之生以核,草之生以实,皆形所化者……盖人物既生,形夺乎气,故气惟化其小者,而大者不复能化。惟形以化形,而化化无穷焉,故曰人生于寅。”④尽管邵雍的“太阳系”起源与演变的历时性显得有些臆断,但从总体上看,他的猜测还是符合自然界的辩证发展规律的,是一种朴素的科学哲学观。根据新星云说的观点,太阳系大约起源于 50 万万年前的一个原始星云,后来经过不断的

① 邵雍:《击壤集》卷十三《皇极经世一元吟》,文渊阁四库全书本。

② 邵雍:《皇极经世书》卷一《以元经会之一》,九州出版社 2003 年版,第 7 页。

③ 邵雍:《皇极经世书》卷二《以元经会之二》,九州出版社 2003 年版,第 14 页。

④ 邵雍:《皇极经世书》卷三《以元经会之三》,九州出版社 2003 年版,第 19—20 页。

自我旋转,其中心部分的物质收缩成太阳;大约在45亿年前地球开始形成,并经过“天文时期”与“地质时期”的巨变,从原始生命到高等动物的出现,最后人类的祖先终于在地质时代的第三纪中期(约2700万年前)落户于欧亚非三洲的原始森林里。约在900万年前,南方古猿不仅能直立行走,而且还学会了制造工具,于是真正意义上的人类就在这个时期诞生了。人类之与其他动物在性质上发生了质的飞跃,这是因为人在进化过程中逐步克服了动物的片面性而获得了相对全面的发展,如邵雍说:“天生万物各遂其一,唯人最灵万物能并。”①此处所说的“一”指的就是动植物个体的感觉片面性,而“并”则是一种各种动物感觉性能的综合与飞跃,是相对全面和完备的生命存在形式。此外,邵雍又说:“夫人也者,暑寒昼夜无不变,雨风露雷无不化,性情形体无不感,走飞草木无不应。所以目善万物之色,耳善万物之声,鼻善万物之气,口善万物之味。灵于万物,不亦宜乎!”②王植注:“举凡动植之偏,莫若其气质秉受之全也。”③更重要的是,人通过一定的科学知识而学会了利用自然界的运动规律来为自己的生产和生活服务。例如,邵雍说:“天行不息,未尝有昼夜。人居地上,以为昼夜。故以地上之数,为人之用也。”④又说:“凡言知者,谓其心得而知之也。”⑤此“知”即思维认识的结果,或者说是脑力劳动的产品,邵雍有时亦把它称作“理知”,而“知”或“理知”便成为显示人的能动意识的客观尺度。邵雍说:“圣人者,非世世而效圣焉,吾不得而目见之也。虽然吾不得而目见之,察其心,观其迹,探其体,潜其用,虽亿万千年亦可以理知之也。”⑥

2.人不仅能认识自然,而且还能改造自然。在邵雍看来,人具有“理知”的能力,故人类灵于万物,但“理知”并不是人类认识活动的最终目的。比如,邵雍这样说:“若问先天一字无,后天方要着工夫。拔山盖世称才力,到此分毫强得乎!”⑦何为“先天”?何为“后天”?朱熹说:“盖有则俱有,自一画而二,二而四,四而八,而八卦成;八而十六,十六而三十二,三十二而六十四,而重卦备。故有八卦,则有六十四矣。此康节所谓‘先天’者也。若‘震一索而得男’

① 邵雍:《击壤集》卷十《偶书》,文渊阁四库全书本。
② 邵雍:《皇极经世书》卷五十一《观物内篇之一》,九州出版社2003年版,第359页。
③ 邵雍:《皇极经世书》卷五十一《观物内篇之一》,九州出版社2003年版,第359页。
④ 邵雍:《皇极经世书》卷六十四《观物外篇下》,九州出版社2003年版,第553页。
⑤ 邵雍:《皇极经世书》卷五十二《观物内篇之二》,九州出版社2003年版,第365页。
⑥ 邵雍:《皇极经世书》卷五十二《观物内篇之二》,九州出版社2003年版,第365页。
⑦ 邵雍:《击壤集》卷十七《先天吟》,文渊阁四库全书本。

以下，乃是已有此卦了，就此卦生出此义，皆所谓‘后天’之学。”[①]这仅仅是邵雍所说“先天”与“后天”之一义，还有一义即是他把人的认识能力看成“先天”，而将人的生产实践能力看成“后天”。如，邵雍说：“天虽不语人能语，心可欺时天可欺。天人相去不相远，只在人心人不知。人心先天天弗违，人身后天奉天时。身心相去不相远，只在人诚人不推。”[②]此处所说的“人心先天”就是指人类的思维认识能力，具有先天性，而“人身后天”则指人类为了自己的生存而进行的各种物质活动，包括生产实践和科学实验。从这个角度讲，人类本身的自然历史过程，可以称作“先天”，而人类本身的文明历史过程则可以称作“后天”。在邵雍的“象数”学思想体系中，人类的文明史始于“巳会”。前面说过，人类出现在“寅会”，从“寅会”到“巳会”，中间经过了“卯会”和“辰会”两个历史阶段，我们可以称之为“先天”时期，或者“天人合一”的历史时期，而这个时期的特点是“天弗违”，即自然与人和谐相处，自然合于人而不违背人的主观愿望。自“巳会”以后，人类始进入唐爻盛世，继此直到“亥会”即一元周期的最后一会，也是旧周期的结束和新周期的开始阶段，这个过程可以通称为“后天”时期，或可称为“天人相分”的历史时期，而这个时期的特点是“奉天时”，也就是说由于“天人相去”，因而自然界的运动规律常常违背人类的主观愿望，各种自然灾害不断发生，正是在这种历史背景下，人们充分发挥自身的主观能动性，趋利避害，从天而动。所以，邵雍说：“弗违无时亏，奉时有时疲。”[③]而“疲”正是人类“才力”应对自然灾变的一种力量状态，在特定的历史阶段，人类限于各种各样的原因，有时面对自然灾害的肆虐，真的是毫无办法。对此，邵雍提出了“观之以理”思想，于是，“观之以理”就成为其主观能动性的又一个非常重要的内容。

3.只有将尊重客观规律与发挥人的主观能动性两个方面有机地结合起来，人才能在“天人”关系的互动过程中获得更大的自主性。人既能认识自然又能改造自然，这是没有问题的。但“改造自然”并不等于人相对于自然界来说就是万能的了。在西方，普罗泰戈拉提出“人是万物的尺度”[④]的命题，这个命题一方面具有反对神学的意义，另一方面它更强调了人对于自然界的绝对价值和征服能力，后来康德将此概括为“人为自然界立法”[⑤]的思想，这个思想

---

① 朱熹：《朱子语类》卷六十七《易三》，中华书局 1986 年版，第 1667 页。

② 邵雍：《击壤集》卷十八《推诚吟》，文渊阁四库全书本。

③ 邵雍：《击壤集》卷十六《先天吟》，文渊阁四库全书本。

④ 北京大学哲学系外国哲学史教研室编译：《西方哲学原著选读》上卷，商务印书馆 1981 年版，第 54 页。

⑤ 参见［德］康德：《纯粹理性批判》，三联书店 1957 年版，第 136 页。

的实质就是人类目无自然界的客观存在，一切以人的自由意志为转移，因此，在康德看来，人认识自然的过程本身就是向自然界强加规律的过程。与此相反，虽然宋人亦讲人的能动性，但他们从来都没有把人的主观能动性夸大到可以对自然界任意发号施令的程度，这应是中西两种“天人相分”观的重要不同之处。比如，邵雍说：“天下之物，莫不有理焉，莫不有性焉，莫不有命焉。所以谓之理者，穷之而后可知也。所以谓之性者，尽之而后可知也。所以谓之命者，至之而后可知也。此三者，天下之真知也，虽圣人无以过之。”①可见，邵雍将“穷理而后可知”的“知”看作是一种“真知”，显见他是非常尊重自然规律的。否则，便是“妄知”，邵雍又说：“凡言知者，谓其心得而知之也……以心不可得知而知之，是谓妄知也……吾又安能从妄人，而行妄知妄言者乎！”②在邵雍看来，凡是不以客观规律为思维基点的思想和认识都是“妄知”，都是不能真正解决人与自然矛盾的无效意识。于是，在此前提下，邵雍具体地阐释了他的“从天不从人”观。他说：

“天变而人效之，故元亨利贞，《易》之变也。人行而天应之，故吉凶悔吝，《易》之应也。以元亨为变，则利贞为应。以吉凶为应，则悔吝为变。元则吉，吉则利应之。亨则凶，凶则应之以贞。悔则吉，吝则凶，是以变中有应，应中有变。变中之应，天道也。故元为变，则亨应之。利为变，则应之以贞。应中之变，人事也。故变则凶，应则吉；变则吝，应则悔也。是以君子从天不从人。”③

“《易》变”反映着自然界的自我变化和自我调节规律，故邵雍称之为“天道”，而人事就不同了，因为“天”作为独立于人之外的一种客观物质力量，它本身具有天然性和不可抗性，所谓“天意无他只自然，自然之外更无天”④是也。可是，人与自然既然构成了一个相互关联的复杂系统，那么，自然界的每一个剧烈变化总会给地球人类以这样或那样的影响，甚至导致各种毁灭性杂灾难，对此，人类应当积极应对，想方设法把灾害损失减少到最低程度，努力变被动为主动，而千万不能听之任之，故云“变则凶，应则吉”。所以，我们既不能蔑视自然规律，也不能改变自然规律。然而这是不是说，邵雍就变成一个“自然主义”者了呢？当然不是。因为邵雍强调人要尊重自然规律，并不是否定人的主观能动性，恰恰相反，他是主张在更高的层次上发挥人的主观能动性，他是一个更加理性化的人本主义者。另外，从上述话语中，我们亦不难发

① 邵雍：《皇极经世书》卷六十二《观物内篇之十二》，九州出版社 2003 年版，第 463 页。

② 邵雍：《皇极经世书》卷五十二《观物内篇之二》，九州出版社 2003 年版，第 365 页。

③ 邵雍：《皇极经世书》卷六十四《观物外篇下》，九州出版社 2003 年版，第 584 页。

④ 邵雍：《击壤集》卷十《天意吟》，文渊阁四库全书本。

现,相对于“天道”,其实邵雍更看重“人事”。比如,邵雍曾说过这样的话:“人之所学本学人事,人事不修无学何异。”①故王植在解读上面的话时说:“重在应中有变,知其凶而善应之则吉。盖悔可转凶为吉矣。防其吝而善应之则悔,盖吝则悖吉而凶矣。此君子所以从天而不从人,必尽人道以承天道也。”②即“君子从天以本天时,不以人而强违天也。”③

4.正确发挥人的主观能动性的基本物质前提是“天人相分”,即以“分”为动力。邵雍在论述人的主观能动性时,曾提出了“体变而用化”的思想。他说:

“人之所以能灵于万物者,谓目能收万物之色,耳能收万物之声,鼻能收万物之气,口能收万物之味。声色气味者,万物之体也。目耳鼻口者,万物之用也。体无定用,惟变是用;用无定体,惟化是体。体用交而人物之道于是备矣。”④

实际上,“体”与“用”的关系是历史的和辩证统一的关系。从进化论的角度讲,“体”是先在的,是基础性的存在,而“用”是后进的,是物质分化的结果。如,声之与耳,色之与眼,气之与鼻,味之于口,都是一一对应的关系。在自然界中,首先是形体的分化,然后才是功用的分化,这种关系是一种历史的关系,它是不能颠倒的。比如,邵雍说:“语其体则天分而为地,地分而为万物,而道不可分也。”⑤在这里,“道”就是“一”,就是“太极”,是无形的存在,因而是不能分割的,它本身只能生成“天地”,却不能因为生成“天地”而破坏了其内在的统一性。与“道”不同,“天”与“地”都是有形体的存在,所以是可分的。如邵雍说:“形可分,神不可分。”⑥而“分”的结果则产生了“物以类聚”现象。故邵雍说:“类者,生之序也。体者,象之交也。推类者,必本乎生;观体者,必由乎象。生则未来而逆推,象则既成而顺观,是故日月一类也,同出而异处也;异处而同象也。”⑦又说:“生生长类,天地成功。别生分类,圣人能成。”⑧而邵雍如此反复强调“分”与“类”的关系,这说明了一个什么问题呢?它说明物质的“分”都不是孤立发生的,而不是孤立发生的物种,包括无机界和有机界,我们

---

① 邵雍:《击壤集》卷十三《天人吟》,文渊阁四库全书本。
② 邵雍:《皇极经世书》卷六十四《观物外篇下》,九州出版社 2003 年版,第 585 页。
③ 邵雍:《皇极经世书》卷六十四《观物外篇下》,九州出版社 2003 年版,第 585 页。
④ 邵雍:《皇极经世书》卷五十二《观物内篇之二》,九州出版社 2003 年版,第 361 页。
⑤ 邵雍:《皇极经世书》卷十四《观物外篇下》,文渊阁四库全书本。
⑥ 邵雍:《皇极经世书》卷十四《观物外篇下》,文渊阁四库全书本。
⑦ 邵雍:《皇极经世书》卷十四《观物外篇下》,文渊阁四库全书本。
⑧ 邵雍:《皇极经世书》卷十四《观物外篇下》,文渊阁四库全书本。

就可以把它们称之为“类”。显然,“类”是以“分”为前提和基础的,而“分”的结果总以“类”的形式出现。

然而,“类”不是“齐同”的,而是有差等、有长短的。比如,在空间位置上说,同一类物体各居不同的场所,如“日月一类也,同出而异处也”是也。在时间序列上,同一类物体有先后出入的区别,如“羲轩尧舜虽难复,汤武桓文尚可循。事既不同时又异,也有天道也由人。”①在当时的历史条件下,邵雍虽然没有提出同类事物中存在着“优胜劣汰”的自然规律,但他鼓吹圣人意识的社会后果,实际上就是在激励一种“人之人”或者说成为“人上人”的竞争理念。众所周知,宋代是一个充满忧患的社会历史时期,同时又是一个充满竞争的社会历史时代。比如,与邵雍同时的张载就曾经指出了宋代已出现“朝廷无世臣”②的政治现象,这种现象的发生一则是由于“衣冠旧族”的解体,导致“富者之子孙或不能保其地”③;一则“取士不问家世”,随着科举竞争的日益激烈,官民之间的差距已不是不可逾越和不能转化的,面对社会竞争的残酷性,宋真宗不无顾虑地对其宰相讲:“咸信老病,诸子不克承顺,身后复能保守其家业耶?”④其实,为官者一旦发生意外,其子孙能否保守家业的问题,并不是个别现象,而是具有普遍性的社会问题⑤。人类社会的发展与进步需要“圣人”,而竞争社会更需要“圣人”。故邵雍说:

“是知人也者,物之至者也。圣也者,人之至者也。物之至者,始得谓之物之物也。人之至者,始得谓之人之人也。夫物之物者,至物之谓也。人之人者,至人之谓也。以一至物,而当一至人者,则非圣人而何?人之谓之不圣,则吾不信也。何哉?谓其能以一心观万心,一身观万身,一物观万物,一世观万世者焉。又谓其能以心代天意,口代天言,手代天工,身代天事者焉。”⑥

实际上,“圣人”不过是人类主观能动性的化身,是人类各种认识活动与实践能力的综合体现。宋代的经济、科学文化、思想教育等出现了迅猛发展的势头,为了顺应时代发展的潮流,邵雍积极倡导和培育宋人的“圣人”意识,呼唤“至人”精神,这本身就反映了社会发展的客观要求。在邵雍看来,社会在历史的发展与演变过程中,分化出“圣人”与“万民”这两个阶层,但“圣人”并

---

① 邵雍:《击壤集》卷十三《天人吟》,文渊阁四库全书本。

② 张载著,章锡琛点校:《经学理窟·宗法》,《张载集》,中华书局1978年版,第259页。

③ 苏洵:《嘉祐集》卷十五《田制》,四部备要本。

④ 脱脱等:《宋史》卷二百四十九《魏仁辅传》,中华书局1977年版,第8806页。

⑤ 张邦炜:《论北宋“取士不问家世”》一文,《宋代政治文化史论》,人民出版社2005年版。

⑥ 邵雍:《皇极经世》卷五十二《观物内篇之二》,九州出版社2003年版,第363页。

不能脱离“万民”而孤立存在，所以，“人之能尽民，则谓之圣人。”①这是什么意思呢？意思不外别的，就是讲“圣人”与“万民”的结合便构成了社会前进的动力。我们讲人的主观能动性，不只是人对于自然界的能动性，还有人对于社会发展的能动性。而对于后者，邵雍则明确提出了“圣人与万民同乎一道”②的思想。他说：

“谓昊天能异乎万物，则非所以谓之昊天也。谓圣人能异乎万民，则非所以谓之圣人也。”③

“夫昊天之尽物，与圣人之尽民，皆有四府焉。昊天之四府者，春夏秋冬之谓也，阴阳升降于其间矣。圣人之四府者，《易》、《书》、《诗》、《春秋》之谓也，礼乐污隆于其间矣……昊天之四府者，时也。圣人之四府者，经也。昊天以时授人，圣人以经法天。天人之事，当如何哉！”④

在此，圣人之四经与万民的关系，从本质上说，就是“精神变物质”的过程。邵雍宣扬封建等级制度，固然有弱化人民反抗封建剥削和压迫的一面消极作用，但同时我们还应当看到它的另一面，即万民可以通过圣人之“经”而在没有“士庶壁垒”的科举竞争中有可能赢得成功，对他们来说，这种成功在特定的历史条件下是非常必要的，因为在当时不管你的社会出身如何，人们只有拼搏到一定的社会层次，并获得一定的社会地位之后，才有可能为社会历史发展创造更多的社会财富，也才有可能为人类文明进步作出更多有价值的贡献。

## 四、“一举眼便成四片”的“四分法”及其学术价值

邵雍说：

“天之大，阴阳尽之矣。地之大，刚柔尽之矣。阴阳尽，而四时成焉。刚柔尽，而四维成焉。夫四时四维者，天地至大之谓也。”⑤

邵雍“象数”学以“四”作为其方法论的核心，故天地万物都以“四”为范式，并通过“四”的变构而形成五彩缤纷的物质实体。如，邵雍说：

“动之大者，谓之太阳；动之小者，谓之少阳；静之大者，谓之太阴；静之小者，谓之少阴。太阳为日，太阴为月，少阳为星，少阴为辰。日月星辰交，而天之体尽之矣。静之大者，谓之太柔；静之小者，谓之少柔；动之大者，谓之太刚；

---

① 邵雍：《皇极经世》卷五十三《观物内篇之三》，九州出版社 2003 年版，第 371 页。
② 邵雍：《皇极经世》卷五十三《观物内篇之三》，九州出版社 2003 年版，第 370 页。
③ 邵雍：《皇极经世》卷五十三《观物内篇之三》，九州出版社 2003 年版，第 370 页。
④ 邵雍：《皇极经世》卷五十三《观物内篇之三》，九州出版社 2003 年版，第 371 页。
⑤ 邵雍：《皇极经世书》卷五十一《观物内篇之一》，九州出版社 2003 年版，第 347 页。

动之小者,谓之少刚。太柔为水,太刚为火,少柔为土,少刚为石。水火土石交,而地之体尽之矣。"①

"四"作为一般的方法论并不是邵雍的创造,因为八卦就是由天之"四卦"与地之"四卦"组合而成的。从这个角度说,八卦本身便是"四分法"的产物。如邵雍说:"八者,四而已矣。"②于是,宇宙万物往往通过"四"这个特殊的"数"来显示其各自的"类"特性。如:

"夫昊天之尽物,与圣人之尽民,皆有四府焉。"③

"天以一而为变四,地以一而变四。四者,有体也;而其一者,无体也,是谓有无之极也。"④

"天有四时,地有四方,人有四支。"⑤

具体地讲,"四"究竟有没有方法论的意义,学界的看法和态度是不一样的。如侯外庐等认为:"所谓'四分法'只是牵强附会。"⑥与此相反,庞朴先生则认为邵雍的"四分法"背后"藏有很多耐人寻味的东西,值得认真梳理仔细分析"⑦。众所周知,"分类"是科学研究的基本方法和手段,然而,宇宙万物的存在形式千差万别,人们很难用一种分类模式将整个物质世界的性质变化与结构特征都包括进去,于是,二分法,四分法,八分法等,各种各样的分类方法都出现了。由于每种方法在特定局域内都反映了事物的性质与特征,因而它们都具有部分真理性。其中,"四分法"早在邵雍之前就已出现,不仅中国和印度古代有历史比较悠久的"四分法",而且西方古代亦有历史比较悠久的传统"四分法"。比如,在古希腊,哲学家阿那克西美尼认为世界由水、火、土与气四种元素所组成,而另一位哲学家恩培多克勒则更明确地说:火(即"宙斯")、土(即"爱多纽")、水(即"内斯蒂")和气(即"赫拉")四种元素是"化生万物的四个根"⑧。在毕达哥拉斯学派看来,"四是宇宙造物主的象征,又是创造主造宇宙时的数的模型,因为物理对象由点、线、面、体这种'四'的流动过

---

① 邵雍:《皇极经世书》卷五十一《观物内篇之一》,九州出版社2003年版,第349页。

② 邵雍:《皇极经世书》卷十四《观物外篇下》,文渊阁四库全书本。

③ 邵雍:《皇极经世书》卷五十三《观物内篇之三》,九州出版社2003年版,第371页。

④ 邵雍:《皇极经世书》卷十三《观物外篇上》,文渊阁四库全书本。

⑤ 邵雍:《皇极经世书》卷十四《观物外篇下》,文渊阁四库全书本。

⑥ 侯外庐等:《宋明理学史》上,人民出版社1997年版,第190页。

⑦ 庞朴:《四圣、二谛与三分》,哲学在线:哲学研究网 Copyright 2001—2003 http://philo.ruc.edu.cn/,All Rights Reserved。

⑧ 北京大学哲学系外国哲学史教研室编译:《西方哲学原著选读》上卷,商务印书馆1981年版,第41页。

程中产生。”①在古印度，原始佛教将整个人类四等分为“婆罗门族”、“刹帝利族”、“吠舍族”和“首陀罗族”，佛法则以“四圣谛”（即“苦”、“集”、“灭”、“道”）为根基，认为宇宙万物由地、水、火、风“四大”实物元素所构成，主张“四大皆空”的禅定法。在中国先秦时期，《管子》一书中已经提出了“四时”、“四维”、“四顺”、“四欲”、“四固”等概念，如《管子》卷一《牧民篇》说：“凡有地牧民者，务在四时”，“国有四维”，“一维曰礼，二曰义，三曰廉，四曰耻。”《尸子》卷上则更提出“行有四仪”（即“志动不忘仁”、“智用不忘义”、“力事不忘忠”、“口言不忘信”）、“治天下有四术”（即“忠爱”、“无私”、“用贤”、“度量”）等思想。可见，“四分法”在我国先秦时期虽然没有成为一种普遍的思维方法，但它亦是为古人所重视的一种分类手段，同时亦是一种对事物本身所存在着的矛盾关系的比较深入的思维认识。当然，“四”这个数字不仅仅用于“分类”，其实它在科研研究中也占有一定地位，比如中国古代的“井田制”之“井制”（二横二纵）和“田制”（一横一纵）实则就是一种实用的“四分法”，其他如“乘除加减四则运算”，近代数学的“四色猜想”以及现代生物学之DNA四链体结构等，亦复如此。因此，邵雍将“四”作为一种分类法应用于他的象数学理论研究之中，虽说有些分类显得过于牵强和生硬，但它本身所具有的“实用理性”内质和独特的学术价值也是不能轻易抹杀的。

朱熹曾说：“康节其初想只是看得‘太极生两仪，两仪生四象’。心只管在那上面转，久之理透，想得一举眼便成四片。其法，四之外又有四焉。”②又说：“康节以四起数，叠叠推去，自《易》以后，无人做得一物如此整齐，包括得尽。想他每见一物，便成四片了。”③“四片法”确实是邵雍象数学的一个重要特征，而邵雍的“四分法”是否受到了佛教教义的影响，目前还没有一个确切的说法。但他的“四分法”与道教有比较密切的联系，这一点却是可以肯定的。如，东汉的张道陵自制了我国第一部完整的“二十四气历”，而“二十四气历”的基础是将一年分为四季，每季三个月，每月又分两个节气，共计“二十四节气”。邵雍在他的《卦气图》中亦采用了“二十四气历”，其具体方法是：“以六十四卦分二十四气，每月二气，气有在月初者，有在月半者，惟二至、二分则日在中，故《乾》、《坤》、《坎》、《离》当上、下、左、右之中，其实于中亦得半，故以冬至子之半一例明之。”④所以，“四分法”亦好，“四片法”亦好，我们应当透过

① 张永祥：《西方哲学笔记》，北京大学出版社2005年版，第50页。

② 朱熹：《朱子语类》卷一百《邵子之书》，中华书局1986年版，第2546页。

③ 朱熹：《朱子语类》卷一百《邵子之书》，中华书局1986年版，第2546页。

④ 黄宗羲：《宋元学案》卷十《百源学案》下，《黄宗羲全集》，浙江古籍出版社2005年版，第479页。

现象看本质,应当看到邵雍从中体现出来的那种"探本求源"的宋学精神。叶秀山先生说得好:"当然,邵雍也有许多不合现代科学的说法,也有迷信的成分,但比较而言,他的哲学思路,他的探求本源的精神,还是相当可以称道的。就研究'天命'来说,邵雍有一个相当彻底的看法,就是'天'也是一'物',在他心目中,'道'大于'天','知''道',就是'知''天'。'谁'去'知'?'人'去'知'。'人'处'天''地'之间,惟有'人'能'通''阴''阳'之'不测',故惟有'人'才能'通''神'……这是宋汝发挥的思想,在邵雍有清楚的表现。"①

## 第四节　朱熹的"极端"天人相分思想

从哲学的层面看,朱熹以"天人合一"为其思想特征②,这个论断并没有错。然而,宋代是中国古代多思想、多流派的交汇处,其中既有儒释道三教的交汇,又有"天人合一"与"天人相分"两种学说的通融。在这样的学术背景下,宋代各学者在建构他们的思想体系时就很难将时代所遗传给他们的那个矛盾性和复杂性排除掉,朱熹思想也不例外。比如,朱熹一方面认为"圣人与理为一"③,另一方面却严格地将"天理"与"人欲"、"道心"与"人心"、"形而上"与"形而下"等概念区别开来。殊不知,区别这些概念正是"天人相分"思想本身的必然要求。所以,对于朱熹的"天人相分"思想,关键不是我们要追问其有还是没有的问题,而是我们必须回答朱熹如何在宋代天人关系的发展链条中将"天人相分"思想绝对化为"存天理,灭人欲"这种极端的思想表现形式。

### 一、朱熹"天人相分"思想的主要内容及其表现形式

(一)朱熹"天人相分"思想的主要内容。

在朱熹之前,儒家学者几乎不在本体论的意义上来讲理与气的关系问题。韩愈认为,尧舜之道止于孔孟,从此以后,"道统"失其传承和延续,而朱熹亦持同论。那么,何谓"尧舜之道"?实际上,"尧舜之道"就是"天道"。《尚书·皋陶谟》说:"天工,人其代之。天叙有典,敕我五典五惇哉!天秩有礼,自我五礼有庸哉!"这句话的核心意思是说,人间的一切事情都是由上天预先安排好的,人们想改变也改变不了,故只能顺其天意,替天行道。而孔孟之学

① 叶秀山:《创造与传统——新世纪哲学断想》,载《中国哲学史》2001年第1期。

② 张世英:《天人之际》,人民出版社2005年版,第35页。

③ 朱熹:《朱子语类》卷八《学二》,中华书局1986年版,第145页。

所要论证的核心问题其实就是这个“天道”，如孟子说：“夫君子所过者化，所存在神，上下与天地同流，岂曰小补之哉。”①这是“天人相通”思想的最初表现形态，同时也是“天人合一”思想的一种主要类型。然而，随着秦汉封建一统国家的建立，纯粹的“天道”思想显然已经跟新的国家政权形式不相适应了，因此，在经过秦始皇“焚书坑儒”的劫难之后，以韩非为代表的“法家”思想曾经独领风骚，成为秦统一封建政权的理论基础。在韩非看来，“用时日，事鬼神，信卜筮而好祭祀者，可亡也”②，蔑视鬼神的存在，实际上就是对“天人相通”思想的一种否定。天不是有意志的可支配人间命运的神，而仅仅是一种“为物之制”的理③，所以，人们“缘道理以从事，无不能成”④。很显然，韩非的“缘道理以从事”观是直接对荀子“制天命而用之”思想的继承与发展，它直接启发了程朱理学。如对于韩非所讲的“术”即封建统治者任免、考察官吏的权术，朱熹就给予了高度评价，认为“术至韩非《说难》，精密至矣。”虽然韩非坚持用“利”与“重法”而不是用“仁”与“义”的理念来治国，与程朱理学的政治主张根本不同，但“相反而皆相成也”，朱熹正是通过扬弃商鞅、韩非等人的哲学思想才使自己的理学体系愈加缜密和完备。而朱熹的“天人相分”思想也正是在这样的学术前提下产生的，尤其是在同陆氏兄弟针对“天人关系”理论的多次论战中，朱熹不断推陈出新，可谓发见高深，并使幽者明，微者著，最后终于形成了自己独具魅力的思想特色。

相对于“人”这个概念的单纯性而言，“天”的内容显然具有极大的灵活性和复杂性，而朱熹对“天”的理解和认识更是如此。归纳起来，“天”在朱熹的文本语言里至少有六种含义：1.与地相对，“天”是指地球以外的所有形体和物质。如朱熹说：“天地初间只是阴阳之气。这一个气运行，磨来磨去，磨得急了，便拶许多渣滓；里面无处出，便结成个地在中央。气之清者便为天，为日月，为星辰，只在外，常周环运转。”⑤这是一种朴素的太阳系起源说，也是浑天说在宋代的一种衍生。虽然朱熹的天体起源说以“地心说”这个错误的预设为前提，但他主张天体各自在一定的轨道上作“周环”运动，却具有合理的一面。2.天是宇宙间万事万物运动变化的客观规律，朱熹称之为“天运不息”。在他看来，“天运不息，非特四时为然；虽一日一时，顷刻之间，其运未尝息

① 《孟子·尽心》。

② 《韩非子·亡征》。

③ 《韩非子·解老》。

④ 《韩非子·解老》。

⑤ 朱熹：《朱子语类》卷一《理气上》，中华书局1986年版，第6页。

也。"①科学研究证明,所谓规律其实就是物质世界各种运动形式的联系和统一,因而它本身既不能产生也不能消灭。3.天是创生宇宙万物的能动力量,是"生物"之"心"。朱熹说:"心乃生之道。"又"生物便是天之心。"②那么,作为创生万物的"心"究竟是什么?是矛盾的对立统一,朱熹说:"天之生物,不能独阴,必有阳;不能独阳,必有阴;皆是对。"③"对"就是矛盾两个方面的对立统一,把矛盾看成宇宙万物产生和变化的根本动力,这是一个非常深刻的思想,它显示了朱熹的"天人相分"思想不仅具有直观性,而且更具有思辨性。4.天是一种"善德",它具有"元、亨、利、贞"④四个特征。朱熹说:"天道运行赋与万物,莫非至善无妄之理而不已焉,是则所谓天命者也,物之所得是谓之性,性之所得是之谓理,其名虽殊,其实则一而已。"⑤这就是说,宇宙万物以"善"为其存在的规定性,在这个前提下,"天理"、"至善"、"天命"、"物性"甚至包括"人性"都是统一的,所以,就此本源的意义讲,"天"是以"善性"为内质而构成的一个具有一般性或普遍性的道德"范式"。而这个"范式"是先天的,属于"本然之性"⑥,故"万物禀受,莫非至善者,性;率性而行,各得其分者,道。"⑦5.天是天地间道德实践的载体,是人类伦理行为的基本总则。其中,针对前者,朱熹提出了"圣人即天"⑧的命题,他又说:"圣人之心,即天下之理。"⑨可见,所谓"圣人"即是那些能立"万世不易之法"⑩的人物,如三皇五帝,文王周公,孔夫子等,因之"圣人正身以作民之准则"⑪,此"准则"即"模范"之意⑫;针对后者,朱熹认为:"仁是天理根本处"⑬,且"三纲五常,天叙之典,天秩之理"⑭,"凡其所谓冠昏丧祭之礼,与夫典章制度,文物礼乐,车舆衣

① 朱熹:《朱子语类》卷六十八《易四》,中华书局1986年版,第1702页。

② 朱熹:《朱子语类》卷九十五《程子之书一》,中华书局1986年版,第2440页。

③ 朱熹:《朱子语类》卷九十五《程子之书一》,中华书局1986年版,第2434页。

④ 朱熹:《朱子语类》卷二十《论语二》,中华书局1986年版,第476页。

⑤ 朱熹:《四书或问》之《论语或问卷二・为政第二》,上海古籍出版社、安徽教育出版社2002年版,第641页。

⑥ 朱熹:《朱子语类》卷六十二《中庸一》,中华书局1986年版,第1491页。

⑦ 朱熹:《朱子语类》卷六十二《中庸一》,中华书局1986年版,第1492页。

⑧ 朱熹:《孟子精义》卷七《娄离章句上》。

⑨ 朱熹:《朱子语类》卷一百二十《朱子十七》,中华书局1986年版,第2913页。

⑩ 朱熹:《晦庵先生朱文公文集》卷十六《奏推广御笔指挥二事状》,《朱子全书》,上海古籍出版社、安徽教育出版社2002年版,第743页。

⑪ 朱熹:《朱子语类》卷七十九《尚书二》,中华书局1986年版,第2045页。

⑫ 朱熹:《朱子语类》卷七十四《易十》,中华书局1986年版,第1894页。

⑬ 朱熹:《朱子语类》卷五十一《孟子一》,中华书局1986年版,第1227页。

⑭ 朱熹:《朱子语类》卷五十一《孟子一》,中华书局1986年版,第1227页。

服，无一件是圣人自做底。都是天做下了，圣人只是依傍他天理行将去。”①6.天是一种宗教神，是人们顶礼膜拜的对象。朱熹说：“天气常伸，谓之神。”②具体言之，则“气之清明者为神”③。由此可见，“天神”仅仅是“天人相通”说的一种神化形式。

以张世英先生的看法，中国传统哲学的主流思想是“天人合一”，而“天人合一”分两种类型：“一是儒家的有道德意义的‘天’与人合一的思想；二是道家无道德意义的‘道’与人合一的思想。”④至于儒家的“天人合一”思想又可分两种类型：一种是孟子倡导的“天人相通”说，另一种则是董仲舒主张的“天人相类”说⑤。在“天人合一”问题上就总体而言朱熹应归属于孟子一派，但又有区别。其最显著的区别就是朱熹的“天人合一”是以承认“天人相分”为前提的，而以往学界常常忽略了这个关键点。因此，从这个角度讲，倘若不理解朱熹的“天人相分”思想，则朱熹的“天人合一”思想也就根本不能得到正确的阐释。也许我们不认为朱熹是宋代“天人相分”思想的重要代表人物，但从朱熹的整个理学体系看，它的立论根基却并不是“天人合一”思想而是“天人相分”思想，只是人们平时没有关注这个事实而已。由于朱熹论述“天人相分”思想的言语分散在各个篇章里，缺乏系统性。故为了论证问题的方便，我们特举证若干事例如下，以期人们对朱熹“天人相分”的思想内容有一个初步的认识和了解。

1.“天人合一”与“天人相分”互为前提，两者在本源上具有统一性和互补性。朱熹说：“天人一理，只有一个分不同。”⑥这个思想在二程的文本语言中已经出现，如二程说：“天人所为，各自有分。”⑦可见，对于“天人相分”的认识程朱之间不仅是相互贯通和先后相继的，而且朱熹更加重视“分”的使用价值。比如，朱熹将“天人关系”之“分”和“合”两个方面应用到社会生活的各个领域，从而形成了其内涵丰富的“分合”说，极大地拓展了“天人关系”的义域范围。如朱熹这样说道：周敦颐之学“推一理二气五行之分合以纪纲”⑧；

---

① 朱熹：《朱子语类》卷七十八《尚书一》，中华书局1986年版，第2020页。

② 朱熹：《朱子语类》卷三《鬼神》，中华书局1986年版，第50页。

③ 朱熹：《朱子语类》卷三《鬼神》，中华书局1986年版，第47页。

④ 张世英：《天人之际——中西哲学的困惑与选择》，人民出版社2005年版，第14页。

⑤ 张世英：《天人之际——中西哲学的困惑与选择》，人民出版社2005年版，第14页。

⑥ 朱熹：《朱子语类》卷七十八《尚书一》，中华书局1986年版，第2020页。

⑦ 程颢、程颐：《河南程氏遗书》卷十五《伊川先生语一·入关语录》，《二程集》上，中华书局1981年版，第158页。

⑧ 朱熹：《晦庵先生朱文公文集》卷八十一《周子同书后记》，《朱子全书》，上海古籍出版社、安徽教育出版社2002年版，第3857页。

"兵法以能分合为变,不独一阵之间有分合,天下之兵皆然"①;"大抵看道理,要看得他分合各有著落,方是仔细"②等等。由上述这些事例可知,朱熹对"分"与"合"的重视,实际上是不分主次的,在朱熹看来,没有"合"当然就没有"分",反过来,则没有"分"也同样没有"合",两者之间就是这样你中有我,我中有你地相互纠缠在一起,不能分割。因此,冯禹先生说:"只讲'合'、'一',不讲'分'、'两',从来不是中国哲学的传统的主流。"③

2."天人合一"与"天人相分"在方法论方面彼此依赖,两者既有本体论的"形而上"意义,同时又有物质论的"形而下"价值。如,朱熹在区分儒与释之不同时说:"儒释之异在乎分合之间"④。何谓"合"? 何谓"分"? 朱熹解释道:"吾(即儒学)以心与理为一,彼(即释教)以心与理为二。亦非固欲如此,乃是见处不同,彼见得心空而无理,此见地心虽空而万理咸备也。"⑤实际上,在本体论上儒学讲的是"心与理为一"的一元论,而释氏讲得则是"心与理为二"的二元论。在朱熹看来,"理"自身是内在的而不是外在的具有"分"与"合"两种相互联系的功能,其中"合"的功能已见前述,而对于"分"的功能,朱熹则进一步发挥了二程所提出的"理一分殊"思想。二程说:"《西铭》明理一而分殊,墨氏则二本而无分。"⑥《西铭》是张载最重要的理学著作之一,宋人对其倍加推崇,认为它同《太极图说》一起,共同成为宋明理学的奠基之作。朱熹认为,所谓"理一分殊"其实就是"理"这个范畴本身的"分"与"合",而"分"与"合"的统一即为完整意义上的"太极"。他说:"盖合而言之,万物统体一太极也;分而言之,一物各具一太极也。"⑦又说:"理只是这一个,道理则同,其分不同,君臣有君臣之理,父子有父子之理。"⑧而这种"分"中有"合","合"中有"分"的思想,是朱熹"天人关系"的一个重要内容。当然,朱熹为了不使"天人关系"流于形式和空疏,他便更加突出了"天人相分"的物质论价值。相对于抽象的和无形的"本体论"而言,"物质论"则是实实在在的和有声

① 朱熹:《朱子语类》卷一百一十《朱子七》,中华书局1986年版,第2708页。

② 朱熹:《朱子语类》卷六十九《易五》,中华书局1986年版,第1717页。

③ 冯禹:《天与人——中国历史上的天人关系》,重庆出版社1990年版,第239页。

④ 朱熹:《晦庵先生朱文公文集》卷三十七《答韩无咎》,《朱子全书》,上海古籍出版社、安徽教育出版社2002年版,第1623页。

⑤ 朱熹:《朱子语类》卷一百二十六《释氏》,中华书局1986年版,第3015—3016页。

⑥ 程颢、程颐:《河南程氏文集》卷九《伊川先生文五·书启》,《二程集》上,中华书局1981年版,第609页。

⑦ 朱熹:《太极图说解》,《朱子全书》,上海古籍出版社、安徽教育出版社2002年版,第74页。

⑧ 朱熹:《朱子语类》卷六《性理三》,中华书局1986年版,第99页。

有色的,人们既能看得见,也能摸得着。在“天人相分”的背景下,不仅“物物各异其用”①,而且“人之心便具许多道理:见之于身,便见身上有许多道理;行之于家,便是一家之中有许多道理;施之于国,便是一国之中有许多道理;施之于天下,便是天下有许多道理。”②此“身”、“家”、“国”及“天下”均为“分”的具体形态,是需要用“格物”功夫才能成就的事情,如果不是这样,则“只就纸上说千千万万,不济事。”③

3.“天人相分”是处理心性关系的必要前提和思想基础。心性关系是天人关系的一个重要方面,儒家讲“心”与“性”不只是“一”与“合”,也有“二”与“分”。朱熹说:“大抵心与性,似一而二,似二而一,此处最当体认。”④一般地讲,“心”是一种意识活动,朱熹依其性质分“心”为“道心”和“人心”两类。朱熹认为:“此心之灵,其觉于理者,道心也;其觉于欲者,人心也。”⑤实际上,所谓“道心”就是天的性质,是“心之本体”⑥,而所谓“人心”则是人的本能欲望,是一种“气禀”的性质。这种对“心”范畴的理解,就是“天人相分”的一种表现形式。然而,“心”不能孤立的产生,朱熹说:“性者万物之原。”⑦从纯粹的理的层面看,“性”可称作“性分”⑧;从理与气交互作用的层面看,则“性”又可称作“命分”⑨。可见,“性分”与“命分”亦是“天人相分”的一种表现形式。当然,朱熹讲“分”不是为了“分”而“分”,而是为了说明人类认识的来源及其形成的内在机制问题。朱熹说:“性便是心之所有之理,心便是理之所会之地。”⑩因“心之所有之理”都是实实在在的东西,故“性虽虚,都是实理”⑪;又因“心便是理之所会之地”,故“心虽是一物,却虚,故能包含万理。”⑫由此可见,“性”亦可说是一种先验的认识范畴,近似于康德的“先天知识”学说。只是在康德那里,“先天的知识能力”是产生科学认识的前提条件,而在朱熹的

① 朱熹:《朱子语类》卷十八《大学五》,中华书局1986年版,第398页。

② 朱熹:《朱子语类》卷十四《大学一》,中华书局1986年版,第255页。

③ 朱熹:《朱子语类》卷十四《大学一》,中华书局1986年版,第255页。

④ 朱熹:《朱子语类》卷五《性理二》,中华书局1986年版,第89页。

⑤ 朱熹:《晦庵先生朱文公文集》卷五十六《答郑子上》,《朱子全书》,上海古籍出版社、安徽教育出版社2002年版,第2680页。

⑥ 朱熹:《朱子语类》卷五《性理二》,中华书局1986年版,第86页。

⑦ 朱熹:《朱子语类》卷四《性理一》,中华书局1986年版,第76页。

⑧ 朱熹:《朱子语类》卷四《性理一》,中华书局1986年版,第77页。

⑨ 朱熹:《朱子语类》卷四《性理一》,中华书局1986年版,第77页。

⑩ 朱熹:《朱子语类》卷五《性理二》,中华书局1986年版,第88页。

⑪ 朱熹:《朱子语类》卷五《性理二》,中华书局1986年版,第88页。

⑫ 朱熹:《朱子语类》卷五《性理二》,中华书局1986年版,第88页。

意识中,"性"则主要是产生道德知识的前提条件。

所以,朱熹讲"心"与"性"的关系,是以明确"天人各自有分"为根据的。天有天的运动变化规律,人有人的运动变化规律,"天"的运动形式如机械的、物理的、化学的及生物的运动形式都是简单的运动形式,唯有人类的社会运动是最高级的和最复杂的运动形式。朱熹虽然不懂得"天"的各种运动形式构成了人类社会运动的物质基础和存在前提,但是他认为"分得愈见不同,愈见得理大"①,却是颇有思辨性的哲学命题。现代科学分别朝着宇观世界和微观世界两极愈来愈深刻化的发展,而深刻化的标志有两个:一是分科愈来愈细,二是科学考察对象的差异性愈来愈显著,如宇观世界中的"白洞"与"黑洞"、"质量"与"能量",微观世界中的"物质"与"反物质"、"粒子"与"波"等。因此,"分"反映了科学的生命。

(二)朱熹"天人相分"的主要表现形式

"天人相分"离不开两个事物的矛盾对立,诺贝尔奖获得者霍夫曼曾说,"极性或双重性肯定具有一种推动力",又说,极性"就是出现对立的根源"②。可是,"天人相分"除了"极性"或"对立"的存在形式外,在朱熹的相关著述中,我们还发现有相互包含的形式和交替换位的形式。

1.对立的形式

朱熹讲"天人相分"所采取的思维形式主要就是这种形式。如《朱子语类》卷十三《学七》载:"人贵剖判,心下令其分明,善理明之,恶念去之。若义理,若善恶,若是非,毋使混淆不别于其心。"与我们今天的日常行为规范不同,在朱熹看来,人类的一切道德规范都是"理"与"气"两者交互运动的结果和产物。朱熹说:"天下未有无理之气,亦未有无气之理。"③依此则"理也者,形而上之道也,生物之本也"④,而"生物之本"为"善";又,"气也者,形而下之器也,生物之具也"⑤,"生物之具"为"善"也为"恶",即成"对立"的存在方式,这是"生物之具"的本质特点。不过,朱熹认为,同样是"对立",然"对立"与"对立"不同,既有绝对的和不变的对立形式,也有相对的和可变的对立形式。如,朱熹说:就宇宙万物而言,"道理则同,其分不同。"⑥此"分"有"定分"和"不定分"的区别。

---

① 朱熹:《朱子语类》卷六《性理三》,中华书局 1986 年版,第 102 页。

② [美]霍夫曼:《相同与不相同》,吉林人民出版社 1998 年版,第 226 页。

③ 朱熹:《朱子语类》卷一《理气上》,中华书局 1986 年版,第 2 页。

④ 朱熹:《晦庵集》卷五十八《答黄道夫》。

⑤ 朱熹:《晦庵集》卷五十八《答黄道夫》。

⑥ 朱熹:《朱子语类》卷六《性理三》,中华书局 1986 年版,第 99 页。

所谓“定分”其实就是绝对的和不变的“界分”形式，是人们不能随便僭越的道德规范，朱熹说：“至吾儒须辨其定分，君臣父子皆定分也。”①此外，在朱熹看来，人类社会还有一种“定分”表现为“贤愚”、“贵贱”等方面的不同，如他说：“人之禀气，富贵、贫贱、长短，皆有定数寓其中。禀得盛者，其中有许多物事，其来无穷。亦无盛而短者。若木生于山，取之，或贵而为栋梁，或贱而为厕料，皆其生时所禀气数如此定了。”②这种把人生锁定在先天的禀赋上的观点，显然是一种错误的“宿命论”思想。

所谓“不定分”则是相对的和可变的“界分”形式，是人们通过“切己”功夫可以改变的道德规范，如善与恶、公与私等道德形式就是可以相互转化的。朱熹举例说：“且以一日言之：或阴或晴，或风或雨，或寒或热，或清爽，或鹘突，一日之间有许多变。”③有时候，人们为诚为不诚、为善为恶仅仅一念之间，即“诚与不诚，不特见之于外，只里面一念之发，便有诚伪之分。”④所以，诸如智与愚、善与恶等道德范畴，体现在每个道德实践的主体者身上，都是可以转变的，朱熹就坚决反对将“善恶”绝对化或“悬绝化”的观点，他说：“盖习与性成而至于相远，则固有不移之理。然人性本善，虽至恶之人，一日而能从善，则为一日之善人，夫岂有终不可移之理！”⑤在严格身份歧视的两宋时代，朱熹能够以博大的胸怀，宽容那些“至恶”之人，实在难能可贵。由此反观我们今天有些人连那些因一时糊涂而做错事的人，甚或那些“两教”人员都不能够以“虽至恶之人，一日而能从善，则为一日之善人”的胸襟去容纳他们，比起几百年前的朱熹来，真是有点“血指汗颜”，够惭愧的。

2.相互包涵或兼容的形式

在朱熹的理学体系中，有许多呈“孪生”式的道德范畴和思维形式，它们虽然也是成双成对地出现在各种文本语言里，甚至也有各自特定的义域和使用范围，但从严格的意义上讲，它们的“界分”是不确定的和模糊的，因而我们把此类不能非此即彼地加以区分的概念统称为“天人相分”的“兼容形式”。比如，对于“心”与“性”这两个概念，有人问如何区别，朱熹坦诚相告：“这个极难说，且是难为譬喻。”因为“此两个说著一个，则一个随到，元不可相离，亦自难与分别。”⑥正是由于这样的缘故，朱熹才指出：“性是理，心是包含

① 朱熹：《朱子语类》卷六十三《中庸二》，中华书局1986年版，第1536页。

② 朱熹：《朱子语类》卷四《性理一》，中华书局1986年版，第81页。

③ 朱熹：《朱子语类》卷四《性理一》，中华书局1986年版，第80页。

④ 朱熹：《朱子语类》卷十六《大学三》，中华书局1986年版，第329页。

⑤ 朱熹：《朱子语类》卷四十七《论语二十九》，中华书局1986年版，第1187页。

⑥ 朱熹：《朱子语类》卷五《性理二》，中华书局1986年版，第88页。

该载,敷施发用底。"①且"心、性、理,拈著一个,则都贯穿,惟观其所指处轻重如何。"②

理与五常及五常内部各范畴之间的关系亦复如此。朱熹说:"谓之一理亦可,五理亦可。以一包之则一,分之则五。"而当有人问"分为五之序"的问题时,朱熹回答说:"浑然不可分。"③"五常"即"仁义礼智信",其"仁者,不忍,好生爱人;义者,宜也,断决得中;礼者,履也,履道成文;智者,知也,见微知著;信者,诚也,专一不移,故人生而应八卦之体,得五气以为常。"④与"五行"相对应则"仁木,义金,礼火,智水,信土。"⑤按照朱熹的"理气"与"形上形下"之说,"五行"属"气",是"形而下"的范畴。因此,"五常"亦自当不能超越这个底线,其诸范畴也都为"气"所属,然其地位和价值却属于"形上"的层次。故朱熹说:"仁义礼智,性之大目,皆是形而上者,岂可分也!"⑥同"五行"之"土于四时各寄王十八日"⑦一样,"五常"之"信","以阴阳五行而言,则木火皆阳,金水皆阴,而土无不在;以性而言,则礼者,仁之余;智者,义之归,而信无不在也。"⑧因而"人只是此仁义礼智四种心"⑨。在此,朱熹提出一个很重要的"天人相分"思想,即就"相分"的层面说,"分"不是实有的分而是"名称"的分,而这种"名称"上的"分"便具有了一定的"兼容"关系。如,朱熹说:"大抵天地间只一理,随其到处,分许多名字出来。"⑩实际上,不管人们承认与否,朱熹在这里所讲的"分许多名字出来"本身都体现了人类意识的一种能动性。至于"四种心"的关系,朱熹认为:"《六经》中专言仁者,包四端也;言仁义而不言礼智者,仁包礼,义包智。"⑪此处之"仁"与"礼"及"义"与"智"的关系就是一种相互包含的关系,而"礼"与"义"的关系则不是相互包含的关系,如朱熹所说:"仁与智包得,义与礼包不得。"⑫

---

① 朱熹:《朱子语类》卷五《性理二》,中华书局1986年版,第88页。

② 朱熹:《朱子语类》卷五《性理二》,中华书局1986年版,第89页。

③ 朱熹:《朱子语类》卷六《性理三》,中华书局1986年版,第100页。

④ 朱熹:《仪礼经传通解》卷九《学义》。

⑤ 朱熹:《朱子语类》卷六《性理三》,中华书局1986年版,第104页。

⑥ 朱熹:《朱子语类》卷六《性理三》,中华书局1986年版,第107页。

⑦ 朱熹:《朱子语类》卷六《性理三》,中华书局1986年版,第104页。

⑧ 朱熹:《四书或问》之《孟子或问》,《朱子全书》,上海古籍出版社、安徽教育出版社2002年版,第919页。

⑨ 朱熹:《朱子语类》卷六《性理三》,中华书局1986年版,第105页。

⑩ 朱熹:《朱子语类》卷六《性理三》,中华书局1986年版,第105页。

⑪ 朱熹:《朱子语类》卷六《性理三》,中华书局1986年版,第106页。

⑫ 朱熹:《朱子语类》卷六《性理三》,中华书局1986年版,第107页。

3.极化的形式。

在朱熹的思想文本里,“极化”有两种形式:以“始与终”两极存在的形式与形成中心和边缘两种存在状态的形式。

就“天”与“人”的“界分”来说,仁义礼智四者唯有“仁”直接源自“天”,而其他三者则由“仁”产生出来。朱熹说:“当来得于天者只是个仁,所以为心之全体。却从仁中分出四界子:一界子上是仁之仁,一界子是仁之义,一界子是仁之礼,一界子是仁之智。一个物事,四脚撑在里面,唯仁兼统之。心里只有此四物,万物万事皆自此出。”①朱熹承认宇宙万物是一个逐步进化的发展过程,他强调万物进化的最终结果,就是形成了人类的“智力活动”。朱熹反复说:“仁所以包三者,盖义礼智皆是流动底物,所以皆从仁上渐渐推出。仁智、元贞,是终始之事,这两却重。如坎与震,是始万物、终万物处,艮是中间接续处。”②按照朱熹的认识,则“天”的一端是“仁”,而“人”的一端是“智”,两者的功能截然不同。如,“仁是天地之生气”③,“仁礼是用”④,“生的意思是仁”⑤,仁是“始万物”⑥处;“义智是体”⑦,“藏不测是智”⑧,智是“终万物处”⑨。可见,“仁”与“智”是“天人相分”的一种极化形式。仅此而言,朱熹的思想有其合理之处:一是承认人(“智”)是自然界(“天”)长期演化的产物,它的生成式可表达为“天——仁——智”;二是“取两头”的认识方法,有其独到的地方,那就是它省略了许多中间环节,注重看“起步”和“最终的效果”,这是“两点论”的一种特殊形式;三是朱熹提出“其智愈大,其藏愈深”⑩的命题,这个命题的价值在于它以特殊的方式揭示了人类认识的无限性问题。朱熹说:“智,便是个收敛无痕迹底意思。”⑪当然,这个“藏”并不是没有生机的“模匣子”,而是具有“生意”的“种子”⑫。朱熹很形象地说:“万物收藏,何时休了,

---

① 朱熹:《朱子语类》卷六《性理三》,中华书局1986年版,第115页。
② 朱熹:《朱子语类》卷六《性理三》,中华书局1986年版,第107页。
③ 朱熹:《朱子语类》卷六《性理三》,中华书局1986年版,第107页。
④ 朱熹:《朱子语类》卷六《性理三》,中华书局1986年版,第106页。
⑤ 朱熹:《朱子语类》卷六《性理三》,中华书局1986年版,第107页。
⑥ 朱熹:《朱子语类》卷六《性理三》,中华书局1986年版,第107页。
⑦ 朱熹:《朱子语类》卷六《性理三》,中华书局1986年版,第106页。
⑧ 朱熹:《朱子语类》卷六《性理三》,中华书局1986年版,第107页。
⑨ 朱熹:《朱子语类》卷六《性理三》,中华书局1986年版,第106页。
⑩ 朱熹:《朱子语类》卷六《性理三》,中华书局1986年版,第106页。
⑪ 朱熹:《朱子语类》卷六《性理三》,中华书局1986年版,第110页。
⑫ 朱熹:《朱子语类》卷六《性理三》,中华书局1986年版,第105页。

都有生意在里面。”①

“边缘化”是事物发展的一个规律，任何事物只要有“中心”则必然有“边缘”，因此，“边缘化”是一种客观存在，人们应正视它，研究它，而不是回避它和歧视它。如中国古代历史上的“夏夷观”就是一种“极化”的观念形态，是一个非常重要的“中心”与“边缘化”相互对立的社会政治问题。对此，朱熹自有他的一套看法：

“熹惟三代之前，帝王之兴率在中土。以故德行道艺之教其行于近者著，而人之观感服习以入焉者深。若夫句吴之墟，则在虞夏五服是为要荒之外，爰自太伯采药，荆蛮始得其民，而端委以临之，然亦仅没其身，而虞仲之后相传累世，乃能有以自通于上，国其俗盖亦鄙朴而不文矣。”②

基于这种“先发”与“后发”，“中心”与“边缘”的文化发展不平衡状况，朱熹对“夏”与“夷”关系提出了自己的看法。(1)“内中国而外夷狄”是朱熹的基本主张。朱熹说：“《易》则是尊阳抑阴，进君子而退小人；明消息盈虚之理；《春秋》则是尊王贱伯，内中国而外夷狄，明君臣上下之分。”③在这里，“内”与“外”有双重含义：一是从地缘上讲，“中国”居于“中土”，是文明的中心，而“夷狄”则居于“要荒之外”，是文明的边缘；二是从政治上讲，以“中国”为主，而以“夷狄”为辅，否则，就是“僭”。(2)“夏”与“夷”是一个矛盾的统一体，彼此相依，不可分离。据此，朱熹反对那种“欲无夷狄”的做法。比如，他批评说：“秦始皇、汉武帝、唐太宗欲无夷狄，是皆好大喜功，穷兵黩武之过。”④夷狄对中国文明的进程曾起到过积极的历史作用，如，“唐源流出于夷狄，故闺门失礼之事，不以为异。”⑤又，有人问：“周受命如何？”朱熹回答说：“命如何受于天？只是人与天同。然观周自后稷以来，积仁累义，到此时人心奔赴，自有不可已。”且“太王居于夷狄之邦，强大已久，商之政令，亦未必行于周。大要天下公器，所谓‘有德者易以兴，无德者易以亡’。使纣无道，太王取之何害？”⑥由此可知，对于“边缘化”问题，关键不在人们如何去消除它，而在于如何缩小“边缘化”问题。从历史上看，很多封建王朝由于对“中心”与“边缘”

① 朱熹：《朱子语类》卷六《性理三》，中华书局 1986 年版，第 113 页。

② 朱熹：《晦庵先生朱文公文集》卷八十《平江府常熟县学吴公祠记》，《朱子全书》，上海古籍出版社、安徽教育出版社 2002 年版，第 3816 页。

③ 朱熹：《朱子语类》卷六十七《易三》，中华书局 1986 年版，第 1659 页。

④ 朱熹：《晦庵先生朱文公文集》卷七十三《郑公艺圃折衷》，《朱子全书》，上海古籍出版社、安徽教育出版社 2002 年版，第 3553 页。

⑤ 朱熹：《朱子语类》卷一百三十六《历代三》，中华书局 1986 年版，第 3245 页。

⑥ 朱熹：《朱子语类》卷八十一《诗二》，中华书局 1986 年版，第 2126 页。

问题处理不妥，结果导致严重的民族冲突和国家分裂，给劳苦大众带来痛苦和灾难，民坠涂炭，其教训之深，当永诫后世。

## 二、“仁道”诸范畴与极端形态下的“天人相分”思想

从总体上看，朱熹在上述“天人相分”的三种存在方式中，既没有将三者均衡化，也没有将其“兼容”和“极化”形式进一步完善化为“天人相分”的普遍形式，相反，朱熹却格外地把“对立”或“斗争”的“相分”形式扩大化为“存天理，灭人欲”这种极端的道德范型，给明清的社会发展造成了严重的社会后果。

社会意识是社会存在的反映，朱熹选择何种“天人相分”形式作为他的道德骨架并不是由他自己决定的，同人是环境的产物一样，朱熹那种极端形态的“天人相分”思想亦是社会环境的产物，是南宋政治、经济和思想文化综合作用下的一种思维现象。

南宋同北宋相比，其社会矛盾更加尖锐。我们不妨用四句话来概括南宋的政治和社会特点：一是宰相擅权，政治愈加腐败；二是农民负担沉重，其反抗斗争不断发生；三是边患危机日益加深，民族矛盾时时激化；四是士大夫的积极参政意识与统治者的保守策略之间的冲突，成为南宋社会复杂性的重要根源之一①。据不完全统计，在南宋立国的150年间，共发生了各种形式的农民起义计有215次，较北宋增加了近百次②。考，朱熹生于1130年，卒于1200年，而宋孝宗于1163年至1195年在位，仅此期间就发生了50多次农民起义③。也就是说，朱熹恰恰生活在南宋社会矛盾最为尖锐的历史时期，而当时这种严酷的社会现实则不能不对其思想意识产生这样或那样的深刻影响。

与农民起义频繁发生，民族矛盾冲突愈益激化的内地社会状况有所不同，南宋各沿海地区的社会经济却出现了繁荣发展的态势。仅以朱熹讲学的福建地区为例，其手工业和城镇商业及海外贸易较北宋都有大幅度的提高和发展。如泉州的绸缎和棉纺品，尤其是脚踏纺车的出现，标志着福建棉纺织业的巨大飞跃④；据《建安志》的有关记载，南宋时福建路已经出现了“雇佣煎盐制”，而雇佣关系则是商品经济发达的直接产物，特别是宋高宗在福建推行临时盐法，通过提高国家收购食盐的价格，刺激了食盐的生产与运输，成为福建经济的支

① 何忠礼、徐吉军：《南宋史稿》，杭州大学出版社1999年版，第1—2页。
② 何忠礼、徐吉军：《南宋史稿》，杭州大学出版社1999年版，第376—377页。
③ 何忠礼、徐吉军：《南宋史稿》，杭州大学出版社1999年版，第228页。
④ 唐文基：《福建古代经济史》，福建教育出版社1995年版，第257页。

柱产业之一;苏轼说:福建之民,“以海商为业”①,其海商可分为内商与外商(主要指外国商人)两类,在南宋,其福建的内商经常活跃于海南岛、广东、山东、浙江等地,如建康时有“七闽、二广风帆海船之饶”②的说法。其外商蕃船入泉州港,止在从建炎元年到绍兴四年的8年间就使南宋政府净赚得利钱多达98万贯③,等等。所以,《宋会要辑稿》载:“漳、泉、福、兴化,凡滨海之民所造舟船,乃自备财力,兴贩牟利而已。”④而一个“利”字则概括了南宋经济发达的物质根源。

民族和阶级矛盾严重激化与商品经济迅猛发达之间的鲜明对照,这两个极端的社会政治和经济文化现象,必然会给朱熹理学思想的形成以强烈的刺激和深刻影响。

朱熹非常关注商贾在南宋社会经济发展中的地位。“天理”与“人欲”之别是“天人相分”思想的要害。众所周知,朱熹把“利”与“人欲”联系了起来,认为:“以儒者之学不传,而尧、舜、禹、汤、文、武以来,转相授受之心不明于天下,故汉唐之君或不能无暗合之时,而其全体却只在利欲上。”⑤陈恭甫即陈亮,是浙东事功派的重要人物之一。朱熹与陈亮往来书信不少,主要围绕义利、王霸等问题各抒已见,互相切磋,甚或争论。由于人们习惯于“两分法”思维,因而在“义理”问题上理所当然地分成了两个阵营。分两个阵营来讨论“义利”问题,本身没有错,问题是朱熹是否一般地反对“功利”?朱熹反对“功利”是真的,但他不是一般的反对“功利”,他所反对的主要是士大夫经商谋利,尤其是反对士大夫与普通商人争利,朱熹甚至说过“士大夫下争商贾之利无耻”⑥这样的话。而对于普通的商贾,朱熹表示不仅不反对他们的经商行为,而且还呼吁政府减息抑税,保护商人的合法利益。比如,为了增加国家的财政收入,当时有人主张对商贾“责五分之息”,朱熹严肃地指出:这样做的后果,“必至于尽笼商贾之利,阴夺场务之课,便道涂嗟怨,公私困竭。”⑦因而他

---

① 苏轼:《东坡文集》卷五十六《论高丽进奏状》。

② 王象之:《舆地纪胜》卷十七《江宁府》。

③ 唐文基:《福建古代经济史》,福建教育出版社1995年版,第257页。

④ 徐松:《宋会要辑稿》刑法二之一三七。

⑤ 朱熹:《晦庵先生朱文公文集》卷三六《答陈同甫》,《朱子全书》,上海古籍出版社、安徽教育出版社2002年版,第1588页。

⑥ 朱熹:《晦庵先生朱文公文集别集》卷六《黄商伯》,《朱子全书》,上海古籍出版社、安徽教育出版社2002年版,第5486页。

⑦ 朱熹:《晦庵先生朱文公文集》卷九十六《行状》,《朱子全书》,上海古籍出版社、安徽教育出版社2002年版,第4479页。

认为:“增市征则害商贾。”[①]那么,朱熹既然不反对一般的商利行为,可他为什么还要“灭人欲”呢?

我们可以肯定地说,南宋所出现的内困外扰现象不是商贾造成的,更不是由商业利润所诱发的。宋人熊克认为“吏缘为奸”是造成南宋农民无以为生的根本原因[②]。而另一位宋人胡铨则进一步谈到:尽管农民“比他岁所入十倍,然官敛其七八,民存二三,生理萧然。”[③]又“州县之间,聚敛者多,椎剥之风,浸以成习,民生穷蹙,怨愤莫伸,啸聚山林,势所必至。”[④]可见,南宋学者多将其社会问题归结于官吏腐败,而官吏腐败的根源又在于士大夫的普遍堕落。对此,朱熹深恶痛绝,备感忧虑。不妨枚举数例如下:

“夫熙宁以来,群小相师,灭理穷欲,以逮于兹,适已六十年矣。士大夫酣豢之余,心志溃烂不可收拾,宜其祸变危迫而皆不知以为忧,败衅迎降而不知以为耻,弃君叛父、奉贼称臣而皆不知以为辱也。”[⑤]

“向来士大夫奔觌抃之门,十才一二,尚畏人知。今则公然趋附十之七八,不复有顾忌矣。人才进退由于私门,大非朝廷美事。”[⑥]

“近世以来,风颓俗靡,士大夫倚托欺谩以取爵位者,不可胜数。”[⑦]

今日“世衰道微,士大夫假真售伪,托公济私者,方骛于世。”[⑧]

“今士大夫顾惜畏惧,何望其如此! 大抵不顾义理,只计较利害,皆奴婢之态,殊可鄙厌!”[⑨]

“今世士大夫惟以苟且逐旋挨去为事,挨得过时且过。上下相咻以勿生事,不要十分分明理会事,且恁鹘突。才理会得分明,便做官不得。有人少负能声,及少经挫抑,却悔其太惺惺了了;一切刓方为圆,且恁随俗苟且,自道是年高见识长进。当官者,大小上下,以不见吏民,不治事为得策,曲直在前,只

① 朱熹:《晦庵先生朱文公文集》卷九十六《行状》,《朱子全书》,上海古籍出版社、安徽教育出版社 2002 年版,第 4459 页。

② 熊克:《中兴小记》卷九,台北文海出版社影印本。

③ 黄淮、杨士奇:《历代名臣奏议》卷一百七《仁民》。

④ 脱脱:《宋史》卷四百五《李宗勉传》,中华书局 1977 年版,第 12234 页。

⑤ 朱熹:《晦庵先生朱文公文集》卷八十九《朝议大夫致仕赠光禄大夫黄公神道碑》,《朱子全书》,上海古籍出版社、安徽教育出版社 2002 年版,第 4147 页。

⑥ 朱熹:《晦庵先生朱文公文集》卷九十六《正献陈公行状》,《朱子全书》,上海古籍出版社、安徽教育出版社 2002 年版,第 4477 页。

⑦ 朱熹:《晦庵先生朱文公文集》卷二十五《答韩尚书书》,《朱子全书》,上海古籍出版社、安徽教育出版社 2002 年版,第 1129 页。

⑧ 朱熹:《晦庵先生朱文公文集》卷二十五《与吕伯恭书》,《朱子全书》,上海古籍出版社、安徽教育出版社 2002 年版,第 1125 页。

⑨ 朱熹:《朱子语类》卷三十五《论语十七》,中华书局 1986 年版,第 923 页。

不理会,庶几民自不来,以此为止讼之道。民有怨抑,无处伸诉,只得忍遏。便有讼者,半年周岁不见消息,不得了决,民亦只得休和,居官者遂以为无讼之可听。风俗如此,可畏!可畏!”①

在这里,我们不排除朱熹有意气论事的主观动机,但大体上他所说的话符合南宋社会的客观实际,且朱熹是整个南宋对士风日下之现象感慨最深和最多的一个人。因为对于南宋的士风和吏风问题,不独朱熹如此说,很多明眼人都如此说。如,卫泾说:士大夫“徇利而不顾义,矜名而不务实”,其“冒进之习滋,廉耻之道丧”②;叶适更说:士大夫“风俗大坏而不可救”,故其“士俗日以颓败”③。这些话亦是朱熹反复向世人苦诉的耿直之言,如他说:南宋“士大夫苟且欺诞”④,近世士大夫“只要徇人情”⑤,“士大夫顾望蓄缩,委曲避就”⑥,又“今之士大夫多是死于欲”⑦,等等。而把这些问题归结起来,追究其源流则可以用两个字概括,那就是“利欲”,朱熹说:“怪不得今日士大夫,是他心里无可作做,无可思量,‘饱食终日,无所用心’,自然是只随利欲走。间有务记诵为词章者,又不足以救其本心之陷溺,所以个个如此。”⑧在朱熹看来,南宋士大夫尽管贪财恋色,偷薄欺伪,无所事事,厚颜无耻,可谓“无一事之不弊”⑨,但这仅仅是问题的一个方面,朱熹同时认为南宋的士大夫还没有无耻到不可救药的程度。这主要表现在,朱熹认为宋代毕竟出现了一些具有铮铮傲骨的士大夫楷模。如:

“近世士大夫忧国忘家,每言及国家辄感愤慷慨者,惟于赵子直、黄文叔见之耳。”⑩

“东坡议论虽不能无偏颇,其气节直是有高人处。”⑪

---

① 朱熹:《朱子语类》卷一百八《朱子五》,中华书局 1986 年版,第 2686 页。

② 《后乐集》卷九《轮对札子》、《集英殿问对》。

③ 《水心集》卷一《上光宗皇帝札子》及《上孝宗皇帝札子》。

④ 朱熹:《晦庵先生朱文公文集》卷九十七《敷文阁直学士陈公行状》,《朱子全书》,上海古籍出版社、安徽教育出版社 2002 年版,第 4533 页。

⑤ 朱熹:《朱子语类》卷八十三《春秋·经》,中华书局 1986 年版,第 2167 页。

⑥ 朱熹:《晦庵先生朱文公文集别集》卷二《刘共甫》,《朱子全书》,上海古籍出版社、安徽教育出版社 2002 年版,第 4898 页。

⑦ 朱熹:《朱子语类》卷八十九《礼六》,中华书局 1986 年版,第 2273 页。

⑧ 朱熹:《朱子语类》卷一百三十二《本朝六》,中华书局 1986 年版,第 3184 页。

⑨ 脱脱:《宋史》卷四百九十七《杜范传》,中华书局 1977 年版,第 12286 页。

⑩ 朱熹:《朱子语类》卷一百三十二《本朝六》,中华书局 1986 年版,第 3182 页。

⑪ 朱熹:《朱子语类》卷三十五《论语十七》,中华书局 1986 年版,第 923 页。

而范仲淹“大厉名节,振作士气”[①],故其“毅然以天下国家为己任”[②]。

诚然,从北宋到南宋真正称得上有人格和士格的士大夫,屈指可数,但朱熹却从他们身上看到了整顿士风的希望。在他看来,“士大夫以面折廷争为职”[③],由此出发,朱熹认为“三代而下,惟东汉人才,大义根于其心,不顾利害,生死不变其节”[④],所以,以此为法,朱熹便不厌其烦地向宋孝宗阐述自己的观点:他建议朝廷应“公选天下直谅敢言之士,使为台谏”[⑤],而人主则“必深求天下敦厚、诚实、刚明、公正之贤为辅相,使之博选士大夫之聪明、达理、直谅、敢言、忠信、廉节足以有为有守者,随其器能,置之列位,使之交修众职,以上辅君德,下固邦本。”[⑥]朱熹甚至借用程颐的主张而比较委婉地申述了自己对君主治国的要领:“人主当使一日之中亲贤士大夫之时多,亲宦官宫妾之时少。”[⑦]此所谓“贤士大夫”实则就是那些“聪明、达理、直谅、敢言、忠信、廉节”之人,说起来,朱熹对君主的要求并不高,然即使如此,能够做到“一日之中亲贤士大夫之时多”的君主实在少得可怜。为什么会出现这样的君治局面呢?朱熹认为责任在于士大夫。而整个南宋士大夫的知识素质与执政能力,已经越来越跟时代的发展需要不相适应了。具体言之,可总结为两点:

1.没有责任心。朱熹说:“今士大夫白屋起家,以至荣显,皆说道功名是我自致,何关于乃祖乃父?”[⑧]连自己的列祖列宗都忘了的人,一旦身负重任,他能做到忠君爱国吗?忘了本的士大夫肯定是难当国家重任的。而在现实的执政实践中,士大夫更拿干事不当回事。例如,他们“才做从官不带职出,便把这事做欠阙;见风吹草动,便喜做事,不顾义理,只是简利多害少者为之。”[⑨]这不独是“混事佬”,简直就是“官痞”!

2.没有求知心和“义理”之心。读书穷理是人们克制私欲,实现自我的重要方法,朱熹反复强调读儒家原典是成就圣人境界的唯一选择。在朱熹生活

---

① 朱熹:《朱子语类》卷一百二十九《本朝三》,中华书局1986年版,第3086页。

② 朱熹:《朱子语类》卷一百二十九《本朝三》,中华书局1986年版,第3087页。

③ 朱熹:《朱子语类》卷一百三十八《杂类》,中华书局1986年版,第3291页。

④ 朱熹:《朱子语类》卷三十五《论语十七》,中华书局1986年版,第923页。

⑤ 朱熹:《晦庵集》卷十二《已酉拟上封事》,《朱子全书》,上海古籍出版社、安徽教育出版社2002年版,第624页。

⑥ 朱熹:《晦庵集》卷十三《延和奏札二》,《朱子全书》,上海古籍出版社、安徽教育出版社2002年版,第640页。

⑦ 朱熹:《晦庵集》卷十二《已酉拟上封事》,《朱子全书》,上海古籍出版社、安徽教育出版社2002年版,第620页。

⑧ 朱熹:《朱子语类》卷一百七《朱子四》,中华书局1986年版,第2663页。

⑨ 朱熹:《朱子语类》卷一百一十一《朱子八》,中华书局1986年版,第2716页。

的时代,士大夫不读书的现象比较普遍,比如,朱熹说:“向来人读书为科举计,已自是末了。如今又全不读书而赴科举,又末之末者。若以今世之所习,虽做得官,贵穷公相,也只是个没见识底人。”①由此可见,南宋士大夫的知识素质已经是相当低下了,朱熹认为:“未知学问,此心浑为人欲。既知学问,则天理自然发见。”②这样,朱熹就把有没有知识与“天理人欲”的关系联系起来,因此,他为了实现其预设的“大道之行”③社会理想,就不能不逆流而上,重振圣学的权威和拼力鼓动读书之道。于是他说:

“读书若有所见,未必便是,不可便执着。且放在一边,益更读书,以来新见。若执着一见,则此心便被此见遮蔽了……学者须是多读书,使互相发明,事事穷到极致处。所谓‘本诸身,征诸庶民,考诸三王而不谬,建诸天地而不悖,质诸鬼神而无疑,百世以俟圣人而不惑’。直到这个田地,方是。”④

且“圣人千言万语,只是说个当然之理。恐人不晓,又笔之于书。自书契以来,《二典》、《三谟》、尹伊、武王、箕子、周公、孔、孟都只是如此,可谓尽矣。”⑤在此,圣人原典与“本心之理”是相通的。因此,朱熹特别强调说:“某要得人只就读书上体认义理。”⑥然而,“今人读书,只要科举用;已及第,则为杂文用;其高者,则为古文用,皆做外面看。”⑦所谓“做外面看”就是舍义理、弃道学而求功利,在朱熹看来,这种不良学风给南宋社会发展造成了非常严重的后果。朱熹说:

“今日人才之坏,皆由于诋排道学。治道必本于正心、修身,实见得恁地,然后从这里做出。如今士大夫,但说据我逐时恁地做,也做得事业;说道学,说正心、修身,都是闲说话,我自不消用此。若是一人叉手并脚,便道是矫激,便道是邀名,便道是做崖岸。须是如市井底人拖泥带水,方始是通儒实才!”⑧

既然如此,那么,欲振作士气,激励后进,就应当以道学为成才的基础。所以,朱熹指出:“士大夫学圣人之道,当求天人之际。”⑨可见,朱熹所说的“灭

---

① 朱熹:《朱子语类》卷一百二十一《朱子十八》,中华书局 1986 年版,第 2943 页。

② 朱熹:《朱子语类》卷十三《学七》,中华书局 1986 年版,第 225 页。

③ 朱熹:《晦庵集》卷三十二《答吕伯恭》,《朱子全书》,上海古籍出版社、安徽教育出版社 2002 年版,第 1426 页。

④ 朱熹:《朱子语类》卷十一《学五》,中华书局 1986 年版,第 184 页。

⑤ 朱熹:《朱子语类》卷十一《学五》,中华书局 1986 年版,第 187 页。

⑥ 朱熹:《朱子语类》卷十一《学五》,中华书局 1986 年版,第 176 页。

⑦ 朱熹:《朱子语类》卷十一《学五》,中华书局 1986 年版,第 182 页。

⑧ 朱熹:《朱子语类》卷一百八《朱子五》,中华书局 1986 年版,第 2686 页。

⑨ 朱熹:《晦庵先生朱文公文集》卷九十五下《少师保信军节度使魏国公致仕赠太保张公行状下》,《朱子全书》,上海古籍出版社、安徽教育出版社 2002 年版,第 4398 页。

人欲”仅仅是就士大夫阶层而言的。“存天理，灭人欲”这个命题，往深处说是匡正士弊而使南宋尽快摆脱日益激化的各种社会矛盾和政治危机；往浅处说，义理之学无他只是多读书，因为读书能将人欲控制在人类体能和生理活动的底线。故朱熹说：“本心陷溺之久，义理浸灌未透，且宜读书穷理。常不间断，则物欲之心自不能胜，而本心之义理自安固矣。”①因此，我们究竟应当如何认识和看待朱熹这种极端化的“天人相分”思想，张立文先生说得好：“从总体上看，朱熹不是历史退化论者，而是历史阶段论者。”②这个定位非常准确和客观，亦颇具说服力，笔者是很赞同的。

## 三、如何认识朱熹“天人相分”思想的社会后果

从方法论上讲，朱熹在天人相分的前提下，提出了理与气的先后、动静，理一分殊，格物穷理，天命之性与气质之性，已发与未发，道心与人心等范畴，这些范畴成为明代理学家共同关注和探讨的问题。如明代薛瑄也主要以理气、心性、格物穷理等范畴来建构其思想体系，罗钦顺则更以理气、理一分殊、道人与人心、格物穷理、已发与未发等思想作为其学说的立脚点。清人虽不像明代学者那样跟宋代理学联系密切，但朱熹的“天人相分”思想仍然强烈地感染和影响着清代学术的发展进程。如生活于明清之际的王夫之，他在扬弃程朱理学的过程中，以朱熹所探讨过的物我关系、心理关系、知行关系及天道与人道关系为前提，取其精华，去其糟粕，并根据社会发展的实际需要，积极地把架构在“天人相分”基础上的各种思想范畴与社会现实结合起来，推陈出新，他不仅对朱熹的“天人相分”思想进行了新的哲学论证，而且还将中国古代的“天人相分”思想推上了历史的最高阶段。

在此，我们必须承认，清代学者对程朱理学的批判从整体上看，有其合理之处，但里面也存在着不少被清代学者误解了的地方，而造成两者间不能相互公平对话的原因固然很多，然主要的原因就是由于明代理学家对其思想的歪曲和谬舛，结果本来很正常的一个婴儿，经过明人的哺育和抚养，到得清人那里，反而成了一个怪胎，所以清代许多反理学的思想实际上反的是经过明代理学家改造后的程朱理学思想，只不过他们冠以程朱理学的名称罢了。

因此，对于朱熹“天人相分”思想所产生的社会后果，我们应当将他本人的思想与被统治者政治化的那些思想区别开来。

众所周知，“存天理，灭人欲”是朱熹“天人相分”思想的一种极端形式，而

① 朱熹：《朱子语类》卷十一《学五》，中华书局 1986 年版，第 176 页。

② 张立文：《中国哲学范畴史 · 人道篇》，中国人民大学出版社 1995 年版，第 700 页。

正因这个缘故,所以它也就成了反理学者的众失之的和笔伐的焦点。在这个问题上,明人罗钦顺的观点可能还算客观。他说:“先儒多以去人欲、遏人欲为言,盖所以防其流者不得不严,但语气似乎偏重。”①又说:“循其本而言之,天人曷尝不一;究其末也,亦安得而不二哉!”②其“流者”就是“末”,再通俗地讲,就是芸芸众生的吃穿、起居、婚嫁、社会交往等现实生活,对此朱熹并不反对,当然亦更不属于被“灭”的“人欲”之列。比如,朱熹说过这样的话,他说:

“今之士大夫应举干禄,以为仰事俯育之计,亦不能免。”③

“应举干禄”相对于“义理”来说,是“末”和“流者”之事,但又是每个人都赖以存在的物质基础。对此,朱熹的认识是清楚的,他说:“饮食者,天理也;要求美味,人欲也。”④可见,在朱熹的思维世界里,人欲不等于“欲”,而“欲”同“人欲”是有区别的。朱熹认为,所谓“欲”就是指人们对于物质生活的正当要求和欲望⑤。而“人欲”则具体包含三层意思:一是心之“疾疢”,如朱熹说:“人欲者,此心之疾疢,循之则其心私而且邪。”⑥二是为“嗜欲所迷”的“昏心”,朱熹说:“人性本善,只为嗜欲所迷,利害所逐,一齐昏了。”⑦三是“恶底心”,即“众人物欲昏蔽,便是恶底心。”⑧“人欲”的这三种含义见于张立文先生的《朱熹思想研究》一书中⑨,总归一句话,“人欲”就是贪婪之心。当然,仅有“贪婪之心”而不构成邪恶的行为后果,也不能看成是“人欲”,因为“人欲”应是一种贪婪的欲望与一种邪恶的行为后果的统一,从这个角度说,有时“天理”与“人欲”又不易细分。比如,朱熹说:“天理人欲,无硬定底界,此是两界分上功夫。这边功夫多,那边不到占过来。若这边功夫少,那边必侵过来。”⑩这两段话说得很明白,一般人想要区分“天理”和“人欲”是很困难的,这是因为“天理”和“人欲”都是人心的功用,就此而言,朱熹反对程颐的“人心”即“人欲”说。程颐曾断言:“人心,人欲;道心,天理。”⑪这种将“人心”等同于

① 罗钦顺:《困知记》卷下,中华书局1990年版,第28页。

② 罗钦顺:《困知记》卷下,中华书局1990年版,第28页。

③ 朱熹:《朱子语类》卷一百一十八《朱子十五》,中华书局1986年版,第2837页。

④ 朱熹:《朱子语类》卷十三《学七》,中华书局1986年版,第224页。

⑤ 张立文:《朱熹思想研究》,中国社会科学出版社1981年版,第527—528页。

⑥ 朱熹:《晦庵先生朱文公文集》卷十三《延和奏劄二》,《朱子全书》,上海古籍出版社、安徽教育出版社2002年版,第639页。

⑦ 朱熹:《朱子语类》卷八《学二》,中华书局1986年版,第133页。

⑧ 朱熹:《朱子语类》卷七十一《易七》,中华书局1986年版,第1795页。

⑨ 张立文:《朱熹思想研究》,中国社会科学出版社1981年版,第528页。

⑩ 朱熹:《朱子语类》卷十三《学七》,中华书局1986年版,第224页。

⑪ 程颢、程颐:《河南程氏外书》卷二《朱公掞问学拾遗》,中华书局1981年版,第364页。

“人欲”的做法，在朱熹看来，就是把“心”分成了两个：一个是“天理”的心；另一个是“人欲”的心。而将“心”一分为二是错误的。朱熹说：“若说道心天理，人心人欲，却是有两个心！人只有一个心，但知觉得道理底是道心，知觉得声色臭味底是人心，不争底多。‘人心，人欲也’，此语有病。虽上智不能无此，岂可谓全不是？”①朱熹的诘问是十分尖锐的，如果依二程的说法，连圣人也不能没有“人欲”，这不是自相矛盾吗？！这是问题的一面，即朱熹的“存灭”命题并不是一般地针对人们的基本生活需要，而是针对超出人们生理需要的那部分，即已成“陷溺之危”②者，才是应当“惩窒消治”③的人欲。从这层意义上说，将程朱思想混为一谈是欠妥的。另一方面，我们反复说，朱熹的“存灭”命题有其特殊的社会背景，是其矫正南宋士大夫轻视知识现象的一种方法，虽不免有“语气似乎偏重”之嫌，但他的出发点并没有错。如果我们对朱熹思想的分析不加以历史的审视，就很容易使自己的结论与朱熹所言所行的那个特定的历史环境相脱节，因而使之走了样和变了形，结果可能会造成这样一种现象：我们所批判的对象恰恰是已被朱熹本人所抛弃的东西，而我们在没有认真辨析的情况下还拿过来视为朱熹本人的东西，岂不贻笑大方！

在清代，戴震对朱熹“存灭”思想的批判最有代表性。

我们首先承认戴震对朱熹“存灭”思想的批判从总体上看是正确的，但里面亦存在着不少属于戴震对朱熹思想误解之处，我们不能不加以仔细地甄别。如两者都以人的自然欲望为其立论的根基，戴震说：“人生而后有欲、有情、有知，三者，血气心知之自然也。”④这与朱熹的见解并无实质的不同，例如，有人问：“人心、道心。”朱熹回答说：“饥食渴饮，人心也；如是而饮食，如是而不饮食，道心也。唤做人，便有形气，人心较切近于人。”⑤又有人问：“人心、道心，如饮食男女之欲，出于其正，即道心矣。又如何分别？”朱熹说：“这个毕竟是生于血气。”⑥此“血气”即为自然之生理现象，是客观的物质过程，可见，在这个问题上，朱熹也是很“唯物”的。另外，朱熹还认为，人们的思想认识也有“天理”与“人欲”之别，他说：“言视听、思虑、动作皆是天理。其顺发出来，无非当然之理，即所谓真；其妄者，却是反乎天理者也。虽是妄，亦无非天理，只

① 朱熹：《朱子语类》卷七十八《尚书一》，中华书局 1986 年版，第 2010 页。

② 朱熹：《朱子语类》卷十三《学七》，中华书局 1986 年版，第 224 页。

③ 朱熹：《朱子语类》卷十二《学六》，中华书局 1986 年版，第 210 页。

④ 《孟子字义疏证》卷上。

⑤ 朱熹：《朱子语类》卷七十八《尚书一》，中华书局 1986 年版，第 2011 页。

⑥ 朱熹：《朱子语类》卷七十八《尚书一》，中华书局 1986 年版，第 2012 页。

是发得不当地头。"①此处之"天理"即真理,就是人们的认识符合客观事物的内在规律,与之相应,则"人欲"即谬误,就是人们的认识与客观事物的内在规律不相一致。就此而言,朱熹的"存灭"观是具有进步意义的。戴震说:"理者,存乎欲者也。"②此"理存于欲中"的观点,亦跟朱熹毫无二致。比如,朱熹说:"天理人欲分数有多少。天理本多,人欲便也是天理里面做出来。虽是人欲,人欲中自有天理。"③可见,戴震与朱熹两者立论的基础是相同的。

然而,戴震却无视他跟朱熹在"理欲"问题上的这些共同性,公然谴责朱熹的"存灭"命题是"适成忍而残杀之具"。他说:"酷吏以法杀人,后儒以理杀人,浸浸乎舍法而论理,死矣,更无可救矣!"④"以理杀人"绝对不是朱熹"存灭"命题的错,因此,在这个问题上,如果不是戴震的误读,则一定是朱熹思想被统治者扭曲化了的政治性产物。不可否认,朱熹确实说过这样的话:"如'克、伐、怨、欲',却不是要去就'克、伐、怨、欲'上面要知得到,只是自就道理这边看得透,则那许多不待除而自去。若实是看得大底道理,要去求胜做什么?要去矜夸他人做什么?'求仁而得仁,又何怨!'怨个什么?耳目口鼻四肢之欲,惟分是安,欲个什么?见得大处分明,这许多小小病痛,都如冰消冻解,无有痕迹矣。"⑤而这"大处分明"究竟有何标准?朱熹没有说,但从操作程序上讲,此"大处"的可解性和随意性又都非常的大,故它很容易被统治者当作政治工具来使用,并且由其自由地去伸胀与延展,假若如此,则它的社会后果可就太可怕了。考,朱熹理学的独尊地位确立于南宋晚期,巩固于元朝,而鼎盛于明朝。从元朝起,朱熹的著作便成为科举考试的依据了⑥。不仅如此,朱熹的《家礼》在明代还变成了某些家族用来规范其乡风乡俗的道德准则,于是,有人便假借朱熹思想的威力在现实的社会生活中导演了一幕又一幕"以理杀人"的人间悲剧。比如,在仅有6500人的安徽省休宁县,明朝有400多女子为丈夫殉身,自清处初至道光年间则突破了2000人,其"不幸夫亡,动以身循,经者、刃者、鸠者、绝粒者。数数见焉。"⑦而在安徽省祁门县则更有女子"再嫁必加戮辱"⑧的残暴与非人之举。因此,难怪戴震将"杀人"之罪迁怒

① 朱熹:《朱子语类》卷九十五《程子之书一》,中华书局1986年版,第2452页。
② 《孟子字义疏证》卷上。
③ 朱熹:《朱子语类》卷十三《学七》,中华书局1986年版,第224页。
④ 戴震:《孟子字义疏证·与某书》,中华书局1982年版,第178页。
⑤ 朱熹:《朱子语类》卷十三《学七》,中华书局1986年版,第226页。
⑥ 侯外庐等:《宋明理学史》上,人民出版社1997年版,第423页。
⑦ 《休宁县志》卷一、十六,道光年间刊本。
⑧ 王让修:《祁门县志》卷五《风俗》。

于朱熹，说他是“以意见为理而祸天下”[①]的罪魁祸首。其实，朱熹是代人受过，而他所代的人不是别人而是封建统治者。但学术问题毕竟有它的相对独立性，一方面，朱熹理学有其严重的理论缺陷，是真；另一方面，朱熹的思想在特定历史条件下也有益于社会的发展，这亦是真。所以，我们不能因噎废食，甚至把他当作封建统治者的杀人帮凶而将其合理的思想也一并唾弃。毕竟朱熹的“天人相分”思想是历史的产物，因而我们亦应历史地评价它的功过与是非。

## 第五节　义理派与“新儒学”的历史基点

### 一、“天人合一”思想诸形式及其在宋代的演变

1.从“道”到“理”，“天人合一”的理论形式更加精致与完善。从严格的意义上讲，“道”与“理”是两个不同的思想范畴，因此之故，冯友兰先生在《新理学》中才将“道”与“理”看成是两个相对独立的逻辑范畴[②]，并给出了不同的定义。如，何谓“理”，冯先生认为：理是一种“真际”，是“本然而有”的客观存在，故可称为“天理”[③]。又，何谓“道”？道则是“‘一阴一阳’之公式”[④]，是十二辟卦之周而复始的“周律”[⑤]。而张立文等更将“理”与“道”分别撰作《理》[⑥]及《道》[⑦]两部专著，其“道”这个概念的历史演变可分几个阶段：殷至春秋，道为道路、规律、方法；战国时期，道为天人之道；秦汉时期，道为太一之道；魏晋南北朝时期，道为虚无之道；隋唐时期，道为佛道；两宋时期，道为理之道；元明时期，道为心之道；明清之际，道为气之道[⑧]。与之相对应，“理”这个概念的历史演变亦可分几个阶段：春秋时期，理为纹理和治理；战国时期，理为义理和天理；秦汉时期，理为名理、一之理；魏晋南北朝时期，理为玄理；隋唐时期，理与事圆融、相涵；两宋时期，理为天理和实理；元明时期，理即心、心即理；明清之际，理为气之理[⑨]。可见，从大的和长时段的历史发展过程来看，“道”

---

① 《孟子字义疏证》卷上。
② 冯友兰：《新理学》，商务印书馆 1946 年版。
③ 冯友兰：《新理学》，商务印书馆 1946 年版，第 47 页。
④ 冯友兰：《新理学》，商务印书馆 1946 年版，第 102 页。
⑤ 冯友兰：《新理学》，商务印书馆 1946 年版，第 109 页。
⑥ 张立文等：《理》，中国人民大学出版社 1991 年版。
⑦ 张立文等：《道》，中国人民大学出版社 1989 年版。
⑧ 张立文等：《理》，中国人民大学出版社 1991 年版。
⑨ 张立文等：《道》，中国人民大学出版社 1989 年版。

与“理”的内涵随社会经济的发展变化而不断地改变着自己的存在形式和内容；而就某一个特定的历史时段来说，“道”和“理”的形式与内涵亦是发展和变化的。比如，由冯友兰对“道”与“理”的定义不难推知，两宋时期的“道”与“理”是一个由《易》道向“义理”之道发展演变的逻辑过程，是一个由分析到综合的辩证发展的认识过程。

大家知道，宋学是从对传统文化思想的怀疑和批判开始的，史学界将它称为“疑古惑经”思潮。此处所说的“古”主要指北宋庆历新政以前的传统古史学，由于它起自以注疏为特征的“汉学”，所以，宋代的“疑古”思潮从本质上看，就是对“汉学”的反动，因为它的特征是“明心见性”①，重在发掘先秦原典的主体思想意识，故往往给人以一种奇特和新异的感觉，是谓之“宋学”，也有人称“新理学”。从“疑古”的内容看，它以批判“经学”为对象，并用己意去解读和诠释原典，发微阐幽，成一家之言。而《易》为群经之首，诸学之源，故宋人对它的辨惑应当说是最用力的。《周易·系辞上》说：“一阴一阳谓之道。”换句话说，“道”是什么？道就是一阴一阳。毋庸置疑，这是对“道”之最经典的定义。据此，宋人有多种解释。如，张君房说：

“一阴一阳谓之道，三元二合谓之丹，泝流补脑谓之还，精化为气谓之转。一转一易一益，每一转延一纪之寿，九转延一百八岁。”②

“盖论大丹，惟一阴一阳谓之道，即合天机也。”③

“一阴一阳谓之道，盖水火也。一阳既去，一阴亦散，是不成道也。”④

此“道”即为一种原自自然的本体性结构，而这个结构是一切事物运动变化的基础。张君房之外，俞琰亦有同论。他说：

“一阴一阳谓之道，偏阴偏阳谓之疾。”⑤

在宋代，同样地把“道”解释为一种物质结构，有的人认为“道”是有形质的“物质结构”，但也有的人认为“道”是一种无形质的“物质结构”。与前者相比较，后者可称作是一种“同构异质”说。而黄裳则是后一种观点的代表，他说：

“神无方，易无体，一阴一阳谓之道，圣人以道体常以神易尽变言道。在神易之后者，以其摄用欤！庄老之言道也，合神与易而言之，似惑其说；此后之

---

① 顾炎武著，黄汝成集释：《日知录集释》卷七《夫子之言性与天道》，上海古籍出版社 2014 年版，第 158 页。

② 张君房：《云笈七籤》卷五十六《元气论并序》，文渊阁四库全书本。

③ 张君房：《云笈七籤》卷七十三《大还心镜》，文渊阁四库全书本。

④ 张君房：《云笈七籤》卷八十八《道生旨》，文渊阁四库全书本。

⑤ 俞琰：《周易参同契发挥》卷中《中篇》，文渊阁四库全书本。

学者,所以犹新生之犊猖狂而趋末,知其所定止也。”①

在黄裳看来,“道”是指纯粹的本体性的无形质的结构体,是形而上的东西,因此,它本身是不包括“道之用”的。而老庄的失误在于他们把道体与道用合二为一成一个“混沌体”,不分形上与形下,有失易之本义;与老庄不同,后代的学者则舍道体而言道用,或者说只言用而不言体,此论距离道之本义就更远了。在这里,黄裳将道体纯粹化绝不是故弄玄虚,因为把“道体”纯粹化是由道转向心性之理的基本前提。苏轼为了将“道”向“理”的转进形象化一种历史过程,他引入了“有”与“无”两个概念,以与“道”和“理”相对应。苏轼认为,“道”是一种“形而上”的“有”,而当此“有”衍生出宇宙万物之后,便转为一种隐秘性的客观存在,由于它隐而不显,故为“无”。他释“一阴一阳之谓道”说:

“阴阳果何物哉?虽有娄旷之聪明未有得其仿佛者也。阴阳交,然后生物,物生然后有象,象立而阴阳隐矣。凡可见者,皆物也,非阴阳也。然谓阴阳为无有可乎?虽至愚知其不然也。物何自生哉!是故指生物而谓之阴阳,与不见阴阳之仿佛,而谓之无有者,皆惑也。圣人知道之难言也,故借阴阳以言之曰:‘一阴一阳之谓道’,一阴一阳者,阴阳未交而物未生之谓也。”②

可见,苏轼亦是在形而上的层面来理解“道”之本义的,只不过,他不同意视“道”为“无”的说法,因为“无”不能化生万物,至于说当万物成为“实有”之后,原来作为“本体”的“有”转化为隐藏在事物后面的“无”的存在,那是另外一个问题。而这个问题正是程朱理学的出发点。苏轼之区别于程朱理学,就在于他没有进一步把这个“无”的存在与“理”范畴联系起来,而程朱理学却把它们很好地结合在一起了,从而使道演变为一种“理之道”。比如,朱熹在解释“一阴一阳之谓道”时说:“阴阳迭运者,气也;其理则所谓道。”③而朱熹所说的“理”,其实就是苏轼所说的“无”,对此,程颐说:

“圣人作《易》,以准则天地之道。《易》之义,天地之道也,‘故能弥纶天地之道’。弥,徧也。纶,理也。在事为伦,治丝为纶。弥纶,徧理也。徧理天地之道,而复仰观天文,俯察地理,验之著见之迹,故能‘知幽明之故’。在理为幽,成象为明。‘知幽明之故’,知理与物之所以然也。”④

程颐思想的主要方面更多地为朱熹为继承和发展了,故赵纪彬先生将宋

① 黄裳:《演山集》卷五十六《杂说》,文渊阁四库全书本。

② 苏轼:《苏氏易传》卷七《系辞传上》,四川大学出版社1998年版,第351页。

③ 朱熹:《周易本义》卷七《周易系辞上传》,四川大学出版社1998年版,第107页。

④ 程颢、程颐:《周易程氏传》卷四《周易下经下》,《二程集》下,中华书局1981年版,第1026页。

明道学分成三脉:一脉为宋明道学的“右派”,由程颢到陆九渊的心学派,再到明代的王阳明;一脉为宋明道学的“折中派”,由程颐到朱熹的“理学派”,再到明代的罗钦顺;一脉为宋明道学的“左派”,由张载到南宋的陈亮,形成永康学派①。虽然赵氏的说法未必能为学界所接受,但从狭义的角度讲,赵氏至少对“理学派”的认识是多少有些道理的。不过,在这里我们需要说明的是,程朱理学所讲的“理”具有两方面的内涵:一是“天人合一”,这是矛盾的主要方面,是决定“理”之性质的方面,如程颐说:“‘大而化之’,只是谓理与己一。”此“一”的状态即“己便是尺度,尺度便是己”②朱熹亦说:“道即理也”,“天之付与,其理本不可见,其总要却在此。盖人得之于天,理元无欠阙。只是其理却无形象,不于性上体认,如何知得?”③将“理”与“性”相统一是程朱理学之“天人合一”思想的重要特征;二是“天人相分”,这是矛盾的次要方面,是制约和影响“理”之性质的方面,如程颐说:“理只是人理,甚分明,如一条平坦底道路。”④又说:“性即是理,理则自尧、舜至于涂人,一也。才禀于气,气有清浊。禀其清者为贤,禀其浊者为愚。”⑤我们知道,二程是讲“成圣之道”的,所以温伟耀先生写了一部书,其名为《成圣之道——北宋二程修养工夫论之研究》。在此把说二程的思想概括为“成圣之道”,从总体上看并没有错,但须明白,“成圣之道”仅仅是二程思想的一个方面,是其“天人合一”的方面,是“圣人”与“天道”或“天德”为一的方面,故“圣人”讲“德”,而不讲“才”。然而,二程思想还有另外一个方面,尽管不是其主要的方面,那就是讲“天人相分”的方面,或者说讲“才”和“贤”的方面。程颐说:理“如一条平坦底道路”,即“天人合一”之通途,这对“圣人”来说,是如此。而对一般人却并不如此,因为从一般人通向“天人合一”或“成圣”的路径被“气质之性”给阻断了,因而造成了“天”与“人”的相分离。所以,程颐特别强调“才”对于众人的意义。他在回答“上智与下愚不移”的问题时说:“此是才。须理会得性与才所以分处。”⑥在程颐看来,“成圣”是不能通过学习的途径去实现的,但“成贤”就不同了,只

---

① 赵纪彬:《中国哲学思想》,中华书局1948年版,第148页。

② 程颢、程颐:《河南程氏遗书》卷十五《伊川先生语一·入关语录》,《二程集》上,中华书局1981年版,第156页。

③ 朱熹:《朱子语类》卷一百《邵子之书》,中华书局1986年版,第2550页。

④ 程颢、程颐:《河南程氏遗书》卷十八《伊川先生语四·刘元承手编》,《二程集》上,中华书局1981年版,第205页。

⑤ 程颢、程颐:《河南程氏遗书》卷十八《伊川先生语四·刘元承手编》,《二程集》上,中华书局1981年版,第204页。

⑥ 程颢、程颐:《河南程氏遗书》卷十八《伊川先生语四·刘元承手编》,《二程集》上,中华书局1981年版,第207页。

要用功于“格物穷理”，就必定能成就一番“贤人”的事业。仅此而言，程颐似乎不反对人们去研究“物理”。

2.从“心”到“性”，再到“命”，“天人合一”之实现方式——动机与效果的统一。《周易·说卦》云：“昔者圣人之作易也……穷理尽性以至于命。”又说：“昔者圣人之作易也，将以顺性命之理。”然而，“圣人”何以能够“穷理尽性”？显然，这里缺少了一个意识主体。后来，在此基础上，孟子进一步提出了“尽其心者，知其性也。知其性，则知天矣”①的命题。于是，宋代学者在论证“天人合一”这个哲学命题时，便很自然地分出了两个阶段，一是从心到性，二是再从性到命。依此，“天人合一”的理论形式不断走向成熟和完善，进而使之达到动机与效果的统一。

发现孟子的心性之说，是宋初佛教释僧对宋代“天人合一”思想的一个重大贡献。如释志圆说：“夫心性之为体也，明乎静乎一而已矣。”②“以心传心，不立文字。”③“愣严开显，咸归心性，心性无外，摄无不周。”④释志圆主要生活于宋太宗和宋真宗时期，正好是宋儒掀起“疑古”思潮的前夜，而他提出的“心性”说与“释道儒宗，其旨本融”⑤的思想命题，“似亦于宋代新儒家为先觉”⑥而释志圆究竟可以不可以成为“宋代新儒家之先觉”，还是让事实说话。与韩愈及程朱的道统体系不同，释志圆提出了他自己发明的一个儒学谱系，他说：

“仲尼既没，千百年间，能嗣仲尼之道者，唯孟轲、荀子、扬子云、王仲淹（隋王通）、韩退之、柳子厚而已。”⑦

这个谱系不仅十分客观和全面，而且见识高远，意味深长。司马迁将孟子与荀子同列一传，唐人杨倞更直接把荀子与孟子看作是孔子儒学的两支⑧。当然，荀子与孟子的思想特征具有各自不同的特点，如，仅从天人关系的角度看，则孟子主“天人合一”，而荀子主“天人相分”。释志圆虽说是佛家，但他对儒学的分化及其各自的思想特征看得却很清楚，而他对儒学一分为二的谱系划界与传承也是正确的和清晰的。比如，按照释志圆的理解，孔子之后，孟子与荀子分别代表着儒学发展的两个既相区别又相联系的方向，其中“天人合

---

① 《孟子》卷十三《尽心章句上》。

② 释志圆：《闲居编》卷二《佛说阿弥陀经疏序》，《续藏经》2—6—1。

③ 释志圆：《闲居编》卷七《观音行门统摄众行论》，《续藏经》2—6—1。

④ 释志圆：《闲居编》卷七《观音行门统摄众行论》，《续藏经》2—6—1。

⑤ 释志圆：《闲居编》卷十六《三笑图赞并序》，《续藏经》2—6—1。

⑥ 陈寅恪：《金明馆丛稿二编》，三联书店 2001 年版，第 284 页。

⑦ 释志圆：《闲居编》卷二十七《叙传神》，《续藏经》2—6—1。

⑧ 《杨倞注荀子序》，文渊阁四库全书本。

一”派从孟子开始，依次为汉代的扬雄、唐代的韩愈，然后是宋代的程朱；“天人相分”派则从荀子开始，依次为隋朝的王通、唐末的柳宗元，然后是宋代的李觏和陈亮等。然而，宋儒对孟子思想的检讨却并不像人们所想象的那样轻而易举。在释志圆之后，对于孟子思想的评价，宋儒分成截然对立的两派，即否定派和肯定派。其“否定派”的主要代表有六人，他们是北宋的王开祖、司马光、李觏、晁说之和南宋的叶适、陈亮。与之相抗，“肯定派”的代表人物主要有北宋的二程、苏轼、王安石及南宋的朱熹等。从北宋初期的社会背景讲，儒学相对于佛学和道学，在气势上并不占上风，而释志圆主动地援儒入佛，主张内外合一，这对于振兴儒学肯定是产生了积极影响的。释智圆认为：“儒者，饰身之教，故谓之外典也；释者，修心之教，故谓之内典也。惟身与心，则内外别矣。”①儒释既然具有互补性，那么，对两者中的任何一方采取灭绝的办法，因而使一方战胜另一方，都是不明智的，也是不现实的。可见，释志圆的这种大人大量的人生态度，不可能不对宋儒的思想认识产生这样和那样的积极影响和作用。比如，张载“访诸释、老，累年穷极其说，知无所得，返而求之《六经》。”②程颢“出入于释、老几十年，返求诸《六经》，而后得之。”③程颐说：相对于老庄，“佛说直有高妙处。”④朱熹更“于释氏之说……求之切至矣。”⑤所以，在宋代中期，理学的主要代表人物都不约而同地用功于释教，他们看好的正是释氏的“心性”之学。尽管程颐说过“看一部《华严经》，不如看一《艮》卦”⑥这样很极端的话，但是二程援佛入儒，并最终促成他们将《易经》与《孟子》结合起来，始用“心性义理”来复兴儒学，却是不争的事实。如，程颐说：

“《六经》之言，在涵畜中默识心通。”⑦

“故知《易》者，莫若孟子。”⑧

“孔子没，曾子之道日益广大。孔子没，传孔子之道者，曾子而已。曾子

---

① 释志圆：《闲居编》卷十九《中庸子传上》，《续藏经》2—6—1。

② 脱脱：《宋史》卷四百二十七《张载传》，中华书局 1977 年版，第 12723 页。

③ 脱脱：《宋史》卷四百二十七《程颢传》，中华书局 1977 年版，第 12716 页。

④ 程颢、程颐：《河南程氏遗书》附录《明道先生行状》，《二程集》上，中华书局 1981 年版，第 328 页。

⑤ 黄宗羲：《宋元学案》卷四百二十七《晦翁学案》。

⑥ 程颢、程颐：《河南程氏遗书》卷六《二先生语六》，《二程集》上，中华书局 1981 年版，第 81 页。

⑦ 程颢、程颐：《河南程氏遗书》卷十五《伊川先生语一 · 入关语录》，《二程集》上，中华书局 1981 年版，第 143 页。

⑧ 程颢、程颐：《河南程氏遗书》卷二十五《伊川先生语十一 · 畅潜道录》，《二程集》上，中华书局 1981 年版，第 327 页。

传之子思，子思传之孟子，孟子死，不得其传，至孟子而圣人之道益尊。”①

在二程看来，“圣人之道”就是“‘尽其心者知其性也，知其性则知天矣’，心也，性也，天也，非有异也。”②将“《易》”与“孟子”联系在一起，甚至断言“知《易》者，莫若孟子”，绝对是二程在吸收了佛教的“心性”理论之后对儒学思想本身的一种自我审视和自我超越，其目的是将儒学改造为能够凌驾于佛教之上的“心性义理”之学，至此，“新儒学”便完成了从“心”到“性”的转化与飞跃。然而，“新儒学”还要进行从“心性学”向“性命”学的转化，实现由第一个阶段向第二个阶段的飞跃。

如果说“新儒学”是通过批判和吸收佛学的“心性”说而建立了自己的“心性义理”之学的话，那么，“新儒学”对“性命”学的构建则是通过批判和吸收道学的“性命”之学而实现的。其中，朱熹起着决定性的作用。

在宋代，道家丹学由外转内的开山人物是陈抟，而由他所创《无极图》的核心思想就是“逆炼返本，归根复命”。在宋代的内丹学看来，人性的修炼不仅要修心，而且更应修形，是谓“性命双修”。故元人赵道一在《历世真仙体道通鉴》卷四十九转引北宋“紫阳真人”张伯端的话说：“道教以命宗立教，故详言命而略言性；释氏以性宗立教，故详言性而略言命。”张伯端表示他将取长补短，在克服传统道教和释氏各自缺点的基础上，兼炼“性”与“命”。张伯端说：儒、释、道，“虽分三，道乃归一。”③此“一”即“性命修炼之学”，用张伯端自己的话说，就是“先以神仙命脉诱其修炼，次以诸佛妙用广其神通，终以真如觉性遣其幻妄，而归于究竟空寂之本源。”④在此，我们不仅看到了“内丹”修炼的基本原则和程序，而且更看到了“三教归一”之以命为本的法理依据。张伯端说：“万物芸芸各返根，返根复命即长存。”⑤那么，“命”是什么？张伯端说：“药逢气类方成象，道在虚无合自然。一粒灵丹吞入腹，始知我命不由天。”⑥所谓“一粒灵丹”指的就是精气，而修炼精气本身即为“命”。可见，修命的基本前提应当是“和合丹药”⑦。相对于“生命”而言，“和合”仅仅是一种

① 程颢、程颐：《河南程氏遗书》卷二十五《伊川先生语十一·畅潜道录》，《二程集》上，中华书局1981年版，第327页。

② 程颢、程颐：《河南程氏遗书》卷二十五《伊川先生语十一·畅潜道录》，《二程集》上，中华书局1981年版，第321页。

③ 张伯端：《悟真篇》序。

④ 翁葆光：《紫阳真人悟真篇拾遗》。

⑤ 张伯端：《悟真篇·七言绝句六十四首》之第二首。

⑥ 张伯端：《悟真篇·七言绝句六十四首》之第六十首。

⑦ 张伯端：《悟真篇·七言绝句六十四首》之第五十三首。

主体性的生存状态，因为它的终极目标是求长生，此“长生”之意义，用张伯阳自己的话说，就是“飞入真阳圣境”①。当然，“长生”本身则是“和合”状态的一种持续和延伸。一般说来，张伯阳“援儒入道”的创意对宋代新儒学的形成是起了积极作用的。张伯阳说：“《周易》有穷理尽性至命之辞，鲁语有毋意必固我之说，此又仲尼极臻乎性命之奥也。”又说：“《庄子》推穷物累逍遥之性，《孟子》善养浩然之气，皆切几之矣。”②这表明，张伯端在这里已经承认了儒道两家在内丹学中具有内在统一性的事实。故王安石说：“命者，自无始以来，未尝生、未尝死者也。故物之归根曰静，静则复于命矣。”③如果我们把王安石的“天与道合而为一”命题与他对老子之“命”的理解联系起来，就很容易发现，王安石所说的“命”实在切近于张伯端所炼之“命”，两者都强调“命”的“和合”状态。但是，程颐对“命”的理解还停留在“性”的层面上，比如，他说：“性之本谓之命。”④又说：“道孰为大？性为大。”⑤由这两处知，程颐似乎还未将“内丹”的思想融入到他的体系之中，因为张伯端主张于“性上究真宗”⑥，此“真宗”其实就是“命”，即“命”是较“性”更为基本的东西，虽然程颐看到了这一点，可是他却到此为止，再不向前走了。然而，到朱熹那里，情况就不同了。朱熹论“命”虽主要讲“性命”，但也讲“气命”，或者讲“修炼之命”。比如，他说：“羸病之服丹，一旦死去则归罪于丹，不知其所以能延数日之命者，丹之力也。”⑦又说：“‘利贞诚之复’，乃回复之‘复’，如人既去而回，在物归根复命者也。”⑧其“物归根复命”之“命”实际上与张伯端内丹学所说的“命”是一个意思，它说明朱熹已经超越了二程而自觉地吸收释道的思想于自身的思想体系之中了，体现了儒释道相互交融的历史发展趋势。当然，朱熹虽然吸收了道家的“命”说思想，但其表现形式却是理学的“命”论。例如，朱熹说：“命者，天理流行、赋予万物之谓也。”⑨又说：命者，“有生之初，气质之禀，盖有一

---

① 张伯端：《悟真篇·西江月十二首》之第十一首。

② 张伯端：《悟真篇》序。

③ 容肇祖：《王安石老子注辑本》，中华书局1979年版，第22页。

④ 程颢、程颐：《河南程氏遗书》卷二十五《伊川先生语十一·畅潜道录》，《二程集》上，中华书局1981年版，第318页。

⑤ 程颢、程颐：《河南程氏遗书》卷二十五《伊川先生语十一·畅潜道录》，《二程集》上，中华书局1981年版，第318页。

⑥ 张伯端：《悟真篇·西江月十二首》之又一首。

⑦ 李幼武：《宋名臣言行录外集》卷十二《朱熹·晦庵先生徽国文公》，四库全书文渊阁本。

⑧ 朱熹：《朱子语类》卷九十四《周子之书·诚上》，中华书局1986年版，第2389页。

⑨ 朱熹：《四书或问》之《论语或问卷十四·宪问第十四》，上海古籍出版社、安徽教育出版社2002年版，第840页。

定而不可易者，孟子所谓莫之致而致也。”①不过，由于看问题的角度不同，在朱熹看来，“性”与“命”有大小之别，如朱熹说：“自天命者而观之，则性理云者，小德之川流；自性者而观之，则天命云者，大德之敦化也。”②可见，朱熹把“命”的地位提升到“性”之上，恰好与张伯端的在“性上究真宗”思想相符合，他们两者具有异曲同工之妙。在这里，无论是“长生”还是“大德敦化”都讲的是一种实际效果，而不是像孟子和二程那样仅仅停留在“善端”这个作为动机的起点上。张伯端认为“命”是内丹修炼的一个重要阶段，同时也是体现内丹效果之“枢要”。而朱熹强调“命则因夫气之厚薄而赋于人之名也”③，此“气之厚薄”是可见的一种“后果”，对此，朱熹认为它可以通过后天的努力而加以改变。张伯端和朱熹虽然对于“命”的表现形式各有不同的认识或看法，但是他们却都坚持“命”本身的可变性，很显然，这是“性命”问题上的“效果”论者。

3.“诚”——“天人合一”之源。在中国思想史上，《中庸》首次将“诚”作为一个哲学范畴提出来，并使之成为人类生活所追求的一种道德境界。《中庸》第二十二章说：

“唯天下至诚，为能尽其性，能尽其性，则能尽人之性，能尽人之性，则能尽物之性，能尽物之性，则可以赞天地之化育，可以赞天地之化育，则可以与天地参矣。”

“至诚”与“与天地参”之间，究竟存在着一种什么样的关系？

朱熹注云：“‘与天地参’，谓与天地并立为三也。此自诚而明者之事也。”可见，由“诚”至“明”应当是一个历史的发展过程，其中“诚”的阶段是人与天不分的时期，庄子称这个阶段为“致德之世”。他说：“至德之世，同与禽兽居，族与万物并。”④庞朴先生则将它称为“原始的天人合一时代”⑤，而这个时代实际上即是《中庸》所说的“至诚”，它是“天人合一”之源。后来，人从自然界中分化出来，有了与“禽兽”及“万物”相区别的“自主意识”，因此，“天人关

① 朱熹：《四书或问》之《论语或问卷六·雍也第六》，上海古籍出版社、安徽教育出版社2002年版，第723页。

② 朱熹：《四书或问》之《论语或问卷二·为政第二》，上海古籍出版社、安徽教育出版社2002年版，第641页。

③ 朱熹：《四书或问》之《孟子或问卷十四》，上海古籍出版社、安徽教育出版社2002年版，第1009页。

④ 《庄子》卷三《马蹄第九》。

⑤ 陈明主编，《原道》编委会编：《原道》第二辑《天人之说述论》，团结出版社1995年版，第292页。

系”亦随之由“一天人”发展到“二天人”即“天人相分”。用庞朴的话说，则是“天人合一境界中的天人相分”，如，他认为，“与天地参”之“参”即“三”的意思，所以“与天地参”的原义是说：“可以顶天立地，和天地鼎足而三了，这样的参，应该算是天人合一境界中的天人相分。”①可见，《中庸》所说的“可以与天地参”，正是中国古代天人相分的一种特殊形式。但从整体上看，《中庸》所强调的并不是“与天地参”，而是“诚”，换言之，即是说《中庸》的主题是讲“诚”，而“诚”的实质就是“天人合一”，故清人杨亶骅《中庸提要》说：“《中庸》全书，以‘道不远人’句为宗旨……皆阐天人合一之旨。而鬼神为德，又以阐天人合一之真机也。”

在宋代，周敦颐进一步把“诚”升格为一个本体论的哲学范畴，视“诚”为宇宙万物之根本，这样，《中庸》里的“诚”便由道德范畴转变为本体范畴。周敦颐说：

“诚者，圣人之本。‘大哉乾元！万物资始。’诚之源也。‘乾道变化，各正性命。’诚斯立焉。”②

朱熹注云：“诚即所谓太极也。”继周敦颐之后，张载、二程和朱熹都对“诚”这个概念作了一定程度的发挥。如，张载说：“儒者则因明致诚，因诚致明，故天人合一。”③即在张载看来，“诚”与“明”的辩证统一过程本身就是“天人合一”，或者说“性与天道合一”。张载认为：“天人异用，不足以言诚；天人异知，不足以尽明。所谓诚明者，性与天道不见乎小大之别也。”又“义命合一存乎理，仁智合一存乎圣，动静合一存乎神，阴阳合一存乎道，性与天道合一存乎诚。”④其中“性与天道合一存乎诚”是对周敦颐“诚”思想的发展，而在一定程度上，此命题亦可看作是对《中庸》与《通书》两书中有关“性”与“天道”问题的一种综合。故张载在“性与天道合一”的基础上，更提出“天道即性也”⑤的论断。不仅“天道即性”，而且“理义即是天道也”⑥。当然，张载在论述“天人关系”的内容时始终没有忘记问题的另一方面，那就是“天人相分”。如，张载在阐释《系辞》“鼓万物而不与圣人同忧”一句话的内涵时认为：“于是分出

---

① 陈明主编，《原道》编委会编：《原道》第二辑《天人之说述论》，团结出版社 1995 年版，第 308 页。

② 周敦颐：《通书·诚上第一章》，《周敦颐集》，岳麓书社 2002 年版，第 13 页。

③ 张载著，章锡琛点校：《正蒙·乾称篇第十七》，《张载集》，中华书局 1978 年版，第 65 页。

④ 张载著，章锡琛点校：《正蒙·诚明篇第六》，《张载集》，中华书局 1978 年版，第 20 页。

⑤ 张载著，章锡琛点校：《横渠易说·说卦》，《张载集》，中华书局 1978 年版，第 234 页。

⑥ 张载著，章锡琛点校：《横渠易说·说卦》，《张载集》，中华书局 1978 年版，第 234 页。

人之道,不可混天。"[①]"天"与"人"不可相混,其实就是"天人相分"。这样,张载便对"诚"作了两个方面的不同于周敦颐的特殊规定,他说:"以万物本一,故一能合异;以其能合异,故谓之感;若非有异则无合。"[②]此处之"合"与"异"的关系实际上就是"天人合一"与"天人相分"的关系,而张载的这个思想后来为王夫之所继承和发展,因而成为王夫之"天人"观的一个非常重要的思想来源。同张载一样,程颢亦提出了"道即性"的命题。他说:"道即性也。若道外寻性,性外寻道,便不是。"[③]据冯友兰先生分析,"天"在中国古代至少包含有五层意思:物质之天、意志之天、命运之天、自然之天和义理之天。而二程明确地表示,他们所理解的天即是"自然之天",比如,程颢说:"言天之自然者,谓之天道。"[④]又是"义理之天",所谓"天理"是也,如二程说:"《中庸》,天理也。"[⑤]又说:"'道心惟微',天理也。"[⑥]有此"义理之天"故二程认为:"如天理的意思,诚只是诚此者也。"[⑦]"诚"既然以"天理"为其存在的依据,那么,"天理"作为宇宙万物的本源,它则必然同"圣人"的意志有相矛盾的一面。所以,二程对"鼓万物而不与圣人同忧"一句话作了跟张载不同的解释,二程说:"'鼓万物而不与圣人同忧',天理鼓动万物如此。圣人循天理而欲万物同之,所以有忧患。"[⑧]这里有两层意思:第一层意思是说"天理"有其客观的运动变化规律,它不以"圣人"的主观意志为转移,因此,它"不与圣人同忧";第二层意思是说,虽然"天理"不以"圣人"的主观意志为转移,但是"圣人"却需要按照"天理"的意志来指导或矫正自己的社会行为,而且努力去寻求"天人合一"的有效途径,即"圣人循天理而欲万物同之"之谓也。"圣人循天理",而一般人却要"复天理",而"循天理"与"复天理"的主体行为是不一样的。例如,程

---

① 张载著,章锡琛点校:《横渠易说·系辞上》,《张载集》,中华书局 1978 年版,第 189 页。

② 张载著,章锡琛点校:《正蒙·乾称篇第十七》,《张载集》,中华书局 1978 年版,第 63 页。

③ 程颢、程颐:《河南程氏遗书》卷一《二先生语一·端伯传师录》,《二程集》上,中华书局 1981 年版,第 1 页。

④ 程颢、程颐:《河南程氏遗书》卷十一《明道先生语一·师训》,《二程集》上,中华书局 1981 年版,第 125 页。

⑤ 程颢、程颐:《河南程氏外书》卷三《陈氏本拾遗》,《二程集》上,中华书局 1981 年版,第 367 页。

⑥ 程颢、程颐:《河南程氏外书》卷三《陈氏本拾遗》,《二程集》上,中华书局 1981 年版,第 367 页。

⑦ 程颢、程颐:《河南程氏遗书》卷二上《二先生语二上·元丰己未吕与叔东见二先生语》,《二程集》上,中华书局 1981 年版,第 31 页。

⑧ 程颢、程颐:《河南程氏遗书》卷五《二先生语五》,《二程集》上,中华书局 1981 年版,第 78 页。

颐说:“先王制其本者,天理也。后人流于末者,人欲也。损之义,损人欲以复天理而已。”①因为“人于天理昏者,只是为嗜欲乱著佗。”②循着二程的理路,朱熹干脆将“诚”与“理”合二为一了,从而提出了“诚是理”的命题,使“诚”与“理”直接地统一了起来。朱熹说:“诚者,实有此理。”③又说:“诚,实理也,亦诚慤也。”④以“诚慤”为“诚”的内容之一,是朱熹对《中庸》思想的一个重要发现。他说:“由汉以来,专以诚慤言诚。至程子乃以实理言,后学皆弃诚慤之说不观。《中庸》亦有言实理为诚处,亦有言诚慤为诚处。不可只以实为诚,而以诚慤为非诚也。”⑤不仅如此,朱熹还特别强调“诚是自然底实”⑥这个思想,由此而产生出了“圣人之信”⑦的社会后果,相反,“众人之信”却不能叫做“诚”⑧。为什么呢?朱熹回答说:“诚者实有之理,自然如此。忠信以人言之,须是人体出来方见。”⑨然而,朱熹的这种区别,实际上是在“诚”与“信”之间划了一条不可逾越的鸿沟,从而使“此岸”之“信”与彼岸之“诚”之间形成了一种类似于康德“二律背反”的逻辑现象。他说:“诚是个自然之实,信是个人所为之实。《中庸》说‘诚者,天之道也’,便是诚。若‘诚之者,人之道也’,便是信。信不足以尽诚,犹爱不足以尽仁。”⑩把“天道”与“人道”作矛盾对立的两个方面看,正是朱熹“天人相分”思想的一个特点,换言之,如果说“诚”在二程那里是以“天人合一”的内容为主的话,那么,朱熹则转而以“天人相分”为主了。但是,朱熹的“天人相分”思想与中国古代传统的“天人相分”思想并不完全相同,其中两者的最大差别是前者只讲“天”与“人”的对立,而后者不仅讲“对立”,同时还讲“统一”和转化。

## 二、“天人合一”思想能否同“天人相分”思想融合

从逻辑上讲,宋代天人关系不外三种情形:非此即彼或“天人合一”,非彼

① 程颢、程颐:《周易程氏传》卷三《周易下经上》,《二程集》上,中华书局 1981 年版,第 907 页。

② 程颢、程颐:《河南程氏遗书》卷二上《二先生语二上 · 元丰己未吕与叔东见二先生语》,《二程集》上,中华书局 1981 年版,第 42 页。

③ 朱熹:《朱子语类》卷六《性理三 · 仁义礼智等名义》,中华书局 1986 年版,第 102 页。

④ 朱熹:《朱子语类》卷六《性理三 · 仁义礼智等名义》,中华书局 1986 年版,第 102 页。

⑤ 朱熹:《朱子语类》卷六《性理三 · 仁义礼智等名义》,中华书局 1986 年版,第 102 页。

⑥ 朱熹:《朱子语类》卷六《性理三 · 仁义礼智等名义》,中华书局 1986 年版,第 103 页。

⑦ 朱熹:《朱子语类》卷六《性理三 · 仁义礼智等名义》,中华书局 1986 年版,第 103 页。

⑧ 朱熹:《朱子语类》卷六《性理三 · 仁义礼智等名义》,中华书局 1986 年版,第 103 页。

⑨ 朱熹:《朱子语类》卷六《性理三 · 仁义礼智等名义》,中华书局 1986 年版,第 103 页。

⑩ 朱熹:《朱子语类》卷六《性理三 · 仁义礼智等名义》,中华书局 1986 年版,第 103 页。

即此或“天人相分”，亦此亦彼或“天人合一”与“天人相分”两种异质思想在同一主体内的共存。事实上，这三种情形在宋代都程度不同地存在着。比如，徂徕说：

“天感应不感应，吾则不知。六经，夫子所亲经手，吾取圣人之言而言之，子厚之说是耶，圣人之言是耶？足下至乃谓：‘人自人，天自天，天人不相与，断然以行乎大中之道，行之则有福，异之则有祸，非由感应也。’……人亦天，天亦人，天人相去，其间不容发。但天阴隲下人，不如国家昭昭然设爵赏刑罚以示人善恶。”①

这是徂徕给范奉礼书信中所说的一段话，按信中的主要内容分析，范奉礼提出了“天人不相与”（即天人相分）的观点，徂徕看了以后不同意此论，于是他回信申明了自己“天人相去，其间不容发”（即天人合一）的主张。由上引徂徕的话语知，徂徕与范奉礼的观点针锋相对，截然不同。其实，在宋代，“天人相分”与“天人合一”早已演变成两军对阵之势，绝不是一两个人的观点之争。如，北宋的梅尧臣、王安石等皆为“天人相分”思想的鼓动者。梅尧臣说：“我自我，物自物，天自天，人自人。”②至于王安石撰写《洪范传》的目的，晁公武认为：“大意谓天人不相干，虽有变异不足畏也。”③特别是在“天人相分”思想的指导下，许多传统的科学从神学的羽翼下面挣脱出来，独立地形成为一门自然科学，比如，天文学的发展就是一个很典型的例子。对此，北宋人林之奇从反面给我们提供了一个例证，他说：

“先王之世必重其历数之官者，凡以其政事之所自出者也……后世学其法者不知其道，故以星历为工技之事而与政分矣，盖历数之学自后世而言之是特工技之事耳……彼星历之学不行于世，徒为工技之事，则是天人异用而定四时，成岁之事遂与政分，治历明时之职寖轻，则皇极之教亦复不明于世矣。”④

在林之奇看来，将天文学仅仅作为一种“工技之事”，因而“与政分矣”，是人类文明的倒退，恰恰相反，天学与“政分”，而演变为“工技之事”，或者说“星历为工技之事而与政分”，正是人类文明进步的标志，而“天人相分”的思想意义就在于彻底地解放了自然科学，使之成为独立于宗教神学的一门知识，而欧洲文艺复兴归根到底想要做的也是这一点。只可惜，宋代的“天人相分”思想并没有真正成为学术发展的主流，尤其是在理学主导国家意识形态的南宋，由

① 石介：《徂徕石先生文集》卷十五《与范十三奉礼书》，中华书局 1984 年版，第 184—185 页。

② 梅尧臣：《宛陵集》卷六十《问牛喘赋》。

③ 晁公武：《郡斋读书志》卷一上《洪范传》，宋淳祐袁州刻本。

④ 林之奇：《尚书全解》卷二十四《洪范》。

王安石开创的"天人相分"时代一去不返,"天人合一"思想的回潮,且在南宋学术界形成了一股很大的反抗势力,他们不仅人多势大,而且咄咄逼人。如,陈造云:

"谁道天人不相与,青章解挽帝回心。"①

又,员兴宗亦说:

"世之言曰天自天也,人自人也。是知形之所为影,而不知影之无异乎形也。形影之不异则天人之无间也。"②

再,袁甫更说:

"圣人即天也,因论天人不相离,遂言化生万物,因材而笃材,即天命之性也。"③

"天人合一"思想在南宋的回潮,实际上就是一种"君权神授"思想的复活,而受其影响,南宋的自然科学与北宋相比,从总体上不仅没有发展,反而在许多方面倒退了。据德国科学史家维尔纳·施泰因的不完全统计,北宋与南宋的科学技术发展状况若放在世界科技发展水平的大背景下,则其科技成就的总体状况比较如下:

| **北宋**(960—1127) | | **南宋**(1127—1279) | |
|---|---|---|---|
| 时间 | 成就 | 时间 | 成就 |
| 983 | 大百科全书全部完成(即《太平御览》)。 | 12 世纪 | 中国发明火药。 |
| 1050 | 司马光著《资治通鉴》,(中国史学的高峰,表明中国历史学已经成为一门科学。 | 1200 | 中国出现火枪。 |
| 11 世纪 | 中国出现最早的活字印刷。 | 1225 | 中国人已计算出代数式(a+b)n 数值。 |
| 1054 | 中国记载了银河系中一颗特别明亮的新星(超级新星,今证明是行星云。) | 1232 | 中国把火药用于军事目的(欧洲在 1320 年前后开始)。 |
| 1083 | 中国印制数学书籍(特别是以过去的知识为基础的算术书)。 | 1247 | 秦九韶著《数书九章》(中国数学复兴)。 |
| 1124 | 中国发明指南针。 | 1259 | 中国人使用火炮(1234 年已开始使用)。 |

① 陈造:《江湖长翁集》卷二十《喜雨口号呈陈宇伯固十二首》。

② 员兴宗:《九华集》卷十七《圣人和同天人之际论》。

③ 袁甫:《蒙斋中庸讲义》卷二。

这个统计表[①]虽然说不能完整反映北宋科技发展的总体水平，但是它却大体上反映出了南宋科技发展的一般状况，南宋确实除了火药和数学这两个方面能够超过北宋之外，在其他方面可以说无一能与北宋相媲美。比如，在医学方面，南宋人王执中说："世所谓医者，则但知有药而已，针灸则未尝过而问焉。人或问之，则曰是外科也。"[②]在天文历法方面，若就数量言，则清阮元在《畴人传》中共列出宋代天学家 27 位，其中北宋 18 位（即王处讷、王熙元、吴昭素、苗守信、韩显符、史序、张奎、楚衍、宋行古、周琮、沈括、卫朴、刘羲叟、孙思恭、黄居卿、苏颂、韩公廉、姚舜辅等），南宋 9 位（即陈得一、刘孝荣、荆大声、杨忠辅、鲍瀚之、李德卿、谭玉、陈鼎、藏元震等），北宋天学家的数量是南宋天学家数量的两倍；若就质量言，则北宋沈括所创制的"十二气历"，被钱宝琮先生称为是"一个有革命性的历日制度"[③]。北宋时代，在 1010 年至 1106 年约百年中，先后进行了五次大规模的恒星位置观测工作，取得了空前的观测成就，如姚舜辅的《纪元历》利用其第五次的观测结果，从历中所给出的度数数值分析看，"二十八宿距度误差绝对值平均只有 0.15 度，达到这样高的精确度，在当时的条件下是很不容易的"[④]。与北宋的天文学成就相比，南宋的天文历法成就显然要逊色得多。其唯一可提的《统天历》，亦仅仅是"提出了斗分差的数值改正方法"[⑤]，至于其他便更不见有什么新起色了。在物理学方面，北宋几乎可说是一花独秀，因为《梦溪笔谈》和《武经总要》两部科学巨著基本上囊括了终宋一朝的所有重大物理学成就，等等。

同其他任何矛盾者的事物都有对立和统一两个方面一样，"天人合一"与"天人相分"两者之间不仅有对立，而且也有统一。关于这个特点，汉代董仲舒在探讨天人关系问题时已见端倪，而到宋代理学家那里时则逐渐形成了一种特色思维。董仲舒是主张"天人合一"论的主要代表，他在《春秋繁露》一书中说："天亦有喜怒之气，哀乐之心，与人相副。以类合之，天人一也。"[⑥]此"天人一"亦可称"天人合一"，但什么是"一"与"合"，董仲舒的解释是这样的，他说："天之常道，相反之物也，不得两起，故谓之一。一而不二者，天之行

---

① ［德］维尔纳·施泰因：《人类文明编年纪事——科学和技术分册》，中国对外翻译出版公司 1992 年版，第 42—51 页。

② 王执中：《针灸资生经》卷二十《针灸须药》。

③ 中国科学院自然科学史研究所编：《钱宝琮科学史论文选集》，科学出版社 1983 年版，第 474 页。

④ 杜石然等：《中国科学技术史稿》下册，科学出版社 1984 年版，第 47 页。

⑤ 陈振：《宋史》，上海人民出版社 2004 年版，第 620 页。

⑥ 《春秋繁露》卷十三《人副天数》。

也，阴与阳，相反之物也，故或出或入，或右或左。"[①]又说："凡物必有合，合必有上，必有下，必有左，必有右，必有前，必有后……阴者阳之合……物莫无合，而合各有阴阳。"[②]在这样的"一"与"合"的前提下，董仲舒明确地表示："天人之气，合而为一，分为阴阳。"[③]看来，董仲舒并没有拒绝"天人相分"说，甚至他的"天人合一"思想是以"天人相分"为基础的，没有"分为阴阳"，就没有"天人合一"，故此，董仲舒便有了"妻者夫之合，子者父之合，臣者君之合"[④]的说法。显然，宋代的绝大多数理学家都继承了董仲舒的这个思想传统，并根据宋代的社会实际又作了进一步的阐释与发挥。如，张载说：

"乾称父，坤称母；予兹藐焉，乃混然中处。故天地之塞，吾其体；天地之帅，吾其性。民吾同胞，物吾与也。大君者，吾父母宗子；其大臣，宗子之家相也。尊高年，所以长其长；慈孤弱，所以幼其幼。圣其合德，贤其秀也。"[⑤]

"天人异用，不足以言诚；天人异知，不足以尽明。所谓诚明者，性与天道不见乎小大之别也。"[⑥]

前面讲了张载"天人"观的一面，即他的"天人相分"思想，这里又指明了其"天人"观的另一面，即他的"天人合一"思想。实际上，张载在讲"合"之前，先给"分"留下了足够将"合"支撑起来的动力和空间。比如，张载曾区别"天道"与"人道"说："'鼓万物而不与圣人同忧'，则于是分出天人之道，人不可以混天。"故"圣人成能，所以异于天地。"[⑦]其"圣人成能"之"成能"的内涵就是指人类的主观能动性，就是人在长期生产和实践过程中所形成的思维意识。二程亦复如此，不过，张载认为"天人不能异用"，而二程似乎不这样认为，他们仅仅强调"天人"在本体论意义上的"天人合一"，至于它们在具体的功用方面，二程不回避"天"与"人"的"异用"性质。因此，二程说：

"道未始有天人之别，但在天则为天道，在地则为地道，在人则为人道。"[⑧]

"伯温又问：'孟子言心、性、天，只是一理否？'曰：'然。自理言之谓之天，自禀受言之谓之性，自存诸人言之谓之心。'又问：'凡运用处是心否？'曰：'是

---

① 《春秋繁露》卷十二《天道无二》。

② 《春秋繁露》卷十二《基义》。

③ 《春秋繁露》卷十三《五行相生》。

④ 《春秋繁露》卷十二《基义》。

⑤ 张载著，章锡琛点校：《正蒙·乾称篇第十七》，《张载集》，中华书局1978年版，第62页。

⑥ 张载著，章锡琛点校：《正蒙·诚明篇第六》，《张载集》，中华书局1978年版，第20页。

⑦ 张载著，章锡琛点校：《横渠易说·系辞上》，《张载集》，中华书局1978年版，第189页。

⑧ 程颢、程颐：《河南程氏遗书》卷二十二上《伊川先生语录八上·伊川杂录》，《二程集》上，中华书局1981年版，第282页。

意也。'棣问:'意是心之所发否?'曰:'有心而后有意。'又问:'孟子言心出入无时,如何?'曰:'心本无出入,孟子只是据操舍言之。'伯温又问:'人有逐物,是心逐之否?'曰:'心则无出入矣,逐物是欲。'"①

这段问答虽然话比较多,但中心思想非常突出,它的基本点有两个:一是从功用方面讲求"天人之别",如"天"是"自理言之","性"是"自禀受言之","心"则是"自存诸人言之"。由于宋人的人体解剖生理知识还不到位,他们当时还不能将"心脏"与"大脑"的活动区分开来,而是把本属于"大脑"的功能硬要归结到"心脏"的功能上来。人从动物界分离出来之后,便先天地具有着思维和语言的生理结构,大家知道,这个结构不仅一代一代的遗传,而且还在逐步地向更高级和更精细的阶段进化;二是将现实的人一分为二,而人就是"心"与"欲"的组合。在二程看来,"心"是人体中向善的那一部分结构,用二程的话说就是"人必有仁义之心"②,即"在天为命,在义为理,在人为性,主于身为心,其实一也。心本善,发于思虑,有善有不善。若既发,则可谓之情,不可谓之心"③,在此,"心"与"情"具有严格的界限,而人的"善心"能"感通"天理,故二程说:"心所感通者,只是理也。"④又说:"圣人之心,未尝有在,亦无不在,盖其道合内外,体万物。"⑤可见,人类之"心"本身具有"合内外,体万物"的功能,然而,心的这个功能不是在什么人身上都能发挥出来的,唯有圣人可言"体万物"之"心"。除了心,人体自身还有一种可能向恶的生理结构,二程将其称为"欲"。故二程说:"大抵人有身,便有自私之理,宜其与道难一。"⑥又说:"公则一,私则万殊。"⑦那么,二程所说的"与道难一"是什么意思呢?其实,人们仅从字面上就能推知,它是指"天"与"人"的"为二"状态,是与"天人合一"相反的一种客观存在。而导致这种存在状态的根源便是人体

① 程颢、程颐:《河南程氏遗书》卷二十二上《伊川先生语录八上·伊川杂录》,《二程集》上,中华书局1981年版,第282页。

② 程颢、程颐:《河南程氏遗书》卷四《二先生语四·游定夫所录》,《二程集》上,中华书局1981年版,第70页。

③ 程颢、程颐:《河南程氏遗书》卷十八《伊川先生语四·刘元承手编》,《二程集》上,中华书局1981年版,第204页。

④ 程颢、程颐:《河南程氏遗书》卷二下《二先生语二下·附东见后录》,《二程集》上,中华书局1981年版,第56页。

⑤ 程颢、程颐:《河南程氏遗书》卷三《二先生语三·谢显道记忆平日语》,《二程集》上,中华书局1981年版,第66页。

⑥ 程颢、程颐:《河南程氏遗书》卷三《二先生语三·谢显道记忆平日语》,《二程集》上,中华书局1981年版,第66页。

⑦ 程颢、程颐:《河南程氏遗书》卷十五《伊川先生语一·入关语录》,《二程集》上,中华书局1981年版,第144页。

内的“私欲”，换言之，“私欲”就是人自身的劣根性。在二程看来，正是由于这种“劣根性”的存在，“天”与“人”才不能“合一”，又由于“天”与“人”不能“合一”，所以二程提出的口号就是“无人欲即皆天理”。然而，“天”与“人”不能“合一”仅仅是人之为人的一个方面，另外，还有一个方面，那就是“公则一”，二程说：“合而听之则圣，公则自同。若有私心便不同，同即是天心。”①这里，所谓“公”就是指人的“善心”，或者说存在于人心中的那个“天理”，而“公则一”的本意就是“天”与“人”在“天理”基础上的“合一”。这样，作为主体的人必然会分成两个部分：“天人合一”形态的人与“天人相分”形态的人，此“二态人”的存在形式，显然是为二程的理学体系所不容的，于是二程又引入了“天人相胜”的思想，他们试图通过个人的“诚敬”工夫去达到“灭人欲，存天理”的目的，也就是使“二形态”的人变成“一形态”的人，进而实现“天人一”的人生境界。

“陈贵一问：‘人之寿数可以力移否？’曰：‘盖有之。’棣问：‘如今人有养形者，是否？’曰：‘然，但甚难。世间有三件事至难，可以夺造化之力：为国而至于祈天永命，养形而至于长生，学而至于圣人。此三事，功夫一般分明，人力可以胜造化，自是人不为耳。’”②

所谓“造化”当然是“天理”之为，是自然之力，二程公然主张“人力可以胜造化”，虽然其说法与刘禹锡“天与人交相胜”命题似有不同，但两者之间有一种承接关系，却是可以肯定的。因此，既承认“天人一”，同时又承认“人力可以胜造化”，从逻辑上讲，这两种说法是不能相互通约的，比如，“天人一”学理根本在于“顺天”，而“人力可以胜造化”的学理根本却是“逆天”，前者主张自然是不能改造的，而后者则认为人力可以改造自然。可见，“顺天”与“逆天”在原则上具有不可调和性，事实上，二程也不希望这种现象并存于他们的理学体系之中，“不是天理，便是私欲”，在他们看来，“人力可以胜造化”是私欲的外在体现，于是他们便有了下面的主张：

“欲之害人也。人为不善，欲诱之也。诱之而不知，则至于灭天理而不知反。故目则欲色，耳则欲声，鼻则欲香，口则欲味，体则欲安，此皆有以使之也。然则何以窒其欲？曰，思而已矣，觉莫要于思，唯思为能窒欲。”③

---

① 程颢、程颐：《河南程氏遗书》卷十五《伊川先生语一·入关语录》，《二程集》上，中华书局1981年版，第145页。

② 程颢、程颐：《河南程氏遗书》卷二十二《伊川先生语八上·伊川杂录》，《二程集》上，中华书局1981年版，第291页。

③ 程颢、程颐：《河南程氏粹言》卷二《心性篇》，《二程集》下，中华书局1981年版，第1260页。

那么,“天”与“人”能否在一个主体内发生有效的“融合”作用呢?

二程的回答是否定的,他们认为“天”与“人”的结果只能是一方战胜另一方,而不能使双方共处于一个统一体中,也就是说两者不能“融合”。所以,二程反对在“天人”关系问题上讲“合”,因为“合”与“一”是不同的。二程说:

“天人无二,不必言合;性无内外,不可以分语。”①

二程公开讲“天人一”,但他们却没有公开讲过“天人合”或者说“天人合一”,这一点与张载有着明显的差异。为什么张载敢于说“天人合一”,而二程却想方设法地回避这个问题呢?二程在上面的话中道出了真情,那就是只有“天人二”才谈得“合”,“合”即“融合”之意,无“二”则无“合”也无“一”。换句话说,即“天人合”的逻辑前提必然是“天人分”或“天人二”,而二程并不同意将“天人”一分为二的做法。当二程否定了“天人二”的可能性时,实际上他们已经把实现“天人”融合的主客观条件给统统封死了。于是,在二程的眼里,“天”与“人”的关系,只有“胜”没有“合”。如,他们说:

“人忿欲胜志者有矣,以义理胜气者鲜矣。”②

“未发之谓蒙,以纯一未发之蒙而养其正,乃作圣之功也。发而后禁,则扞格而难胜。”③

“大臣之任,上畜止人君之邪心,下畜止天下之恶人。人之恶,止于初则易,既盛而后禁,则扞格而难胜。”④

“夫以亿兆之众,发其邪欲之心,人君欲力以制之,虽密法严刑,不能胜也。夫物有总摄,事有机会,圣人操得其要,则视亿兆之心犹一心,道之斯行,止之则戢。”⑤

可见,“天理”胜“人欲”的最佳时机在于“纯一未发之蒙”,或云“止于初”,就是说在“人欲”还没有“发作”时就加以遏止,此时“止之则戢”。然而,理论如此,可现实并不如此。因此,二程找了个下台阶说:“儒者只合言人事,

---

① 程颢、程颐:《河南程氏粹言》卷二《心性篇》,《二程集》下,中华书局 1981 年版,第 1254 页。

② 程颢、程颐:《河南程氏粹言》卷二《心性篇》,《二程集》下,中华书局 1981 年版,第 1254 页。

③ 程颢、程颐:《周易程氏传》卷一《周易上经上》,《二程集》下,中华书局 1981 年版,第 720 页。

④ 程颢、程颐:《周易程氏传》卷二《周易上经下》,《二程集》下,中华书局 1981 年版,第 830 页。

⑤ 程颢、程颐:《周易程氏传》卷二《周易上经下》,《二程集》下,中华书局 1981 年版,第 831 页。

不得言有数,直到不得已处,然后归之于命可也。"①由此而言,二程的"天人"学说肯定不是从现实生活中概括和提炼出来的,而是在他们思想中虚构出来的一种"玄理",所以他们的"天人"说不仅缺乏必要的现实依据,而且更缺乏实现的条件和途径。实际上,只讲"一"而不讲"二",归根到底,是一种"唯灵论"思想,因为"唯灵论"认为:"世界是单一的;只有从我们的特殊世俗的、原罪的观点看来,才有此岸和彼岸之分;全部存在就其本身说来,就是说,在上帝那里,是统一的。"②所谓"此岸和彼岸之分",用二程的话说即"天理"与"人欲"之分,而这种区分是从"特殊世俗的、原罪的观点"来说的,由于"人欲"是一种"原罪",甚至在"原罪说"看来,任何人生来即是恶人,只有笃信上帝,才可能获得灵魂的拯救。二程虽然不言笃信上帝,但他们要求人们笃信"天人一",且是"只明人理,敬而已矣",因为"主一之谓敬",而"所谓一者,无适之谓一",又"主则虚,虚则邪不能入"③。

与二程不同,张载主张"天人"融合的观点。张载明确反对"一天人"④说,故而他提出了"天人合一"⑤的命题。究竟"一"与"合一"有何不同?上面说过,两者的差异主要就在于是否承认"天人合一"与"天人相分"的统一性问题,或者说"天人合一"与"天人相分"能否融合的问题。持"一天人"或"天人一"论者,否认"天人合一"与"天人相分"之间的融合,而持"天人二"或"天人相分"论者则认为"天人合一"与"天人相分"之间是能够相互融合的。所以,张载在"天人"关系问题上讲得最多的词是"合"而不是"胜"。例如,他说:

"感即合也,感也。以万物本一,故一能合异;以其能合异,故谓之感;若非有异则无合。"⑥

"性其总,合两也。"⑦

"义命合一存乎理,仁智合一存乎圣,动静合一存乎神,阴阳合一存乎道,

---

① 程颢、程颐:《河南程氏外书》卷第五《冯氏本拾遗》,《二程集》上,中华书局 1981 年版,第 375 页。

② 《马克思恩格斯选集》第 3 卷,人民出版社 1972 年版,第 82 页。

③ 程颢、程颐:《河南程氏遗书》卷十五《伊川先生语一·入关语录》,《二程集》上,中华书局 1981 年版,第 169 页。

④ 张载著,章锡琛点校:《正蒙·乾称篇第十七》,《张载集》,中华书局 1978 年版,第 64 页。

⑤ 张载著,章锡琛点校:《正蒙·乾称篇第十七》,《张载集》,中华书局 1978 年版,第 65 页。

⑥ 张载著,章锡琛点校:《正蒙·乾称篇第十七》,《张载集》,中华书局 1978 年版,第 63 页。

⑦ 张载著,章锡琛点校:《正蒙·诚明篇第六》,《张载集》,中华书局 1978 年版,第 22 页。

性与天道合一存乎诚。”①

“自然人谋合，盖一体也。”②

“‘五位相得而各有合’，一二相间，是相得也；各有合，以对相合也。”③

张载说得很明确，凡“合”皆是有对立面的“合”，用他自己的话说就是“若非有异则无合”，“合两也”，“以对相合也”等，其中“异”、“两”、“对”讲得即是客观事物的对立状态。同理，“天”与“人”是矛盾着的对立体，有对立就有统一，这是事物发展规律的辩证法，它是不以人的意志为转移的。结合前面所讲二程的“天理”胜“人欲”主张来看，在现实社会里，“天理”胜“人欲”是很难实现的，除非每个人类个体都变成“植物人”，否则，有感情的人绝对不能没有欲望，按照人类自身发展的历史规律，人有欲望是正常的和合理的，反之，则是不正常的和非理的。实际上，二程也为他们的主张犯难，与其作茧自缚，就不如诡衔窃辔，及锋而试，在自然界允许的范围内，充分发挥人的能动性和创造性，“惟义所适，惟时所合”④。而正是在这样的前提下，张载重申了刘禹锡“天与人，有交胜之理”⑤的思想命题。其实，有“天与人交胜之理”，也就有“天与人既分且合”的可能。

同二程与张载的观点分歧彰显于北宋中期的思想界一样，20 世纪 90 年代，中国大陆学术界也掀起了一场关于“天人合一”与“天人相分”能否“融合”的学术争论，其中否认“融合”的主要代表是季羡林先生（以下简称“季先生”），而主张“融合”的主要代表则是张岱年先生（以下简称“张先生”）。季先生在 20 世纪 90 年发表了一系列论文，比较详尽地阐释了他对中国传统文化的见解与看法，较有影响的几篇论文分别为《“天人合一”新解》、《从宏观上看中国文化》、《21 世纪，东方文化的时代》、《东方文化与东方文明》、《再论东方文化》、《关于天人合一思想的再思考》等。通观季先生的文章，其中心思想就一个，那就是用中国传统的“天人合一”文化取代以“天人相分”为特征的西方文化。在他看来，“在处理人与自然的关系方面，东方文化与西方文化是迥乎不同的，夸大一点简直可以说是根本对立的。西方的指导思想是征服自然；东方的主导思想，由于基础是综合模式，主张与自然万物浑然一体，即‘天人

---

① 张载著，章锡琛点校：《正蒙·诚明篇第六》，《张载集》，中华书局 1978 年版，第 20 页。

② 张载著，章锡琛点校：《横渠易说·系辞下》，《张载集》，中华书局 1978 年版，第 232 页。

③ 张载著，章锡琛点校：《横渠易说·系辞上》，《张载集》，中华书局 1978 年版，第 196 页。

④ 张载著，章锡琛点校：《横渠易说·上经》，《张载集》，中华书局 1978 年版，第 74 页。

⑤ 张载著，章锡琛点校：《正蒙·太和篇第一》，《张载集》，中华书局 1978 年版，第 10 页。

合一'。"[①]所以"东方的思维模式是综合的,西方的思维模式是分析的"[②],"分析"的思维方法经过一千多年的发展最终产生了欧洲的近代科学,产生了近代工业革命,自此人类的物质文明和精神文明日新月异,出现了翻天覆地的变化。当然,由于人们片面追求科学技术的物质效应和经济利益的最大化,它在历史的发展过程中给人类带来了一系列负面影响,诸如"生态平衡遭到破坏,酸雨到处横行,谈水资源匮乏,大气受到污染,臭氧层遭到破坏,海、洋、湖、河、江遭到污染,一些生物灭种,新的疾病冒出等等"[③]。季先生认为,这些所谓的"生态问题"统统是由"西方文化"产生的"文明"恶果,因此,"西方文化或文明已经繁荣昌盛了几百年了,到了今天,在很多方面已经呈现出强弩之末之势,看来是面临衰微了。代之而起的必然只能是东方文化或文明"[④],或曰:"西方形而上学的分析已快走到尽头,而东方的寻求整体的综合必将取而代之"[⑤]。为什么要"以东方文化的综合思维模式济西方的分析思维模式之穷",在季先生看来,这是因为"只有东方文化能够拯救人类"[⑥],而"'天人合一'命题正是东方综合思维模式的最高最完整的体现"[⑦]。虽然后来季先生亦讲"融合",但他的"融合"其实是"取代"说的另一种形式,比如,他这样说:"我不反对融合,但要看是以哪个为主,我理解的不是对等的融合,而是两个文化发展阶段前后衔接的融合,而是必以一方为主的融合,就是'东风压倒西风'。"[⑧]这种"融合"比"取代"还强硬,季先生的这种所谓的"融合"在西汉的董仲舒那里简称为"合",董仲舒说:"妻者夫之合,子者父之合,臣者君之合。"可见,董仲舒所说的"合"就是一种"不对等"的"合",就是以"夫"、"父"、"君"为主的"合",一句话,"合"的价值归宿只能是"三纲"。人类从古代、近代,走到了现代,每一个历史时代总有一些人看到社会的进步之后,心里感到不舒服,于是他们便说些厚古薄今的话,然而,不知季先生是否记得早在20世纪初期,国粹派就曾在"复兴古学"的旗帜下,不仅提出了"今日欧洲文明,由中世纪倡古学之复兴"[⑨]的观点,而且孙诒让在《周礼政要》一书还系统阐发

---

① 季羡林:《"天人合一"新解》,载《传统文化与现代化》1993年第1期。
② 季羡林:《"天人合一"新解》,载《传统文化与现代化》1993年第1期。
③ 季羡林:《"天人合一"新解》,载《传统文化与现代化》1993年第1期。
④ 季羡林:《东方文化与东方文明》,载《文艺争鸣》1992年第2期。
⑤ 季羡林:《21世纪,东方文化的时代》,载《人生絮语》,浙江人民出版社1996年版。
⑥ 季羡林:《东西方文化论集》,经济日报出版社1997年版,第12页。
⑦ 季羡林:《东西方文化论集》,经济日报出版社1997年版,第82页。
⑧ 季羡林:《朗润琐言》,上海文艺出版社1997年版,第90页。
⑨ 许守微:《论国粹无阻于欧化》,载《国粹学报》第7期,光绪三十一年七月廿日。

了其“西政暗合《周礼》”的论题，甚至刘师培在《中国民约精义》一书中更直截了当地说，西方人引以自豪的近代民主思想，比如卢梭的《民约论》，原来在中国古代典籍中都可以找到，所以，他们得出的结论是“西学、西法、西政皆出于中国”。假如这些国粹派说的话不错，那么，人类今天所面临的“生态灾难”的罪魁祸首到底是“西方文化”呢抑或是“东方文化”，还是一个很大的疑问，如此看来，“只有东方文化能够拯救人类”的说法就实在难以说服人了。

张先生没有季先生那么张扬，但这绝不等于说他的思想就应该沉默。同季先生一样，张先生在20世纪90年代也撰写了大量有关“中国传统文化”方面的文章，这些文章大多都收录在《张岱年全集》第7卷中。1993年7月，张先生在一篇名为《中国文化的基本精神》的文章里，曾提出“天人合一”为中国几千年来文化传统的基本精神的主要内涵之一的观点。不仅如此，张先生也看到了“西方文明”本身所存在着的严重缺陷，他说：“在历史上，中西不同的观点各有短长，西方近代的科学技术取得了改造自然的辉煌成绩，但也破坏了自然界的生态平衡。时至今日，重新认识人与自然的统一，确实是必要的了。”①同年9月，张先生便提出了“改造旧文化，创建新文化”的构想，他认为：“从16世纪以来，与西方相比，中国落后几百年，现在应急起直追，要认真吸取西方近代文化的先进成果。综合中西，是完全必要的。我们只能在民族文化已经取得的成就上吸取西方文化的先进成果，而不可能在全盘否定民族传统的条件下全盘移植西方文化。”②1994年8月，张先生针对中国传统文化的“缺失”现象，又进一步重申说：“现在我们提倡科学，必须吸取西方自然科学的丰硕成果。”③同年11月，张先生更明确提出了“哲学发展的道路应是综合创新”的主张，他说：“综合即是将不同学派的所见综合起来。在今天，就世界范围而言，综合主要是中国传统哲学与西方哲学思想的综合。”④此“中国传统哲学与西方哲学思想的综合”实际上就是“天人合一”与“天人相分”两种思维方式的“综合”，恩格斯指出：“思维既把相互联系的要素联合为一个统一体，同样也把意识的对象分解为它们的要素。没有分析就没有综合。”⑤显然，张先生的“综合创新”较季先生的“取代论”更接近于现实，更容易为人们所接受，所以也更有利于弘扬国粹的精华。

---

① 张岱年：《张岱年全集》第7卷，河北人民出版社1996年版，第380页。
② 张岱年：《张岱年全集》第7卷，河北人民出版社1996年版，第415页。
③ 张岱年：《张岱年全集》第7卷，河北人民出版社1996年版，第528页。
④ 张岱年：《张岱年全集》第7卷，河北人民出版社1996年版，第551页。
⑤ 《马克思恩格斯选集》第3卷，人民出版社1972年版，第81页。

## 三、正确认识和科学解读“义理派”的天人相分思想文本

张载说:“天人不须强分。”①“不须强分”绝不等于说“不可分”,只是“分”需要一定的条件而已。比如,张载在以下几种场合就经常讲到“天”与“人”的“分”,而且“分”还具有内在的必然性。

1.“世”有几种情态:治世、盛世与乱世、衰世。其中,张载认为“衰世”是“天人相分”思想得以存在和发展的社会条件,这是一个很独特的见解。他说:“世衰则天人交胜,其道不一,《易》之情也。”②在这里,张载说“世衰”则“其道不一”是不对的,因为历史发展总是有规律可循的。恩格斯指出:“人们自己创造着自己的历史,但是到现在为止,他们并不是按照共同的意志,根据一个共同的计划,甚至不是在某个特定的局限的社会内来创造这个历史。他们的意向是相互交错着的,因此在所有这样的社会里,都是那种以必然性为其补充和表现形式的必然性占统治地位。在这里透过各种偶然性来为自己开辟道路的必然性,归根到底仍然是经济的必然性。”③可见,所谓“世衰则天人交胜”必须是以特定历史时期之“经济的必然性”为前提条件的“天人交胜”。

2.人具有能动性,这是“人道”区别于“天道”的关键所在,也是“天”与“人”相分的客观依据。所以,张载说:

“圣人所以有忧者,圣人之仁也;不可以忧言者,天也。盖圣人成能,所以异于天地。”④

“天惟运动一气,鼓万物而生,无心以恤物。圣人则有忧患,不得似天。天地设位,圣人成能。圣人主天地之物,又智周乎万物而道济天下,必亦为之经营,不可以有〔忧〕付之无忧。”⑤

“天”仅仅是一个自然的历史过程,用恩格斯的话说就是“天”有必然性,但这种“必然性”却是一种“盲目的必然性”。在自然界中,一般动物都是依靠本能的力量而存在于自然界之中的,因此,它们便不能不受到盲目必然性的支配。前面讲过,这种不能摆脱自然界之盲目必然性的历史阶段,实际上是“天人合一”的一种原始形态。与之相反,人类主要是通过工具性的自由意识而生活在自然界里,尤其当意识本身作为一种特殊的工具力量与自然界发生分裂之后,人相对于自然界就完全转变成了一种自由的主体。然而,无论人的能

---

① 张载著,章锡琛点校:《横渠易说 · 系辞下》,《张载集》,中华书局 1978 年版,第 232 页。
② 张载著,章锡琛点校:《横渠易说 · 系辞下》,《张载集》,中华书局 1978 年版,第 226 页。
③ 《马克思恩格斯选集》第 4 卷,人民出版社 1972 年版,第 506 页。
④ 张载著,章锡琛点校:《横渠易说 · 系辞上》,《张载集》,中华书局 1978 年版,第 189 页。
⑤ 张载著,章锡琛点校:《横渠易说 · 系辞上》,《张载集》,中华书局 1978 年版,第 185 页。

动性多么强大,都必然被限制在一定的条件之内,因为人不能创造规律。故此,张载正确地说:圣人"不可以有〔忧〕付之无忧。"也就是说,人类不能把自己的意志强加给自然界,这个思想在当时是非常深刻的,至今仍然具有着很强的针对性和现实性。

3.用"一故两"的观点看,"天"与"人"的"合异关系"既是对立统一的又是发展变化的。张载说;"天包载万物于内,所感所性,乾坤、阴阳二端而已,无内外之合,无耳目之引取,与人物蕞然异矣"①,由这句话的内容知,张载已经在事实上承认了"天"与"人"的可分性,即矛盾的对立性;另一方面,"有无虚实通为一物者,性也;不能为一,非尽性也。"②此处之"虚实"与"有无"都是矛盾着的两极,在张载看来,矛盾着的两极不只是对立的,而且还是统一的。按照"人性"的本质特征来说,把对立的事物统一起来,或者在万物的差异性中寻找到它们的统一性和相互联系,正是人类能动性的重要体现。因此,张载强调说:"天性,乾坤、阴阳也,二端故有感,本一故能合。"③这句话的意思是说,无论是乾坤还是阴阳,由于它们都具有共同的物质基础,所以它们才有"合"的可能性。又,"若非有异则无合"④,"异"就是客观事物之间的区别与差异,格鲁霍茨说:"差别在我们的语言和思想中,表示为二元的对立的形式。古老的形而上学的二元对立性,是我们人类智慧的构成部分。"⑤特来宁亦说:"从现代物理学我们得知,理解现实的唯一途径是利用两个互相矛盾而又补充的图像:粒子和波,或者质量和能量。"⑥由于"差别"是事物内部矛盾运动的固有形式,所以任何的"一"都不可能是纯粹的没有差别的"一"。然而,这种差别的存在并不意味着事物就只能维持对立这一种存在形式了,实际上,在一定条件下,矛盾双方经过"和合"这个中间环节而相互融合为一个新的矛盾统一体,从而推动事物的发展。因此,从逻辑关系上讲,"天人合一"与"天人相分"两者之间的关系就应当是一种"合取"的关系。也就是说,虽然张载提出了"天人合一"的思想命题,但是他从来没有以此去排斥"天人相分"思想的

---

① 张载著,章锡琛点校:《正蒙·乾称篇第十七》,《张载集》,中华书局 1978 年版,第 63 页。

② 张载著,章锡琛点校:《正蒙·乾称篇第十七》,《张载集》,中华书局 1978 年版,第 63 页。

③ 张载著,章锡琛点校:《正蒙·乾称篇第十七》,《张载集》,中华书局 1978 年版,第 63 页。

④ 张载著,章锡琛点校:《正蒙·乾称篇第十七》,《张载集》,中华书局 1978 年版,第 63 页。

⑤ [美]霍夫曼:《相同与不相同》,吉林人民出版社 1998 年版,第 226—227 页。

⑥ [美]霍夫曼:《相同与不相同》,吉林人民出版社 1998 年版,第 228 页。

客观存在,倒是今天的人们反而由于种种原因把张载本来结合在一起的"天人思想"给肢解化和片面化了,这是很不应该的。

二程讲"天道"与"人道"总是放在一个"合一"的境界中去进行理性的审视与把握,因而他们在"天人关系"问题上的基本倾向是"天人合一"的。例如,二程说:

"今虽知'可欲之为善',亦须实有诸己,便可言诚,诚便合内外之道。今看得不一,只是心生。除了身只是理,便说合天人。合天人,已是为不知者引而致之。天人无间。夫不充塞则不能化育,言赞化育,已是离人而言之。"①

在这段话里,有三点特别值得注意:第一点是"天人无间",既然"无间"就不能相互分开,从这个层面讲,"天人不能言合"。故二程说:"天人一也,更不分别。"②又说:"天人本无二,不必言合。"③第二点是"合天人,已是为不知者引而致之",按照二程的逻辑,"天人"本来是"无间"的和不可分的,但是由于人们的觉悟程度不同,有贤愚之别,有清浊禀气之异,因此,"合"这个词就具有了导引的作用,使"愚"者"贤","浊"者"清"。仔细想来,二程也并不一概地反对"天人相分"。于是,他们强调说:"合天人,通义命,此大贤以上事。"④说白了"天人合一"本身只是"圣人"的事业,或者说是"成圣之道",与之相对,则"天人分"就是"大贤以下事"。第三点是"言赞化育,已是离人而言之",这是二程对《易》思想的一种阐释,显然,他们并不欣赏"赞化育"这个词,因为它主要是在倡导一种"天人相分"的思想意识与精神境界,此境界与二程的"成圣之道"相差太悬殊。二程认为:成圣的修养是"敬",故"敬便心虚故也。"⑤而"赞化育"之"赞"却是"心虚"做不来的。所以,二程不得不承认;

"'赞天地之化育',自人而言之,从尽其性至尽物之性,然后可以赞天地之化育,可以与天地参矣。言人尽性所造如此。若只是至诚,更不须论。所谓

---

① 程颢、程颐:《河南程氏遗书》卷二上《二先生语二上·元丰己未吕与叔东见二先生语》,《二程集》上,中华书局1981年版,第33页。

② 程颢、程颐:《河南程氏遗书》卷二上《二先生语二上·元丰己未吕与叔东见二先生语》,《二程集》上,中华书局1981年版,第20页。

③ 程颢、程颐:《河南程氏遗书》卷六《二先生语六》,《二程集》上,中华书局1981年版,第81页。

④ 程颢、程颐:《河南程氏外书》卷七《胡氏本拾遗》,《二程集》上,中华书局1981年版,第392页。

⑤ 程颢、程颐:《河南程氏遗书》卷十五《伊川先生语一·入关语录》,《二程集》上,中华书局1981年版,第158页。

‘人者天地之心’及‘天聪明自我民聪明’，止谓只是一理，而天人所为，各自有分。”①

那么，在“天人关系”问题上，究竟应该以何者为主呢？“天人合一”还是“天人相分”？最后，程颐的态度是：“天人之际甚微，宜更思索。曰：莫是天数人事，看那边胜否？曰：似之，然未易言也。”②虽然天人关系“未易言”，但宋代的士大夫几乎人人都在“言之也”，所以，如果不加分析地将宋代理学家所说的“天人合一”与“天人相分”思想割裂开来，片面强调“天人合一”思想在宋代理学体系中的重要性，而忽视了“天人相分”思想对于宋代理学家的不可或缺性，那肯定是与历史事实不相符合的。

后来，南宋的理学家朱震更加明确了“天人合一”的适用范围，他说：

“天地万物共由一理，其理顺而不妄，深明其源乃能一天人，合内外，体用无间矣，此之谓尽性。”③

显然，“天人合一”不是在任何意义都能适用的，它主要适用于探究“天人关系”的本源问题，正像唯物主义和唯心主义是依据对“思维与存在”这个关系问题所作出的不同回答而划分为不同的两大阵营一样，“除此之外，唯心主义和唯物主义者两个用语本来没有任何别的意思，它们在这里也不能在别的意义上被使用”④，同理，“天人合一”亦只在“深明其源乃能一天人”的意义上表明其存在的价值。因此，朱震说：“儒者专尚文辞，不复推原大传，天人之道自是分裂而不合者七百余年矣。”⑤所谓“推原大传”之“原”，其实就是返本归源之义。因此，既然“源”上讲的是“天人合一”，那么，在“流”的方面就只有讲“天人相分”了。事实上，朱震也从来没有否定“天人相分”的现实意义。如，朱震说：“天之所助者，顺理也；人之所助者，信，相与也。”⑥此处“相与”即“天”与“人”相干的意思，它表明人相对于天具有主观的能动性。所以，朱震进一步肯定了“天人有交胜之理”⑦的价值指向在人而不在天这个“天人相分”的基本理论问题，他说：“天人殊位，顺乎天者，(其)要在于应乎人而

① 程颢、程颐：《河南程氏遗书》卷十五《伊川先生语一·入关语录》，《二程集》上，中华书局1981年版，第158页。

② 程颢、程颐：《河南程氏遗书》卷十八《伊川先生语四·刘元承手编》，《二程集》上，中华书局1981年版，第238页。

③ 朱震：《汉上易传丛说》，文渊阁四库全书本。

④ 《马克思恩格斯选集》第4卷，人民出版社1972年版，第220页。

⑤ 朱震：《汉上易传表》，文渊阁四库全书本。

⑥ 朱震：《汉上易传》卷七《系辞上传》，文渊阁四库全书本。

⑦ 朱震：《汉上易传》卷三《上经》，文渊阁四库全书本。

已。”[①]因而“天”与“人”作为两个相互独立的认识对象，它们的地位是不同的，而以“人”为本体现了儒学一贯的价值立场和精神实质，可见，朱震对“天人关系”的这种定位从根本上讲，并没有背离儒学的主旨，同时亦与宋学“修人事”的基本理论主张相一致。

在宋代理学家中，胡宏可能是唯一一位站在荀子的立场上，公开推崇“天人相分”思想的人物了。胡宏在《皇王大纪》中说过一段非常有感染力的话，他说：

“天行有常，不为尧存，不为桀亡。应之以治则吉，应之以乱则凶，强本而节用则天不能贫，养备而动时则天不能病，修道而不二则天不能祸，水旱不能使之饥渴，寒暑不能使之疾，祆怪不能使之凶，故明于天人之分，则可谓至人矣。”[②]

尽管这段话，胡宏并无一句发明，全是重复荀子之说，但是在以“党”立言的宋代，胡宏的这个态度无疑是向孟子一派思想的挑战。比如，程颐说：“荀子，悖圣人者也。”[③]日本“古学派”的代表荻生徂徕说：“先王之道，降为儒家者流，斯有荀孟，则复有朱陆，朱陆不已，复树一党，益分益争，益繁益小，岂不悲乎！”[④]顾准先生亦说：“孔老二的嫡传是荀况，荀孟对立其实就是孔孟对立。”[⑤]所以，不论胡宏如何在理学家面前表现自己的“圣学”意识，他与二程思想的分歧却是不言而喻的。正是由于这一点，明儒霍韬才称胡宏的思想是“承舛踵讹之说”[⑥]。

张栻是胡宏的学生，同时也是被胡宏视为“圣门有人矣”[⑦]的程学正宗。实际上，张栻更以“其学得自二程的真传自诩”[⑧]，可见，张栻与胡宏在思想上的分歧应当说是很明显的。同二程一样，张栻亦坚持“天人合一”的本源性地位，比如，他说：“在天，人虽有性命之分，而其理则一；在人，物虽有气禀之异，而其体则同。”[⑨]然而，在张栻看来，“性”（狭义指人性或广义指人道）与“命”（狭义指天命或广义指天道）在现实生活中的对立则是非常确定的事实。因

① 朱震：《汉上易传》卷六《下经》，文渊阁四库全书本。

② 胡宏：《皇王大纪》卷七十九《三王纪·赧王》，文渊阁四库全书本。

③ 程颢、程颐：《河南程氏遗书》卷二十五《伊川先生语十一·畅潜道录》，《二程集》上，中华书局1981年版，第325页。

④ 荻生徂徕：《荻生徂徕》之《辨道一》，岩波书店1973年版，第200页。

⑤ 顾准：《顾准文稿》，中国青年出版社2002年版，第419页。

⑥ 黄训：《名臣经济录》卷二十八《郊礼议》，文渊阁四库全书本。

⑦ 脱脱：《宋史》卷四百二十九《张栻传》，中华书局1977年版，第12770页。

⑧ 侯外庐等：《宋明理学史》上，人民出版社1997年版，第322页。

⑨ 张栻：《南轩集》卷三十《答朱元晦》。

此,他这样说道:

“中古以降,人伪日滋,天机日浇。以性灭命者,必以人而胜天;以命废性者,必以天而胜人。天人之理,颠倒错乱。”①

张栻的论说可能有些绝对,但他看到的现象却是真实的。因为自从唐代的韩愈与柳宗元展开对“性命”之说的论争以后,有神论与无神论便构成了宋学之思想意识的一个重要组成部分。韩愈主张“性三品”,但他的“性”却与“有神论”交织在一起,因而他的“性”实际上变成了“天命”之“性”。换言之,在“天人关系”问题上,韩愈的基本态度是崇天道即命而抑人道即性。比如,他说:“贵与贱、祸与福存乎天,名声善恶存乎人。存乎者,吾将勉之;存乎天、存乎人者,吾将任彼而不用吾力焉。其所守者,岂不约而易行哉?足下谓:‘命之穷通,自我为之’。吾恐未合于道。”②在这里,韩愈事实上已经道出了当时士大夫阶层中对于“天人”关系的两种态度,韩愈自是一种态度,勉强可谓“以天而胜人”论者,卫中行则是另一种态度,勉强可谓“以人而胜天”论者。而柳宗元亦是坚定的“以人而胜天”论者,他提出的著名命题就是:“力足者取乎人,力不足者取乎神。”③此外,他又说:“圣人之道,不穷异以为神,不引天以为高,利于人,备于事,如斯而已矣。”④然而,在宋代,由于宋太祖相信“帝王之兴,自有天命”⑤的思想,因此,“天命论”便成为宋朝的“家法”之一,历代皇帝都崇奉不已,而保守派于神宗时期用“天命”思想来反对王安石变法,从帝王的意识形态来讲,他们还是有相当深厚的历史背景和社会势力的。在这样的历史条件下,二程对传统的“性命之学”作了有神论的发挥,比如,程颐说:“在天为命,在义为理,在人为性,主于身为心,其实一也。”⑥此处之“在天为命”的“天命观”与“在义为理”的“义理观”,虽然从理论上讲是可以相互贯通的,但二程的用意很明确,他们试图调和“性命”与“义理”之间业已形成的那种分裂性的“天人关系”,当然,它同时亦反映出了二程的一种思想倾向,那就是他们欲使“义理之学”取代传统的“性命之学”,并使之成为新儒学的基本理论思

① 张栻:《南轩易说》卷三《说卦》。

② 魏仲举:《五百家注昌黎文集》卷十七《与卫中行书》,文渊阁四库全书本。

③ 柳宗元:《柳宗元集》卷四十四《非国语上 · 神降于莘》,中华书局 1979 年版,第 1272 页。

④ 柳宗元:《柳宗元集》卷三《时令论上》,中华书局 1979 年版,第 85 页。

⑤ 脱脱:《宋史》卷三《太祖本纪三》,中华书局 1979 年版,第 49 页。

⑥ 程颢、程颐:《河南程氏遗书》卷十八《伊川先生语四 · 刘元承手编》,《二程集》上,中华书局 1981 年版,第 204 页。

想。所以,程颐说:“人多敬鬼者,只是惑,远者又不能敬,能敬能远,可谓知矣。”①“能敬能远”具有极大的灵活性,它表明二程对待鬼神问题的一种模糊认识,不加可否,一切以时间和地点及其人们的社会文化背景为转移。可见,二程对待鬼神的态度给张栻的“天人”思想产生了很大影响。比如,张栻说:“舜禹之有天下,岂有一毫与乎其间哉?天与之,人与之耳。天与之,人与之,舜禹顺乎天人之心,而履乎其位,于我何加哉!”②所谓“天与之,人与之”已经看不出表面化的“有神论”主张,但绝不是没有了“有神论”的思想,只不过是通过这种“折中”的手段使“有神论”的思想更加隐秘和精致罢了。尤其是朱熹提出了“天即理”的命题之后,宋代“天人关系”的形式便发生了新的变化,即由原来的“天道”与“人道”的对立转而成为“天理”与“人欲”的对立。朱熹在回答周所提出的“获罪于天”这个问题时说:

“天之所以为天者,理而已。天非有此道理,不能为天,故苍苍者即此道理之天,故曰‘其体即谓之天,其主宰即谓之帝。’如‘父子有亲,君臣有义’,虽是理如此,亦须是上面有个道理教如此始得。但非如道家说,真有个‘三清大帝’著衣服如此坐耳!”③

在朱熹看来,作为“理”的“天”已经失去了“人格化”的装饰与打扮,“天即理之自然处”④,所以,“天非苍苍之谓,据某看来,亦舍不得这个苍苍底”⑤。也就是说,“理”虽然已经不是一尊人格神了,但是它本身的神圣性则不可没有。对此,朱熹说:“天固是理,然苍苍者亦是天,在上而有主宰者亦是天,各随他所说。今既曰视听,理又如何会视听?虽说不同,又却只是一个。知其同,不妨其为异;知其异,不害其为同。”⑥实际上,朱熹在这里谈论的是“天人关系”的“分”与“合”的问题,因为在他看来,说“理之视听”正是人类意识的功能,而“苍苍者”则是天的外在形态,因此,理作为一个统一体包含着“天”与“人”两个对立的方面,这就叫“天人合一”,当然,这种“合”是以承认“天人相分”为前提的,于是,朱熹有诗云:“若识分时异,方知合处同。”⑦然而,朱熹想

① 程颢、程颐:《河南程氏遗书》卷十八《伊川先生语四·刘元承手编》,《二程集》上,中华书局1981年版,第216页。

② 张栻:《癸巳论语解》卷四《述而篇》,文渊阁四库全书本。

③ 朱熹:《朱子语类》卷二十五《论语·八佾篇·与其媚于奥章》,中华书局1986年版,第621页。

④ 朱熹:《四书或问》之《孟子或问卷十三》,上海古籍出版社、安徽教育出版社2002年版,第995页。

⑤ 朱熹:《朱子语类》卷五《性理二·性情心意等名义》,中华书局1986年版,第82页。

⑥ 朱熹:《朱子语类》卷七十九《尚书二·泰誓》,中华书局1986年版,第2039页。

⑦ 朱熹:《朱子语类》卷七十九《尚书二·泰誓》,中华书局1986年版,第2039页。

要的“天人相分”之形式，并不是一般的“天人对立”，而是一种伦理层面上的“天人对立”，如果用朱熹的话说，就是“天理”与“人欲”的对立。至于为什么在南宋中后期会形成这么一种极端化的“天人相分”形式，笔者在前面已经作了回答，此处便只好“立此存照”了。

# 下　编

# 第四章　无神论与天人相分思想

## 第一节　欧阳修“天象变见不足惧”的无神论思想

欧阳修是宋初疑传惑经运动的一面旗帜，他的《易童子问》将批判传统经学的矛头直指“六经”本身，他“掊击经传”①“勇断不惑”②，因而垂范和启发了“以《春秋》为中心，讲究所谓大义名分”③一派宋学的思想主旨，其后刘敞、苏轼、司马光、郑樵等都成为此派思想集团中的核心人物。与范仲淹所开辟的“心性义理之学”一派的宋学思想不同，欧阳修大胆言“利”，“专人事”，去鬼神，大声疾呼“天道在人”的思想主张，在宋学刚露尖尖角的初创时期，他率先对先秦以来的经学典籍，辨伪存真，推陈出新，从而将传统的外王之学推向了一个历史的新阶段。因此，梁启超称欧阳修“不惟做司马迁，而且要做孔子，这种精神是很可嘉尚的。”④他且“总不失为‘发愤为雄’的史家”⑤。

### 一、“其精气不夺于物”的天道观

在中国古代，任何杰出的思想家都必须以各自的方式来回答世界的本源问题，而一般地讲，凡是比较彻底的“天人相分”论者，其哲学思想则几乎都是唯物主义的，欧阳修亦不例外。他在早期的《杂说二》一文中说：一切星辰皆“精气之聚尔”，不仅所有星辰，而且人类“亦精气也”⑥。显然，欧阳修的“本体论”思想跟东汉王充所主张的“气”一元论唯物主义自然观是一脉相承的，所不同的只是欧阳修以精气的偏与正为标准来区分人性与物性，而王充则以

---

① 《四库总目提要补正》卷四十五《陈澧跋〈欧阳文忠公集〉》。

② 欧阳发：《先公事迹》。

③ 韩钟文：《中国儒学史·宋元卷》，广东教育出版社1998年版，第104页。

④ 梁启超：《饮冰室合集》十二《专集之九十九·中国历史研究法补编》，中华书局2003年版，第159页。

⑤ 梁启超：《饮冰室合集》十二《专集之九十九·中国历史研究法补编》，中华书局2003年版，第159页。

⑥ 《文忠集》卷十五《杂说三》。

元气的厚与薄为标准来区分人性的贤和愚，所以欧阳修对“精气”与“性命”的关系认识实际上就成了张载及二程“气质之性”学说的先行者。以“精气”为基础，欧阳修便形成了他自己的宇宙生成观，他说：

“万物盈于天地之间，而其为物最大且多者有五：一曰水，二曰火，三曰木，四曰金，五曰土。其用于人也，非此五物不能以为生，而阙其一不可，是以圣王重焉。夫所谓五物者，其见象于天也为五星，分位于地也为五方，行于四时也为五德，禀于人也为五常，播于音律为五声，发于文章为五色，而总其精气之用谓之五行。自三代之后，数术之士兴，而为灾异之学者务极其说，至举天地万物动植，无大小，皆推其类而附之于五物，曰五行之属。以谓人禀五行之全气以生，故于物为最灵。其余动植之类，各得其气之偏者，其发为英华美实、气臭滋味、羽毛鳞介、文采刚柔，亦皆得其一气之盛。”①

“五行”一词自被《洪范》揭示出来之后，它很快地就嵌入到了术士者的头脑，并迅速风行于各种语言文本中，成为中国传统思维的一个逻辑范型，具有普适性的意义。人们将“五行”看成是连接宇宙万物的结构体，通过它的运动变化不仅使宇宙万物联系成一个有机体系，而且人类与宇宙万物相互联系为一个有机统一的整体。如《国语·郑语》载史伯的话说：“先王以土与金、木、水、火杂以成百物。”但“五行”究竟如何内在地结构为“百物”，史伯没有更深的解释和说明。后来西汉硕儒董仲舒从“五行”的序列中发现了“相生”与“相胜”原理，在此基础上，人们又进一步发现了“五行”的“相制”与“相化”原理。②“五行原理”本来是一项科学发现，它自然应当用来更好地解释宇宙间所发生的一系列包括正常的和非正常的自然现象，然而，这个原理当它被发现之后即刻被董仲舒政治化了。于是，“五行原理”便不得不朝着两个方向发展和延续：一个是“谶纬”或“天人感应”的方向，如李约瑟先生说：“按照‘谶纬’的理论，政治上与社会上的变乱，会造成地上五行现象的失序，与天上反常事故的发生。如此，谶纬派便由此产生，且见诸历代史书之‘五行篇’中。”③而从汉代起，此派“五行说”逐渐从术士的圈子延伸至国家政治和民众的日常社会生活中，它就像一个不受任何时空局限的黑色幽灵无处不在，无时不有，从这个角度看，欧阳修的心空多少还晃动着“谶纬派”的影子，其欧阳修为《新唐书》写《五行志》便是明证。另一个是“原始科学”的方向，有人称“五行说”是

① 欧阳修：《新唐书》卷三十四《五行志一》，中华书局1975年版，第871页。

② 席择泽宗：《科学史十论》，复旦大学出版社2003年版，第101页。

③ ［英］李约瑟：《中国古代科学思想史》，江西人民出版社1999年版，第313页。

中国古代“朴素的普通系统论”①，它被广泛应用于天文、地理、医学、农业、化学、建筑等科技领域，因而是中国古代科学发展的基本范式之一。所以，以此为根基，欧阳修除了继续发扬中国古代传统唯物论的宇宙生成论思想外，还提出了自己的一些观点和看法。

首先，欧阳修坚持永恒的“气动说”。他说：天、日、月、五星，“各自行而若不相谋，其动而不劳，运而不已，自古以来，未尝一刻息也。”②宇宙万物处在永恒的运动和变化之中，欧阳修虽然没有像“能量守恒与转化定律”那样对“运动不灭原理”给予科学的解释，但他却以中国古典的文本语言提出了“动而不劳，运而不已”的思想命题。而这个思想命题无论从哪个角度讲，都跟“能量守恒与转化定律”在本质上非常接近，因此，我们可以毫不夸张地说，“动而不劳，运而不已”命题就是中国化的“运动不灭原理”。按语源学所释，“劳”的原义本是指一种人的体力消耗，如《说文》释“劳”字云：“剧也，从力，荧省荧火烧门，用力者劳。”由此可引申为“消灭”之义，所以，欧阳修的思想命题可诠释为：精气的运动是不能消灭的，它不断地从一种物体到另一种物体，从一种形式到另一种形式的转化，故运动是精气固有的属性，是精气的根本存在方式。欧阳修说：天、日、月、星辰四者“相须而成昼夜、四时、寒暑者也。一刻而息，则四时不得其平，万物不得其生。”③这就是说，精气和五行的运动是产生宇宙万物的根本动力，宇宙万物的产生离不开精气和五行的永恒运动，如欧阳修说：“精气不夺于物”④，“夺”即“失去”或“脱离”之意，反过来，精气和五行的运动则以宇宙万物为载体，两者相互依存，缺一不可。故欧阳修说：“天地之心见乎动，《复》也，一阳初动于下矣。天地所以生育万物者本于此，故曰‘天地之心’也。天地，以生物为心也，其《彖》曰‘刚反，动而以顺行’是矣。”由这段话知，欧阳修认为“动”是天地变化的根据，而“天地所以生育万物者本于此”之“此”就是“动”，而将“动”看成是宇宙万物产生和变化的根本原因，体现了欧阳修的思想不仅是唯物的，而且更是辩证的，即所谓“天道动而不止，行而不已者。”⑤

其次，“物极必反，数穷则变”的辩证发展观。欧阳修关注自然，更关注社会，他的《易童子问》全篇贯穿着“极”与“变”的思想。如欧阳修说：“《乾》爻七九则变，《坤》爻八六则变，《易》用变以为占，故以名其爻也。阳过乎亢则

① 胡火全：《天地人整体思维与传统农业》，载《自然辩证法通讯》1999年第4期。

② 《文忠集》卷十五《杂说》。

③ 欧阳修：《欧阳修全集》卷十五《杂说》，中华书局2001年版，第264页。

④ 欧阳修：《欧阳修全集》卷十五《杂说》，中华书局2001年版，第263页。

⑤ 欧阳修：《诗本义》第十二卷《维天之命》，通志堂经解本。

灾,数至九而必变,故曰‘见群龙无首,吉’。物极必反,数穷则变,天道之常也。”①又说:“正者,常道也,尧传舜,舜传禹,禹传子是已。权者,非常之时,必有非常之变也,汤武是已。”②如果说前者言“极”与“变”是指事物的量变和质变的话,那么,后者则是指社会发展中的“改良”与“革命”以及两者之间的关系问题。欧阳修说:“《革》曰去故,不待言而可知;《鼎》曰取新,《易》无其辞,汝何从而得之? 夫以新易旧,故谓之革。若以商革夏,以周革商,故其《象》曰‘汤武革命’者,是也。”③在自然界中,从总体上说,其“一日、十二辰、五星、二十八宿,皆安次而行;四时、八风、六律、二十四气,各应时而至。”即是一种渐变的过程,是一种量变形式。然而,从局部来看,则量变中有质变,在特定的发展和演变阶段亦有渐进过程的中断,如欧阳修说:“夫秋,刑官也,于时为阴;又兵象也,于行用金。是谓天地之义气,常以肃杀而为心。天之于物,春生秋实。故其在乐也,商声主西方之音,夷则为七月之律。商,伤也,物既老而悲伤;夷,戮也,物过盛而当杀。”④其“商”与“夷”便是两种局部质变的形式,而“物过盛而当杀”则是自然界中万物“极”与“变”的客观外现,是事物发展变化的一种内在必然性。而“司天监掌日月星辰之象。周天一岁,四时,二十四气,七十二候,行十日十二辰,以为历。而谨察其变者,以为占。占者,非常之兆也。”⑤此“谨察其变”的“变”就是一种局部的质变,是一种非正常的异化。在欧阳修看来,自然界的“异化”现象是客观存在的和不以人的意志为转移的,他说:“夫阴阳在天地间腾降而相推,不能无愆状,如人身之有血气,不能无疾病也。”⑥至于自然之“愆状”,其实是客观事物在内部矛盾出现了不平衡现象之后的一种自我调控反应,是客观事物在由不平衡状态向平衡状态恢复过程中所出现的一种适应性的摩擦事件。

第三,以“精气相感”为特色的客观事物之间的相互联系与相互作用。客观事物的存在以“类”的存在为基础,欧阳修虽然不懂得化学元素周期表,不懂地自然分类法,但他却明确地提出了“于物则类其族”⑦的“分类”思想,不仅“天”与“人”有“族”分,而且“天”本身亦有“族”分。众所周知,门捷列夫的

---

① 欧阳修:《欧阳修全集》卷七十六《易童子问第一》,中华书局 2001 年版,第 1107 页。

② 欧阳修:《欧阳修全集》卷七十七《易童子问第二》,中华书局 2001 年版,第 1114—115 页。

③ 欧阳修:《欧阳修全集》卷七十七《易童子问第二》,中华书局 2001 年版,第 1115 页。

④ 欧阳修:《欧阳修全集》卷十五《秋声赋》,中华书局 2001 年版,第 256 页。

⑤ 欧阳修:《新五代史》卷五十八《司天考第一》,中华书局 2015 年版,第 669 页。

⑥ 欧阳修:《欧阳修全集》卷六十《时论·原弊》,中华书局 2001 年版,第 872 页。

⑦ 欧阳修:《欧阳修全集》卷七十六《易童子问第一》,中华书局 2001 年版,第 1109 页。

元素周期表就是利用“族”的形式来对自然界中各种物质元素进行科学排列的，可见，“类其族”即用“族”的形式来对客观事物作分类研究是人们认识客观事物的一种重要方法。欧阳修说：“类族辨物者，同物也……物安其族而同其生，则各从其类。”①而各族物质相互之间具有“相感”作用亦即相互作用，如欧阳修举例说：“凡物有相感者，出于自然。”“今唐、邓间多大柿，其初生涩，坚实如石。凡百十柿以一榠樝置其中，则红熟烂如泥而可食。土人谓之烘柿者，非用火，乃用此尔。淮南人藏盐酒蟹，凡一器数十蟹，以皂荚半挺置其中，则可藏经岁不沙。至于薄荷醉猫，死猫引竹之类，皆世俗常知，而翡翠屑金，人气粉犀，此二物，则世人未知者。”②现在人们已经知道，金是第Ⅰ族中的副族元素之一，其摩氏硬度为2.5—3，而翡翠则是一种以硬玉矿物为主的辉石类集合体，其摩氏硬度为5—7，等于金的两倍，因此，欧阳修看到“以金环于罂腹信手磨之，金屑纷纷而落，如砚中磨墨”③的“相感”现象，毫不奇怪。诚然，一般物体之间有“相感”现象，而在巨大的天体之间也有“相感”现象。欧阳修说：“凡二星相近，多为之失行。”又说：“张子信历辰星应见不见术，晨夕去日前后四十六度内，十八度外，有木、火、土、金一星者见，无则不见。张胄玄历，朔望在交限，有星伏在日下，木、土去见十日外，火去见四十日外，金去见二十二日外者，并不加减差，皆精气相感使然。”④由于太阳系内的各种星体通常自西向东运行，因而行星与卫星在天球上的视运动呈自西向东运行时，称作“顺行”，反之，就称作“逆行”。而张子信、张胄玄历中所出现的天体现象都与行星的“顺”、“逆”运行状况有关。所以，“失行”其实是人们意识中的一种“假象”。

## 二、“利之为道”和“励精政事”的人道思想

对于“天道”与“人道”的关系，欧阳修有这样一种说法：

“圣人急于人事者也，天人之际罕言焉，惟《谦》之《彖》略具其说矣。圣人，人也，知人而已，天地鬼神不可知，故推其迹；人，可知者，故直言其情。以人之情而推天地鬼神之迹，无以异也。然则修吾人事而已；人事修，则与天地鬼神合矣。”⑤

在欧阳修的心目中，人道相对于天道具有更重要的价值和作用，这就是宋代的“天人相分”论者为什么往往又是社会改革家的思想根源。而欧阳修认

① 欧阳修：《欧阳修全集》卷七十六《易童子问第一》，中华书局2001年版，第1109页。
② 欧阳修：《欧阳修全集》卷一百二十七《归田录》，中华书局2001年版，第1939页。
③ 欧阳修：《欧阳修全集》卷一百二十七《归田录》，中华书局2001年版，第1939页。
④ 欧阳修、宋祁：《新唐书》卷二十七下《历志三下》，中华书局1975年版，第634页。
⑤ 欧阳修：《欧阳修全集》卷七十六《易童子问第一》，中华书局2001年版，第1109页。

为,人道重于天道不外有两点理由:1.人是“可知者”;2.人有“情”。

“可知”是人区别其他动物的显著标志,而对于“知”,在欧阳修之前早已形成了三种定论性的认识,考其每一种认识的源流,无不肇始于孔子。《论语·季氏》云:“生而知之者上也,学而知之者次也,困而学之又其次也。”可见,孔子推崇“生而知之”,他的知识学是一种“圣人”独有的“先验论”。跟孔子不同,墨子所崇尚的不是“圣人意识”,而是一种“贤人意识”,他认为所谓贤者就是那些“厚乎德行,辨乎言谈”①的人。而从知识学的角度讲,贤人意识实际上就是一种以直接认识为特色的“经验论”。我们在前面讲过,以“天人相分”思想为立论轴心的宋代士人的人格意识是一种“贤人意识”而不是“圣人意识”,所以,崇尚实学便成为欧阳修、李觏、王安石等人的基本价值取向。而欧阳修推崇荀子学说的真正用意亦在于此。欧阳修说:

“荀卿独用《诗》、《书》之言,贬异扶正,著书以非诸子,尤以劝学为急。荀卿,楚人,尝以学干诸侯,不用,退老兰陵,楚人尊之。及战国平,三代《诗》、《书》尽出,汉诸大儒贾生、司马迁之徒莫不尽用荀卿子。盖其为说最近于圣人而然也……夫荀卿者,未尝亲见圣人,徒读其书而得之。然自子思、孟子已下,意即轻之。使其与游、夏并进于孔子之门,吾不知其先后也。世之学者,苟如荀卿,可谓学矣,而又进焉,则孰能御哉!”②

荀子为学的根本在实践经验,他说:“吾以为古之善者则述之,今之善者则作之,欲善之益多也。”③其“作”就是一种直接的实践经验,可见,墨子是把直接的实践经验看成了知识的来源。欧阳修亦复如此,他反对不学而至的“先验论”和“生而知之”的“圣人意识”。如他说:“诚以人于道也,非学而弗至。”④又说:“所谓‘不勉而中、不思而得’者”,“则自有天地已来,无其人矣。”⑤这样说,欧阳修似乎觉得还不够,还嫌太抽象,进而他又具体的举出一门历法以为示例,他说:“盖历起于数,数者,自然之用也。其用无穷而无所不通,以之于律、于《易》,皆可以合也。然其要在于侯天地之气,以知四时寒暑,而仰察天日月星之行运,以相参合而已。”⑥所谓“相参合”就是指理论与观察和实验相结合,而天文历法尤其不能没有观察和实验。欧阳修说:“天地鬼神,不可知

① 《墨子·尚贤上》。

② [宋]欧阳修:《欧阳修全集》卷四十四《郑荀改名序》,中华书局2001年版,第620—621页。

③ 《墨子·耕柱》。

④ 欧阳修:《欧阳修全集》卷五十九《大匠诲人以规矩赋》,中华书局2001年版,第857页。

⑤ 欧阳修:《欧阳修全集》卷四十八《问进士策三首》,中华书局2001年版,第673页。

⑥ 欧阳修、宋祁:《新唐书》卷二十五《历志一》,中华书局1975年版,第533页。

其心,则因其著于物者以测之。故据其迹之可见者以为言,曰亏益,曰变流,曰害福。"[①]而此处所讲的"据其迹之可见者以为言",用今天的话说就是实证性的求知方法。故欧阳修在其策试中多次强调"实证"之学对于"圣治"的重要性,反对脱离实际的"浮文"和缺乏实证性的"象数"末学。比如,他说:君主"固当务实以推其本,不假浮文而治情。"[②]因此,"百事责实兮,自然无旷。"[③]他批评当时朝廷的"取士"方法弊多利少,"空文"多于实际,说:"夫近世取士之弊,策试为先,谈无用之空文,角不急之常论。"且"殆皆游谈"而"弃本求末,舍实得华。"[④]在欧阳修看来,"君子之于学也,务为道,为道必求知古。知古明道,而后履之于身,施之于事,而又见于文章而发之,以信后世。"[⑤]所以,"欧阳修把变革社会的政治实践放在第一位"[⑥],而庆历新政则是其"知古明道,而后履之于身,施之于事"思想的实际应用,是他"百事责实"理论的集中体现。

人不仅"可知",而且还有"性"与"情"。如刘邵说:"盖人物之本,出乎情性。"[⑦]在宋代,不论"义理派"还是"功利派",都非常重视对"性情"一义的发微。如,二程肯定:"性即气,气即性。"[⑧]而气有清浊,性有善恶[⑨],又如李觏亦说:"古之言性者四:孟子谓之皆善,荀卿谓之皆恶,扬雄谓之善恶混,韩退之谓性之品三:上焉者善也,中焉者善恶混也,下焉者恶而已矣。"[⑩]而李觏本人的观点基本上与二程同,只不过是李觏从"贤人之性"立论,故其性"中"即"善恶混"也。[⑪] 这说明宋人对"性"的认识是比较开放的。但欧阳修与二程及李觏不同,他走过了一条从主张"性恶"到转向主张"性善"的理路,也即由"宠荀抑孟"到"崇孟抑荀"的思想转变。欧阳修自己对此有一个解释,他说:"昔荀卿子之说,以为人性本恶……予始爱之,及见世人之归佛者,然后知荀卿之说

① 欧阳修:《新五代史》卷五十九《司天考第二》,中华书局2015年版,第705—706页。

② 欧阳修:《欧阳修全集》卷五十九《进拟御试应天以实不以文赋》,中华书局2001年版,第847页。

③ 欧阳修:《欧阳修全集》卷五十九《进拟御试应天以实不以文赋》,中华书局2001年版,第848页。

④ 欧阳修:《欧阳修全集》卷七十五《学待问请谈大义用释深疑》,中华书局2001年版。

⑤ 欧阳修:《欧阳修全集》卷六十七《与张秀才第二书》,中华书局2001年版,第978页。

⑥ 漆侠:《宋学的发展和演变》,河北人民出版社2002年版,第216页。

⑦ 刘邵:《人物志》卷上《九征第一》,文学古籍刊行社1958年版,第1页。

⑧ 程颐、程颢著,王孝鱼点校:《河南程氏遗书》卷一《端伯传师说》,《二程集》上,中华书局2004年版,第10页。

⑨ 程颐、程颢著,王孝鱼点校:《河南程氏遗书》卷一《端伯传师说》,《二程集》上,中华书局2004年版,第10页。

⑩ 李觏:《李觏集》卷二《礼论第六》,中华书局2011年版,第18页。

⑪ 李觏:《李觏集》卷二《礼论第四》,中华书局2011年版,第12页。

谬焉。甚矣,人之性善也!”[①]不过,后来欧阳修对传统的“人性”论作了总结,并提出了他自己的独到见解,似可成为中国古代传统人性论的一家之言。欧阳修说:“始异而终同也。使孟子曰人性善矣,遂怠而不教,则是过也。使荀子曰人性恶矣,遂弃而不教,则是过也;使扬子曰人性混矣,遂肆而不教,则是过也……夫三子者,推其言则殊,察其用心则一,故予以为推其言不过始异而终同也。凡论三子者,以予言而一之,则譊譊者可以息矣。”[②]在此,欧阳修以为自己的“异而终同”论可以终结中国古代的“人性”之论了,显然他把问题看得过于简单了。因为“人性”论是中国传统哲学的基本问题之一,他本身的复杂性远非一两篇文章所能尽言的。但欧阳修把宋代的“人性”之争由纯粹的理论问题转进到关注“切于世者”的“利、命、仁”三者相统一的现实利益,是他对宋学的一个积极贡献,当然也是其“天人相分”思想发展的必然结果。欧阳修说:“性者,与身俱生而人之所皆有也。为君子者,修身治人而已,性之善恶不必究也。”[③]欧阳修为什么说“性之善恶不必究”呢?主要是因为宋代的社会需要和发展主题是广集物财。故欧阳修说:“天下之事有本末,其为治者有先后。”其先者,“财足于用而可以备天灾也,兵足以御患而不至于为患也”;其后者,“饰礼乐,兴仁义。”[④]显而易见,欧阳修的这个思想是非常深刻的,近于一种古代的“唯物史观”了。恩格斯在《马克思墓前的讲话》一文中指出:“正像达尔文发现有机界的发展规律一样,马克思发现了人类历史的发展规律,即历来为繁茂芜杂的意识形态所掩盖着的一个简单事实:人们首先必须吃、喝、住、穿,然后才能从事政治、科学、艺术、宗教等等。”[⑤]这段话与欧阳修所说的“财足于用而可以备天灾也,兵足以御患而不至于为患也,凡此具矣,然后饰礼乐,兴仁义以教道之”一句话相比较,如果我们忽略了两者所固有的语言背景方面的差异,那么,其基本思想的确非常相似。以此为前提,在欧阳修看来,北宋初期在“财”与“兵”两个方面都远远不能满足社会发展的客观需要,比如,欧阳修说:当时国家所处的现实环境是“财不足用于上而下已弊,兵不足威于外而敢骄于内,制度不可为万世法而日益丛杂,一切苟且,不异五代之时,此甚可叹也。”[⑥]因此,宋代社会最紧急的问题就是解决物质财富的匮乏问题。正是在这样的历史前提下,欧阳修认为:“今之学者,于古圣贤所皇皇汲汲者

---

① 欧阳修:《欧阳修全集》卷十七《本论下》,中华书局 2001 年版,第 291 页。

② 欧阳修:《欧阳修全集》卷四十七《答李诩第二书》,中华书局 2001 年版,第 670 页。

③ 欧阳修:《欧阳修全集》卷四十七《答李诩第二书》,中华书局 2001 年版,第 670 页。

④ 欧阳修:《欧阳修全集》卷六十《本论上》,中华书局 2001 年版,第 861 页。

⑤ 《马克思恩格斯选集》第 3 卷,人民出版社 1972 年版,第 574 页。

⑥ 欧阳修:《欧阳修全集》卷六十《本论上》,中华书局 2001 年版,第 2627 页。

学之行之，或未至其一二，而好为性说，以穷圣贤之所罕言而不究者，执后儒之偏说，事无用之空言。”[①]可见，欧阳修“不暇”与“人性”的问题，主要是考虑到这个问题在当时远离了社会实际，从整体上看，它与当时北宋社会发展的客观形势不相一致。

既然“好为性说”为“空言”，那么，什么才是“真”的？欧阳修说：“‘感物而动，性之欲’者，明物之感人无不至也。”[②]要想发展生产，增加社会的物质财富，则必须有效地刺激广大民众对物质财富的欲望和需求，而对财乏兵弱的北宋来说，这个问题既现实又迫切。故欧阳修说：“物性莫不欲茂，则薰之以太和；人情莫不欲寿，则济之以不夭。滞者导之使达，蒙者开之使明。衣被群生，赡足万类。此上之利下及于物，圣人达之以和于义也。则利之为道，岂不大哉！”[③]同“人性”的问题一样，人情问题也是中国传统哲学思想的基本范畴之一。而对它的诠释更是五花八门，形形色色。如《荀子·正名篇》说：“性者，天之就也；情者，性之质也。”《荀子·性恶篇》又说：“夫好利而欲得者，此人之情性也。”这就是说，“情”是人类天生的一种生理性欲望，是人类与外物相接触之后所产生的一种情感体验。故《管子·禁藏》云：“凡人之情，得所欲则乐。”《说文》更释：“情，人之阴气，有欲者。”可见，“情”就是指“人的生理年需要或情感活动”，“是指人对现实对象和现象依据人和社会需要而产生的体验”[④]。藉此，欧阳修对“人情”这个概念，也作了多方面的论述，有的是传统看法，有的则是他自己的发挥，或者是他本人的见解。如，欧阳修说：

“天甚仁而溥爱，人有欲而必从……禄位者人情之所顾惜，孰肯妄辞。”[⑤]

“圣人之于人情也，一本于仁义，故能两得而两遂。”[⑥]

“夫喜怒哀乐之动乎中，必见乎外。”[⑦]

“夫惟仁义能曲尽人情，而善养人之天性，以济于人事，无所不可也。”[⑧]

“是以尧、舜、三王之治，必本于人情，不立异以为高，不逆情以为干誉。”[⑨]

“诗文虽简易，然能曲尽人事而古今人情一也。求诗义者以人情求之则

① 欧阳修：《欧阳修全集》卷四十七《答李诩第二书》，中华书局 2001 年版，第 669—670 页。
② 欧阳修：《欧阳修全集》卷四十七《答李诩第二书》，中华书局 2001 年版，第 669 页。
③ 欧阳修：《欧阳修全集》卷六十《夫子罕言利命仁论》，中华书局 2001 年版，第 868 页。
④ 张立文：《中国哲学范畴论·人道篇》，中国人民大学出版社 1989 年版，第 475 页。
⑤ 欧阳修：《欧阳修全集》卷九十二《乞外任第二表》，中华书局 2001 年版，第 1358 页。
⑥ 欧阳修：《欧阳修全集》卷一百二十三《为后或问下》，中华书局 2001 年版，第 1873 页。
⑦ 欧阳修：《欧阳修全集》卷六十《辨左氏》，中华书局 2001 年版，第 882 页。
⑧ 欧阳修：《欧阳修全集》卷一百二十三《为后或问下》，中华书局 2001 年版，第 1873 页。
⑨ 欧阳修：《欧阳修全集》卷十七《纵囚论》，中华书局 2001 年版，第 288 页。

不远矣,然学者常至于迂远,遂失其本义。”①

当然,欧阳修有关“人情”的论述远不止这些,但要者大概如此。从这些论述中,我们不难看出,欧阳修所理解的“人情”,其主要意思有四种:第一种是从人的自然生理本能立言的,如“禄位者人情之所顾惜”,即对物质生活的追求,是人情的基本生理要求和生命趋向;第二是指人们对于外界事物的一种情感反应,是人们喜怒哀乐等内心情绪的一种发泄,如“求诗义者以人情求之则不远矣”,即人们对于客观事物的情感认识或者说主观感受和心理体验,是共同的和通约的;第三种是指民情民意,是社会发展的客观规律,因为社会是由人组成的,而“人情”则构成社会存在的主体,是决定社会发展趋势的核心要素,所以“顺乎人情”的社会政治才是真正清明的政治,如“尧、舜、三王之治,必本于人情”;第四种是指人之为人的一种社会性质,如“圣人之于人情也,一本于仁义”,此“仁义”指的就是人的本质,是人区别于其他一般动物的基本特征。其中把“人情”解释为社会发展的客观依据,是欧阳修自己的独特认识,同时也是他论证“利之为道”的理论基础。从这个前提出发,欧阳修在“天道”与“人道”关系问题上的基本倾向就可以定型化了。比如,他说:

“王者畏天以临民,天道在人而可信。事与时合,则为和而为福;时与事逆,则有灾而有馑。”②

“圣人急于人事者也,天人之际罕言焉。”③

“人道莫大于继绝,此万世之公制而天下之至公也。”④

“天道在人”是欧阳修“天人相分”思想的基本命题,因而他认为仅用“人事”就可以涵盖“天人之际”的所有实质性内容,而人道本身包含着两个既相区别又相联系的方面:一是人对“天道”的认识及其应用“天道”来为人类自身的存在与发展服务;二是强化礼义对人身各种社会行为的节制和约束。欧阳修认为,“天道”就是自然。他说:“道者,自然之道也。”⑤此“自然之道”就是宇宙万物发展变化的客观规律,而对于自然界的客观规律与人类意识的关系问题,欧阳修有其独到的看法。一方面,他主张人类的认识活动必须尊重客观规律,按照客观规律办事,否则就将一事无成,甚或招致天灾人祸,比如欧阳修说:“夫欲治水,而不知地形高下、所治后先、致力之多少及其名与数,则何以

---

① 欧阳修:《诗本义》第六卷《出车》,通志堂经解本。

② 欧阳修:《欧阳修全集》卷五十九《赏以春夏赋》,中华书局 2001 年版,第 854 页。

③ 欧阳修:《欧阳修全集》卷七十六《易童子问第一》,中华书局 2001 年版,第 1109 页。

④ 欧阳修:《欧阳修全集》卷一百二十一《濮议二》,中华书局 2001 年版,第 1858 页。

⑤ 欧阳修:《欧阳修全集》卷六十五《删正黄庭经序》,中华书局 2001 年版,第 949 页。

知水之利害?"①又说:"天地任物之自然,物生有常理,斯之谓至神。圆方刻画,不以智造而力给。"②其"不以智造而力给"表明人们不能改变客观规律,而只能顺从它和适应它。从这个意义上,欧阳修提出了"畏天"的思想,而"畏天"的真正内涵并不是说人在自然规律面前无所作为,而是说人们不能随意地改变客观规律,如欧阳修举例说:"所谓以自然之道养自然之生。后世贪生之徒,为养生之术者,无所不至,至茹草木,服金石,吸日月之精光。又有以为此外物不足恃,而反求诸内者,于是息虑绝欲,练精气,勤吐纳,专于内守,以养其神。其术虽本于贪生,及其至也,尚或可以全形而却疾,犹愈于肆欲称情以害其生者,是谓养内之术。"③因此,在欧阳修看来,"养内之术"是违反自然规律的。故"死生,天理之常。畏者,不可以苟免;贪者,不可以苟得也。"④所以,欧阳修说:"惟天为大,而君则之。"⑤其"则"就是以自然规律为准则,为模范。据此,欧阳修提出了"有常以执道为本"的思想命题。他说:"道无常名,所以尊于万物;君有常道,所以尊于四海。然则无常以应物为功,有常以执道为本。"⑥其"无常"就是指瞬息万变的自然现象以及具有无限性的"道"本体,因为"道"本身隐藏在物质现象之后,人们不能感觉到它,而人们所能感觉到的就是复杂多变的各种物质现象,所谓"无常以应物为功"实际上说就是"本质"与"现象"之间的相互关系问题。而"有常"则指有限的人类生命及其人类的认识,所谓"有常以执道为本"就是说人们应以认识自然规律和按照自然规律办事作为自身存在与发展的根本。另一方面,自然规律是可以认识和把握的,人相对于自然界具有主观能动性。而人的认识有两种形式,即感性认识和理性认识。欧阳修说:"在乎人,耳司听,目司视,动则乱于聪明,其于静也,闻见必审。处身者不为外物眩晃而动,则其心静,心静则智识明,是是非非,无所施而不中。"⑦耳目属于感觉器官,它仅仅停留于对客观事物表面现象的认识和反映,还不能深入到事物内部的本质和规律,故其认识特点是"动"。而"心"则是中国古代对思维器官的一种认识,虽然在今天看来它是错误的,但约定俗成,人们都已经习惯这种称呼了,所以这种说法一直延续了下来。由于"心"

---

① 欧阳修:《欧阳修全集》卷四十八《南省试进士策问一》,中华书局 2001 年版,第 677 页。

② 欧阳修:《欧阳修全集》卷七十三《书荔枝谱后》,中华书局 2001 年版,第 1060 页。

③ 欧阳修:《欧阳修全集》卷六十五《删正黄庭经序》,中华书局 2001 年版,第 950 页。

④ 欧阳修:《欧阳修集编年笺注》卷一四《集古录跋尾六》,巴蜀书社 2007 年版,第 457 页。

⑤ 欧阳修:《欧阳修全集》卷五十九《畏天者保其国赋》,中华书局 2001 年版,第 854 页。

⑥ 欧阳修:《欧阳修全集》卷一百二十九《笔说·道无常名说》,中华书局 2001 年版,第 1970 页。

⑦ 欧阳修:《欧阳修全集》卷六十四《非非堂记》,中华书局 2001 年版,第 930 页。

属于理性思维器官，它具有间接性和抽象性特点，故其认识特点是“静”。而“闻见必审”的意思是说人们必须用“心”对那些来自于感觉器官的感性材料进行加工改造，也就是“加以去粗取精、去伪存真、由此及彼、由表及里的改造制作功夫，造成概念和理论的系统。”①只要做到了这一点，则“是是非非，无所施而不中”。当然，人对于自然界的能动性，不仅表现在认识自然方面，而且更重要的是表现在改造自然方面。比如，欧阳修认为：所谓“王道之本”其实在于“切于事实而已”②。因此，领悟“圣人之道”的关键就是八个字“履之于身，施之于事”③。从这个角度讲，欧阳修非常欣赏“纵横家”的治世之道：“因时适变，当权事而制宜。”④因为它集中体现了人类的主观能动性，从而显示了人之为人的本质存在。当然，人类不断地将主观形态的“知”转化为客观形态的“知”即“知”的物化形态，此时，作为“知”的物化形态，也许会给创造它的人带来一定的消极影响，即人们在特定的历史条件下，可能会变成为“物”的奴隶。比如，欧阳修说道：人“不守尔初，自为巧智，凿窍泄和，鲤淳杂伪。衣羔染夏，强华其体；鞭扑走趋，自相械系。天不汝文而自文之，天不汝劳而自劳之。役聪与明，反为物使。”⑤尽管如此，但我们绝不能放弃自己的“知识”能力，更不能抹杀人类的能动性，而“去仁义而归之自然，因循为用。”⑥所以，欧阳修认为，人之为贵，贵就贵在人具有“自我意识”，具有“巧其语言，又能传有于文字”⑦的认识能力，“是以穷彼思虑，耗其血气，或吟哦其穷愁，或发扬其志意。”⑧

作为人类文明的重要成果，欧阳修对“礼义”亦颇为关注。前面提到过，人类有两种生产和再生产是必不可少的，那就是物质资料的生产和再生产以及人口的生产和再生产。而人口的生产和再生产不单是肉体的生产和再生产，而且更重要的是知识素质的生产和再生产。正是由于后一种功能，从而使人与一般的动物生产区别开来。人和一般动物一样，都有对物质消费和占有的欲望。但人不能像一般动物那样唯利是图，故《易》云：“利者义之和。”对此，欧阳修则进一步说：

---

① 《毛泽东选集》第一卷，人民出版社1991年版，第291页。

② 欧阳修：《欧阳修全集》卷六十七《与张秀才第二书》，中华书局2001年版，第979页。

③ 欧阳修：《欧阳修全集》卷六十七《与张秀才第二书》，中华书局2001年版，第978页。

④ 欧阳修：《欧阳修全集》卷一百二十四《崇文总目叙释·纵横家类》，中华书局2001年版，第1892页。

⑤ 欧阳修：《欧阳修全集》卷五十八《红鹦鹉赋》，中华书局2001年版，第835页。

⑥ 欧阳修：《欧阳修全集》卷一百二十四《崇文总目叙释·道家类》，中华书局2001年版，第1891页。

⑦ 欧阳修：《欧阳修全集》卷十五《鸣蝉赋》，中华书局2001年版，第255页。

⑧ 欧阳修：《欧阳修全集》卷十五《鸣蝉赋》，中华书局2001年版，第255页。

“夫利、命、仁之为道也，渊深而难明，广博而难详。若乃诱生民以至教，周万物而不遗。草木贲殖而无知，所以遂其生；跂喙行息而不知，所以达其乐。物性莫不欲茂，则薰之以太和；人情莫不欲寿，则济之以不夭。滞者导之以达，蒙者开之使明。衣被群生，赡足万类。此上之利下及于物，圣人达之以和于义也。则利之为道，岂不大哉！函五行之秀气，兼二仪之肖貌，禀尔至命，得之自天。厥生而静谓之性，触物而动感其欲，派而为贤愚，诱而为善恶，贤愚所以异贵贱，善恶所以定吉凶。贫富穷达，死生夭寿，赋分而有定，循环而无端。圣人达之，内照乎神明；小人逆之，外灭于天理。则命之为义，岂不达哉！又兼若百行以全美，居五常而称首，爱人而及物，力行而能近。守而行之，一日由乎复礼；推而引之，天下称乎大道，则仁之为理，岂不盛哉！”①

这段话我们应当辩证地看，既有糟粕又有精华。其糟粕主要反映在他煽动“定分”思想和“宿命论”，而其积极的方面，则主要表现在欧阳修毕竟论述到了“利、命、仁”三者与人类社会发展的历史关系。从历史上看，纯粹的“利欲”阶段，是人类社会发展的最原始阶段，欧阳修将它称之为“人禽杂处”②时期，尔后，随着“机萌乃心”③，此“心”被导之以“和”与“义”，因而人与物的关系渐渐地就转变成了“义”与“利”的关系。此时之“利”便成为“义之和”，这是因为“圣人达之以和于义也”。此时出现了“贤愚”、“善恶”、“贫富”、“贵贱”等社会地位的差异和价值观的对立，而这种对立反映了社会的发展与道德的进步，当然，这种进步的根源主要在于“义”与“利”的对立，这是人类社会发展的第二阶段。由“义”与“利”的对立进而达到“义”与“利”的统一，则“爱人而及物”的阶段就到来了。在欧阳修看来，宋代实质上尚处于“义”与“利”的对立阶段，因此，人们在具体处理两者的关系问题时，则很难兼顾“义”与“利”两个方面的关系。如人们对王安石变法的社会效果评价，其矛盾分歧就集中在“义”和“利”的关系问题上。而反对王安石变法者经常说的一句话便是王安石“兴利而忘义”④，其实这些人并不懂得宋代的基本国情，不懂得“义”与“利”的关系不仅是辩证的，而且还是历史的和发展演变的。而由于宋代的社会物质财富尚未积累到足以给“义”与“利”提供相互统一的基础阶段，人们还必须依靠发展社会生产力来支持日常的基本生活所需，甚至宋代社会还存在着大量生活在饥饿线上的贫民，如欧阳修曾记河北属沧、深、冀、邢、大

① 欧阳修：《欧阳修全集》卷六十《夫子罕言利命仁论》，中华书局2001年版，第868页。
② 欧阳修：《欧阳修全集》卷五十八《红鹦鹉赋》，中华书局2001年版，第835页。
③ 欧阳修：《欧阳修全集》卷五十八《红鹦鹉赋》，中华书局2001年版，第835页。
④ 胡宏：《五峰集》卷二《上光尧皇帝》，文渊阁四库全书本。

名等地“有泊淀不毛,监马棚牧,与夫贫乏之逃而荒弃者,不可胜数”①。故宋人黄伦说得好:

“夫衣食足而后知礼节,仓廪足而后知荣辱,无常产者无常心,此百姓自然之道也。民遭洪水,其日既久,艰于粒食,煎熬迫逐之态日攒于心,其发于外也,躁急暴慢,不亲不逊于亲戚乡党之间者,固不足怪。禹治水,稷播种,已有生意矣。”②

在物质生产极端落后的情况下,发展生产是第一要义,在此背景下,舍利而取义,超越了社会发展的历史阶段,肯定是行不通的。对此,欧阳修说道:

“昔尧、舜、三代之为政,设为井田之法,籍天下之人,计其口而皆授之田,凡人之力能胜耕者,莫不有田而耕之,敛以什一,差其征赋,以督其不勤。使天下之人,力皆尽于南亩,而不暇乎其他。然又惧其劳且怠而入于邪僻也,于是为制牲牢酒醴以养其体,弦匏俎豆以悦其耳目。于其不耕休力之时,而教之以礼。”③

可见,人少地广,物质财富相对丰裕,“凡人之力能胜耕者,莫不有田而耕之”,轻徭薄赋,是三代社会的基本生产和生活状况,而只有在这样的社会条件下,才有可能从真正的意义上兴礼教,讲仁道。宋人经常抱怨自三代以降,“王道中绝”④,而之所以如此,主要是因为自三代以后,人们的物质生产条件发生了改变,尤其是土地兼并现象日益严重,从而导致大量的无地贫民存在,他们成为历代封建社会不稳定的最重要因素,而“礼义”的根本则在于“人情”与“民情”,“民情”如此,则礼义何在?以北宋为例,宋初虽然也有鼓励自耕农开荒的举措,如宋太祖曾诏“所在长吏谕民,有能广植桑枣、垦辟荒田者,止输旧租;县令、佐能招徕劝课,致户口增羡、野无旷土者,议赏。”⑤但是真正属于自耕农自己所有的土地很少,而大量的土地都控制在“形势户”或“官户”手中,如当时宋人有“命官、形势占田无限”⑥的说法,形势户包括宋代当时的大小官僚,他们约占全国耕地的十分之七。所以,自北宋中期之后,全国各地的土地兼并现象非常严重,已经发展到了“势官富姓,占田无限,兼并冒伪,习以成俗,重禁莫能止”⑦的地步,而“民之流徙,始由贫困,或避私债,或逃公

① 欧阳修:《欧阳修全集》卷一百一十八《论河北财产上时相书》,中华书局 2001 年版,第 1827 页。

② 黄伦:《尚书精义》卷四,中华书局 1985 年版,第 43 页。

③ 欧阳修:《欧阳修全集》卷十七《本论中》,中华书局 2001 年版,第 288 页。

欧阳修:《欧阳修全集》卷六十《本论上》,中华书局 2001 年版,第 860 页。

④ 脱脱等:《宋史》卷一百七十三《食货志上一》,中华书局 1975 年版,第 4158 页。

⑤ 脱脱等:《宋史》卷一百七十七《食货上五》,中华书局 1975 年版,第 4296 页。

⑥ 脱脱等:《宋史》卷一百七十三《食货志上》,中华书局 1975 年版,第 4164 页。

税……（其）生计荡然，还无所诣。”①故欧阳修指出“三王之为治”与“后世之治”的最重要区别就在于：前者“善推本末，知所先后”②；后者则“不推本末，不知先后而已”③。那么，“本”是什么？欧阳修说：“故农者，天下之本也，而王政所由起也，古之为国者未尝敢忽。而今之为吏者不然，簿书听断而已矣，闻有道农之事，则相与笑之曰鄙。夫知赋敛移用之为急，不知务农为先者，是未原为政之本末也。知务农而不知节用以爱农，是未尽务农之方也。”④而宋代最大和最关键的问题，在欧阳修看来，还不是知不知道“以农”为本的问题，而是如何“节财”和“节用”的问题。如欧阳修说：“足天下之用，莫先乎财，系天下之安危，莫先乎兵，此有司之所知也。然财丰矣，取之无限而用之无度，则下益屈而上益劳。兵强矣，而不知所以用之，则兵骄而生祸。所以节财、用兵者，莫先乎立制。制已具备，兵已可使，财已足用，所以共守之者，莫先乎任人。是故均财而节兵，立法以制之，任贤以守法，尊名以厉贤。此五者相为用，有天下者之常务，当今之世所先，而执事者之所忽也。”⑤这就是说，北宋社会的主要矛盾应是如何增加国家财政收入及如何提高国民物质生活水平的问题，当然，这个问题也是历代封建国家最切实和最关乎百姓生计的大问题，而如何“抓本节用”则是这个矛盾的主要方面，是决定其社会发展方向和趋势的方面，因此，欧阳修在这种特定的历史发展阶段，坚决反对脱离北宋社会发展实际的“空言虚语”，坚决反对回避或转移这个矛盾主要方面的“伪君子”作风。比如，欧阳修说：“尧、舜、三代之际，王政修明，礼义之教充于天下，于此之时，虽有佛无由而入。及三代衰，王政阙，礼义废，后二百余年而佛至乎中国。由是言之，佛所以为吾患者，乘其阙废之时而来，此其受患之本也。”⑥欧阳修的言外之意是说，佛教传入中国的主要根源在于经济不振和农民生活的艰难，而佛教寺院却能够给这些生活艰难的贫民以生计，他们能不“弃儒从释”吗！当然，“抓本节用”并不等于放弃“礼义之教”，恰恰相反，欧阳修认为：“礼义者，胜佛之本也。”⑦而“修礼义”尚须“务本”，即“修其本以胜之。”⑧说到底，经济基础决定上层建筑，欧阳修虽然不懂得历史唯物主义，但他的基本指导思想却

---

① 脱脱等：《宋史》卷一百七十三《食货志上》，中华书局 1975 年版，第 4160 页。
② 欧阳修：《欧阳修全集》卷六十《本论》，中华书局 2001 年版，第 860 页。
③ 欧阳修：《欧阳修全集》卷六十《本论》，中华书局 2001 年版，第 861 页。
④ 欧阳修：《欧阳修全集》卷六十《原弊》，中华书局 2001 年版，第 869 页。
⑤ 欧阳修：《欧阳修全集》卷六十《本论上》，中华书局 2001 年版，第 861 页。
⑥ 欧阳修：《欧阳修全集》卷十七《本论中》，中华书局 2001 年版，第 288 页。
⑦ 欧阳修：《欧阳修全集》卷十七《本论中》，中华书局 2001 年版，第 290 页。
⑧ 欧阳修：《欧阳修全集》卷十七《本论下》，中华书局 2001 年版，第 293 页。

有点唯物史观的味道。

### 三、对“天地鬼神之道”的批判及其无神论思想

欧阳修对有神论的批判基于两个逻辑前提:一是人的认识能力有其局限性,世界上没有全知全能的人;二是“天道”与“人道”相逢而不相混。

认识是人类独有的思维现象,是一种非常特殊的和极其复杂的精神意识,而对于这个思维现象和精神意识的形成机制,古人不甚了解,故他们就往往将它归结于某种不死的“灵魂”或全知全能的“鬼神”。如柏拉图说:灵魂是“不死的”,它本身已经“获得了所有一切事物的知识”。而孔子把被赋予了这种“灵魂”的人称之为“生而知之”①者,墨子亦承认“鬼神”的存在,且认为“明鬼”是“圣王之道也”②。在墨子看来,“鬼神”是无所不知的,他说:“幽涧广泽,山林深谷,鬼神之明必知之。”③尽管墨子的“明鬼”思想不同于一般的“有神论”,但在预设“鬼神”之“全知全能”的本性方面,所有的“有神论”者都是一样的和共同的。那么,从生理心理的基本功能上讲,“知”由什么构成,它又是如何运动变化的?欧阳修依据北宋科学发展的客观实际,结合当时“气”一元论的思想特征,对此作了唯物主义的探讨和说明,他说:“其精气不夺于物,则蕴而为思虑。”④这种“精气”为“知”、为“思虑”的思想,实际上就是在肯定“知识”的物质来源之后,否定了在物质之外还有一种精神性实体存在的可能,它为“学而知之”的知识论奠定了基础。在此前提下,人的认识就具有了“有限性”,欧阳修说:

“人者万物之精灵,其不知于物者多矣。至有不自知其一身者,如骈拇、枝指、悬疣、附赘,皆莫知其所以然也。”⑤

“凡物有常理,而推之不可知者,圣人之所不言也:磁石引针,蝍蛆甘带,松化虎魄。”⑥

“夫专人事,则天地鬼神之道废;参焉,则人事惑。”⑦

欧阳修是个“专人事”者,同时又是个“重实效”的功利主义者。故他

① 《论语·季氏》。

② 《墨子·明鬼下》。

③ 《墨子·明鬼下》。

④ 欧阳修:《欧阳修全集》卷十五《杂说三首》,中华书局2001年版,第263页。

⑤ 欧阳修:《欧阳修全集》卷十八《怪竹辩》,中华书局2001年版,第313页。

⑥ 欧阳修:《欧阳修全集》卷一百二十九《笔说·物有常理说》,中华书局2001年版,第1970页。

⑦ 欧阳修:《欧阳修全集》卷十八《易或问三首》,中华书局2001年版,第301页。

说:"天地鬼神,不可知其心,则因其著于物者以测之。故据其迹之可见者以为言,曰亏盈,曰变流,曰害福。若人,则可知者,故直言其情曰好恶。其知与不知,异辞也,参而会之,与人无以异也。其果与于人乎,不与于人乎,则所不知也。以其不可知,故常尊而远之;以其与人无所异也,则修吾人事而已。人事者,天意也。"①在此,欧阳修虽然也讲鬼神"参而会之,与人无以异也",但他的立论前提是专"修吾人事",所以,如果说他多少还带有"天人合一"的思想烙印的话,那他的"天人合一"思想也是以"天人相分"为基础的"天人合一",它的思想主旨是用"人"的地位来取代"天"的地位,而不是相反,因此,就这一点而言,欧阳修的思想与一般的"天人合一"论者有着实质的不同。

由此出发,欧阳修对"天灾"提出了下面的看法。他说:

"夫所谓灾者,被于物而可知者也,水旱、螟蝗之类是已。异者,不可知其所以然者也,日食、星孛、五石、六鹢之类是已。孔子于《春秋》,记灾异而不著其事应,该慎之也。以谓天道远,非谆谆以谕人,而君子见其变,则知天之所以谴告,恐惧修身而已。若推其事应,则有合有不合,有同有不同。至于不合不同,则将使君子怠焉,以为偶然而不惧。此其深意也。盖圣人慎而不言如此,而后世犹为曲说以妄意天。"②

"凡物不常有而为害乎人者,曰'灾',不常有而徒可怪骇不为害者曰'妖'。《语》曰:'天反时为灾,地反物为妖。'"③

这就从认识论的根源分析了"有神论"产生的思想实质,说到底,"鬼神"观念只不过是人们对自身"无知"这种意识现象的遮掩,或是曲折的反映。由于"无知"而人们便产生了通过一种更加"无知"的外部力量来自己吓唬自己的妄想,它类于一种病理学上的"癔症"。在欧阳修的意识领域,如果人们用"灾异"现象来"恐惧修身",那它就是一件对改进"人事"有所帮助的多少有些意义的事情;如果人们不是这样,而是用来"毁誉乱真",那将是一件"深可畏"的事情④。从这个角度,欧阳修认为,我们应当将"谶纬迷信"从唐疏《九经》中剔除出去,以还《九经》原典之思想纯洁与本真。他说:

"暨晋、宋而下,师道渐亡,章句之篇,家藏私畜,其后各为笺传,附注经文。其说存亡,以时好恶,学者茫昧,莫知所归。至唐太宗时,始诏名儒撰定九

① 欧阳修:《新五代史》卷五十九《司天考》,中华书局 2015 年版,第 706 页。

② 欧阳修、宋祁:《新唐书》卷三十四《五行志一》,中华书局 1975 年版,第 873 页。

③ 欧阳修:《欧阳修全集》卷二十五《洛阳牡丹记·花品序第一》,中华书局 2001 年版,第 1097 页。

④ 欧阳修:《新五代史》卷六《唐本纪第六》,中华书局 2015 年版,第 67 页。

经之疏,号为正义,凡数百篇。自尔以来,著为定论,凡不本正义者谓之异端,则学者之宗师,百世之取信也。然其所载既博,所择不精,多引谶纬之书,以相杂乱,怪奇诡僻,所谓非圣之书,异乎正义之名也。臣欲乞特诏名儒学官,悉取九经之疏,删去谶纬之文,使学者不为怪异之言惑乱,然后经义纯一,无所驳杂。”①

尽管由于历史和封建政权本身的原因,欧阳修的建议没有被封建统治者所采纳,但他要求纯洁儒家经义的建议是符合社会实际的。因此,欧阳修以身作则,率先垂范,他在撰写《新唐书》和《新五代史》时便自觉地将那些谶纬之说删去。如《文忠集·附录》卷二《行状》云:欧阳修撰《新唐书·五行志》“不书事应,悉破汉儒灾异附会之说,皆出前人之所未至。”而欧阳修不使谶纬妄说杂乱正史的做法,后来得到元代史学家的积极响应,如《宋史》卷四十八《天文志一》载:“今合累朝史臣所录为一志,而取欧阳修《新唐书》、《五代史记》为法,凡征验之说有涉于附会,咸削而不书,归于传信而已矣。”

## 第二节　余靖“灾异之来实由人事”的无神论思想

余靖(1000—1064),本名希古,字安道,号武溪,韶州曲江(今广东韶关)人,他是北宋最著名的贤良之臣和谏言之臣,时人将其与范仲演、欧阳修、尹洙同称为“宋朝四大贤人”,又与欧阳修、王素、蔡襄一起被尊为“宋朝四谏”。宋仁宗天圣二年(1024)进士,先赣县尉,后新建(今江西南昌县)知县,再迁秘书丞,集贤校理,右正言(谏官),知制诰、史馆修、知桂州等,南走雷州,北使契丹,为官清正,做人平实。如,景祐三年(1036)“范仲淹贬饶州,谏官御史莫敢言”②,余靖则不顾个人安危,挺身而出,大胆直言,为范仲淹辩护,结果被“落职监筠州酒税”③,而余靖由此而在士大夫中享有盛名。欧阳修称余靖“自少博学强记,至于历代史记、杂家、小说、阴阳、律历,暨浮屠、老子之书,无所不通。”④而他自己说:“弱岁就学,则无师范,长年力行,而才非老成。”⑤“学无师范”则思想奔放无羁,虽“备历艰险”,然而他却更加躬践力行,尊重客观事实。

① 欧阳修:《欧阳修全集》卷一百一十二《论删去九经正义中谶纬札子》,中华书局2001年版,第1707页。

② 脱脱等:《宋史》卷三百二十《余靖传》,中华书局1975年版,第10407页。

③ 脱脱等:《宋史》卷三百二十《余靖传》,中华书局1975年版,第10408页。

④ 欧阳修:《欧阳修全集》卷二十三《赠刑部尚书余襄公神道碑铭》,中华书局2001年版,第366页。

⑤ 余靖:《武溪集》卷十七《谢帖职启》,宋集珍本丛刊本。

如他在《海潮图序》中提出了海潮“皆系于月，不系于日”①的科学见解，他坚持了王充以来的“无神论”思想原则；在天人关系方面，余靖以“天人相分”思想为立论依据，主张“灾异之来实由人事”的天道观和“智者创物”的人道思想，反对“推论怪谍”，劝诫君主“勤俭厥德”，体恤民病，从而成为推动北宋“无神论”与“天人相分”思想向前发展的一名杰出代表。

## 一、“天表之应各以其类”的天道观

对于“天道”，中国古代从来都有两种不同的思维方式，即自然科学的思维方式（即经验）与哲学的思维方式（即先验）。《周易·系辞上》说：“形而上者谓之道，形而下者谓之器。”所谓“形而下”是指人们主要以观察和经验为基础而形成的知识或思维方法；而所谓“形而上”则是指人们在经验科学的基础上，主要以直观和抽象为前提而形成的知识或思维方法。而对于“天”的认识，自先秦以后，我国先民基本上就分作了可观察的天或称自然天与道德的天或称有意志的天两派主张。其中，在可观察的天这个认识域内，西汉人提出了“盖天说”和“浑天说”两种自然天模型，后来为了克服两者各自的片面性，到南北朝时，有人又提出了“浑盖合一说”。如，北齐天文学家信都芳说；“浑天覆观，以《灵宪》为文；盖天仰观，以《周髀》为法。覆仰虽殊，大归是一。”②而根据余靖的《海潮图序》知，至少在北宋初期，浑盖合一说还是人们用来解释天地间许多自然现象的理论工具。如，余靖说：

“日月右转而天左旋，一日一周，临于四极，故月临卯酉则水涨乎东西，月临子午则潮平乎南北，彼竭此盈，往来不绝，皆系于月，不系于日。”③

从人的视角来看，日与月都从东方升起至西方落下，周而复始，形成一个“经线”式圆周运动，是为“右转”，这是符合观察常识的。而自然天则完全是一种假想天，其体如笠盖，它的运动方向亦是由东向西，形成一种“纬线”式圆周运动，是为“左转”，如下图所示。

此图以东为原点，正像一个面向东方的人体，他的右手方向为“经”，其旋转方向呈右转，而他的左手方向为“纬”，其旋转方向则呈左转。由于自然天似笠盖，南北经与东西纬必然形成四个交点，人们将它们称之为“四方之正位”（地球中心说）。对此，朱熹解释说：

---

① 曾枣庄、刘琳主编：《全宋文》卷五六七《余靖十三》，上海辞书出版社 2006 年版，第 24 页。

② 李百药：《北齐书》卷四十九《信都芳传》，中华书局 1972 年版，第 675 页。

③ 曾枣庄、刘琳主编：《全宋文》卷五六七《余靖一三》，上海辞书出版社 2006 年版，第 24 页。

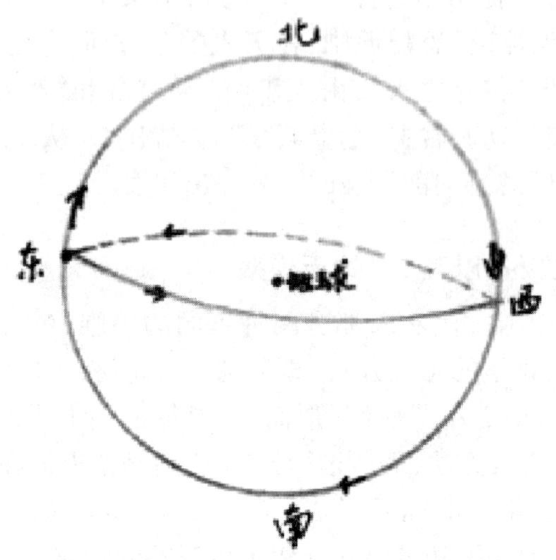


“天左旋，日月右转”示意图

“潮汐之说，余襄公言之尤详，大抵天地之间，东西为纬，南北为经，故子午卯酉为四方之正位，而潮之进退以月至此位为节耳。以气之消息言之，则子者阴之始，卯为阳中，酉为阴中也。”①

以整个的太阳系为背景，潮汐（昼为潮，夜为汐）的形成是在日与月的引潮力作用下所形成的海动现象。但经测算，月之引潮力约为日之引潮力的2.17倍，因此，通常所说的潮汐主要是随月运行而发生的涨落现象。一般而言，在朔日和望日，月之引潮力最大，海水面升降最大；与之相反，在上弦与下弦日，日月之引潮力相互抵消，海水面升降最小。余靖根据北宋中期科技发展的水平，对潮汐现象作了比较深入的研究与分析，并考虑到了潮汐现象的地域性差异，他批判了唐代卢肇认为“潮汐的涨落与月距离日之远近相关”的错误结论，得出了“潮之极涨，常在春秋之中；涛之极大，常在朔望之后”的接近于现代潮汐的正确理论，这在当时是一项很了不起的科学成就。余靖说：

“夫朔望前后，月行差疾，故晦前三日潮势长，朔后三日潮势极大，望亦如之，非谓远于日也。月弦之际，其行差迟，故潮之去来亦合沓不尽，非谓近于日也。盈虚消息，一之于月，阴阳之所以分也。夫春夏昼潮常大，秋冬夜潮常大，盖春为阳中，秋为阴中，岁之有春秋，犹月之有朔望也。故潮之极涨，常在春秋

① 朱熹：《晦庵集》卷五十八《答张敬之》，《朱子全书》，上海古籍出版社2010年版。

之中;涛之极大,常在朔望之后。此又天地之常数也。”①

由此可知,余靖的“天人”思想是以北宋之前中国古代传统科学的天文理论为根基的,尊重科学是他“天道”观的基本内核。所以,余靖反复讲道“常数”这个概念,何谓“常数”?“常数”就是客观事物的运动规律,就是科学的认识原理。如,余靖在《贺德音表》一文中说:“日月之行,罔违常数。”②另,余靖在《祭段待制文》一文中又说:“修短之期,盖有常数。”③宇宙万物究竟是由什么构成的?这是中国古代“天人”观须要回答的问题。老子说:“道冲而用之或不盈,渊兮似万物之宗。”④这是“道本体论”的观点;《管子·内业篇》说:“凡物之精,比则为生。下生五谷,上为列星;流于天地之间,谓之鬼神;藏于胸中,谓之圣人;是故名气。”这是“精气本体论”的观点。在《管子》四篇(即《内业》、《白心》、《心术下》与《心术上》)的作者(有人认为是战国中期宋钘、尹文一派的佚著)看来,“精气”不仅形成宇宙万物,而且还构成了人的生命和思想。故《管子·内业》篇说:“气通乃生,生而思,思乃知,知乃止也。”虽然现在看来,把人的思想理解为一种具体的物质形态是庸俗的唯物主义观点,但在北宋之前,它不失为一种先进的思想,是战胜有神论的重要武器之一。余靖为了说明人类认识的来源,他吸收了《管子》的“精气”说,认为“天之间气,是生俊德。特禀粹精,蕴为才识。”⑤其中“天之间气”承认了“气”的本源性,坚持了“气”一元论的唯物主义思想路线,从而使他的认识建立在了一个非常可靠的理论基石之上。于是,余靖以此为前提,对北宋社会所流行的有神论思想进行了无情的揭露和批判。如针对两汉以来史书中所出现的“祥瑞论”,余靖说:

“三皇《墳》、无帝《典》,记言之史也;楚《梼杌》、鲁《春秋》,记事之史也。训诰誓命之词,得失存亡之迹,发简可见,未闻祥瑞之言也。迨于两汉,则有赤芝、白雁、醴泉、甘露、卿云、宝鼎之应,岂古史阔略而后史该备乎?盖有司失为史之本意也。敢谓国之兴也,在乎德,不在乎瑞;国之亡也,在乎乱,不在乎妖。

① 曾枣庄、刘琳主编:《全宋文》卷五六七《余靖一三》,上海辞书出版社2006年版,第25页。

② 曾枣庄、刘琳主编:《全宋文》卷五五九《余靖五》,上海辞书出版社2006年版,第274页。

③ 曾枣庄、刘琳主编:《全宋文》卷五七六《余靖二二》,上海辞书出版社2006年版,第169页。

④ 《老子道德经·四章》。

⑤ 曾枣庄、刘琳主编:《全宋文》卷五七六《余靖二二》,上海辞书出版社2006年版,第168页。

故尧以敦九族、和万邦而兴，舜以举十六相、去四凶则又兴，禹以平水土兴，汤以行仁政兴，周人以积行累德兴。夫是者，虽无祥瑞，可不谓圣且治乎？癸以侈奢亡，辛以暴虐亡，厉王以聚敛亡，幽王以女色亡。夫是者，虽无妖怪，可不谓昏且乱乎？”①

两汉的谶纬迷信十分盛行，其谶纬学说已经渗透到社会生活的各个领域，而“祥瑞论”仅仅是其谶纬思想的一个组成部分。《四库全书总目提要》卷六《易纬》说：所谓“纬”即“经之支流，衍及旁义。”但事实上，汉之“纬学”已经超越了“经书”的地位，而成为士大夫趋附奔竞的目标，呈一时之盛，故“士之赴趣时宜者，皆驰骋穿凿争谈之也。”②而在各种纬书之中，尤以《乾凿度》的影响最大。如《乾凿度》说：“易起无，从无入有，有理若形，形及于变而象，象而后数。”这个“无”是一种没有规定性的存在，它往往成为有神论的立言依据。因此，对于汉代易学家将科学易演变为谶纬易的做法，余靖给予了严肃地批判。他说：

“《易》之道深矣，自汉兴有施孟、梁丘、京氏、费、高诸家之学，列于庠序。而传异词、师异说，往往入于五行谶纬之术，故其学中绝焉。王氏之学，传自魏晋，盛于隋唐之际，大有言阴阳变化、人事得失，不悖于三圣，不荡于术数，故独为学者所宗。近世言《易》者，复以奇文诡说相高，自成一家之言，考之卦繇、爻、《彖》、《象》、《系》之微，有所不通矣。”③

当然，谶纬迷信和宗教神学的危害不仅仅是思想上的和理论上的，而且更有社会生活上的和执政实践上的。而用谶纬迷信来指导政府的执政行为，危害尤甚。因此，余靖花费了巨大的精力来揭露和批判藉谶纬迷信对扰乱政府执政行为的严重危害性。比如，宋仁宗庆历四年(1044)六月，开宝寺灵宝塔失火，有人乘机“推为灵异，惑乱视听”，对此，余靖严正指出：

“开宝寺塔为天火所烧，五行之占本是灾变，朝廷宜戒惧以答天意。寻闻遣人于塔基掘到旧瘗舍利，内廷看毕送还，本寺许令士庶烧香瞻礼者，道路传言，舍利在内廷之时，颇有光怪。臣恐巧佞之人因此推为灵异，惑乱视听。先自内廷，外及四方，钞敛钱物，再图营造。臣忝备谏职，见此事体不可不言。臣闻帝王行事，但能勤俭修德，感动人心，则虽有急难，后必安济。臣观今天下自西陲用兵以来，国帑虚竭，民间十室九空。陛下若勤劳罪己，忧人之忧，则四方

① 曾枣庄、刘琳主编：《全宋文》卷五六八《余靖一四》，上海辞书出版社2006年版，第36页。

② 范晔：《后汉书》卷八十二上《方术列传》，中华书局2000年版，第2705页。

③ 曾枣庄、刘琳主编：《全宋文》卷五六七《余靖一三》，上海辞书出版社2006年版，第21页。

之民安咸蒙其福矣。如其不恤民病,广事浮费奉佛求福,非所望于当今。”①

“今朽木腐草皆有光,水精及珠之圆者,夜亦有光,况舍利本胡中怪异之物,有光亦非今日之瑞。昔梁武帝造长干塔时,舍利亦常有光,及台城之败,何能致福?视今可以监之矣。”②

“天下之民,皆厌赋役之烦,不聊其生,至有父子夫妇,携手赴井而死者,其穷至矣。陛下若恤民之病,取后宫无用之物、内帑有余之弊出助边费,勿收中民一年田租,明降指挥、布告中外,此则陛下结天下之心,感召和气,虽造百塔,无以及此。若为无用浮侈之事,民益怨矣!又二年以来,减省后宫请给,皆言内有煎迫,不似以往;今一日舍施,则财物无纪,何以取信四方哉!切缘市井之人,有知者少,既见内廷崇奉,则遽相扇动,倾箱竭橐,为害滋深。”③

在一定意义上说,谶纬迷信是一种对业已存在着的社会矛盾的转移方式,故它往往得到当权者的支持。由余靖的言谈话语知,宋代中期的社会矛盾已经非常尖锐和复杂,如“赋役之烦,不聊其生,至有父子夫妇,携手赴井而死者,其穷至矣”,即是明证,而这些社会矛盾的存在应是其谶纬及有神论思想泛滥成灾的社会根源。不过,既然有人能用谶纬迷信恐吓当权者“钞敛钱物”,祸国殃民,那么,人们也就能反其道而用之,作为劝诫当权者“勤劳罪己,忧人之忧”的一种手段。所以,把斗争性与灵活性结合起来,为我所用,变被动为主动,便是余靖无神论思想的又一个显著特点。比如,宋仁宗庆历三年(1043)九月,天文上出现了“太白犯岁星,又犯太微”的星体运动现象,对此,余靖解释说:

“臣历观汉、晋、隋书志,凡五星之变,金火谓之罚星,太白与岁相犯,皆主兵、丧及饥,惟此三者,国之大患。其变乃出端门之右执法之前,前志所占将有伏尸流血之变,岂山泽小寇所能当之!臣闻《易》曰:天垂象见吉凶。圣人象之,又曰:观乎天文,以察时变,则知古之圣王恭勤寅畏,以顺承天。天表之应,各以其类,且夫木为德,金为刑,惟沴木,五行所忌。今二星同舍掩食,逾时殆为刑德之颇乎!国家自近岁以来,西戎不宾,契丹恃强,人心动摇,战守不足,而军须百物皆出于民,残忍之吏朝索暮办,鑪锤之声徧于天下,此金气太盛而刑之失乎!民之壮者藉之于军,而居者又困其财,贪进之人自为私计,朘剥其

① 李焘:《续资治通鉴长编》卷一百五十“庆历四年六月丁未”,中华书局 2004 年版,第 3633 页。

② 李焘:《续资治通鉴长编》卷一百五十“庆历四年六月丁未”,中华书局 2004 年版,第 3634 页。

③ 李焘:《续资治通鉴长编》卷一百五十“庆历四年六月丁未”,中华书局 2004 年版,第 3634 页。

下，以希恩荣，未闻朝廷讲求宽民之术，此木气遂微而德不振乎！况今州郡空虚无守御之备，官吏猥滥无抚御之术。一夫大呼，莫敢当者。伏望陛下责躬修德，以谢天变，中外之政，安民为本。”①

北宋初年，由于民族矛盾激化，宋与契丹辽，宋与西夏边战不断，宋朝的国力消耗颇大。特别是经过刘太后专政之后，到宋仁宗亲政时期，北宋甚至出现了“国用日绌”②的窘况。不仅“国用日绌”，而且士兵“皆疲弱不可用”③。因此，北宋所遭遇到的这种对内对外的尴尬处境，不能不引起志士仁人的高度关注。如，尹洙在庆历二年(1042)的一份奏折中明确指出当时北宋的社会局面已经严重到了“敝坏日甚”④的地步，孙沔在庆历三年(1043)则更悲戚地说：“观今之政，是可恸哭。”⑤可见，余靖对北宋的对外形势深表担忧，不是没有道理的。他说：“今天下至大而官吏驰事，细民聚而为盗，罚不能禁止者，盖赏罚不行也。若非大设堤防以矫前弊，则臣忧国家之患不在夷狄而起于封域之内矣。”⑥又说：“人心动摇，战守不足。”上面所引余靖的这两段话应当说是对庆历年间整个北宋社会、政治、军事、外交等客观形势的综合定位与评价，它反映了“中外之政，安民为本”已经成为当时北宋政府的当务之急。而余靖通过“五星灾变”现象，曲折地表达了他那求真务实的政治愿望，这说明他的“无神论”思想不仅更加富有个性，而且说明他的斗争策略也更加成熟和机智了。当然，“安民”之策不能只停留在口头上，而如何“体恤民病”则又成为余靖在阐释其“无神论”思想时不能回避的一个问题。“天灾”是“天道”的一种外在表现，虽然“天灾”有它自己产生的客观原因与自然条件，但“天灾”多与人类不适当的改造自然的实践活动相关节，亦是不能否认的客观存在。于是，余靖这样说道：

“灾异之来，实由人事。政治阙失，感动天地。故古之人君或遇灾异则避

---

① 李焘：《续资治通鉴长编》卷一百四十三“庆历三年九月甲申”，中华书局2004年版，第3454页。

② 李焘：《续资治通鉴长编》卷一百一十四“景祐元年五月乙丑”，中华书局2004年版，第2676页。

③ 李焘：《续资治通鉴长编》卷一百二十八“康定元年七月癸亥”，中华书局2004年版，第3027页。

④ 李焘：《续资治通鉴长编》卷一百三十七“庆历二年闰九月壬午”，中华书局2004年版，第3297页。

⑤ 李焘：《续资治通鉴长编》卷一百三十九“庆历三年春正月丙申”，中华书局2004年版，第3345页。

⑥ 李焘：《续资治通鉴长编》卷一百四十一“庆历三年六月甲子”，中华书局2004年版，第3389。

正殿、撤常膳,深自刻责,思所以致之及改治之理,以至册免三公者有之,诏求直言者有之,此皆消灾异、召和气之道也。方今天下之势至危矣。西北二敌陵协中国,盗贼纵横,惊劫州县,养兵至冗,择将不精,科配频繁,公私匮竭,内外之官,务为办事而少矜恤之人。天下之民急其供亿,而有流离之苦,治道至此,未闻救之之术,臣等伏见数年以来天戒屡告朝廷,虽有惊惧之意,然因循旧弊,未甚改更,所以今日灾变频数,盖天意必欲朝廷大修人事以救其患,乃可变危为安也。救患之方莫若原其致灾之本,致灾之本由君臣上下之阙失也。阙失之事,臣等敢次第言之,陛下不专听断,不揽威权,使号令不信于人,恩泽不及于下,此陛下之失也。持天下之柄,司生民之命,无嘉谋异议以救时弊,不尽忠竭节以副任用,此大臣之过也。朝有阙失而不能救,民有疾苦而不能达,陛下宽容少断而不能规,大臣循默避事而不能斥百官,邪正并进而不能辨,四夷交纳内侵而不能谋,有顾避之心,无力诤之节,此臣等之罪也。"①

在这段话里,余靖不仅自责,而且还责君,而他的责君思想又跟其应对"灾变"的方略结合在一起,这无疑的是余靖"无神论"思想的一个特点。"灾变之来,实由人事",这个命题本身具有两个方面的意义:其一,"有神论"把"灾变"归罪于无形无影的鬼神,因而诱导人们把这些人类不能感知的和外在于人类的虚幻的假象当作救世主来崇拜,这是一种自欺欺人的表现。在余靖看来,宋仁宗与其"以灾变屡见飞蝗为孽,责躬引过,祈于天地宗庙社稷"②,就不如"大修人事以救其患"。其二,"修人事"是一个复杂的社会系统,从统治阶层来说,有"君臣上下"之分,有"朝官"与"外官"之别,学界将此称作封建官僚政治系统,而这个系统是整个封建社会的统治核心,那么,这个"核心"的"核心"又是什么呢? 是用人。余靖很敏感地意识到了这个问题,因此,他向皇帝呼吁说:国家应"弃暇用人,含垢御物"③,就是说用人应用其专长,而不应求全责备,更不能吹毛求疵,否则国家必然是无人可用,甚或小人得意。余靖说:"臣以为国家之务,京城择诸司之长,边鄙择将帅之材,牧民选循吏之官,理财委明察之吏,则兵农刑政,庶职皆修矣。"④为此,他提出了"冀用人之路广

---

① 李焘:《续资治通鉴长编》卷一百五十"庆历四年六月戊午",中华书局 2004 年版,第 3655 页。

② 李焘:《续资治通鉴长编》卷一百五十"庆历四年六月戊午",中华书局 2004 年版,第 3655 页。

③ 余靖:《武溪集》卷十四《让南班第一状》,宋集珍本丛刊本。

④ 曾枣庄、刘琳主编:《全宋文》卷五六一《论当今可行急务奏》,上海辞书出版社 2006 年版,第 654 页。

而谋国之事精矣”[①]的治国理念，而这个理念也是余靖“天道远”[②]思想发展的必然结果。“王商正议于水灾，民忧自息；刘劭抗词于日蚀，乾象焉知”[③]，余靖站在“无神论”的立场上，强调人事贵于天道，尽管他没有明说，但这个思想实际上是坚持了荀况以来的“天人相分”思想路线，具有鲜明的“人本主义”或者说“士本主义”思想倾向。

## 二、“应物成务”和“智者创物”的人道思想

“天道远”仅仅是余靖“无神论”思想的一个组成部分，“天道远，人道迩”是中国古代“天人相分”思想的基本命题，同时亦是其传统“无神论”思想的两个既相区别又相联系的方面。一般地讲，“人道迩”包括人类生活的方方面面，是一个非常复杂的社会系统，不过，在这个系统中，如何理解人则是其最基本的元问题。前面说过，究竟什么是人？余靖继承了《管子》四篇中的精气说，认为“天之间气”，“蕴为才识，应物成务”[④]。这是一种生物学意义上的“人道”观，把人解释为“精气”所成，固然本身还存在着许多欠缺之处，但是在人体科学尚不成熟的中国古代，用“精气”来说明人的生理本质与思维特征，应当说其科学的成分多于其不科学的成分。当然，人不仅仅是生物学的人，更是社会关系的人。余靖注意到，“人皆有贪”[⑤]，又“人各有亲”[⑥]，这是人之为生物的本能，然而，“古者为君，因民而治，故唐虞已上无变易。逮夏后之继统也，自以德衰，不及二帝，又知夫时将醨矣，必示之以制度，故其沿革，颇渐于文……礼因于虞而不言其所损益者。”[⑦]其中“德”、“礼”、“制度”等，都属于社会上层建筑的范畴，是人们对生产关系的能动反映。

余靖与张载和二程不同，前者不是理学家，他的许多思想并不是通过思辨的方式取得的。比如，余靖讲礼，不是从本体论的层面进行抽象的辨析，而是

---

① 余靖：《武溪集》卷十《光禄寺丞佥署并州军士判官柳澥可著作佐郎》，宋集珍本丛刊本。

② 曾枣庄、刘琳主编：《全宋文》卷五六五《余靖二》，上海辞书出版社 2006 年版，第 362 页。

③ 曾枣庄、刘琳主编：《全宋文》卷五六五《余靖二》，上海辞书出版社 2006 年版，第 362 页。

④ 余靖：《武溪集》卷十八《祭段待制文》，宋集珍本丛刊本。

⑤ 曾枣庄、刘琳主编：《全宋文》卷五六四《余靖十》，上海辞书出版社 2006 年版，第 354 页。

⑥ 曾枣庄、刘琳主编：《全宋文》卷五六四《余靖十》，上海辞书出版社 2006 年版，第 346 页。

⑦ 曾枣庄、刘琳主编：《全宋文》卷五六八《余靖一四》，上海辞书出版社 2006 年版，第 39 页。

直接从社会的现实需要出发，以启民智为根本，经世济用，辨明是非。故余靖说："教民以礼，诚欲从时。"①又说："儒以礼法御当世，使人迁善而去恶。"②可见，余靖言"礼"以实用或功效为原则，砥砺风俗，规范伦理，从而形成"俾其成俗，可以制中"③的"文治"局面。

在余靖的文本语言里，人的认识过程应当由两部分构成："应物成务"和"智者创物"。其中"应物"就是指人对于物质世界的反映，是人们通过感觉器官所获得的对于物质表面现象的感性认识，用佛教的语言来说，即为"色界"。它广泛地存在于人们的生活之中，对人的感觉器官产生着强烈的影响，芸芸众生，所为者何？满足人的感觉器官需要是也。所以，余靖认为人的本性具有趋利向乐的倾向。他说：

"且夫蠉飞蠕动，含生之伦，莫不畏苦而趋乐；圆手方足，最灵之品，莫不跂高而好胜。而况血气充于内，嗜欲诱于外，不足而后争，有余而后肆，欺诬巧伪，皆欲勿为而不能已也，非权曷以诱之外哉？呜呼！人羊相啖，生死循环，一念作恶，流入胎卵，有知之所同惧也；高赀厚产，逐利不休，暂持所爱，则获报福，常情之所乐为也。"④

像"嗜欲"、"逐利"、"趋乐"等这些能令感官愉悦的事物，虽然容易引起人与人之间的"争"与"肆"等后果，但从人类生存的基本方面说，它们却是人类存在的最基础的东西，是人类活动的基本物质条件。在这里，余靖看到了"嗜欲"也即人们的物质需要与社会发展及其人类道德建设之间的内在联系。其"嗜欲诱于外，不足而后争，有余而后肆，欺诬巧伪"说明了物质生产能否满足人们不断增长的消费需求，往往会造成两个方面的社会后果："不足而后争"与"有余而后肆"。实际上，这两种后果是一个问题的两个方面，用通俗的话说就是由于社会财富分配不均而导致的所谓"贫"与"富"的问题。显然，此"不足"主要指物质财富的缺少，而"有余"则是指物质财富的相对集中，使少数人掌握着绝大部分的社会财富，因而形成了一个富人阶层。余靖说：

---

① 曾枣庄、刘琳主编：《全宋文》卷五六四《余靖十》，上海辞书出版社 2006 年版，第 341 页。

② 曾枣庄、刘琳主编：《全宋文》卷五七十《余靖一六》，上海辞书出版社 2006 年版，第 65—66 页。

③ 曾枣庄、刘琳主编：《全宋文》卷五六四《余靖十》，上海辞书出版社 2006 年版，第 341 页。

④ 曾枣庄、刘琳主编：《全宋文》卷五七十《余靖十六》，上海辞书出版社 2006 年版，第 69 页。

“仕田有制，盖欲厚贤；邦土未均，盍防趋利……上地沃野，咸归贵势之家；游户堕农，悉为衣食之客。未立均平之度，颇增奔竞之风。实橐装者则云可励廉隅，无地求者岂曰悉为贪污？”①

“土地不均”确实是封建社会土地主与无地或少地者之间矛盾斗争的根源，因为在余靖看来，“八政之先，曰食与货”②，也就是说余靖不自觉地意识到了经济基础对于上层建筑的重要作用，但是，他却没有认识到经济基础对于上层建筑的决定作用，更没有认识到消灭社会财富分配不均的物质前提是大力发展社会生产力这个基本的经济学原理。因此，余靖把“经济专制主义”和“佛教禁欲主义”作为他推行“制中”方略的两个杀手锏。余靖说：

“海滨斥卤至广，而民食至急，故敛散之权，不可不专，其法一缓，则奸人大贾擅之矣，此所谓与夺贫富之柄也。”③

“禹铸历山之金以御水祸，汤造庄山之必以拯旱虐，周以金锡之利分隶虞衡，唐以郴桂之郡并建炉冶……今天子嗣位之二十七年，特诏翰林学士叶公清臣、宋公祁经度山泽之禁，以资国家之用。”④

诸如盐铁之类属于国家经济命脉的物质，如果从历史上看，国家不实行垄断政策，任其自由经营，则很容易出现“即山铸铁，富埒天子，其后卒以叛逆”⑤或“冶铸煮盐，财或累万金，而不佐国家之急，黎民重困”⑥的严重后果。故管仲向齐桓公建议实行“官山海”⑦的政策，汉之东郭咸阳和孔仅更向汉武帝提出“以富制富”的盐铁专卖主张，他们说：“山海，天地之藏也，皆宜属少府，陛下不私，以属大农佐赋。愿募民自给费，因官器作煮盐，官与牢盆。浮食奇民欲擅管山海之货，以致富羡，役利细民。其沮事之议，不可胜听。敢私铸铁器煮盐者，钛左趾，没入其器物。郡不出铁者，置小铁官，便属在所县。”汉武帝采纳了此建议，并“使孔仅、东郭咸阳乘传举行天下盐铁，作官府，除故盐铁家

① 曾枣庄、刘琳主编：《全宋文》卷五六五《余靖一一》，上海辞书出版社 2006 年版，第 367—368 页。

② 曾枣庄、刘琳主编：《全宋文》卷五六八《余靖一四》，上海辞书出版社 2006 年版，第 42 页。

③ 曾枣庄、刘琳主编：《全宋文》卷五七十《余靖十六》，上海辞书出版社 2006 年版，第 63 页。

④ 曾枣庄、刘琳主编：《全宋文》卷五六八《余靖一四》，上海辞书出版社 2006 年版，第 42 页。

⑤ 司马迁：《史记》卷三十《平准书》，中华书局 2013 年版，第 1705 页。

⑥ 司马迁：《史记》卷三十《平准书》，中华书局 2013 年版，第 1712 页。

⑦ 《管子》卷二十二《海王第七十二》。

富者为吏。”①其不仅孔仅、东郭咸阳是盐铁大贾，而且“除故盐铁家富者为吏”，这显然是一条“以富制富”的改革措施。自此，历代封建国家几乎都沿袭了汉武帝的盐铁专卖做法，使其成为积累国家财政收入的根本来源。余靖在北宋财政危机不断加深的历史背景下，提出“与夺贫富之柄”的主张，既有防止社会贫富严重分化，避免出现富商大贾“蹛财役贫”②的情况，从而使社会矛盾更加激化，同时又让国家的财源从富商大贾的手里转移至国家的掌控之中，进而彻底改变由少数富人左右国家经济命运的被动局面。于是，余靖提出了如下的改革主张：

“去冗兵，惜冗费，谨山海之禁，则国用足矣；省配率，恤有无，去侵渔之吏，则民力完矣。”③

有基于此，余靖坚定地支持“谨山海之禁”的经济方针，反对“山海之驰禁”的主张。如当他听到有人提出“宽其禁”的建议时，当即表示反对。他向仁宗皇帝说：

“臣不知谁为陛下画此谋者，徒知高谈而不知适时之变也。今三边有百万待哺之卒，计天下二税上供之外，能足其食乎？故茶、盐、酒税，山泽杂产之利尽归于官，尚犹日算岁计恐其不足，民贪其利而犯禁者，虽死不避也，今乃一为赎刑以宽其禁，三军之食于何取之？”④

那么，由国家来垄断关系国计民生之重要物质资源，实行官卖政策，是否就能完全避免社会生活中的贫富之争了？当然不是。社会财富的分配与再分配，在等级社会中本来就是不均衡的。如，余靖说：“官已差其品秩，人合辨于尊卑。”⑤由此，余靖特别提倡“贵而能贫”和“富而好礼”⑥的世风世俗，他说：“且夫治民安上，不专于揖让周旋；易俗移风，可以察存亡治乱。”⑦然而，究竟如何才能做到“贵而能贫”和“富而好礼”？为此，余靖就不能不求助于佛教的

---

① 司马迁：《史记》卷三十《平准书》，中华书局2013年版，第1715页。

② 司马迁：《史记》卷三十《平准书》，中华书局2013年版，第1712页。

③ 曾枣庄、刘琳主编：《全宋文》卷五六一《余靖七》，上海辞书出版社2006年版，第305页。

④ 李焘：《续资治通鉴长编》卷一百四十三“庆历三年九月癸巳”，中华书局2004年版，第3462页。

⑤ 曾枣庄、刘琳主编：《全宋文》卷五六四《余靖十》，上海辞书出版社2006年版，第345页。

⑥ 曾枣庄、刘琳主编：《全宋文》卷五六四《余靖十》，上海辞书出版社2006年版，第341页。

⑦ 曾枣庄、刘琳主编：《全宋文》卷五六四《余靖十》，上海辞书出版社2006年版，第340页。

“性空“说教了。

余靖的一生中,有很多时间是在被号称“百越”之地的粤、桂等地度过的,而到北宋中期,“百越”之地已经是“瓯越之民,僧俗相半”①了,而“韶于岭外为望州,卢祖印心之域,故寺最众,僧最多”②。这种活生生的社会现实就构成了北宋“儒、释、道”三教合流的物质基础,正是由于这个缘故,北宋倡导反佛的士大夫,虽然在一定程度上遏制住了释教愈益蔓延的发展势头,但佛教所产生的社会影响却并未因此而从根本上被动摇。比如,庐山承天归宗禅寺有“四方来学,不下千乘”及“丛林之盛,少能比拟;栋干之隆,几及千间”③之盛,可见其社会影响力的深远和广大。余靖与张载、二程不同,他并没有把儒释看作是两个死对头,相反,余靖认为,释教同儒学一样,亦有教化世俗的作用。他说:

“佛氏生于西域,与诸华土壤断绝,殆将万里。其灭度后且千岁,摩腾、竺法兰始持其书逾葱岭,东土当时未之识也。乃绎汉明秘梦以肖其像,复筑鸿胪外馆以居其徒,紬其梵音以通华言,讽诵讲说,日渐月清,自是迄今又且千岁。天下之俗,云蒸波委。秀眉之老,毁齿之童,服役其事,惟恐在后;百户之邑,十家之乡,鐃鼓梵呗,未尝可阙。其故何哉?盖佛以大权宠万化归于至理而已。其为教也,禁杀伐,断淫妄,崇布施,重忏悔。性命之说,付之通博之士;因果之论,精入鬼神之域。使贤者务修,愚者生怖,同归于善也。”④

“大雄氏之为教也,即空无著之谓性,摄心自持之谓修。植因成果之说,所以道迷也;施财获福之论,所以破贪也。兹道坦明,各随所证。自像法东被,诸华响风,塔庙庄严,徧我国土。凡皆经始,人皆乐成者,非它也,彼既未悟于心,姑欲驰贪而出迷,当有导师掖而趋善使其然也。”⑤

北宋士庶的这种佛教情结,我们很难说是一种理性的选择。从本质上说,佛教具有某种心理暗示的作用,是一种具有互渗性的感性直觉。余靖“无神论”所反对的是超意志的主宰神或者说是有意志的天,但他却不反对佛教。看来,余靖是把“有神论”与佛教区分为两种功用不同的思想意识了,前者在

① 李焘:《续资治通鉴长编》卷九三“天禧三年二月壬寅”,中华书局 2004 年版,第 3137 页。

② 曾枣庄、刘琳主编:《全宋文》卷五七十《余靖一六》,上海辞书出版社 2006 年版,第 72 页。

③ 曾枣庄、刘琳主编:《全宋文》卷五七十《余靖一六》,上海辞书出版社 2006 年版,第 67—68 页。

④ 曾枣庄、刘琳主编:《全宋文》卷五七十《余靖一六》,上海辞书出版社 2006 年版,第 69 页。

⑤ 曾枣庄、刘琳主编:《全宋文》卷五七一《余靖一七》,上海辞书出版社 2006 年版,第 83 页。

形式上表现为“祥瑞”、“灵异”、“三统论”等，其主要危害是混淆视听，误导君主的正确决策，从而误国害民。比如，余靖说：郑玄等将“三统论”一般化为历史进化的规律是完全错误的，是一种“天命论”的表现形式，其实“先儒所论止及三王之世，是以夏之寅而黑，商之丑而白，周之子而赤，可得以述也。至于尧、舜以上，则虽仲尼之说，亦无闻焉，岂非旨深而意远乎？而郑康成之徒，则据此而逆推，以为舜与周同，尧与商同，高辛氏与夏同，正朔三而止，文质再而复，自古而然也。非但不经，抑亦于帝王之道有所昧焉。”①后者在形式上则表现为“性空”、“轮回”、“持戒”等，在余靖看来，从劝善的道德功效和行为后果两个方面讲，则儒释具有统一性。他说：“儒之所先悦行，释之所守曰戒。行不修则五常无以立，戒不持则万法无所依。故曰：行与戒，皆所以制恶趋善，防非止过之本也。”②

人之与物不仅在于人能反映物的外在特性，而且还在于人能创造出新的事物个体，故余靖说：“智者创物，夫岂徒然！”③而具有“创物”能力的“智者”，在余靖的思维世界里，除能“创物”外，同时还能“创谋”和“超三有”。余靖说：

“真崇福之秘宇，绝尘之幽致也。苟非智者创谋，善人协助，孰能与于此哉？”④

“守静默，舍欣厌，居市朝而非显，宅山林而非晦，身同梦幻，性等空虚，离五蕴，超三有，此智者之为也。”⑤

可见，“创谋”的“谋”是一种抽象思维，而“超三有”则是一种直觉思维。但无论抽象思维还是直觉思维，都是理性思维的一种形式。春秋战国时期，社会上有一种专靠出卖自身知识而为生的人，史书将其称作“食客”。如，余靖说；“昔田文以齐相之重、封君之富，邑入万户，皆尽于宾客。其食客三千有余

① 曾枣庄、刘琳主编：《全宋文》卷五六八《余靖一四》，上海辞书出版社 2006 年版，第 39 页。

② 曾枣庄、刘琳主编：《全宋文》卷五七二《余靖一八》，上海辞书出版社 2006 年版，第 100 页。

③ 曾枣庄、刘琳主编：《全宋文》卷五六九《余靖一五》，上海辞书出版社 2006 年版，第 49 页。

④ 曾枣庄、刘琳主编：《全宋文》卷五七十《余靖一六》，上海辞书出版社 2006 年版，第 67 页。

⑤ 曾枣庄、刘琳主编：《全宋文》卷五七十《余靖一六》，上海辞书出版社 2006 年版，第 72 页。

人,遂能折秦之谋而成齐之强。”①在某种意义上说,田文之养“食客”三千,开中国古代“知识强国”之先河,而宋太祖以“与士大夫治天下”为北宋立国的根本,其总的指导思想与田文之养“食客”的做法在本质上并无什么不同,他们都是利用知识分子具有“创谋”的特点来直接为统治者的统治利益服务的。如,余靖举例说:“卫鞅以薛公子求见,遂用其谋,开阡陌,急耕战,法行民便,亦以称霸。”②既然“创谋”对于封建统治者如此重要,那么,如何提高人们的“创谋”能力,就显得异常关键了。毫无疑问,知识分子是理性思维的重要载体,而学校又是培育理性思维的最重要场所。所以,余靖说:“三王四代,质文殊迹,图治之本,惟学为先。”③又说:“夫教化之本,自学校始;学校之兴,自乡遂始。”④宋代教育的模式与宋代之前的教育模式相比,其最大的变化就是由精英教育转向知识普及性的县乡学教育。余靖对此给予了极大的关注,并且还有一段精辟的论述。他说:

“周人有乡先生、遂大夫分掌其令,以谨其习,而荐其贤能焉。乡校所建,则有皮弁之荐、《小雅》之歌,以享先圣先师,古之道也。自秦人蚕食六国,废周之令,《诗》、《书》之教,轻于虮虱。汉兴杂霸,学者惟集于长安,郡县之学浸微矣。唐室虽欲尊儒,而不得其本……矧今之县令,惟以断笞杖、督赋租为称职耳,其能劝学以警俗者几何哉……夫素王之道……所以尊而奉之者,教之所存焉耳。”⑤

宋代国民的科技和文化创新素质明显地高于汉、唐,这不能说跟宋代重视知识普及性的县乡学教育没有关系。从宋仁宗开始,官学与私学并行发展,但就官学而言,其县乡学教育已经构成庆历新政和熙宁变法的重要内容之一。如宋仁宗于庆历四年(1044)三月下诏称:“今朕建学兴善……其令州若县皆立学,本道使者选部属官为教授员,不足取于乡里宿学有道业者。”⑥对这次兴学的社会效果,欧阳修曾评价说:“三月诏天下皆立学,置学官之员。然后,海

---

① 曾枣庄、刘琳主编:《全宋文》卷五六七《余靖一三》,上海辞书出版社 2006 年版,第 26 页。

② 曾枣庄、刘琳主编:《全宋文》卷五六八《余靖一四》,上海辞书出版社 2006 年版,第 32 页。

③ 曾枣庄、刘琳主编:《全宋文》卷五六九《余靖一五》,上海辞书出版社 2006 年版,第 57 页。

④ 曾枣庄、刘琳主编:《全宋文》卷五六九《余靖一五》,上海辞书出版社 2006 年版,第 60 页。

⑤ 曾枣庄、刘琳主编:《全宋文》卷五六九《余靖一五》,上海辞书出版社 2006 年版,第 60—61 页。

⑥ 脱脱等:《宋史》一百五十七《选举志三》,中华书局 1977 年版,第 3658—3659 页。

隅徼塞,四方万里之外莫不有学。宋兴盖八十有四年,而天下之学始克大立。"①而余靖在这个时期也写下了《浔州新成州学记》、《洪州新置州学记》、《饶州新建州学记》、《雷州新修郡学记》等杂记,真实记录了当时"百越之地"兴州学、立庠序的情形,反映了宋仁宗时期"以崇化厉贤为本"②的"文治"面貌。学校教育固然不是成材的唯一途径,但学校教育确实通过系统地传授知识,能够使受教育者的理性思维不断得到开发,从而有助于提高他们的文化综合素质和思维创新能力。叶适说:"智者知之积。"③这个定义比较准确地体现了知识积累与知识创新的关系,可以作为对余靖"智者"思想的一个补充。毋庸置疑,学校教育的主要功能就是传授知识,就是使前人的创新成果由"自他"向"自我"的目标转移,实践证明,这种智力转移对于知识创造者来说,是非常必要的。因为"知之积"的"积"就是指对原有事物中符合事物发展方向的积极因素的接续,是知识更新过程中的量的积累,而当"积"发展到一定阶段后就必然会发生质的飞跃,从而推动旧事物向新事物的转变,使"创谋"成为可能。

当然,作为一种纯粹的理性思维现象,它可能会导致两种截然不同的思维后果:作为实学的科学创造与作为玄学的理义性命。北宋中期,社会上形成了实学与玄学(也称理学)两种知识形态的对立,且它们各自都有相当数量的追随者,并都造成了不小的声势,从而构成北宋知识学的重要特色之一。比如,范仲淹说:学校教育的宗旨是让学生"明经籍之旨"、"练王霸之术"、"修经济之业"④,而胡瑗创设的"湖州教法"更"立'经义'、'治事'二斋:经义则选举其心性疏通、有器局、可任大事者,使之讲明《六经》。治事则一人各治一事,又兼摄一事,如治民以安其生,讲武以御其寇,堰水以利田,算历以明数是也。"⑤显然,这是一条实学性质的教育路线,由此而培育的思维模式即是一种以证实为特点的和重功效的外向性思维。与此不同,二程则开辟了另一条玄学性质的教育路线,如程颐说:"学也者,使人求于内也。不求于内而求于外,非圣人之学也。"⑥在程颐看来,这种"求于内"的学问与实学是格格不入的,因此,他

① 欧阳修:《欧阳修全集》卷三十九《吉州学记》,中华书局 2001 年版,第 572 页。

② 曾枣庄、刘琳主编:《全宋文》卷五六九《余靖一五》,上海辞书出版社 2006 年版,第 53 页。

③ 叶适:《习学记言》卷三《易》,中华书局 1977 年版,第 28 页。

④ 范仲淹:《范文正公文集》卷一《上时相议制举书》,凤凰出版社 2004 年版,第 209 页。

⑤ 黄宗羲:《宋元学案》卷一《安定学案》,中华书局 1986 年版,第 24 页。

⑥ 程颐、程颢著,王孝鱼点校:《河南程氏遗书》卷二十五《畅潜道录》,《二程集》,中华书局 1994 年版;《二程集》上册,中华书局 2004 年版,第 319 页。

认为墨子的“实学”就是“舍其正道而之他也”①,故“君子弗学也”②。程颐说:“天下非一物非吾度内者,故敬为学之大要。”③何谓“敬”?“主一则是敬。”④具体地讲,就是“其心收敛,更著不得毫发事”⑤。实际上,二程的“主一”思想源自佛教的“空性”说。故余靖说:“佛氏之权大矣……夫惟群动外诱,则其智昏;一念内息,则其心寂。”⑥其“一念内息”的功夫与“主一”的功夫,可以相互沟通。只不过,“主一”是为了摒绝“外诱”⑦而“一念内息”则是为了“超三有”。《大智度论》卷三说:“三种有:欲有、色有、无色有。云何欲有?欲界系业取因缘,后世能生亦是业报,是名欲有。色有、无色有亦如是,是名为有。”可见,所谓“三有”其实就是人们对物质现象的一种依赖,就是能引起人们感性欲望的那些物质实体。所以,尽管二程辟佛教为“超胜侈大之说”⑧,但他们的“主一”论归根到底与佛教的“超三有”在思维层面上是同一的。这样,我们就能理解为什么北宋中后期在士大夫中间特别盛行顿悟思维,那大概与其佛教教义的影响有关。如黄裳云:“俄顷之间,自然顿悟默契,反本复始。”⑨邹浩又说:“惟顿悟于上乘,乃深游于法界。”⑩另,李彭有诗道;“平生四十二年非,顿悟前尘头半白。”⑪佛教的“顿悟说”认为,世上一切众生都能顿悟成佛,如果从思维的层面讲,则众生都先天地具有着顿悟思维功能,这一点已为现代格式塔心理学家柯勒的研究成果所证实,在柯勒看来,动物解决问题是一个顿悟的过程。皮亚杰在考察人类的认知过程时亦发现顿悟思维不

---

① 程颐、程颢著,王孝鱼点校:《河南程氏遗书》卷二十五《畅潜道录》,《二程集》上册,中华书局 2004 年版,第 319 页。

② 程颐、程颢著,王孝鱼点校:《河南程氏遗书》卷二十五《畅潜道录》,《二程集》上册,中华书局 2004 年版,第 319 页。

③ 程颐、程颢著,王孝鱼点校:《二程粹言》卷上《论学篇》,《二程集》,中华书局 2004 年版。

④ 程颐、程颢著,王孝鱼点校:《河南程氏外书》卷十二《传闻杂记》,《二程集》上册,中华书局 2004 年版,第 433 页。

⑤ 程颐、程颢著,王孝鱼点校:《河南程氏外书》卷十二《传闻杂记》,《二程集》上册,中华书局 2004 年版,第 433 页。

⑥ 曾枣庄、刘琳主编:《全宋文》卷五七十《余靖一六》,上海辞书出版社 2006 年版,第 67 页。

⑦ 程颐、程颢著,王孝鱼点校:《河南程氏粹言》卷一《论学篇》,《二程集》下册,中华书局 2004 年版,第 1191—1192 页。

⑧ 程颐、程颢著,王孝鱼点校:《河南程氏粹言》卷一《论学篇》,《二程集》下册,中华书局 2004 年版,第 1196 页。

⑨ 黄裳:《演山集》卷二十六《论性表》,文渊阁四库全书本。

⑩ 邹浩:《道乡集》卷三十三《寿宁寺藏殿设供文》,文渊阁四库全书本。

⑪ 李彭:《日涉园集》卷六《连日大雪》,文渊阁四库全书本。

仅是人类的基本思维形式，而且还是最原始的一种思维形式。从人类思维的产生历史看，先有顿悟思维，然后才依次有形象思维和逻辑思维。由于顿悟思维本身具有突发性、跳跃性和不可预见性等特点，人们通常觉得难以理解，其实，正如南宋人李纲所说“快哉善知识，能以种种喻。我今亦乐说，渐修与顿悟”①，其中“渐修”与“顿悟”是一种认识过程的两个阶段，前者是基础，后者是在前者基础上的飞跃，是量变过程的中断。

那么，这是不是说人类的思维就可以不受客观规律的约束了呢？当然不是。余靖在阐述“应物”、“创谋”等表现人类主观能动性的概念和问题时，又特别地强调了“时”这个概念。何谓“时”？“时”就是自然和社会所出现的那种内在的和不可抗拒的历史必然性。如，余靖说：“赏元勋、诛大憝者，法也；顺世机、息民患者，时也。圣人立法，先乎顺时，尧授舜，舜授禹，汤放桀，武王伐纣，时也。”②在此，“立法”（属于社会意识形态）与“顺时”（属于客观的社会存在）的关系，就反映了人们的思维意识不能违背客观规律的特点，而“顺时”本身就包含着尊重客观规律的意思。此外，余靖还讲到了“顺天”的思想。他说：“三统之义，起于三代。而虽自太昊，或推五德之运，盖顺天之数也，正朔则无所更焉；至三王则政有偏矣。夫有偏则有弊，故后之兴者，必举偏而救其弊也。”③又说：“事未悖于天时，理盖勤于事典……盖取顺天之制，宁同暴殄之威？”④这里，“顺天”的本意亦是尊重客观规律，按照客观规律办事，显然，“顺天”之“天”已不是“主宰之天”而是“自然化”或者说是“人文化”之天了。从这个意义上说，余靖提倡的“顺天”说，既是宋代“无神论”思想发展的一个重要形态，同时也是宋代“天道”与“人道”相互关系及其由“天命”观向“天道”观演进的一个关键环节，是古代“明天人之分”观念在历史转化过程中所出现的一种必然结果。

### 三、北宋“无神论”思想的特点及其历史地位

北宋时期，士人对“天”的认识已经发生了很大的变化，其最重要的变化就是北宋士人把有意志的“天”改造为“自然”之天。如，二程说：“天之所以为

---

① 李纲：《梁谷集》卷十《韵丹霞录示罗畸老唱和诗四首》，文渊阁四库全书本。

② 曾枣庄、刘琳主编：《全宋文》卷五六八《余靖一四》，上海辞书出版社 2006 年版，第 35 页。

③ 曾枣庄、刘琳主编：《全宋文》卷五六八《余靖一四》，上海辞书出版社 2006 年版，第 40 页。

④ 曾枣庄、刘琳主编：《全宋文》卷五六五《余靖一一》，上海辞书出版社 2006 年版，第 359—360 页。

天，本何为哉？苍苍焉耳矣。其所以名之曰天，盖自然之理也。”①又如，王安石说：“道者，天也，万物之所自生，故为天下母。”②将天理解为“自然”的天，是北宋“天道”思想的一个很大变化，以此为基点，北宋士人为了重振儒学原典的权威，大家群起而对汉儒、佛、老、神仙方术等“有神论”思想进行了全方面的批判。在这个过程中，很多人都参加进来了，既有功利派者，也有义理派者，还有其他学派者，言人人殊。所以，北宋的“无神论”思想便形成了广泛性的鲜明特色。

石介（1005—1045）是宋初“无神论”思想的杰出代表，介字守道，兖州奉符（今山东泰安）人，他与胡瑗、孙复一起，合称宋初三先生，他是宋初“士风为之一变”③的先锋人物之一。从学术风格来说，胡瑗与孙复各有特色，全祖望将前者称为“冬日之日”，而称后者是“夏日之日”④。作为孙复的弟子，石介“以排斥佛、老，诛贬奸邪为己任”⑤，特别是他把他的“鍼鍼丛棘”的锋芒直指封建政权的最高统治者，认为“大凡穷天下而奉之者，一人也”⑥，因此，为了约束封建君主的“佚豫失德、悖乱亡道、荒政咈谏、废忠慢贤”⑦等行为，石介主张应加强御史的“谏责”职能。在天人关系问题上，他明确提出“天人不相与”的思想，并以此为武器，对佛、老两派的“有神论”思想进行了深入的分析和批判，“于是新进后学……不敢谈佛、老”⑧。所以，藉此风势，宋代的天人相分和无神论思想又合规律地发展到了一个新的历史阶段。石介对佛、老的批判是重在思想的检讨而少理论性的透析，因而他的言辞犀利，犹如急风暴雨。譬如，石介说：

“吾谓天地间必然无者有三：无神仙，无黄金术，无佛。然此三者，举世人皆惑之，以为必有，故甘心乐死而求之。然吾以为必无者，吾有以知之。大凡穷天下而奉之者，一人也。莫崇于一人，莫贵于一人，无求不得其欲，无取不得其志，天地两间，苟所有者，惟不索焉，索之莫不获也。秦始皇之求为仙，汉武帝之求为黄金，梁武帝之求为佛，勤已至矣。而秦始皇远游死，梁武帝饥饿死，汉武

---

① 程颐、程颢著，王孝鱼点校：《河南程氏粹言》卷二《天地篇》，《二程集》下册，中华书局2004年版，第1228页。

② 王安石著，容肇祖辑：《王安石老子注辑本》第五十二章，中华书局1979年版，第45页。

③ 石介著，陈植锷点校：《徂徕石先生文集》附录三，中华书局1984年版，第296页。

④ 黄宗羲：《宋元学案》卷二《泰山学案》，中华书局1986年版，第72页。

⑤ 石介著，陈植锷点校：《徂徕石先生文集》附录三，中华书局1984年版，第312页。

⑥ 石介著，陈植锷点校：《徂徕石先生文集》卷八《辨惑》，中华书局1984年版，第94页。

⑦ 石介著，陈植锷点校：《徂徕石先生文集》卷十三《上孔中丞书》，中华书局1984年版，第148页。

⑧ 石介著，陈植锷点校：《徂徕石先生文集》附录三，中华书局1984年版，第317页。

帝铸黄金不成。推是而言，吾知必无神仙也，必无佛也，必无黄金术也。”①

“饮食者，所以辅性命。上古人未饮食，故多夭疾残折而死。伏羲作纲罟，以畋以渔；神农教之种黍稷，人始知饮食，以得不夭死。今之嗜为佛者，日一食；嗜为仙者，累年不食。日一食者病瘠，累年不食者饿死。”②

“佛、老以妖妄怪诞之教坏乱之，杨亿以淫巧浮伪之言破碎之，吾以攻乎坏乱破碎我圣人之道者，吾非攻佛、老与杨亿也。吾学圣人之道，有攻我圣人之道者，吾不可不反攻彼也。”③

“夫佛、老者，夷狄之人也，而佛、老以夷狄之教法乱中国之教法，以夷狄之衣服乱中国之衣服，以夷狄之言语乱中国之言语，罪莫大焉，而不诛。夫不以尧、舜、禹、汤、文、武、周公之道事其君者，皆左道也。”④

石介批判佛、老的目的很明确，即以其人之道还治其人之身，正因如此，他的言辞才显得闳中肆外，给人以一种透心凉的感觉。当然，由于北宋初期的“文统”还没有完全建立起来，重振儒学的局面仍面临着佛、老之学的威胁，因此，石介在批判佛、老之学的问题上，不仅态度坚决，而且思路清晰。他认为想要从根本上取胜佛、老，就必须“正人道”，在他看来，佛、老之学的实质就是三个字“悖人道”⑤，而“圣人之道非它，人道也。人道非它，君臣也，父子也，夫妇也。”⑥尽管石介的“人道”意识是建立在“尊夏攘夷”的基础之上的，不免有扣盘扪烛之嫌，但从整体上讲，它反映了北宋所面临的最大社会现实与政治形势，这在当时不失为一种非常理性的思想认识，难怪史家称他有“浚程、邵之源，启关、闽之统”⑦的开山作用。既然如此，我们就不难从石介身上发现两点属于北宋时期整个“无神论”思想的共同特征：一是他们在反对佛、老的过程中表现出了一定的“鄙夷”性质；二是在“夫不以尧、舜、禹、汤、文、武、周公之道事其君者，皆左道也”的前提下，其“无神论”思想的主流带有鲜明的“一道德”特点。如，欧阳修说：

“佛法为中国患千余岁，世之卓然不惑而有力者，莫不欲去之……夫千岁

---

① 石介著，陈植锷点校：《徂徕石先生文集》卷八《辨惑》，中华书局1984年版，第93—94页。

② 石介著，陈植锷点校：《徂徕石先生文集》卷七《可嗟贻赵疏》，中华书局1984年版，第75页。

③ 石介著，陈植锷点校：《徂徕石先生文集》卷五《怪说下》，中华书局1984年版，第63页。

④ 石介著，陈植锷点校：《徂徕石先生文集》卷六《明四诛》，中华书局1984年版，第71页。

⑤ 石介著，陈植锷点校：《徂徕石先生文集》卷十《中国论》，中华书局1984年版，第116页。

⑥ 石介著，陈植锷点校：《徂徕石先生文集》卷九《明隐》，中华书局1984年版，第96页。

⑦ 石介著，陈植锷点校：《徂徕石先生文集》附录三，中华书局1984年版，第295页。

之患遍于天下,岂一人一日之可为。民之沉酣,入于骨髓,非口舌之可胜。然则将奈何?曰:莫若修其本以胜之。"①

"昔战国之时,杨、墨交乱,孟子患之而专言仁义,故仁义之说胜则杨、墨之学废。汉之时,百家并兴,董生患之而退修孔氏,故孔氏之道明而百家息。此所谓修其本以胜之之效也。"②

"佛能箝人情而鼓以祸福,人之趋者常众而炽。老氏堵好言清净远去、灵仙飞化之术,其事冥深,不可质究,则其为常以淡泊无为为务。故凡佛氏之动摇兴作,为力甚易;而道家非遭人主之好尚,不能独兴。"③

以"修其本"作为手段来战胜佛、老,固然不失为一种有效的方法,但是由此而将批判"有神论"的矛头扩大到诸子百家之说,那就未免有些独断主义了。欧阳修所处的北宋前期,尤其是宋真宗时期,由上而下,掀起了一场声势浩大的造神运动,给国家和人民带来了严重的危害。从历史上看,宋太祖和宋太宗都有利用道教来制造"天神授命"的宗教神话,如,"初有神降于盩厔县民张守真家,自言我天之尊神,号黑杀将军,玉帝之辅也。守真每斋戒祈请,神必至室中,风肃然声若婴儿,独守真能晓之,所言祸福多验,守真遂为道士。上不豫,驿召守真至阙下。壬子命内侍王继恩就建隆观设黄箓醮,令守真降神。"④太平兴国二年(977)五月,宋太宗"诏修凤翔府终南山北帝宫,宫即张守真所筑以祀神者也"⑤。接着,宋太宗因张守真之请,又于太平兴国六年(981)十一月"诏封太平宫神为翊圣将军"⑥。宋真宗为了避免与契丹辽交战,竟然与王钦若一起导演了一幕幕"天书下降"的"神话"闹剧。随之全国各地、朝野上下都兴起了崇道设教的狂潮,在内忧外患的背景下,如此以邪乱正,直接加剧了北宋业已暴露出来的财政和政治、军事危机,正如宋祁上疏宋仁宗所言:"道场斋醮无有虚日,且百司供亿至不可资计。"⑦可见,北宋的"造神"运动确实与皇帝的崇道活动有关,因此,孙复、石介、王安石等人在揭露佛、道之学兴盛的社会根源时都不约而同地指出了这一点。例如,"真宗方崇大老教,迎礼

---

① 欧阳修:《欧阳修全集》卷十七《本论中》,中华书局2001年版,第288页。

② 欧阳修:《欧阳修全集》卷十七《本论中》,中华书局2001年版,第290页。

③ 欧阳修:《欧阳修全集》卷三十九《御书阁记》,中华书局2001年版,第567页。

④ 李焘:《续资治通鉴长编》卷十七"宋太祖开宝九年冬十月庚子",中华书局2004年版,第377页。

⑤ 李焘:《续资治通鉴长编》卷十八"宋太宗太平兴国二年五月庚辰",中华书局2004年版,第406页。

⑥ 李焘:《续资治通鉴长编》卷二十二"宋太宗太平兴国六年十一月壬戌",中华书局2004年版,第506页。

⑦ 脱脱等:《宋史》卷二百八十四《宋祁传》,中华书局1977年版,第9595页。

方士”，而孙复“屡言神仙非实，请以秦始皇、汉武帝为戒”①，就此而言，北宋“无神论”者大胆忤君，戕神伐醮的战斗精神，成为宋学发展的一面光辉旗帜。

北宋的太祖、太宗及真宗皇帝不仅奉道，而且亦崇佛。如，杨亿《景德传灯录序》说：“太祖以神武戡乱，而崇净刹，辟度门；太宗以钦明御辩，而述秘诠，畅真谛；皇上（指宋真宗）以睿文继志，而序圣教，绎宗风。”至于杨亿本人则“留心释典禅观之学”②，同时他还对《景德传灯录》“俾之裁定”。故此，杨亿才成了斥佛者攻击的焦点。比如，石介的《怪说中》就是针对杨亿而发的，在石介看来，杨亿“破碎圣人之言，离析圣人之意，蠹伤圣人之道……其为怪大矣！”③同北宋皇帝崇奉道教而劳民伤财一样，北宋皇帝崇奉佛教同样亦是贻害无穷。故王禹偁曾上疏宋真宗“言五事”，其中有“沙汰僧尼，使疲民无耗”一事。他说：

“夫古者惟有四民，兵不在其数。盖古者井田之法，农即兵也。自秦以来，战士不服农业，是四民之外，又生一民，故农益困。然执干戈卫社稷，理不可去。汉明之后，佛法流入中国，度人修寺，历代增加。不蚕而衣，不耕而食，是五民之外，又益一而为六矣。假使天下有万僧，日食米一升，岁用绢一匹，是至俭也，犹月费三千斛，岁用万缣，何况五七万辈哉。不曰民蠹乎？臣愚以为国家度人众矣，造寺多矣，计其费耗，何啻亿万。先朝不豫，舍施又多，佛若有灵，岂不蒙福？事佛无效，断可知矣。”④

王禹偁从社会经济和“无神论”的角度，说明了“事佛无效”的道理，而李豸则从当时僧尼阶层的人员构成的视角，揭露了北宋统治者崇奉佛教所带来的严重社会后果及其危害。他说：“学佛之人类皆游佚之辈，或惰农之鄙夫，或怠绩之愚妇，或好荡之儇子，或好倡之冶女，居金璧之室，食稻粱之膳，幸灾乐祸，自为风俗。”⑤甚至欧阳修在撰写《新唐书》是评价诸帝的重要标准之一就是看其是否反佛，凡崇佛者无论历史功绩如何一律视为“庸主”，在此“笔削”下面，堂堂李世民竟亦成了“中材庸主”⑥。张载更不客气地说：“释氏妄意天性而不知范围天用，反以六根之微因缘天地。明不能尽，则诬天地日月为

① 石介著，陈植锷点校：《徂徕石先生文集》卷九《释疑》，中华书局1984年版，第101页。

② 脱脱等：《宋史》卷三百五《杨亿传》，中华书局1977年版，第10083页。

③ 石介著，陈植锷点校：《徂徕石先生文集》卷五《怪说中》，中华书局1984年版，第62—63页。

④ 脱脱等：《宋史》卷二百九十三《王禹偁传》，中华书局1977年版，第9797页。

⑤ 李豸：《济南集》卷六《浮图论》，文渊阁四库全书本。

⑥ 欧阳修、宋祁：《新唐书》卷二《太宗本纪》，中华书局1975年版，第49页。

幻妄,蔽其用于一身之小,溺其志于虚空之大,所以语大语小,流遁失中。”①辟佛者如是说,倡佛者却如彼说,在两军对垒中,当然是各说各的理。不过,有一种现象似可注意。那就是在倡导佛教者之中竟然有人从“天人之际”的前提出发,试图论证佛教存在的合理性。如北宋释契嵩这样说道:

“天以佛教相与,而共治之乎!夫天下之不可欺,莫甚乎天人之际也。今欲明此,不若以天人而验之。佛教传之诸夏垂千载矣,举其法必天地鬼神顺之,人民从之,深感而盛化者,益以多矣。”②

释契嵩的观点代表着北宋佛教发展的一种思想倾向,对于这种倾向,苏轼一语破的:“释迦以文教,其译于中国,必託于儒之能言者,然后传远。故大乘诸经至楞严则委曲精尽,胜妙独出者,以房融笔授故也。”③既然佛能“託于儒”,那么,儒亦能否“託于佛”呢?答案是肯定的,而从北宋中期开始出现的“儒、释、道”三教合流之势即是证明。④ 所以,晁迥“以庄、老、儒书汇而为一”⑤,而程颐则“为文作书,多取佛祖辞意。”⑥现在的问题是:“庄、老、儒书汇而为一”有无学理上的共同性和价值一体的基础呢?有的,三者价值统一的思想基础就是“天人合一”。儒家的“天人合一”思想根源于思孟学派,光大于宋明理学,自不待言。而佛、老在天人关系问题上也有一个共同的特点,那就是它们都以“天人合一”作为其思想理论的根基。如,《般若波罗蜜多心经》说:“色不异空,空不异色,色即是空,空即是色。”⑦这种“色空一如”的境界,其实就是“天人合一”的境界。又,《庄子·齐物论》说:“天地与我并生,而万物与我为一”,张岱年先生将这个观点称为“万物一体”类型的“天人合一”思想⑧。

由于“天人合一”是一个历史概念,在不同的历史背景下,它对人们人生观和价值观的形成及其所产生的影响也是不相同的。但就其总体特征而言,无论是佛教的“色空”论还是老庄的“齐物”说,它们的最后归宿都是一样的,那就是蔑视人类的存在,尤其是蔑视人类知识的力量,因而佛、老思想都不可

---

① 张载:《正蒙·大心篇第七》,《张载集》,中华书局1978年版,第26页。

② 契嵩:《谭津集》卷九《万言书上仁宗皇帝》,文渊阁四库全书本。

③ 苏东坡:《苏轼文集》卷九十三《书柳子厚大鉴禅师碑后》,中华书局1986年版,第2084页。

④ 邓广铭:《北宋儒学家们的觉醒》,载《新宋学》第二辑,上海古籍出版社2003年版,第9页。

⑤ 《四库全书总目提要》卷一百四十五《法藏碎金录》。

⑥ 雷庵正受:《嘉泰普灯录》,载《归元直指集》卷四十四《儒宗参究禅宗》。

⑦ 方立天主编:《佛学精华》上,北京出版社1996年版,第173页。

⑧ 张岱年:《张岱年全集》第3册,河北人民出版社1996年版,第641页。

避免地滑向了“宿命论”。这一点与儒家的主张有所不同,而北宋儒者既吸收释、老的思想精髓,又回过头去无情地批判释、老“悖人道”的思想内容,宋儒与佛、老之间矛盾的焦点正集中在这个方面。因此,从这个角度,荀子批评老庄的思想是“蔽于天而不知人”①。而宋代在某种意义上说是人的觉醒的时代,在这样一个时代里,尊重人的价值尤其是知识分子的社会价值事实上已经成为整个社会的共识。故宋太宗说:“朕孜孜访问,止要求人。”②如何“求人”?宋太宗的主要方法就是科举取士,开一代“文治”之盛世。宋人叶梦得在总结宋太宗的人才政策时,讲了下面一段话:

“国初犹右武廷试进士多不过二十人,少或六七人。自建隆至太平兴国二年,更十五榜所得宰相毕文简公一人而已。自后太宗始欲广致天下之士,以文治……自是取人益广,得士益多。”③

而“广致天下之士”的前提是“别天人”,不分别“天”与“人”,人就不能够从“天神”的枷锁下解脱出来,变成真正具有独立性的能动力量。北宋的“天人关系”与儒、释、道三教历史地纠缠在了一起,其复杂性是不言而喻的。终北宋一代,荆公新学占据着意识形态的统治地位。而王安石在“天人关系”的主导方面,属于“天人相分”一派。关于这个问题,二程曾有过一段议论,颇能说明问题。

“问:‘介甫言尧行天道以治人,舜行人道以事天,如何?’曰:‘介甫自不识道字。道未始有天人之别,但在天则为天道,在地则为地道,在人则为人道。’”④

可见,北宋反对“有神论”与南宋反对“有神论”在主导意识形态方面有显著的差异,前者是以“天人相分”为特点的“荆公学派”占据意识形态的统治地位,而后者则是以“天人合一”为特点的“程朱理学”占据意识形态的统治地位。所以,从这个角度说,北宋“无神论”思想的特点是“天人相分”,而南宋“无神论”思想的特点则是“天人合一”,但这不是绝对的,实际上,在反对“有神论”的阵营中,既有持“天人合一”论者,又有持“天人相分”论者。如宋初的反佛斗士石介便是一位坚定的“天人合一”论者,他明确表示:“言人而遗乎

---

① 《荀子》卷十五《解蔽》。

② 李焘:《续资治通鉴长编》卷二十四“太平兴国八年六月戊申”,中华书局2004年版,第547页。

③ 叶梦得:《避暑录话》卷上,文渊阁四库全书本,第863册,上海古籍出版社1987年版,第659页。

④ 程颐、程颢著,王孝鱼点校:《河南程氏遗书》卷二十二上《伊川杂录》,《二程集》上册,中华书局2004年版,第282页。

天，言天而遗乎人，未尽天人之道也。"[①]曾巩也是一位"天人合一"论者，他说："天不人不因，人不天不成"[②]，由此出发，曾巩反对佛教徒将其思想主旨归结为"圣人之内"的妄说，在曾巩看来，"盖佛之徒，自以为吾之所得者内，而世之论佛者皆外也，故不可诎。"因为"既圣矣，则无思也，其至者循理而已，无为也，其动者应物而已。是以覆露乎万物，鼓舞乎群众，而未有能测之者也，可不谓神矣乎！神也者，至妙而不息者也。此圣人之内也。圣人者，道之极也，佛之说，其有以易此乎？"所以，"佛之徒，自以谓得诸内者，亦可谓妄矣。"[③]因此，北宋的大多"天人合一"论者都程度不同地起而反对佛教神学是无可争议的。不过，正如邓广铭先生所说："北宋的士大夫们，不论其是否提出攘斥佛老的主张，却大都是采取各种各样的形式，要把儒家的地位提高到佛老二者之上的。这是流行于宋代士大夫间的一个占主要地位的思潮，这个思潮显现出宋代儒家人物的觉醒。"[④]在这里，邓先生将北宋士大夫对待佛老的态度分成了两派，即反对佛老者与不反对佛老者。其中主张"天人合一"论者多系反对佛老者，而"天人相分"思想的主张者，对佛、道神学的批判在态度上与"天人合一"论者便有着明显的差异。比如，王安石对佛、老的态度非常宽容，似无仇人相见的那样一种敌视心态。相反，当有人将"乱俗"之祸套在佛教头上时，他却站出来为佛教辩解说："方今乱俗，不在于佛，乃在于学士大夫沉没利欲，以言相尚，不知自治而已。"[⑤]同样，当有人将老、庄之学混同于神仙时，王安石也站出来为老、庄思想正名，他说："老、庄之书具在，其说未尝及神仙。唯葛洪为二人作传以为仙。而足下（指陈柅）谓老、庄潜心于神仙，疑非老、庄之实，故尝为足下道此。"[⑥]沈括在学理上亦以"天人相分"为指南，例如，他曾用"天人相分"思想解释了下面的自然现象：

"内侍李舜举家曾为暴雷所震。其堂之西室，雷火自窗间出，赫然出檐，人以为堂屋已焚，皆出避之。及雷火，其舍宛然，墙壁窗纸皆黔。有一木格，其中杂贮诸器，其漆器、银釦者，银悉熔流在地，漆器曾不焦灼。有一宝刀极坚钢，就刀室中熔为汁，而室亦俨然。人必谓火当先焚草木，然后流金石，今乃金

---

① 石介著，陈植锷点校：《徂徕石先生文集》卷五《怪说中》，中华书局1984年版，第62—63页。

② 曾巩：《元丰类稿》卷十《洪范传》，四部丛刊本。

③ 曾巩：《元丰类稿》卷十一《梁书目录序》，四部丛刊本。

④ 邓广铭：《北宋儒学家们的觉醒》，载《新宋学》第二辑，上海辞书出版社2003年版，第9页。

⑤ 王安石：《王文公文集》卷七十三《答曾子固书》，上海人民出版社1974年版，第778页。

⑥ 王安石：《王文公文集》卷八《答陈柅书》，上海人民出版社1974年版，第93页。

石皆铄而草木无一毁者,非人情所测也。佛书言‘龙火得水而炽,人火得水而灭’,此理信然。人但知人境中事耳,人境之外事有何限?欲以区区世智情识,穷测至理,不其难哉?”①

在现代科学的解释域内,上述自然现象自不难理解。因为“雷火”本身带电,而金属的银釦、钢刀等是导电体,与之相反,漆器、草木等均为非导电体,所以银釦、钢刀等遭遇“雷火”而“悉熔流在地”,是正常的物理反应,绝不是“非人情所测”,只是当时人们还不懂得雷电方面的科学知识。在此,沈括将“天”(即“人境之外事”)与“人”(即“人境中事”)分作两个部分,实际上,这是把人类知识分成了社会科学与自然科学两部分,且两者之间有着不同的性质。至于佛书上所说的“龙火”,严格说来,应当是化学性质极活泼的元素,如周期系第Ⅰ族碱金属元素的钠,遇水就燃烧。“人火”则是某些物质在较高温度时与空气中的氧气化合而发热和发光的激烈氧化反应现象,然而它们与水却不发生猛烈反应。沈括是一位自然科学家,他多关注各家学说中对自然现象的认识,故他根据北宋已有的科学发展水平,认为佛教也“寓于法”,即佛教也尊重自然规律,此种在科学上海纳百川的胸襟,自有可取之处。当然,如果过分崇信佛教之理,那就另当别论了。他说:“予闻之,佛之为教,凡所为庙塔、器饰、饮食、起居,一莫不寓于法,于其间不独其道,有以动人而学其法者,多能自处于得丧势利之外,以其无待于势乃能使不役于势者,为之用。”②可见,“天人相分”论者与“天人合一”论者对待佛、老的着眼点,不太一样,前者更多的是看到佛教思想中的积极因素,而后者则更多的是看到佛教思想中的消极因素。“天人相分”论者不反对佛老,是否就意味着他们倾向于“有神论”思想呢?不是的。“无神论”是构成中国古代传统“天人相分”论的主要内容之一,换言之,“天人相分”思想本身就是在反对“天命论”的基础上产生和发展起来的。比如,子产提出的“天道远,人道迩”命题以及“吾无求于龙,龙亦无求于我”的思想,都是建立在反对“万物有灵论”的基础之上的。从《管子》开始,人们开始从自然规律的角度来解释“天”,并赋予天以新的思想内涵,《管子·乘马篇》说:“天也,莫之能损益也。”又说:“道之用也,贵其重也。毋与不可,毋疆不能,毋告不知。与不可,疆不能,告不知,谓之劳而无功。”③此“贵其重”的“重”应解释为重复的“重”,也就是我们今天所说的内在必然性和客观规律

---

① 沈括:《梦溪笔谈》卷二十《神奇》,岳麓书社 2002 年版,第 145 页。

② 沈括:《长兴集》卷十《筠州兴国寺禅悦堂记》,文渊阁四库全书本。

③ 《管子》卷一《形势》。

性①。荀子在此基础上进一步提出“天行有常”的命题,而且他将“天”的有效性严格限定在“自然规律”的范围之内,认为“受时与治世同,而殃祸与治世异,不可以怨天,其道然也。故明于天人之分,则可谓至人矣。不为而成,不求而得,夫是之谓天职如是者,虽深其人不加虑焉;虽大不加能焉;虽精不加察焉。夫是之谓不与天争职,天有其时,地有其财,人有其治,夫是之谓能参,舍其所以参而愿其所参,则惑矣。”②据此,荀子否定了“鬼神”的存在,他举例说:“夏首之南有人焉,曰涓蜀梁,其为人也,愚而善畏。明月而宵行,俯见其影,以为伏鬼也;印视其发,以为立魅也;背而走,比至其家,失气而死,岂不哀哉!”③世界上哪儿有什么鬼呀,即使有那也纯粹是自己吓唬自己,因为人们所说的“鬼神”只不过是产生于人类头脑中的一种幻影罢了。针对董仲舒打着“天人合一”的招牌,宣传“天人感应”,否定人事相对于天事的重要性等种种神学思想,司马迁努力将“天道”与“人道”区分开,并公开主张:“幽厉以往,尚矣。所见天变,皆国殊窟穴,家占怪物,以合时应,其文图籍禨祥不法。是以孔子论六经,纪异而说不书,至天道命不传。”④继司马迁之后,唐代的刘禹锡总结了唐代在“天人关系”方面所取得的积极成果,同时为回应韩愈等人“阴骘之说”的“有神论”思想,撰写了在中国古代无神论史上具有重要地位的《天论》一文,提出了“天与人交相胜还相用”的无神论命题。所以,北宋的“天人相分”论者继承了先秦以来“天人相分”论者反对鬼神观念的思想传统,对在社会上盛行的禳灾祈福、卜筮吉凶等迷信观念进行了无情的揭露和批判,并为中国古代的无神论思想增添了新的成分和营养。

“天道”有常也有变,而“变”则是自然界运动的根本法则。王安石说:“图(即河图)以示天道,书以示人道”,“成象之谓天,故使龙负之,而其出在于河;龙善变,而尚变者天道也”⑤“瑞祥”是变,“灾异”亦是变,风、热、霜、雪、雨是变,喜、怒、哀、乐、悲、愁仍是变,阴阳往复是变,寒暑迎随更是变。故王安石说:“有阴有阳,新故相除者,天也;有处有辩,新故相除者,人也。”⑥由此可知,“变”的实质就是“新故相除”,就是发展,或者可以说“变”就是事物的存在本身。从这个观点出发,王安石陈述了他自己对“灾异”说的认识和看法:

① 牙含章、王友三:《中国无神论史》上册,中国社会科学出版社 1992 年版,第 49—50 页。
② 《荀子》卷十一《天论》。
③ 《荀子》卷十五《解蔽》。
④ 司马迁:《史记》卷二十七《天官书》,中华书局 2014 年版,第 1343 页。
⑤ 王安石:《王文公文集》卷六十三《河图洛书义》,上海人民出版社 1974 年版,第 352 页。
⑥ 杨时:《龟山集》卷七引《王氏字说》,文渊阁四库全书本。

“君子之于人也,固常齐其贤,而以其不肖为戒,况天者固人君之所当法象也,则质诸彼以验此,固其宜也。然则世之言灾异者,非乎?曰:人君固辅相天地以理万物者也,天地万物不得其常,则恐惧修省,固亦其宜也。今或以为天有是变,必由我有是罪以致之;或以为灾异自天事耳,何豫于我,我知修人事而已。盖由前之说,则蔽而葸;由后之说,则固而怠。不蔽不葸、不固不怠者,亦以天变为己惧,不曰天之有某变,必以我为某事而至也,亦以天下之正理考吾之失而已矣。”①

在王安石看来,对待“灾异”问题至少存在着两种错误观点:一是颠倒“天道”与“人事”的关系,把“人事”的祸福与“天道”的异常现象相联系,并将它们看成是具有因果关系的两个事件,这是熙宁年间反对变法派者惯用的反变法伎俩;二是把“天道”与“人事”绝对化为两个互不相干的事件,一味强调修人事的重要性,而对各种灾异现象无动于衷,不闻不问,既不去研究它,也不去设法避免它的发生,这是一种典型的“本我中心”思想和意识。自然界是一个内部各要素之间相互联系和相互影响的大系统,其内部存在着整体与部分的辩证关系,部分的变化在一定意义上必然会对整体产生这样或那样的影响,所以人类的活动本身尽管仅仅是自然界的一部分,但由于人类的物质生产与生活归根到底都取之于自然界,因此,人类的活动本身常常通过生物链条的“蝴蝶效应”而对自然界发生积极的或者不良的作用。目前,人类所遇到的生存压力与生态灾难应当说跟人类的活动联系密切,甚至在一定程度上就是人类“以为灾异自天事耳,何豫于我,我知修人事而已”所产生的一种不良后果。然而,人们却不能由此把问题绝对化,因为“修人事”对自然界的运动变化具有两重性:积极的作用与不良的作用,如果不分青红皂白,不辨利害,更不管“修人事”对自然界和人类活动本身是否有益,统统都把“修人事”看作是引起自然界“灾异”的原因,并藉此而反对政治变革,反对社会的发展与变化,因循守旧,墨守成规,这是极端的“蔽而葸”型的保守主义。故此,正确的态度应当是“以天变为己惧”,而不能是“天之有某变,必以我为某事而至也”。从这样的“灾异”观出发,王安石批判了吕公著②、司马光③、范镇④等借口“神学天命论”而攻击变法的用心,如范镇上奏宋神宗说:“天雨土,地生毛,天鸣,地震,

① 王安石:《王文公文集》卷六十五《洪范传》,上海人民出版社 1974 年版,第 293 页。

② 李焘:《续资治通鉴长编》卷二百六十九“熙宁八年十月戊戌”,中华书局 2004 年版,第 6597 页。

③ 《传家集》卷七十四《士则》。

④ 《历代名臣奏议》卷二百六十六《理财门》。

惟陛下观天地之变，罢青苗之举。”[①]对此胡言乱语，王安石反复向宋神宗陈述：“所谓天之所为者，如何决是也。天地之大德曰生，然河决以坏民产而天不恤者，任理而无情故也。故祁寒暑雨，人以为怨，而天不为之变，以为非祁寒暑雨不能成岁功故也。”[②]“任理而无情”概括了自然规律的特征，自然规律是不以人的意志为转移的，人不能改变规律，而人类对待自然规律的正确态度就是“修人事，以应天灾”[③]。

在王安石之后，沈括进一步明确提出了“大凡物理有常有变”[④]的辩证法思想。他认为，任何事物都可能有超出正常范围的变化，如淫与郁，胜与复，太过与不足等，沈括举例说：“大暑燔燎，螟蝗为灾，此之谓复，山崩地震，埃昏时作，此谓之太过。”[⑤]然而，不管“常”还是“变”，在沈括看来，都属于“理”的范畴，只要“推此而求”，就能“自臻至理”[⑥]。在北宋医学界，有人将五运六气作为一种医理看待，并用来说明各种疾病现象，甚至方家们更以“六气”配“六神”，把“六气”学说神秘化，比如针对方家“能守黄庭，则能长生”的谬说，沈括严正指出；“黄庭者，虚而妙者也，强为之名，意可到，则不得谓之‘虚’，岂可求而得之也哉?”[⑦]对于象数学中的附会之辞，沈括以一种求真务实的姿态，取其精华，去其糟粕，予以扬弃。例如，他评价江南人郑夬所写的《易》书说：“夬之为书，皆荒唐之论，独有此变卦之说未知其是非。”[⑧]而对“未知其是非”的问题则不妄下结论，这是沈括最可宝贵的科学精神和科学品质。“雷作何状”在北宋时期还没有统一的形象，故人们就在“祭器中画雷，有作鬼神伐鼓之象”，对此，沈括毫不客气地说：“此甚不经。”[⑨]当然，正如列宁所说，“自然科学的唯物主义”虽然是“没有定型的”和“不自觉”的，但“认为我们的感觉是客观实在的外部世界的映象这一信念，是大批自然科学家的不断加强和日臻巩固的信念。”[⑩]沈括的唯物主义思想也是不自觉的和自发的，甚至在某种程度上

---

① 《历代名臣奏议》卷二百六十六《理财门》。

② 李焘：《续资治通鉴长编》卷二百三十六“熙宁五年闰七月辛酉”，中华书局 2004 年版，第 5742 页。

③ 李焘：《续资治通鉴长编》卷二百五十二“熙宁七年夏四月己巳”，中华书局 2004 年版，第 6148 页。

④ 沈括：《梦溪笔谈》卷七《象数一》，岳麓书社 2002 年版，第 53 页。

⑤ 沈括：《梦溪笔谈》卷七《象数一》，岳麓书社 2002 年版，第 54 页。

⑥ 沈括：《梦溪笔谈》卷七《象数一》，岳麓书社 2002 年版，第 54 页。

⑦ 沈括：《梦溪笔谈》卷七《象数一》，岳麓书社 2002 年版，第 55 页。

⑧ 沈括：《梦溪笔谈》卷七《象数一》，岳麓书社 2002 年版，第 56 页。

⑨ 沈括：《梦溪笔谈》卷十九《器用》，岳麓书社 2002 年版，第 137 页。

⑩ 《列宁选集》第 2 卷，人民出版社 1972 年版，第 358 页。

说是动摇不定的，因而他的唯物主义思想仅仅是局限于感觉经验范围的认识，这说明在那些超出感觉经验范围的领域内，在当时自然科学尚无法解释的现象界中，沈括还不可避免地夹杂着一些神秘主义的糟粕。但总体来说，沈括的无神论思想是其学术思想的主流，他的科学成就正是其无神论思想的生动体现，他上承先秦的“天人相分”思想，下启南宋自然科学研究的无神论倾向，如郑樵和储泳就是南宋两位最著名的自然科学家和无神论者，因而沈括在宋代无神论思想的发展过程中起着承上启下的历史作用，他是宋代自然科学的唯物主义的先锋人物。

## 第三节　郑樵“国不可以灾祥论兴衰”的无神论思想

郑樵（1102—1161）字渔仲，称夹漈先生，又自号溪西遗民，福建路兴化军兴化县（今莆田）人，此“地狭而人物盛”①，具有良好的文化氛围。他学问渊博，好识博古，据载，其“性资异人，能言便欲读书”②，其“自负不下刘向、扬雄。居夹漈山，谢绝人事。久之，乃游名山大川，搜奇访古，遇藏书家，必借留读尽乃去。赵鼎、张浚器之。初为经旨、礼乐、文字、天文、地理、虫鱼、草木、方书之学，皆有论辨”③，在知识创新方面，郑樵于绍兴二十九年（1159）开始编撰整理《通志》，在《通志二十略》中，其《艺文略》建立了比较健全的三级分类法，是宋代之前的图书分类目录，而《校雠略》则是中国古代第一部目录学的理论专著；《昆虫草木略》在宋代以前的史学体例中可谓独领风骚，自成一家；《图谱略》肯定了制图在自然科学和技术科学研究中的基础作用，认为“凡器用之属，非图无以制器”，反映了宋代制图学已经步入成熟时期的重要特征和面貌，等等。当然，不管是沿袭了旧史的内容，还是新增加的内容，郑樵始终贯穿着“天人相分”这个主导思想，坚持认为孔子之后的先儒“驾以妖妄之说而欺后世”，“一种妄学，务以欺人；一种妖学，务以欺天”④。实际上，郑樵把人类知识一分为二，即“天学”和“人学”，而这两类学问有科学与非科学之分，其中属于非科学的部分，郑樵将其称为“妖学”与“妄学”。所以，郑樵的无神论思想就是在反对“妖学”与“妄学”的基础上建立起来的。

① 吴怀祺校补：《郑樵文集》附传记资料，书目文献出版社 1992 年版，第 99 页。

② 吴怀祺校补：《郑樵文集》附传记资料，书目文献出版社 1992 年版，第 81 页。

③ 脱脱等：《宋史》卷四百三十六《郑樵》，中华书局 1977 年版，第 12944 页。

④ 郑樵著，王树民点校：《通志二十略·灾祥略序》，中华书局 1995 年版，第 1905 页。

## 一、"不言休祥"的天道观

郑樵是讲"天人相分"的,他说:

"上经首于乾坤,盖天道也,父母之道也;下经始于咸恒,盖人道也,夫妇之义也。天道莫大于日月,故以坎离终焉;人道莫贵于水火相济,而终于既济、未济。"①

可见,郑樵的"天道"思想是以客观存在的日月星辰为前提的,不过,在郑樵的观念里,"天道"本身是一个包含着诸多层次的现象体系,是一个物质性的时空集合,比如,他在《尔雅注·释天》篇中,将"天"具体化为"四时"、"祥"、"灾"、"岁阳"、"岁名"、"月阳"、"月名"、"风雨"、"星名"、"祭名"、"讲武"、"旌旗"等部分,而这些部分如果按照内容划分,则"四时"、"岁阳"、"岁名"、"月阳"、"月名"为"时",即人们通常用来刻画时间的年和月,而"星名"和"风雨"则是用来说明空间的物质实体。可见,郑樵所理解的"天"是具有物质意义的"自然天"。而这个"自然天"便构成了天文学的认识对象,换言之,天文学的本质就是阐释"自然天"运动变化的规律,并为人类的生产和生活服务。对此,郑樵说:

"尧命羲、和揭星鸟、星火、星虚、星昴之象以示人,使人知二至二分,以行四时。"②

这段话虽然不长,却包含着丰富的天文学信息:一是设立专职人员进行天文观测。从尧舜始,中国历代王朝都设有专职的司天人员,按照《周礼·春官宗伯》的记载,当时与天文学有关的职务包括③"大宗伯"(祭祀天地鬼神日月星辰)、"占梦"(察天地阴阳,以日月星辰占梦)、"眡祲"(观察异常天象)、"太史"(颁告朔,为大事择吉日)、"冯相氏"(管理历法)和保章氏(进行星占),后来这些职务名称尽管有所变化,但其以占候为主的司天职能却没有发生太大的变动。二是用二十八宿星座位置来定"四时"。《尚书·尧典》载:"日中星鸟,以殷仲春。""日永星火,以正仲夏。""宵中星虚,以殷仲秋。""日短星昴,以正仲冬。"此"四时"实际上就是用鸟、火、虚、昴四星来决定季节,"日中"和"宵中"指昼夜平分的春分和秋分,"日永"和"日短"指昼夜不等的夏至和冬至。而更进一步则"四象"的基本内涵应当是,"星鸟"之"鸟"是指以"鸟"为中星的"井、鬼、柳、星、张、翼、轸"南方七宿,它的形象为"朱鸟";"星火"之

---

① 郑樵:《六经奥论》卷一《上下经辨》。

② 郑樵著,王树民点校:《通志二十略·天文略序》,中华书局1995年版,第449页。

③ 参见江晓原:《中国天学史》,上海人民出版社2005年版,第32页。

"火"是指以"火"为中星的"角、亢、氐、房、心、尾、箕"东方七宿,它的形象为"青龙";"星虚"之"虚"是指以"虚"为中星的"斗、牛、尾、虚、危、室、壁"北方七宿,它的形象为"玄武";"星昴"之"昴"是指以"昴"为中星的"奎、娄、胃、昴、毕、觜、参"西方其宿,它的形象为"白虎"。在此,"四象"的排位应当注意一下,《礼记·曲礼上》说:"行前朱鸟而后玄武,左青龙而右白虎。"此处的排序为朱鸟(南)、玄武(北)、青龙(东)、白虎(西),方向呈经南北纬东西状,如朱熹说:"乾尽午中、坤尽子中、离尽卯中、坎尽酉中。"即以子午为经和以卯酉为纬来表示四时的运动,这是中国先民观测天象的根本尺度。而郑樵的"四象"排位则为"朱鸟、青龙、玄武、白虎",显然,郑樵以东南方为首,寓意南宋的尊主地位不能变。三是"四象"与"二至二分"的关系。如"星鸟"春分(3月21日或20日)是说在春分那天晚上"朱鸟七宿"均出现;"星虚"秋分(9月23日或24日)是说在秋分那天晚上"玄武七星"均出现;"星火"夏至(6月22日或21日)是说在夏至那天晚上"青龙其星"均出现;"星昴"冬至(12月22日或23日)是说在冬至那天晚上"白虎七星"均出现。因此,以上这些记述都是正常的天象运动,人们可以根据这些特定的事件或现象对天象运动进行观测和记录,以作为制定历法的客观依据。如果沿着这条路径走,就自然会使天文观测变为一门实证科学,反之,则易使天文观测误入歧途,变成"妖妄"之学。事实上,从春秋战国起,历代封建统治者通过对天学的垄断而使之变成一种重在"言休祥"的"占候之学"。对此,郑樵说道:

"占候之学起于春秋、战国,其时所谓精于其道者,梓慎、裨灶之徒耳,后世言天者不能及也。鲁昭公十七年冬,有星孛于大辰,西及汉,裨灶言之于子产曰:'宋、卫、陈、郑将同日火。若我用瓘斝玉瓒、郑必不火。'子产弗与。明年五月壬午,四国皆火。裨灶曰:'不用吾言,郑又将火。'郑人请用之,子产复弗与。子太叔咎之曰:'宝以保民,子何爱也'?子产曰:'天道远,人道迩。灶焉知天道,是亦多言矣,岂不或信。'卒弗与,亦不复火。昭公二十四年五月乙未朔,日有食之。梓慎曰:'将水。'昭子曰:'旱也。日过分而阳犹不克,克必甚,能无旱乎。'是秋大旱,如昭子之言。夫灾旱易推之数也,慎、灶至精之术也,而或中或否,后世之愚瞽若之何而谈吉凶!知昭子之言,则知阴阳消长之道可以理推,不可以象求也。"①

关于梓慎与昭子、裨灶与子产的对话反映了两种截然不同的思维路径,一方属有神论,另一方属无神论,因而他们之间的对话实际上就是无神论与有神论之间的对话。从实证的角度看,无神论赢得了真理,相反,有神论却滑向了

① 郑樵著,王树民点校:《通志二十略·天文略序》,中华书局1995年版,第449页。

谬误。为什么？郑樵通过对现象与本质之间辩证关系的考量，告诉了我们其中的奥秘。郑樵说："知阴阳消长之道可以理推，不可以象求也。"其"象求"之"象"指的就是天象，就是天体表现于外的物质现象，而"理推"之"理"指的却是天象的内在必然性，就是天体隐藏于内的运动规律。一般地说，现象仅仅是事物的外部联系和表面特征，仅仅是本质的个别的具体的表现，而且现象相对于本质则是不稳定的和转瞬易失的，尤其是它会随着事物的发展过程和不同阶段，呈现出多种多样的表现形式或存在形态。然而，与现象不同，本质则是事物存在的根本性质，是事物发展和演变的内在联系，它是同类事物的共同性，因而具有相对的稳定性和持久性。如果从认识论的角度讲，现象可以通过人们的感觉器官就能认识和把握，而本质则只有通过人们的抽象思维才能认识和把握。当然，现象与本质是相互联系和相互依赖的，现象是本质的表现，本质是现象的根据，并表现为现象，所以，科学研究就具有了必要性，反过来，现象表现本质，则科学研究又具有了可能性。所以，只有把可能性与必要性结合起来，科学才能具有实在性和真理性。而昭子的预言之所以是正确的，就是因为他把科学研究的可能性与必要性有机地结合了起来，就是因为他没有把自己的思维意识停留在事物的表面现象，而是深入到了事物的内部，并且从事物的内部去寻找其现象发生的根据和内在必然性。可见，郑樵列举梓慎与昭子、裨灶与子产的对话及其他们各自的认识结果，真理与谬误一清二楚。那么，郑樵这样做的目的究竟是为什么呢？他花费如此多的笔墨来举证无神论与有神论的对立又想达到一个什么样的目的？大家知道，北宋学术与汉代学术的一个显著差异就是前者"求理"而后者"求象"。"求理"的结果必然会促使科学的繁荣，相反，"求象"的结果只能导致妖妄之学的泛滥，阻碍科学的发展和进步。邓广铭先生曾对于宋代文化在中国历史上所据有的地位说过下面这样的话，他说："在我讲授了多次中国通史的课程之后，更确凿不疑地认定宋代学术文化的发展，其所达到的高度，可以毫不含糊地说，在中国已往的封建王朝历史上是不但空前而且绝后的。"①仔细追求，造成宋代文化"不但空前而且绝后"的原因固然很多，但从学理上讲，其广泛而深刻地嵌入到宋代士大夫头脑中的"求理"意识，是其不能忽视的原因，或者在一定程度上说是其最本质的原因之一。比如，理学的出现显然是这种"求理"意识的一个积极成果，而理学的产生有利于宋代科学技术的发展亦是不可否认的事实，至于从元代之后，封建统治者歪曲甚至故意夸大了其消极面，因而变成为阻碍明清科学

① 邓广铭：《论宋学的博大精深——北宋篇》，载《新宋学》第二辑，上海辞书出版社 2003 年版，第 1 页。

技术进步的一种惰性力量,那是另外一回事。在北宋,沈括在他的著作《梦溪笔谈》里,最常说的一句话就是"究其理",如他说:"昔夏后铸鼎,以知神奸。殆亦此类。恨未能深究其理,必有所谓。"①,又说:"欲以区区世智情识,穷测至理,不其难哉?"②,等等。显然,郑樵继承了沈括"究其理"的科学思想和认识方法,以"理"为科学考量的对象,惟理是务,反对惟象是求的"妖妄之学"。与宋学不同,汉学以"今文学"为官方的主流意识形态,而今文学派以"信纬书"③为特征,故就其谶纬说经而言,学界将汉代今文学的学术特征称之为"妖妄"④,是恰如其分的。在汉代今文学里,以董仲舒的《春秋繁露》和班固的《白虎通义》为中轴,其神学性质非常鲜明。对此,章太章评论道:

"孔子之在周末,与夷惠等夷耳;孟、荀之徒,曷尝不竭情称颂,然皆以为百世之英,人伦之杰,与尧、舜、文、武伯仲,未尝侪之圜丘清庙之伦也。及燕、齐怪迂之士,兴于东海,说经者多以巫道相揉……伏生开其源,仲舒衍其流;是时适用少君、文成、五利之徒,而仲舒亦以推验火灾,救旱止雨与之校胜。以经典为巫师豫记之流,而更曲传《春秋》,云为汉氏制法,以媚人主而梦政纪;昏主不达,以为孔子果玄帝之子,真人尸解之伦。谶纬蜂起,怪说布彰,曾不须臾而巫蛊之祸作,则仲舒为之前导也。自尔,或以无变灾异,宰相赐死,亲藩废黜,巫道乱法,鬼事干政,尽汉一代,其政事皆兼循神道。"⑤

与今文学派相对立,汉学中还有一派,那就是古文学派,它的主要代表是刘歆,古文学派在"有神论"与"无神论"问题上,旗帜鲜明,"斥纬书为妖妄"⑥,坚持了先秦时期子产等人所树立起来的"无神论"思想路线。就此而言,郑樵的"推理"思想本身就是对古文学派反谶纬迷信之战斗精神的进一步发扬光大,并进而去恢复科学的权威。事实上,郑樵反对"妖妄之学"绝不是为了反对"妖妄之学"而反对"妖妄之学",而是通过反对"妖妄之学"来树立科学的信念和建立真正意义上的天文学,使之成为名副其实的"授民时"的科学而不是"惑之而说众"⑦的"伪科学"。郑樵说:

"臣之所以作天文书,正欲学者识垂象以授民时之意,而杜绝其妖妄之

① 沈括:《梦溪笔谈》卷十九《器用》,岳麓书社 2002 年版,第 136 页。
② 沈括:《梦溪笔谈》卷二十《神奇》,岳麓书社 2002 年版,第 145 页。
③ 杜明通:《古典文学储存信息备览》,陕西人民出版社 1988 年版,第 118 页。
④ 杜明通:《古典文学储存信息备览》,陕西人民出版社 1988 年版,第 121 页。
⑤ 《太炎文录》初编卷二《驳建立孔教议》。
⑥ 杜明通:《古典文学储存信息备览》,陕西人民出版社 1988 年版,第 118 页。
⑦ 郑樵:《郑樵文集》,书目文献出版社 1992 年版,第 28 页。

源焉。”①

“授民时”是天文学产生的直接动力,《尚书·尧典》云:“历象日月星辰,敬授人时。”虽然“授民时”与“敬授人时”的意义不独“安排农时”一项,如“三代以上,人人皆知天文。‘七月流火’,农夫之辞也;‘三星在天’,妇人之语也;‘月离于毕’,戍卒之作也;‘龙尾伏辰’,儿童之谣也。”②但安排农时确实是其中的一项重要内容。如《国语》卷一《周语上》曰:“农祥晨正,驷见而陨霜。”“农祥”即房星,“晨正”指立春之日,晨正于午,农事之候;而当房星出现在天空的东南方时,降霜的季节就到了。所以,郑樵说:“民事必本于时,时序必本于天。”③在中国古代,从秦汉到清末,研究“时序”的天文历法计有百余种,而在这百余种的天文历法中是不是都是具有科学价值的天文历法?郑樵有他自己的判断标准,他说:“天文之家在于图象”,“为天文志者,有义无象,莫能知天。臣今取隋丹元《步天歌》,句中有图,言下成象,灵台所用,可以仰观。不取甘石本经,惑人以妖妄,速人于罪累。”④在郑樵看来,天文历法与星占学是紧密联系在一起的,这是中国古代天学的一个重要特征。比如,楚国(也有人说齐国)的甘公和魏国的石申就是春秋战国时期最著名的星占家,他们俩人的合著《甘石星经》最早出现于《郡斋读书志》一书中,这说明该书在宋代仍非常流行,但从其内容来看,书中虽然不乏科学的天文知识,但其中却亦多星占妖妄之说,故为郑樵所不取,此举表明了他的无神论立场是坚定的和不可动摇的,更表明了他“杜绝其妖妄之源”的决心。与之相反,《步天歌》有两大优点:一是有图谱,而其他大多数天文历法书则是“无图有书不可用”;二是“不言休祥,是深知天者”⑤。所以,郑樵说:“今之所作,以是为本。”⑥

既然春秋战国时期星占之学如此盛行,那么,这种流弊就不能不对后世天学的发展产生这样或那样的消极影响。比如,郑樵云:“说《洪范》者,皆谓箕子本《河图》、《洛书》以明五行之旨,刘向创释其传于前,诸史因之而为志于后,析天下灾祥之变而推之于金、木、水、火、土之域,乃以时事之吉凶而曲为之配,此之谓欺天之学。”⑦而“欺天之学”之所以为历代封建统治者所重,其原

① 郑樵著,王树民点校:《通志二十略·天文略序》,中华书局1995年版,第450页。

② 顾炎武著,陈垣校注:《日知录校注》卷三十《天文》,安徽大学出版社2007年版,第1695页。

③ 郑樵著,王树民点校:《通志二十略·总序》,中华书局1995年版,第6页。

④ 郑樵著,王树民点校:《通志二十略·总序》,中华书局1995年版,第6页。

⑤ 郑樵著,王树民点校:《通志二十略·天文略序》,中华书局1995年版,第450页。

⑥ 郑樵著,王树民点校:《通志二十略·天文略序》,中华书局1995年版,第450页。

⑦ 郑樵著,王树民点校:《通志二十略·灾祥略序》,中华书局1995年版,第1905页。

因可归结为两个方面：一个方面是为了“谴告人君”，如《新唐书》卷三十一《天文志》载：“至于星经、历法，皆出于数术之学”，而“天象变见所以谴告人君”；另一个方面则是为了逃避罪责，嫁祸于天，如《汉书》卷二十六《天文志》载：诸如日月薄食、迅雷风祆、怪云变气等天象，“皆阴阳之精，其本在地，而上发于天者也。政失于此，则变见于彼，犹景之象形，响之应声，是以明君覩之而寤，饬身正事，思其咎谢，则祸除而福至，自然之符也。”这就是说，人君做错了事，应由上天来惩罚，而不需要人民的反抗斗争。显然，这是一种愚民的说教，是欺人之谈。其实，天象自有天象的运动规律，而人事自有人事的运动规律，两者本不是一回事，怎么能生拉硬扯在一起呢。为此，郑樵作《灾祥略》的目的就是“专以纪实迹，削去五行相应之说，所以绝其妖”①。自从有人类以来，灾害问题就一直是困扰人类生存和发展的焦点问题，南宋也不例外。据邓云特先生统计：“两宋前后四百八十七年，遭受各种灾害，总计八百七十四次。其中最多的是水灾，达一百九十三次；其次是旱灾，达一百八十三次；再次是雹灾，达一百零一次。两宋灾害频度之密，相当于唐代，而其强度和广度，则更有甚于唐代。”②与两宋的灾害频发事件相对应，两宋的祀神现象亦较唐代更加严重。如《宋史》卷九十八《礼志一》载：“祖宗以来，每岁大、中、小祀百有余所，罔敢废阙。”而宋代皇帝的这种“畏天”心理，实际上就是一种责任转移，即通过自欺欺人的祀神仪式来麻痹人们的思想和转移人们怨恨朝廷的视线，马克思指出；“宗教是被压迫生灵的叹息，是无情世界的感情，正象它是没有精神的制度的精神一样。宗教是人民的鸦片。”于是，马克思主张“废除作为人民幻想的幸福的宗教”③事实证明，宋代试图通过普遍的祀神仪式来减缓天灾的频发，在现实生活中是根本行不通的，而邓云特所统计的灾害结果表明，两宋的天灾较唐代不仅没有减少，而且更加严重，这说明天灾与祀神之间根本没有任何联系。虽然郑樵还不可能产生出“废除作为人民幻想的幸福的宗教”那样高的思想觉悟，但是他毕竟看到了“欺天之学”的危害性，因而想通过个人的努力去阻止“妖妄之说”的滋长。于是，郑樵严厉地说道：

“呜呼！天地之间，灾祥万种；人间祸福，冥不可知。奈何一虫之妖、一气之戾，而一一质之以为祸福之应？其愚甚矣！”④

郑樵认为，“天地之间，灾祥万种”，那是很自然的事情。面对此情，正确

① 郑樵著，王树民点校：《通志二十略·灾祥略序》，中华书局1995年版，第1905页。

② 邓云特：《中国救荒史》，三联书店1958年版，第15页。

③ 《马克思恩格斯选集》第1卷，人民出版社1972年版，第2页。

④ 郑樵著，王树民点校：《通志二十略·灾祥略序》，中华书局1995年版，第1906页。

的态度应是以科学的方法去研究天灾发生的原因,用郑樵的话说就是“推理”,从而设法避免它给人间造成不必要的祸害。比如,苏轼曾建议:“救灾恤患,尤当在早。若灾伤之民,救之于未饥,则用物约而所及广。”①苏轼的建议是合理的,从经济学的角度看,“救之于未饥”与“救之于已饥”相比,后者的成本显然较前者的成本要大得多。不过,由于历史的原因,郑樵所生活的时代还不能够正确预测灾害的发生,因而在灾害面前人们就难免带有极大的盲目性。因为在政府还没有对科学的预测工作作出认定之前,即使个别官员的预测是准确的,可皇帝能相信你说的话吗?如果不相信你的话,那后果可就惨了。所以,在宋代只有灾害发生之后,各级官员才手忙脚乱地去检覆和应对已经发生的灾害,其结果往往是“群集族赴,供张征索,一境骚然”②,如此一来,其害反甚于灾害本身,可谓雪上加霜,用盐止渴,给社会造成更加严重的不良后果和混乱局面。

“凶吉有不由于灾祥者”,这是郑樵评价历史事件的基本观点和态度。他举例说:

“宋之五石六鷁,可以为异矣。而内史叔兴以为,此阴阳之事,非吉凶所生。魏安平大守王基筮于管辂,辂曰:‘君家有三怪……此三者足以为异,而无凶兆,无所忧也。’王基之家,卒以无患。观叔兴之言,则国不可以灾祥论兴衰;观管辂之言,则家不可以变怪论休咎。”③

无论如何,郑樵提出“国不可以灾祥论兴衰”的观点,在当时是有进步意义的,甚至在一定程度上说,它是历史研究的一个基本原则,是其“无神论”思想发展的必然结果。

## 二、“人之所以为人者,精神之用耳”的人道思想

在宋代,“君臣之道”是“人道”思想的核心,因而也是整个士大夫阶层谈论的中心话题。如,刘牧说:《易》之下经,“终之以既济、未济,显盛衰之戒,正君臣之义,明乎辨慎而全王道也。”④刘敞又说:“夫君臣之道本是一体,君者,元首也;执政者,股肱心膂也。”⑤王珪更说:“盖君臣之道笃则群枉銷,内外之体均则众功就。”⑥“君臣之道”事关宋朝国命之大体,从君主到臣子,自然不

① 《东坡全集》卷五十七《奏浙西灾伤第一状》。

② 张养浩:《三事忠告》卷二《捕蝗》。

③ 郑樵著,王树民点校:《通志二十略·灾祥略序》,中华书局1995年版,第1906页。

④ 刘牧:《易数钩隐图·遗论九事》。

⑤ 刘敞:《公是集》卷三十一《上仁宗论辨邪正》。

⑥ 王珪:《华阳集》卷三十六《制词》。

敢怠慢。郑樵虽然不是南宋的重臣，顶多一芥书生，但他撰著《通志》的目的很明确，就是“寻纪法制”。他说：

“有史有书，学者不辨史、书。史者，官籍也。书者，儒生之所作也。自司马迁以来，凡作史者，皆是书，不是史。又诸史家各成一代之书，而无通体。樵欲自今天子中兴上达秦汉之前，著为一书，曰《通史》，寻纪法制。呜呼三馆四库之中不可谓无书也。然欲有法制，可为历代有国家者之纪纲规模，实未见其作。此非有朝廷之命，樵不敢私撰也。”①

即使郑樵撰写《通志》，其大前提也不敢背离“君臣之道”。因此，他这样说道：

“恭惟皇帝陛下，诚格上下，孝通神明，以天纵之圣，著日新之德。君臣道合，一言而致中兴，自书契以来未之闻也。”②

“君臣道合”并不纯粹是美言，南宋士大夫较之北宋士大夫更重视士大夫政治地位的提高，他们经常以“天下者非陛下之天下”来约束皇权，如《中兴两朝圣政》卷二十四“绍兴八年十一月癸酉”条载当时有士大夫规戒皇帝的话说：“天下者，中国之天下，祖宗之天下，群臣、万姓、三军之天下，非陛下之天下。”而宋高宗就很谦逊地表白：“治天下，蔽以一言，曰公而已，朕亦安得而私！”③甚至张端义在其《贵耳集》卷上还载有“天下是天下之天下”，宋孝宗“所以圣德日新，基于此也”这样的话。以此为前提，郑樵在撰著总计一百二十四卷的《通志·列传》篇章时，其择取有关“君臣之道”的相关论说，可以看作是整个《列传》的精华所在，而郑樵本人对于“君臣之道”的思想认识亦都寓于各个列传的人物事件之中，换言之，凡在《列传》中所出现的有关“君臣之道”的言辞，在某种程度上说，也就是郑樵本人的认识态度和思想倾向。故此，我们略举数例如下，以示郑樵之寓意：

“天地设法，悬日月，布星辰，分阴阳，定四时，列五行，以视圣人，名之曰道。圣人见道，然后知王治之象，故画州土，建君臣，立律历，陈成败，以视贤者，名之曰经。贤者见经，然后知人道之务，则《诗》、《书》、《易》、《春秋》、《礼》、《乐》是也。《易》有阴阳，《诗》有五际，《春秋》有灾异，皆列终始，推得失考天心，以言王道之安危。至秦乃不说，伤之以法，是以大道不通，至于灭亡。”④

---

① 郑樵：《郑樵文集》，书目文献出版社 1992 年版，第 33 页。

② 郑樵：《郑樵文集》，书目文献出版社 1992 年版，第 23 页。

③ 李心传：《建炎以来系年要录》卷四十六“绍兴元年八月辛卯”，中华书局 1988 年版，第 837 页。

④ 郑樵：《通志》卷一百一《前汉翼奉传》，中华书局 1987 年版，第 1425 页。

“今宫人侍御动以千计，或生而幽隔，人道不通。郁积之气上感皇天，故遣荧惑，入轩辕，理人伦，垂象见异，以悟主上。”①

“上威损下，权盛也。人道悖于下，效验见于天，虽有隐谋，神照其情，垂象见戒，以告人君。”②

在郑樵看来，《通志》的主旨是“寻纪法制”，是阐扬“人道”。他认为“以《春秋》为褒贬者，乱《春秋》者也”③，此与传统的看法截然不同。其实，宋人对《春秋》的认识已经由“寓褒贬”而转向“兴王道”。如，程颐说：“王道存则人理立，《春秋》之大义也。”④王安石亦说：“《春秋》之义，以贵治贱，以贤治不肖。”⑤而郑樵所说的“寻纪法制”与程颐、王安石的看法在本质上是相同的，都是以一种“规范化”的理念来建构宋代等级社会的发展模式。如，郑樵在《器服略》中说：

1.尊彝爵觯之制，“古人不徒为器也，而皆有所取象，故曰制器尚象。器之大者莫如罍，物之大者莫如山，故象山以制罍，或为大器而刻云雷之象焉。其次莫如尊，又其次莫如彝，最小莫如爵，故受升为爵，受二斗为彝，受五斗为尊，受一石为罍。按兽之大者莫如牛象，其次莫如虎蜼，禽之大者则有鸡凤，小则有雀，故制爵像雀，制彝像鸡凤，差大则像虎蜼，制尊像牛，极大则像象。尊罍以盛酒醴，彝以盛明水鬱鬯，爵以为饮器，皆量其器所盛之多寡，而像禽兽赋形之大小焉。”⑥

2.君臣服章制度，“《周官·司服》，掌王之吉凶衣服。大裘以祀天，衮冕之服享先王，鷩冕之服享先公，毳冕之服祀四望山川，絺冕之服祭社稷五祀，玄冕之服祭群小祀。凡兵事，韦弁服。凡甸，冠弁服。公之服，自衮冕而下如王之服。侯伯之服，自鷩冕而下如公之服。子男之服，自毳冕而下如侯伯之服。孤之服，自絺冕而下如子男之服，卿大夫之服，自玄冕而下如孤之服。士之服，自皮弁而下如大夫之服。其斋服，有玄端、素端。”⑦

3.“等威有辨，贵贱有序者，车之制也。”⑧

这些表现为物质差异的外在形式，在一个等级制社会里由于是标示特定

---

① 郑樵：《通志》卷一百七上《鲁恭传》，中华书局1987年版，第1532页。

② 郑樵：《通志》卷一百八《丁鸿传》，中华书局1987年版，第1576页。

③ 郑樵：《郑樵文集》，书目文献出版社1992年版，第59页。

④ 《程氏经说》卷五《春秋》。

⑤ 《临川文集》卷五十一《何景先何景元并大理评事判》。

⑥ 郑樵著，王树民点校：《通志二十略·器服略第一》，中华书局1995年版，第799页。

⑦ 郑樵著，王树民点校：《通志二十略·器服略第一》，中华书局1995年版，第811—812页。

⑧ 郑樵著，王树民点校：《通志二十略·器服略第二》，中华书局1995年版，第845页。

身份的象征，或者说具有身份指针的意义，因而对于维持等级制是非常必要的。但是，郑樵似乎意识到了一个“主体意识”和“个体觉悟”的问题。如果我们把这种“主体意识”概括一句话，就是不做物的奴隶，便做精神的主人。而追求精神的自由是老庄思想的根本点，如孔子在评论老子的思想特征时说：“鸟，吾知其能飞；鱼，吾知其能游；兽，吾知其能走。走者，可以为罔；游者，可以为纶；飞者，可以为罾。至于龙，吾不能知其乘风云而上天，吾今日见老子，其犹龙邪！”①郑樵在引证这段话时，既是在评点老子，也是在折射自己。不过，《老子》第一章说：“道可道，非常道，名可名，非常名。”“可名”是指以“物”为特征的存在，包括人类的礼仪、名分等，而“不可名”则是以“精神”为特征的存在，是一种象征尊严和高贵的境界。因此，老子说：“夫礼者，忠信之薄而乱之首。”②如果说“礼”与“乱”之间有矛盾冲突的话，那仅仅是因为“礼”具有等级性，它是人间不平等的重要标志。在这一点上，老子显然想伸张一种精神的自由，而这种自由则以“使民无知无欲”③为前提。在“无知无欲”的条件下，个体的人怎么能做到精神的自由呢？没有了知识也就没有了精神自由，因为精神自由恰恰是以深厚的“知识”积累为基础的。与老子所追求的精神境界和方法不同，宋人十分欣赏既有知识又有境界的“颜子精神”。比如，二程说：“圣人之德行，固不可得而名状。若颜子底一个气象，吾曹亦心知之，欲学圣人，且须学颜子。”④那么，“颜子底一个气象”究竟是什么？颜子自己说：“博我以文，约我以礼。”⑤而《论语·雍也》则载孔子的话说：“贤哉，回也。一箪食，一瓢饮。在陋巷，人不堪忧。回也，不改其乐，贤哉，回也。”孔安国注云：“颜渊乐道，虽箪食在陋巷，不改其乐也。”李泽厚先生对“乐”的解释是：“这快乐已经是一种经由道德而达到的超道德的稳定‘境界’。”⑥在宋代，贤人意识是存在于士大夫阶层的一种普遍的人生心态，从二程、苏轼到郑樵，都是如此。故此，郑樵反复强调说：

“厚、樵生长山野，幼不学犁锄，慨然有读书志，胸中便以古人自期。每于史册，见一传而高风凛凛者，必读之再三，通即掩卷长思，跻仰其为人，抃搏气

① 郑樵：《通志》卷八十八《老子传》，中华书局1987年版，第1147页。

② 《道德经》第三十八章。

③ 《道德经》第三章。

④ 程颐、程颢著，王孝鱼点校：《河南程氏遗书》卷二上《元丰己未吕与叔东见二先生语》，《二程集》上册，中华书局2004年版，第34页。

⑤ 程颐、程颢著，王孝鱼点校：《河南程氏外书》卷六《罗氏本拾遗》，《二程集》上册，中华书局2004年版，第382页。

⑥ 李泽厚：《论语今读》，安徽文艺出版社1998年版，第153页。

概以从之游,若骤若驰,及之而后已。”①

此“高风凛凛”可以看作是一种颜子精神,因为在郑樵看来,人之为人,贵在精神。他说:

“夫人之所以为人者,精神之用耳。耳目,精神之府也,圣贤得其用而为圣贤,愚昧失其用而为愚昧。耳以接音,所辨者言;目以接形,所别者文。学者乃能通此二歧,则无所不通矣。”②

“夫人之所以为人者,精神之用耳”,这是郑樵独有的思想命题,是其对天人关系的一种概括和总结。然而,什么是精神?郑樵虽说没有给出正面的回答,但“精神”一词却成为《通志》中出现频率较高的词汇之一,且就“精神”作为一个概念来说,郑樵在两处引述中明确了“精神”的内涵,一处是在《通志》卷九十九《司马迁传》中,另一处则是在《通志》卷九十九《杨王孙传》中。在《司马迁传》中,郑樵说:“道家使人精神专一,动合无形,澹足万物。其为术也,因阴阳之大顺,采儒墨之善,撮名法之要,与时迁徙,应物变化,立俗施事,无所不宜,指约而易操,事小而功多。”在《杨王孙传》中,郑樵又引杨王孙的话说:“吾闻之精神者,天之有也,形骸者,地之有也。精神离形,各归其真,故谓之鬼,鬼之为言,归也。”当然,郑樵不会从“有神论”的意义上来阐释“精神”的内涵,他也不会把“精神”看作是可以脱离人体而独立存在的客观实体,“精神”是天地赋予人身的一股浩然之正气,用郑樵的话说就是“出群之气”③。有了它,我们便可以理解郑樵下面所说的话:

“当海宇晏清,方隅宁谧,长扬羽猎,斗鹰走狗,吴姝荆艳,尽态极妍,时也。人以为贺,厚、樵以为可弔。白刃云屯,苍生鼎沸,天子蒙尘,百官连颈,宫中生棘,雨露沾衣,时也,人以为可弔,厚、樵以为可贺。昔冯道驰马之喻,得之矣。怀黄金,带紫绶,乘肥马,廕广厦,美食大观,重门高弟,凡此之辈,人以为达,厚与樵以为穷。面色黧黑,形神潦倒,朝夕藜藿,不计饱暖,凡此之辈,人以为穷,厚与樵以为达。”④

这种精神境界是一种高尚的人道主义,人确实不是一种纯粹的物质性的存在体,物质生活的需求固然是最基本的,但不是唯一的,也不是最高的。中国传统文化的道德载体主要是由那些“尚志”⑤的士大夫来支撑和担当的,故传统意义上的“人道”大体上讲的就是“君道”与“士道”。何谓“士道”?孔子

① 郑樵:《郑樵文集》,书目文献出版社 1992 年版,第 47 页。

② 郑樵:《郑樵文集》,书目文献出版社 1992 年版,第 31 页。

③ 郑樵:《郑樵文集》,书目文献出版社 1992 年版,第 41 页。

④ 郑樵:《郑樵文集》,书目文献出版社 1992 年版,第 51 页。

⑤ 《孟子·尽心上》。

说："士志于道，而耻恶衣恶食者，未足与议也。"①而孟子则进一步说："无恒产而有恒心者，惟士为能。"②如果说孔子和孟子说得还有点抽象，那么，刘向对"士"的阐释就具体而定型化了。刘向说："辨然否、通古今之道，谓之士。"③就此而言，"士道"是"君道"的向导，其被划入"士道"中的少数儒者，他们在与君主权力的制衡过程中，逐渐形成了自身的人格魅力和"道统"，并且他们还将"政统"与"道统"在本源上统一起来，因为无论"政统"之"吏"，还是"道统"之"师"，他们的最终目的都是"泽加于民"④。一般地讲，"吏"对于"民"言"治"，而"师"对于"民"则言"化"，两者的路径是不同的。故《尚书·泰誓上》载："天佑下民，作之君，作之师。"在宋代，士大夫最扬眉吐气之处就是树立了"师道"的尊严。过去，我们认为"存天理，灭人欲"是不是有点太不尽情理了。从现象上看，确实如此。但从本质上看则未必没有一点道理。比如，"天理"（指"心"、"道"、"精神需要"等）和"人欲"或称"物欲"的关系，我们就不能简单地用"唯物"或"唯心"一套了之，因为"天理"与"人欲"的对立在宋代具有特定的历史内涵，按照朱熹的理解，所谓"人欲"实际上就是满足了人的基本生理需要之后的"淫欲"，是一种片面追求奢华生活的表现方式，宋人契嵩说："物胜理则其人殆哉！"⑤所谓"物胜理"其实就是"人欲"战胜"天理"，这恰恰是"君道"中的危险因素和消极成分，而"天理"的本质则是制约"人欲"的滋长，从而使之"识心见性"⑥，由此，用"天理"或称"师道"之"性"去救"人欲"或称"君道"之"危"。当然，"师道"不仅传授知识，而且更传承"士志于道"的精神与人格。郑樵的身份决然与"吏"有别，而以"师"或"士"自居。他说："樵生为天地间一穷民，而无所恨者，以一介之士，见尽天下之图书，识尽先儒之阃奥。"⑦而作为"一介之士"的神圣天职即是"使周孔之业不坠于地"⑧，故"天下之理不可以不会，古今之道，不可以不通。"⑨而郑樵在突出了"天"与"人"各自的优点之后，认为"著述之功，由人不由天"⑩，因此，他

---

① 《论语·里仁》。

② 《孟子·梁惠王上》。

③ 《说苑·佾文》。

④ 《孟子·尽心上》。

⑤ 契嵩：《镡津文集》卷七《治心》，文渊阁四库全书本。

⑥ 程颐、程颢著，王孝鱼点校：《河南程氏遗书》卷十三《亥八月见先生于洛所闻》，《二程集》上册，中华书局2004年版，第139页。

⑦ 郑樵：《郑樵文集》，书目文献出版社1992年版，第36页。

⑧ 郑樵：《郑樵文集》，书目文献出版社1992年版，第36页。

⑨ 郑樵：《郑樵文集》，书目文献出版社1992年版，第37页。

⑩ 郑樵：《郑樵文集》，书目文献出版社1992年版，第38页。

绝不能"以穷达而废著述"①。实际上,郑樵试图通过自己的标榜与坚持,在南宋塑造出一种具有独立话语权的士格风范和师道之品质。他说:

"厚与樵,野人也。身不纡君之绂,口不嘗君之粟,得志则行其义,不得志则肥遯山林。"②

这种从物质生活方面不靠皇帝施舍,而"自食其力"的士儒,在思想上则相应地就会开放与自由一些,他们敢于说话,有的甚至还变成为"谏士",因而在这样的生活环境中,士大夫则很容易出现"标表独立","不汲汲于功利"③的意识倾向。而"标表独立"的师范二程有之,朱熹也有之,而郑樵更有之。如史称郑樵"虽处布衣,名闻天下。丞相李忠定公、赵忠简公、张忠献公、参政刘忠肃公皆中兴贤辅,或未识而降势相求,每闻著一书,辄来写去。卿士大夫、州闾乡党,皆师尊之。"④因此,郑樵的"士格"与欧阳修所开辟的以《春秋》大义为标示人生价值的宋学精神相一致,或可说是郑樵的"士格"本身就是一种《春秋》精神。

### 三、"不学问,无由识"的认识论

从进化论的角度说,人类的产生经过了漫长的演变历程,由无机界到有机界,再由有机界到生物界。而从真核细胞产生的那一瞬间起,生物界便逐步分化出了原始的单细胞植物和动物,于是,生物界通过"遗传和适应的不断斗争而一步一步地前进,一方面进化到最复杂的植物,另一方面进化到人"⑤。对此,郑樵这样说道:

"人与虫鱼禽兽同物,同物者同为动物也。天地之间,一经一纬,一从一衡,从而不动者成经,衡而往来者成纬。草木成经为植物,人与虫鱼禽兽成纬为动物,然人为万物之灵,所以异于虫鱼禽兽者,虫鱼禽兽动而俯,人动而仰,兽有四肢而衡行,人有四肢而从行。植物理从,动物理衡,从理向上,衡理向下。人,动物也,从而向上,是以动物而得植物之体。向上者得天,向下者得地,人生乎地而得天之道,本乎动物而得植物之理,此人之所以灵于万物者,以

---

① 郑樵:《郑樵文集》,书目文献出版社 1992 年版,第 38 页。

② 郑樵:《郑樵文集》,书目文献出版社 1992 年版,第 53 页。

③ 郑樵:《郑樵文集》附录《福建兴化县志·郑樵传》,书目文献出版社 1992 年版,第 84 页。

④ 郑樵:《郑樵文集》附录《福建兴化县志·郑樵传》,书目文献出版社 1992 年版,第 81 页。

⑤ [德]恩格斯:《自然辩证法》,人民出版社 1972 年版,第 189 页。

其兼之也。”①

人作为一种高级动物，其自身包含着某些一般动植物的生理特性，这是没有问题的，也是符合进化论的。但郑樵认为人“从而向上，是以动物而得植物之体”，却是错误的。因为人的直立行走是劳动的产物，是从猿到人转变过程中“具有决定意义的一步”②。由于直立行走，人类学会使用和制造生产工具，并最终形成了思想的外壳——语言。如果按照中国古代的文本语言说，则“心”是人类的思维器官，而耳目则是人类的感觉器官，由耳目与“心”相结合所形成的客观物质形态就是知识。所以，郑樵说：

“天地之大，其用在坎离。人之为灵，其用在耳目。人与禽兽，视听一也，圣人制律所以道耳之聪，制字所以扩目之明，耳目根于心，聪明发于外，上智下愚，自此分矣。”③

在此，“制律”与“制字”都是属于人类思维的创造物，是人脑对于客观世界的能动反映，是人类知识的两种物质形态。那么，人类的知识又是如何产生的？郑樵提示我们说：

“凡书所言者，人情事理，可即已意而求，董遇所谓读百遍，理自见也。乃若天文、地理、车舆、器服、草木、虫鱼、鸟兽之名，不学问，虽读千回万复，亦无由识也。奈何后之浅鲜家，只务说人情物理，至于学之所不识者，反没其真。遇天文，则曰，此星名。遇地理，则曰，此地名、此山名、此水名。遇草木，则曰，此草名、此木名。遇虫鱼，则曰，此虫名、此鱼名。遇鸟兽，则曰，此鸟名、此兽名。更不言是何状星、何地、何山、何水、何草、何木、何虫、何鱼、何鸟、何兽也。纵有言者，亦不过引《尔雅》以为据耳，其实未曾识也。”④

在这里，“学问”本身就是亲身实践的意思。郑樵认为，一方面，人们的认识来源于社会实践即“学问”，另一方面，知识的形成基于理论与实际的相互结合。如，郑樵说：“语言之理易推，名物之状难识。农圃之人识田野之物而不达《诗》、《书》之旨，儒生达《诗》、《书》之旨而不识田野之物。五方之名本殊，万物之形不一。必广览动植，洞见幽潜，通鸟兽之情状，察草木之精神，然后参之载籍，明其品汇。”⑤在现实社会中，由于教育的片面发展，导致了理论与实际相脱离的两种倾向：其一，“农圃之人”富有实践经验，但却没有理论知识；与此相反，“儒生”则富有理论知识，却没有相应的实践经验。特别是后

① 郑樵：《通志二十略·六书略第五》，中华书局1995年版，第349页。

② ［德］恩格斯：《自然辩证法》，人民出版社1972年版，第149页。

③ 郑樵：《郑樵文集》，书目文献出版社1992年版，第353页。

④ 郑樵：《郑樵文集》，书目文献出版社1992年版，第29—30页。

⑤ 郑樵：《通志二十略·总序》，中华书局1995年版，第10页。

者，事实上已经成为制约南宋科学技术发展的重要因素。故郑樵说："以自司马迁《天官书》以来，诸史各有其志。奈何历官能识星，而不能为《志》，史官能为《志》，而不识星，不过采诸家之说而合集之耳，实无所质正也。"①因此，郑樵为了纠正"儒生"脱离实际的学风，提出了"背虚以应实"②的主张，比如，郑樵修史的基本原则是："惟虚言之书，不在所用。"③因此，他独步于"义理"学之外，倡导"考证"的治学方法，对清朝考据学派的形成起到了积极的促进作用。如，《四库全书总目提要》评《尔雅郑注》的价值时说："南宋诸儒大抵崇义理而疏考证，故樵以博洽傲睨一时。"清人赵翼亦说："考古之学，至南宋最精博，如郑樵、李焘、王应麟、马贵与等是也。"④

具体地讲，郑樵的治学方法，主要有两个特点：

1.以辨伪为基本内容的学术批判精神。"舍传求经"是北宋士儒对待《春秋》的基本态度，不过，郑樵已经超越了"外王之学"与"内圣之学"的学派之争，他没有使自己的学术轻易地滑入到特定的派系之中，进而去口诛笔伐，相互攻讦，而是直接深入到《春秋》本身，通过去伪存真的"辨伪"功夫，以求得圣人之真旨。他说：

"《春秋》所以有三家异同之说，各立褒贬之门户者，乃各主其文也。今《春秋考》所以考三家有异同之文者，皆是字之讹误耳。乃原其所以讹误之端由，然后人知《三传》之错。观《原切广论》，虽三尺童子亦知《大小序》之妄说。观《春秋考》，虽三尺童子亦知《三传》之妄。辨《大小序》与《三传》之妄，然后知樵所以传《春秋》得圣人意之由也。"⑤

"《春秋》主在法制，亦不在褒贬。"⑥

当然，郑樵的辨伪不限于《春秋》一域，而是扩展到了《诗》、《书》诸经。因此，他的辨伪绝不是一边一角的辨伪，而是多领域、全方位的辨伪。故郑樵说：

"十年为经旨之学，以其所得者，作《书考》，作《书辨讹》，作《诗传》，作《诗辩妄》，作《春秋传》，作《春秋考》，作《诸经略》，作《刊谬正俗跋》。"⑦

郑樵为什么要"辨经书之伪"？那是因为一方面古今话语环境发生了变

① 郑樵：《郑樵文集》，书目文献出版社 1992 年版，第 31 页。
② 郑樵：《尔雅注序》。
③ 郑樵：《郑樵文集》，书目文献出版社 1992 年版，第 38 页。
④ 赵翼：《廿二史札记》卷二十四《宋初考古之学》，中华书局 2001 年版。
⑤ 郑樵：《郑樵文集》，书目文献出版社 1992 年版，第 29 页。
⑥ 郑樵：《郑樵文集》，书目文献出版社 1992 年版，第 29 页。
⑦ 郑樵：《郑樵文集》，书目文献出版社 1992 年版，第 24 页。

化，与其相联系的语言形式及其所指代的含义也不能不发生改变，另一方面则因"后之浅鲜家"①不注重实际，结果造成以讹传讹的严重后果。所以，郑樵说：后之浅鲜家，凡遇到名物的问题，一概"引《尔雅》以为据耳，其实未曾识也。"②而在不识的情况下，他们不是去实地调查研究，而是守法于"经"，不知"学问"，因而"腐儒惑之而说众"③。在郑樵看来，"《尔雅》之作者，盖本当时之语耳。古以为此名，当其时又名此也。自《尔雅》之后，以至今，所名者，又与《尔雅》不同矣。"④在此，我们必须强调的是，郑樵的"辨伪"工作绝不仅仅是为学术而学术，因为它在一定程度上更注重发掘经书的现实内涵，借古讽今。比如，他说：

"尝观之《诗》，刑政之苛，赋役之重，天子诸侯朝廷之严，而后妃夫妇衽席之秘。圣人为《诗》，使天下匹夫匹妇之微，皆得以言其上，宜若启天下轻君之心。然亟谏而不悟，显戮而不戾，相与携持去之而不忍。是故汤、武之兴，其民急而不敢去。周之衰，其民哀而不敢离。盖其抑郁之气舒，而无聊之意不蓄也。呜呼，诗不敢作，天下怨极矣。卒不能胜，共起而亡秦。秦亡而后快。于是始有匹夫、匹妇存亡天下之权。呜呼，春秋之衰以《礼》废，秦之亡以《诗》废。吾固知公卿大夫之祸速而小，民之祸迟而大。而《诗》者正所以维持君臣之道，其功用深矣。"⑤

郑樵说"《诗》者正所以维持君臣之道"自然是话中有话，在南宋，由于内外形势交迫，宋高宗在秦桧的教唆下，十分疾恶人言，于是，他竟然违背宋朝家法，治罪于言事的士人，遂开南宋文字狱之先例。王曾瑜先生说："从狭义上说，最高统治者为了某种政治需要，深文周纳，大规模地、连续不断地兴办一系列冤狱，株连蔓引，贬斥以至杀戮大批士大夫，则宋代绍兴文字狱堪称嚆失。"⑥文字狱给整个社会带来的后果是相当可怕的，尤其是士大夫不敢言时世，不敢作诗文，他们的话语权受到严格限制，其民众宣泄怨气的主要渠道被堵塞，久而久之，必定会酿成大乱。后来，宋高宗也深深地意识到了这个问题，因此，他说："近岁以来，士风浇薄，持告讦为进取之计，致莫敢耳语族谈，深害

① 郑樵：《郑樵文集》，书目文献出版社 1992 年版，第 29 页。
② 郑樵：《郑樵文集》，书目文献出版社 1992 年版，第 30 页。
③ 郑樵：《郑樵文集》，书目文献出版社 1992 年版，第 28 页。
④ 郑樵：《郑樵文集》，书目文献出版社 1992 年版，第 30 页。
⑤ 郑樵：《郑樵文集》，书目文献出版社 1992 年版，第 22—23 页。
⑥ 王曾瑜：《岳飞和南宋前期政治与军事研究》，河南大学出版社 2002 年版，第 537 页。

风教。”[①]既然文字狱“深害风教”，甚至有可能重蹈秦之覆辙，那么，郑樵说“诗不敢作，天下怨极矣”就不能不引起统治者的高度重视，可见，郑樵作《论秦以诗而亡》的用意是既含蓄又深远的。

2.以“会通”方法为特点的创新意识。据考，郑樵一生著述颇丰，约计有各类书目56种[②]。至于郑樵如何贯通他的经史思想脉络，并能不断地推陈出新，“成一家之言”，他自己有这样一段说明，他说：

“且天下之理，不可以不会，古今之道，不可以不通。会通之义大矣哉。仲尼之为书也，凡典、谟、训、诰、誓、命之书，散在天下，仲尼会其书而为一。举而推之，上通于尧舜，旁通于秦、鲁，使天下无逸书，世代无绝绪，然后为成书。”[③]

不仅孔仲尼如此，而且司马迁也如此。

“袭《书》、《春秋》之作者，司马迁也，又与二书不同体，以其自成一家言，始为自得之书。”[④]

“史者，官籍也。书者，儒生之所作也。自司马迁以来，凡作史者，皆是书，不是史。又诸史家各成一代之书，而无通体。樵欲自今天子中兴上达秦汉之前，著为一书，曰《通史》，寻纪法制。”[⑤]

“樵前年所献之书，以为水不会于海则为滥水，途不通于夏则为穷途，论会通之义。以为宋中兴之后，不可无修书之文，修书之本，不可不据仲尼、司马迁会通之法。”[⑥]

可见，从学理上讲，此“会通”其实是一种“道统”，它源自三代，是为人道之极。当然，再从创新的角度讲，则“会通”不是重复前人的劳动，而是在前人的成果上更进一步，即有继承也有创新和突破，用郑樵的话说就是“自得之学”，而没有“自得之学”就没有“成一家之言”的可能。故郑樵明确表示：

“守株待兔，莫辩指踪；常山击蛇，要观首尾，若无自得之学，曷成一家之言。”[⑦]

在此，所谓“自得”有两层含义：一层含义是形成自己的学术个性，如郑樵

---

① 李心传：《建炎以来系年要录》卷一百七十“绍兴二十五年十一月庚午”，中华书局1988年版，第2780页。

② 郑樵：《郑樵文集·前言》，书目文献出版社1992年版，第2页。

③ 郑樵：《郑樵文集》，书目文献出版社1992年版，第37页。

④ 郑樵：《郑樵文集》，书目文献出版社1992年版，第37页。

⑤ 郑樵：《郑樵文集》，书目文献出版社1992年版，第33页。

⑥ 郑樵：《郑樵文集》，书目文献出版社1992年版，第38页。

⑦ 郑樵：《郑樵文集》，书目文献出版社1992年版，第58页。

说:他的《通志》,“虽曰继马迁之作,凡例殊途,经纬异制,自有成法,不蹈前修。观《春秋地名》,则樵之《地理志》,异乎诸史之《地理志》。观《群书会记》,则知樵之《艺文志》异乎诸史之《艺文》。”①另一层含义则是区分“修书”与“作文”为两种不同的思维形式,而将两者等同起来的看法是错误的,郑樵说:“修书自是一家,作文自是一家。修书之人必能文,能文之人未必能修书。若之何后世皆以文人修书。天文之赋万物也,皆不同形。故人心之不同犹人面,凡赋物不同形,然后为造化之妙。修书不同体,然后为自得之工。”②

其实,士大夫真正成就“自得之工”是很不容易的。写一本书容易,而写一本富有人格力量的“书”却并不容易。郑樵说:“使樵直史苑,则地下无冤人。”③这是何等的气概!又说“樵于文,如悬崖绝壁,向之瑟然,寒人毛骨。”④这又是何等的凛然!只有将这样的精神气节融入到你的著述中,才会产生出“笼天地于形内,挫万物于笔端”⑤的思想效应。从这个角度,郑樵无情地批评了存在于南宋士大夫中间的那种“不图远略”的惰性思想。他说:“樵见今之士大夫,龌龊不图远略,无足与计者。”⑥,言语之间,郑樵无法掩饰其内心对于士大夫前途与命运的焦虑。诚然,造成南宋士大夫“龌龊不图远略”的原因是比较复杂的,但绍兴文字狱是一个非常重要的政治因素。应当承认,郑樵是继沈括之后的又一位百科全书式的自然科学家,同时他也是一位为文能通神,却就是不通官场的学者,这是因为他太超俗了,他说:

“回既倒之狂澜,支已颓之岱岳,澄世所不能澄,裁世所不能裁。”⑦

此人生理想必然促使郑樵逐步地超凡离俗,最终跟一般士大夫的追求格格不入。而郑樵那“利不可回,威不可劫”⑧的人格境界,在南宋那个特定的时代里,注定了他的政治命运终究是个失败者。

## 第四节 储泳“察而知其所以为邪”的无神论思想

储泳字文卿,号华谷,侨居华亭(今上海松江)人,主要生活在南宋末期,

① 郑樵:《郑樵文集》,书目文献出版社 1992 年版,第 38 页。
② 郑樵:《郑樵文集》,书目文献出版社 1992 年版,第 37 页。
③ 郑樵:《郑樵文集》,书目文献出版社 1992 年版,第 49 页。
④ 郑樵:《郑樵文集》,书目文献出版社 1992 年版,第 48 页。
⑤ 郑樵:《郑樵文集》,书目文献出版社 1992 年版,第 42 页。
⑥ 郑樵:《郑樵文集》,书目文献出版社 1992 年版,第 54 页。
⑦ 郑樵:《郑樵文集》,书目文献出版社 1992 年版,第 42 页。
⑧ 郑樵:《郑樵文集》,书目文献出版社 1992 年版,第 42 页。

生卒年月不详。据《四库全书总目提要》称:储泳“平生笃好术数,久而尽知其情伪。”[①]由此可见,储泳是一位自觉的无神论者,是以翻然改图为其行为基础的一种自我检讨,因而他的说服力更强,影响力也更大。从专业的角度看,储泳曾著有《参同契解》和《悟真篇解》等书,对道家的多部名典均有造诣,可惜这些著作都以散失,而流传至今的著作仅见《祛疑说》一卷。虽然《四库全书总目提要》将《祛疑说》一书列入杂家类,但严格说来,《祛疑说》应是一部内容比较丰富的科技著作,它的内容涵盖了医学、物理学、天文学、化工学等多个专业学科,在宋代科技发展史上占有非常重要的地位。尤其可贵的是,储泳以科技知识为武器,有力地揭露和批判了神鬼迷信与方术骗局,具有醒世骇俗的社会价值和思想意义。

### 一、“符印咒诀为事,徒法耳”的辟邪说

就自然观而言,宇宙的本源是“气”,这是先秦以来大多数无神论者所坚持的基本指导思想。如,王充说:“天地,含气之自然也。”[②]又说:“人,物也,而物之中有智慧者也;其受命于天,秉气之元,与物无异。”[③]毫无疑问,储泳坚定地继承了由王充所开辟的这条唯物主义思想路径,并通过对“气”的唯物主义阐释而将南宋的无神论思想推向了更高的发展阶段。例如,储泳说:

“气者,形之始也,气聚则显然成象;气散则泯然无迹。”[④]

“一气之运化,万物莫逃。人亦天地之一物,岂能独立于阴阳之外哉!”[⑤]

此气实际上指的就是形成宇宙万物的物质元素,用西方的语言文本说,其“气聚”指的应是物质生成过程中的“化合”作用,与之相反,“气散”指的则是物质转化过程中的“分解”作用。“化合”与“分解”是物质运动过程的两个相反过程,当然,也是两个辩证统一的过程。如果把整个宇宙看成是一个大系统,那么,“化合”的过程表现为物质从一种简单的物理环境开始,不断生成比较高级和复杂的物质形态,从而使物质世界变得生动多采;而“分解”的过程则表现为物质从一种比较高级和复杂的物质形态,不断还原为简单的无机形态,从而使物质世界变得单纯和原始。由于在中国古代,人们对物质世界的运动变化过程理解得还不够细致,特别是人们还不能够对“气散”过程本身作出科学的说明,因此,“形”与“神”的问题一直是“无神论”与“有神论”矛盾斗争

---

① 《四库全书总目提要》,中华书局 2003 年版,第 1046 页。

② 黄晖:《论衡校释 · 谈天篇》,中华书局 1990 年版,第 473 页。

③ 黄晖:《论衡校释 · 辨祟篇》,中华书局 1990 年版,第 1011 页。

④ 储泳:《祛疑说 · 鬼神之理》,中华书局 1985 年版,第 9 页。

⑤ 储泳:《祛疑说 · 辨身壬法》,中华书局 1985 年版,第 12 页。

的焦点。

从历史上看,形神问题产生于远古时期人们对人类自身所表现出来的各种复杂生命现象的认识与猜测。比如,人类的肉体是如何形成的?人为什么会做梦?灵魂的本质是什么?等等。对于这些问题,由于人们不能给予正确的解释,所以,人们普遍认为人体由两个相互独立的部分组成,一部分是肉体,另一部分则是灵魂。而“万物有灵”的观念曾经在一个很长的历史时期里,成为主导人类社会行为的基本意识形态。后来,当“天”的观念出现之后,基于“万物有灵”的鬼神观念与“天”的观念结合起来,从而使“天”获得了主宰人类命运的至上神地位。如,《孝经·圣治章》载:“昔者周公郊祀后稷,以配天,宗祀文王于明堂,以配上帝。”此“宗祀”即“祖先神”,而“上帝”即“至上神”,所谓“宗祀文王于明堂,以配上帝”即为“祖先神”与“至上神”的结合与统一。同时,“天”成了有意志的主宰神,故《卜辞通纂》363 片有“帝令雨足年?帝令雨弗其足年?”的记载。因此,许地山先生在《道教史》一书中说:“天底观念底发展是从死生底灵而来,放在具有人格方面称为上帝。”应当承认,许地山的观点是颇有见地的。然而,自春秋始,“天”的至上性地位开始被逐渐觉醒的士大夫所动摇,随之,形神问题便朝着两个方向演变:其一,原来“形神”的二元对立转而向“形神合一”的形态发展,如,荀子说:“形具而神生”①,这样,“形”与“神”或称“灵魂”就不是两个相互独立存在的实体了,而是一物之两面,且人类的灵魂不能脱离肉体而独立存在。荀子又说:“无形”即为“天”②,这个观念显然是与把“无形”理解为“鬼神”的“有神论”思想相对立的,它显示了荀子试图把“天”与“鬼神”在思维形式上加以分别开来的思维倾向。循着荀子指出的方向,南北朝时期的范缜在其《神灭论》一文中更提出了“神即形也,形即神也。是以形存则神存,形谢则神灭也”的形神合一思想,将我国古代的无神论思想推进到了一个新的历史高度。其二,天人二分在形式上取代了形神的二元对立。把形神看成两个相互独立的实体在理论上是错误的,同时在实践上也是有害的。但是,把天人不加分别,看成是一种形态,则给有神论留下了地盘。所以,为了使天与人在观念上相互区别开来,人们便不得不对“天”与“鬼神”杂糅体进行艰难的剥离工作。其剥离的主要方法就是将有意志的天变为无意志的自然之天。而这个工作也主要由荀子来完成,他说:“天不为人之恶寒也辍冬,地不为人之恶辽远也辍广。”③故此,荀子提出了

① 《荀子》卷十一《天论》。

② 《荀子》卷十一《天论》。

③ 《荀子》卷十一《天论》。

“明于天人之分”①的命题。如此一来,天与灵魂的联系就被阻断了,灵魂回归了肉体,而天也摆脱了“灵魂”的羁绊成为独立的物质实体,成为与人相对立的客观存在。可见,荀子的无神论思想是跟天人相分思想紧密联系在一起的,仅此而言,它是我国古代哲学思维过程的一次巨大飞跃。在此前提下,储泳指出:

“盖人之与鬼,阴阳一气耳。一气受形而为人,一气离形而为鬼。血因形而生,既不受形,何从有血,天下未有无形而有血者。”②

对“鬼”作了唯物的解释,认为“鬼”跟人一样,仅仅是“气”的一种存在方式。尽管这种解释未必科学,但储泳的用意非常明确,那就是将有血有肉的和不可理解的神鬼观念改变为一种可以理解的自然现象,从而揭开其披在头上的神秘面纱。众所周知,中国古代的鬼神观念有一个非常重要的功能,那就是假托鬼神的淫威和恐怖气象对民众进行训诫和教化,所谓“借鬼神之威,以声其教”③是也。大概从南齐之后,民间又兴起了给鬼神烧纸钱的陋习。据史载“南齐废帝东昏侯好鬼神,常剪纸为钱,以代束帛,至唐盛行其事。”④然而,在现实社会中,人们有时想讨好“鬼神”,可“鬼神”并不一定领情。于是,在上述诸种媚神的方法之外,不知从何时起,民间更出现了“禁厌符咒”之术。比如,《后汉书》卷一百十二下《解奴辜传》说:“河南有软圣卿,善为丹书符劾,厌杀鬼神,而使命之。初章帝时,有寿光焕者,能劾百鬼众较。”又《颜氏家训·风操》说:“偏旁之书,死有归煞,子孙逃窜,莫敢在家,画瓦书符,作诸压胜。”在储泳看来,“鬼”仅仅是“一气”,而且是“无形”之气,此“无形”之气其实是自然天,而不是“鬼”也不是“神”。储泳明确表示:

“夫鬼神者,本无形迹之可见,声臭之可求,谓之有则不可。至于寒暑代谢,日星之运动,雷电风雨之倏变倏化,非鬼神之显著者乎?”⑤

从自然而然的意义上来理解人,则生人固然是“一气”之所使,而人死的现象也是“一气”之所使。把人的生与死看作是自然而然的事情,是宇宙万物自我否定和自我发展的客观外现。所以,与“死亡”现象相关联的“鬼神”意识,实际上是人们在日常生活中自己吓唬自己的一种障碍性心理疾病。对此,储泳这样解释道:

“两仪立天地之体,一气妙阴阳之用,一阖一辟之间,阳生阴杀,贯乎万

① 《荀子》卷十一《天论》。
② 储泳:《祛疑说·叱剑斩鬼》,中华书局1985年版,第6页。
③ 《淮南鸿烈解》卷十三《氾论训》。
④ 宋叶氏:《爱日斋丛钞》卷五。
⑤ 储泳:《祛疑说·鬼神之理》,中华书局1985年版,第8—9页。

有。受其正气则为人,冗杂之气为异类。莫不有雌雄焉,原其受气之初,辟气为男,阖气为女。一阖一辟,男女攸分;道藏所载,以龙吟虎啸;不后不先,为结胎之始,以精血相包。处内处外,定男女之像,是则是矣,殊不知所以使之然者,盖有自然而然者矣。使之然者,其动静阖辟之机乎。人之生也以此,及其死也亦然。某日而死,则受某日之杀气,此理盖行乎其中而不可见者也。"①

从气的辩证运动过程来说明世界万物产生的根源,是储泳无神论思想的显著特点。在储泳的视域内,他看到了"一气"与"两仪"的相互作用是生命存亡的决定因素这个关键。据此,储泳将"一气"分为"正气"与"冗杂之气"两个组成部分,其中"正气"产生的是人类,而"冗杂之气"生成的是非人类。至于宇宙万物的生成模式,宋人有两派意见:一派意见认为,"二气五行,化生万物"②,又"气不能不聚而为万物"③及"为气能一有无,无则气自然生,是道也"④,因此,我们将它称为"惟气派";另一派意见则认为,"未有天地之先,毕竟也只是理"⑤,"有是理便有是气,但理是本"⑥,等等,与"惟气派"不同,因这一派坚持"理在气先"的主张,故而我们将它称为"惟理派"。由此可见,储泳在理气问题上的取舍态度是很明确的,他是"惟气派"的坚定支持者。不过,在张载那里,关于"阖辟"与"男女"的内在联系,没有具体的说明,即使程朱之"惟理派"亦没有具体说明,而第一个对"男女"作"阖辟"解释的人就是储泳。当然,真正科学地解释生男生女问题是在20世纪初,染色体学说提出并经证实之后。而储泳的思想价值在于他发现了"男女"的生成来源于不同的物质结构形式这个基本点,也就是说,男女生成的本源是物质性的"气",而"气"的结构形式则有所区别,无疑的,这是一条正确的思维路线。藉此,储泳进一步认为,人的生死也是"一气"的运动过程,他说:"使之然者,其动静阖辟之机乎。人之生也以此,及其死也亦然。"即"一气"的"动静阖辟"产生不同的物质结构即"机",然后由物质的不同结构形式产生人的"生"与"死"。换言之,人之"生"是物质存在的一种结构形式,而人之"死"也同样是物质存在的一种结构形式。这样,储泳就否定了人之"死"由外在于人的"凶神"所主宰的妄说。在储泳看来,"鬼神"仅仅是天地万物"倏变倏化"的一种外在现象。他说:

"二气运行,本无形迹可见,固不可谓之有。及其机微之积,错揉之变,则

---

① 储泳:《祛疑说·论男女之分生杀之炁》,中华书局1985年版,第17—18页。

② 周敦颐:《周敦颐集》,中华书局2009年版,第31页。

③ 张载著,章锡琛点校:《正蒙·太和篇第一》,《张载集》,中华书局1978年版,第8页。

④ 张载著,章锡琛点校:《横渠易说·系词上》,《张载集》,中华书局1978年版,第207页。

⑤ 黎静德编:《朱子语类》卷一《理气上》,中华书局1986年版,第1页。

⑥ 黎静德编:《朱子语类》卷一《理气上》,中华书局1986年版,第2页。

风霆流形，妖袄示象，此天地之鬼神。”①

“鬼神者，阴阳显著之名耳。”②

原来，人世间所说的“鬼神”其实就是“阴阳二气”屈伸运动变化的结果，是物质内部矛盾斗争显现于外的客观现象，是客观规律的一种曲折反映。在此前提下，储泳深刻揭露了“符印咒诀”的欺人本质。他说：

“符印咒诀，行持之文具也。精神运用，行持之玄妙也。感应，乃其枝叶；炼养，乃其根本。不知其根本玄妙，而徒倚符印咒诀为事，虽甚灵验，亦徒法耳。盖符印本不能自灵，依神通而感应，苟得感通之道，何假符印咒诀哉？彼时，师不达深妙，持将祭则灵之说，以愚后人。遂使后学一意祭赛损物伤生，召引无依求食之鬼，日至月增，结成徒党，自谓驱摄指挥如意，不知以邪攻邪，实有损于行持者之身也。”③

而储泳对待“符印咒诀”的态度是“不卒受其说”，他举例说：

“向遇一道友，能呼鹤雀之类，从而求之，几月乃许传授。其法用活雄鸠血书符，杀命助灵，心已不喜，先授七字咒，约旦日教以作用。阅其咒语，尽从反犬有狐狸等字，方知此为岭南妖术耳。遂不卒受其说，彼察知不悦，亦就辞去，戏已无益，况左道乎！好怪伤生，尤非仁人君子之事。”④

由于从东汉之后，“死”的迹象被描绘成一个十分恐怖的悲惨世界，因此，人们的内心深处不由得产生出一种惧怕死亡的心理反射。既然怕死，人们就想方设法追求不死的“法术”。在这样的氛围里，一种引导人们寻求不死的骗术便应运而生了。就理论形式而言，符咒之书成形于东汉时期的《太平经》，范晔说：其书“多巫觋杂语”⑤，所谓“杂语”主要包括诸如符箓咒术、神仙方术等内容。后来，西晋道士王纂把散布民间的各种符箓咒术汇总起来，撰为《太上洞渊神咒经》。接着，南朝时期又出现了专门讲求长生之术的《度人经》。此书备受宋徽宗的重视，其神霄派将《度人经》进一步改造为《元始无量度人上品妙经》六十一卷，该书的宗旨就是八个字：“仙道贵生，无量度人”。书中甚至还有“死魂受炼，仙化成人，生身受度，劫劫长存，随劫轮转，与天齐年，永度三徒，五苦八难，超凌三界，逍遥上清”的说教。故此，储泳才反复强调说：“符印本不能自灵，依神通而感应”。而储泳“符印本不能自灵”的思想实际上就是对东汉以来所流行的“符印咒术”能却病之迷信观念的否定，如，唐代就

① 储泳：《祛疑说·鬼神之理》，中华书局1985年版，第9页。

② 储泳：《祛疑说·鬼神之理》，中华书局1985年版，第9页。

③ 储泳：《祛疑说·符印咒诀不灵，祭将召邪》，中华书局1985年版，第5页。

④ 储泳：《祛疑说·呼鹤自至》，中华书局1985年版，第7页。

⑤ 范晔：《后汉书》卷六十下《郎顗传》，中华书局2000年版，第1084页。

流行有专业用符咒治病的《发病书》，而北宋成书的《云笈七签》也包含着大量的求生不死的“符印咒术”，如《魂神》有“制七魂”的方术；《庚申部》则有“守三尸”及“去三尸”的诀法；《尸解》更载有“求尸解”的方法等。储泳认为，符咒治病可能有“灵验”的时候，但那“灵验”仅仅是偶然的巧合，而不是必然如此或一定要出现的结果。在储泳看来，“死”是必然的，但“生”具有相对的不稳定性，受外界因素的影响颇大。因此，他主张“感应，乃其枝叶；炼养，乃其根本”的“养生”思想。如果从道教的理念来讲，所谓“感应”指的应是“外丹”的修养功夫，而所谓“炼养”则主要指的是“内丹”的修养功夫。可见，储泳是“内丹”派的信奉者。从这个角度说，储泳斥“符咒”之术为“徒法”的思想，具有两个方面的意义：讲大处是反对“有神论”，讲小处则是拒斥“外丹”派所主张的“以邪攻邪”之修养方法。

## 二、“验诸事，折诸理”的“正法”思想

“无神论”与“有神论”之间的矛盾和斗争，在一定程度上说，反映的其实就是科学与伪科学之间的矛盾和斗争。由于人类科学最初是从“宗教神学”的桎梏下解放出来的，因而自从科学获得相对独立的那一刻起，它就与各种各样的伪科学进行着长期不懈甚至是你死我活的艰巨斗争。从理论上讲，所谓科学主要是指人类运用逻辑思维和依靠实验过程而形成的对自然规律的正确认识和知识体系，它的主要特征是讲究实验，由实践检验；与之相反，所谓伪科学则主要是指依靠经验假象而使施伪者获得一定物质利益的一种属于知识性的骗术。因此，伪科学从来不敢面对实验。而为了更深刻地认识伪科学的思想实质，美国德克萨斯大学奥斯汀校区物理学博士罗瑞·科克尔(Rory Coker，Ph.D.)曾对伪科学的特征作了二十二点说明：1.伪科学对事实不屑一顾；2.伪科学从事的“研究”总是草率粗糙；3.伪科学的目的就是将人们执迷不悟的东西合理化，而不是深入研究和验证替代错误观念的种种可能性；4.伪科学对有效的物证标准不屑一顾；5.伪科学侧重依赖主观正误判断；6.伪科学依赖武断的人类文化常规而不是永恒不变的自然规律；7.伪科学只要追根究底，最终归于荒诞；8.伪科学总是回避使其理论接受科学验证；9.伪科学经常自相矛盾，用其自身的术语来描述也如此；10.伪科学通过隐瞒关键的信息和重要的细节蓄意制造并不存在的神秘现象；11.伪科学永无进步；12.伪科学企图用花言巧语、宣传手段和歪曲事实来笼络人心，而不是靠有效的物证(根本不存在)；13.伪科学的论证是出于无知，亦是其最根本的谬误；14.伪科学的论证基于谣传例外、谬误、反常事物、怪异事件、可疑的理论，而不是基于有完善表述的自然规律；15.伪科学借助于假权威、情绪、情感或对已成立的事实的不信任

态度；16.伪科学出言大胆狂妄，推出异想天开的理论，其理论与已知自然现象相违背；17.伪科学发明自己的词汇，许多术语缺乏精确或清晰的定义，一些没有任何定义；18.伪科学借助科学方法的真理标准，同时又不承认其正确性；19.伪科学宣称其研究的现象有"忌讳"；20.伪科学的解释往往趋于情节剧；21.伪科学常常借助于古人所习惯的魔幻思维方式；22.伪科学依赖时代错位的思维方式。尽管储泳的时代还没有"科学"与"伪科学"的观念，但他仍然用中国古代特有的文本语言，对"科学"与"伪科学"之间的差异作了严格区分。他说：

"正法出于自然，故感应亦广大；邪法出于人为，故多可喜之术。"①

此处之"正法"，用今天的术语讲就是"科学"，而此处之"邪法"，用今天的术语讲就是"伪科学"。而战胜"邪法"的最有效办法便是拿"正法"来拷问它，使之面对"正法"而不攻自破。下面我们看看储泳是如何揭露和批判"邪法"的：

第一例，邪法利用人类已有的科学知识和民众对某些科学知识的盲点，蓄意制造并不存在的神秘现象，从而欺骗世人。如，《祛疑说》载有"咒枣烟起"和"咒枣自焦"的骗局。文曰：

"旧闻咒枣而烟起，或咒而枣焦者，心虽知其术，不知其所以为术也。后因叩之道师，乃知枣之烟者，藏药于枣，托明以咒，捻之则药如烟起。其枣之焦者，藏镜于顶，感召阳精，举枣就镜，顷之自焦。"

在火药知识已经十分普及的今天，人们理解"咒枣烟起"和"咒枣自焦"的现象并不难，但对于火药知识尚不普及的南宋时代，让人们去认识和想象"咒枣烟起"和"咒枣自焦"道理，恐怕是很不现实的。毫无疑问，"咒枣烟起"和"咒枣自焦"都纯粹是"人为"的"假象"，是一种伪科学。例如，"咒枣自焦"的基本过程和原理是：找一些干枣来，预先将硫磺、烟硝、黑火药等一类易燃物放在干枣里，同时，施术者预先将一面凹面镜置于头顶的一个适当位置，待阳光强烈时，使凹面镜的燃点正好对准干枣内的引火源上，从而引起干枣"自燃"的化学燃烧现象。实际上，我国利用凹面镜取火的历史是十分久远的，如《唐开元占经》卷五《日占一》引《淮南子·天文训》的话说："积阳之热，气生火。火，气之精者为日，日者，阳之主也。故阳燧见日，则然而为火。"宋之《能改斋漫录》卷三《辨误·阳燧》对"阳燧见日，则然而为火"现象作了历史的回顾，说明宋人对"阳燧"取火的知识是不陌生的，他们所陌生的仅仅是火药燃烧的现

① 储泳：《祛疑说·咒水自沸·移景法》，中华书局1985年版，第5页。

象。因为宋人对火药的制造采取保密措施，故有“禁其传”[1]的规定。

第二例，邪法将人们的主观愿望准“科学化”，使之在不知不觉中被其拖入到他所预设的观念误区里，从而依赖武断的人类文化常规而不是永恒不变的自然规律，对自然现象进行歪曲和误导。如，《祛疑说》中载有“服丹药”一则事例，颇能说明问题。储泳说：

“金石伏火丹药，有嗜欲者率多服之，冀其补助，盖方书述其功效，必曰益寿延年，轻身不老。执泥此说，服之无疑，不知其为害也。彼方书所述诚非妄语，惟修养之士嗜欲既寡，肾水盈溢，水能克火，恐阴阳偏胜，乃服丹以助心火。心为君，肾为臣，君臣相得，故能延年，况心不外役火，虽盛而不炎，以火留水，以火制水，水火交炼，其心乃坚。虽非向上修行，亦养形之道也。彼嗜欲者，水渴于下，火炎于上，复助以丹，火烈水枯，阴阳偏胜，精耗而不得聚，血渴而不得行，况复喜怒交攻，抱薪救火，发为消渴，凝为痈疽，或执或狂，百证俱见，此丹药之害也。人既不能绝欲，惟当助以温平之剂，使荣卫交养，有寒证则间以丹药，投之病去则已，或者不知此理，每恃丹药以为补助，实戕贼其根本耳。”

在一定条件下，丹药具有补益身体的作用，但方术士将丹药的补益功用绝对化为一种“轻身不老”的灵丹妙药。于是，真理向前多走一步就变成谬误，而科学过了头也就转变成了伪科学。中国古人早已形成了自己的一整套价值判断体系，而这个价值体系的核心思想就是只重视形式与表象，却不看重事物的内容与实质。所以，这种形式主义的思维模式极大地局限了人们的科学认识和求真意识。如中国古代的消费者只要看到是金光璀璨的金属器具，就毫不在乎它是真金还是伪金。可见，中国古人的防伪能力比较低下，而伪科学的滋生则跟中国古人缺乏防伪意识的大背景不无关系。中国金丹术兴起于西汉，当时汉武帝为了追求长生不老之药，他对李少君等“事化丹砂”[2]的方术深信不疑，并以服食丹药作为成仙的手段。至于“丹药”的成分，由于属“枕中鸿宝秘苑书”[3]，世人一般是见不到的。直到东汉魏伯阳著《周易参同契》之后，人们始通过其《丹鼎歌》才了解到当时炼丹所用的药剂组成，归结起来，其主要原料有汞、铅、硫及它们的化合物，如氧化铅、氧化汞、硫化汞以及氧化砷（雄黄、雌黄）、硝酸盐（硝石）等。从化学性质来说，像汞的蒸气及氧化砷（俗称“砒霜”）均有剧毒，而氧化汞（俗称“三仙丹”）也有毒，因此，由上述原材料所炼成的丹药本身则亦必然含有毒性的汞、硫、砷等化合物，而在炼制过程中

① 《麈史》卷一《朝制》。

② 司马迁：《史记》卷十二《孝武本纪》，中华书局 2014 年版。

③ 班固：《汉书》卷三十六《刘向传》，中华书局 1962 年版，第 1928 页。

所产生或逸出的氮氧化物、硫氧化物及汞蒸气，则必然会不知不觉地对人体造成潜在的和长期的慢性中毒。尽管如此，但从魏晋开始，历代均有帝王情愿为服食丹药而付出生命的代价，如晋哀帝、北魏道武帝、北魏明元帝、唐太宗、唐宪宗、唐穆宗、唐武宗、唐宣宗、南唐烈祖、明仁宗、明宪宗、明世宗、清世宗等。而宋代仅见宋真宗有服食丹药的记载，不过并不严重。由此可知，外丹学经过唐代的极度"繁荣"之后，到北宋时期便"萧条"下来了。究其原因，主要是士大夫普遍的反对炼金术，使之在宋代基本上没有了继续滋长的土壤，如北宋的郑獬说："若夫按摩鼓漱、采炼金石之术，则予未之达也。"①而南宋的许棐则更有"不卖吓鬼符，不试炼金诀"②的诗句。不仅士大夫如此，君主的"科学"意识亦较唐代有了很大提高。比如，宋仁宗说："(《道藏经》)多载飞炼金石方药之事，岂若老氏五千言之约哉！"③又宋高宗进一步明确地说："药所以攻疾，疾良已则当却药，或者烹炼金石饵之徒，耗真气非养生之道。"④当然，宋人反对炼丹长生的根本原因是丹药本身的毒害深深教训了他们，而储泳说："发为消渴，凝为痈疽，或执或狂，百证俱见，此丹药之害也。"并非没有根据，如五代的梁太祖因服食金丹而"眉发立堕，头背生痈"⑤，南唐烈祖更是服丹致疽而死⑥。所以，何光远得出结论说："'九转'悮非一君，其次诸侯遇之死者无数。"⑦丹药害命，在南宋士大夫阶层已经是一种共识了，但这绝不意味着"炼丹术"从此就销声匿迹了。事实上，作为备制药物的金丹术仍然流行于民间。储泳也很客观地看到了这一点，他认为"以火留水，以火制水，水火交炼，其心乃坚。虽非向上修行，亦养形之道也"，问题在于如何正确地利用丹药的补益功能，使其有益于"养形"，并"使荣卫交养"，那才是鉴别科学与伪科学的试金石。

第三例，邪法在貌似神奇中暴露出荒诞，其理论与已知自然现象相违背。五行说是中国古代重要的思维范型，而方术家为了哗众取宠，而"随时抑扬，违离道本"⑧，故又在传统"五行"观的基础上推出了所谓的"大五行"说。储

---

① 郑獬：《郧溪集》卷十五《养生记》。

② 许棐：《梅屋集》卷二《小囊道人》。

③ 李焘：《续资治通鉴长编》卷一百四"天圣四年二月庚戌"，中华书局2004年版，第2401页。

④ 李心传：《建炎以来系年要录》卷九十六"绍兴五年十二月己酉"，中华书局1988年版，第1587页。

⑤ 何光远：《鉴诫录》卷一《九转验》。

⑥ 释文莹：《玉壶清话》。

⑦ 何光远：《鉴诫录》卷一《九转验》。

⑧ 班固：《汉书》卷三十《艺文志》，中华书局1962年版，第1728页。

泳解释说：

“大五行出于乾坤者十二位，出于六子者亦十二位，合六子足以当乾坤之数。盖乾坤之策三百六十，合六子之策亦三百六十，足以当乾坤之策也。但郭景纯所载未本属木，而金土木各得四位，故山家五行篇曰：癸丑坤庚名稼穑，艮震巳未曲直木。今皆以未属土，殆必有所据，其理亦通。木三金四土五是也。然一为数之元，总摄八位可也。火何以不二不七而四耶？二说未知孰是。”①

在《周易·说卦》中，除乾卦为父、坤卦为母外，其他六卦则震、坎、艮三卦为三男，巽、离、兑三卦为三女，是谓“六子”。而乾坤与六子在卦图中的位置，依邵雍的说法是“乾坤定上下之位，离坎列左右之门”，所谓“乾坤纵而六子横，易之本也”②。然而，宋人的“十二地支”图与五行的关系却是：巳午（火）上，亥子（水）下，寅卯（木）左，申酉（金）右，辰戌丑未（土）居中。与之相反，“三合派”风水术却规定：亥卯未属木，巳酉丑属金，寅午戌属火，申子辰属水。此外，《太平经钞甲部》亦有丑属金而未属木故“相刑”的记载，甚至唐代《宿曜经》中更有未属火的说法。可见，“未”究竟属“金”还是属“木”，抑或属“火”，古人尚且没有一个统一的认识，大五行怎么能自圆其说呢！因此，储泳说：“近世谢黄牛作大五行歌，附会不经，曲为之说，不足取。”③

诚然，储泳通过具体的个案式的剖析，深刻揭露了“邪法”的种种卑劣伎俩，使那些施“邪法”者无地自容。但这仅仅是问题的一个方面，因为储泳揭露和批判“邪法”的目的在于张扬“正法”的科学价值，从实践上堵塞“邪法”流行的途径，惟理是从，因而树立彰显自然本色的或者是具有科学意义的“天道观”。储泳说：

“合于理者从之，背于理者去之。”④

那么，究竟如何去理解“合于理者从之”的实际内涵呢？储泳给出了一个非常典型和生动的实例。他说：

“尝观刘向灾异五行传后世，或以为牵合，天固未必以屑屑为事，然殃咎各以类，至理不可诬。若遽以牵合少之，则箕子之五事庶征相为彰响，顾亦可得而议乎？试以一身言之，五行者，人身之五官也。气应五脏，五气调顺则百骸俱理，一气不应，一病生焉。然人之受病，必有所属。太阳为水，厥阴为木是也。而太阳之证为项强，为腰疼，为发热，为恶寒，其患杂然而并出，要其指归

① 储泳：《祛疑说·大五行说》，中华书局1985年版，第20页。

② 邵雍：《皇极经世书》卷十三《观物外篇上》。

③ 储泳：《祛疑说·大五行说》，中华书局1985年版，第19页。

④ 储泳：《祛疑说·阴阳家多拘忌》，中华书局1985年版，第11页。

则一出于太阳之证也,犹貌不恭而为常雨、为狂、为恶也,况五官之中,或貌言之间,两失其正,即《素问》所谓阳明厥阴之合病也,其发病又岂一端之所能尽乎?以一身而察之,则五事庶征之应,盖可以类推矣,刘向五行传直指某可为某征之应,局于一端殆未察医书两证合病之理也。后之人主五事,多失其正,受病盖不止一症,宜乎灾异之互见也。局于一征,论之未为得也。夫冬雷则草木华,蛰虫奋,人多疾疫,一气使然。景星庆云不生圣贤则产祥瑞,象见于上则应在于下,如虹蜺,妖气也,当大夏而见则不能损物,百物未告成也。秋见则百谷用耗矣,或入人家而能致火,饮井则泉竭,入酱则化水。和气致祥,妖气致异,厥有明验,天道感物如响斯应,人事感天其不然者乎!如风花出海而为飘风,山川出云而为时雨,农家以霜降前一日见霜则知清明前一日霜止,霜降后一日见霜则知清明后一日霜止,五日十日而往前后同占,欲出秧苗必待霜止,每岁推验若合符节,天道果远乎哉!感于此则应于彼,有此象则有此数,乃不易之理也。"①

在这里,有两个问题需要辨明:一个问题是"天道不远"与"天人感应"的关系;二是"天道不远"与"天道远"的关系。从表面上看,储泳似乎亦在讲"天人感应",比如他说"天道感物如响斯应,人事感天其不然者乎"。在此,储泳讲"感"不是附会,而是联系,它同董仲舒所说的"天人感应"截然有别。例如,董仲舒说:"天亦有喜怒之气,哀乐之心,与人相副,以类合之,天人一也。"②"天地之符,阴阳之副,常设于身,身犹天也,数与之相参,故命与之相连也。天以终岁之数,成人之身,故小节三百六十六,副日数也。大节十二,分副月数也。内有五脏,副五行数也。外有四肢,副四时数也。乍視乍瞑,副昼夜也。乍刚乍柔,副冬夏也。乍哀乍乐,副阴阳也。心有计虑,副度数也。行有伦理,副天地也。"③此"副"完全是一种"牵合",一种穿凿附会。就实质而言,董仲舒的"人副天数"说其实就是一种神学目的论。然而,储泳的"天道感物"指的则是事物内部的各种联系,也就是事物与事物之间的相互依赖、相互制约、相互影响和相互作用。如生命对于阳光的联系,潮汐对于月球运动的联系,自然环境对于人体的联系,天象的变化对于作物生长的联系,"鱼跳水"对于"降雨"的联系,"芒种刮北风"对于"干旱"的联系,等等。故沈括在《梦溪笔谈》卷二十《神奇》篇中载有"凡鳗出游,越中必有水旱疫疠之灾,乡人常以此候之",这也是"天道感物"之一例。此外,我国劳动人民在长期的生产实践中总

① 储泳:《祛疑说·天道不远说》,中华书局1985年版,第10页。

② 苏舆:《春秋繁露义证》卷十二《阴阳义》,中华书局1992年版,第341页。

③ 苏舆:《春秋繁露义证》卷十三《人副天数》,中华书局1992年版,第356—357页。

结出的许多农谚本身便是对事物之间相互联系的概括和总结，如“清明晴，六畜兴；清明雨，损百果”，“立秋无雨，秋天少雨；白露无雨，百日无霜”，“处暑种高山，白露种平川，秋分种门外，寒露种河湾”等。储泳认为上述现象就是“天道感物如响斯应”，用现代的科学术语讲，就是“信息”，因为信息指的是两个及其两个以上事物之间的相互作用和相互联系。所以，从这个角度说，宇宙万物无一不在联系中产生和发展。储泳说：“夫冬雷则草木华，蛰虫奋，人多疾疫，一气使然。”它有没有道理？有的。一般而言，在我国大陆，冬季主要受冷气团控制，气候寒冷而干燥，加之太阳辐射不强烈，不能造成暖湿气流上升，或形成上下温度大落差之势，因而无法出现“冬雷”现象。但有时因冬季天气偏暖，暖湿空气势力不断加强，此时，当北方偶尔遇有较强冷空气南下，则近地的暖湿空气必然被迫抬升，使之上下空气对流加剧，便会出现所谓的“雷打冬”现象。而暖冬气象对于微生物的生长和繁殖非常有利，在这种自然环境中，病原体就很容易在空气中传播，从而造成流感一类的疫情。因此，深入研究客观事物之间的联系，注重分析和把握“天道感物”的特征，对于正确认识与理解“天道不远”的思想命题无疑是十分必要的。反过来，人类的社会行为也不能不对自然界的运动变化产生这样或那样的影响，如近代的工业化运动一方面给人类创造了大量的社会财富，另一方面却产生了可怕的废气、废料、废热、尘渣等污染物，它们造成了地球的“温室效应”和生态环境灾难，所有这一切都说明了一个道理，那就是四个字“人事感天”。可见，科学技术愈发展，人类距离“天道”就愈近。因为“天道”本身是科学研究的对象，从这个层面看，储泳的“天道不远”命题既是对宋代科学技术发展状况的概括，同时又是科学思想的一种升华，是宋代天人相分思想在历史发展的更高阶段上所产生出来的一种新形式和新类型。

“天道远，人道迩”是由春秋时期的子产所提出来的一个天人相分思想命题，它在中国古代无神论史上的重要地位是不言而喻的。可是，如果我们把子产对天人关系的命题放在一个更加广大的文化背景下面去考察，就会发现它对天人关系的认识并不全面。因为“天道远”相对于“有神论”具有批判的价值和意义，然而，“无神论”战胜“有神论”不仅仅依靠批判的武器，更要依靠科学的思想和科学技术的进步，因为科学才是战胜神学迷信的最好武器。从人类社会的发展历史看，“不知”是宗教迷信产生的直接根源，而科学的任务则使人类的认识由“不知”变为“知”，由知之甚少变为知之渐多，由知之不确变为知之确切。虽然就“不知”的领域在一定范围内将长期存在的事实来说，迷信必然会表现出长期性存在的特点，而储泳所说“心虽知其术，不知其所以为术”的情形也还将在一个很长的历史时期里成为困扰人类思维的大难题，但是我们必须坚信,人类对事物认识的能力具有“至上性”和无限性的特征,所以随着科学的不断发展,许多迷信必将为科学真理所各个击破。列宁指出:“从现代唯物主义即马克思主义的观点来看,我们的知识向客观的、绝对的真理接近的界限是受历史条件制约的,但是这个真理的存在是无条件的,我们向它的接近也是无条件的。”①而储泳所作的《祛疑说》实际上就是向“绝对真理”的接近,比如他的“咒水自沸”、“移景法”、“钱入水即化”、“请封书仙”等案例,都是可以认识和掌握的,或者说都是可以运用科学知识加以解释的自然现象,其果是有因的果,没有什么可神秘的。而迷信则利用人们实践能力本身的相对性和有限性,或者对某些人类暂时还没有认识清楚的“未知”事件进行歪曲和任意夸大,“专于愚世骇俗,耸动见闻”②,或者对某些已知的客观事实加以隐瞒,故弄玄虚,蒙骗世人。比如储泳所举“黄白之术”、“六壬三杀乃先天四冲数”等,就是这方面的例子,故储泳说:“壬式之忌莫先于三煞,三命家谓之破碎,阴阳家之用莫先于身壬,而身壬之忌莫大于三煞,犯之则祸,常不赦,世人徒用之而不知其所以然也,盖巳酉丑者五行之杀气也”③,既然“不知其所以然”而“用之”,就是一种虚妄和无知,所以储泳用科学的头脑对其作出了符合实际的理论阐释。如他在《辨身壬法》一文中说:“所谓身壬者,阴阳二命皆起于壬也。”故“此法自壬而起,壬水数一,故起法悉本于一,运于三而成于五,合三、五、一之数以为用,此所谓身壬之法也。立法而不本于理,不合乎数,吾未敢以为智者之创法也。”④虽然储泳还不免带有像数学的思想倾向,其对“身壬法”的解释也未必符合实际,但他试图从认识论的角度来探究迷信产生的根源,这种思维方法具有积极的意义,应当予以肯定。此外,储泳认为那些所谓的“神仙方士”之所以秘其术,闭其法,主要是因为他们都有自己不可告人的目的,“彼有是术,自能致富,惟恐人知”⑤。因此,储泳认为,揭穿“欺世之术”的有效方法,就是使那些“欺世之术”成为过街老鼠,具体地说,就是不断提示“君子之未达者固多察之”,做到“察而知其所以为邪足矣”的社会效果,只有这样,那些“欺世之术”便没有了推销自己的市场,同时也就失去了其赖以存在的群众基础,储泳将这种方法称之为“知术”⑥。此“知”说白了即是指科学知识的宣传与普及,对于神学迷信来说,它是一种真正的治本

① 《列宁选集》第2卷,人民出版社1972年版,第135页。

② 储泳:《祛疑说·咒水自沸》,中华书局1985年版,第5页。

③ 储泳:《祛疑说·六壬三杀乃先天四冲数》,中华书局1985年版,第14页。

④ 储泳:《祛疑说·辨身壬法》,中华书局1985年版,第12页。

⑤ 储泳:《祛疑说·烧金炼银》,中华书局1985年版,第16页。

⑥ 储泳:《祛疑说·知术》,中华书局1985年版,第8页。

之策。

## 三、南宋"无神论"思想的特点及其对明清科技进步的影响

首先,自觉地以科学知识为手段,并深入到鬼神迷信所制造出来的种种"假象"之中,充分暴露其"欺世之术"的骗人伎俩和"挟此资身"的贪利本性,让世人从被蒙蔽的心理状态下清醒过来,主动同神学迷信作斗争,是南宋"无神论"思想的一个突出特征。北宋的科技进步给社会发展带来了经济的繁荣和文化的昌盛,与此相应,由于科学在本质上是反神学迷信的,故当时有许多科学家自发地从唯物主义的立场出发去反对神学迷信。如,沈括云:"近岁延州永宁关大河岸崩入地数十尺,土下得竹笋一林,凡数百茎,根干相连,悉化为石。适有中人过,亦取数茎去,云欲进呈。延郡素无竹,此入在数十尺地下不知其何代物。无乃旷古以前地卑气湿而宜竹耶?婺州金华山有松石,又如核桃、芦根、地蟹之类,皆有成石者,然皆其地本有之物,不足深怪;此深地中所无,又非本土所有之物,特可异耳。"①又,唐慎微更明确地表示:"有病须医,何须祈祷信神盘!"②然正如列宁所说的,自发唯物主义仅仅是一种"对我们意识所反映的外界客观实在的自发的、不自觉的、不定型的、哲学上无意识的信念"③,此"信念"只是建立在一定的科学知识基础之上,而不是自觉地建立在一种"无神论"的哲学基础之上,因为"自发的唯物主义"虽说掌握了一定自然科学知识,但是他们还没有将已经获得的知识经验转化成一种比较彻底的无神论信念。因为科学知识只有转化为个人的信念才能决定一个人的世界观和人生观,指导一个人的行为和活动,否则就知行脱节。而北宋诸多科学家的自然观还处在自发的朴素唯物主义阶段,因此,其自觉的和定型的唯物主义无神论一般还没有形成。这样,他们的无神论思想不能不常常表现出一种矛盾的状态来,一方面他们反对有神论,另一方面又流露出有神论的思想倾向,表现出他们无神论思想的不彻底性和懦弱性。如王安石说:"命有贵贱乎?曰:有。有寿短乎?曰:有。故贤者贵,不贤者贱,其贵贱之命正也。"④沈括亦说:"(吴僧文捷)尝持如意轮咒,灵变尤多:瓶中水,咒之则涌立;畜一舍利,昼夜常转于琉璃瓶中,捷行道绕之,捷行速则舍利亦速,行缓则舍利亦缓。士人郎忠厚,事之至谨,就捷乞以舍利,捷遂与之,封护甚严,一日忽失所在,但空瓶

① 沈括:《梦溪笔谈》卷二十一《异事》,岳麓书社 2002 年版,第 156 页。

② 唐慎微:《重修政和经史证类备用本草》卷九《草部中品之下·蒟酱》,人民卫生出版社,第 229 页。

③ 《列宁全集》第 14 卷,人民出版社 1975 年版,第 366 页。

④ 《临川先生文集·补集·性命论》。

耳。忠厚斋戒延捷加持,少顷,见观音像衣上一物蠢蠢而动,疑其虫也,试取,乃所亡舍利。如此者,非一。忠厚以余爱之,持以见归。予家至今严奉,盖神物也。”①可以肯定,沈括在许多“未知”的自然领域内,囿于科学认识水平所限,其有神论的思想倾向还十分严重。究其原因,大概跟沈括等人没有自觉地从认识论的根源来寻找“有神论”产生的原因有一定的关系。然而,到南宋时期,经过北宋科技高峰态的激励和推进,人们的科技意识不自主地便有了很大提高,这就为南宋士大夫在对待“有神论”问题上逐渐由重社会批判转向重科学知识的宣传和普及创造了条件。比如,郑樵《通志》首次列《昆虫草木略》一目于史书,实乃一个伟大的创新之举,他为后代史学家将作为“隐学”的科学技术与作为“显学”的性命道德并立于史书之中树立了榜样。而郑樵的这个举措即是他个人努力的结果,同时更是宋代科学知识逐步发育成熟的一种“时态”反映。例如,郑樵在《灾祥略》中公开驳斥五行灾异之说,认为历代史书中所记载的“五行灾异”都是欺惑后人的“妖妄之说”,是“析天下灾祥之变,而推之于金、木、水、火、土之域,乃以事之吉凶而曲之为配”的“欺天之学”②。不仅如此,储泳还将批判“有神论”提升到认识论的高度,从而进行哲学层面的分析与批判。比如,储泳说:“人苟气宇清明,心神虚爽,鬼魅何从而入?惟其昏扰,浊乱自生,颠倒见解,故外邪客气乘之。然外邪客气,即我之颠倒见解而已,非外来也,由内不自正。”③此处之“心神虚爽”其实就是一种“哲学自觉”,就是科学知识转化为个人信念之后的一种兴奋意识。仅此而言,储泳超越了沈括,且南宋的“无神论”思想较北宋的“无神论”思想更具有理性的思辨色彩。

其次,儒释道三教的合流虽然反映了整个宋代学术发展的特点,但是南宋与北宋相比较,两者在无神论方面还是表现出了不同的特色,如果说北宋的大多数士大夫对于“释道”思想还不敢公开表示支持的话,那么,南宋士大夫就显得格外大胆和张扬了。如二程在口头上绝不承认自己的理学思想与释道有任何联系,甚至他们认为“佛氏不识阴阳昼夜死生古今,安得谓形而上者与圣人同乎?”④,而“庄子有大底意思,无礼无本”⑤,所以说“杨、墨之害,甚于申、

① 沈括:《梦溪笔谈》卷二十《神奇》,岳麓书社 2002 年版,第 147—148 页。

② 郑樵:《通志二十略·灾祥略序》,中华书局 1995 年版,第 1905 页。

③ 储泳:《祛疑说·邪正》,中华书局 1985 年版,第 8 页。

④ 程颐、程颢著,王孝鱼点校:《河南程氏遗书》卷十四《亥九月过汝所闻》,《二程集》上册,中华书局 1994 年版,第 141 页。

⑤ 程颐、程颢著,王孝鱼点校:《河南程氏遗书》卷七《二程集》上册,中华书局 1994 年版,第 97 页。

韩；佛、老之害，甚于杨、墨。”[①]当然，二程反对佛、老二教并不说明他们就是彻底的“无神论”者，实际上，他们对“天人感应”以及卜筮之术等神学迷信仍深信不疑，如二程说：“卜筮之能应，祭祀之能享，亦只是一个理。”[②]又说：“尝问好谈鬼神者，皆所未曾闻见，皆是见说，烛理不明，便传以为信也。假使实所闻见，亦未足信，或是心病，或是目病。”[③]但二程对这种“想出”[④]的鬼神本身是不加反对的，二程说：“杨定鬼神之说，只是道人心有感通……以至人心在此，托梦在彼，亦有是理，只是心之感通也。”[⑤]同二程一样，张载在思想形式上也反对佛、老，比如，张载批评佛教“妄意天性”，“不知天命”[⑥]，同时，他又提出“虚空即气”的命题以摈斥老子的“有生于无”[⑦]之说，因此，张载坚决反对将“儒、佛、老、庄混然一涂”[⑧]的主张。虽然张载也主张“天人相分”，但他又不放弃“天人合一”说，于是，他对于鬼神的态度就有些犹豫不决，一方面他说“鬼神常不死，故诚不可掩”，另一方面又说“人有是心在隐微，必乘间而见，故君子虽处幽独，防亦不懈”[⑨]，既“诚”又“防”不是很矛盾吗？与北宋多数士大夫的这种矛盾心态不同，南宋士大夫大都不忌讳儒释道三者合一，甚至马永卿还公开提出了“儒、释、道、神四者其心皆一”的命题[⑩]。不过，马永卿的这种主张是否表明南宋的“有神论”思想更甚于北宋了呢？恰恰相反，在马永卿的主张背后隐藏着士大夫“无神论”思想意识的普遍提高。下面的一组数字颇能说明这个问题：据《宋会要辑稿》统计，宋仁宗景祐元年（1034）全国的僧尼数为43.4万余人，宋神宗熙宁十年（1077）减少为23.2万余人，而至南宋绍兴二

---

① 程颐、程颢著，王孝鱼点校：《河南程氏遗书》卷十三《亥八月见先生于洛所闻》，《二程集》上册，中华书局1994年版，第138页。

② 程颐、程颢著，王孝鱼点校：《河南程氏遗书》卷二下《附东见录后》，《二程集》上册，中华书局1994年版，第51页。

③ 程颐、程颢著，王孝鱼点校：《河南程氏遗书》卷二下《附东见录后》，《二程集》上册，中华书局1994年版，第52页。

④ 程颐、程颢著，王孝鱼点校：《河南程氏遗书》卷二下《附东见录后》，《二程集》上册，中华书局1994年版，第52页。

⑤ 程颐、程颢著，王孝鱼点校：《河南程氏遗书》卷二上《元丰已未吕与叔东见二先生语》，《二程集》上册，中华书局1994年版，第46页。

⑥ 张载著，章锡琛点校：《正蒙·大心篇第七》，《张载集》，中华书局1978年版，第26页。

⑦ 张载著，章锡琛点校：《正蒙·太和篇第一》，《张载集》，中华书局1978年版，第8页。

⑧ 张载著，章锡琛点校：《正蒙·太和篇第一》，《张载集》，中华书局1978年版，第8页。

⑨ 张载著，章锡琛点校：《正蒙·神化篇第四》，《张载集》，中华书局1978年版，第16页。

⑩ 黄震：《黄氏日抄》卷四十四《读本朝诸儒书·元城道护录》，文渊阁四库全书本；马永卿：《元城语录解》卷上。

十七年(1157)更减少到20万人,至于道士才万人①。这组人数的递减性变化说明信奉释道的民众在不断减少,此结果既跟政府的宏观宗教限制政策有关,又在一定程度上反映了民众的"无神论"意识已经普遍地有所提高这个社会现实。而南宋的士大夫对于"有神论"的批判则更多集中在民间的神学迷信方面,也是跟当时社会的实际发展状况相适应的。比如,"风水"作为一门迷信卜术始兴于宋代,当时出现了一批诸如赖文俊、傅伯通、张鬼灵、孙伯刚、谢和卿、冯怀古、邹宽、刘潜等所谓的"风水师"。而对于风水术,朱熹的态度是"信便有,不信便无"。他说:"吕丈都不晓风水之类,故不信。今世俗人信便有,不信便无,亦只是此心疑与不疑耳。"②在朱熹看来,不仅风水如此,而且鬼神亦如此。他说:"世之惑者,盖皆求鬼神于茫昧恍惚之间,而不知其所以致之者,实在于我故也。"③又说:"鬼神气也,人心之动亦气也,以气感气,故能相为有无",因而"欲其有则有,欲其无则无"④故他的主张是凡"世俗鬼神老佛之说所至必屏绝之"⑤。同朱熹相近,储泳也对风水术提出了疑义和不同看法。他认为:人们"设土木像敬而事之,显应灵感,此非土木之灵,乃人心之灵耳。夫坛场社庙或兴或废,有灵有不灵者系人心之归与不归,风水聚与不聚,盖人者具真觉之灵,受中和之气,天地之内莫灵于人,人心所聚灵气之所聚也。"⑥虽然储泳的解释暴露出了一定的时代局限性,但就整体水平而言,还是较北宋前进了一大步。无论是朱熹还是储泳,他们都从"气"的角度对"鬼神"一类存在物作了"形而下"的解释,这样,鬼神便成了与人类紧密相连的一种思维现象,而不是高高在上的神秘主宰。人与鬼神的关系是鬼神由人来支配而不是相反,因此,储泳便有了"人心所聚灵气之所聚也"的结论。鲁迅先生曾说:"一到求神拜佛,可就玄虚之至了,有益或是有害,一时就找不出分明的结果来,它可以令人更长久的麻醉自己。"⑦虽然南宋的无神论者还没有认清

① 李心传:《建炎以来系年要录》卷一百七十七"绍兴二十七年八月辛亥",中华书局1988年版,第2930页。

② 黎静德编;王星贤注解:《朱子语类》卷一百三十八《杂类》,中华书局1986年版,第3289页。

③ 朱熹:《晦庵集》卷五十二《答吴伯丰》,《朱子全书》,上海古籍出版社2002年版,第2420页。

④ 朱熹:《晦庵集》卷四十一《答连嵩卿》,《朱子全书》,上海古籍出版社2002年版,第1852页。

⑤ 朱熹:《晦庵集》卷八十九《右文殿修撰张公神道碑》,《朱子全书》,上海古籍出版社2002年版,第4140页。

⑥ 储泳:《祛疑说·神像所以灵》,中华书局1985年版,第11页。

⑦ 鲁迅:《鲁迅全集》下卷,西藏人民出版社1998年版,第1605页。

鬼神迷信的这个社会本质，但是他们试图从认识论的层面来揭露鬼神迷信存在的现实根源，认为鬼神都是人们主观意识的产物，是一种心灵空虚的造作，仅此而论，它的进步意义也是不言而喻的。

再次，将“格物之学”与“道家的行持”统一起来，认为鬼神迷信是“世之学者不务存养于平时”的必然后果。理学自南宋嘉定十三年(1220)开始，逐步取得了官方的认可，其二程亦同时被抬高到“二三圣人”①的崇高地位，这表明理学的社会影响愈益广泛和深远了。与二程的“无神论”思想略有不同，朱熹对鬼神卜筮之类迷信思想持有怀疑态度，甚至在一定程度上他还反对鬼神卜筮之类的迷信活动。当然，从社会根源上讲，由于阶级矛盾的尖锐性和复杂性，一方面，农民起义有时也打着鬼神迷信的旗号进行反抗封建压迫的斗争，而另一方面，封建统治阶级则利用鬼神迷信的“自我麻醉”作用来作为削弱人民反抗意志的精神鸦片。但在南宋的“无神论”者看来，鬼神迷信毕竟是一种“邪法”，而削弱人民反抗斗争意志的方法不仅有“邪法”，而且更有“正法”，所以，在同样效果的条件下，为什么不采用“正法”而用“邪法”呢？那么，什么是“正法”？所谓“正法”其实就是程朱理学的“格物”之学。二程说：“格，至也，穷理而至于物则物理尽。”②有人问：“如何可以格物？”程颐回答说：“但立诚意去格物，其迟速却在人明暗也。明者格物速，暗者格物迟。”③把“立诚意”作为“格物”的基本手段，是二程理学的重要特色，只是在他们那里，这个基本手段还没有转变为克服和战胜鬼神迷信的一种有力工具。而朱熹的理学思想就不同了，朱熹首先否定了“天”的意志性和超经验性，他说：“天之所以为天者，理而已。天非有此道理，不能为天，故苍苍者即此道理之天……非如道家说，真有个‘三清大帝’著衣服如此坐耳！”④否定了有意志的天，道家所说的“仙人不死”也就失去了存在的根基，朱熹指出：“人言仙人不死。不是不死，但只是渐渐消融了，不觉耳。盖他能炼其形气，使渣滓都消融了，唯有那些清虚之气，故能升腾变化。”⑤从这个角度出发，朱熹反对道教的“外丹法”，在

---

① 徐松：《宋会要辑稿》选举六之四〇。

② 程颐、程颢著，王孝鱼点校：《河南程氏遗书》卷二上《元丰己未吕与叔东见二先生语》，《二程集》上册，中华书局1994年版，第21页。

③ 程颐、程颢著，王孝鱼点校：《河南程氏遗书》卷二十二上《伊川杂录》，《二程集》上册，中华书局1994年版，第277页。

④ 黎静德编，王星贤注解：《朱子语类》卷二十五《与其媚于奥章》，中华书局1986年版，第621页。

⑤ 黎静德编，王星贤注解：《朱子语类》卷一百二十五《论修养》，中华书局1986年版。

他看来,“铅汞龙虎”之类“非在外之物”,而是“人身内所有之物”①。在此,为了论证理学与道家“存想法”之间的内在联系,朱熹说:“义理不是面前物,皆吾心固有者,如道家说存想法。”②所谓“道家说存想法”又称作“持养”,用储泳的话说就是“行持”,朱熹说:“养,非是如何椎凿用工,只是心虚静,久则自明。”③进一步说“持养”便是“就身上存想”④。对此,储泳说得更清楚:“道家之行持即吾儒格物之学。盖行持以正心诚意为主,心不正则不足以感物,意不诚则不足以通神,神运于此物,应于彼,故虽万里可驱摄于呼吸间,非至神孰能与此。呜呼,广大无际者,心也;隔碍潜通者,神也。然心不存则不明,神不养则不灵,正以存之久而自明,诚以养之极而自灵。世之学者不务存养于平时,而遽施行于一旦,仪犹汲甘泉于枯井,采英华于槁木,吾见其不可得矣。”⑤此“正以存之久而自明”与朱熹所说持养“只是心虚静,久则自明”不谋而合,这说明南宋无神论在推行“正法”以取胜“邪法”方面,其方法与立场是共同的和一致的。

南宋无神论在反对有神论的思想斗争中,形成了把自然科学与无神论结合起来的思想传统,而这个传统则成为明清无神论者反对有神论的主要方式,如李时珍、方以智等都是这个思想传统的继承者和发扬光大着。如,李时珍在《本草纲目》一书中,坚持认为“气”是形成宇宙万物的根源,他说:“石者,气之核,土之骨也……气之凝也,则结而为丹青;气之化也,则液而为矾汞。”⑥且“一气生人,乃有男女构精,乃自化生。”⑦用“气”的物质特性来分析自然界的运动变化规律,则神鬼的超自然力量便不攻自破了。如李时珍认为:“野外之鬼磷,其火色青,其状如炬,或聚或散,俗称鬼火。或云:诸血之磷光也。”⑧又《神仙传》说:“封君达、黑穴公,并服黄连五十年得仙。”对此,李时珍通过科学的分析后认为:“黄连大苦大寒之药,用之降火燥湿,中病即当止。岂可久服,

① 黎静德编,王星贤注解:《朱子语类》卷一百一十三《训门人一》,中华书局 1986 年版,第 2745 页。

② 黎静德编,王星贤注解:《朱子语类》卷一百一十三《训门人一》,中华书局 1986 年版,第 2745 页。

③ 黎静德编,王星贤注解:《朱子语类》卷十二《学六 · 持守》,中华书局 1986 年版,第 204 页。

④ 黎静德编,王星贤注解:《朱子语类》卷八《总论为学之方》,中华书局 1986 年版,第 142 页。

⑤ 储泳:《祛疑说 · 行持是正心诚意之学》,中华书局 1985 年版,第 4—5 页。

⑥ 李时珍:《本草纲目》卷八《金石部目录序》,华夏出版社 2008 年版,第 323 页。

⑦ 李时珍:《本草纲目》卷五十二《人部 · 人傀》,华夏出版社 2008 年版,第 1941 页。

⑧ 李时珍:《本草纲目》卷六《火部 · 阳火 · 阴火》,华夏出版社 2008 年版,第 295 页。

便肃杀之令常行,而伐其生发冲和之气乎?”“所以久服黄连、苦参反热,从火化也。余味皆然。久则脏气偏胜,即有偏绝,则有暴夭之道。”①至于神仙家将“金”奉为“成仙”之丹,诱导那些贪生者妄自服用,更是愚蠢至极,因此,李时珍毫不客气地指出:“求生而丧生,可谓愚也矣。”②而对于社会上所流传的各种学说,储泳的态度是“合于理者从之,背于理者去之”,李时珍更把“格物穷理”的思想贯穿于药物学的研究,在他看来,“马食杜衡善走,食稻则足重,食鼠屎则腹胀,食鸡粪则生骨眼。以僵蚕、乌梅拭牙则不食,得桑叶乃解。挂鼠狼皮于槽亦不食。遇海马骨则不行”等,“皆物理当然耳”③既然是“皆物理当然”,就应当“从之”,相反,像“白雄鸡养三年,能为鬼神所使”一类说法,“乃异端一说”④此说显然有“背于理”,因而应“去之”。方以智是明末清初的一位杰出科学家和哲学家,他继承了储泳用自然科学的优秀成就去揭露和批判有神论的思想传统,博取中西科学之长,尤其是他自觉地吸纳西方科学技术的先进成果,认为“太西质测颇精,通几未举”⑤,又说:“寂感之蕴,深究其所自来,是曰‘通几’;物有其故,实考究之,大而元会,小而草木蠢蠕,类其性情,徵其好恶,推其常变,是曰‘质测’。‘质测’即藏‘通几’者也。”⑥其所谓“质测”指的是西方的自然科学,而“通几”则指脱离了神学束缚的西方哲学,从这句话中,我们不难看出,方以智对待西方文化的基本态度是扬科学而去神学的,是主张“寓通几于质测”和“通几护质测之穷”的。他认为:西方神学所宣扬的“上帝”观仅仅是一个没有意义的思想符号,他说:“物所以物,即天所以天。心也,性也,命也,圣人贵表其理,其曰‘上帝’,就人所尊而称之。”⑦同南宋一样,明朝也是一个鬼神迷信盛行的时代,因此,用先进的自然科学知识去深刻揭露神鬼方术的骗人本质,是每一个无神论者义不容辞的历史使命。方以智对于神鬼迷信的泛滥当然不能袖手旁观,他在《神鬼方术》一文中引证了储泳揭批方术士欺瞒世人的伎俩,说:“咒水自沸,乃以猪囊袖中,用手去助之。日中移影者,隐像于镜,设灯于旁,灯镜交辉,传影于纸也。咒枣烟起者,藏药于枣,或藏镜于顶,感召阳精,举枣就镜,则久之而焦矣。”⑧在方以智看来,“卖丸

① 李时珍:《本草纲目》卷十三《草之二·黄连》,华夏出版社2008年版,第323页。

② 李时珍:《本草纲目》卷八《金石部·金》,华夏出版社2008年版,第327页。

③ 李时珍:《本草纲目》卷五十《兽部一·马》,华夏出版社2008年版,第1817—1818页。

④ 李时珍:《本草纲目》卷四十八《禽部二·鸡》,华夏出版社2008年版,第1709页。

⑤ 方以智:《物理小识序》,商务印书馆1937年版,第1页。

⑥ 方以智:《物理小识序》,商务印书馆1937年版,第1页。

⑦ 《通雅》卷十一《天文·释天》。

⑧ 方以智:《物理小识》卷十二《神鬼方术类》,商务印书馆1937年版,第286页。

者,烧香入金虾蟆口,人惊视之,故买其药。盖与木马自走,纸人自舞同法。一处用铁浆,一处用磁吸也。”①从有神论产生和发展的历史看,它的一个重要特征就是贪图钱财,对此,方以智严正地指出:“凡托鬼神以敛民钱者,皆好人射利也,吾愿世之信巫者,各书一通,以醒聋聩。”同储泳一样,方以智认为神鬼迷信都是人类意识的产物,在他们看来,其实世界上根本就没有神鬼之实体。故方以智说:“神本灵也,而凭物触几,实以心显。或独以通之,或众以聚之。造一像焉,专祀之,众祷之,其效归此则自灵矣。彼座像放光而後兴修,香灰撮药而多服验者,谁灼其故耶?神不可知,在可知中,固非人之所知也:可知之灵以不可知而灵,尤人之所不知者也。有以信致专者,即有以疑致畏者,即有以不信致勇者,此其机一,何神乎?积想不已,能生胜气,人心无形,其力最大是也。故曰:有体物之神鬼,即有成能之鬼神,即有作怪之鬼神。权在自己,正己毕矣,彼如我何?”否定了超意志鬼神的存在,实际上就是承认了“神由人造”的事实。尽管由于时代的局限性,方以智给人类的造神现象本身还留有余地,表现了他自己头脑中还存在着一定的“有神论”意识,但从总体上说,方以智的无神论思想是主要的。尤其是南宋以来的无神论者自觉地用“通几护质测之穷”,即用战斗的无神论思想去捍卫和发展自然科学中的客观真理,极大地促进了明清科学技术的进步,所以明朝中后期便集中地出现了一批像《本草纲目》、《农政全书》、《徐霞客游记》、《天工开物》、《物理小识》等科技名著,它们不仅是南宋以后中国古代科学技术成果的一次大总结,而且就其社会影响来说,它们无疑地又形成了中国古代科学技术发展的一个新高峰。

① 方以智:《物理小识》卷十二《神鬼方术类》,商务印书馆 1937 年版,第 280 页。

# 第五章　伎艺之学中的天人相分思想

## 第一节　《武经总要》与“制胜决于人事，参以天变”的天人相分思想

从天人关系的角度讲，《武经总要》的总体内容可分为“人道”与“天道”两部分，其中曾公亮和丁度具体负责兵法中属于“人道”的那部分内容，而司天少监杨惟德具体负责兵法中属于“天道”的那部分内容。宋人赵希弁在《郡斋读书志后》卷二中介绍《武经总要》一书说：“康定中，朝廷恐群帅昧古今之学，命公亮等采古兵法及本朝计谋方略，凡五年奏御，《制度》五卷、《边防》五卷、《故事》十五卷、《占候》五卷，御为制序。”而就曾公亮对待“占候”的态度来说，曾公亮所看重的仅仅是“占候”中属于“科学”的那部分内容，而对于“占候”中属于“伪科学”的那部分内容则予以否定。如，曾公亮在“占候”序中说：“仰观天文，著在图籍，昭昭可验者也。”又说：“使拘者为之，则牵于禁忌，泥小数，舍人事，任鬼神。”①不仅如此，曾公亮还把这个原则运用于选择与分析古代已经发生的实际战例，如他在“推人事破灾异”条下举周武王伐纣中的一次战役为证。他说：

“周武王伐纣，师至汜水牛头山，风甚雷疾，鼓旗毁折，王之骖乘惶震而死。太公曰：‘用兵者顺天之道未必吉，逆之未必凶。若失人事，则三军败亡。且天道鬼神之道，视之不见，听之不闻，智将不怯而愚将拘之。若乃好贤而用能、举事而得胜时，此则不拘时日而事利，不假卜筮而事吉，不祷祀而福从。’遂命驱之而前，周公曰：‘今时逆太岁龟灼吉凶，卜筮不吉，星变为灾，请还师。’太公怒曰：‘今纣刳比干、囚箕子，以飞廉为政，伐之有何不可？枯草朽骨，安可知乎！’乃焚龟析蓍，援枹而鼓，率众先涉河，武王从之，遂伐纣。”②

① 曾公亮、丁度：《武经总要·后集》卷十六《占候六》，《中国历代兵书集成》（第二卷），团结出版社1999年版，第1130—1131页。

② 曾公亮、丁度：《武经总要·后集》卷十三《推人事破灾异》，《中国历代兵书集成》（第二卷），团结出版社1999年版，第1307—1308页。

钱学森先生在《关于思维科学》一文中将科学技术的部门由传统的六个增为七个,其新增的一门科学技术就是"军事科学"①。虽然"军事科学"是一门特殊的科学技术部门,但是它既然被称作"科学",那么,它就必然从本质上与神鬼迷信相对立。曾公亮在当时的历史条件下,能够将"制胜决于人事"作为军事战争的基本指导思想,这是一种十分难能可贵的求真求实的科学精神。

## 一、"伎能局力之所以异"的用人思想

宋人善求"道理",这是宋代士大夫的一种具有普遍性的思维模式。如《梦溪笔谈·续笔谈》载:"太祖皇帝尝问赵普曰:'天下何物最大?'普熟思未答间,再问如前,普对曰:'道理最大。'上屡称善。"那么,什么是道理?邓小南解释说:所谓"道理"其实就是赵普针对当时的政治现实"强调遵循合理的原则,而非志在阐发天道、义理。"②换言之,"道理"是指事物发展变化的根本法则,而正是宋初君臣的这种求"道理"意识才一步步地最终成就了程朱理学的横空出世之功,对此,南宋人王义山说:"自国初'道理最大'之言一发,至仁宗天圣四年赐新进士《大学》篇,于后又与《中庸》间赐,著为式。自是而天下士始知有庸、学。厥后周程诸子出焉,至晦翁而集大成。理学遂大明于天下后世。"③当然,"道理"不仅用于治国,而且也用于治军。比如,《武经总要》就反复讲到了"理"这个范畴。其一,"非理兴怒"为"六败"之一④;其二,"自予而不循(常自负,不循理也),将之专矣,然而上专者多死"⑤;其三,"知彼知己,则始定计于内,出兵于境,是谓以理击乱,以教卒练士击自徒驱众,无不克也"⑥;其四,"故善战者,应形于无穷(每有形我,则随应之),其理未可见"⑦;其五,"若寇营士卒警怖蹂躏,吾以精骑颈兵乘之,此必胜之理也"⑧,等等。通

① 《自然杂志》1983年第8期。

② 邓小南:《关于"道理最大"——兼谈宋人对于"祖宗"形象的塑造》,载《暨南大学学报》2003年第3期。

③ 王义山:《稼村类稿》卷四《宋史类纂序》。

④ 曾公亮、丁度:《武经总要·前集》卷一《选将一》,《中国历代兵书集成》(第二卷),团结出版社1999年版,第886页。

⑤ 曾公亮、丁度:《武经总要·前集》卷一《将职》,《中国历代兵书集成》(第二卷),团结出版社1999年版,第888页。

⑥ 曾公亮、丁度:《武经总集·前集》卷三《叙战上》,《中国历代兵书集成》(第二卷),团结出版社1999年版,第912页。

⑦ 曾公亮、丁度:《武经总集·前集》卷三《叙战中》,《中国历代兵书集成》(第二卷),团结出版社1999年版,第915页。

⑧ 曾公亮、丁度:《武经总集·前集》卷六《备夜战法》,《中国历代兵书集成》(第二卷),团结出版社1999年版,第949页。

观看之,此“理”多为事物内部的一种必然性,是需要理性思维才能认识和把握的客观规律。而《武经总要》所总结和概括的正是那种已经经过实战证明是取胜于敌的那些具有规律性的经验和方法,不过,战争不同于一般的社会运动,就具体的战役而言,它具有高度的灵活性与可变性,这就要求将帅必须因地制宜,随机应变,“必须按照随时变化随地不同的具体情况去做”①。因此,《武经总要》把“选将”作为决定战争胜负的第一要务,不仅有道理,而且在当时是一种非常先进的军事理念。恩格斯指出:“赢得战斗胜利的是人而不是枪。”②而毛泽东更进一步指出:“武器是战争的重要的因素,但不是决定的因素,决定的因素是人不是物。”③故《武经总要》说:

“古者国家虽安,必常择将。择将之道,惟审其才之可用也,不以远而遗,不以贱而弃,不以诈而疏,不以最而废。”④

但究竟什么是“才之可用”者?《武经总要》把“五才”与“五谨”结合起来,作为考量一个人能不能成为“将才”的基本标准。《武经总要》说:

“所谓五才者,一曰智,二曰信,三曰仁,四曰勇,五曰严。非智不可以料敌应机,非信不可以训人率下,非仁不可以附众抚士,非勇不可以决谋合战,非严不可以服强齐众。所谓五谨者,一曰理,二曰备,三曰果,四曰诫,五曰约。理者理众如理寡(旌旗有分,金鼓有餙,故一人学战,教成十人),备者出门如见敌(行则整战阵,住则严防守),果者见敌不怀生(传曰:杀敌为果,致果为毅)诫者虽克如始战(宋义谓项羽:战胜而将骄卒惰者败),约者法令省而不烦(政烦则人惰,水浊则鱼病,法令滋彰,盗贼多有)。”⑤

北宋初创,由于对外战争的迫切需要,特别是在与契丹辽及西夏兵的争战中,多为其所败,实在是有失大宋国的威严。究其原因,固然有其装备落后、宋人不善骑兵等客观方面的因素,但宋朝统治者推行“重文轻武”的方略是其失败的内因,漆侠先生说:宋朝“重文事,轻武略,把文臣放在第一位,武将放在第二位,丝毫不重视养兵这一武事的最根本方面。”⑥更重要的是至宋仁宗时

① 《毛泽东选集》第二卷,人民出版社 1991 年版,第 436 页。

② [德]马克思、恩格斯:《马克思恩格斯军事文集》第 2 卷,战士出版社 1981 年版,第 229 页。

③ 《毛泽东选集》第二卷,人民出版社 1991 年版,第 469 页。

④ 曾公亮、丁度:《武经总要·前集》卷一《选将第一》,《中国历代兵书集成》(第二卷),团结出版社 1999 年版,第 885 页。

⑤ 曾公亮、丁度:《武经总要·前集》卷一《选将第一》,《中国历代兵书集成》(第二卷),团结出版社 1999 年版,第 885 页。

⑥ 漆侠:《探知集》,河北大学出版社 1999 年版,第 164 页。

期，北宋已经形成了“以文驭武”的局面[①]，当然，仅就“以文驭武”本身而论，“文官”未必不能做将帅，问题是做将帅的“文官”一定是懂军事理论、能统筹战争全局和具有应战能力的“文官”，然而，宋代的很多“文官”将帅恰恰是对打仗一窍不通的酒囊饭袋。对此，贾昌朝说：太宗时，“亲旧、恩倖已任军职者，便当为将，兵谋战法素不知晓，一旦付千万士卒之命，使庸人致之死地。”[②]而宋祁则公开承认：“臣所习者艺文，未晓者军旅，用非所习，虽勤而弗效。”[③]此“虽勤而弗效”绝对不是宋祁一个人的感受，大多数文官将帅恐怕都存在着“用非所习”的问题。所以，《武经总要》编撰的主要动机确实如晁公武所言，是“朝廷恐群帅昧古今之学”。而“康定”年间（1040—1041）正是“文臣”出任将帅与其不通兵法之矛盾冲突最为严重的时期，用刘敞的话说这个矛盾的具体表现就是“边臣有才者寡，可用者少”[④]。而为了解决这个矛盾，“朝廷颇访知兵者，士大夫人人言兵矣。”[⑤]宋代的士大夫就爱赶时髦，朝廷的指挥棒一挥，大家都一拥而上，结果造成了更大的人才资源浪费。从这层意义上说，《武经总要》的出现既是时代的需要，同时又是一种对北宋人才资源的重新整合，它对于提高北宋将帅的知识素质，对于逐步改变其“文臣”不知兵法的被动局面是有着积极作用的。在《武经总要》看来，一个将帅的天职就是“料人”。《武经总要》说：

“夫大将受任，必先料人，知其材力之勇怯，艺能之精捅，所使人各当其分。”[⑥]

而一名优秀的军事将帅，至少应具备两个条件：一是“将在军，必先知五事、六术、五权之用，与夫九变四机之说”[⑦]，此为专业知识；二是“总兵之任，务搜拔众材，以助观听，以咨筹略”[⑧]，此为人事之学。战争的人事之学与非战争的人事之学相比较，一个最大的不同就是前者的理念是“以才取人”而不是“以人取才”。世界上没有真正的“全才”，一个人的能力再强，也不可能什么

---

① 漆侠：《探知集》，河北大学出版社1999年版，第164页。

② 李焘：《续资治通鉴长编》卷一三八“庆历二年十月戊辰”条。

③ 《景文集》卷三十八《谢加端明表》。

④ 刘敞：《公是集》卷三十一《论边臣》。

⑤ 晁公武：《郡斋读书志·后志》卷二《子类·王晳注孙子三卷》。

⑥ 曾公亮、丁度：《武经总要·前集》卷一《料兵》，《中国历代兵书集成》（第二卷），团结出版社1999年版，第891页。

⑦ 曾公亮、丁度：《武经总要·前集》卷一《将职》，《中国历代兵书集成》（第二卷），团结出版社1999年版，第886页。

⑧ 曾公亮、丁度：《武经总要·前集》卷一《选能》，《中国历代兵书集成》（第二卷），团结出版社1999年版，第891页。

都懂，什么都通。因此，一般说来，在人才的类型中，既有“全才”和“专才”，又有“偏才”和“怪才”；既有“复合”人才，又有“技能”人才，等等。由于战争的情况瞬息万变，什么情况都有可能发生，在这样的客观条件下，如果想取得战争的主动权，就需要荟萃各色人才，海纳百川。一方面，这是战争形势的要求，另一方面，也是将帅本身应当具备的基本的用人素质。如《武经总要》举例说：

“蜀将诸葛亮率诸军驻汉中，以魏延领司马，杨仪为长史司。延善养士卒，勇猛过人，又性矜高，当时皆避下之，惟仪不假借延。延以为忿，有如水火。仪常视画分部，筹度粮谷，不稽思虑，斯须便了，军戎节度取办于仪。亮深惜仪之才干，延之骁勇。常恨二人之不平，不忍有所偏废也（延、仪才有所偏，孔明任人各取所长）。”①

将帅知人用人，确是一门高深的军事学问和领导艺术。故《武经总要》说：

“大将有受任，则与副佐讲求人材。有异能者，无问势之大小贵贱，皆置在幕府，以备役用。其或杖策挟术自干于军门，亦询视其颜色，察验其所来；所复可，则明试而录之。凡沉谋秘略出于人上者，可使佐谋；巧词善说能移人意者，可使游说，历聘四方；知风俗人情之隐者，可使佐术；得敌人门庐请谒之情者，可使为间；知山川险易、形势利害、井泉刍牧、道途迂直者，可使导军；巧思出人，能烁金剡木为器械者，可使佐攻；材力蹻健，能猿腾鹘击、逾沟越垒、来往无迹者，可使密觇；能占风候气、视月观星、揲蓍转式、达于休咎者，可使佐谲。凡此色类，非可悉数，但负一能，军中皆有以用之，不可弃也，由智将之所裁量尔。”②

“伎能有长短，局力有大小，器而使之。”③

在此，讲“智将”与“裁量”各色人才的关系及其对于战争的重要性，是《武经总要》突出表现的一个军事思想，颇近似于现代意义上的“特种兵”理念，如“材力蹻健，能猿腾鹘击、逾沟越垒、来往无迹者，可使密觇”，所谓“密觇”就是现代战争中的侦察兵，而“侦察兵”就是现代特种兵的前身。所以，尽人之所能，服务于战争的各种需要，应是“智将”的最高目标。当然，在将帅决策正确

① 曾公亮、丁度：《武经总要·后集》卷八《知人》，《中国历代兵书集成》（第二卷），团结出版社1999年版，第1251页。

② 曾公亮、丁度：《武经总要·前集》卷一《选能》，《中国历代兵书集成》（第二卷），团结出版社1999年版，第892页。

③ 曾公亮、丁度：《武经总要·前集》卷一《选将第一》，《中国历代兵书集成》（第二卷），团结出版社1999年版，第885页。

的前提下，士兵的个人素质无疑是决定战争胜负的一个重要因素，但还不是决定性因素，而真正决定战争胜负的因素则是士兵的整体素质。《武经总要》说：

“军无众寡，士无勇怯，以治则胜，以乱则负。兵不识将，将不知兵，闻鼓不进，闻金不止，虽百万之众，以之对敌，如委肉虎蹊，安能求胜哉？所谓治者，居则阅习，动则坚整；进不可以犯，退不可以追；前劫如节，左右应麾；可合而不可离，可用而不可疲；虽绝成阵，虽散成行，治之素也。”①

为了达到这样的效果，《武经总要》非常强调“日阅”与“讲武”之“交相为用”的重要性。如果说将帅的选择重在才能的个性特征的话，那么，领兵本身则重在其系统组织与整体功能。所以，《武经总要》说：“三官不谬，五教不乱，是谓能军。三官者，鼓、金、旗也，五教者，目、耳、手、足、心也。教目知形色之旗，教耳知号令之数，教足知进退之度，教手知长短之兵，教心知赏罚之用。五者用习，是取胜之治卒也。”②“三官”与“五教”的统一实际上讲的就是士卒的整体配合性，其中每一个环节都是系统中的要素，它们对整个系统功能的正常发挥都起着关键性的作用。《武经总要》把这种关系比作“一身”与“四肢”及“拇指”的关系，说：“军，身也；卒，服也；伍，拇指也（大将以军为身，小将为四肢，士伍为拇指也）。谓将之役士，士之从将，如一身之与四肢、拇指也。”③这里，系统不仅具有整体性的特征，而且还有有序性、协调性和递阶性的特征。一般而言，当将士相互结合成一个有机的系统组织后，它的功能性质将随之会出现新的变化，其主要表现是：一、整体的功能大于各个部分的功能之和，《武经总要》把这个功能概括为一句话，那就是“可合而不可离”④；二、整体出现任何部分都不曾有的功能，如同石块对于石桥的关系一样，由于石块的结构发生了变化，因此，石桥便出现了在一堆石块的结构状态下无论如何都不会出现的功能。《武经总要》把这个功能称作“率然”，其文曰：“夫战兵先欲团一，团一则千人同心；千人同心，则有千人之力；万人异心，则无一人之用。心齐力均，故古之称如率然。如率然者，常山蛇也。击其首，则尾至；击其尾，则首至；

① 曾公亮、丁度：《武经总要·前集》卷二《序言》，《中国历代兵书集成》（第二卷），团结出版社1999年版，第892页。

② 曾公亮、丁度：《武经总要·前集》卷二《序言》，《中国历代兵书集成》（第二卷），团结出版社1999年版，第892页。

③ 曾公亮、丁度：《武经总要·前集》卷三《叙战上》，《中国历代兵书集成》（第二卷），团结出版社1999年版，第913页。

④ 曾公亮、丁度：《武经总要·前集》卷二《序言》，《中国历代兵书集成》（第二卷），团结出版社1999年版，第892页。

击其中，则首尾皆至。”①那么，如何维持与发挥这个系统的整体功能呢？《武经总要》提示我们应“修道而保法”②，“示公而不改法也”③。为此，它举“法贵必行”与“兵道尚严”两例来说明“修道而保法”的本质与内涵。

其一，“宋云州观察使郭进在石岭关，干敏有材，善听断，以钩距得其情，御下有方略，军政严肃。然天性喜杀，士卒少有违令，必置于法。每有讨伐，皆奋不顾死，多致克捷。在西山，宋太祖每遣戍卒，必谕之曰：‘汝辈当谨奉法，我犹赦汝，郭进杀汝矣。’其为将严肃如此。”④

其二，“五代周韩令坤平杨州，吴人遣孟俊率众数万来逼城，世宗遽命宋太祖皇帝领兵二千援之。帝所领多天武禁兵，有临阵逗挠不用命者，帝必奋剑斫其皮笠，阳为趣战，其实识之。明日尽索皮笠，视有剑迹者，得数千人，立斩以殉。自是人皆死战。”⑤

严格说来，“兵道”应分为“内”与“外”两个方面，从“内”的方面讲，“尚严”的“兵道”实在有些不“人道”，怎么把那些“违法”的人，说杀就杀了呢，其实这个问题不难解释，因为任何军队一旦进入战争状态，它就变成了一个整体，一个有组织的系统，在这个系统中任何要素都不是孤立的，而系统内的任何一个要素一旦与其他要素之间发生了断裂性的矛盾与冲突，其结果都将会给整个战争招致灭顶之灾，可见，“士卒少有违令，必置于法”，自有它的道理。然而，从“外”的方面讲，兵法有“不战屈人之师”⑥的说法，而实现“不战而屈人之兵”的方法固然很多，但有一条是不可忽视的，即有条件地对敌人实行以诚为本的“人道主义”。故《武经总要》认为“兵道”的主要特点就是“仁义”，说：“道者，仁义也。李斯问兵于荀卿，答曰：彼仁义者，所以修政者也。政修，则民亲其上，乐其君，轻为之死。复对赵孝成王论兵曰：百将一心，三军同力。臣之于君也，下之于上也，若子之事父，弟之事兄，手臂之捍头目而覆胸腹也。

① 曾公亮、丁度：《武经总要·前集》卷三《叙战上》，《中国历代兵书集成》（第二卷），团结出版社 1999 年版，第 913 页。

② 曾公亮、丁度：《武经总要·前集》卷三《叙战上》，《中国历代兵书集成》（第二卷），团结出版社 1999 年版，第 912 页。

③ 曾公亮、丁度：《武经总要·前集》卷一《将职》，《中国历代兵书集成》（第二卷），团结出版社 1999 年版，第 888 页。

④ 曾公亮、丁度：《武经总要·后集》卷二《法贵必行》，《中国历代兵书集成》（第二卷），团结出版社 1999 年版，第 1188 页。

⑤ 曾公亮、丁度：《武经总要·后集》卷二《兵道尚严》，《中国历代兵书集成》（第二卷），团结出版社 1999 年版，第 1189 页。

⑥ 曾公亮、丁度：《武经总要·后集》卷一《不战屈人之师》，《中国历代兵书集成》（第二卷），团结出版社 1999 年版，第 1176 页。

如此,始可令与上下同意,死生同致,不畏惧,不危疑。”①由此可见,“仁义”应当是“兵道”的本质。从这个角度说,坚持“仁义”原则的战争就是正义的战争,相反,违反“仁义”原则的战争就是非正义的战争。不过,在一般情况下,战争中的广谱仁义原则不仅施用于自身之内,而且更施用于自身之外,尤其对自己的敌人有时采取不流血的“仁义”战术较之流血冲突更容易赢得战争胜利。在古代战争中,这方面的经典事例不少,而《武经总要》将其归纳为“以恩信结敌人”、“与敌推诚”、“示信”、“示义”、“仁爱”等几个方面,比如,《武经总要》举例说:“晋羊祜为平南将军,增修德信以怀。吴初附,每与吴人交兵,克日方战,不为掩袭之计。将帅有欲进谲诈之策者,饮以醇酒,使不得言。人有略吴二儿为俘者,祜遣送还其家。后吴将夏详、邵顗等来降,二儿之父亦率其属与俱。吴将陈尚、潘景来寇祜,追斩之,美其死节而厚加殡殓,景、尚子弟迎丧,祜以礼遣还。吴将邓香掠夏口,祜募生缚香,既至,宥之。香感其恩,率部曲面降。祜出军行吴境,刈谷为粮,皆计所侵,送绢偿之。每会众江沔游猎,常至晋地,若禽兽先为吴人所伤,而为晋兵所得者,皆封还之。于是吴人翕然悦服,吴将陆抗告其戍曰:‘彼专为德,我专为暴。’是不战而自服也。”②毫无疑问,“不战而自服”是战胜敌人的最好形式。然而,要想实现这样的战争境界,首先一条就是自身的军力必须是强大的,如果没有强大的军事力量作基础,就不可能使敌人心甘情愿地放下武器,更不可能使之“不战而自服”。

## 二、“伐谋制变”的军事辩证法与“大将察理而谕于心先”的能动意识

在某种程度上讲,战争就是人与人之间的一种智力对抗与较量。因此,《武经总要》将“智”列为“五才”之第一才,在“九术”中又有“智将”之称。而“智将”的主要特征是:“奇变不常,动静无端,转祸为福,因危立胜。”③所以,“智将”的重要职责就是既要给敌人制造出种种“奇变”同时又要随时应对敌人给自己所制造出来的种种“奇变”。对此,《武经总要》说:

① 曾公亮、丁度:《武经总要·前集》卷一《将职》,《中国历代兵书集成》(第二卷),团结出版社1999年版,第886—887页。

② 曾公亮、丁度:《武经总要·后集》卷二《仁爱》,《中国历代兵书集成》(第二卷),团结出版社1999年版,第1190页。

③ 曾公亮、丁度:《武经总要·前集》卷一《选将第一》,《中国历代兵书集成》(第二卷),团结出版社1999年版,第885页。

“隘难之地,所不当从。不得已从之,则设奇变以防敌之掩袭。”①

其围地“入则隘险,归则迂回,进退无从,虽众何用?能为奇变,此地可由。”②

“兵有奇变,不在众寡。”③

这里“变”体现着战争的一般运动规律,因为战争一方面是人类有计划、有目的的意识活动,另一方面更是一个客观的实践过程,而在这种主观与客观相统一的基础上,军事认识必须服从和服务于战争实践,所以作为预设的作战计划与作为非预设的实施作战之间的完全契合的几率是很低的,或者可以说简直就是不可能的。因此,作为预设的作战计划去不断适应非预设的实施作战实践,无疑的是战争辩证法的本质表现,是战争中敌我双方主客观矛盾相互作用的必然反映,是指导战争的根本规律。故《武经总要》总结说:

“法曰:以正合,以奇胜。然则正者,行阵也;奇者,无方以用变也。奇不得正,虽锐而无恃;正不得奇,虽整而无功,故必交相用,而后能百战百胜矣。”④

所谓“正”与“奇”的关系实际上就是预设的作战计划与非预设的实施作战之间的关系,虽然实施作战往往与作战计划差距很大,但是没有作战计划或称“方略”是不行的。如《武经总要》载:“宋初,孚纵迁陷清远军,以王超为西面行营都部署,秦翰为钤辖,领步骑六万拔灵州。上问以策略,超上二图,其一置资粮在军中,布兵周援,贼无以钞略其资。一遇贼即变而为阵形,以外即分列游兵,持劲弩,遇贼则易聚而可并力。上甚嘉之。”⑤就此而言,《武经总要》批评唐代李筌的“战争无图”(《武经总要·前集》卷七《阵法总论》)观是正确的,在曾公亮等人看来,“马隆以步卒三千,案八阵图,转战千里,破者机能数万骑之众,以复凉州”⑥,其中诸葛亮所创的“八阵图”对于马隆的成功起到了

---

① 曾公亮、丁度:《武经总要·前集》卷一《将职》,《中国历代兵书集成》(第二卷),团结出版社1999年版,第887页。

② 曾公亮、丁度:《武经总要·前集》卷九《九地》,《中国历代兵书集成》(第二卷),团结出版社1999年版,第981页。

③ 曾公亮、丁度:《武经总要·后集》卷十四《火攻》,《中国历代兵书集成》(第二卷),团结出版社1999年版,第1320页。

④ 曾公亮、丁度:《武经总要·前集》卷七《阵法总论》,《中国历代兵书集成》(第二卷),团结出版社1999年版,第952页。

⑤ 曾公亮、丁度:《武经总要·后集》卷三《方略》,《中国历代兵书集成》(第二卷),团结出版社1999年版,第1203页。

⑥ 曾公亮、丁度:《武经总要·前集》卷七《阵法总论》,《中国历代兵书集成》(第二卷),团结出版社1999年版,第953页。

关键性作用。以此为前提,《武经总要》认为:宋太宗在雍熙中“自制《平戎万全阵图》”①作为对契丹辽作战的指南,无可厚非,是谓“圣制”②。可是,“圣制”再完备亦仅仅是纸上谈兵,不是具体的实施作战的过程,如果不顾战场形势出现的新情况与新问题,一味以图“从事”,拘于定法,则结果唯有取败而不是取胜。比如,太平兴国四年(979)九月丙午,“契丹大入侵镇州,都钤辖云州观察使浚仪、刘延翰帅众御之,先阵于徐河。崔彦进潜师出黑卢堤北缘长城口,衔枚蹑后,李汉琼及崔翰亦领兵继至。先是,上以阵图授诸将,俾分为八阵大军,次满城敌骑坌至,至右龙武将军赵延进乘高望之,东西互野,不见其尾。翰等方按图布阵,阵相去百步,士众疑惧,略无斗志。延进谓翰等曰:‘主上委吾等边事,盖期于克敌尔。今敌骑若此,而我师星布,其势悬绝,彼若乘我,将何以济,不如合而击之,可以决胜,违令而获利,不犹愈于辱果乎!’翰等曰:‘万一不捷,则若之何?’延进曰:‘倘有丧败,延进独当其责。’翰等犹以擅改诏旨为疑,镇州监军六宅使李继隆曰:‘兵贵适变,安可以预料为定,违诏之罪,继隆独当之。’翰等意始决。于是分为二阵,前后相副。士众皆喜。三战大破之,敌众崩溃,悉走西山,投坑谷中死者不可胜计。”③这场战争的胜利不仅证明了“兵贵适变”的正确性,而且更证明了将领临战的灵活性和机动性才是掌握战争命运和制敌主动权的根本。因此,曾公亮等将它称为“诡道”④之一种,所谓“诡道”即其“驰骋诈力,则势有万变”⑤是也。因此,通过这个典型战例,我们不难看出“战阵无图”具有片面性,同样的,“惟图从事”亦具有片面性。而人类主观能动性的正常发挥绝不是依靠战前的计划,而是依靠临战时对敌我双方综合信息的全面把握和科学分析,找出应对与解决问题的办法。古今中外的战争实践反复证明,在军事对抗和敌我斗争过程中,认识的过程不但存在于军事计划建立之前,而且存在于军事计划建立之后。故《武经总要》述云:

“昔称:善师者不阵,善阵者不战。此言伐谋制变,先声后实,军志素定夺敌人之心,不待旗垒之相摩,兵矢之相接,而胜负之势决于前矣。其次,则立部

---

① 曾公亮、丁度:《武经总要·前集》卷七《阵法总论》,《中国历代兵书集成》(第二卷),团结出版社 1999 年版,第 953 页。

② 曾公亮、丁度:《武经总要·前集》卷七《阵法总论》,《中国历代兵书集成》(第二卷),团结出版社 1999 年版,第 953 页。

③ 李焘:《续资治通鉴长编》卷二十“太平兴国四年九月丙午”条。

④ 曾公亮、丁度:《武经总要·后集》卷三《诡道》,《中国历代兵书集成》(第二卷),团结出版社 1999 年版,第 1206—1207 页。

⑤ 曾公亮、丁度:《武经总要·前集》卷四《奇兵》,《中国历代兵书集成》(第二卷),团结出版社 1999 年版,第 922 页。

曲,度权谋,先偏后伍,弥缝其阙,用以乘机而佐胜。”①

“夫兵以诈立,以利动(见利始动),以分合为变者也(或分或合,以战敌人,观其应我之形,终能为变化以取战胜也)。”②

“释实而攻虚,释坚而攻脆,释难而攻易,此百胜之术也。”③

而“取战胜”的关键在于“伐谋制变”,在于随机应变。当然,“伐谋制变”不是不讲客观物质基础的“伐谋制变”,因为战争的胜负主要是由双方的军事、政治、经济、自然诸条件决定的,而试图超过这些客观条件许可的范围去“取战胜”则是完全不可能的。故《武经总要》说:“若其(指敌方)土地广大,财富人众,惠施流传,赏信行察,发必得将,陈功居列,任贤使能,师徒之众,兵甲之精,四邻之助,大国之援,凡此不如敌人者,避之勿疑。”④可见,将帅如何正确地发挥其主观能动性,以确保实现“保存自己消灭敌人这个战争的目的”⑤,那他就绝对不能不考虑敌我双方之综合力量的现实状况,然而“力量对比不但是军力和经济力的对比,而且是人力和人心的对比,军力和经济力是要人去掌握的。”⑥因此,人的能动性始终是战争的灵魂,而这个“灵魂”之中的“灵魂”就是辩证法。《武经总要》说:在战争中,“必死与必生非对也。”⑦此命题的意思是说由于战争形势的复杂性和多变性,“生”与“死”或者说“胜”与“败”不是绝对对立的,而是在一定条件下相互转化的,用孙膑的话讲就是“相为变”,他说:“积疏相为变,盈虚相为变,径行相为变,疾徐相为变,众寡相为变,佚劳相为变。”⑧即像“积疏”、“盈虚”、“径行”、“疾徐”、“众寡”、“佚劳”等这些矛盾着的两个方面,不仅有对立,而且有统一,有转化。于是《武经总要》从绝对中有相对、对立中有统一和转化的角度出发,提出了一系列富有辩证思维的军事指导原则和思想命题,如“候敌家先动,变生其间,我得其形,则以计

---

① 曾公亮、丁度:《武经总要·前集》卷七《阵法总说》,《中国历代兵书集成》(第二卷),团结出版社 1999 年版,第 952 页。

② 曾公亮、丁度:《武经总要·前集》卷三《叙战上》,《中国历代兵书集成》(第二卷),团结出版社 1999 年版,第 913 页。

③ 曾公亮、丁度:《武经总要·前集》卷四《察敌形》,《中国历代兵书集成》(第二卷),团结出版社 1999 年版,第 924 页。

④ 曾公亮、丁度:《武经总要·前集》卷四《察敌形》,《中国历代兵书集成》(第二卷),团结出版社 1999 年版,第 924 页。

⑤ 《毛泽东选集》第二卷,人民出版社 1991 年版,第 483 页。

⑥ 《毛泽东选集》第二卷,人民出版社 1991 年版,第 469 页。

⑦ 曾公亮、丁度:《武经总要·前集》卷三《叙战中》,《中国历代兵书集成》(第二卷),团结出版社 1999 年版,第 915 页。

⑧ 《孙膑兵法·积疏》。

应，常击其乱，不攻其治”；又，一方面“凡物，未有不以先动而受制于人也”，另一方面“若后动者不能观敌而制计，则祸愈于先动”；“先人有夺其心，后人有待其衰也”；“夫战，用寡固，用众治；寡利烦，众利正”，“因敌之险以为己固，因敌之谋以为己事，审因求胜，不可穷也”①，等等。其中，“用众治”之“众”可以理解为集中优势兵力的意思，而“审因求胜”之“因”是指与战争有关的各种情报信息。如《武经总要》有“察敌形”一节内容，就是研究和阐释如何分析和查验来自敌方各种情报信息的专题，其中它提示的客观情报信息多达 35 条，并总结太公用兵之法的大要就是四个字“审察敌人”②，因为只有“察之”才能“知得失之计”③，而《武经总要》所说的“用敌人以为谋主”实际上就是充分发掘其自身的信息资源，为我所用。所以说，“夫上将，料敌之极，计险阨远近。至于天时审得，地形审便，车马审强，众寡审悉，士卒审谏，器械审利，居处审安，堠望审察，军用审足，进退审宜，动而不迷，举而不穷，良将之百举百胜，得此道也。”④不过，战争同自然界及社会运动的其他现象一样，都是有其内在规律的。因此，从理论上讲，“审察敌人”的目的就在于寻找隐藏在各种复杂现象之后的客观规律。虽然，《武经总要》一再强调“必胜之兵必隐”，即“计先定为必胜，藏其形，勿令敌知，知则备我”⑤，但是，“隐”绝不是没有暴露于外的现象可言，关键是如何做到在这些现象还没有被敌人发现之前，先发制人，以智取胜。曾公亮等把它总结为一句话，那就是“大将察理而谕于心先”⑥。此“理”是指战争自身运动变化的规律，而“谕于心先”则是说人们只有在认识和掌握了特定战争的特殊规律之后，才能赢得战争的胜利。曾公亮等把这种“善知其微”的主观能动性，称之为“觇国”⑦。具体言之，其战争的一般规律可概括如下：

---

① 曾公亮、丁度：《武经总要·前集》卷三《叙战中》，《中国历代兵书集成》（第二卷），团结出版社 1999 年版，第 916 页。

② 曾公亮、丁度：《武经总要·前集》卷四《察敌形》，《中国历代兵书集成》（第二卷），团结出版社 1999 年版，第 923 页。

③ 曾公亮、丁度：《武经总要·前集》卷四《察敌形》，《中国历代兵书集成》（第二卷），团结出版社 1999 年版，第 924 页。

④ 曾公亮、丁度：《武经总要·前集》卷一《将职》，《中国历代兵书集成》（第二卷），团结出版社 1999 年版，第 889 页。

⑤ 曾公亮、丁度：《武经总要·前集》卷三《叙战中》，《中国历代兵书集成》（第二卷），团结出版社 1999 年版，第 915 页。

⑥ 曾公亮、丁度：《武经总要·前集》卷九《土俗》，《中国历代兵书集成》（第二卷），团结出版社 1999 年版，第 985 页。

⑦ 曾公亮、丁度：《武经总要·后集》卷一《觇国》，《中国历代兵书集成》（第二卷），团结出版社 1999 年版，第 1181 页。

“窥敌观变，欲潜以深，欲伍以参（谓使间谍观敌，欲潜隐深入也。伍参犹错杂也，使间谍或参之，或伍之于敌之间，而尽知其事）。”①

“当战有所争利，则先示敌人，以迂远敌意，以怠慢复诱敌人以利，使敌人心不专，然后倍道兼行，出其不意，故能后发先至，而得所争之要害也。凡趋而争利者，不可举兵皆进，又不可弃军实而往。”②

“能而示之不能，用而示之不用，近而示之远，远而示之近；利而诱之，乱而取之，实而备之，强而避之，怒而扰之，卑而骄之，佚而劳之，亲而离之，饱而饥之，安而动之，攻其所不备，出其所不意。”③

毋庸置疑，有战争的一般规律，就必然有战争的特殊规律。所谓战争的一般规律是指各种战争运动过程中最稳定、最普遍的内在联系，是贯穿于整个战争过程中各种矛盾的本质联系和矛盾发展的必然趋势，如上面所说的“使间谍”、“凡趋而争利者，不可举兵皆进，又不可弃军实而往”、“攻其所不备，出其所不意”以及“知彼知己”等，都是一切战争所固有的、属于变中不变的普遍规律。而战争的特殊规律则是指具体的战争运动过程中所表现出来的本质联系，它的特点是只为一定时间、一定地域、一定性质的战争，甚至仅仅为某一次战争所特有，因而不具有普遍性。如《武经总要》所记载的“防毒附”④、“素教”⑤、“使过”⑥等，都是在特殊条件下发生的特殊历史事件，它只适用于特定的时间和地点，一旦脱离了与其相联系的特定时间和地域，建立于其上的特殊规律也就失去了存在的意义和价值。然而，我们千万不要认为特殊规律和普遍规律的界限是绝对的和不能改变的，其实，如果形成特定规律的时间和地点，在以后的历史发展过程中又重复出现了，那么，建立在这些条件之上的特殊规律就可以转变为普遍规律，而“素教”就是由特殊规律转变为普遍规律之一例。虽然“素教”在《武经总要》中只举了两例，但这两例却具有不同于其他

---

①　曾公亮、丁度：《武经总要·前集》卷一《将职》，《中国历代兵书集成》（第二卷），团结出版社1999年版，第887页。

②　曾公亮、丁度：《武经总要·前集》卷三《军争》，《中国历代兵书集成》（第二卷），团结出版社1999年版，第916页。

③　曾公亮、丁度：《武经总要·前集》卷四《奇兵》，《中国历代兵书集成》（第二卷），团结出版社1999年版，第922页。

④　曾公亮、丁度：《武经总要·后集》卷十二《防毒附》，《中国历代兵书集成》（第二卷），团结出版社1999年版，第1293页。

⑤　曾公亮、丁度：《武经总要·后集》卷十《素教》，《中国历代兵书集成》（第二卷），团结出版社1999年版，第1277页。

⑥　曾公亮、丁度：《武经总要·后集》卷八《使过》，《中国历代兵书集成》（第二卷），团结出版社1999年版，第1253页。

特殊规律的价值和作用。比如,曾公亮等人选择"晋文公称霸"战例来说明"素教"的意义,似除军事价值之外,尚有更深的超军事的政治意味。《武经总要》记其事说:

"晋文公蒐于被庐(晋常以春蒐,礼,改政令贵其始也。被庐,晋地),作三军,谋元帅。赵衰曰:'郤縠可。臣亟闻其言矣,说礼乐而敦诗书。诗书,义之府也;礼乐,德之则也。德、义,利之本也。夏书曰:敷纳以言,明试以功,车服以庸。君其试之。'乃使郤縠将中军,郤溱佐之。使狐偃将上军,让于狐毛而佐之(狐毛,偃之兄也)。命赵衰为卿,让于栾枝、先轸。使栾枝将下军,先轸佐之,荀林父御戎,魏犨为右。晋侯始入,而教其民二年,欲用之。子犯曰:'民未知义,未安其居。'于是乎出定襄王,入务利民,民怀生矣。将用之,子犯曰:'民未知信,未宣其用。'于是乎伐原,以示之信;民易资者,求不丰焉,明征其辞。公曰:'可乎?'子犯曰:'民未知礼,未生其共。'于是大蒐以示之礼,作执秩以正其官,民听不惑而后用之,出榖戍释宋围,一战而霸,文之教也。"①

这段话的主题就是说明"霸"与"文之教"的内在关系。

在北宋,"王"与"霸"的关系一直是士大夫争论不休的大问题,其中二程对"霸"的批评较多,他们认为:"用其私心,依仁义之偏者,霸者之事也。"②又说:"霸者崎岖反侧于曲径之中,而卒不可与入尧、舜之道。"③陈襄甚至说:"禹汤治之人,故曰身之也,正矣;五霸失之伪,故曰假之也,邪矣。"④从学理上讲,"礼义"是"尧、舜之道"的根本,因而是"王道"的基础。至于"霸道",他们认为只是"私心"的产物,是"利"的一种政治载体。考曾公亮等摘引这段历史文献的直接目的,实际上就是想制造出一种"霸道"的政治气氛,把军事问题伦理化。因为就北宋士大夫对"霸道"内涵的理解而言,"霸道"的本质是事功与强权,而不是事理与弱权,更不是屈服。如,释契嵩说:"王尚德,霸尚功。夫王有权,王者以权而行德也;霸有权,霸者以权而取功也",故"晋文公其战克楚,践土之盟以功自高,遂召天王其章,诈也。是故君子称之称其当时之功也;不称者恶其诈且不诚也",然"霸者适变,治者不可不用也。"⑤可见,释契

① 曾公亮、丁度:《武经总要·后集》卷十《素教》,《中国历代兵书集成》(第二卷),团结出版社 1999 年版,第 1277—1278 页。

② 程颐、程颢著,王孝鱼点校:《河南程氏文集》卷一《论王霸劄子》,《二程集》上册,中华书局 1994 年版,第 450 页。

③ 程颐、程颢著,王孝鱼点校:《河南程氏文集》卷一《论王霸劄子》,《二程集》上册,中华书局 1994 年版,第 450 页。

④ 陈襄:《古灵集》卷五《赴召修注上殿札子》。

⑤ 契嵩:《镡津集》卷六《问霸》,文渊阁四库全书本。

嵩与曾公亮等人的理念非常相似,他们都对晋文公的霸业抱有“拿来主义”的态度而加以推崇。尤其是曾公亮等人把“礼义”与“称霸”结合起来,这在当时非常具有针对性,因为曾公亮等人把他们的意思表达得很明白,在他们看来,只有把“礼义”与“强兵”统一起来,才能真正成就像晋文王那样的一番霸业,才能使北宋的统一变成现实。

## 三、“占候”实践中的科学与迷信

“占候”属于“天道”,是中国古代天文学的重要组成部分。从《尚书》、《世本》、《史记》等有关文献的记载来看,天文学的基本功能定位就是“占候”或者说是“星占”。如《尚书·尧典》说:“(尧)乃命羲和,钦若昊天,历象日月星辰,敬授人时。”同书《吕刑》又说:“(颛顼)乃命重黎,绝地天通,罔有降格。”其“绝地天通”实际上是“星占”的别称,故《世本》记载重黎以后的“天数者”,大都冠以“占”字,以“占”为特色。比如,《世本·作篇》说:“羲和占日,常仪占月,后益作占岁,更区占星气。”古人基于他们对天人关系的理解,认为“天人相通”,所以不管是行军打仗,还是年成丰歉,甚至更朝换代等,都需要“星占”的支持与依据。而为了实现天与人的一一对应关系,至迟到西周时便出现了“分野”之说,《周礼·春官宗伯》载:“保章氏掌天星以志星辰日月之变,动以观天下之迁,辨其吉凶,以星土辨九州之地,所封封域皆有分星,以观妖祥。”《国语》卷三《周语下·王问律于伶州鸠》亦载有“岁之所在则我有周之分野也”的话。而《史记》卷二十七《天官书》则出现了“二十八舍主十二州”的言论,表明当时的“星占分野”思想已经十分成熟了。

那么,如何看待“占候”在天文学中的地位?“占候”究竟有无“科学”的因素和成分?对这些问题,宋人与清人的认识就不一致。例如,阮元在《畴人传·凡例》中说:

“步算、占候,自古别为两家。《周礼》冯相、保章所司各异。《汉书·艺文志》天文二十一家,四百四十五卷;术谱十八家,六百六卷,亦判然为二。宋《大观算学》以商高、隶首与梓慎、裨灶同列五等,合而一之,非也。是编著录,专取步算一家,其以妖星、晕珥、云气、虹霓占验吉凶,及太一、壬遁、卦气、风角之流,涉于内学者,一概不收。”

在阮元看来,所谓“内学”是指以“天人合一”为基础的“占候”术,而与之相对的“外学”即指以“天人相分”为基础的“步算”术,按照此标准,则“步算”属于“科学”,而“占候”则属于“伪科学”。但宋人似乎认为在唐代之前,将“步算”与“星占”截然分开,是很困难的,因为实际的情形是两者常常混淆一起,不分泾渭。如李淳风、僧一行等,《史记》卷二十七《天官书》更载:“昔之传天书者:高辛之前,重、黎;于唐、虞,羲、和;有夏,昆吾;殷商,巫咸;周室,史佚、苌弘;于宋,子韦;郑则裨灶;在齐,甘公;楚,唐昧;赵,尹皋;魏,石申。”因此,宋人将“商高、隶首与梓慎、裨灶同列”,并不是没有道理。仅就“星占”的操作程序来讲,没有仔细的“仰观天文”之功夫,想要预测行星的运动规律是不可能的,同时,为了准确地预测行星运动的具体变化规则,星占家还必须懂得“步算”。所以,江晓原先生说:“在古代中国两千多年有文献记载的历法史上,之所以能够不断发现各个历法的误差之处,并且不断有所改进,在很大程度上是受惠于星占学所需要的推算和观测。从这个意义上说,星占学在本质上固然是伪科学,但它同时也确实具有‘精密科学’的成分。”①

杨惟德是北宋著名的星占家,他主持编撰了三部很有影响的“式法”著作,即《景祐六壬神定经》十卷、《景祐太一福应集要》十卷及《景祐遁甲符应经》三卷,②其中《景祐遁甲符应经》是对北宋遁甲实践经验与理论思维成果的集中概括和总结,由于当时的“遁甲”学说主要应用于军事,还没有转向怪诞,因而《武经总要·后集》卷二十一专门有《遁甲法》一节,里面比较详细地介绍了“遁甲式法”的具体内容及其在军事方面的实际应用,应当承认,在当时的文化背景下,“遁甲式法”多少还是有些实用价值和心理学意义的。故唐朝之前的许多著名军事家如姜尚、张子房、诸葛亮、徐茂公、李靖等都精通“遁甲术”,他们对于军国大事多以此术来预测与择吉,因此,“遁甲术”又被称作“帝王之学”,其地位甚隆。

在《武经总要·后集》卷十六《占候六》中,我们只要将其神秘的外衣揭开,就会发现里面确实包含着不少有价值的思想原料。如《天占》中载有“雨草”、“雨鱼”、“雨毛”、“雨灰”、“雨骨”、“雨金”、“雨灰”、“雨木”、“雨谷麦豆等类”的灾害气象,一般情况下,不同物质在空气中的漂浮或滞留是与特定的风力等级相对应的。如“龙卷风”就经常把陆地上的杂物卷至空中,并被带往他处,且此风多发生在发展强烈的积雨云下,故《武经总要》所载之“雨釜”、“雨石”、“雨谷麦豆”等都是在属于“10”级左右的“狂风”和暴雨条件下发生的自然现象。只不过,这种风暴一旦发生,由于其破坏力极大,常导致受灾地区的严重“饥荒”,因而在封建社会的历史条件下,饥荒中的民众为了活命很可能会铤而走险,“多寇兵起”③。“太阳占”本身由两部分组成:一是对太阳

---

① 江晓原等:《中国天学史》,上海人民出版社 2005 年版,第 93 页。

② 郑樵:《通志二十略·艺文略第六·五行类》,中华书局 1995 年版,第 1685 页。

③ 曾公亮、丁度:《武经总要·后集》卷十六《天占》,《中国历代兵书集成》(第二卷),团结出版社 1999 年版,第 1332 页。

活动现象的观察;二是考察太阳活动现象对人类活动的影响。如“日有一珥者”①,是为“日珥”,它是由于太阳内部的一些可燃气体的喷发与释放,因而一些火燃状物质不断从色球层抛向日冕层,其抛射高度可达 80 万公里,温度约 5000—8000 度,随后火燃状物质在太阳的引力作用下开始向下跌落。在通常情况下,日珥温度低于周围的日冕层,而密度却大于日冕层,呈绯红色,故“日珥”又称“红焰”。又如,当日光通过卷层云的冰晶时,必然会发生折射或反射,将其光线分解成红、黄、绿、紫等多种颜色,因而给人从视觉上产生一种内红外紫的晕环,史书上把它称作“日晕”。根据《武经总要》的记载,按照颜色划分,则“日晕”又有“青晕”、“赤晕”、“黄晕”、“黑晕”、“白晕”等;若按照层次分,则“日晕”又分为“重晕”、“三重晕”、“四重晕”、“五重晕”直到“十重晕”。如,对于历史上少见的“赤晕”现象,宋代文献至少有两次记载,且都集中在南宋时期。一次发生于宋孝宗隆兴二年(1164)五月戊戌②,另一次发生于宋理宗端平元年(1234)四月甲申③。又如,唐天祐元年(904)十一月癸酉“日中有黄晕,傍有青赤气二”④,金兴定五年(1221)四月丙子“日正午有黄晕四匝,其色鲜明”⑤。再者,《新唐书》还载有德宗贞元二年(786)闰五月壬戌“日有黑晕”的一条史料⑥,如此等等。可见,对于《武经总要》所讲的“太阳占”,我们应当分成两个方面看,一方面,它所观察到的太阳活动和“日变”现象,都是有客观依据的,绝不是妄断和臆说;另一方面,它把太阳活动和“日变”现象对地球环境与人类生活的影响扩大化和绝对化了,因而里面便不可避免地包含着一些没有必然性的属于“灾变论”的种种猜测。实际上,即使星占家本身对“日变”效应的解释也存在着许多自相矛盾之处,例如,唐人瞿昙悉达引《石氏》的话说:“日有青晕,不出旬有大风,糴贵十倍,人民多疾病,凶。”⑦《洛书》亦有同论。然而,对同样的“日变”现象,《太平御览》引《礼斗威仪》的话却说:“政升平则日黄中而青晕。”⑧一吉一凶,结果正好相反,这个事实证明,“天道”与“人道”是无干系的。故《武经总要》在《占候》序中明确表

① 曾公亮、丁度:《武经总要・后集》卷十六《太阳占》,《中国历代兵书集成》(第二卷),团结出版社 1999 年版,第 1334 页。

② 马端临:《文献通考》卷二百八十四《日变》。

③ 脱脱等:《宋史》卷四十一《理宗一》,中华书局 1977 年版,第 801 页。

④ 马端临:《文献通考》卷二百八十四《日变》。

⑤ 脱脱等:《金史》卷二十《天文志》,中华书局 1973 年版,第 423 页。

⑥ 欧阳修:《新唐书》卷三十二《天文志》,中华书局 1985 年版,第 827 页。

⑦ 瞿昙悉达:《开元占经》卷八《日晕》。

⑧ 李昉:《太平御览》卷三《天部三・日上》。

示:“(阴阳之精)其本在地,而上发于天。”[①]比如,上面所说的“日晕”实际上就是“地”对于“天”的一种物质变化,它本身并不能左右人类的社会进程,也不能改变社会发展的趋势和方向。

## 第二节 《圣济总录》以“运气”为特色的“天人相分”思想

元人库库曾说:“徽宗多能,惟一事不能”,即“独不能为君耳”[②],这话不无道理。宋徽宗可以称得上是一个成功的医学家和杰出的艺术家,但却是一个失败的政治家和昏庸的皇帝。如他独创的“瘦金体”、在科举中设立画学一门,创辟书法入画的写意风格,首开中国古代画面题诗的新纪元等等,所有这一切在中国古代美术史上都具有非常重要的价值和意义。又如,他不仅亲自撰写了《圣济经》、《大观茶论》等多部技术性著作,而且还制定了许多促进技术科学发展的政策,如宋徽宗于建中靖国元年(1101)即位后很快就在全国范围内掀起了北宋规模最大影响最深的一次兴学运动,而这次兴学运动的核心内容就是推行三舍选考法和增设附属于中央政府专职部门的技术性的专业学校共有四门即医学、算学、书学和画学。据刘时觉统计,北宋时期共出版了69部医学著作,而仅宋徽宗一朝就18部,约占总数的26%,为北宋九朝之最[③]。而北宋后期医学之所以能取得如此辉煌的成绩,实跟宋徽宗的尚医政策有着直接关系。宋徽宗不仅在崇宁二年(1103)建立了医学,“欲比三学,隶于国子监”[④],而且还在整个士大夫阶层倡导“儒医”之风气,用宋徽宗的敕令说,即“务欲广得儒医”[⑤],因此,它为士大夫弃文从医制造了良好的舆论氛围,并使从医者赢得了较好的社会声誉。故政和七年(1117)八月有臣僚奏言:“伏观朝廷兴建医学,教养士类,使习儒术者通《黄》、《素》,明诊疗,而施于疾病,谓之儒医,甚大惠也。”[⑥]而真正受惠者不单是医生与患者,还有祖国医学这门底蕴深厚的传统技术学科。如崇宁二年(1103年)宋徽宗“诏建太医

---

① 曾公亮、丁度:《武经总要·后集》卷十六《占候》,《中国历代兵书集成》(第二卷),团结出版社1999年版,第1330页。

② 宋濂等:《元史》卷一百四十三《马祖常传》,中华书局1975年版,第3419页。

③ 刘时觉:《宋元明清医籍年表》,人民卫生出版社2005年版,第1—8页。

④ 徐松:《宋会要辑稿·崇儒》三之十一。

⑤ 徐松:《宋会要辑稿·崇儒》三之十一。

⑥ 徐松:《宋会要辑稿·崇儒》三之十一。

局”①,隶书于国子监,是为培养中医士的专门机构。又诏令改“修合药所”为“医药合剂局”,并将“熟药所”改为“医药惠民局”,是为训导中药士的专门场所。而这种医药分业制度的形成对进一步推动祖国医药学的发展,具有非常重要的历史意义。当然,具体地讲,宋徽宗本人的医学思想和成就集中体现在《圣济总录》一书中。

《圣济总录》约成书于1111年至1117年间,书成之后,还未及颁行而北宋国亡。幸好金人得到此巨著之后,没有付之一炬,而是于大定年间(1161—1189)由金朝政府重行刊刻。从内容上看,《圣济总录》既有医学实践经验又有医学基本理论,是宋代少见的“医学全书”。宋徽宗在《序言》中说:“人之生也,其位参于天地,其灵贵于万物,形不盈仞,而心侔造化。”又“内之五脏六腑,外之九窍四关……一失其平,则疾疢随至。神圣治于未兆,工巧救其已然。”②在这里,宋徽宗特别强调“御五行之数”及“运六气之化”对于人生的意义。在宋徽宗看来,“五行”和“六气”是自然界运动变化的基本物质前提,属于“形而上”或称“上”的范畴,是人生之本;而“百药”及“方术”则是“救民疾”的工具和手段,属于“形而下”或称“下”的范畴,是人生之末。他说:“盖圣人之骇世,本在于上,末在于下。无见于上则治之道不立,无见于下则治之具不行。”③他认为张仲景和孙思邈虽然医术高超,但他们仅仅“游于方术之内者也”,是拘于“下”的学问,因而还不是最本质的学问。而所谓最本质的学问就是“彼超然独见于方术之外,下顾岐伯之流而与之议”④。说到底,宋徽宗所说的“道”就是“天道”,是属于“见于上”这个层面的东西,而“下顾岐伯之流”者则是指“人道”,是属于“见于下”这个层面的东西。把“天道”与“人道”区分开来,进行其既相区别又相联系、既独立又依附的研究,是《圣济总录》的突出特点,同时也是理解和阐释宋徽宗医学思想的基本理论指南。

## 一、“无见于上则治道不立”的“气化运行”观

人体的生理运动从形而上的层面讲源自天地之间的五运六气,但“五运六气”这个思想却并不是宋徽宗的发明。如,《素问》卷八《宝命全形论》载:“人以天地之气生,四时之法成。”所以,从这个角度讲,“天人合一”是有道理的。然而,一般而言,“天人合一”仅仅是一种人生境界,在绝大多数情况下,

① 徐松:《宋会要辑稿·崇儒》三之十一。
② 宋徽宗:《政和圣济总录序》,人民卫生出版社1962年版,第5页。
③ 宋徽宗:《政和圣济总录序》,人民卫生出版社1962年版,第6页。
④ 宋徽宗:《政和圣济总录序》,人民卫生出版社1962年版,第6页。

“天人”关系是不和谐的和不“合一”的，且经常呈现一种“天人相逆”的状态。例如，《素问》卷一《四气调神大论》云：“逆春气则少阳不生，肝气内变；逆夏气则太阳不长，心气内洞；逆秋气则太阴不收，肺气焦满；逆冬气则少阴不藏，肾气独沉。”当人们用“顺”和“逆”的方式来思维“天”与“人体”的关系问题时，实际上这已是一种“天人相分”而不是“天人合一”的思想了。通常认为，《素问》的“运气”思想主要集中在《天元纪大论》、《五运行大论》、《六微旨大论》、《气交变大论》、《五常政大论》、《六元正纪大论》及《至真要大论》七篇之中，但因其文字晦涩难懂，世代医家少有发挥，一直到北宋的刘温舒著《素问入式运气论奥》，以图释文，发微阐幽，才使《素问》的运气学说真正引起医家的关注。随后，宋徽宗更撰《政和圣济经》和《圣济经总录》两书，并首次将“运气大义”列为医科考试的内容，据《宋会要辑稿》崇儒3之11载：其医科考试法规定“考试三场”中，“第二场方脉科，脉证大义三道，运气大义二道。针、疡科，小经大义三道，运气大义二道。”“补试一场，大义三道（内运气一道），假令病法三道。”这样，“运气”说由于宋徽宗的提倡而在北宋末期形成了一个研究与学习的历史高峰，它为金元四大家医学思想的形成奠定了坚实的社会基础。在此，我们尤其应当肯定，宋徽宗第一次在《圣济经总录》卷一《运气》篇中列出六十年的运气图，开中国古代“运历纪年”的先河，它在一定程度上比较科学地反映了主运、客运、司天、在泉、客主加临等现象变化的内在规律。

何谓“运”？“运”是“五运”的简称，是指五行按照其自身的运动规律，并以十天干为坐标来指示或推测每年岁运内各个季节气候变化的特点和状态。其具体的配比方式是：一端为木、火、土、金、水五行，另一端则为甲、乙、丙、丁、戊、己、庚、辛、壬、癸十干。为了使“五行”与“十干”相对应，“十干”以两个为一组，自然结合成“甲乙”、“丙丁”、“戊己”、“庚辛”、“壬癸”五组，分别对应于“五行”之木、火、土、金、水，即成“五运”，这是“五运”说的内容之一。然而，“十干”中又有阴阳之分，其中位于单数的甲、丙、戊、庚、壬为“阳干”，而位于双数的乙、丁、己、辛、癸为“阴干”。经阴阳干的重新整合以后，“十天干”又内在地出现了“一六”即“甲己”为土、“二七”即“乙庚”为金、“三八”即“丙辛”为水、“四九”即“丁壬”为木、“五十”即“戊癸”为火的“化运”排列规则，医家称此为“十干统运”。对此，《素问》卷十九《天元纪大论篇》说：“甲己之岁，土运统之；乙庚之岁，金运统之；丙辛之岁，水运统之；丁壬之岁，木运统之；戊癸之岁，火运统之。”此处所讲的“甲己之岁”是指在六十年的运历大循环中，凡是遇到“甲”或“己”的年岁，皆为“土运”之年，而所谓“乙庚之岁”即指在六十年的运历大循环中，凡是遇到“乙”或“庚”的年岁，皆为“金运”之年，以此类推，其它三运亦可理知。至于“化运”之“化”其实就是“转化”的意思。如《素问》卷十九《五运行大论篇》说："丹（指赤色）天之气经于牛女戊分，黅（指黄色）天之气经于心尾己分，苍（指青色）天之气经于危室柳鬼，素（指白色）天之气经于亢氐昴毕，玄（指黑色）天之气经于张翼娄胃。"这段话的意思是说赤色的火气经过二十八宿中的牛女奎壁四宿，其相对应于"十天干"的"戊癸"方位，于是"戊癸"便转化成"火运"；依此，青色的木气经过二十八宿中的危室柳鬼四宿，其相对应于"十天干"的"丁壬"方位，于是"丁壬"便转化成"木运"；黄色的土气经过二十八宿中的心尾角轸四宿，其相对应于"十天干"的"甲己"方位，于是"甲己"便转化成"土运"；白色的金气经过二十八宿中的亢氐昴毕四宿，其相对应于"十天干"的"乙庚"方位，于是"乙庚"便转化成"金运"；黑色的水气经过二十八宿中的张翼娄胃四宿，其相对应于"十天干"的"丙辛"方位，于是"丙辛"便转化成"水运"。"五运"按其性质又可分为"中运"、"主运"及"客运"三类，所谓"中运"就是指用十天干与五行的相互联系来表示年运变化的一种方法，它本身有两种表现形态即属于"阳干"的"太过"与属于"阴干"的"不及"，起始于"土"，每五年循环一周。主运是指一年中五个运季的正常气候变化状况，从大寒日开始，每运主一时，一时长为 73 日零 5 刻，依五行相生之序，其运行规则始于木运而终于水运，它的特点是"常"即程式具有绝对性、不变性和定时性。与之相反，"客运"则是指每年五个季节气候的非正常变化状况，它的最显著特点就是"变"即其程式具有相对性、可变性和不定时性，如客运首先以当年大运为初运，然后依五行相生规律来流转变化，十年为一周期。

何谓"气"？"气"就是"六气"的简称，它是指以三阳（即风、热、火）三阴（即湿、燥、寒）与十二地支相互关节所组成的结构模式来说明一年中的正常气候变化和各年气候的异常变化的特点和状态。其具体的结构模式是：六气即指太阳寒水，厥阴风木，少阴君火，少阳相火，太阴湿土，阳明燥金六气的变化。十二地支是子、丑、寅、卯、辰、巳、午、未、申、酉、戌、亥，其中一七"子午"为少阴君火，二八"丑未"为太阴湿土，三九"寅申"为少阳相火，四十"卯酉"为阳明燥金，五十一"辰戌"为太阳寒水，六十二"巳亥"为厥阴风木。"六气"有主气与客气之分，所谓"主气"是指将风木，君火，相火，湿土，燥金，寒水六者分布于一年四季的二十四个节气中所表现出来的正常气候变化，它本身又具体分作六步，具有不变性，其每一步分别主四个节气，如初之气为厥阴风木，从每年的大寒节（1 月 21 日）至春分节（3 月 21 日）；二之气为少阴君火，从每年春分节（3 月 21 日）至小满节（5 月 21 日）；三之气为少阳相火，从每年小满节（5 月 21 日）至大暑节（7 月 22 日）；四之气为太阴湿土，从每年大暑节（7 月 22 日）至秋分节（9 月 22 日）；五之气为阳明燥金，从每年秋分（9 月 22 日）

至小雪节(11 月 22 日);终之气为太阳寒水,从每年的小雪节(11 月 22 日)至大寒节(1 月 21 日)。客气则是一个相对于主气的概念,是指存在于一年四季之中那个不断变动的气,根据《素问》卷十九《六微旨大论篇》的论述,客气的运行实际上就是司天、在泉和间气三者相互作用和相互依赖的辩证运动过程。其具体的运行次序和规则是:1.厥阴,2.少阴,3.太阴,4.少阳,5.阳明,6.太阳,如此阴阳相贯,周而复始。《素问》卷十九《五运行大论篇》载:“厥阴在上,则少阳在下,左阳明,右太阴。少阴在上,则阳明在下,左太阳,右少阳。太阴在上,则太阳在下,左厥阴,右阳明。少阳在上,则厥阴在下,左少阴,右太阳。阳明在上,则少阴在下,左太阴,右厥阴。太阳在上,则太阴在下,左少阳,右少阴。”在这里,所谓上下的对立是指“司天”与“在泉”的对立,而所谓左右的相持则是指间气的位置。如“辰戌”年太阳寒水司天在上,与之相对,太阴在泉位于下;太阴在泉的左间为少阳,右间是少阴,太阳司天的左间是厥阴,右间是阳明。另,按照中国古代传统的“天右转,地左旋”理论模式,则司天右转,在泉左旋,即“上者右行,下者左行,左右周天,余而复会也”①。六气的运行总是以六年为一周期,而在这个周期运行的过程中,“客主加临”是指其每年轮值的司天客气加临在固定主气的第三气之上,用以推测和分析四季气候及疾病变化的情况。相加后,如客主之气相生,或客主同气,便是相得;如客主之气相克,且以主气克客气者,为不相得,反之,若客气克主气者则仍为相得。故《素问》卷十九《五运行大论篇》说:“气相得则和,不相得则病。”

宋徽宗推崇“运气”说,有两点值得注意:一是“发明《内经》之妙”,他在《政和圣济总录序》中说:“万机之余,著书四十二章,发明《内经》之妙,曰《圣济经》。其意精微,其旨迈远,其所言在理,所以探天下之至赜。”此“探天下之至赜”即是指“天道”,因此,“运气”说的实质就是讲求“天道”的一种思想理论,而把“天道”作为一个独立存在的客观实体加以系统的考察,一方面表明宋徽宗在一定程度上承认了人具有主观能动性这个一般认识论的前提,另一方面亦体现了他采用天与人互动模式来重新整合《内经》之“阴阳五行”理论的创新意识。二是进一步发挥和发展了《内经》“不治已病治未病”的防治思想,如《中国医学史年表》称:政和七年(1117)“十月一日,由政府公布次年运历,示民预防疾病”(Copyright 2005—2008 中国针灸学会)。从严格意义上说,“预防疾病”包括针对健康人的“未病先防”与针对已病者的“既病防变”(即防止疾病的传变和恶化)两个方面,其中又以“未病先防”为要。正是基于

① 王冰撰注,鲁兆麟等点校:《素问》卷十九《五运行大论篇》,辽宁科学技术出版社 1997 年版,第 109 页。

这样的认识，宋徽宗才在全国范围内推行“运历”，这是提高或强化全民预防医学素质的一次创举，其对中国传统预防医学发展的历史影响是极其深远的。不过，由于《圣济总录》的“运历”共有六十个“岁图”，我们不能面面俱到，在此为了说明问题，仅举“丙寅岁图”如下：

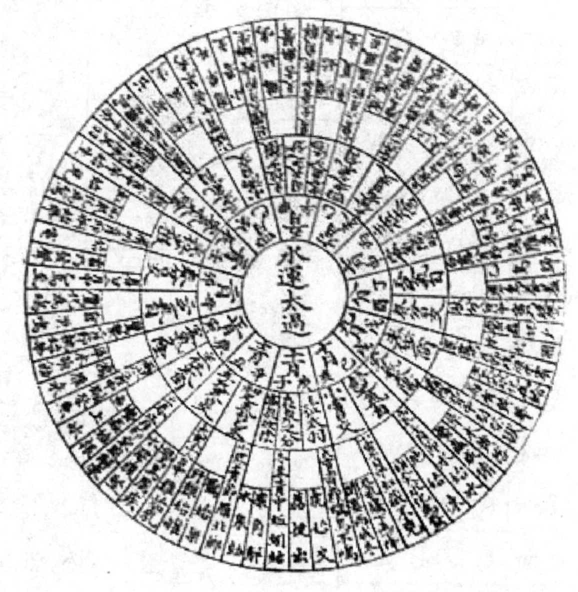


这个“圆图”如果展开为“方图”或还原为文字表达式，则它的内容结构就转变成了下面的图样：

此“运历”的核心是“运气”，将“运气”思想与“二十四节气”及“七十二物候”联系起来，以特定的物质客体为参照背景来分析和阐释“运气”运动变化的内在规律，从而使人们在天与人的互动关系中去认识和把握阴阳平衡的机理及其区位信息，是宋徽宗颁行“运历”的基本指导思想。如，在“丙寅年”的十二个月里，其“主位”或“主运”分别是“五音”之“角”、“徵”、“宫”、“商”、“羽”，用“太（太过，属阳）少（不及，属阴）相生”的交变规则来讲，上述“五音”相对应的“太少相生”依次为“太”、“少”、“少”、“太”、“少”、“太”，因此，其初运角从乙丑年的大寒日申初初刻起，至春分后十三日申正一刻止，包括十二月的一部分、正月的全部和二月的一部分。此期间“主运”属角，为木，年干之“正月”为庚属“阳金”，“二月”为辛属“阴水”，故“正月”的主运是为“太角”亦即“阳金”，相应的，年支之“正月”为寅属“阳木”，由于本年中运为“水运太过”，故水运属羽为阳，是谓“太羽”，从主客运关系看，为“太羽”（即水）生“太角”（即木），而在五行的生克次序中，水与木的关系为“相生”，即“水生木”。

丙寅年

| 中运 | 水运太过 | | |
|---|---|---|---|
| 月份 | 运气 | 二十四节气 | 七十二物候 |
| 正月 | 主位太角 | 立春正月节 | 东风解冻 蛰虫始振 鱼上冰 |
| 庚寅 | 客气少阳 | 雨水正月中 | 獭祭鱼 鸿雁来 草木萌动 |
| 二月 | 二之气自 | 惊蛰二月节 | 桃始华 仓庚鸣 鹰化为鸠 |
| 辛卯 | 春分日交 | 春分二月中 | 玄鸟至 雷乃发声 始电 |
| 三月 | 主位少徵 | 清明三月节 | 桐始华 田鼠化为鴽 虹始见 |
| 壬辰 | 客气太阴 | 谷雨三月中 | 萍始生 鸣鸠拂其羽 戴胜降于桑 |
| 四月 | 三之气自 | 立夏四月节 | 蝼蝈鸣 蚯蚓出 王瓜生 |
| 癸巳 | 小满日交 | 小满四月中 | 苦菜秀 靡草死 小暑至 |
| 五月 | 主位少徵 司天之分 | 芒种五月节 | 螳螂生 䴗始鸣 反舌无声 |
| 甲午 | 客气少阳 | 夏至五月中 | 鹿角解 蜩始鸣 半夏生 |
| 六月 | 四之气自 | 小暑六月节 | 温风至 蟋蟀居壁 鹰乃学习 |
| 乙未 | 大暑日交 | 大暑六月中 | 腐草化为萤 土润溽暑 大雨行时 |
| 七月 | 主位太宫 | 立秋七月节 | 凉风至 白露降 寒蝉鸣 |
| 丙申 | 客气阳明 | 处暑七月中 | 鹰乃祭鸟 天地始肃 禾乃登 |
| 八月 | 五之气自 | 白露八月节 | 鸿雁来 玄鸟归 群鸟养羞 |
| 丁酉 | 春分日交 | 秋分八月中 | 雷乃收声 蛰虫坯户 水始涸 |
| 九月 | 主位少商 | 寒露九月节 | 鸿雁来宾 雀入大水化为蛤 菊有黄华 |
| 戊戌 | 客气太阳 | 霜降九月中 | 豺乃祭兽 草木黄落 蛰虫咸俯 |
| 十月 | 终之气自 | 立冬十月节 | 水始冰 地始冻 雉入大水化为蜃 |
| 己亥 | 小雪日交 | 小雪十月中 | 虹藏不见 天气上腾地气下降 闭塞而成冬 |
| 十一月 | 主位太羽 | 大雪十一月节 | 鹖鸟不鸣 虎始交 荔挺出 |
| 庚子 | 在泉之分 | 冬至十一月中 | 蚯蚓结 麋角解 水泉动 |
| 十二月 | 初之气自乙未 | 小寒十二月节 | 雁北乡 鹊始巢 野鸡始雊 |
| 辛丑 | 年大寒日交 | 大寒十二月中 | 鸡始乳 鸷鸟厉疾 水泽腹坚 |

另,“二月”之“辛”为“羽”属“阴”,是谓“少羽”即“阴水”,相应的,年支之“二月”为“卯”属“阴木”。可见,“正月”与“二月”的运变不同的,前者为“太过”,而后者则为“不及”。至于“六气”,其交司时刻起自乙丑年大寒日申初(即“年大寒日交”),止于本年春分日午初(即“春分日交”),按照年支的阴阳五行性质则寅为“相火”,正月建寅,在时令为孟春,正当木气盛时,木能生火。其主气为厥阴风木,而客气则为少阴君火之气。所以,把“正月”与“二月”的“运气”信息综合起来分析,“五运”之“水”主要呈“太过”与“不及”两态分布,与之相对应,在“五运”所及的地域内将会出现雨水过多与雨水不足的气候状况,同时,“六气”之“风火”亦会出现“风凉型”和“风热型”两种气温分布状况。故此期间的“运气”可归结为两型,即风凉多雨型的气候与风热少雨型的气候。

二运“徵”从春分后十三日申正一刻起,至芒种后十日酉初二刻止,包括二月的一部分、三月的全部和四月的一部分。此期间“主运”属“徵”,为火,年干之“三月”为壬属“阳木”,“四月”为癸属“阴火”,依“五步推运”则太角生少徵,故“三月”的主运为“少徵”,亦即“阴火”,相应地,年支之“三月”为辰属“阳土”,由太少相生的变化规则知,太羽生少角,既然前一个月的客运为“太羽”即“阳水”,那么本月的客运自然就是“少角”即“阴木”。另,“四月”之“癸”为“徵”属“阴”,是谓“少徵”即“阴火”,相应地,年支之“四月”为“巳”属“阴火”。可见,“三月”与“四月”的“运变”均为“阴火”即“火不及”。至于“六气”,其交司时刻起自春分日午正(“春分日交”),止于小满日辰正(“小满日交”),“三月”为季春,主气为少阴君火,客气则为太阴湿土之气即“客气太阴”。因此,结合“三月”和“四月”的“运气”信息,我们不难发现此期间的主要气候类型为“火不及”与“湿气”太过,也就是说在此“运气”所及的地域内,寒湿是其主要的气候特征。

“五月”与“六月”之主运是“少徵”,属“火”,其年干之“五月”为甲属“阳木”,“六月”为乙属“阴木”,相应地,年支之“五月”为午属“阳火”,“六月”为未属阴土,其主气为“少阳相火”。从五行相生的次序看,木生火,火生土,本为相得之象,然此运年之“五月”却是木火旺而气候炎热,“六月”则木(风生木)克土(湿生土),季节更是反常,比如该雨不雨,干热异常等。

“七月”和“八月”之主运属“宫”,即少徵生太宫(三运)。其年干之“七月”为丙属“阳水”,“八月”为丁属“阴木”,相应地,年支之“七月”为申属“阳金”,“八月”为酉属“阴金”,其主气是“太阴湿土”,客气为“阳明燥金”。从五行生克关系来看,本运呈土生金及水生木之象,其主要表现是燥湿相济,风雨适度,等等。

宋徽宗作为北宋后期的一位很不走运的皇帝,他不去用心于整顿吏治,挽救当时愈益严重的社会和政治危机,而是孜孜不倦于"运气"和书画艺术的创作与研究,这究竟是为什么?难道是宋徽宗真的不懂政治吗?

当然不是。首先,从当时的社会危机看,造成社会动乱的主要原因并不是来自战争,而是来自全国各地不断发生的疫病和政治腐败。根据张剑光先生在《三千年疫情》一书中的统计,北宋时期共有22次疫病流行,造成数以万计人口的死亡。如北宋明道二年(1033)"泉州疫病大流行,疫区人亡田荒,惨状触目惊心"①;皇祐中(1049—1054),安陆地区"大疫,死者横道"②;曾巩证实吴杭一带于宋仁宗时期因大疫而"死者数十万人"③,又"建炎元年(1127)三月,金人围汴京,城中疫死者几半"④,等。因此,张剑光说:"疫病为人类带来的最为直接的灾难是导致大量人口的死亡。"⑤其疫病类型计有疟疾、瘴疫、伤寒、天花等,如瘴疟中的热瘴最为凶险,故苏辙在任绩溪(今安徽省东南部)令时,曾于元丰八年(1085)撰"驱除瘴疫"一文,他在文中说:其疾疫"寒热为疟,下逮儿女,更相播染,卧者过半,迄兹痊损"⑥,此疫属于较大规模的流行性传染病,除此之外尚有诸如水痘、钩虫病等散在流行病。比如,宋代朱肱在《伤寒总病论》一书中说:"天行之病,大则流毒天下,次则一方,次则一乡,次则偏着一家"。其中"次则一乡,次则偏着一家"即属于散在流行的范畴。众所周知,水痘是由水痘—带状疱疹病毒所引起的小儿急性传染病。在我国,至少宋代便出现了疱疹的名称,钱乙《小儿药证直诀》说:"疱疹证,此天行之病也。"⑦后来,宋代的另一位医学家董汲撰著了我国第一部小儿痘疹专著《小儿斑疹备急方论》。不难想见,小儿痘疹在当时还是一种比较严重的流行病。钩虫病在我国古代又称"疳黄"、"脚黄"、"桑叶黄"等,属虫症。宋徽宗《圣济总录》中已专门列有"九虫症",即说明各种虫病在当时的流行程度。如《镇江府志》载:"高宗太子有疳疾,(张)元珪药之愈。"在这里,太子的"疳疾"就是由钩虫感染所引起的疾患。可见,从保持长久的社会稳定这个角度讲,防治疫病就是北宋最大的政治。其次,疫病的发生与特定的环境气候有关,因此,宋

---

① 《泉州花桥慈济宫》。

② 黄庭坚:《山谷集·别集》卷九《承议郎致仕李府君墓铭》。

③ 曾巩:《元丰类稿》卷四十八《徐复传》。

④ 脱脱:《宋史》卷六十二《五行一下》,中华书局1977年版,第1370页。

⑤ 张剑光:《三千年疫情·前言》,江西高校出版社1998年版,第2页。

⑥ 郭预衡主编:《唐宋八大家散文总集》卷十,河北人民出版社1995年版,第7548页。

⑦ 钱乙:《小儿药证直诀》卷上《疱疹候》,载黄政德主编:《中华医书集成》第16册《儿科类》,中医古籍出版社1999年版,第5页。

人为了深入探寻“天道”与疫病的内在联系，特别对《素问》中有关“运气”的内容补充了《刺法论》与《本病论》两节遗篇，尽管后人多认为此两节系伪作，但它从一个侧面确实反映了宋人在防治疫病方面已经达到很高的水平。例如，《刺法论》提出了“三年化疫”的思想，就是宋人在研究疫病发生机理方面所取得的重要理论成果。文曰：“假令丙寅，刚柔失守，上刚干失守，下柔不可独主之，中水运非太过，不可执法而定之，布天有余，而失守上正，天地不合，即律吕音异，如此即天运失序，后三年变疫。”①由此可见，疫病本身是一个由量变到质变的发展与演变过程，而这也是为什么人们应当以防疫为其卫生战略的主要理论根据。宋徽宗说：“人生天地中，随气受病。”②此“气”即是指特定的区域地理环境，它与某些特殊的地方病存在着直接的因果联系，如“岭南多瘴，江湖多湿，山阴水野沙石之气”等③，其中岭南地区自夏至秋，暑气炎蒸，燥热燔灼，淫雨连绵，致使草木腐败，虫蛇死亡，沟渠污垢等酿成秽浊之瘴气，在这种环境下，很容易使人气血阻滞而发为疫病。再比如，由于环境物理因子如太阳辐射、气压、高温、严寒等在地域上的分异作用，导致了像高山病一类的特殊地方病。又由于环境中与人体有关的地球化学元素含量分布不均匀，导致了像碘缺乏病、氟中毒，大骨节病等地方病。而这些地方病多是由于长期的不良饮食习惯引起的，是由量变引起质变的生理病理的积变过程。如地方性氟中毒就是由于过量的氟在人体内蓄积，从而引起的慢性中毒，并导致氟斑牙和氟骨症的发生，等等。所以，宋徽宗非常强调“气化运行”的“至上性”或称“形而上”的哲学意义，他在《圣济总录》中反复申明了《素问》七篇里的三个思想命题：一是“气化运行先天”④，二是“气化运行后天”⑤，三是“气化运行同天”⑥。其所谓“先天”即指“先于天时而至”的意思，如《素问·六元正纪大论》：“凡此太阳司天之政，气化运行先天。”王冰注：“六步之气，生长化收藏，皆先天时而应至也。”因此，在宋徽宗看来，“气化运行”不仅是宇宙万物生成与变化的本原，而且亦是人体生理和病理之生成与变化的本原。在北宋，张载首先将《素问》的“气化”思想上升到哲学的价值层面和“形而上”的道德境界。他说：“神，天德；化，天道。德，其体；道，其用，一于气而已。”⑦又说：“由

---

① 《黄帝内经素问·刺法论》，中国中医药出版社2009年版，第313页。

② 宋徽宗：《圣济总录》卷四《治法·治宜》，人民卫生出版社1962年版，第121页。

③ 宋徽宗：《圣济总录》卷四《治法·治宜》，人民卫生出版社1962年版，第121页。

④ 宋徽宗：《圣济总录》卷一《运气·丙寅岁图》，人民卫生出版社1962年版，第5页。

⑤ 宋徽宗：《圣济总录》卷一《运气·丁卯岁图》，人民卫生出版社1962年版，第7页。

⑥ 宋徽宗：《圣济总录》卷一《运气·丁卯岁图》，人民卫生出版社1962年版，第7页。

⑦ 张载著，张锡琛点校：《正蒙·神化篇第四》，《张载集》，中华书局1978年版，第15页。

太虚,有天之名;由气化,有道之名。"[1]把"气化"与"道"联系起来,是宋人对《素问》"气化"思想的发展,而正是在这样的哲学背景之下宋徽宗才提出了"无见于上则治道不立"的医学主张。在此,所谓"见于上"之"上"其实就是指"气化运行"本身。从这个层面讲,《圣济总录》及《圣济经》的主旨就是研究"气化之道"的,而这恰恰应是中医学的本质特征。如果用天人关系的基本理论来阐释中医学的这个特征,那么,很明显,中医学在学理上将"天道"作为一个独立存在的物质实体加以分析和研究,里面并没有掺杂任何"天人相通"与"天人相类"的成分,因此,任应秋先生明确指出:"中医学无'天人合一论'。"[2]也就是说,作为科学的中医学,它在本质上是讲求"天人相分"的,甚至宋徽宗也不例外。如,宋徽宗说:《圣济总录》的根本目的在于"御五行之数,运六气之化,以相天地"[3],此"相"意为观察,即认识和把握天道的运动变化规律。又说:"道覆载天地者也,天无不载,地无不载,王者位天地之中而与天地参,故亦大。"[4]此"与天地参"是《内经》的基本思想之一,它的前提是"人者,天地之镇也"[5],其"镇"《说文》释为"博压",即"镇服"和"制约"之义,这说明人不仅能够认识"天道",而且还能从实践上把"天道"中的害转化为利,从而使之更好地为人类的生产和生活服务,可见,"与天地参"是一种"天人相分"思想,而《圣济经》及《圣济经总录》的基本理论前提是"天人相分"而非"天人合一"。所以,有人说:"中医理论'天人'范畴的性质,属于中国古代唯物主义'天道'观范畴,不是'天人合一'而是'天人相分'思想,认为天道自然,人道有为,人可以'制天命而用之',即医学可以根据日月运行、四时变化的规律诊断和治疗疾病。天与人的这种密切联系,称作'天人相应',而不是'天人合一'。中医学在这种天人观的指导下,形成了'人与天地参'的思维方法。发现了许多天地自然规律与人体生命规律之间的内在联系,进而使中医学长期积累的生命规律的经验事实,被归纳、整理、升华为中医的基本理论。"[6]不过,我们同样亦承认这样一个事实,即宋徽宗研究"天道"的目的一是为了阐释人体的生理和病理的变化规律,二是为其国家制度的正常运行寻找一种合理的和便于操作的政治管理模式。惟其如此,王夫之才有"徽宗之

---

① 张载著,张锡琛点校:《正蒙·太和篇第一》,《张载集》,中华书局 1978 年版,第 9 页。

② 任应秋:《任应秋论医集》,人民卫生出版社 1984 年版,第 458 页。

③ 宋徽宗:《圣济总录序》,人民卫生出版社 1962 年版,第 6 页。

④ 宋徽宗:《御解道德真经》卷二《道经下·有物混成章第二十五》。

⑤ 王冰撰注;彭建中点校:《灵枢经》卷九《玉版》,辽宁科学技术出版社 1997 年版,第 55 页。

⑥ 任秀玲:《中医学的"天人相分"观点》,《中国中医药报》2006 年 11 月 24 日。

初政，粲然可观”[1]的赞誉。

## 二、“以意并气”的“自我运气”思想及其“气血相依”的医学实践

在宋徽宗看来，“天道”这个物质体系主要由四时、星辰、阴阳、形气、五行等要素所组成。宋徽宗说：

“阴阳妙本通天地为一气，自其定位言之，则寒暑燥湿风火，天之阴阳也，三阴三阳上奉之；木火土金水火，地之阴阳也，生长化收藏下应之。有形者，位乎下而上奉于天；无形者，运乎上而下应于地。有之以为利，无之以为用，天地阴阳之理，无余蕴焉。”[2]

又说：

“虹霓云气，风雨四时，此积气之成乎天者也。山岳河海，金石水火，则积形之成乎地者也。肇自丹天之气，横于牛女之墟；黅天之气，呈于心尾之分；苍天之气，经于危室柳鬼；素天之气，经于亢氐昴毕；元天之气，经于张翼娄胃，则知形气浑沦之初，所谓五运之化，盖已符五星之精矣。”[3]

这两段话是宋徽宗的宇宙学大纲，同时也是他的运气思想模型。在宋徽宗看来，这个运气思想模型就是他所说的“医理”之本。北宋的方剂学发展甚速，据《宋史》卷二百七《艺文六》的不完全统计，北宋刊刻的各类医方书至少逾 80 种，其中仅大型方书就有 4 种，即《太平圣惠方》、《雍熙神医普救方》、《太平惠民和剂局方》和《圣济总录》，甚至有人考证“方论”亦肇始于北宋[4]。那么，是不是说“方论”发达了，医学本身的水平也就水涨船高了呢？未必，因为医方学的发展必然受两个理论因素的制约，一是药理学的发展，二是医理学的发展。事实上，北宋医方与药理尤其是医理的发展是不平衡的，其突出表现就是医理的研究落后于医方的发展。故《四库全书总目》“苏沈良方”提要云：“今所传括《梦溪笔谈》末为‘药议’一卷于形状、性味、真伪、同异，辨别尤精，轼补注时言医理于是事，仪颇究心。盖方药之事，术家能习其技而不能知其所以然，儒者能明其理而又往往未经试验。此书以经效之方而集于博通物理之手，固宜非他方所及矣。”可见，《苏沈良方》的优点就在于它本身不仅是一部“方药”之书，而且更突出的它还是一部“医理”之书，以“医理”出胜于其他方药之著述，不正表明北宋时期“医理”研究资源的匮乏与不足吗！甚至沈

① 王夫之：《宋论》卷八《徽宗一》，中华书局 2003 年版，第 145 页。
② 宋徽宗：《圣济经》卷五《循常施化章》，人民卫生出版社 1990 年版，第 88 页。
③ 宋徽宗：《圣济经》卷五《形精孚应章》，人民卫生出版社 1990 年版，第 95 页。
④ 袁冰、朱建平：《方论肇始考略》，载《中华医史杂志》2003 年第 3 期。

括在《苏沈良方自序》中把"治疾"看作是"治病"的"五难"之一,他说:"古之治疾者,先知阴阳运历之变故",而又"视其人老少、肥瘠、贵贱、居养、性术、好恶、忧喜、劳逸,顺其所宜,违其所不宜",因此,沈括提出的治病原则是"因其情变,或治以天,或治以人。"从原则上把"天"与"人"分作两个治疗体系,或者因天施治,或者因人施治,这是北宋医学发展所出现的一个新特点,值得重视。"天人相分"本来是一种哲学的思维方法,而北宋的医家将其应用于医疗实践,并在《内经》"运气"学说的基础上,形成宋代基本的"运气医理"思想,这无疑是宋代在基础医学研究方面所取得的重大理论性成果。据《宋史》卷四十八《天文志一》载,宋神宗熙宁七年(1074)七月,沈括在上《浑仪议》一文中认为:"《素问》尤为善言天者。"对《素问》性质的这个新界定,给予宋徽宗以深刻影响。比如,宋徽宗在《御制圣济经序》中明确地指出:

"且叹世德之下衰,悯斯民之散朴,上悖日月之明,下铄山川之精,中堕四时之施,至于逐妄耗真,曾不终其天年,而中道以夭,乃询岐伯作为《内经》。通神明之德,类万物之情,其言与典坟相为表里,而世莫得其传。"

而宋徽宗撰《圣济经》的主要目的就是"发明《内经》之妙"①而"《内经》之妙"的"妙","妙"就"妙"在"天一而地二,北辨而南交,精神之运已行矣。拟之于象,则水火也。画之于卦,则坎离也。两者相须,弥漫六合,物物得之,况于人乎!"②在宋徽宗看来,"水"与"火"是构成物质世界的两个基本元素,而宇宙的万事万物和人类都是由这两个基本元素逐渐演化而产生的。宋徽宗说:

"盖凝于太一者,无非水也。蒸为云雨,湛为渊泉,浚其本而正固之,则派虽逝矣,所以在源者常存。应于次二者,无非火也。击石而光发,钻木而烟飞,傅其薪而更续之,则缘虽尽矣。所以在性者不灭,自迹观之,疑若判矣。要其功用之所归,则相逮而为既济。"③

因此,"水"与"火"两者"相逮而为既济",或曰"两者相须,弥漫六合",既是万物产生与发展的本源,同时又是人类自身产生和发展的本源,这个结论已经得到了科学实验的证实。例如,美国科学家米勒通过火花放电的装置,巧妙地重演了原始地球上合成有机物的生动图景,而该实验的关键就是使火与水、甲烷、氨及氢相互作用,然后形成多种合成生命所需要的氨基酸。毫无疑问,

① 宋徽宗:《政和圣济总录序》,人民卫生出版社1962年版,第5页。

② 宋徽宗:《圣济经》卷一《体真篇·精神内守章》,人民卫生出版社1990年版,第5页。

③ 宋徽宗:《圣济经》卷一《体真篇·精神内守章》,人民卫生出版社1990年版,第7页。

人类仅仅是生命进化序列中的一个环节，它的出现经历了从无机分子到有机小分子，从有机小分子到生物大分子，从生物大分子到原始生命的诞生以及从非细胞到细胞，从原核细胞到真核细胞，再由单细胞到多细胞，由二胚层到三胚层，由无脊椎到有脊椎，由水生到陆生，由动物到人等进化过程和演变阶段。其中原始生命的本质特征是"蛋白体在每一瞬间既是它自身，同时又是别的东西"①即生命的自我更新和自我繁殖，或者说自我分化。故宋徽宗说："氤氲孕气，化之出乎天也。胚，浑兆象，化之在于人也。"②在此，人类自我分化的模式可以表达为一个简式，即"气"—"胚胎"—"人"。对此，宋徽宗阐释道："有泰初，有泰始，浑沦一判，既见气矣。故曰：'太初，既立形矣。'故曰：'太始，气初形始。天地相因，生生化化，品物彰矣。'故曰：'大哉乾元，万物资始，至哉坤元，万物资生，有生之初，虽阳子之正，育而充之，必阴为之主，因形移易，日改月化，无非坤道之代终也。"③此为"气"的演化阶段及其物质处于初始化状态时的结构特点，如果用一句话概括，则"惟形与气相资而立"④。之后，胚胎阶段开始出现。宋徽宗说："谓之妊，阳既受始，阴壬之也。谓之胞，已为正阳，阴包之也。谓之胚，未成为器，犹之坯也。谓之胎，既食于母，为口台也。若娠则以时动也，若怀则以身依也。天之德，地之气，阴阳之至和，相与流薄于一体。唯能顺时数，谨人事，勿动而伤，则生育之道得矣。"⑤人在胚胎时期，往往可以看作是人的一种"先天状态"，它与成人以后的所谓"后天状态"相比较，有些属于遗传性的个体残疾更容易根治。宋徽宗虽然不懂得遗传病学，也不懂得基因工程，但是他根据运气理论的逻辑推理，猜测到了在人的"先天状态"下，人类医学对那些遗传性疾病进行基因修复的可能性，这是一个科学而大胆的预言，而这个预言实际上在今天已经或者说正在变成现实。宋徽宗说："是以附赘垂疣，骈拇枝指，侏儒跛躄，形气所赋有如此者；疮疡瘫肿，聋盲瘖症，瘦瘠疲瘵，气形之病有如此者，然则胚胎造化之始，精移气变之后，保卫辅翼，固有道矣。"⑥所谓"胚胎造化之始，精移气变之后"指的就是人的整个胚胎期，从预防医学的角度讲，人类的许多遗传疾病可以在这个阶段进行防治，做到早诊断，早治疗，使每一位生命个体在他出生之后，能够真正享受到做人的快乐，而不是做人的痛苦。所以，宋徽宗对于人类医学发展所设定的最终目

① [德]恩格斯：《反杜林论》，人民出版社1970年版，第79页。

② 宋徽宗：《圣济经》卷二《化原篇·前言》，人民卫生出版社1990年版，第26页。

③ 宋徽宗：《圣济经》卷二《化原篇·孕元立本章》，人民卫生出版社1990年版，第26页。

④ 宋徽宗：《圣济经》卷二《化原篇·凝行殊禀章》，人民卫生出版社1990年版，第29页。

⑤ 宋徽宗：《圣济经》卷二《化原篇·孕元立本章》，人民卫生出版社1990年版，第27页。

⑥ 宋徽宗：《圣济经》卷二《化原篇·气质生成章》，人民卫生出版社1990年版，第34页。

标是:“可以跻一世之民于仁寿之域。”①作为一位封建时代的帝王,能够突破“德高艺下”的藩篱,从事医学研究,并提出“跻一世之民于仁寿之域”医学价值思想,在当时的历史条件下是很不容易的。组织胚胎和人的发育历史告诉我们,人类个体从胚胎到形成一个完整的人,其各个组织和器官的形成次序有先有后,而不同时。对此,宋徽宗提出了他自己的一套人类个体发育模式:

“方其壬之兆怀,命门初具。有命门然后生心,心生血,法丁之生丙也。有心然后生肺,肺生皮毛,法辛之生庚也。有肺然后生肝,肝生筋,法乙之生甲也。有肝然后生脾,脾生肉,法己之生戊也。有脾然后生肾,肾生骨髓,法癸之生壬也。”②

这段话包含着两个生化模式,一个生化模式是五行的生尅规律,另一个生化模式则是人类个体的发育次序。根据《内经》对“十天干”与“五行”属性之间相互关系的界定,我们知道,甲乙对应于木,丙丁对应于火,戊己对应于土,庚辛对应于金,壬癸对应于水,而十干中甲、丙、戊、庚、壬为阳;乙、丁、己、辛、癸为阴。其具体的生成变化规则为:“一阳始壬于西北,壬为阳水,合丁之阴火而生丙。丙为阳火,合辛之阴金而生庚。庚为阳金,合乙之阴木而生甲。甲为阳木,合己之阴土而生戊。戊为阳土,合癸之阴水而生壬。兹夫妇之义,化毓妙理,由是出焉。”③由此可见,宋徽宗用一种不断发展变化的视角来剖析人体五脏的发育过程,体现了他不仅具有一定的辩证思维能力,而且还具有一定的历史眼光。如果我们将宋徽宗的表述,转变为一种图示,则上面的内容就变成了下面的形式:

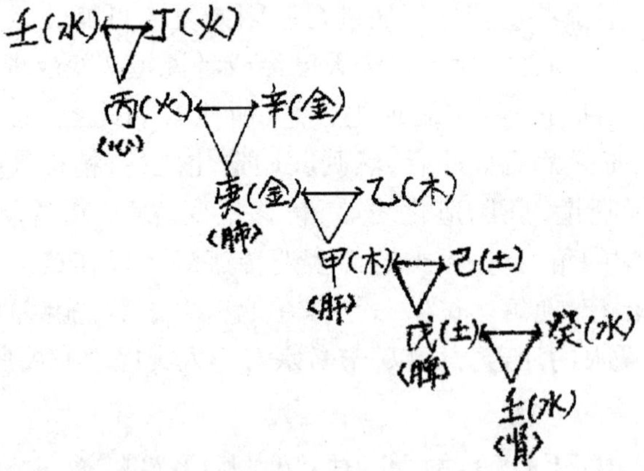

① 宋徽宗:《御制圣济经序》。

② 宋徽宗:《圣济经》卷二《化原篇·藏真赋序章》,人民卫生出版社1990年版,第38—39页。

③ 宋徽宗:《圣济经》卷二《化原篇·藏真赋序章》,人民卫生出版社1990年版,第37页。

从进化学的角度看，有了五脏的形成还不能称作真正意义上的人，因为一般的动物亦都有这样的经历，而人的优越性在此并不能显示出来。所以，宋徽宗指出，要想使人之成为人，就必须对初生的婴儿进行文化的陶冶和教育。他说：

“盖专精孕气，大钧赋形，有人之形，不能无人之情。彼其视听言动，好憎欲恶，虽冥于隐默之中，而美恶特未定也。善母道者，引而发之，若为之训迪，若为之挑达，彼将因物而迁，因形而革，有不期然而然者。故示以贤人君子，使之知所以好德，示以礼法度数，使之知所以制心，扬之以声音之和，则若琴瑟钟鼓者，欲其厌足于耳，作之以刚毅之气，则若犀象军旅者，欲其感动于目，观圭璧珠玉，则取夫阴阳之至精，诵诗书箴诫，则取夫言语之至正者，以至调心神，和情性，戒喜怒，节嗜欲。是皆因物随感，有益于得者也。”①

人既是一个社会的存在体，同时又是一个有血有肉的生物体。在北宋，由于受科技水平发展的局限，人们还不可能认识到医学的社会—生物—心理发展模式，但宋徽宗却根据他对人体科学的理解，提出了以“气血变革”为基本内容的生物—心理医学模式，推动了北宋医学理论的进步。宋徽宗说：“天地者，万物之父母也。天为阳，地为阴，水为阴，火为阳，阴阳者，血气之男女；水火者，阴阳之证兆。”②又说：“惟水火既济，气血变革，然后刚柔有体而质形立焉。”③“形立”仅仅属于生物的存在，因此，“形立”之外还有“神气相合”，而“神气相合”即属于“心理”性的存在。宋徽宗说：

“人受天地之中以生，所谓命也。形者生之舍也，气者生之元也，神者生之制也。形以气充，气耗而形病，神依气住，气纳则神存，修真之士。法于阴阳，和于术数，持满御神，专气抱一，以神为车，以气为马，神气相合，乃可长生。”④

当然，“神”不抽象，在人体的生理与心理活动中，它其实就寓于五脏的各种精神功能之中，并具体地表现为精志和意识等主观性的心理活动。而宋徽宗将它总结为下面一段话，他说：

“定而存生，谓之形。动而使形，谓之气。形立气布，斡旋于中，谓之神。神在肝为魂，在肺为魄，在脾为意与智，在肾为精与志。合而论之，以心为主，心藏神，是谓君主之官，以统内外，以养生则寿。”⑤

---

① 宋徽宗：《圣济经》卷二《化原篇·扶真翼正章》，人民卫生出版社 1990 年版，第 41 页。
② 宋徽宗：《圣济经》卷三《慈幼篇·形气变成章》，人民卫生出版社 1990 年版，第 55 页。
③ 宋徽宗：《圣济经》卷三《慈幼篇·形气变成章》，人民卫生出版社 1990 年版，第 55 页。
④ 宋徽宗：《圣济经》卷八《卫生篇·存神驭气章》，人民卫生出版社 1990 年版，第 154 页。
⑤ 宋徽宗：《圣济经》卷七《守机篇·知极守一章》，人民卫生出版社 1990 年版，第 132 页。

对于意识活动的生理基础,现代医学证明是大脑,而不是脾,也不是肾。在北宋之前,人们对自然万物和人体自身的结构认识,局于传统的阴阳五行范畴,因而人们总是在五行范畴允许的条件下去认知和解释宇宙中的各种物质和精神的现象。以人体为例,五脏与五行存在着一对一的关系,而人的大脑却存在于五行所规定的范围之外,由于这个原因,故大脑成了五脏的附庸,五脏反而成了大脑的"宗主"。通过这个事例,我们发现五行范畴确实在一定程度上阻碍了科学的进步。然宋徽宗强调人体的疾病分六淫外邪和七情内伤两种类型,一般而言,七情为内伤性致病因素,多从内而发,内伤气血,而六淫是导致外感病的唯一致病因素,其受邪途径多侵犯肌表,或从口鼻而入,或两者同时受邪。可见,淫邪与情伤是两种不同的致病途径,两者具有相对的独立性和病理病机特点。就人的形体来讲,董仲舒认为"天人相类",不仅人的形体结构与天体的结构相类,所谓"身犹天也"①,而且天的"七情"亦"与人相副",所谓"天人一也"②。也就是说,在董仲舒看来,人与天在情知方面不是"相分"的,而是"合一"的。此类观点,宋代的理学家也有。如,张载说:"天人异知,不足以尽明。"③即张载也不主张将天与人两者从"情知"方面截然分开。又如,朱熹更说:"贞者生物之成,实理具备,随在各足,故于时为冬,于人则为智,而为众事之干。"④可见,朱熹亦主张天与人于"情知"方面的统一性。如果说这种统一是一种双方地位平等的统一,那么,这种统一就是合理的,或者说是可以理解的,但事实上,他们所讲的统一,其实是人依附于天,天对于人具有绝对的主宰性。不过,宋徽宗在这个问题上,并没有"理学化",而是从医学发展的实际出发,把疾病看作一个独立的思维对象,对它进行客观的认识和分析,因而他的思维方式就不能不以"分"为特色,即他承认"天"与人体之间在外邪致病方面存在着一定的感应关系,但在七情致病方面,情知却具有不依赖于"天"的客观实在性。因此,宋徽宗说:"若乃抱神之静既摇,逐物之情滋起,神伤于思虑而肉脱,意伤于愁忧而支废,魂伤于悲哀而筋挛,魄伤于喜乐而皮槁,志伤于盛怒,则腰脊不可以俛仰。怒则气上而不降,喜则气缓而不收。悲则气消而不息,恐则气下而不升,思则气结而不散。惟形与气,俱运于神之枢机,是以忧恐悲喜怒,不以次入,五藏之气相乘而为病。盖以情动于中,非若外邪之轻且缓也。"⑤以此为前提,宋徽宗提出了以"治神为先"的临床治病原

① 董仲舒:《春秋繁露》卷十三《人副天数》,上海古籍出版社 1991 年版,第 75 页。

② 董仲舒:《春秋繁露》卷十二《阴阳义》,上海古籍出版社 1991 年版,第 71 页。

③ 张载著,张锡琛点校:《正蒙·诚明篇第六》,《张载集》,中华书局 1978 年版,第 20 页。

④ 赵采:《周易程朱传义折衷》卷一《周易》,文渊阁四库全书本。

⑤ 宋徽宗:《圣济经》卷七《守机篇·知极守一章》,人民卫生出版社 1990 年版,第 133 页。

则。宋徽宗认为，对人体疾病来说，显然是“七情内伤”类的疾病严重于“六淫外邪”类的疾病，这是因为后者一般可以药治，而前者则除了药治，更重要的还有非药物治疗。因此，宋徽宗说：“盖上古恬淡，治病之法，祝由而已。迨夫忧患既攻，巧诈复起，邪之感人也深，医之用功也倍。专恃毒药，而不问其情，则精神不进，志意不治，故病不可愈。”①因此，从这个角度，宋徽宗分析了医家为什么以“治神为先”的几个心理的要素：“是以荣卫精华，有形之所同也。失轩冕之势，有至于脱营；违富足之欲，有至于失精；怀离绝之情，有至于血气离守。工不能知，诊之而疑，是谓治过而术疏。圣人所以审气行著，必观人之勇怯。治病有五，必本人之形志。盖明治神为先也。”②诸如“失轩冕之势”、“违富足之欲”和“怀离绝之情”，可以看作是造成人们心理疾病的三大社会因素。一般讲来，凡“七情内伤”多由上述原因所致，而且随着社会的发展和人类经济生活节奏的加快，“七情内伤”所导致的焦虑性疾病在人类各种疾病中所占的比重必然会越来越大。现代心理学认为，人的一生需要经过一系列的“认同”进化阶段，自幼到老，依次为黏附认同、内摄认同（原始自恋）、内摄—外化认同（肛欲期自恋认同）、超我认同、俄狄浦斯后的部分认同、青春期的身份认同以及解认等，而相对应的伴随性心理障碍则是各种各样的焦虑。如果追问一下人类产生“焦虑症”的根源，那么，在人际关系的代谢中，它无不与特定的政治或经济利害关系正相关，而就人类个体本身的原因讲，它则根源于人们对自我意识的认同障碍。弗洛伊德认为，人与一般动物的最大不同就是人具有自我意识的功能，这种意识不仅使人将自我与自然之天区别开来，而且更使人将自我与他我区别开来。宋徽宗当然不懂得现代心理学的概念和原理，但是他似乎有一种“认同”直觉，也许正是在这种直觉意识的作用之下，他才提出了“以意并气”的“自我运气”思想。前面说过，宋徽宗把“忧患既攻”看成是一种不同于上古时代那以纯粹外邪性疾病为特点的新型心理疾病，是符合人类疾病的演变规律的。宋徽宗反复强调说：“凡治病之术，不先致其所欲，正其所念，去其所恶，损其所恐，未有能愈者也。”③诚然，治病以“致其所欲”和“正其所念”为其基本的指导思想，但是，人的“欲念”又是以“气”为其基础的，“夫惟平气协应，故星轨循度，疾疢不作。”而宋徽宗称“平气协应”为“五运之政”④，可见，他对“气”这种物质形态的重视。所以，宋徽宗说：“人之有是

① 宋徽宗：《圣济总录》上册，人民卫生出版社2004年版，第121页。

② 宋徽宗：《圣济经》卷七《守机篇·知极守一章》，人民卫生出版社1990年版，第135页。

③ 宋徽宗：《圣济总录》上册，人民卫生出版社2004年版，第121页。

④ 宋徽宗：《圣济经》卷五《正纪篇·形精孚应章》，人民卫生出版社1990年版，第98页。

形体也,因气而荣,因气而病。"①在宋徽宗看来,"气"这种物质形态的运动变化是有规律的,人既不能创造它,也不能消灭它,故他提出了"不以人胜天"②的思想命题。其中,"气相感则以意使"③是"气"这种物质形态运动变化的一个非常重要的客观规律,而宋徽宗将之概括为"以意并气"四个字。宋徽宗在《圣济总录》一书中说:"其有宿疾,以意并气,注之患处,不过三五日必愈。若四肢有患,亦可以以意攻之,其病遂散。"④众所周知,宋徽宗特别崇奉道家,因此,当时黄冠出入禁闼,窃弄权柄,给北宋末期的社会政治带来致命的危害。即使如此,宋徽宗仍然对道士优渥善待、宠信有加。不过,从积极的方面看,为了弘扬道教的理论学说,宋徽宗曾诏令书艺局、道录院先后编成《政和万寿道藏》、《道典》等书,右道空前。毫无疑问,所有这一切都成为宋徽宗"运气"学说产生的历史条件。从道教自身的发展过程看,宋徽宗的"以意并气"思想显然是受到了张君房"闭气诀"的影响。如,张君房说:"忽有修养乖宜,偶生疾患,速于密室,依服气法布手足讫,则调气咽之,念所苦之处。闭气以意想注,以意攻之,气极则吐之,讫复咽气相继。依前攻之,气急则止,气调复攻,或二十,或五十,攻觉所苦处,汗出通润即止。如未痊即每日夜半,或五更,昼日频作,以意攻之,不拘病在头面手足,但有疾之处则攻之,无不愈者。"⑤道家推崇"运气"的医疗价值和养生功能,虽说它以庄子的"无以人灭天"⑥思想为其存在的哲学基础,但是当人们把"无以人灭天"思想转变为具体的养生手段时,人们对于所谓的"天"则表现出了积极的能动性和创造性,这一点也是显而易见的。与老庄贬低人的认识能力之消极人生观不同,宋徽宗则主张人的认识应以"通理达权"为目标。他说:"物之性有尽也,制而用之,将使之无尽;物之用有穷也,变而通之,将使之无穷。"⑦此"有尽"与"无尽"、"有穷"与"无穷"的辩证统一,正是人类认识能动性的本质体现。为了说明这一点,宋徽宗还举中药"药理"变化的功能特点以为例子,他说;"推是以泛观,根茎花实之异性,草石骨肉之异宜,或相资而相养,或相胜而相制。如是而定君臣,如是而分佐

① 宋徽宗:《圣济总录》上册,人民卫生出版社 2004 年版,第 126 页。

② 宋徽宗:《圣济经》卷六《仓颐篇·固本全冲章》,人民卫生出版社 1990 年版,第 120 页。

③ 宋徽宗:《圣济经》卷六《仓颐篇·固本全冲章》,人民卫生出版社 1990 年版,第 120 页。

④ 转引自马礼堂养气功之《养气功基础知识》问答,www.chinaqigong.net。

⑤ 张君房撰,蒋力生等校注:《云笈七签》卷六十《圣正规法·闭气诀》,华夏出版社 1996 年版,第 364 页。

⑥ 《庄子·秋水》。

⑦ 宋徽宗:《圣济经》卷九《药理篇·权通意使章》,人民卫生出版社 1990 年版,第 173 页。

使，如是而别奇藕，如是而审铢两，非达于理而明于权，鲜有不伤人之形者。”①在此，无论是“药理”还是“医理”，它真实地反映了宋代科学发展的一种内在趋势，即随着科技水平的不断提高，宋人开始自觉地去寻找主宰宇宙万物运动变化的宏观统一性。一方面，“一物具一妙理”②，又“物具一性，性具一理，其常也”③，这是“物理”范畴中的“多”，是事物的“个性”；另一方面，“天以清轻辟乎上，运以同薄而应乎中。拟诸三才，其用各有所达；拟诸三极，其中各有所会；拟诸三元，其气各有所统。贯三为一，则道无二致，而理亦同归”④，这是“物理”中的“一”，是事物的“共性”。实际上，自从近代科学诞生以来，科学家对于“物理”的认识，正在出现和形成两种思维模式和阐释理路，一种是“统合论”的模式与理路，另一种是“多样论”的模式与理路。而对上述两种截然相反的思维模式及其特点，美国科学家弗里曼·戴森这样评论说：“统合论者向里及向过去看，而多样论者向外及向未来看。统合论者希望找出能解释任何事情的一般性原则，如果经由努力而能使宇宙看起来更简单些，他们会很高兴；多样论者则希望能找出事物的细节，他们喜爱宇宙的多样性，如果经由努力而能使宇宙看起来更复杂些，他们才高兴。”⑤比如，爱因斯坦就希望能用一组方程式来解释和说明所有的“物理”现象，而宋徽宗所说的“贯三为一”和“理亦同归”，其根本主旨与爱因斯坦的“统合论”并没有什么不同。宋徽宗相信“王者能穷理尽性”⑥，此“王者”指的就是人类的思维和实践能力，就是“三墳”与“六经”的统一，即“三墳六经皆济民用，防患于未然者”⑦，就是“制字命物”⑧。张世英先生认为，在“天人相分”的解释域内，人相对于自然界具有主观能动性和独立自主性⑨，而人的主观能动性又是“天人相分“思想的最主要特征。宋徽宗虽然崇奉道教，但他绝不是一个“无为”论者，相反，他在讲求“天人”关系的指导原则时，明确地提出了“制字命物”的主观能动性命题。他说：

“物生而后有象，象而后有滋，滋而后有数。字书之作，包括象数，物物妙

① 宋徽宗：《圣济经》卷九《药理篇·权通意使章》，人民卫生出版社 1990 年版，第 175 页。
② 宋徽宗：《圣济经》卷九《药理篇·前言》，人民卫生出版社 1990 年版，第 159 页。
③ 宋徽宗：《圣济经》卷六《食颐篇·固本全冲章》，人民卫生出版社 1990 年版，第 119 页。
④ 宋徽宗：《圣济经》卷五《正纪篇·理贯三才章》，人民卫生出版社 1990 年版，第 84 页。
⑤ ［美］弗里曼·戴森：《全方位无限》，三联书店 1998 年版，第 52 页。
⑥ 宋徽宗：《圣济经》卷九《药理篇·前言》，人民卫生出版社 1990 年版，第 159 页。
⑦ 宋徽宗：《圣济经》卷九《药理篇·前言》，人民卫生出版社 1990 年版，第 159 页。
⑧ 宋徽宗：《圣济经》卷九《药理篇·制字命物章》，人民卫生出版社 1990 年版，第 163 页。
⑨ 张世英：《天人之际》，人民出版社 2005 年版，第 50 页。

理,可得而推。况本乎地者,味自具;本乎天者,气自彰。其谷、其果、其畜、其菜、其药,动植之间,有万不同,而气味自然,率不过五。凡以象数寓焉,见乃谓之象,物生而可见,是谓有象。有象矣,则因象而滋益,是谓有滋。物之滋而日蕃,则一二三四之数,自此而始矣,是谓有数。字书之作,有象可见,有数可推者,无不包括。一物具一性,一性具一理,具理之妙,其可即此而推焉。本乎地者味自具,所以作阴德而养形。字书之于五味,无不该也。以至五谷为养,五果为助,五畜为益,五菜为充,五药为疗,动而有能,植而有生,品汇万殊,不出乎气味。气味滋荣,不逃五行,制字命物,咸有妙理,即象数所寓而求之,无余蕴矣。"①

以"推"求"理",是这段话的中心思想和理论主旨,如,"字书之作,包括象数,物物妙理,可得而推",又如,"一物具一性,一性具一理,具理之妙,其可即此而推焉",凡言"推",皆指人的逻辑思维而言。事实上,"推"作为一个逻辑范畴,早在后期墨家的著述中就已经出现了。如,《墨子》卷十一《大取第四》说:"推也者,以其所不取之,同于其所取者,予之也。"对此,冯友兰先生解释说:以不同的来源而论,《墨经》将"知识"分为三类,其中很重要的一类知识就是"从推论而来的知识(从已知推到未知)"②。它类于西方逻辑学中的归纳法,冯友兰先生举例说:"譬如吾人谓凡人皆死,人若询其理由,吾人当谓,因见过去之人皆死,现在之人及将来之人与过去之人同类,故可'推'知现在及将来之人,亦须死也。吾人已观察若干个体的事物,知其如此,遂以为凡与所已观察之诸例同类者,亦必如此。其所已观察之诸例,即是'其所取者',其所未观察之同类事物,即是其'所不取'之事物与其'所取者'相同。故可下一断语,谓凡类此者皆如此。"③可见,这样"推"出来的人类认识,就是原始意义上的知识。比如,简帛《五行》中"推"字凡32见,其出现频率与先秦各道德范畴相比较明显高得多,这个事实说明了一个问题,那就是当时人们所尊崇的应是"知识"而不是"道德"。从学理上讲,"知识"与"道德"是不同的,在一定条件下两者具有排异作用,而后来人们为什么由尊崇"知识"转为尊崇"道德",那是一个非常复杂的学术课题,非本文所及,故此,存而不论。我们现在所关心则是如何理解"推"与"天人相分"之间的关系问题。"推"这种逻辑方法与"天人相分"有关系吗?当然有的。前面说过,"推"所产生的是人类思维的一

① 宋徽宗:《圣济经》卷九《药理篇·制字命物章》,人民卫生出版社1990年版,第163—164页。

② 冯友兰:《中国哲学简史》,新世界出版社2004年版,第126页。

③ 冯友兰:《中国哲学史》,商务印书馆1947年版,第328页。

种认识结果，即知识。简本《五行》说：“目而知之，谓之进之；喻而知之，谓之进之；譬而知之，谓之进之。”郑玄注：“推犹进也。”它说明“进”与“推”（简本《五行》作“谁”）在古代是相同的。众所周知。人类“知之”的目的，不是为了“知”而“知”，而是为了“行”而“知”，就是为了创造使人独立于“天”的物质条件，因此，郭店楚墓竹简《穷达以时》云：“有天有人，天人有分。察天人之分，而知所行矣。”这句话可以反过来说，“知所行”就是为了“察天人之分”。从这样的角度看，通过“推”的方法所获得的知识（主要是指科学知识）本身是实现“天人之分”的一种重要途径，与之相反，“天人合一”的理论基础则是“道德”。所以，儒家讲“德高艺下”，轻视科学知识的学习和研究，其关键的一点恐怕就在于此。如果从政治需要的角度讲，则“天人合一”所维护的是统治阶级的“君权神授”说，它符合统治阶级的根本利益，因而“天人合一”思想格外受统治者的青睐就不难理解了。宋徽宗虽然主观上并不想倡导“天人相分”的思想意识，但他客观上却不自觉地在为“天人相分”思想鸣锣开道，甚至为“天人相分”思想创造适宜其成长的社会环境，他以身作则积极从事科学研究本身就是一个非常之举，当然，至于宋徽宗亡国那是另外一个问题，有人把宋徽宗亡国与他的科学研究活动硬扯在一起，认为他“迹徽宗失国之由，非若晋惠之愚、孙皓之暴，亦非有曹、马之篡夺，特恃其私智小慧，用心一偏，疎斥正士，狎近奸谀。”①其视宋徽宗的科学和艺术事业为“私智小慧”是有欠公允的，事实上，像宋徽宗这样既懂科学又通艺术的创新型人才，正是我们今天所说的复合型人才，它是现代社会所需要的一种新生力量，因而我们不能把作为皇帝的宋徽宗与作为科学家和艺术家的宋徽宗混为一谈，特别是宋徽宗尊重知识，倡导“三墳”与“六经”的统一，实则是主张知识与道德并重，提升科学知识的社会地位，此举在当时具有旗帜性的作用，这一点我们绝不能轻易地去否定。最后，我们还须回到《圣济经》这个主题上来，《圣济经》以“知识”为归宿，这个特点亦是不言而喻的。比如，宋徽宗说：

“盖物囿于天地间，虽东西南北之异方，山林川泽之异地，散植显隐之异宜，会而通之，皆有明理，可视而知，可听而思，以之养生而治疾，以之防患而乂灾，夫深究而博识焉尔。”②

此“深究而博识”即是一种综合知识，当然，这种综合知识不是外在于天地万物的，宋徽宗强调说：“流变在乎病，主治在乎物，制用在乎人，三者并明，

① 脱脱等：《宋史》卷二十二《徽宗本纪四》，中华书局 1977 年版，第 418 页。

② 宋徽宗：《圣济经》卷九《药理篇·制字命物章》，人民卫生出版社 1990 年版，第 168 页。

则可以语汤醴散剂、疾徐缓急之用,夫岂循常守数、以徇世俗之耳目哉!"①知识的特征就在于创新,在于唤醒"世俗之耳目",而不是相反。基于这个前提,宋徽宗指明了人类知识形成的原理和科学知识的本质,他说:"然物之制用因乎人,人之受命因乎天,故先明乎物,然后可以明乎人,明乎人然后可以明乎天。"②从"物"到"人"到"天",这是科学知识产生的基本认识过程和相互递进的三个基本认识环节,在这个过程中,"物"是基础,它先于"天"而存在。宋徽宗虽然"崇信道流",但他在"物"与"道"的关系问题上,坚持了"物"先于"道"即"天"的思想理路,而这实际上亦就奠定了他的"天人相分"思想基础。从这个角度看,戴良称《圣济经》一书具有"裨益治道,启迪众工"③的作用,是符合历史实际的。

### 三、"祝禁之术"与"天人"关系的异化

在科学发展史上,科学与伪科学之间的冲突和斗争是长期的和复杂的,如果从事物的矛盾运动这个层面讲,科学与伪科学之间的相互斗争实则构成了科学自身内部矛盾运动的一对思想范畴。在北宋,一方面科技发展的水平越来越高,另一方面,伪科学的市场亦呈现出愈益扩大化的蔓延趋势。比如,对于《梦溪笔谈》这部划时代的科技名著,我们就需要析出科学与非科学甚至伪科学两种思想成分。如,《梦溪笔谈》卷二十《神奇》载:"山阳有一女巫,其神极灵。予伯氏尝召问之,凡人间物虽在千里之外,问之皆能言;乃至人中心萌一意,已能知之。"又说:"余在中书检正时,阅雷州奏牍,有人为乡民诅死,问其状,乡民能以熟食咒之,俄顷脍炙之类悉复为完肉;又咒之,则熟肉复为生肉;又咒之,则生肉能动,复使之能活,牛者复为牛,羊者复为羊,但小耳;更咒之,则渐大;既而复咒之,则还为熟食。"④等等。这些东西都属于巫术一类的伪科学,沈括信以为真,它客观地反映了那个时代的"知识"所具有的一些模糊特征,即科学与伪科学之间还没有清楚的分界。而宋徽宗在《圣济总录》和《圣济经》中,也表现出了同样的知识特征。

首先,宋徽宗对神仙不死之术以及求息之术等伪科学持有怀疑态度,在一定程度上这体现了他的求真精神。宋徽宗说:"昧者曾不知此,乃欲拂自然之理,谬为求息之术,方且推生克于五行。蕲补养于药石,以伪胜真,以人助天,

① 宋徽宗:《圣济经》卷十《审剂篇·表里深明章》,人民卫生出版社1990年版,第181页。
② 宋徽宗:《圣济经》卷十《审剂篇·表里深明章》,人民卫生出版社1990年版,第183页。
③ 戴良:《九灵山房集》卷二十七《越游稿·沧洲翁传》,中华书局1985年版,第258页。
④ 沈括:《梦溪笔谈》卷二十一《异事》,岳麓书社2002年版,第153页。

虽或有子，孕而不育，育而不寿者众矣。”[①]又说：“圣人所谓无毒治病，十去九者，奚专于药石为事耶！”[②]以“专于药石为事”而希求长生，是汉、唐士大夫非常盛行的一种养生理念。如李少君为汉武帝炼食丹药，而唐朝至少有10位皇帝因服食丹药而成疾，其士大夫阶层更是“专于药石”而执迷不悟。不过，有些唐人在服食丹药的过程中已逐渐认识到其丹药会致人于死命的严重后果，比如，阴真人在《玄解录》一书中就曾明确指出：“点化药多用诸矾石，消硇之类，共结成毒.金砂入五脏内未有不死之兆。”于是到唐朝中后期，有不少士大夫开始改服在他们看来更为安全有效的自然矿石了，诸如石钟乳、白石英等，而柳宗元的《与崔连州论石钟乳书》所反映的正是唐代士大夫阶层业已出现的服石史实，文后有“唯欲得其英精，以固子敬之寿”[③]的说法，它说明连柳宗元本人也不反对服食优质的钟乳石以延年益寿，可见，当时服石之风的炽盛。入北宋后，上至皇帝，下至士大夫，人们对“专于药石”的所谓长生术，都有了比较清醒的认识，故宋代士大夫阶层中的服石之风大为减弱。与此同时，随着人体科学的进一步发展，不仅《烟梦子体壳歌》中出现了我国医学史上的第一幅人体解剖图，而且陈抟又创立了以《太极图》为范式的内丹学派，此派传人周敦颐则“颠倒其序，更易其名，附于大易，以为儒者之秘传。盖方士之诀，在逆而成丹，故从下而上；周子意，以顺要生人，故从上而下。”加之张伯端“内丹性命修持”法已经得到宋代士大夫比较普遍的认同，故“服气养生”的理念越来越深入士者之心。比如，苏轼通过岭南人服食自然之精气而多长寿的事例，说明服气对于生命健康的现实意义。他说：“岭南天气卑陋气蒸溽而海南尤甚，秋夏之交，物无不腐坏者。人非金石，其何以能久？然儋耳颇有老人，百有余岁者。往往皆是。八九十岁者，不论矣。乃知寿夭无定，习而安之，则水蚕火鼠，皆可以生，吾当湛然无思，寓此觉于物表。使折胶之寒，无所施其洌，流金之暑，无所措其毒，百余岁何足道哉？彼愚老人初不知此，特如蚕鼠生于其中，兀然受之而已。一呼之温，一吸之凉，相续无有间断，虽长生可也。”虽然对服气的内在机理，宋人各有说道，但对“法自然”的服气主旨，宋人的认识却是一致的。如，陈抟认为：“天为阳，地为阴，左为阳，右为阴，夫妻也。在身，上丹田为阳，下属阴，含养四时，运动五行，天地交感，百物自生。日含月，自然光明，月含日，自然生星宿。夫顺妻和，遂生男女。”[④]张伯端亦说：“大丹妙用

① 宋徽宗：《圣济经》卷二《化原篇 · 孕元立本章》，人民卫生出版社1990年版，第28页。

② 宋徽宗：《圣济经》卷六《食颐篇 · 固本全冲章》，人民卫生出版社1990年版，第119页。

③ 柳宗元：《河东先生集》卷三十二《与崔连州论石钟乳书》。

④ 陈抟：《阴真君还丹歌注》，《正统道藏》，上海涵芬楼影印本，第59册。

法乾坤，乾坤运分五行分；五行顺兮，常道有生有灭，五行逆兮，丹体常灵常存。”①宋徽宗亦复如此，他说：“修真之士，法于阴阳，和于术数，持满御神，专气抱一，以神为车，以气为马，神气相合，乃可长生。”②“神气相合”是“内丹学”的最高境界，这种境界用周敦颐的话说就是“无极之真”③，而宋徽宗这种追求“无极之真”的个人主义理念，虽然与当时整个国家的危急情势并不协调，但他毕竟是北宋整个士大夫阶层追求个人意志自由这个大社会环境的有机组成部分，其价值导向作用有利于历史的发展和社会的进步，这一点我们绝不应该事实上也不可能加以否定。

其次，宋徽宗在有条件地崇尚科学知识的同时，还不可避免地保留着一些非科学的思想糟粕，因而对于宋徽宗的著作，我们必须采取去伪存真的批判态度，学会鉴别与分析，既尊重历史又不脱离现实。终北宋一代，道教风行，宋徽宗时期尤盛。故徐溥说：“宋徽宗崇信道流，科仪符录，一时最盛。”④而“符录”被大量地收入到《圣济总录》一书中，即是明证。据考，《圣济总录》之“符禁门”共收入符咒三百余道，计有约七万余字，足见道家之“符录”在宋徽宗心目中的位置。受此影响，宋徽宗在《圣济经》中公开宣扬伪科学，从而使其医学思想被披上了神秘主义的外衣。比如，宋徽宗说：“荆扬薄壤多女，雍冀厚壤多男，熊罴为男子之祥，虺蛇为女子之祥，是皆理之可推也。”⑤又说：“胎化之法，有所谓转女为男者，亦理之自然。如食牡鸡，取阳精之全于天产者，带雄黄，取阳精之全于地产者，操弓矢，藉斧斤，取刚物之见于人事者，气类潜通，造化密移，必于三月造形之先。盖方仪则未具，阳可以胜阴，变女为男，理固然也。”⑥阴阳可以相互转化，这是辩证法的一个基本原理，它本身具有普遍性和客观性。然而，我们不能将其绝对化，甚至不讲时间、地点和条件，认为凡是客观规律就能无条件地适用于一切事物。比如，已经处于孕期的“转女为男”就是不可能出现的生育现象。因为现代基因学说告诉我们，决定生男生女的关键不在于女性，也不在于地域环境，而在于男性，更准确地讲，在于男性性染色体的 XY 型结构。宋徽宗当然不明白人类生育过程的科学机理，因此，他把人类生儿育女的现象外在化与神秘化，结果就给道家的“符咒”迷信和有神论留下了可乘之机。

---

① 张伯端：《悟真篇·读周易参同契》，华夏出版社 1989 年版，第 66 页。

② 宋徽宗：《圣济经》卷八《存神驭气章》，人民卫生出版社 1990 年版，第 154 页。

③ 周敦颐：《周敦颐集·太极图说》，中华书局 1990 年版，第 4 页。

④ 徐溥：《谦斋文录》卷一《奏为视朝事》，文渊阁四库全书本。

⑤ 宋徽宗：《圣济经》卷二《原化篇·孕元立本章》，人民卫生出版社 1990 年版，第 31 页。

⑥ 宋徽宗：《圣济经》卷二《化原篇·凝形殊禀章》，人民卫生出版社 1990 年版，第 32 页。

鲁迅先生曾经很严正地说过："现在有一班好讲鬼话的人，最恨科学，因为科学能教道理明白，能教人思路清楚，不许鬼混，所以自然而然的成了讲鬼话的对头。于是讲鬼话的人，便须想一个方法排除他。""其中最巧妙的是捣乱。先把科学东扯西拉，羼进鬼话，弄得是非不明，连科学也带了妖气。"①这话虽然是针对现代迷信的特征而发，但它同样适用于宋代的情形。在宋代，当时社会上确实存在着一批"最恨科学的人"，例如，北宋人邵必竟然当着宋仁宗的面，斥技术人才为"冗贱"②，而廖刚更公然声称："世之名技术者，类多异端末习，徒以投好流俗，初无补于名教。"③南宋初宰相赵鼎甚至认为：那些科技人才"便非国家之福"④，如此等等，像这样糟蹋科技人才的言语，在宋人的文集中屡见不鲜。其实，这些诬蔑科技人才的话，本身就是一派"鬼话"。即使在如此恶劣的社会环境下，宋代的科学技术仍然取得了令世界瞩目的成就，可见，科学的力量是巨大的，而科学技术向前发展的步伐也是任何人所无法阻挡的。当然，我们还应当清醒地看到，宋代的科学技术里面，并不都是纯粹的，其中就存在着不少"带了妖气的科学"，譬如，《圣济总录》和《圣济经》就是典型的例子。宋徽宗认为"病有鬼神之注忤"，因而他为"祝术"开绿灯。他说：

"上古移精变气，祝由而已。盖其俗淳，其性朴，其病微，至诚不二，推病由而祝之，以通神明，故精可移而气可变也。其或舍信悫为疑惑，指祝由为无益之术，而精气不纯，邪毒深蓄，虽有祝由，不能已者。非古今异术，人心异也。善医者察病浅深，虽不概以此治，至于病有鬼神之注忤，虫兽之蜇毒，必归于祝由。是以，周官疡医，掌众疡祝药刮杀之齐，必先之以祝。盖医之用祝尚矣。疡尤宜焉，大抵意使神受，以正驱邪，则一也。"⑤

宋徽宗混淆了科学与非科学的界限，认为医祝"一也"，如果从"天人关系"的角度讲，那么，"祝"的哲学基础是以"天人合一"为内容的"有神论"，而严格意义上的"医"则是以"无神论"为其思想基础的，对此，扁鹊早就提出了"信巫不信医"为"六不治"之一的医学思想。所以，"巫术"与"医学"具有不同的哲学基础，两者在原则上是根本对立的。据考，"祝由"一词最早见于《黄帝内经素问》卷四《移精变气篇》中，原文载黄帝的问话说："余闻古之治病，惟其移精变气，可祝由而已。"但究竟何为"祝由"，学界的看法不尽相同。如，有一种观点认为："'祝由'源于《五十二病方》中的'祝尤'，义为用巫祝术治病，

① 鲁迅：《热风·随感录三十三》，人民文学出版社 2005 年版，第 314 页。

② 欧阳修：《太常因革礼》卷四《行事官下》。

③ 廖刚：《高峰文集》卷十一《书赠冯生》，文渊阁四库全书本。

④ 熊克：《中兴小记》卷十九"绍兴五年七月壬申"，福建人民出版社 1985 年版，第 232 页。

⑤ 宋徽宗：《圣济总录》卷四《治法·祝由》，中华书局 2004 年版，第 125 页。

后来发展为《素问》中的移精变气说,其实质是从精神上对病人进行安慰与激励,是一种心理疗法。"[①]显然,此论是从科学的意义上来给"祝由"定性,未必符合历史的实际。如果说在人类医学技术尚不发达的条件下,"祝由"多少还具有医疗功能的话,那么,到了医学分科比较具体而全面的历史时期,"祝由"的医疗功能则完全丧失,而仅仅成为"病有鬼神之注忤"的一种巫术形式了。这时,还认为"祝由"是"一种心理疗法",就有点儿为"伪科学"开罪之嫌了。另外,还有一种观点认为:"古无医也,巫而已矣",因此,主张"巫可废,而医亦可废"[②],这是一种把医归结为"巫"的错误认识,因为至少到北宋末期,医与巫实际上已经开始分为两途,而"巫"即"祝禁",它的功能主治有两项:一是"病有鬼神之注忤",二是"虫兽之蜇毒",如郑玄释:"祝当为注,读如注,谓附著药。"在古代,巫祝相通,故《说文解字》释:"巫,祝也。"所以,就其治疗范围来说,北宋的"祝由"一般多局限于"病有鬼神之注忤"一项,其"事鬼神"的功能大为增强。然而,它的医学功能却较秦汉时期巫祝的"移精变气"和"具百药"[③]功能大为缩小。又,《吕氏春秋》卷三《季春纪·尽数》说:"巫医毒药,逐除治之,故古之人贱之也,为其末也。"这段话至少说明两层意思:第一层意思是说先秦时期的"巫医"牢牢结合在一起,"巫医"尚未分化成"巫"与"医"两个组成部分,如《素问集注》说:"上古祝而医病之医,非医、巫之有二也";第二层的意思是说由于"巫医"不分而被人们"贱之",并视为"末"的社会现实。因而汉代的士人便开始对"巫"与"医"作出区分。如,许慎解释"巫"的含义说:"巫,能事无形,以舞降神者也。"可见,许慎认为"巫"是一个独立于"医"的神学系统,它是对"无形"之物施加影响的一种"神鬼感应"活动。又,许慎释"医"的内涵说:"医,治病工也。"这里所说的"治病工"就相当我们今天的临床医生,或者说是以操作技术见长的一类医生。所以,这里存在一个问题:即"医理"与"医工"的关系问题。在先秦时期,"医理"由"巫者"掌握,故《黄帝内经灵枢经》卷九《贼风》说:"巫者,因知百病之胜,先知其病之所从生者。"而王冰释"祝由"一词亦说:"无假毒药,祝说病由,不劳针石而已。"此处实际上是将"巫"与"医"的不同特征指出来了,凡"无假毒药,祝说病由,不劳针石"者,是谓"巫",反之,是谓"医"。因此,当"巫"与"医"真正分而治之的时候,"医"者常常因为不懂得医理而被人误解,甚至被称为"庸医"者,亦都是司空见惯的事情。比如,目前学界就有人认为:中医在"文化上,不主动寻求进

① 张丽君:《〈五十二病方〉祝由之研究》,《中华医史杂志》1997 年第 3 期。

② 俞樾:《春在堂全书·俞楼杂纂》卷四十五《废医论》,文渊阁四库全书本。

③ 《逸周书·大聚解》。

步;不属于理性而科学的医学;滥用自然资源;整个中医不仁不义,欺骗患者。"①其实,早在20世纪梁漱溟先生就曾说:"中国说有医学,其实还是手艺。"这是因为"中医既不解人身之构造,复不事药性之分析"(陈独秀),更"缺乏实际观察和逻辑推理"(严复)②。由此可见,从近代以来,人们之所以反对中医,主要就是针对中医重"医工"而轻视"医理"这个症结问题来发难的,他们对中医的批评不能说没有一点道理,现在摆在我们面前的迫切任务就是如何实现中医"医理"研究方面的突破,从而真正地从根本上去振兴中医。在宋代,中医的学科分化已经成为历史发展的客观趋势,当时太医局有九科之设,即大方脉(内科)、小方脉(儿科)、风科、眼科、疮肿科、口齿兼咽喉科、针灸科、金镞兼书禁科(祝由科)。这种分科显然突出与强化了中医学偏向经验技术的特点,而"祝由科"仅仅处在"兼"即辅助的位置,应当承认,这是宋代医学发展的必然结果。但其中不是没有问题,因为这里存在着一个很大的学科缺陷,那就是医学从表面上看不过是"医工"的一种谋生手段,而基础医学理论已经被看成是一种无足轻重的陪衬。就这个层面而言,梁漱溟先生的批评是有道理的。毋庸置疑,重医术而轻医理的学科体系,从长远的观点来看,它对中医学的发展是极为不利的。因此,如何正确处理"祝由"与其他各医疗技术门类之间的关系,就成了能否使中医走向科学化和规范化的关键和必要前提。前面讲过,"祝由"不单包括迷信的成分,同时也包含科学的成分,其中重视医理的阐释便是它的重要特点之一,而"祝由"之所以在民间久盛不衰,这恐怕是一个非常重要的因素。当然,这个事实也说明了"祝由"本身具有复杂性和多样性的特征。"祝由"重视医理,这是不争的事实。然而,这个医理还不是完全科学意义上的医理,因为它的哲学基础是"天人感应",而不是"天人相分"。比如,《五十二病方·巢者》载:

"侯(候)天甸(电)而两手相靡(摩),乡(向)甸(电)祝曰'东方之王,西方□□□□主冥冥人星。'二七而□。"

又,《五十二病方·癫》载:

"以辛巳日古(辜),曰:'贲(喷),辛巳日。'三。曰:'天神下干疾,神女倚序听神吾(语),某狐叉非其处所,已;不已,斧斩若。'"

显然,上述两方所依据的医理都是神人一体之观念。而这种观念从先秦直到宋代,始终没有发生根本性的变化。比如,《圣济经》有下面的种种说法:

---

① 刘京京:《生命时报》,引文源自 http://www.sina.net,2006年11月07日。

② 《近代名人否定中医源于西化下批判传统的背景》,heep://www.sina.com.cn 人民网—、人民日报,2006年10月6日。

“至阴内景，自然清净；至阳外景，自然昭融。诚能葆光袭明，精之又精，神之又神，则可以相天，可以命物，其于变化云为可胜既哉！”①

“人之精神与天地相为流通，出入升降，消息盈虚系焉。故耳目手足均一身也，而致用各异。”②

“天一在藏，守元气以立始也。天五在府，围冲气以成终也。自道生一，积数为五。阴阳配而奇耦著矣。巨包天地，细该万物，故能成变化而行鬼神，在人得之藏气所以法时。故水生于一，肾得之为六；火生于二，心得之为七；木生于三，肝得之为八；金生于四，肺得之为九。五者，土数也，土常以生，故脾数以五，而不以十。人非五行不生，非冲气不成。”③

在宋徽宗的意识里，欲使医理明，就必须结合“天人关系”来说，而且以“天”为主。事实上，宋徽宗的“运气”思想就体现了这个原则。当然，宋徽宗所讲的“天”主要是指自然天，而不是“道德天”。关于这一点，他自己有比较清楚地界定。他说：“性有燥湿，材有刚柔，形有强弱，数有奇耦，肃肃出乎天，赫赫发乎地，两者交通，变化以兆，浮游于太虚之中，孰能遁其橐籥乎！”④问题是宋徽宗本人并没有坚持到底，所以，他在《圣济总录》中给“祝由”保留了一定的地位，说明在他的观念里，人体作为一门科学还不能完全独立于天地之外。不过，这仅仅是问题的一个方面，另一方面，在宋徽宗看来，虽然人天在医理上不可分，但在临床方法上，天人却是“相分”而不是“合一”的。于是，他讲“医”只讲“工”，而不言“理”。例如，宋徽宗说：“良工治疾，亦有自然之宜，或以指别，或以类推，或以意识，或以目察，有治而愈者，有不治而愈者，有可汤液醪醴者，有可针石灸焫者，惟能审奇常，明标本，知内外，别参伍，则万物之术举积此矣。”⑤这里，宋徽宗已经将“祝由”排挤到了“医工”之外，无论如何，这是一个进步。又，宋徽宗说：“上工治未病，其次治未盛，其次治已衰；粗工逆此。”⑥因此，将“医”定位在“工”这个层面上，有利也有弊。其利在于它为中医的科学化创造了条件，而其弊在于它容易造成医家忽略对“医理”的研究。众所周知，宋代是中国古代历史的重要转型期，王国维先生说：“天水一朝人智之活动，与文化之多方面，前之汉、唐，后之元、明，皆所不逮也。近世学术，

① 宋徽宗：《圣济经》卷一《体真篇·精神内守章》，人民卫生出版社1990年版，第10页。
② 宋徽宗：《圣济经》卷四《达道篇·洞化知体章》，人民卫生出版社1990年版，第63页。
③ 宋徽宗：《圣济经》卷七《守机篇·通用时数章》，人民卫生出版社1990年版，第126页。
④ 宋徽宗：《圣济经》卷一《体真篇·阴阳适平章》，人民卫生出版社1990年版，第2页。
⑤ 宋徽宗：《圣济经》卷一《体真篇·通术循理章》，人民卫生出版社1990年版，第22页。
⑥ 宋徽宗：《圣济经》卷四《达道篇·候气守经章》，人民卫生出版社1990年版，第82页。

多发端于宋人。”①“近世学术”当然包括“中医学”在内，就中医而言，宋代的奠基作用主要表现在它对于“中医”之“工”与“理”的分别上，这种“分别”造成了中医学在事实上的片面发展，并且形成了后世重“医术”而不重“医理”的社会认知后果。因此，20世纪三四十年代，我国中医学界便提出了“中医科学化”的口号。那么，什么叫中医科学化？陈士谔先生认为：“科学者搜集证据，勘出病因，定出治法，有一定之病证，就有一定之药治，扫除空言，不准稍存理想，吾中医前辈，如嘉善俞东扶、慈溪柯韵伯、武进邹润庵之读书论证，反复推勘，实事求是，就是科学化中医，只要看《古今医案按》、《伤寒来苏集》、《本经疏证》就可以知道，照此走去，永无错误。”②其中医科学化的标志就是一句话“有一定之病证，就有一定之药治”，而不是像梁漱溟先生所说的那样“十个医生有十种不同的药方，并且可以十分悬殊。因为所治的病同能治的药，都是没有客观的凭准的。”③如果说宋代的中医不讲求“科学”，也不是事实。比如，当时的“儒医”就试图将“医术”与“医理”结合起来，以提升中医的科学性。譬如，范仲淹说：“夫能行救人利物之心者，莫如良医。果能为良医也，上以疗君亲之疾，下以救贫民之厄，中以保身长年。在下而能及小大生民者，舍夫良医，则未之有也。”④又，政和七年（1117）八月十日，有臣僚说：“伏观朝廷兴建医学，教养士类，使习儒术者通《黄》、《素》，明诊疗，而施于疾病，谓之儒医，甚大惠也。”⑤从文献记载看，“儒医”之称始自宋仁宗时期，但“儒医”之盛却出现于宋徽宗统治时期。而宋徽宗本人在某种程度上亦可看作是“儒医”的一个代表，这说明“儒医”的出现虽反映了宋代对医学的重视，可这并不表明“儒医”的医术就必然较一般“医工”为高，因为他们研究的多是“医理”而非“医术”。无独有偶，宋仁宗在提倡“儒医”的同时，却勒令“巫医”改行为“农者”或“医工”。如，天圣元年（1023）“当州（即洪州）师巫一千九百余户，已勒改业归农及攻习针灸方脉。”⑥又，天圣五年（1027），陈希亮知长沙县“勒巫为农者七十余家”⑦。一方面，取缔师巫，另一方面，培育儒医人才，从形式上看，这

---

① 王国维：《静安文集续编·宋代之金石家》，商务印书馆长沙印本1940年版。

② 陈士谔：《士谔医话·中医科学化之我见》，1938年，上海校经山房本。

③ 《近代名人否定中医源于西化下批判传统的背景》，http://www.sina.com.cn 人民网—人民日报，2006年10月6日。

④ 吴曾：《能改斋漫录》卷十三《记事·文正公愿为良医》，上海古籍出版社1979年版，第381页。

⑤ 徐松：《宋会要辑稿·崇儒》，河南大学出版社2001年版，第175页。

⑥ 李焘：《续资治通鉴长编》卷一百一“宋仁宗天圣元年十一月戊戌”，中华书局1992年版，第2341页。

⑦ 脱脱等：《宋史》卷二百九十八《陈希亮传》，中华书局1975年版，第9918页。

是宋代社会医学所取得的一项文明成就。但鲁迅先生一针见血地指出:"宋代虽云崇儒,并容释道,而信仰本根,夙在巫鬼。"①这是为什么呢?道理其实很简单,拿儒医来说,儒医与师巫虽然变换了职业形式,但是他们所崇尚的"医理"是相同的和不变的。近人唐宗海在撰《中西汇通医书五种》一书中认为:"西医剖割视验,止知其形,不知其气,以所剖割只能验死尸之形,安能见生人之气化。惟西洋医学,则止就人身形质立论,不知人之气化,实与天地同体也。西医剖割视验,止知其形,不知其气,以所剖割只能验死尸之形,安能见生人之气化。惟西洋医学,则止就人身形质立论,不知人之气化,实与天地同体也。"而"与天地同体"不仅是宋代理学的理论主旨,而且也是宋徽宗"运气"说的核心思想。因此,宋代之医理所体现的仍然是"天人合一"的思想原则,而中医学的实践证明,"天人合一"本身不能把中医引向科学化,这是因为在"天人合一"的信仰下,"剖割视验"是被禁止的,可是,解剖学是医学之为医学的基础,没有解剖学作为基础,中医学如何可能走向科学化呢!

与"儒医"相对,宋代出现了一大批"走方医"即"自笈行医,周游四方"的民间医生,他们是宋代医学实际上的生力军。清人赵学敏曾经指出:"走方医中有顶串诸术,操技最神,而奏效甚捷。"可惜,"诘其所习,大率知其所以,而不知其所以然,鲜有通贯者。"②从历史上看,走方医早在春秋时期就出现了,例如,扁鹊即是一位走方医,但它却盛于宋。如,"秀州外科张生,本郡中虞侯,其妻遇神人,自称皮场大王,授以《痈疽异方》一册,且诲以手法,遂用医著,俗呼张小娘子。"③又"绶带李防御,京师人,初为入内医官,真嫔御阁妃苦痰嗽,终夕不寐,面浮如盘。时方有甚宠,徽宗幸其阁,见之,以为虑。驰遣呼李,李先数用药,诏令往内东门供状,若三日不效,当诛。李忧扰伎穷,与妻对泣。忽闻外间叫云:'咳嗽药一文一贴,吃了今夜得睡。'李使人市药十贴,其色浅碧,用淡虀水滴麻油数点调服。李疑草药性犷,或使脏腑滑泻,并三为一自试之,既而无他,于是取三贴合为一,携入禁廷,授妃,请分两服以饵,是夕嗽止,比晓面肿亦消。"④像"真嫔御阁妃"这样的痰嗽病,撰写《圣济经》的宋徽宗和御医都吃不透,足见"儒医"之"医"重在"理"而不在"术"的事实,从天人关系的角度看,则"贯三为一"或称"理贯三才"⑤,实际上就是"天人合一"的

① 鲁迅:《中国小说史略》,百花文艺出版社2002年版,第69页。
② 赵学敏:《串雅内编》自序,清光绪十四年榆园刊本。
③ 洪迈:《夷坚志·支乙》卷五《张小娘子》,中华书局1981年版,第828页。
④ 张杲撰,王旭光、张宏校注:《医说》,中国中医药出版社2009年版,第153页。
⑤ 宋徽宗:《圣济经》卷五《正纪篇·理贯三才》,人民卫生出版社1990年版,第84页。

另一种说法。因此,宋徽宗反对那种"裂一为三"①的医学思想。而"裂一为三"若从天人关系的角度讲,就是指"天人相分"的医学思想和医学实践。在"天人相分"的视阈内,医家仅仅把人体看作是一个独立的客观对象,它本身与天地、与神鬼没有任何联系,这种医学理念既是西方医学发展的基础,同时也是宋代走方医所以能够生存的前提和依据。大家知道,西医在尊重人体的基本结构和生理运动变化规律的基础上,非常重视手术对于人体器质性病变的根除作用,而不是片面地依赖于药物治疗。在宋代,"儒医"治病是只讲药物治疗而不讲手术治疗的,与之相反,"走方医"不仅重视药物治疗,而且更擅长手术治疗。如张小娘子就是以外科手术为治病的主要方法,而历史上的"走方医"如扁鹊、华佗等亦都擅长用手术来治疗外科疑难病。从这个层面说,宋代的"走方医"就其主流而言则更接近于西医的治病理念。然而,由于中西方的社会文化背景不同,宋代的"儒医"与"走方医"同行不同路,结果使中医学在发展过程中出现了"医理"与"医术"(主要指"手术"而不是"药术")严重脱节的学术现象,从而阻断了中医学走向科学化的历史进程。当然,从思想根源上说,它无疑的是宋代"天人异化"思想在中医学领域内的现实反映。而通过这个典型的史例说明,宋代的科学发展绝不是一帆风顺的,而是表现为前进性与曲折性的统一,局限性与能动性的统一。一句话,中医必然走向科学化,这是医学发展的内在趋势和客观规律,更是历史的结论。

## 第三节　沈括"迹不预焉"的天人相分思想

在学界,鉴于沈括对人类科技发展所作出的特殊贡献,人们对他的科技成就和科技思想无不给予高度的重视,相形之下,对于隐藏在其科技成就背后的哲学思想却关注得不是太多。德国著名的物理学家劳厄曾经指出:"我认为,整个科学都必须围绕着哲学来活动,把哲学看成是它们共同的中心。"②若用中国古代的文本语言来表述,则劳厄的话可改写为"整个科学都必须围绕着天人关系来活动"。从学理上讲,天人关系本身包含着两个方面的内容:天人合一与天人相分。在以儒学为特征的中国古代文化体系中,虽然"天人相分"思想已经被边缘化了,但天人关系在儒家的思想体系中与在作为科学家的思想意识中所起的作用是不同的。其中,"天人相分"观念对于科技创造活动主体所起的作用显然要更加积极和更加突出。

① 宋徽宗:《圣济经》卷五《正纪篇·理贯三才》,人民卫生出版社 1990 年版,第 87 页。
② [德]劳厄:《物理学史》,商务印书馆 1979 年版,第 8 页。

## 一、"在天者不为难知"的主观能动性思想

从《梦溪笔谈》和《长兴集》两部著作的相关记述看,沈括不乏接近于西方"天人相分"的思想意识,甚至有的论述还十分深刻,它说明沈括对"天人相分"思想的认识绝不是偶发的和盲目的,而是下意识的和有目的的,其"天人相分"思想是沈括长期观察自然和思索自然的必然结果。

1."大凡物理有常、有变"的客观辩证法思想。承认自然界是一个有规律的和不依赖于人而存在的历史发展过程,是一个包含着"常"与"变"(指自然界的异常现象)的统一整体,其中"常"是规律,而"变"也是规律。从自然科学的本质看,自然科学就是研究和探索自然界"常"与"变"之产生和发展规律的一门学问。沈括说:"大凡物理有常、有变。运气所主者,常也;异夫所主者,皆变也。"①现在,"常"被称为"普遍规律",而"变"则被称为"概率性规律"②。可见,"常"与"变"的存在是自然科学产生的物质前提,没有自然界的"常"与"变",就不会有自然科学的产生和发展。当然,因文化背景不同,人们对自然界各种物质现象的理解与阐释便各具特色,并呈同中有异及异中见同的分布态。所以,沈括根据中国传统文化的特征,按其性质将整个自然界划分成"五运"(金、木、水、火、土五行的运动)和"六气"(风、寒、暑、湿、燥、火六气的流转)两个概念系统,而人们就凭借着这个概念系统将各种复杂的自然现象理论化为特定的定律或定理。如沈括说:"医家有五运六气之术,大则候天地之变,寒暑风雨、水旱螟蝗,率皆有法;小则人之众疾,亦随气运盛衰。"③

与荀子、王充、刘禹锡等人不同,沈括虽然承认"物理有常"的事实,但他却没有明确而直接地提炼出"天人相分"这个活生生的文本语言。沈括只是在《浑仪议》中说过"度在器,则日月五星可搏乎器中,而天无所豫也"④这样的话,此"豫"即"参与",其言外之意是说,在真实的天体并没有"参与"的条件下,人们能够运用"浑天仪"去认识和把握天体运动变化的客观规律,这说明天与人是"异体"存在的,且"各自有分"⑤,两者不会发生必然的感应关系。沈括举例说:

"熙宁中,京师久旱,祈祷备至,连日重阴,人谓必雨,一日骤晴,炎日赫

① 沈括:《梦溪笔谈》卷七《象数一》,岳麓书社1998年版,第62页。

② [美]亨普尔:《自然科学的哲学》,三联书店1987年版,第108页。

③ 沈括:《梦溪笔谈》卷七《象数一》,岳麓书社1998年版,第61页。

④ 脱脱等:《宋史》卷四十八《天文一》,中华书局1975年版,第955页。

⑤ 程颢、程颐:《河南程氏遗书》卷第十五《入关语录》,《二程集》,中华书局1981年版,第158页。

然,余时因事入对,上问雨期,余对曰:'雨候已见,期在明日。'众以谓:'频日晦溽,尚且不雨,如此旸燥,岂复有望?'次日,果大雨。"①

同王充一样,否认了"天人感应"说,其实就是对"天人相分"思想的认同和肯定。当然,天与人之间既不能"感格"②,但不等于说两者不能"相其宜"。沈括说:"考星辰之行以求其故,辅天地之化以相其宜。"③就人的认识本质而言,"相其宜"是指人的主观意识与物质世界的客观规律相一致,但反过来,天地化育则为人类提供与其生存发展相适应的物质保障,是其大德的表现。所以,把这两个方面有机地统一起来即是北宋天人相分思想的基本内容。比如,沈括通过对诸如占卜、筮卦之类的"感格"术的分析,认为跟"感格"术不同,科学研究不仅具有预见自然过程之运动、变化和发展规律的功能,而且还具有掌握其"变则无所不至"的"变法"④作用。此外,沈括还认为科学研究最重要的社会功能应是用科学文明来造福人类,推动社会的进步,如沈括制定《十二气历》、测绘《天下州县图》以及研究石油的用途等,都体现了这个思想原则。由此出发,沈括从认识论的功能角度对孟子的"人性"说作了独特的发挥与诠释:

"孟子曰:'天下之言性者,则故而已矣。'故者,以利为本。故犹常也。役于物者,非其本性也。"⑤

把不为外物所奴役看作是人的本性,这是沈括对孟子人性论的重要发挥,是他对传统"天人相分"思想在新的历史条件下的总结与概括,它深刻地反映了科学研究的价值功能所在,因而对北宋科技思想的发展具有切实的实践价值和理论指导意义。

2."在天者不为难知"的主观能动思想。在西方,主体性原则是"天人相分"的根本特征。由于中西思维方式的差异,中国古代用"分"和"知"这两个概念涵盖了"主体性"本身所有的内容。如周敦颐说:太极动而"分阴分阳",惟人也"五性感动而善恶分"⑥。"太极"在理学家那里被看成是一个理性的实体,一个本身具有能动性的创造物。实际上,"太极"、"理"、"道"等概念都

① 沈括:《梦溪笔谈》卷七《象数一》,岳麓书社 1998 年版,第 62 页。

② 沈括:《长兴集》卷一《奉敕撰奉元历序进表》,文渊阁四库全书本。

③ 沈括:《长兴集》卷一《奉敕撰奉元历序进表》,文渊阁四库全书本。

④ 沈括:《梦溪笔谈》卷七《象数一》,岳麓书社 1998 年版,第 62 页。

⑤ 沈括:《长兴集》卷九《孟子解》,文渊阁四库全书本。

⑥ 周敦颐:《周敦颐集·太极图说》,岳麓书社 2002 年版,第 7 页。

是人们对自身"知性"能力的一种思维抽象和理性体悟。如墨子说:"知,材也。"[①]就是说"知性"是人类本身具有的一种认识能力,而这种能力通过"接"[②]体现出来。因此,墨子云:"知:闻、说、亲。"[③]在墨子看来,知识分传授知识(闻)、理论知识(说)和实验知识(亲)三类。而就天与人的关系论,知识应是人能动地作用于"天"的唯一媒介。故沈括说:"天事本无度,推历者无以寓其数,乃以日所行分天为三百六十五度有奇。"为了认识太阳在二十八宿的位置,人们便发明了"度数"(用位于黄道整度数上的星作标记)的方法,显示了人类思维对于自然现象的积极性和能动性。然而,有些星象家却据此认为人的意识对于自然规律似乎就可以为所欲为了,沈括以"易象"为例,表示坚决反对这种看法。如有人认为自然界中的阴阳地位是先验的和固定不变的,"阳得兼阴,阴不得兼阳"[④],因而他们认为社会上的三刚五常等道德规范也应是一种不以人们意志为转移的自然秩序,或称"天秩"、"天序",针对此类谬论,沈括驳斥道:"此皆以意配之,不然也。九七、八六之数,阳顺、阴逆之理,皆有所从来,得之自然,非意之所配也。"[⑤]以沈括之见,自然界并不按照我们预先为它设定的轨道运行,人类知识仅仅是对人与自然关系的一种注释,而试图用人的意志去代替自然的意志,甚至违反自然的意志,此举终究是行不通的。

从本质上讲,人类知识都是我们应对自然界中各种"常态"和"变异"现象的特殊信息工具与物质手段,且各类知识之间具有互补性的特征,这个特征说明人类知识本身无所谓优先与不优先的问题。可是,由于人们在每个历史阶段所遇到的自然问题和社会问题具有特殊性,因此,与之相应的知识也就具有了极强的针对性。在知识的三形态中,沈括尤其看重"实验知识"。比如,沈括说:"前世修历,多只增损旧历而已,未曾实考天度。"[⑥]没有实测怎么能修制精确的历法以指导农业生产和人们的日常生活呢?故"余占天候景,以至验于仪象,考数下漏。"[⑦]重视实验知识是沈括成就其"坐标性"[⑧]科技伟业的关

① 孔诒让撰,孙启治点校:《墨子闲诂》卷十《经上》,《新编诸子集成》,中华书局 2001 年版,第 309 页。

② 孔诒让撰,孙启治点校:《墨子闲诂》卷十《经上》,《新编诸子集成》,中华书局 2001 年版,第 309 页。

③ 孔诒让撰,孙启治点校:《墨子闲诂》卷十《经上》,《新编诸子集成》,中华书局 2001 年版,第 315 页。

④ 沈括:《梦溪笔谈》卷七《象数一》,岳麓书社 1998 年版,第 64 页。

⑤ 沈括:《梦溪笔谈》卷七《象数一》,岳麓书社 1998 年版,第 64 页。

⑥ 沈括:《梦溪笔谈》卷八《象数二》,岳麓书社 1998 年版,第 71 页。

⑦ 沈括:《梦溪笔谈》卷七《象数一》,岳麓书社 1998 年版,第 58 页。

⑧ 侯真平:《梦溪笔谈校点前言》,岳麓书社 1998 年版,第 2 页。

键，在这个极为严肃认真的科学研究问题上，沈括丝毫没有放弃修历重在实测的原则，因而当他发现国家天文院的六名官员因“只据小历所算躔度眷奏，不曾占候”①的问题时，立即毫无情面地将其全部免官，以示惩戒。在沈括看来，科学实验最能体现人的主观能动性，因为它是人类“有意寻求”的积极进取的认识活动，正如培根所说：“自然的奥秘也是在技术的干扰之下比在其自然活动时容易表现出来。”②而“天人相分”思想对西方近代科学发展之所以能够产生那么巨大的推动力量，也正是由于实验科学的诞生以及理论科学与实验科学的相互结合。从这种意义上说，没有以“天人相分”思想为特征的实验科学的产生和发展就没有欧洲的近代工业革命。虽然沈括的实验手段与欧洲的实验科学相比，尚存在着深度差别，但其基本目标却是彼此“通约”和相互一致的。根据有关专家研究，沈括的《梦溪笔谈》曾记载了“以硫酸铜溶液与铁片的置换反应生产铜的工艺”、“运用红伞过滤日光以验尸的方法”、“方家的人工磁化方法、磁针的四种支挂方法及其效果比较”等多种可控性科学实验，标志着中国古代实验科学的初步形成。

## 二、“为政谋人”的人道观与“此以所养移其性”的科学价值确证

沈括是一位非常务实的科学家，他从来不以“天事”废“人事”，也不以“人事”误“天事”，因为两者各自具有自己的功能、价值和存在方式，它们各有自己的运行轨道。因此，在现实社会中，科学研究（“天事”的一部分）与行政管理（“人事”的一部分）本不是一码事，两者的侧重面差异颇大，其中科学研究所关注的对象主要是自然，而行政管理的立足点却主要在于人本身。与西方的文化传统有所不同，中国古代没有纯粹的自然科学家，有的只是官僚型学者。所以，像沈括这样杰出的科学家，几乎都是两肩挑，一头是学者，另一头则是仕宦。基于这种特殊的文化背景和人生经历，沈括的“天人相分”思想便很自然地凸显了以下三个方面的学术特征。

1.强调“为政谋人”的科学管理思想。在中国古代的行政实践中，形成了“为政谋人”与“为政谋天”两派长期对立的行政管理模式。《尚书·吕刑》云：帝“乃命重黎，绝地通天。”这是“政权神授”说的理论原型，由此而衍生出儒家的“天命”思想，如孟子说：“莫非命也，顺受其正。”③与此相反，随着平民

① 沈括：《梦溪笔谈》卷八《象数二》，岳麓书社1998年版，第72页。

② ［英］培根：《十六——十八世纪西欧各国哲学·新工具》，商务印书馆1975年版，第42页。

③ 《孟子》卷十三《尽心上》。

势力在春秋时期的不断生长，一种抑天扶民思想便应时而生，如随国的季梁说："夫民，神之主也。"[①]周内史叔兴更提出"吉凶由人"[②]的思想命题，在此基础上，管仲进一步说："君人者以百姓为天。"[③]这种以人为本而不是以神为本的思想显然是"天人相分"思想发展的必然结果，欧洲"人本主义"思想产生的理论根基亦正在于此。于是，沈括自觉地继承了管仲的"人本"思想，并根据北宋社会发展的实际，加以适当的损益，从而形成了他"为政谋人"的科学管理思想。沈括总结说："古之为政者，未尝不谋于人。"[④]以此为准则，沈括不论任职何方，都以兴人事为己任，故其政绩突出，深得民心和君心[⑤]。比如，《梦溪笔谈》辟有"官政"专题，沈括精选了"赫连城"、"刘晏和籴法"、"迁深州城"、"因粮于敌"、"江堤滉柱"、"范祥改盐法"等关系国计民生的几件重大政事作为案例，既有成功的典范，又有失败的前鉴，而他所以这样做的目的无非是向世人证明"吉凶由人"的道理。

2.用"此以所养移其性"等事实来确证科学的价值与意义。在"天人合一"的理论框架内，科学研究是没有独立地位的。因为"天人合一"的根本就在于"尽心"、"知性"。程颐说："所谓大道，虽性与天道之说，固圣人所不可得而去也。如言阴阳四时七政五行之道，亦必至要之语，非后代之繁衍末术也，固亦常道，圣人所不去也。使诚有所谓羲、农之书，乃后世称述当时之事，失其义理，如许行所为神农之言，及阴阳医方称黄帝之说耳。"[⑥]这种歧视科学技术的态度并不始自程颐，但北宋儒士的贱伎思想较唐代之前愈益趋于严重化却是不争的事实[⑦]。然而，沈括在长期的科学实践过程中，深知科学研究与知识创新跟社会发展及人类进步的紧密关系，因此，他在《梦溪笔谈》一书中通过枚举大量包括天文、物理、化学、生物、医药、建筑、农田水利等诸多科学技术领域的史实和事例，用以说明科学知识的神奇与伟大。比如，他讲到用培养"条件反射"法来改变山鹧的习性（即"此以所养移其性"[⑧]）；宋仁宗庆历八年（1048），黄河于商胡决口，泛滥成灾，时水工高超采用三节下埽分段作业的办

① 黄侃：《白文十三经》，《左传》桓公六年，上海古籍出版社1986年版，第21页。

② 黄侃：《白文十三经》，《左传》僖公十六年，上海古籍出版社1986年版，第74页。

③ 刘向：《说苑·中道》，载《百子全书》，岳麓书社1993年版，第545页。

④ 沈括：《长兴集》卷二十《与张舍人论乐书》，文渊阁四库全书本。

⑤ 叶鸿灑：《试探沈括在北宋政坛的建树》，载《国际宋史研讨会论文集》，台北：中国文化大学出版社1989年版，第551—578页。

⑥ 程颢、程颐：《河南程氏经说》卷第二《书解》，《二程集》下，中华书局1981年版，第1032页。

⑦ 张邦炜：《宋代政治文化史论》，人民出版社2005年版，第135页。

⑧ 沈括：《梦溪笔谈》卷十三《权智》，岳麓书社1998年版，第110页。

法，巧合龙门而“不烦人功”①，为解除黄河水患作出了重大贡献；在冷兵器时代，制甲技术是竞争性极强的专业技术种类，而青唐羌所创造的冷锻法，既能将钢锻得薄一些，同时还能提高其强度与硬度，“强弩射之不能入”②，此乃我国古代钢铁处理上一个技术性的重大突破，等等。尽管沈括的积极努力，并不能从根本上改变宋代士大夫打骨子里鄙视科学技术的思想意识，但科学技术毕竟由此而向世人展现了她那独有的风姿与魅力。

3.将“理”结构为科学研究的一个新范式。“理”作为一个哲学概念，早在战国时期的哲学著作中就出现了，但从阐释学的角度看，在北宋之前，“理”既没有成为思想家们解释宇宙万物的先验认识论概念，也没有成为构建其思想大厦的最高本体范畴，故李约瑟的《中国古代科学思想史》只将“阴阳”和“五行”看作是“中国科学之基本观念”，在他的视野里，中国古代的科学思想发展到汉代就停止不前了。实际上，北宋理学的兴起，不仅在于其重新确立了儒学的权威，而且更重要的是它突破了汉唐的传统思维范式，并用“理”这个新的思想范畴来重新解释世界和认识世界。而沈括随时制宜，大胆实践，把“理”看作是科学研究的新范畴和新的思维形式，并加以认真地研究和运用，从而基本上完成了中国古代科学研究的范式转换。考《梦溪笔谈》一书，沈括在探讨自然现象的因果关系时最常说的话就是“原其理”或“莫可原其理”，在沈括之前，这是从来没有出现过的自然科学文本语言。如说“原其理，盖巫咸乃浊水，入卤中则淤淀卤脉，盐遂不成，非有他异也”③；又“磁石之指南，犹柏之指西，莫可原其理。”④此外，尚有“‘五石’诸散用钟乳为主，复用术，理极相反，不知何谓？”⑤，“其形状如字非字，如画非画，恐古人别有深理”⑥，“欲以区区世智情识，穷测至理，不其难哉？”⑦，“死生，常理也”⑧，“灵运所不至，理不足怪也”⑨，“今关、陕以西，水行地中不减百余尺，其泥岁东流，皆为‘大陆’之土，此理必然”⑩，等等，用如此丰富多样的语汇来集中阐释同一个“理”范畴，这在中国古代是极其少见的科学文化现象。

---

① 沈括：《梦溪笔谈》卷十一《官政一》，岳麓书社1998年版，第98页。
② 沈括：《梦溪笔谈》卷十九《器用》，岳麓书社1998年版，第158页。
③ 沈括：《梦溪笔谈》卷三《辨正一》，岳麓书社1998年版，第18页。
④ 沈括：《梦溪笔谈》卷二十四《杂志一》，岳麓书社1998年版，第200页。
⑤ 沈括：《梦溪笔谈》卷十八《技艺》，岳麓书社1998年版，第150页。
⑥ 沈括：《梦溪笔谈》卷十九《器用》，岳麓书社1998年版，第154页。
⑦ 沈括：《梦溪笔谈》卷二十《神奇》，岳麓书社1998年版，第165页。
⑧ 沈括：《梦溪笔谈》卷二十《神奇》，岳麓书社1998年版，第165页。
⑨ 沈括：《梦溪笔谈》卷二十四《杂志一》，岳麓书社1998年版，第199页。
⑩ 沈括：《梦溪笔谈》卷二十四《杂志一》，岳麓书社1998年版，第198页。

## 三、沈括天人相分思想的历史局限性

北宋的学术杂色纷呈,因而作为士大夫的沈括,不能不受其影响。一方面,沈括与王安石是同僚,且沈括的才学又深为王安石所赏识,如熙宁六年八月,王安石保举沈括辟官相度两浙水利①,而沈括在两浙任职期间,很好地贯彻和实施了王安石"新法"的意图和思想,可见,沈括实学精神的形成跟荆公学派的直接影响分不开;另一方面,沈括又吸收了二程的"天理"说,并且还应用到他的著作里来②,结果沈括的思想在一定程度上被打上了理学的烙印。故沈括的"天人相分"思想除了其积极的成分外,因时代所限,里面还存在着一些需要我们扬弃的因素和需要我们弥补的不足。

首先,沈括的"天人相分"思想,不仅采取了比较隐秘和委婉而不是直白的方式,而且论述分散,缺乏系统性和理论性,这在很大程度上限制了"天人相分"思想的延展性。回顾历史,"天人合一"之所以能成为中国传统主流文化的理论支柱,主要是因为它形成了一个有条理、有结构、既稳定又持久的逻辑思想体系,甚至韩愈将它命名为"道统"。而在叶适看来,宋儒"知本统所由,而后能标颜、曾、孟子为之传,揭《大学》、《中庸》为之教,语学者必曰:'不如是,不足达孔子之道也。'然后,序次不差而道德几尽信矣。"③从这个论断来看,叶适把绍承孔孟思想传统的真正传人认定是北宋的二程与张载以及南宋的朱熹。理由很简单,因为儒学的道统传到朱熹时,"中国儒家传统的天人合一和以'天理'宰制人欲的思想在朱子这里可算融合成了一个完备的哲学体系。"④相形之下,"天人相分"的传承则根本没办法找到头绪,当然更没办法确定其核心人物。所以,在这样的学术背景里,沈括没有能够将"天人相分"系统化为一个理论体系则是可以理解的。但即使如此,沈括仍坚持以个人的努力来弘扬求真务实的科学精神,并稳步地推进了宋人对"天人相分"思想的学术研究,就此而说,沈括的历史功绩还是应当肯定的。

其次,从整体上看,沈括的"天人相分"仅仅是一种不成熟和不彻底的"实证"思想。重实效,审观察,是沈括"实学"思想的生动体现,同时也是其"天人相分"思想的本质。但是,由于缺乏必要的理论支持,沈括在回应"天人合一"的思想挑战时,给人感觉常常是自顾不暇,困难重重。原来,沈括的"天人相

① 毕沅:《续资治通鉴》卷七十一《宋纪神宗八年》,上海古籍出版社 1988 年版。

② 沈括:《梦溪笔谈》卷五《乐律一》,岳麓书社 1998 年版,第 81 页。

③ 叶适:《叶适集》,中华书局 1961 年版,第 166 页。

④ 张世英:《天人之际》,人民出版社 2005 年版,第 35 页。

分”思想中还包含着不少“天人合一”中惰性很强的游离因子。比如,沈括在谈论“十二律”问题时,认为班固将“十七万七千一百四十七”这个表示十二律中黄钟的实数硬说成是“阴阳合德,气钟于子,化生万物”[①]的“太极”,则纯属是故弄玄虚。在此,沈括深刻地揭露了“天人合一”思想的虚伪性和欺骗性,无不闪现着沈括那“天人相分”的思想火花。然而,沈括却不能把这种精神坚持到底,实在令人惋惜。在这方面,我们看到的最典型例子就是沈括始终承认卦爻与人事吉凶之间是存在联系的[②]。不仅如此,沈括有时还把自然界所发生的异常现象与信佛连在一起[③],甚至相信“神物启之”[④]及“道家符箓”[⑤]一类的“天人合一”说,所有这一切无疑地会大大减弱其“天人相分”思想的社会影响力。

当然,上述这些局限性,与沈括在“天人相分”方面所取得的成绩相比,显然是次要的和非根本性的。众所周知,北宋社会并没有给“天人相分”思想提供适宜的生长环境,士大夫歧视科学技术的现象仍十分严重。而在这样的历史环境中,沈括能孑身致力于科学技术的研究,并有所发现和有所发明,因而享有“中国科技史上最卓越的人物”之誉。所以,就沈括的整个科研活动来讲,他不仅用实际行动为中国古代“天人相分”思想增添了光辉,而且“天人相分”思想本身的价值也在沈括的科技实践活动中得到了比较充分的体现。

## 第四节　苏颂以“成效”为标格的天人相分思想

苏颂(1020—1101)字子容,泉州南安(今属厦门市)人。他主要生活在北宋中期,那是“一个需要巨人而且产生了巨人——在思维能力、热情和性格方面,在多才多艺和学识渊博方面的巨人的时代”[⑥],欧阳修、王安石、沈括、苏颂等无疑的都是那个时代的巨人和那个时代的精英。《宋史》本传评苏颂“自书契以来,经史、九流、百家之说,至于图纬、律吕、星官、算法、山经、本草,无所不

---

① 沈括:《梦溪笔谈》卷五《乐律一》,岳麓书社 1998 年版,第 36 页。

② 沈括:《梦溪笔谈》卷七《象数一》、卷八《象数二》,《梦溪笔谈·补笔谈》卷二《象数》,岳麓书社 1998 年版,第 52—68、第 69—72、第 252—258 页。

③ 沈括:《梦溪笔谈》卷二十《神奇》,岳麓书社 1998 年版,第 161—171 页。

④ 沈括:《梦溪笔谈·补笔谈》卷三《杂志》,岳麓书社 1998 年版,第 270 页。

⑤ 沈括:《梦溪笔谈·逸文》,岳麓书社 1998 年版,第 307 页。

⑥ [德]恩格斯:《自然辩证法》,人民出版社 1984 年版,第 6 页。

通”①,他“平生不信命术”,却“最重释氏《四十二章经》”②,苏颂常说:“人生在勤,勤则不匮。”③当然,此“勤”不是无效之勤,而是“惟其尽规,乃有成效”④之勤。他不惟书,而惟“实事”,用今人的话说就是讲求理论与实际相结合,所以邹浩说:苏颂“不独见于论议文章,必欲验之实事,以扶助世教。”⑤对于治国之道,他主张“应之以无心”⑥,实际上,这是一种“道法自然”的思想。在宋代,“天人相分”的形式比较复杂,而苏颂认为“天人关系”的内容主要表现为“天人相与之学”⑦,此“天人相与”不是“天人合一”,而是以“天道虽远诚可瞻,上曰高明下沉潜”⑧,即“我乃错综气候,参稽变通”⑨为特征的“天人相与”,这应当说是宋代“天人相分”思想的又一种表现形式。在此,“天人相与”的思想重心是“人”而不是“天”,比如苏颂强调“因象知天”⑩,但他“知天”的目的绝不像庄子那样是“天而不人”⑪,即肯定了“天”的至上性而否认了人的能动性,而是“见道而知治”,“以天而占人”⑫,也就是说“知天”的目的仅仅是为了更好地服务于人这个类的存在物,并使人类的社会活动与自然界的运动规律相一致即达到“天人相与”的境界,或者用苏颂评论钱起居的话说就是“推原天人,指切时政”⑬。因此,苏颂创设“水运仪象台”,著《新仪象法要》,正是其“天人相与”思想的客观产物,更是其“天人相分”思想的科学结晶。

## 一、“类聚诠次”的分类思想及其“类比”方法

苏颂说:“且夫天之运也,日与星而代逢;地之道也,柔与刚而莫穷。非乃

---

① 脱脱等:《宋史》卷三百四十《苏颂传》,中华书局 1975 年版,第 10867 页。

② 苏颂:《苏魏公文集》下册附录一《丞相魏公谭训卷第九》,中华书局 1988 年版,第 1170 页。

③ 苏颂:《苏魏公文集》下册附录一《丞相魏公谭训卷第七》,中华书局 1988 年版,第 1162 页。

④ 苏颂:《苏魏公文集》卷三十《西京作坊使知忻州孙京可尚书虞部员外郎》,中华书局 1988 年版,第 432 页。

⑤ 邹浩:《道乡集》卷三十九《故观文殿大学士苏公行状》。

⑥ 脱脱等:《宋史》卷三百四十《苏颂传》,中华书局 1975 年版,第 10866 页。

⑦ 苏颂:《苏魏公文集》卷三十《前户部尚书参知政事张方平可依前官充观文殿学士知河南府兼西京留守司》,中华书局 1988 年版,第 424 页。

⑧ 苏颂:《苏魏公文集》卷二《首夏即事与丘与权同韵作》,中华书局 1988 年版,第 13 页。

⑨ 苏颂:《苏魏公文集》卷七十二《历者天地之大纪赋》,中华书局 1988 年版,第 1091 页。

⑩ 苏颂:《苏魏公文集》卷七十二《历者天地之大纪赋》,中华书局 1988 年版,第 1090 页。

⑪ 《庄子·列御寇》。

⑫ 苏颂:《苏魏公文集》卷七十二《历者天地之大纪赋》,中华书局 1988 年版,第 1091 页。

⑬ 苏颂:《苏魏公文集》卷五十二《钱起居神道碑》,中华书局 1988 年版,第 789 页。

圣无以探其赜，非立法无以举其中。”①此“立法”既包括“天道”又包括“地道”，其于“天道”的问题将放在后面去讨论，这里先论“地道”的问题。一般而言，“地道”的内容可分为两大类：无机物与有机物，它们是与人类生命密切相关的两种基本物质元素。前面讲过，苏颂探究“天人关系”的指导原则是以“成效”为标格的，所以，关于“地道”的“立法”实际上就是人类对地球生态环境的一种认识和改造。从理论上讲，对每个人类个体而言，广义的生态环境都有内外之分，凡是存在于人体细胞之内的气血运动和物质代谢过程，统统属于“内环境”；与之相对，凡是存在人体细胞之外的各种物质运动和文化现象，则都属于“外环境”。当然，“内环境”与“外环境”之间不是截然对立的，而是不断地交流信息，并且在此前提下相互作用和相互影响。正是由于这个特点，故而人们才去研究和探索构成人类“外环境”的各种物质要素，才去分析与判别地球上各种自然资源对人体“内环境”的影响和作用。比如，苏颂说：

“《淮南子》云：‘神农尝百草之滋味，一日而七十毒，由是而医方兴焉。’盖上世未著文字，师学相传，谓之本草。”②

可见，“本草学”的出现就是“外环境”与“内环境”相互作用的一种结果。人是自然界的一部分，人的生存和发展离不开“外环境”的支持和营养。《素问》卷二《阴阳应象大论篇》说：“四时阴阳，尽有经纪，外内之应，皆有表里”，此“外内之应”即“外环境”与“内环境”的相互作用和相互联系；又说：“味归形，形归气，气归精，精归化，精食气，形食味，化生精，气生形。”在这里，“味归形”说明本草之味能滋养人的形体，并能维持人体的生理平衡；“形归气”之“气”指的是“人体的真元之气”，而“气归精”之“气”却是指“本草之气”；同理，“气归精”与“精食气”之“气”均为“本草之气”或“食物之气”，而“形归气”与“气生形”之“气”则均指“人体之气”。由此不难推知，“昔神农尝百草之滋味以救万民之疾苦”③之医药学原理正在于“形”与“气”之间的相互作用。因此，苏颂有诗云：

“人生均是受形气，好恶欢养同一区。”④

以此为前提，苏颂认为医药学的本质特点就是如何认识和把握“形”与“气”运动变化的内在规律，从而达到“以生易死”之目的。他说：

“善为医者察声色经络，视阴阳气候，以知六疾之所起，而取以五辛六苦、

① 苏颂：《苏魏公文集》卷七十二《历者天地之大纪赋》，中华书局 1988 年版，第 1091 页。

② 苏颂：《苏魏公文集》卷六十五《补注神农本草总序》，中华书局 1988 年版，第 992 页。

③ 苏颂：《苏魏公文集》卷六十五《本草图经序》，中华书局 1988 年版，第 996 页。

④ 苏颂：《苏魏公文集》卷四《陈和叔内翰得庄生观鱼图于濠梁出以相示且邀作诗以纪其事》，中华书局 1988 年版，第 37 页。

水火之齐,故有通闭解结、浣肠涤胃、以生易死之妙。"①

何谓"五辛六苦"?苏颂虽然没有作进一步的说明,但南宋人李刘对"五辛"却有比较明确的解释,他说:"周处《风土记》:'元日造五辛盘,月正元日五薰炼形。'注云:'五辛所以发五脏之气。《庄子》所谓春月饮酒茹葱以通五脏也。《尔雅·翼》云:西方以大蒜、小蒜、兴渠、慈葱、茖葱为五荤。道家以韭、蒜、芸薹、胡荽、薤为五荤。"②至于"六苦",除了苏颂以外,我们没发现再有另外的医家使用这个词。因此,苏颂在这里究竟是指代六种具体的冠有"苦"字的药物呢,还是指代在性质和功能上各有特色的六种苦味?我们一时很难界定,更不好说清楚。不过,我们似乎可以肯定这样的事实,从总体上看,苏颂使用"五辛六苦"的目的无非是想概括说明本草的药学功能。在苏颂看来,作为药学意义上的本草,它的种类并不是固定的,而是历史的和不断发展变化的。对此,苏颂举例说:"两汉以来,名医益众,张机、华陀辈始为之编录耳。然《神农旧经》才三卷,药止三百六十五种。至梁陶隐居又进《名医别录》,以三百六十五种,因而注释,分为七卷。唐显庆中,监门卫长史苏恭又摭其差谬,表请刊定,乃命司空英国公李世勣等与恭参考得失,又增一百一十四种,分门部类,广为二十卷,世谓之《唐本草》。国朝开宝中,两诏医工刘翰、道士马志等相与撰集,又取医家常用有效者一百三十三种而附益之。"③然而,到北宋嘉祐年间(1056—1063),由于医学知识的相对普及和中外药材贸易的不断扩大,民间所开发的药材资源亦愈益扩大。在这样的历史背景下,《开宝本草》显然已不能适应医学形势发展之需要了,所以宋仁宗于嘉祐二年(1057)诏令掌禹锡、林亿、苏颂等增修《开宝本草》,至嘉祐五年(1060)成书,并于次年印行,是为《嘉祐补注神农本草》,简称《嘉祐本草》。而对于这次增修本草的过程,苏颂这样记述道:

"嘉祐二年八月,有诏臣禹锡等再加校正,臣某等亦既被命,遂更研覈。窃谓前世医工,原诊用药,随效辄记,遂至增多,概见诸书,浩博难究。虽屡加删定,而去取非一,或本经已载而所述粗略,或俚俗尝用而太医未闻。向非因事详著,则遗散多矣。乃请因其疏捂,更为补注。应诸家医书、药谱所载物品功用,并从采掇。唯名近迂僻、类乎怪诞则所不取。自余经史百家虽非方饵之急,其间或有参说药验较然可据者,亦兼收载。"④

① 苏颂:《苏魏公文集》卷六十五《校定备急千金要方序》,中华书局1988年版,第999页。

② 李刘:《四六标准》卷三十九《贺正·代卫参政贺林提举》。

③ 苏颂:《苏魏公文集》卷六十五《补注神农本草总序》,中华书局1988年版,第992页。

④ 苏颂:《苏魏公文集》卷六十五《补注神农本草总序》,中华书局1988年版,第993页。

后来，林希在《重广补注神农本草图经序》中亦说：

“世所传神农本草三卷，梁陶隐居离以为七，唐苏恭、李世勣之徒又附益为二十卷，别图药形以为经，其书略备矣。开宝中太祖皇帝命卢多逊等考验得失，增药尤多，号为《开宝本草》。仁宗皇帝嘉祐初又使掌禹锡、林亿、苏颂、张洞为之补注，因唐图经别为绘画，复增药至千有余种，于是收拾遗逸，订正讹谬，刊在有司，布之天下，其为寿养生人之术，无一不具。”①

综合上述两段话，我们可以初步得出如下三点结论：一是《嘉祐本草》的载药已突破千种，经统计应为 1082 种，其中有 17 种新定药；二是选择药物的标准为“药验较然可据”，这是苏颂实证主义思想的具体体现；三是配有《图经》，此书实际上成为苏颂编著《本草图经》的蓝本。

《苏颂本草图经》与《嘉祐本草》相比较，其最大的特点就是“类聚诠次，粗有条目”。对此，苏颂说：

“其间玉石金土之名，草木虫鱼之别，有一物而杂出诸郡者，有同名而形类全别者，则参用古今之说，互相发明。其荄梗之细大，华实之荣落，虽与旧说相戾，并兼存之。崖略不备，则稍援旧注以足成文意。注又不足，乃更旁引经史及方书、小说以条悉其本原。若陆英为葫芦花，则据《尔雅》之训以言之；诸香同树，则用《岭表录异》以证之之类是也。生出郡县则以本经为先，今时所长次之。若菟丝生于朝鲜，今则出于冤句；奚毒生于少室，今乃来自三蜀之类是也。收采时月有不同者，亦两存其说。若赤箭本经但著采根，今乃并取茎苗之类是也。生于外夷者，则据今传闻或用书传所载。若玉屑、玉泉，今人但云玉出于于阗，不究所得之因，乃用平居诲《行程记》为质之类是也。药有上中下品，皆用本经为次第，其性类相近而人未的识，或出于远方莫能形似者，但于前条附之。若溲疏附于枸杞，，琥珀附于茯苓之类是也。又古方书所载简而要者，昔人已述其明验，今世亦常用之。及今诸郡医工所陈经效之药，皆并载其方，用天宝之例也。自余书传所无、今医又不能解，则不敢以臆说浅见傅会其文，故但阙而不录。又有今医所用而旧经不载者，并以类次系于末卷，曰《本经外类》。”②

可见，《本经外类》是苏颂本草的创新之处。

考《本经外类》共收药 94 种，苏颂根据当时植物学发展的水平，将它们分为“草类”与“木蔓”两大类，而今人进一步将其依功能特点细分为 11 类③，包

① 唐慎微：《证类本草》卷一《林枢密重广本草图经序》，华夏出版社 1993 年版，第 21 页。

② 苏颂：《苏魏公文集》卷六十五《本草图经序》，中华书局 1988 年版，第 997—998 页。

③ 贾春华等：《〈本草图经〉本经外药的效用分类与启示》，载《河北医学》1996 年第 6 期。

括解表药4味、清热药36味、化痰止咳平喘药3味、辟秽解毒药3味、祛湿药16味、活血化淤药8味、行气活血及调经下乳药8味、行气调中药9味、补虚药1味、除湿杀虫止痒药4味、收涩药2味。在医疗实践中,苏颂发现"丽春草花"治疗阴黄(即慢性肝炎)的效果极佳,而清风藤祛风止痛之功效可靠,故至今为广大临床中医师所采用。在药物的用法方面,《本经外类》载有攀倒甑"叶研捣,冷水浸,绞取汁,内服"及露筋草用白矾水调研药末的特殊使用方法,这些方法有别于煎煮法,说明苏颂对药物的临床应用讲求"特殊性"而不是一般性,此与《雷公炮制法》对中药修制重个性的基本指导思想是一致的。

无可否认,药物养生是中国古代医学的重要内容之一,而苏颂本人则非常强调道家的"养生术",比如,他不仅推崇其叔父苏谋甫"学道家养生吐纳"①之说,而且他认为孙思邈"非世医常流所能仿佛"的主要原因就是其在药石之外,兼备了"吐纳宣导,饮食补养,案摩符禁,黄冶丹石"之术②。然而,我们能不能就此认为苏颂是神仙方术的信徒呢?当然不能。关于这一点,我们完全可以从《本草图经》里不见载"神仙方术"的内容这个事实中看出来。诚然,中国古人重视性命的修炼,而"天人合一"的价值体系实际上就是以"天人一体"为轴心的。《庄子》说:"有人之形,无人之情。有人之形,故群于人;无人之情,故是非不得于身。眇乎小哉!所以属于人也;謷乎大哉!独成其天。"③此"有人之形,无人之情"的人是为"畸人",在庄子看来,"畸人"不是一般的人,而是"天地与我并生"④的人,是一种理想的和需要经过反复修炼之后方可成就其身的人。从某种意义上说,道家的存在是跟人们对这种"畸人"境界的向往与追求的社会心理紧密联系在一起的。在不断的炼丹实践中,道家发明了两种成就"畸人"之身的方法:一是"外丹法",二是"内丹法"。从现辑本《本草图经》的内容看,苏颂确实没有给"内丹法"留有余地,这应当说是他科学精神的一种体现,不仅如此,他还对"外丹法"迷信某些药物能长生不老的谬说提出了批评。比如,他举例说:

(1)玉屑,"祥符中,先帝尝令工人碎玉如米豆粒,制作皆如陶苏之说,然亦不闻以供膳饵。其云研之乃食,如此,恐非益人,诚不可轻服也。"

(2)丹砂,"郑康成注《周礼》以丹砂、石胆、雄黄、矾石、慈石为五毒,古人

① 苏颂:《苏魏公文集》卷六十二《叔父卫尉寺丞景陵府君墓志铭》,中华书局1988年版,第947页。

② 苏颂:《苏魏公文集》卷六十五《校定备急千金要方序》,中华书局1988年版,第1000页。

③ 《庄子·内篇》卷五《德充符》。

④ 《庄子·内篇》卷二《齐物论》。

惟以攻创伤,而《本经》以丹砂为无毒,故人多炼治服食,鲜有不为药患者。岂五毒之说胜乎！服饵者当以为戒。”

(3)石硫黄,“古方书未有服饵硫黄者,《本经》所说功用止于治疮蚀、攻积聚冷气脚弱等,而近世遂火炼治为常服丸散。观其制炼服食之法,殊无本源,非若乳石之有论议节度,故服之其效虽紧,而其患更速,可不戒之!”

尽管“外丹法”在宋代不像唐代那样盛行,服食者亦较唐代的服食者有所节制,可是诸如玉屑、丹砂、石硫黄一类所谓的“长生”药似还有炼食者。不过,从总体上讲,炼食丹药之风已经受到了宋代士大夫越来越多的自觉抵制,这在很大程度上昭示着医药学已经逐步摆脱“神学”的束缚而获得了相对独立的发展,尤其是宋代本草学籍此而步入了一个新的辉煌期,出现了一大批具有深远历史影响的本草巨著,如《开宝本草》、《嘉祐本草》、《苏颂本草图经》、《本草别说》、《证类本草》、《本草衍义》、《本草成书》及《通志》本草等,其中《苏颂本草图经》之新增药全部为植物药,无一味是炼食的丹药,它非常典型地反映了宋人“养生”心态的某种深层次的转化,如果用天人关系来说,则这个转化可以看作是由“天人合一”的道德型社会向“天人相分”的科技型社会的转进,尽管这个转进不是完全意义上的科技型社会,但宋代社会的这种转进轨迹还是清晰可见的,用法国汉学家谢和耐的话说,就是宋代已经不是一种传统意义上的“道德理性”社会了,而是一种具有近代意义的“科技理性”社会,所以他把宋代称之为“中国‘文艺复兴’的文明”,在谢和耐看来,这个社会的显著特征是“一种实用唯理主义的出现”,因此,“11 世纪时,中国精英界的人物与其唐代的先驱们之间的区别,就如同文艺复兴时代的人物与中世纪的人物之间的差异一样。”①由此可见,宋代本草学之所以能够获得如此长足的进步,主要是因为人们能够比较理性地对待本草与丹药之间的关系,其中人们崇尚本草的药学价值更胜于其对丹药的依赖,应是宋代人生观和价值观的一个基本走势。对此,苏颂通过解剖分析其叔父由“好黄白点化之术”转向“终老不复语黄冶事”的心理过程,有力地说明了“黄白点化之术”在宋代遭受冷落的客观事实。他记述说:

“(其叔父)年少时,尤好黄白点化之术,一日有道人过之云:‘我蜀人也。今老矣！顾有秘诀,欲求人而授之,得其人,则我将逝矣。’因命取水银一杯,坐间销为白金。叔父惊异而未敢遽问,姑留寘于客馆,其夕道人奄化。遂货其所销白金为之具衾榇,买地以葬,其资费适取足焉。因欷曰:‘兹事信亦命乎。吾平生接方士多矣,无不恳祈而力为之,每患未尽其术。今遇异人求我,而我

① 谢和耐:《中国社会史》,江苏人民出版社 1995 年版,第 271 页。

不契其心。岂其是道人先知数尽，假手于我以送终乎？而吾不得受其术，是命不偶也。何必复劳心乎？'遂搜索故所蓄方药，尽焚弃之，终老不复语黄冶事。"①

当然，对"黄冶事"的这种态度既是苏颂叔父的态度，同时也是他本人的态度。那么，这是否意味着"黄冶事"从此就可以退出历史舞台了呢？明眼人一看便知是不可以的。因为"黄冶事"具有两面性：一面是它的"神秘性"与"荒诞性"，另一面却是它的"科学性"和"实验性"。从"黄冶事"试图把人们引入到长生不老的生命境界时，它是一门伪科学，是欺人之术。反过来，当人们从"黄冶事"的化学反应过程中获得一定的物质产品时，它就变成了一门实验性很强的科学。用苏颂的话说，它应是一门"知几"②的科学。他说：

"夫所谓'几'者，在是隐微而与知之之词也。故《易》曰：'几者动之微，吉之先见者也。'《书》载'大禹之谟'曰：'惟几惟康'云尔者，盖禹戒舜，念虑几微，然后保其安康之谓也。又舜作歌自戒，亦曰'惟时惟几'者，舜以庶工既谐，事之当戒者，惟在知时几微而已。而仲尼称颜子之善曰'其殆庶几'，谓其举动言行能虑之于微，则其著也蔑有过事之谓也。是则几之为义远矣。渊乎古之圣贤之治天下也，事君也，修身也，未有不念于是焉，而臻其极致也。且圣人之几，蕴乎诚明，贤人之几，发乎思虑。蕴乎诚明，则不思而适乎中，不勉而同其道，所谓知几其神者也。"③

此"念虑几微"既有道德的意义，又有科学的价值，由于它本身是中国传统文化的产物，而苏颂在阐释其内在价值时，则不能不去考虑它在宋代的特殊性。何谓"几"，苏颂说得很清楚"在是隐微而与知之"之词，也就是说"知几"之学是探讨客观事物之间内在规律的学问。其"隐微"是指事物的内在必然性，而"知之"之"知"则是指研究和探讨，换言之就是人们通过自己的主观能动性而将事物的内在必然性揭示出来，使之成为人类认识自然界发展变化规律的一种知识成果。

## 二、"超擢"官吏以"成效"的"事功"思想

一般的史学家都认为，宋代是一个"重视知识，尊重读书人"的时代，从这个角度说，宋代又可称作是中国古代士大夫"自我发展"的黄金时期，如果把

① 苏颂：《苏魏公文集》卷六十二《叔父卫尉寺丞景陵府君墓志铭》，中华书局 1988 年版，第 947 页。

② 苏颂：《苏魏公文集》卷七十二《李惟几改字说》，中华书局 1988 年版，第 1095 页。

③ 苏颂：《苏魏公文集》卷七十二《李惟几改字说》，中华书局 1988 年版，第 1094—1095 页。

五代的武人政治比作是士大夫生命周期中的“危机”阶段的话，那么，宋代始进入到士大夫生命周期中的“繁荣”阶段。宋太祖立国不是靠“威权”和“武人”，因为在那个国家权威遭到武人践踏与奚落的历史时代，身为后周殿前都点检的赵匡胤通过“陈桥兵变”很容易地就成了宋朝的开国皇帝，正是有了这种特殊的“兵变”经历，所以宋太祖愈加对武人政治的反感和不放心。于是，他便在宋初的政治实践中逐步形成了“以文治国”的理念，甚至他还立下“不得杀士大夫及上书言事人”①的誓碑，为了尽量吸纳士人的才学为宋朝的长治久安服务，宋太祖于开宝六年(973)首开殿试进士之例。随后，宋太宗更加主动地去为士大夫步入政治舞台创造条件，宋太宗说，“王者虽以武功克受，终须用文德致治”②，又说“国家选才，最为切务……若择得一好人，为益无限。”③故此，宋太宗不仅自身“锐意文史”④，而且广开仕门，扩大科举。宋人叶梦得说：“太宗始欲广致天下之士以文治。”⑤据统计，宋太宗在位 21 年，凡科举 8 次，共取士 5840 名，是宋太祖一朝取士人数的 12 倍多⑥。从取士的科目上看，在贡举、制举、武举中，尤以贡举为主，是取士之主要手段，而宋太宗通过贡举录取的进士则大大地超过了前代。故时人王珪说：“国初取士，大抵唐制，逮兴国中，贡举之路寖广，无有定数。”⑦甚至到王安石贡举改革之后，宋代贡举科目即为进士一科了⑧。如果说宋太宗扩大科举是迫于当时政治和社会状况之重压的话，那么，宋真宗以后各朝不顾社会的实际需求，一味追求进士的数量，就不免有“冗滥”之弊了。例如，宋祈就曾说过：宋之“州县不广于前，而官五倍于旧，吏何得不苟进，官何得不滥除。”⑨因此，如何不断改进科举的质量，提高国家选材的标准，就成为苏颂用人思想的一项重要内容。苏颂说：

“国家取士，行实为先。今既弥封謄录，考官但校文词，何由知其行实？故虽有瓌异之士，所试小戾程式，或致退落。平时常负玷累，苟一日之长可取，

① 《宋史》卷三百七十九《曹勋传》，中华书局 1977 年版，第 11700 页。

② 江少虞：《事实类苑》卷二《祖宗宝训 · 太宗》，上海古籍出版社 1981 年版，第 20—21 页。

③ 李焘：《续资治通鉴长编》卷二十四“太平兴国八年六月戊申”，中华书局 1992 年版，第 547 页。

④ 江少虞：《事实类苑》卷二《祖宗宝训 · 太宗》，上海古籍出版社 1981 年版，第 21 页。

⑤ 叶梦得：《避暑录话》卷上，中华书局 1985 年版，第 33 页。

⑥ 李笑梅：《试析宋太宗扩大科举及其积极意义》，载《辽宁大学学报》1989 年第 2 期。

⑦ 脱脱等：《宋史》卷一百五十五《选举一》，中华书局 1975 年版，第 3614 页。

⑧ 张希清：《宋朝典章制度》，吉林文史出版社 2002 年版，第 188 页。

⑨ 脱脱等：《宋史》卷二百八十四《宋祁传》，中华书局 1975 年版，第 9594 页。

便预收采。士之贤否，而进退之间系于幸与不幸，往往是矣。”①

“行实为先”，不独苏颂如此，事实上，它是宋代“功利派”士者的一贯主张。从李觏、王安石到苏颂，无不倡导实效，贬抑虚妄。如，李觏说：“一出课试，不由行实，亦同归于弊矣。”在他看来，“贤邪非一时之贤，久居而不变，乃其贤也；能邪非一时之能，历试而如一，乃其能也。如是而得人不精，未之信也。其有急于耕养，或素已成就，不在学者，则循旧贡举。先其名誉，后其课试。举之非一人之举，必乡曲共举也；用之非一人之用，必天下共用也。如是而得人不精，亦未之信也。”②

在这里，李觏实际上是主张取士不惟科举，而是把科举与荐举两者结合起来，使之不偏废任何一方。熙宁元年（1068）夏四月，王安石入对。宋神宗问：“方今治当何先？”王安石回答说：“以择术为先。”③那么，王安石“择术”的具体内容是什么呢？王安石提示神宗皇帝说：“召其材者，更亲访问以事。访问以事，非一事而后可以知其人之实也，必至于期年，所访一二十事，则其人之贤不肖审矣，然后随其材之所宜任使。其尤材良行美可与谋者，虽尝令备访问可也。此与用一二大臣荐举，不考试以实而加以职，固万万不侔。”④在这里，王安石亦主张科举与荐举相结合，而不论采取何种形式，都须验之以实或“试之以事”，否则就会骥驽不分，从而挫伤有识之士治国安民的积极性。毫无疑问，贡举之“俊彦盈庭”⑤是事实，而“宋之人才，自祖宗涵养，至于中叶，盛矣”⑥，亦是事实。但这仅仅是“人才”的一个方面，因为在非科举以外，还有一批人才，他们也是当之无愧的国家栋梁，如周敦颐、邵雍、程颐、梅尧臣等。然而，由于在宋朝的官僚阶层中，具有科举身份者与非科举身份者的比例已经严重失衡，比如，柳开说宋太宗一朝的从政者“上自中书门下为宰相，下至县邑为簿尉”，“皆上之所取贡举人也”⑦。苏颂把这种情况称之为“取士多少不均”。他说：

“所谓取士多少不均者，进士与制科、遗逸是也。臣窃以往年放进士，每

---

① 苏颂：《苏魏公文集》卷十五《议贡举法》，中华书局 1988 年版，第 213 页。

② 李觏：《李觏集》卷十八《安民策第三》，中华书局 1981 年版，第 172 页。

③ 陈均：《九朝编年备要》卷十八《神宗皇帝》，《景印文·文渊阁四库全书》，台北：商务印书馆 1983 年版，第 453 页。

④ 王安石：《王安石全集》卷四十一《论馆职札子二》，吉林人民出版社 1996 年版，第 431 页。

⑤ 李焘：《续资治通鉴长编》卷二十九，中华书局 1992 年版，第 650 页。

⑥ 脱脱等：《宋史》卷三百四十七《乔执中传》，中华书局 1975 年版，第 11018 页。

⑦ 柳开：《河东集》卷八《与郑景宗书》，《四库全书》第 1085 册，第 301 页。

牓不下四五百人。自间年放牓，亦尝近二百人。诸科大约依进士人数，而制科入等者不过两三人，明经不过三五人，遗逸之荐复未有定制。臣以谓举制科者，博通古今，贯穿经史，顾其积学勤亦至矣。明经者虽诵数或阙，而大义多通。遗逸之荐，纵不能尽如诏书之所求，要之皆乡里推许之人。此数科比之进士诸科，初学幸中者多取之，亦未为谬滥也。臣伏覩新制，三岁科诏每牓以三百人为限，是进士诸科之路已广，而制举、遗逸，议论犹未及之。况近制明经已许均减诸科之数，虽取人未多，是已有定制，临时可以通融，损彼而益此也。臣愚欲望自今三年科举，进士每牓且以二百五十人为限，留其余五十人以待制举及遗逸之类……其举遗逸仍望立为定制，每放牓而后，下诏诸路州郡及转运司，共察访如士人中显有履行纯固，经术文艺优赡，为众人推许者，或场屋黜落，或丘园高蹈，咸许保荐。每路限以五人，并敦遣赴京师，依例试以策论，考定高下。优者赐以科名，与制举所增人共足所留进士五十人之数……如此则取士之路益广，而行艺之人无有弃遗。"①

这段引文，主要包含如下三层意思：一是指出相对于"进士科"，制科与遗逸（即"荐举"）存在着备遭冷落的情形，其具体表现是一面"进士诸科之路已广"，另一面却是"制举、遗逸，议论犹未及之"，也就是说，在当时像"荐举"这样发现人才的重要形式和渠道，竟然还没有提到统治者的议事日程上来，可见"荐举"这种"取士"的形式早已被排挤出朝廷的视野之外了。二是建议适量压缩"进士科"取士的人数，以便给制科与遗逸尤其是"遗逸"这种"取士"形式留有一定的余地。苏颂认为，"遗逸"无"定制"，显然是既与祖宗家法的用人宗旨不一致，又不能适应宋代社会对人才的多种需求的。虽然苏颂建议每路"遗逸"者仅限于五人，从总量上看似显不足，但相对于"无定制"来说，这已经是一个很大的进步了。三是"遗逸"较好地反映了苏颂"行实为先"的取士思想，因为"遗逸之荐，纵不能尽如诏书之所求，要之皆乡里推许之人"，且"为众人推许者"毕竟有他异于常人之处，特别是凡"为众人推许者"肯定有其令众人佩服的"实绩"。所以，苏颂无论为官还是为学，都非常重视其"实效"。例如，"江宁六朝建国，又李氏故都，户口繁多，民俗嚣讼，号为难治"，而苏颂为除知江宁县时，首创"控告"法，其主要内容是：讼者每投状州县后，令其"即归休勿留"，然后，苏颂将状子分类审覈，"畀田者置于甲，争辨者置于乙，分财者置于丙，乞公据文移者置于丁"，之后，"使契保约日呼两词皆来，为之区断"，并将结果在一定时间内告知当事人，如果对处理结果不服，那就向上一级部门即府或监司申诉。对此，苏颂叙述说："汝（指当事人）今投牒，宜即归

① 苏颂：《苏魏公文集》卷十五《议贡举法》，中华书局1988年版，第216页。

休勿留。俟吾审覈可否,可行即命耆保召汝;不可即悬榜于门告汝。汝以为不然,即之府或监司诉可也。唯争殴伤犯者先治之。"此举在江宁产生了良好的社会效果,"自尔积滞词诉皆尽,日唯词牒数十而已。民大欢悦。"①又,苏颂知婺州,"视州学卑陋,形模湫隘,乃徙之爽垲地,建立宏丽。是岁钱得循发解登第,自尔登科者不绝。"②从治国安民的大局出发,苏颂不仅这样严格要求自己,而且也这样严格要求那些为官者。因此,他建议:

"自今考课以令长能用善道谕民,勉末游而归本业,致狱讼稀简,而盗贼衰息者为优等。其能校簿书,均移税赋,发奸捕盗,兴利除害者为次等。二者咸无,为下等。优等望赐超擢,次等再加激厉,末等自当降黜。"③

藉此,他坚决反对在选择官吏方面的形式主义。比如,他针对李定事件所暴露出来的用人"不试以实"而"但用其言"的形式主义和官僚主义问题,不客气地上奏宋神宗说:

"定远州职官素无称声,偶因孙觉论荐,一赐召对,便蒙超授。纵有奇谋硕画,亦未显著于时,岂足以上称不次之擢?但用其言,不试以实,诚恐天下才辨之士闻之,皆思趋走势要,以希荐用。此门一开,未必为国家之福。故前世用人之法,必加详试。俟见成效然后陛擢者,亦所以防侥幸之路也。"④

由李定发动的"乌台诗案",株连众士,是一桩典型的以政治迫害为目的的文字狱。后来,宋人朋九万还专门把这桩案件的告诉状和供述书编纂为一部书,名为《乌台诗案》。由此可见,此案在士大夫中间引起了极其强烈的震动,产生了极坏的历史影响。因为它是直接对宋朝祖宗家法的践踏与破坏,是对士大夫关注时政之政治热情的严重摧残。难怪苏颂多次就此事发表议论,抒发其内心中的愤忿之情。当然,苏颂更加提示宋神宗须"能受直言"⑤,并应从中吸取教训,择官尤以"明白之效"为先,而不能"一言称旨,便授台官"⑥。他一再申明:"前世所以慎重爵赏,不以假人,虽有奇才异伦亦须试以执事,俟有成效,然后超擢者,以此也。"⑦特别是为了进一步提高执政者的办事效率,

① 苏颂:《苏魏公文集》附录一《丞相魏公谭训卷五·政事》,中华书局 1988 年版,第 1149 页。

② 苏颂:《苏魏公文集》附录一《丞相魏公谭训卷五·政事》,中华书局 1988 年版,第 1151 页。

③ 苏颂:《苏魏公文集》卷十八《请别定县令考课及立乡官》,中华书局 1988 年版,第 246—247 页。

④ 苏颂:《苏魏公文集》卷十六《又内降条贯》,中华书局 1988 年版,第 226 页。

⑤ 苏颂:《苏魏公文集》卷十六《又内降条贯》,中华书局 1988 年版,第 226 页。

⑥ 苏颂:《苏魏公文集》卷十六《又缴李定词头札子》,中华书局 1988 年版,第 222 页。

⑦ 苏颂:《苏魏公文集》卷十六《内降条贯》,中华书局 1988 年版,第 224 页。

苏颂主张省繁文而从简便。他说：

“故今日之弊，良由关防伤于太密，而画一伤于太烦，则难于通融。盖省台寺监万务所萃，置长立贰，承之以僚属，所以裁处事务，助成至治也。而官不任职，每事立条，事务日新，欲以有司之文而尽天下之务，虽使皋陶制法，箫何造律，势不能遍。况百司所职，条目不同。而一司之间，又有细务，或通于此而疑于彼，故有求之人不能悉晓，遂至纷争。或经台省投牒披诉，文移往复，虚烦取会，其可行者百无一二。徒长奔竞，无益风教。”①

到北宋中后期，吏风日渐堕落，各种官僚主义的表现愈演愈烈，如政府官员之间的互相推诿和扯皮，重虚文和“立条”而“不任职”即行政不作为，等等。与之相反，官吏之间则奔竞成风，“隳紊法制”②。针对此弊，苏颂提出了责任追究的设想。他说：

“若官司措置失当及徇私废公，致有赴诉，并委台察纠案，如得蚀状，其当职官吏次第书罚。有涉欺妄，亦行惩责。”③

可见，苏颂尚实敦厚的工作作风是一贯的和无条件的。《周易·说卦》云：“立天之道曰阴与阳，立地之道曰柔与刚，立人之道曰仁与义。”“道”指规律，即是说“天”、“地”、“人”三者本身是不能混淆起来的，它们既相互联系又相对独立，各有其运动变化的规律。也就是说，若从“天人合”的角度看，则三者具有统一性和一致性，或称共性，它们服从于总的宇宙运动规律，这是问题的一个方面，另一方面，若从“天人分”的角度看，则三者却具有特殊性，或称个性，它们自我运动、自我变化和自我发展，每一个都有自己不同于它者的运动规律，而分别不同的认识对象，有的放失，是苏颂“天人相分”思想的根本特色。如，苏颂说：“人道所贵，曰生与义。”④又说：“夫神者惟民是依，民者惟神是庇。”⑤此“人道”之“生”而不是“仁”，体现了苏颂立政的基点就是为民，就是要尊重人的生命，故他把“民”与“神”结合在一起，说明朝廷敬神之所“敬”不在“庙”这种形式，其实在于敬民，因此，苏颂说：“爰徇民心，遵用祠法。”⑥

天与人虽然“各自有分”，但“人事”的成败在一定意义上还受到客观条件

---

① 苏颂：《苏魏公文集》卷十六《论省曹寺监法令繁密乞改从简便》，中华书局 1988 年版，第 227 页。

② 苏颂：《苏魏公文集》卷十六《缴李定词头札子》，中华书局 1988 年版，第 222 页。

③ 苏颂：《苏魏公文集》卷十六《论省曹寺监法令繁密乞改从简便》，中华书局 1988 年版，第 228 页。

④ 苏颂：《苏魏公文集》卷五十四《陇干姚将军神道碑铭》，中华书局 1988 年版，第 828 页。

⑤ 苏颂：《苏魏公文集》卷七十一《秋赛诸庙》，中华书局 1988 年版，第 1085—1086 页。

⑥ 苏颂：《苏魏公文集》卷七十一《祭张公龙王庙谢雪》，中华书局 1988 年版，第 1084 页。

的影响,所以"人事"与"天时"的关系实际上就是一种主观与客观之间的关系,换言之,也就是主观能动性与客观规律之间的关系。而对于上述两者的内在关系,苏颂说:"念人事之未尽,不敢归之于天时。"①此外,苏颂很赞同陈绎在《五箴》中说过的话:"言天之谴告当应之以实,人事修则天意得矣。"②由此可知,在苏颂看来,"实"的内容是可变的和不断发展的,比如,在天人关系的局域内,"修人事"是"实",而"兴谶纬"则是"虚"。然而,同样的问题,如果移至人道中之吏道的局域内,那么,办事有成效是"实",而"但用其言"与止"每事立条"则是"虚",即任用官吏之"考实"重在"成效"而不在"条文"。在此基础上,苏颂提出了他心目中的社会理想状态是:

"天下之士负道艺者思发其志业,以效于治;怀勇异者愿竭其智力,而施于用。"③

而苏颂把这个社会理想的实现寄托于个别名臣贤相身上,这就是他为什么关注吏治的主观原因。他认为,如果有"贤相在位",则学者"遭时遇知,奋发蕴虑,见于事业,不为难耳。"④所以,从主观动机来看,苏颂的出发点无疑是美好的,可是正像康有为"没有也不可能找到一条到达大同的路"一样,苏颂也不可能找到一条通往"天下之士负道艺者思发其志业,以效于治"的路径。因为那些真正"背负道艺"的志士仁人并不能为封建统治者所容,即使暂时能容,那也是很有限的,而在重裙带不重才能的执政实践中,在那变幻莫测的社会关系之网中,他们的才华则不得不也不能不一再打折,甚至折之又折,以至于无折可折。所以,"天下之士负道艺者",说到底,他们只不过是封建专制制度的一种牺牲品而已。

## 三、从《新仪象法要》看苏颂的天人"分"与"合"的思想

苏颂说:"仰观天象,预考日星之行;恭授人时,使知气候之至。"⑤

此处之"天象"与"人时"分别得很清楚。然而,由月、日、星、辰所结构而成的"天象",因其本身之客观威势所致,它们在古人心目中占有神圣不可侵犯的地位,宋代尤其如此。比如,宋代对天文人才实行严格的国家管制政策,即说明了"天象"在宋朝国家政治生活中的特殊地位和神圣不可侵犯性。宋

---

① 苏颂:《苏魏公文集》卷七十一《祭诸庙谢雨》,中华书局 1988 年版,第 1084 页。
② 苏颂:《苏魏公文集》卷六十《太中大夫陈公墓志铭》,中华书局 1988 年版,第 912 页。
③ 苏颂:《苏魏公文集》卷六十八《上时相》,中华书局 1988 年版,第 1036 页。
④ 苏颂:《苏魏公文集》卷六十八《上时相》,中华书局 1988 年版,第 1036 页。
⑤ 苏颂:《苏魏公文集》卷四十三《又谢历日表》,中华书局 1988 年版,第 642 页。

太宗开宝九年(976)冬十一月庚午诏令"诸州大索知天文术数人送阙下,匿者论死。"①不仅对人身进行强制性的"管束",而且对天文类的书籍也一概收缴"秘阁",进行集中管理,禁止其在民间流行②。据统计,北宋在其存在的 168 年中,共颁行了 9 个历法,平均约 18 年改历一次。如此频繁修订历日,究竟是北宋的"天运"无常还是北宋的"人道"叵测？南宋初年,宋濂面对国破家亡的悲境也曾提出了同样的问题③。而北宋也是与辽、夏鼎立的特殊时代,在这样的历史条件下,人们同样在思考"天运"与"人谋"的问题。比如,宋祁早就通过客与臣问答的形式提出了这个令人烦心的问题。

"客曰:'敌人(指契丹辽及西夏)负其众,中国常为之屈,将天运乎？亦人谋有未至耳。'臣曰:'儒者不可舍人而言天意者,谋有未至耳。'"④

对宋朝的皇帝来说,在一定意义上讲,他们信"天运"胜过信"人谋"。有下面一例为证:乾德元年(963)闰十二月乙亥,宋太祖采纳了国子博士聂崇义的建议,规定"以火德上承正统,膺五行之王气,纂三元之命历"⑤。在遁甲历法中,5 日为一元,三元为一节,共 15 天,一个周期为 24 节,共计 365 天。聂崇义将这样的"历法"称之为"命历",可见观测天象以精确地"历数恭授以时"⑥对于宋朝的统治者来说该有多么重要。故苏辙说;"圣人之兴,默契天运。"⑦这句话也可以反过来说,"默契天运,圣人之兴",其"默契天运"的内涵非常清楚,那就是它要求"有司推分至之度"⑧不能有"一物之差"。因此,文同说:"天运至神,均阴阳之气而序成四立之功者谓之时,圣人命有司推分至之度而编为朞之事者谓之历,大抵皆因万民资用而立本,盖虑忽有一物过差而失宜,故每于首岁而成书,必布之诸夏而垂法。"⑨由此可见,修历不仅是"王者遵承而布政"⑩的基本依据,而且更是"万民资用而立本"的"法则",所以,北宋频繁修历的本因从封建统治者的角度讲,是"畏天"观念的一种客观体现,

① 脱脱等:《宋史》卷四《太宗本纪一》,中华书局 1975 年版,第 54 页。

② 叶鸿灑:《北宋科技发展之研究》,银禾文化事业公司印行,1991 年版,第 106 页。

③ 宗泽:《宗忠简集》卷八附宋濂《题宗忠简公家传遗藏诰敕》。

④ 宋祁:《御戎论篇之五》,《全宋文》卷五一七《宋祁》,上海古籍出版社 2006 年版,第 347 页。

⑤ 李焘:《续资治通鉴长编》卷四"太祖乾德元年闰十二月乙亥",中华书局 1992 年版,第 113 页。

⑥ 苏颂:《苏魏公文集》卷四十三《谢历日表》,中华书局 1988 年版,第 639 页。

⑦ 苏辙:《栾城后集》卷十四《大行太皇太后謚册文》。

⑧ 文同:《丹渊集》卷二十八《熙宁九年谢赐日历表》。

⑨ 文同:《丹渊集》卷二十八《熙宁九年谢赐日历表》。

⑩ 文同:《丹渊集》卷二十八《熙宁七年谢赐日历表》。

所谓"天运难测,固有流行之灾"①是也,此灾的受害者,不光是"民",还有"帝王"本身。而从天文历法工作者的角度讲,频繁修历或"改差用验"②则主要是为了不断修正现行历法中所出现的差谬,使之"不缓于农时"、"无失经常"③。故苏颂说:

"昔圣人处玑衡而钦天,故日月星辰以之序;象金火而治历,故气物分数得其平。"④

"前饬日卿,预推天运,校诸家之疏密,审一岁之权舆。气朔推移,躔离稽合。杓携魁枕,固无辰次之差;日永宵中,大正春秋之序。"⑤

那么,如何做到"杓携魁枕,固无辰次之差"?在苏颂看来,它需要借助"玑衡"一类的观测工具。如苏颂说:"彼为刻漏以考中星,但纪昏晓之度;处璇玑而观大运,盖明气候之因。"⑥因此,北宋天文仪器的制造之所以出现了空前发展的势头,究其根由,恐怕与宋朝统治者的"畏天"心理是紧密相关的。如苏颂说:"景祐、庆历以来,声明文物于是大备矣",其"崇尚经术,祗畏天命"是"大备"中的两项基本内容⑦。而明人马玉衡更指出历朝历代帝王的一种普遍心理,即"古之圣人,知天人合一之理。故于人事不敢不尽,而于天之道亦不敢不谨。尧之羲和,舜之七政,洪范之五纪,周官之保章氏,皆所以致谨于此。盖一以敬授人时,一以敬天而不敢忽也。"⑧汉代的伏胜在《尚书大传》卷一中又说;"正月上日,受祖于文祖,在璇玑玉衡,以齐七政。"郑注云:"浑仪中筩为璇玑,外规为玉衡也。"可见,"舜之七政"与"璇玑玉衡"是一体的。另外,通过郑注知,浑仪的前身就是"璇玑玉衡"。对此,王蕃解释说:"浑仪之制,置天梁、地平以定天体,为四游仪以缀赤道者,此谓玑也;置望筩横箫于游仪中,以窥七曜之行,而知其躔离之次者,此谓衡也。"⑨宋人蔡沈注《书经》说:"以璿(同'璇')饰玑,所以象天体之转运也;以玉为管,横而设之,所以窥玑而齐七政之运行。"苏颂亦说:"浑天仪者羲和之旧器,积代相传谓之玑衡,其为用

---

① 韩琦撰,李之亮、徐正英笺注:《安阳集编年笺注(上)》卷二十五《谢赐禁中银救济饥民表》,巴蜀书社 2000 年版,第 836 页。

② 苏颂:《苏魏公文集》卷四十三《又谢历日表》,中华书局 1988 年版,第 642 页。

③ 苏颂:《苏魏公文集》卷四十三《谢历日表》,中华书局 1988 年版,第 640 页。

④ 苏颂:《苏魏公文集》卷四十三《又谢历日表》,中华书局 1988 年版,第 641 页。

⑤ 苏颂:《苏魏公文集》卷四十三《谢历日表》,中华书局 1988 年版,第 640 页。

⑥ 苏颂:《苏魏公文集》卷七十二《历者天地之大纪赋》,中华书局 1988 年版,第 1091 页。

⑦ 苏颂:《苏魏公文集》卷十五《仁宗皇帝谥册文》,中华书局 1988 年版,第 204 页。

⑧ 马玉衡:《尚书疑义》卷四《洪范》。

⑨ 脱脱等:《宋史》卷四十八《天文一》,中华书局 1975 年版,第 951 页。

也察三光以分度宿者也。"①前面讲过,北宋政府之所以屡屡修历,主要是因为封建统治者在"畏天"心理的作用下想要改正前历之失,以"顺时令而罔愆"②。如,宋人说;"历者岁之积,岁者月之积,月者日之积,日者分之积,又推余分置闰,以定四时,非博学妙思弗能考也。夫天体之运,星辰之动,未始有穷,而度以一法,是以久则差,差则敝而不可用,历之所以数改造也。"③同理,北宋统治者为了配合历法的不断改进,其对浑仪或浑象的制造亦是反复多次,如太平兴国四年(979)由张思训铸有一座较大规模的浑仪,至道元年(995)又由韩显符新铸铜浑仪一座,并撰有《浑仪法要》十卷,等等,而之所以如此,也主要是因为政府欲以新仪或新象以改正前仪或前象所存在之失。故陈绎在奏请制造熙宁浑仪时说:

"浑仪尺度与法要不合,二极、赤道四分不均,规、环左右距度不对,游仪重涩难运,黄道映蔽横箫,游规璺裂,黄道不合天体,天枢内极星不见……皆当因旧修整。"④

此次所造浑仪是否达到了其完备的程度?从随后又有舒易简、周琮等人针对"熙宁浑仪"所改进的"皇祐新浑仪"的事实看,尽管"熙宁浑仪"在结构与规模上都较以前的浑仪有了大幅度的进步,但就其观测效果而言,还是不能尽如人意。因此,宋哲宗元祐元年(1086),苏颂在实践中发现无论是"熙宁浑仪"还是"皇祐新浑仪",两者都存在着分离"浑天仪"、"铜候仪"与"浑天象"为三器的缺失,在苏颂看来,"古人候天具此三器,乃能尽妙,今唯一法诚恐未得亲密。"⑤这应是苏颂制造水运仪象台的基本指导思想,即真正实现三器合一的制作目标。关于这一点,苏颂在《进仪象状》中说:

"天浑仪、铜候仪、浑天象三器不同,古人之说亦有所未尽。陈苗谓张衡所造盖亦止在浑象七曜,而何承天莫辨仪象之异,若但以一名命之,则不能尽其妙用也。今新制备二器而通三用,当总名谓之浑天。"⑥

可见,从结构上讲,苏颂所主持制造的"水运仪象台"绝对是一个伟大的创造。不过,本书不准备在这方面花费更多的笔墨,因为前人已经做了大量的研究工作,笔者似无重复的必要。但《新仪象法要》究竟在天人关系方面有哪

---

① 苏颂:《新仪象法要》卷上《进仪象状》,中华书局 1985 年版,第 7 页。

② 苏颂:《苏魏公文集》卷二十八《内中侍御已下贺太皇太后年节词语》,中华书局 1988 年版,第 385 页。

③ 脱脱等:《宋史》卷七十一《律历四》,中华书局 1975 年版,第 1618 页。

④ 脱脱等:《宋史》卷八十《律历十三》,中华书局 1975 年版,第 1905 页。

⑤ 苏颂:《新仪象法要》卷上《进仪象状》,中华书局 1985 年版,第 7 页。

⑥ 苏颂:《新仪象法要》卷上《进仪象状》,中华书局 1985 年版,第 14 页。

些重要的突破和发展,却是本节着重要考察和探讨的问题。

1.在永恒的运动中去认识和把握"天运",这是苏颂天人相分思想的基本前提及其科学实践的理论基础。"天"是什么?虽然在宋代,不同的思想家对它的理解是不同的,但在天学中,作为科学研究的"天"却有比较确定的内涵,即组成各种宇宙天体的空间就是天。比如二程说:"天之所以为天,本何谓哉?苍苍焉耳矣。"①沈括亦说:"莫有对者,故谓之'天空',空者,无所有也。"②此外,"天学"中的"天"还具有模型的意义,换言之,"天学"之"天"还是一种"假象天"。如,沈括说:"历法:天有黄、赤二道,月有九道,此皆强名而已,非实有也。亦由天之有三百六十五度。天何尝有度?以日行三百六十五日而一期,强谓之'度',以步日月五星行次而已。"③而苏颂也是在此层面上来使用"天"这个概念的,比如,苏颂说:"天有周髀之术,其说曰:'髀,股也。'股者,表也。日行周径里数各依算术,用勾股、重差推晷影、极游以为远近之数,皆得表股。周人受之,故曰'周髀'。若通此术则天数从可知也。"④在这里,"天数"实际上就是由日月星辰所构成的具有客观实在性的天,这个天是周流不息的,是一种处在永恒运动之中的天体。那么,人们究竟用什么方法来量度这个不断运动的"天体"。苏颂给我们提示了两种方法:一种方法是以不动量度动,"周髀之术"是也;另一种方法是以动测动,即用一种动去量度另外一种动,这就是"水运浑象仪"所采用的方法。苏颂总结道:

"历代天文之器制范颇多,法亦小异,至于激水运机,其用则一。盖天者运行不息,水者注之不竭,以不竭逐不息之运,苟注挹均调则参校旋转之势,无有差舛也。"⑤

从深层的认识层面看,"以不竭逐不息之运"是一种真正意义上的人定胜天,是人对自然天的一种征服形式。据李申先生考证,在"天人合一"的解释域内,"天"不具有"自然"的价值和意义。他说:"本人从《四库全书》中共找到二百余条明确表述'天人合一'的材料。发现'天人合一'中的'天'包含着如下内容:(1)天是可以与人发生感应关系的存在;(2)天是赋予人以吉凶祸福的存在;(3)天是人们敬畏、侍奉的对象;(4)天是主宰人、特别是主宰王朝命运的存在(天命之天);(5)天是赋予人仁义礼智本性的存在。今天不少人

① 程颢、程颐:《河南程氏粹言》卷二《天地篇》,《二程集》下,中华书局1981年版,第1228页。

② 沈括:《梦溪笔谈》卷七《象数一》,岳麓书社1998年版,第54页。

③ 沈括:《梦溪笔谈》卷八《象数二》,岳麓书社1998年版,第70页。

④ 苏颂:《新仪象法要》卷上《进仪象状》,中华书局1985年版,第8页。

⑤ 苏颂:《新仪象法要》卷上《进仪象状》,中华书局1985年版,第9页。

把‘天’理解为自然界，因而认为‘天人合一’就是‘人与自然合一’的内容，则一条也没有找到。”[①]事实上，“天人合一”的“天”主要是指一种“人学”意义上的“天”，是一种“道德性”的“天”，与之相反，“天人相分”之“天”却是“科学”意义上的“天”，是一种具有客观实在性的“自然天”。而“道德性”的“天”和“自然天”相比较，两者的最大区别就是前者是不可测度的，而后者却是可以测度的。例如，苏颂反复说道：

“帝尧则羲和而分命，颛顼则重黎而是司。皆所以准厥二气，乘于四时。圣有作也，人皆度之。”[②]

“用能钩校旧仪，审观新度。成败因之而遂纪，气节于焉而可步。”[③]

“《夏后小正》，尚记昆虫之细；《吕韦月令》，兼推躔次之行。皆所以求阴阳之大中，示耕桑之要务。”[④]

此“记昆虫之细”及“兼推躔次之行”等，都用到了“参照系”的方法，而“参照系”的方法则是爱因斯坦“相对论”的基本方法之一。如果我们仔细分解一下，就会发现，苏颂的“水运仪象台”实际上是由两个系统组成的，一个系统是“仪器”，另一个系统是“天体”，而为了观测真实的“天体”，他把“水运仪象”结构为一个系统模型，一个适用于实际观测的“参照系”，这是苏颂成就其“水运仪象台”的最重要的思想指南。

2.人与工具的统一是驾驭“天道”的重要途径。苏颂不是哲学家，所以与荀况、刘禹锡的思维表达方式不同，如荀况果断地提出了“制天命而用之”的命题，但怎么去“制天命”，荀况却没有说。刘禹锡则进一步认为“天与人交相胜”，至于人如何“胜天”，刘氏指出：“倮虫之长，为智为大，能执人理，与天交胜。”[⑤]这里，刘禹锡说“能执人理，与天交胜”本身没有错，人是有理性的动物，人能够通过自己的理性为自然界立法。然而，仅仅依靠理性，人类还不能真正的和最终的征服“自然天”，而人类想要真正的和最终的征服“自然天”就必须实现人与工具的统一。苏颂不善于哲学地总结自己的思想，他的天人思想多是通过具体科学的文本语言来表达的。例如，我们在前面引过苏颂讲过的一句话，他说：“昔圣人处玑衡而钦天，故日月星辰以之序。”这句话乍一看，似乎并无多深的道理，但只要我们将它与“工具主义”的理念相联系，就不难发现，原来苏颂的这句话是中国古代学人用以表述“人与工具之统一”思想的

---

① 李申：《什么叫“天人合一”——资料与说明》，载《科学与无神论》2004年第6期。

② 苏颂：《苏魏公文集》卷七十二《历者天地之大纪赋》，中华书局1988年版，第1090页。

③ 苏颂：《苏魏公文集》卷七十二《历者天地之大纪赋》，中华书局1988年版，第1091页。

④ 苏颂：《苏魏公文集》卷四十三《又谢历日表》，中华书局1988年版，第641页。

⑤ 刘禹锡辑：《刘宾客文集》卷五《天论下》，上海人民出版社1975年版，第55页。

最经典概括。

当然,“人与工具的统一”又可具体分为间接和直接的统一两种形式。所谓间接的统一就是人与工具处于相对独立状态下面的观测天体运动的一种形式,如古代的天文仪器大多都采用的是一种人与工具间接统一的形式,像圭表、漏壶、日晷、风象仪、璇玑等。对于“圭表”,苏颂虽然提出了“于子午以望筒指日,令景透筒窍,以窍心之景,指圭面之尺寸为准”①,但在功能上它却是独立的。至于浑仪的情况比较复杂,既有间接统一的形式又有直接统一的形式。所谓直接统一的形式就是人与工具在功能上彼此不能分离的一种观测天体的形式,诸如在苏颂之前的旧式浑仪,基本上都属于这种观测形式。故苏颂说:“旧法日月行度,皆人所运。”又说:“熙宁浑仪”与“皇祐新浑仪”两者在测候时,都“须人运动,人手有高下,故躔度亦随而转移,是致两竞各指得失。”②可见,人与工具直接统一的观测形式,由于受主体因素的影响而使观测的客观性与准确性不能不受到“扰动”,因此,宋代天学仪器制造技术的进步就在于它由人与工具的直接统一逐步转向人与工具的间接统一,从而大大地提高了观测的准确性。故苏颂在《进仪象表》中说:

“张衡浑天则云室中以漏水转之,令司之者闭户唱之以告灵台之观天者,璇玑所加某星始见、某星始中,某星今没,皆如符合。唐开元中诏浮屠一行与率府兵曹梁令瓒及诸术士更造铸铜浑为之,员天之象,上具列宿及周天度数,注水激轮,令其自转,一日一夜,天转一周。又别置二轮络在天外,缀以日月,令得运行,每天西转一匝,日正东行一度,月行十三度有奇,凡二十九转而日月会三百六十五转,而日行匝仍置木櫃以为地平,令仪半在地下,又立二木偶人于地平之前,置钟鼓使木人自然撞击以候辰刻,命之曰‘水运浑天’……今则兼采诸家之说,备仪象之器,共置一台,有二隔浑仪置于上,浑象置于下,枢机轮轴隐中,钟鼓时刻司辰运于轮上,木阁五层蔽于前,司辰击鼓,摇铃执牌,出没于阁内,以水激轮,轮转而仪象咸动,此兼用诸家之法。浑仪则上候三辰之行度,增黄道为单环,环中日见半体,使望筒常指日月,体常在筒窍中,天西行一周,日东移一度,此出新意也。浑象则列紫宫于北,顶布中外宫星二十八舍,周天度、赤黄道、天河遍于天体,此用王蕃及《隋志》所说也。二器皆出一机,以水激之不由人,校之前古,法之疏密,未易知而器度算数亦仿佛其遗象也。”③

---

① 苏颂:《新仪象法要》卷下《浑仪圭表》,中华书局 1985 年版,第 128 页。

② 苏颂:《新仪象法要》卷上《进仪象状》,中华书局 1985 年版,第 6 页。

③ 苏颂:《新仪象法要》卷上《进仪象状》,中华书局 1985 年版,第 11—13 页。

“以水激之不由人”即表明苏颂所创制的“水运仪象”实现了天体观测的自动化，它向进一步解放人手跨越了一大步，而这一点恰恰是“工业化”社会的实质。马克思指出：“工业是自然界同人之间，因而也是自然科学同人之间的现实的历史关系。因此，如果把工业看成人的本质力量的公开展示的话，那么，自然界的人的本质，或者人的自然本质，也就可以理解了。”①在宋代，当时的“手工业化”程度是世界上任何其他国家都无法比拟的，可惜，近代的工业革命并没有发生在中国。但我们不能因为近代工业革命没有发生在中国，就漠视宋代在“前工业时代”所达到的辉煌成就。比如，苏颂“水运仪象”的出现，标志着宋代观测天体开始由人与工具的直接统一转向人与工具的间接统一。也就是说，苏颂用一个“模型天”再现了真实的天体运动，不假人力却将“上天”的命运掌控在手中，这无疑地使“上天”失去了神秘的光环，正如柳宗元所说，“上天”只不过是一个“自动自休，自峙自流”②的自然存在物，具体地说，即“天地，大果蓏也。”③而苏颂所造之“水运仪象”，从形式上看，也是一个“大果蓏”。苏颂的“大果蓏天体模型”不仅具有科学的解释功能，而且还具有一定的哲学思辨性。因为对于宇宙空间的具体存在形式究竟是有限还是无限？目前学界尚在争论之中。其中爱因斯坦在《广义相对论》中提出了“宇宙空间的有界无限模型”，在某种意义上说，爱因斯坦的四维弯曲空间之形式颇类于苏颂的“大果蓏天体模型”，可见，苏颂的“大果蓏天体模型”是一种蕴涵着哲学意韵的天体运动思想，它对于今人在解释宇宙形成原理方面不无启示作用。而苏颂通过“水运仪象”的自我运动，似乎告诉人们，真实的天亦复如此，而且它本身也应当是采取“大果蓏”的形式，换言之，真实的天本身就是在“大果蓏”的形式之内而自我运动和自我发展的。由此可以推知，地球的各种生命体无一不是以“大果蓏”为形式，它们正是在这种“大果蓏”的形式内自我运动和自我发展的。所以，苏颂所造之“水运仪象”仅就其形式而言，具有一般性和普适性。

3.“水运仪象”具有“察灾祥而省得失”的政治功能。在中国古代，王者“受命于天”是一条不可侵犯的政治公理，故历代帝王都把观天之台称之为“灵台”，为帝王所垄断或专制。如《玉海》卷一百六十二《周灵台》载：

“天子有灵台，所以观祲象察气之妖祥也……诸侯卑，不得观天文，无灵台。”

① 《马克思恩格斯全集》第42卷，人民出版社1979年版，第128页。

② 柳宗元：《柳宗元集》卷四十四《非国语·三川震》，中华书局1979年版，第1269页。

③ 柳宗元：《柳宗元集》卷十六《天说》，中华书局1979年版，第443页。

“天子灵台在太庙之中……卢植《礼记》注云：‘明堂即太庙也。天子太庙上可以望气，故谓之灵台；中可以序昭穆，故谓之太庙……颖子容《春秋释例》云：‘太庙有八名，其体一也。肃然清净谓之清庙；行禘袷，序昭穆，谓之太庙；告朔行政，谓之明堂；行飨射，养国老，谓之辟雍；占云物，望气祥，谓之灵台。”

从《尚书·尧典》的记载看，关于尧的政绩总是围绕着“钦若昊天”四字来进行铺垫，其政要之关键不言而喻。所以，马端临说：“陶唐氏以前之官，所治者天事也；虞夏以后之官，所治者民事也。”①其“陶唐氏”即帝尧，是说有理。帝尧之后，“天事”与“民事”的区分，反映了社会发展的客观趋势，而所谓“以后之官，所治者民事”绝不意味着“天事”就不重要了，恰恰相反，“天事”由帝尧之前的“公众之事”转而成为帝王一人的“私家之事”。至于帝王为什么要垄断“天文”，其根本原因还是害怕民众利用“天神的权威”来造反或革命。张光直先生说：“通天的巫术，成为统治者的专利，也就是统治者施行统治的工具。”②像浑仪、浑象之类“国之重器”实际上最初都是巫人用作“通天”的工具，于是董仲舒说：“古之造文者，三画而连其中，谓之王。三画者，天、地与人也；而连其中者，通其道也。取天、地与人之中以为贯而参通之，非王者孰能当是！”③正是基于这个特点，苏颂才有“钦历授时”乃“正一元而端本”④之论。他把“奉若天道，恭授人时”⑤看作是圣治的主要标志。他说：

“所谓见道而知治，何患以天而占人？彼为刻漏以考中星，但纪昏晓之度；处璇玑而观大运，盖明气候之因。犹未若测运动于二仪，齐往来于其政。建乃星纪，先夫算命。吾皇所以监古历之尤疏，颁新书而考正。天人之际，因以明焉。”⑥

“明天人之际”是自秦汉以来，历朝儒士谈论最多的话题之一。

汉之董仲舒说：“天人之际合而为一，同而通理，动而相益，顺而相受，谓之德道。”⑦这种以“天人合一”为特点的“天人之际”是其“天人感应”说的另一种说法，他的目的无非是训导人们畏天顺命，消极而为。汉代另一位儒者匡

① 马端临：《文献通考》卷四十七《职官考一》。

② 张光直：《考古学专题六讲》，文物出版社1986年版，第107页。

③ 董仲舒：《春秋繁露》卷十一《王道通三》，中华书局1975年版；苏舆撰，钟哲点校：《春秋繁露义证》卷十一《王道通三第四十四》，中华书局1992年版，第328—329页。

④ 苏颂：《苏魏公文集》卷四十三《谢历日表》，中华书局1988年版，第640页。

⑤ 苏颂：《苏魏公文集》卷四十三《又谢历日表》，中华书局1988年版，第641页。

⑥ 苏颂：《苏魏公文集》卷七十二《历者天地之大纪赋》，中华书局1988年版，第1091页。

⑦ 董仲舒：《春秋繁露》卷十《深察名号》，中华书局1975年版；苏舆撰，钟哲点校：《春秋繁露义证》卷十《深察名号第三十五》，中华书局1992年版，第288页。

衡亦说："天人之际，精祲有以相荡。"①师古注曰："祲谓阴阳气相浸，渐以成灾祥者也。"此论看似"惟物"，实则仍然没有脱离"天人感应"的窠臼，不仅如此，它还试图从"阴阳气"的角度为"天人感应"说寻找理论根据。后来，三国魏之高堂隆进一步说："臣观在昔书籍所载，天人之际，未有不应也。是以古先哲王，畏上天之明命，循阴阳之逆顺，矜矜业业，惟恐有违。然后治道用兴，德与神符，灾异既发，惧而修政，未有不延期流祚者也。"②根据苏颂的思想实际，上面几种说法显然都不符合他的本意，同时也是他不赞成的几种说法。因此，苏颂说："所谓见道而知治，何患以天而占人？""以天而占人"正是"天人感应"说的实质，也是"畏上天之明命"的真正用意。不过，无论"天人感应"还是"畏上天之明命"，两者有一个共同的出发点，那就是人须受制于天，所谓天意不可违是也。而苏颂一再声明："昔圣人处玑衡而钦天，故日月星辰以之序。"这句话的意思是说，天道并没有什么"序列"，天道的"序列"实则是因人类所创造的"玑衡"而成，显然，这是一种以"天人相分"为特点的"理性主义"观点，同康德的哲学思想有不谋而合之处。

宋人多从"天人相分"的视角来认识"天人之际"问题。如，宋人陈祥道说："仁，人道也；命，天道也；利则和同，天人之际者也。"③欧阳修更说："自尧、舜、三代以来，莫不称天以举事，孔子删《诗》、《书》不去也。盖圣人不绝天于人，亦不以天参人。绝天于人则天道废，以天参人则人事惑，故常存而不究也。"但欧阳修的观点是："其于天地鬼神，以不可知为言；其可知者，人而已。"④从历史演变的角度看，欧阳修"知人而不知天"的观点一方面是对庄子"知天而不知人"思想的否定，另一方面更是对宋代社会发展实际的一种积极的认知态度，因而是正确的，因为人类历史的变迁与天道无本质的联系。所以，从天学的角度看，欧阳修认为"天"不是不可知的，而是可以"推候占测"的。比如，他说："昔者尧命羲和出纳日月，考星中以正四时，至舜则曰在璇玑玉衡，以齐七政而已。虽二典质略，存其大法亦由古者天人之际推候占测为术犹简，至于后世其法渐密者，必积众人之智，然后能极其精微哉！"⑤在此，"积众人之智"与"极其精微"即"天道"之间有一种"真理性"的认识关系，例如，苏颂的"水运亦象台"就是"积众人之智"的一种物质成果，它包含着从尧舜以来众多"玑衡"或"浑仪"制造者的集体智慧，因而使"浑仪"的结构不断得到

① 班固：《汉书》卷八十一《匡衡传》，中华书局1962年版，第3337页。

② 陈寿：《三国志》卷二十五《高堂隆传》，中华书局1959年版，第713页。

③ 陈祥道：《论语全解》卷五《子罕第五》。

④ 欧阳修：《新五代史》卷五十九《司天考》，中华书局1974年版，第705页。

⑤ 欧阳修：《新唐书》卷三十一《天文志》，中华书局1975年版，第805页。

改进与完善，其观测天体的功能也愈来愈完备，于是，“天人之际，因以明焉”，此“明”指的是人们通过先进的观测仪器达到了对“天道”的真理性认识，由“明”而“治”，用苏颂的话说，就是“彝伦协五纪之叙，备著纲条。”①进而就会“有大创革，属我圣明”②的历史壮举。

综上所述，苏颂的“天人”思想以“分”而不是以“合”为特征，这是由他的科学素养所决定的。他不信“天命”，却尊重自然规律。不过，他讲求在认识自然规律的前提下，去尊重自然规律，而不是听任自然规律自发地对人类生活产生这样或那样的消极影响，因此，苏颂提出了“非立法无以举其中”③的思想命题。中国人的思维理路不同于欧洲人的思维理路，在西方，“人本主义”是其传统文化的基石，所以，古希腊的哲学家普罗泰戈拉提出“人是万物的尺度”的命题，而中世纪的“地球中心说”在一定意义上也是“人本主义”的现实体现，康德更主张“人是自然界的最高立法者”，等等。与之相反，在中国古代“天赋道德”④与“莫非命也，顺受其正”⑤之“天命论”等这些主流思想的支配下，象苏颂这样既明确又理性地倡导“人为天道立法”思想的士人确实不多，甚至在某种意义上讲，能够用比较清晰的语言（如“昔圣人处玑衡而钦天，故日月星辰以之序”）来表达“人为天道立法”思想的士人在中国古代恐怕是仅此一例。李约瑟博士称苏颂“是一位突出的重视科学规律的学者”，其中“重视科学规律”一语恰到好处，它反映了苏颂在天人关系问题上的基本态度和精神实质。

## 第五节　秦九韶的“中间态”天人相分思想

秦九韶（1202？—1261？）字道古，祖籍普州安岳（今四川省资阳市安岳县）人，周密称九韶“性极机巧，星象、音律、算术以至营造等事无不精密”，并曾“以历学荐于朝，得对。有奏稿及所述《数学大略》，与吴履斋交尤稔。”⑥由于秦氏的“奏稿”已经失传，其内容不详，但从《数书九章》及《数书九章序》的相关内容看，秦九韶的整体思维理路是清晰的，他既坚持“太虚生一”的理学派之自然观，同时又主张“经世务”与“计功策”的功利派之价值思想，因而他

① 苏颂：《苏魏公文集》卷四十三《又谢历日表》，中华书局 1988 年版，第 641 页。

② 苏颂：《苏魏公文集》卷四十三《又谢历日表》，中华书局 1988 年版，第 641 页。

③ 苏颂：《苏魏公文集》卷七十二《历者天地之大纪赋》，中华书局 1988 年版，第 1091 页。

④ 《中国哲学史》上册，中华书局 1982 年版，第 85 页。

⑤ 《孟子·尽心上》。

⑥ 周密：《癸辛杂识·续集》卷下《秦九韶》，上海古籍出版社 2012 年版，第 95 页。

提出“先事而计”的哲学命题。在天与人的关系问题上，他明确反对“混天人”的“合一”说，他说：“浸浸乎天纪、人事之殽，缺矣。”①可见，从现象上看，秦九韶是以“分”而不是“合”来建立他自己的天人观的，但他却反复强调“道本虚一”的主张，仅此而言，它说明秦九韶的“天人相分”有其特殊性，是一种以“虚一”即“合”为前提的“天人相分”。

## 一、用“大衍总数术”反对谶纬迷信的科学实践

数学是不是科学？牟宗三先生说：“智，在中国是无事的。因为圆智、神智是无事的。知性型态之智是有事的。惟转出知性型态，始可说智之独立发展，独具成果（即逻辑、数学、科学），自成领域。圆智、神智，在儒家随德走，以德为主，不以智为主，它本身无事，而儒家亦不在此显精彩。智只是在仁义之纲维中通晓事理之分际。而在道家，无仁义为纲维，则显为察事变之机智，转而为政治上之权术而流入贼……一个文化生命里，如果转不出智之知性型态，则逻辑、数学、科学无由出现，分解的尽理之精神无由出现，而除德性之学之道统外，各种学问之独立的多头发展无由可能，而学统亦无由成，此中国只有道统而无学统。”②由此可见，牟宗三将“数学”与“科学”看成是两码事，实际上，这是默许了数学非科学说。林群先生甚至认为：“数学是把人的感觉数字化的学科”，它“建立在没有经过实践检验的公理的基础上”，因而“数学不是一门科学”③。与之相反，国家科技领导小组在1997年审议通过的《国家重点基础研究发展规划》中明确指出：“数学科学是研究数量关系和空间形式的一个宏大科学体系，它包括纯粹数学，应用数学以及这两者与其它学科的交叉部分，它是一门集严密性、逻辑性、精确性和创造力与想象力于一体的学问，也是自然科学、技术科学、社会科学管理科学等的巨大智力资源。”钱学森先生更认为“数学科学”是最重要的基础学科之一，并且在方法论上“数学学”同美学、系统论、自然辩证法、人天观、认识论、历史唯物主义及军事哲学一样，都是属于哲学层面的思维活动。中国古代虽然没有“科学”这个词，但作为“思维科学”的数学还是有着源远流长的历史传统的，而秦九韶无疑是这个历史传统中极其关键的一个环节。从理论上讲，《周易》之象数说可以看作是中国先秦哲学模式在数学上的具体应用和实际表现，因此，自秦汉以来，中国古代数学的发展与《周易》象数之间存在着密不可分的联系，例如，刘徽在《九章算

---

① 秦九韶：《数书九章·序》，中华书局1985年版，第1页。

② 牟宗三：《历史哲学》，台湾学生书局1984年版，第180—181页。

③ 《福州日报》2000年9月20日。

术·序》中说："古者包牺氏始画八卦，以通神明之德，以类万物之情；作九九术，以合六爻之变。"尽管学界对《周易》象数的认识褒贬不一，但"象数"中寓意着深刻的数学思想却是不容否认的客观事实，而且从另一个角度讲，比如依拉法格在《马克思回忆录》中所说"按照马克思的思想，一门科学只有当它达到了能够运用数学时，才算真正发展了"，《周易》象数本身到秦九韶时已经达到了能够运用数学的程度，就此而言，《周易》象数发展到南宋时已经日趋成熟，且《数书九章》成为其易象数日趋成熟的一个重要标志。如秦九韶说：

"昆仑旁礴，道本虚一，圣有大衍，微寓于易。奇余取策，群数皆捐，衍而究之，探隐知原，数术之传，以实为体，其书九章，惟兹弗纪。历家虽用，用而不知，小试经世，姑推所为，述大衍第一。"①

秦氏《数书九章》与传统的《九章算术》的显著差异就是新设了"大衍法"。对此，他在自序中说：

"今数术之书，尚三十余家，天象历度谓之缀术，太乙、壬、甲谓之三式，皆曰内算，言其秘也。《九章》所载，即周官九数，系于方圆者为叀术，皆为外算，对内而言也。其用相通，不可歧二。独大衍法不载《九章》，未有能推之者，历家演法颇用之，以为方程者误也。"

严格说来，秦九韶的"大衍术"属于《周易》象数的一种，更准确地说，应是将揲法数学化的一种"占法"。在宋代，"象数学"经过邵雍的点化与扩张之后，迅速地演变为一种很时髦的"占蓍之法"。如沈括曾记郑夬的话说：邵雍"能洞吉凶之变"②，南宋人李纲亦说：邵雍深于数"信如蓍龟不可诬也"③，甚至《四库全书总目提要》卷一百零八《子部·术数类一》更有"邵子之占验如神"的说法，所以在很多士人的眼里，邵雍的"占卦术"远远地掩过了他的"象数学"，而"象数学"与"占卦术"在本质上是根本不同的。正如朱熹所说："《易》是卜筮之书，《皇极经世》是推步之书。"④在朱熹看来，《周易》"本是卜筮之书，今却要就卜筮中推出讲学之道，故成两节工夫"⑤。此"两节工夫"实际上就是把《周易》之"象数"与卜筮和谶纬之类的迷信说教区分开来，这是因为"《易》本卜筮之书而其画卦系辞分别吉凶，皆有自然之理，读者须熟考之，

① 秦九昭：《数书九章·序》，中华书局1985年版，第2页。
② 沈括：《梦溪笔谈》卷七《象数一》，岳麓书社1998年版，第65页。
③ 李纲：《李纲全集》卷一百三十四《衍数序》，岳麓书社2004年版，第3997页。
④ 黎靖德编：《朱子语类》卷一百《邵子之书》，中华书局1994年版，第2547页。
⑤ 黎靖德编：《朱子语类》卷六十六《易二》，中华书局1994年版，第1626页。

不可只如此想象"①。毫无疑问,象数就是《周易》中"自然之理"的一个组成部分,而这一点恰恰同谶纬迷信划清了界限。故南宋人程迥在《周易古占法·序》中这样说道:

"迥尝闻邵康节以易数示吾家伯淳。伯淳曰:'此加一倍法也。'其说不详见于世,今本之《系辞·说卦》发明倍法用逆数以尚占知来,以补先儒之阙。庶几象数之学可与士夫共之,不为谶纬瞽史所惑,于圣人之经不为无助也。昔陆绩读宋氏《太玄》曰:'《太玄》大义在揲蓍,而仲子失其指归,虽得文间义说,大体乖矣。'迥亦以是论《易》。"

这段话明确指出《周易》之"揲蓍"跟谶纬说是本不相干的,"揲蓍"反映的是"自然之理",是可以用科学的符号或语言来加以表达的物质现象和客观事件,而谶纬反映的却是"主观妄想",是不能用科学思维进行事实还原的乖谬之论。因此,从这个角度说,秦九韶的"蓍卦发微"具有反对谶纬迷信之价值与作用。

历来士者对《周易》"揲蓍之法"多给予一种"神性"的解读,而不是"知性"的阐释。如《说卦》云:"昔者圣人之作易也,幽赞于神明而生蓍,参天两地而倚数。"此后,其"幽赞于神明而生蓍"也就成了论《易》者的基调,故宋人李如篪说:"'幽赞于神明而生蓍',盖能以吉凶得失预晓于人者,神明也。神明不能与人相接,故圣人生揲蓍之法,探神明所为吉凶得失者以示于人。"②"揲蓍之法"果能"以吉凶得失预晓于人"吗?其实,对于上古之"揲蓍之法",即使到《周易》成书时,人们仍知之甚少,因此,《周易·系辞上》仅仅作了下面的简略记述:

"大衍之数五十,其用四十有九。分而为二以象两,挂一以象三,揲之以四以象四时;归奇于扐以象闰,五岁再闰,故再扐而后挂。"

虽然这段话不长,但它却是秦汉以后占筮术的理论之源。一般认为,《周易》揲蓍之法的基本程式可具体分作几步:

第一步,"夫端策者,一变而遇少与归奇而为五;再变而遇少与归奇而为四;三变如之是老阳之数,分措于手指间者十有三策焉,其余三十有六,四四而运得九是已。"③

第二步,"一变而遇多与归奇而为九;再变而遇多与归奇而为八;三变如

① 朱熹撰,郭齐、尹波点校:《朱熹集》卷五十五《答苏晋叟》,四川教育出版社1996年版,第2812页。

② 李如篪:《东园丛说》卷上《生蓍》。

③ 刘禹锡辑:《刘宾客文集》卷七《论下·辩易九六论》,中华书局1985年版,第55页。

之是老阴之数,分措于指间者二十有五策焉,其余二十有四,四四而运得六是已。”①

第三步,“借如一变而遇少,再变、三变而遇多,是少阳之数,分措于指间者二十有一策,其余二十有八,四四而运的得七;一变而遇多,再变、三变而遇少,是少阴之数,分措于指间者十有七策,其余三十有二,四四而运得八。故九与六为老,老为变爻;七与八为少,少为定位。”②

上述两步实际上是一个数学模型的两个解,即第一变的解是5或9,第二变的解是4或8,第三变的余数为四个即40、36、36、32,其解亦同为4或8,第四变形成36、32、32、28、32、28、28及24八个余数,以四除之则最后得到9、6、7、8四个象数。可见,从数学的角度看,欲求得9、6、7、8四个象数,则必须应用“一次同余式”,故罗见今先生将它称为“周易分揲定理”,并且还给出了该定理的证明③。在此,如果用“周易分揲定理”分解上面的“揲蓍之法”,那么,原问题就变成了一个“一次同余式”问题:

1.第一变的前提是“大衍之数五十,其用四十有九”,即50-1=49,其解为5或9;

2.第二变的前提是49-5=44,或49-9=40,其解同为4或8;

3.第三变的前提是44-4=40,40-4=36,或44-8=36,40-8=32,其解同为4或8;

4.第四变的前提是40-4=36,36-4=32,36-4=32,32-4=28,或40-8=32,36-8=28,36-8=28,32-8=24;

5.经过整理第四变的余数实际上只有四个即36、32、28及24,它们分别除以四则得出9、8、7及6四个象数。

这些问题在揲蓍者的知识范围内,被认为是不可理解的。这种近乎数学游戏的所谓“揲蓍之法”,究竟能否“以吉凶得失预晓于人”?士人的看法不尽一致,相信者有之,不相信者亦有之。比如,王充就曾说过:“观揲蓍之法,二分以象天地,四揲以象四时,归奇于扐以象闰月,以象类相法,以立卦数耳,岂云天地合报人哉?”④众所周知,“揲蓍之法”的思想基础是“天人合一”,而王充否定了“揲蓍之法”对于天地与人之间的统一性,实则是他承认了“天人相

① 刘禹锡辑:《刘宾客文集》卷七《论下·辩易九六论》,中华书局1985年版,第55页。

② 刘禹锡辑:《刘宾客文集》卷七《论下·辩易九六论》,中华书局1985年版,第55页。

③ 吴文俊主编:《秦九韶与〈数书九章〉》,北京师范大学出版社1987年版,第101—102页。

④ 王充:《论衡》卷二十四《卜筮篇》,岳麓书社1991年版,第373页。黄晖撰:《论衡校释(附刘盼遂集解)》卷第二十四《卜筮篇》,《新编诸子集成(第一辑)》,中华书局1990年版,第1001页。

分”的客观性与历史性。或许是因为揲蓍者害怕一旦将“揲蓍之法”数学化之后就会泄露占筮的天机，所以他们很不情愿将“揲蓍之法”数学化，尽管“揲蓍之法”本身只是一种纯粹的数学游戏。且不说秦九韶把“蓍卦发微”列为《数书九章》的第一题，委实令那些态度保守的宋代士大夫们感到匪夷所思，即使像邵雍那样保守师说的“大儒”，也不免让二程说三道四，例如，二程说：“邵尧夫于物理上尽说得，亦大段漏泄佗天机。”①所谓“天机”实际上就是《周易》中不便道破的东西，而邵雍通过“象数学”将本来不便道破的东西一语破的，这样一来，《周易》中那些唬人的东西被揭穿了，二程当然从感情上是不好接受的。与邵雍相比，秦九韶做得更加彻底，因为他仅仅把“蓍卦”看作是一道数学题。其文云：

“《周易》曰：‘大衍之数五十，其用四十有九。’又曰：‘分而为二以象两，掛一以象三，揲之以四，以象四时，三变而成爻，十有八变而成卦，欲知所衍之术及其数各几何？”②

对于该题的解法，秦九韶独出心裁，创造了他自己的一整套“秦氏揲法”。此解法即为“求解一次同余组的一般计算步骤”，而在西方数学史著述中，则称秦氏“求解一次同余组的一般计算步骤”为“中国剩余定理”，其通式可写作：

$X \equiv Ri(\bmod ai) i=1,2,3,4$

其中 ai 被称作第 i 个模数（或称作“问数”），则 Ri 被做第 i 个余（或称“剩余”）。

虽然用专业的术语讲，这道数学题的解法标志着“大衍总数术”的诞生，在世界数学史上具有划时代的意义，但在当时它的反对占蓍迷信的意义显然要大于其纯粹数学的意义。因此，《四库全书总目提要》说：“《大衍类·蓍卦发微》欲以新术改《周易》揲蓍之法，殊乖古义。”③阮元更批评秦九韶的“揲法”是“窜入于易以眩众”④。其实，真正“于易以眩众”的是那些自以为“玄之又玄”的“揲蓍者”，譬如，在揲法程式的范围内，满足 9、8、7、6 四个象数的“用数”共有 46、47、48、49 四个数，因为如果取小于和等于 45 或大于和等于 50 的数，那么，其结果只能使占算失败，如秦九韶举例说：“就其三十七泛为用数，

① 程颢、程颐：《河南程氏遗书》卷二上《元丰己未吕与叔东见二先生语》，《二程集》上，中华书局 1981 年版，第 42 页。

② 秦九昭：《数书九章》卷一《大衍类·蓍卦发微》，中华书局 1985 年版，第 1 页。

③ 《四库全书总目提要》卷一百零七《子部·天文算法类二》。

④ 阮元：《畴人传》卷十六《一行传后论》。

但三十七,无意义。兼蓍少太露,是以用四十有九。"①而为了不致出现这种灾难性的后果,秦九韶特别地将"定数"(即1、1、3、4四个数)还原为"元数"(即1、2、3、4四个数),则计算的结果就变成了用数"49"。秦氏说:"欲使蓍数近大衍五十,非四十九或五十一不可。"②前面讲过,同用数"37"在筮法中不仅没有意义,而且对筮法本身还具有毁灭性一样,用数"51"亦不可用,最后就只有保留用数"49"了。从这个角度看,秦九韶的"蓍卦发微"本身具有揭露占筮之法那骗人本质的作用,其思想的进步性是应当肯定的。正如李继闵先生所说:"'蓍卦发微'所描述的筮法,几乎等同于一个数学游戏,哪里还有什么'神圣'的意义!所以,与其说'蓍卦发微',是宣扬数字神秘主义,还不如说它是对占筮'神圣性'的'亵渎'。"③

## 二、以"格"为特征的数学分析法

在中国古代,数学拘于"艺成而下"之说而不敢扬眉吐气,故刘徽注《九章算术》之序云:"昔者包牺氏始画八卦以通神明之德,以类万物之情,作九九之数,以合六爻之变。"不难发现,这是数学家在无奈中不得不挟《易经》以自尊之举,他们这样做的目的无非是想为数学这门学科争得一经学的地位,秦九韶亦复如此。正如清人袁枚所说:"艺即道之有形者也。精求之,何艺非道?"④实际上,秦九韶早就对数学的发展充满了自信,因此,他说:"数与道非二本也。"⑤在秦九韶看来,数学一方面"可以通神明,顺性命",另一方面又"可以经世务,类万物",如他举"钱谷类"算题的实用价值说:

"物等敛赋,式时府庾,粒粟寸丝,褐夫红女,尚征边糴,后世多端,吏缘为欺,上下俱殚,我闻理财,如智治水,澄源浚流,维其深矣。彼昧弗察,惨急烦刑,去理益远,吁嗟不仁,述钱谷第六。"⑥

本着"实用"的宗旨,秦九韶在《数术九章》中大量选择了有关国计民生的问题作为算术的内容,体现了中国传统数学"寓理于算"的特色。比如,仅从目录上看,秦九韶把算术分成"大衍类"、"天时类"、"田域类"、"测望类"、"赋役类"、"钱谷类"、"营建类"、"军旅类"、"市场类"等九类,考《九章算术》的内容:一曰"方田以御田畴界域",二曰"粟米以御交质变易",三曰"衰分以御

① 秦九昭:《数书九章》卷一《大衍类·蓍卦发微》,中华书局1985年版,第8—9页。
② 秦九昭:《数书九章》卷一《大衍类·蓍卦发微》,中华书局1985年版,第8页。
③ 吴文俊主编:《秦九韶与〈数书九章〉》,北京师范大学出版社1987年版,第134页。
④ 袁枚:《小仓山房文集》卷十九《与薛寿鱼书》。
⑤ 秦九昭:《数书九章·序》,中华书局1985年版,第1页。
⑥ 秦九昭:《数书九章·序》,中华书局1985年版,第3页。

贵贱禀税”，五曰“少广以御积幂方圆”，六曰“商功以御功程积实”，七曰“均输以御远近劳费”，八曰“盈不足以御隐杂互见”，九曰“方程以御错糅正负”。两相比较，秦氏《数书九章》的时代特色更加鲜明，以“三才”（即天地人）为骨干的数学发展模式非常典型。与宋代儒释道三教逐步合流的社会发展趋势相适应，佛寺道观建筑数量惊人，而这种社会现象反映到《数书九章》中来便是与寺塔建筑有关的算题开始不断出现。例如，《数书九章》卷八载有“表望浮图”一道算题即是明证。尤其是题下附有一座七级八角楼阁式以塔心木为主要承重构件的塔，其史料价值甚高。不仅如此，而且秦九韶在求解“一次同余式组（以合为单位）”问题时，比较详细地记录了人类右脑思维的特定运算步骤，具体而清晰，因而为实现数学的机械化过程提供了难得的操作范例，用一种医学术语讲，这个过程应当被称作是彻头彻尾的“思维解剖”，而秦九韶把构成人类数学思维的基本细胞命名为“格”，秦氏认为在大衍求一术中共有四格即“复数格”、“收数格”、“通数格”及“元数格”，其每格都有自己特定的运算方法，它们体现着人类思维之共性与个性的有机统一。秦九韶说：

1.“元数者，先以两两连环求等，约奇弗约偶；（或约得五，而彼有十，乃约偶弗约奇。）或元数俱偶，约毕可存一位见偶；或皆约而犹有类数存，姑置之，俟与其他约遍，而后乃与姑置者求等约之；或诸数皆不可尽类，则以诸元数命曰复数，以复数格入之。”①

在这里，“元数”即指所有问数都是正整数的数，所谓“两两连环求等”则是指在模不两两互素条件下求“定数”的方法，在西方称为“欧几里得算法”。其一般程式为：

设 M 和 N 是两个正整数，且用 N 除 M 得商 P，余数为 Q，则可写成下列通式

（1）$M=PN+Q(0\leqq Q<N)$

当 $Q\neq 0$ 时，则须用 Q 除 N，求得商 P1，余数为 Q1，故（1）式变为（2）式

（2）$N=P1Q+Q1,(0\leqq Q1<Q)$

当 $Q1\neq 0$ 时，则须用 Q1 除 Q，求得商 P2，余数 Q2，故（2）式变为（3）式

（3）$Q=P2Q1+Q2(0\leqq Q2<Q1)$

当 $Q2\neq 0$ 时，接着用 Q2 除 Q1，如此辗转循环，直至找出 M 和 N 的最大公约数来，此即为“求等”，其“等”就是 M 和 N 的最大公约数。

2.“收数者，乃命尾位分厘作单零，以进所问之数，定位讫，用元数格入之。

① 秦九昭：《数书九章》卷一《大衍类·蓍卦发微》，中华书局 1985 年版，第 2 页。

或如意立数为母,收进分厘,以从所问,用通数格入之。”①

凡“收数”就是指问数中含有小数的数,所谓“命尾位分厘作单零”是说为了算法的统一与方便,规定将最末位上之分、厘一类的小数转化成个位数,从而使小数变成整数,然后依照正整数“两两连环求等”的程序求出 M 和 N 的最大公约数来。

3.“通数者,置问数,通分内子,互乘之,皆曰通数。求总等,不约一位,约众位,得各元法数,用元数格入之。或诸母数繁,就分从省通之者,皆不用元,各母仍求总等,存一位,约众位,亦各得元法数,亦用元数格入之。”②

凡“通数”是指问数中含有分数的数,所谓“通分内子,互乘之”的宗旨就是化分数为整数,而通分则是将异分母分数分别化成和原来分数相等的同分母分数,其具体方法是:

设 M/N,M1/N1,M2/N2 为三个分数,其元数分别为 P,P1,P2,则:

(1)N　M×N1×N2=P

(2)N1　M1×N×N2=P1

(3)M　M2×N×N1=P2

求得上述通数后,按照“求总等,不约一位,约众位”的程序,在 P、P1、P2 之中任意约两个通数,所得“元法数”再依正整数“两两连环求等”的程序求出 M 和 N 的最大公约数来。

4.“复数者,问数尾位见十以上者。以诸数求总等,存一位,约众位,始得元数。两两连环求等,约奇弗约偶,复乘偶;或约偶弗约奇,复乘奇,皆续等下用之。或彼此可约而犹有类数存者,又相减以求续等,以续等约彼,则必复乘此,乃得定数。”③

凡“复数”特指问数都是 10 的整数倍的自然数,所谓“两两连环求等,约奇弗约偶,复乘偶”,总的意思就是复乘求定法。其法为:

设 a1,a2,a3,…,an 为复数格,总等为 p,先用 p 通约 a1,a2,a3,…,an 中所包含的多余因子,结果便得到新的一组复数格即 a1′,a2′,a3′,…,an′为,然后对所有 ai′实行第一步得到一组准定数 b1,b2,b3,…,bn 后,任意用总等 p 乘其中的一个准定数,并对其进行复乘求定,最终得数即为定数。

综上所述,我们不难看出,在秦九韶的“大衍术算法”中,整个求解定数的

① 秦九昭:《数书九章》卷一《大衍类 · 蓍卦发微》,中华书局 1985 年版,第 2 页。

② 秦九昭:《数书九章》卷一《大衍类 · 蓍卦发微》,中华书局 1985 年版,第 2 页。

③ 秦九昭:《数书九章》卷一《大衍类 · 蓍卦发微》,中华书局 1985 年版,第 2 页。

过程实际上就是一个“多重循环程序”①,李继闵先生曾将它翻译成下面的“程序框图”:

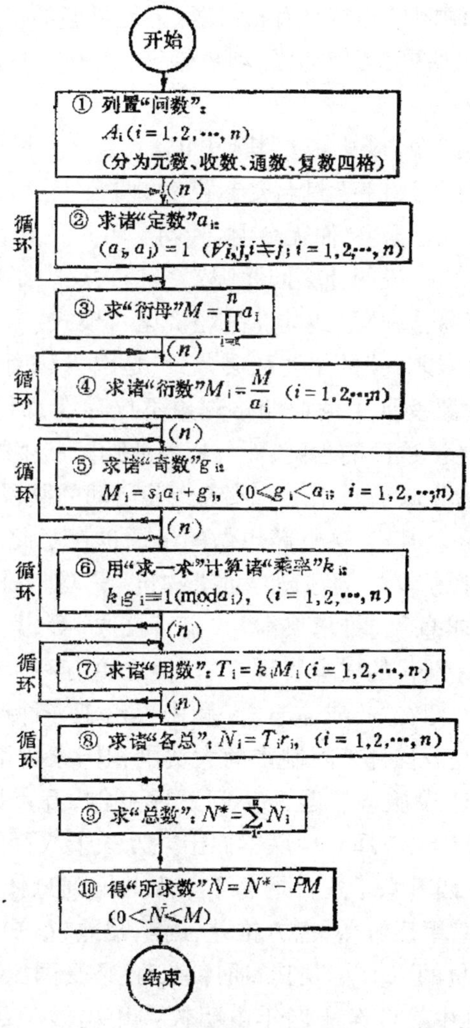


同程朱理学所讲的“天理”概念具有有序性和层次性一样,此“程序框图”亦内在地体现着“格”的一种有序性和层次性。因此,在秦九韶的内心世界里,“格”本身所反映的不仅仅是人类思维运动的一种表达形式,而且更是对南宋社会政治如何不断趋向理性化的一种特殊设计、建议和独白,是一种数学化的国家体制。虽然由于宋儒的成见太深,秦九韶的政治热忱不仅不被那时

① 吴文俊主编:《秦九韶与〈数书九章〉》,北京师范大学出版社1987年版,第215页。

的当权者所认同,反而被诬为"性喜奢,好大嗜"的势力小人和"如所不喜者必遭其毒手"的阴恶之徒①,但是事实胜于雄辩,秦九韶时刻不忘记自己对国家尽一份真情与责任,昭昭忠心却是有籍可考、天地可鉴的。比如,他说:

"日中而市,万民所资,贾贸墆鬻,利析锱铢,蹛财役贫,封君低首,逐末兼并,非国之厚。"②

在此,"封君低首"源自《史记》,其《史记》卷三十《平准书》中有"封君皆低首仰给"之语,颜师古注曰:"封君受封邑者,谓公主及列侯之属也,低首犹俯首也,时公主列侯虽有国邑,而无余财,其朝夕听领,皆俯首而取给于富商大贾,后方以邑入偿之。"这说明什么问题呢?一是它反映了中国传统社会存在着很典型的属于"官商合一"形式的商品经济运行模式,二是它还说明了富商大贾之所以能够"逐末兼并"的主要社会背景,是因为私商攀附权贵而受到其特殊"保护",这种现象反证了商业贿赂现象不仅存在,而且在事实上已经发展到严重扰乱社会经济秩序的程度,而分析商业贿赂产生的原因固然很多,但财会制度不健全或者说政府对于工商业者经营活动的监督成本太高亦是不可忽视的一个重要因素。其实,秦九韶想做的事情也在于此。考《数书九章》卷十七《市物类》共选择了9道例题,如"推求物价"、"均货推本"、"互易推本"、"推计互易"、"推求本息"、"推求典本"、"僦直推原"等,其主要内容就是通过特定的量化途径或标准化的成本管理方法,使之更有利于国家对其进行有效的监督和控制。秦九韶在"推求本息"一题中提出了一种抑制兼并的主张,那就是用调整利率的经济杠杆来限制富商大贾囤积国家货币的行为,以使其更好地为国家的经济建设服务。题云:"问三库息例,万贯以上,一厘;千贯以上,二厘五毫;百贯以上,三厘。甲库本四十九万三千八百贯,乙库本三十七万三百贯,丙库本二十四万六千八百贯。今三库共纳到息钱二万五千六百四十四贯二百文,其典率,甲反锥差,乙方锥差,丙蒺藜差,欲知元典三例本息各几何?"南宋经营高利贷的"库户"及其"质库营运"是受国家法律保护的,如《名公书判清明集》卷九中有淳熙十四年申明敕:"甲出钱一百贯,雇请乙开张质库营运,所收息钱虽过於本,其雇请人系因本营运所得利息",故"比之借贷取利过本者,事体不同,即不当与私债一例定断"。将"库户利息"与"放私债"区别开来,有利于保护"库户"的合法利益,这是没有问题的。宋太祖曾说:凡富家的"兼并之财,乐于输纳,皆我之物。"③可见,宋太祖提倡"兼并"和鼓励"兼

① 周密:《癸辛杂识·续集》卷下《秦九韶》,上海古籍出版社2012年版,第96页。

② 秦九昭:《数书九章·序》,中华书局1985年版,第3页。

③ 陈傅良:《历代兵制》卷八,文渊阁四库全书本。

并”,这应是宋代高利贷发展的一个非常重要的政治原因。在通常情况下,“库户”将民间的闲散资金收拢起来,然后通过一定的信用制度和收取一定利息的办法再将其重新回到社会经济的运动过程中,使其充分发挥货币流通的职能,从而增加“库户”所在地的社会财富,促进社会经济的发展。从理论上讲,在正常条件下,如果借贷数额愈大,其相应的利息反而愈低的话,那么,它就非常有利于满足国家之急需或者支持少数规模比较大且效益明显之项目投资,因为它可以大大降低投资者的金融风险。因此,秦九韶的低息多贷方案不失为一个缓解南宋社会经济矛盾的积极举措。然而,与“多贷低息”相对应的是“高息”。当然,“少贷高息”在法律上也有限制,并不是随意的想怎么着就怎么着。如《庆元条法事类》卷八十《杂门·出举债负》载《关市令》说:“诸以财物出举者,每月取利,不得过四厘,积日虽多,不得过一倍。即元借米谷者,止还本色。每岁取利不得过五分(谓每斗不得过五升之类),仍不得准折价钱。”准此,则年利以“五分”为限。在一般情况下,民间的借贷多是小额贷款,所以,对于小额贷款收高息的利弊,我们必须从后果上分两种情况来看,第一种情况是因广大民众多是小额贷款,对他们收取高额利息,无疑是一种盘剥行为;第二种情况是用长远的眼光看,大规模的经济投资总是社会繁荣和发展的必然要求,所以优先保证这些项目的用钱既是社会的需要也是“库户”的重要职能之一,而“库户”采用小额贷款收高息的做法在一定程度上能够限制民间那些不必要或者不紧要的贷款,这样有利于集中财力办大事,可见,“高息少贷”在特定条件下有利于国家的重大经济建设。虽然在秦九韶看来,“逐末兼并,非国之厚”,但是“非国之厚”正是宋朝家法藏富于民之理念的必然结果,因为在宋朝的皇帝看来,“兼并之财”其实是“皆我之物”。由此可见,秦九韶“抑兼并”的主张与宋太祖“驰兼并”的政策实际上并不矛盾。

秦九韶又说:

“斯城斯池,乃栋乃宇,宅生寄命,以保以聚,鸿功雉制,竹个木章,匪究匪度,财蠹力伤,围蔡而栽,如子西素,匠计灵台,俾汉文惧,惟武图功,惟俭昭德,有国有家,兹焉取则。”①

在内忧外患的历史条件下,宋代不断兴建各种土木工程,严重消耗了国家财力,是造成“民力屈”②的一个直接原因,故引起士大夫阶层比较普遍而强烈的反对。如文彦博把“土木之工不息”③看作是引发“灾变”的七大社会因素

① 秦九昭:《数书九章·序》,中华书局1985年版,第3页。

② 周必大:《文忠集》卷一百五十八《东宫故事》。

③ 文彦博:《潞公文集》卷九《尧汤水旱何以不为民患论》。

之一。楼钥更说:“今观之民贫益甚,下户之产不直一金,田野之夫终岁勤勤而不免饥寒,闾阎之人不数百钱为资生之策,一役之兴费以千万计者,不知可为几家之产!”①不过,具体问题应具体分析,在“土木之工无时暂辍”②的宋代,其土木建筑中既有“不急之工”③又有诸如河道、桥梁、城池等“国家大计所资”④之工,关键问题是应处理好“不急之工”与“国家大计所资”之工的比例关系,而政府应把有限的财政资源用到国家和人民最急需的农业和国防上。于是,秦九韶便有了“惟武图功,惟俭昭德”的议论。在秦九韶看来,造成“营筑亡度”的原因从理论上讲主要是因为没有标准化的规则,所以他提出了“兹焉取则”的土木建筑原则与规划设计思想。以此为前提,他从不同类别的建筑领域和部门选取了“计定城筑”、“楼橹功料”、“计造石壩”、“计浚河渠”、“计作清台”、“堂皇程筑”、“砌甎极积”、“竹围芦束”、“积木计余”等九个例题作为范式,人们即可以以此为准而触类旁通,举一反三,因而它们对于指导与社会发展相适应的城市及农田水利建设都将具有重要的实用价值。例如,“问淮郡筑一城,围长一千五百一十丈,外筑羊马墙,开濠长与城同。城身高三丈,面阔三丈,下阔七丈五尺,羊马墙高一丈,面阔五尺,下阔一丈,开濠面阔三十丈,下阔二十五丈,女头鹊台共高五尺五寸,共阔三尺六寸,共长一丈,鹊台长一丈,高五寸,阔五尺四寸,座子长一丈,高二尺二寸五分,阔三尺六寸,肩子高一尺二寸五分,阔三尺六寸,长八尺四寸,帽子高一尺五寸,阔三尺六寸,长六尺六寸,箭窗三眼,各阔六寸,长七寸五分,外眼比内眼斜低三寸,取土用穿四坚三为率,周迴石版,铺城脚三层,每片长五尺,阔二尺,厚五寸,通身用甎包砌,下一丈九幅,中一丈七幅,上一丈五幅,甎每片长一尺二寸,阔六寸,厚二寸五分,护嶮墙高三尺,阔一尺二寸,下脚高一尺五寸,铺甎三幅,上一尺五寸,铺甎二幅,每长一丈,用木物料永定柱二十条,长三丈五尺,径一尺,每条栽埋功七分,串凿功三分,爬头拽后木共八十条,长二丈,径七寸,每条作功三分,串凿功二分,搏子木二百条,长一丈,径三寸,每条作功二分,般加功二分,紝橛二千个,每个长一尺,方一寸,每个功七毫,紝索二千条,长一丈,径五分,每条功九毫,石版一十片,匠一功,般一功,每片灰一十斤,般灰千斤,用一功,甎匠每功砌七百片,石灰每甎一斤,芦席一百五十领,青茅五百东,丝竿笙竹五十条,芮子水竹一十把,每把二尺围,镬手、锹手、担土手,每功各六十尺,火头一名,

① 楼钥:《攻媿集》卷二十《论土木之费》。

② 张方平:《乐全集》卷二十三《论京师军储事》。

③ 潘良贵:《默成文集》卷三《宝林禅寺记》。

④ 张方平:《乐全集》卷二十三《论京师军储事》。

管六十工,部押濠寨一名,管一百二十工,每工日支新会一百文,米二升五合,知城墙坚积、濠积、濠深,共用木竹、橛、索、甎、石灰、芦茅、人工钱米共数各几何?"秦九韶算出了各自的得数,在这里,我们并不关心其修筑"淮城"的预算成本,因为秦九韶想说明的仅仅是一种数学化的"格"式思维的实际应用,同时更重要的是他想通过这些数据来证明,不管人们在此基础上如何变化,其数学的计算方法及其他所体现出来的数学规律是不变的,因而它就能够为政府制定土木建筑规划提供一种决策的客观依据。事实上,在土木建筑过程中,只有按照科学规律去设计和施工,才能真正做到"惟俭",亦才能使土木工程做到"以邦财民力为念"①的份儿。可见,量化意识是秦九韶"格"式思维的基本内核,社会作为一个不断自我发展和自我完善的自组织系统,它本身不仅有质的规定性即"道",同时还有量的规定性即"数",因此,社会发展在一定意义上可以看作是"道"与"数"的统一。由此可见,程朱理学讲"道",是从事物的质的角度来理解社会,理解自然,理解人本身,于是他们进一步把"道"区分为天道、地道和人道,体现了"道"的多样性和复杂性。与之相对,秦九韶讲"数",则是从事物的量的角度来理解社会,理解自然,理解人本身,于是他将"数"细化为"天时"、"田域"、"赋役"等类型,并通过特定的"格"把它们贯通起来,使之服从于一定的"美学"规则,如"大衍求一术"。在科学实践中,数本身必然表现为一定的结构,而结构又必然符合一定的美学原则,比如,秦九韶认为"城身高三丈,面阔三丈,下阔七丈五尺"就是一个符合建筑美学原则的数学结构,用现代的计量单位表示,则大城的上阔与下阔的比是 3 : 7.5,而《武经总要》给出的结构比例则为 2 : 5②,此与秦九韶所说的结构比例基本上相一致,这说明事物内部的数学结构是以特定的美学原则为基础的,而且这个美学原则本身具有客观性和普遍实在性,因此,秦九韶说:"夫物莫不有数也。"③又说:"数术之传,以实为体。"④其"实"就是指数学结构的客观实在性,而秦九韶试图用具有数学性质的"格"来规范人类的社会行为,虽然在特定的背景下具有一定的理论价值,但从总体上看却是超时代的,因而在实践上也是行不通的。

### 三、如何看待《数书九章》在"分"与"合"问题上的"中间态"现象

秦九韶说:"要其归则数与道非二本也。"⑤宋人一般将"道"称为"天理",

---

① 周必大:《文忠集》卷一百四十《乞裁节土木之费》。

② 《武经总要·前集》卷十二《守城篇》。

③ 秦九昭:《数书九章·序》,中华书局 1985 年版,第 2 页。

④ 秦九昭:《数书九章·序》,中华书局 1985 年版,第 2 页。

⑤ 秦九昭:《数书九章·序》,中华书局 1985 年版,第 1 页。

因而“道”便成为“义理”学派的最高哲学范畴，比如，二程说：“天者理也”①，又说：“言天之自然者，谓之天道”②，“理便是天道也”③。可见，不论是“天理”还是“天道”，它们都以“自然”为存在的特征，而“天人相分”的基本点亦在于此。二程明确指出：“圣人致公，心尽天地万物之理，各当其分。佛氏总为一己之私，是安得同乎？圣人循理，故平直而易行。异端造作，大小大费力，非自然也，故失之远。”④在这里，“各当其分”就是说“心”与“天地”是两个独立不同的对象，不能把两者混同在一起，而将“心”与“天地”分别开来，正是“天人相分”的基本理论前提，与之相对，佛教将两者混同起来，体现着“天人合一”与“天人相分”的显著差异。据此，学界一般把由二程所开创的这条以“天理”为内核的学术路径，称之为“理学”。不过，从师传上看，他们的理学思想仅仅是其中的一支，因为与之相辅，还有一支由邵雍所开创的以“数”为根本特点的学术路径，学界将此称之为“数学”。故此，南宋的大儒刘克庄说：“易学有二：数也，理也。”⑤因此说“数理一源”，这与秦九韶“数与道非二本”的说法相一致。

然而，在理学家眼里，“数学”从来都不是正统之学。如二程说：“邵尧夫犹空中楼阁。”⑥又说：“尝观尧夫诗意，才做得识道理，却于儒术未见所得。”⑦朱熹亦说：“康节之学，近似释氏。”⑧明人王夫之更说：“邵康节阴用陈抟之小道”而为“释经之大蠹”⑨既然“数学”同“理学”一样，都源自《周易》，甚至可以说是《易》学思想之两翼，那么，理学家还为什么对“数学”如此耿耿于怀呢？从社会交往的角度看，二程与邵雍的私人关系不错，他们之间不存在“己私”，而要说他们之间的思想有隔阂的话，则恐怕与邵雍的“尚占”地位有关。前面讲过，朱熹始终认为《周易》是一部卜筮之书，而邵雍恰恰继承和发展了《周易》的卜筮说，所以“世之尚占而宗邵康节者，则以义理为虚文尚辞；而宗程伊

---

① 程颢、程颐：《河南程氏遗书》卷十一《师训》，《二程集》上，中华书局 1981 年版，第 132 页。

② 程颢、程颐：《河南程氏遗书》卷十一《师训》，《二程集》上，中华书局 1981 年版，第 125 页。

③ 程颢、程颐：《河南程氏遗书》卷二十二上《伊川亲录》，《二程集》上，中华书局 1981 年版，第 290 页。

④ 程颢、程颐：《河南程氏遗书》卷十四《亥九月过汝所闻》，《二程集》上，中华书局 1981 年版，第 142 页。

⑤ 刘克庄：《后村集》卷二十四《季父易稿序》。

⑥ 程颢、程颐：《河南程氏遗书》卷七，《二程集》上，中华书局 1981 年版，第 97 页。

⑦ 程颢、程颐：《河南程氏遗书》卷十《洛阳议论》，《二程集》上，中华书局 1981 年版，第 112 页。

⑧ 黎靖德编：《朱子语类》卷一百《邵子之书》，中华书局 1994 年版，第 2544 页。

⑨ 王夫之：《周易稗疏》卷三《系辞上》。

川者则以象数为末技,而邵程之学分为两家。”①邵与程的对立从表面上看是《易学》内部的一种枝化,实际上,无论是“义理”学还是“象数学”,两者都在争取“形而上”的宗学地位。比如,二程认为《周易·序卦》就“不合道”,他们说:“《序卦》非《易》之蕴,此不合道。”②而二程之所以对《周易·序卦》不感冒,是因为《序卦》不讲“先天”之“道”,而只讲“后天”之“道”。《周易·序卦》开篇就说:“有天地然后万物生焉,盈天地之间者,唯万物。”显然,《序卦》的这个观点与二程的“天理”观大不相同。程颢说:“生生之谓易,是天之所以为道也,天只是以生为道。”③且“天地之间无适而非道也”④。一则“盈天地之间者唯万物”,一则“天地之间无适而非道”,因此,二程以“天理”为本源的自然观与《周易·序卦》以“万物”为基础的自然观是不同质的,也就是说二程将“天理”看成是先于天地的一种客观存在,“理”是宇宙万物的本源。与之相对,《序卦》则认为天地通过自身内部的矛盾运动而生成万物,所以“物”是宇宙运动变化的本源。程颢说:

“‘形而上者谓之道,形而下者谓之器。’若如或者以清虚一大为天道,则乃以器言而非道也。‘范围天地之化而不过’者,模范出一天地尔,非在外也。如此曲成万物,岂有遗哉?”⑤

由此可见,“道”对“天地”而言具有先在性,换句话说,就是在逻辑上先有“理”或“道”,后有天地万物。从这个角度看,“道”是“形而上”的,而“天地”、“象数”、“阴阳”等却是“形而下”的,仅仅是“器”的载体或者说是“器”的体现。与二程的认识不同,邵雍认为宇宙万物的本源不是“理”而是“数”,数不仅先在于“器”,而且也先在于“理”,故邵雍说:“数者何也?道之运也,理之会也,阴阳之度也,万物之纪也,明于幽而验于明,藏于微而显于管,所以成变化而行鬼神者也。”⑥在此,邵雍把“数”置于“天理”之先,很明显是在为“象数”学争“形而上”之位。秦九韶继承了邵雍的这个传统,所以他在《数书九章》中增加了“蓍卦发微”一节内容。同时,他还将“大衍类”的数学题放在“天时

① 俞琰:《周易集说·序》。

② 程颢、程颐:《河南程氏遗书》卷六,《二程集》上,中华书局 1981 年版,第 89 页。

③ 程颢、程颐:《河南程氏遗书》卷二《元丰己未吕与叔东见二先生语》,《二程集》上,中华书局 1981 年版,第 29 页。

④ 程颢、程颐:《河南程氏遗书》卷四《游定夫所录》,《二程集》上,中华书局 1981 年版,第 73 页。

⑤ 程颢、程颐:《河南程氏遗书》卷十一《师训》,《二程集》上,中华书局 1981 年版,第 118 页。

⑥ 王植:《皇极经世书解》卷八《邵伯温系述》。

类”数学题之前，其喻义非常清楚，同邵雍一样，秦九韶这样做也完全是为了给“数学”争地位，在他们看来，“数学”优先于“义理”，这就是《易》之奥义，就是学之根基。以此为前提，我们就能够理解秦九韶为什么在《数书九章》中对于“大衍求一术”只讲《易》而不讲《孙子算法》。《孙子算法》在南宋数学界已经十分普及了，如现存《孙子算经》的最早刻本就是南宋的刻印本，可见，说秦九韶没有见过此书是讲不通的，既然如此，那么，秦九韶又为什么在他的著作中只字不提《孙子算经》呢？这是因为秦九邵看重的是数学的“源”而不是“流”，而在古代真正具有神圣性的问题是根源于《周易》的“历元推算”而不是孙子的“物不知数”①。所以，当秦九韶将“数”看成是宇宙万物的最高法则的时候，他的天人观是“合”而不是“分”的。二程说：“有道有理，天人一也，更不分别。”②即“理”以“天人合一”为基础，而秦九韶说：“数与道非二本也。”即“数”同“道”一样都以“天人合一”为自身存在的前提。

然而，以“天人合一”为基础的数学很容易走向数学神秘主义，而这一点恰恰正是秦九韶所反对的。他说：“天象历度，谓之‘缀术’，太乙壬甲，谓之‘三式’，皆称内算，言其秘也。《九章》所载即周官九数，系于方圆者为‘叀术’，皆曰外算。对内而言也，其用相通，不可歧二。”③“天象、历度”在中国古代具有国家垄断性，它为皇权的统治目的服务的特征非常突出，故“天象、历度”不仅是帝王沟通天地的重要手段，而且“地有山岳，以宣其气，精种为星。星也者，体生于地，精成于天……在野象物，在朝象官，在人象事，于是备矣。”④可见“天地相应”观是“三式”说盛行的基本理论前提，虽然“三式”说在当时的历史条件下包含着一定的科学因子，但总体上看它是一种神秘主义的思想学说，消极的因素远远大于它的积极因素。而秦九韶通过把本属于“天象‘历度”的“大衍法”从“天地对应”的神位上拉下来，并将其与《九章算术》结合在一起，这样就改变了“内算”的神秘性质，使之更好地为社会现实服务，“以拟于用”，即以实用为数学的根本目的，正如有人所说：“我们从书中的81题的名目来看，绝大部分问题都同当时社会生活实际需要密切相当，基本上都是今天意义下的数学内容。”⑤因此，秦九韶不仅扩大了传统数学的内容和范围，而且更重要的是他积极地推动了中国古代数学的科学化进程，并使之从神

① 吴文浚主编：《秦九韶与〈数书九章〉》，北京师范大学出版社1987年版，第156页。

② 程颢、程颐：《河南程氏遗书》卷二上《元丰己未吕与叔东见二先生语》，《二程集》上，中华书局1981年版，第20页。

③ 秦九昭：《数书九章·序》，中华书局1985年版，第1页。

④ 张衡：《灵宪》。

⑤ 中外数学简史编写组编：《中国数学简史》，山东教育出版社1986年版，第277页。

学的统治下解放出来,从而逐渐演变为一门具有特定对象和独立性的科学研究体系,换句话说,“数学”从神秘的“术数”转向科学的“数学”,秦九韶是起到了关键作用的,尽管“到近代,数学家引用‘数学’一词才舍去了它的数术的含义,直到今天,成为汉语中重要的科学概念之一”,但“溯其本源,盖出于秦氏。”①

诚然,在天人相分思想的主导下,秦九韶的数学思想中包含着很多科学内容,他确实为中国古代数术走向科学化做出了积极的贡献。但我们必须看到,任何新事物的成长都不是一帆风顺的,宋学的发展史证明,在数术由“神学”向“科学”的转进过程中,理学总是千方百计地对数学的成长进行压制性的干预,这就迫使秦九韶不得不采取一种曲折的方式来为数学的发展争取主流学说的支持。而秦九韶给数学披上《周易》的外衣,从某种程度上说就是为了这个目的,故四库全书《穆参军集》提要说:“修受数学于陈抟,《先天图》之窜入儒家自修始。”一个“窜”字表明数学在宋代的发展是多么艰难,正是有基于此,故秦九韶才强调说:数学“爰自《河图》、《洛书》。”②其实秦九韶的话只是一种自我包装,他很清楚数学仅仅是事物存在本身的一种性质即“物莫不有数”,是一种对于事物内部关系的量的规定。所以,为了给数学争得与理学同等的社会地位,秦九韶被迫亦把数学提升到“形而上”的境界,由于“形而上”本身是通向神秘主义的重要途径,因此,当秦九韶在做出这种努力的时候,他实际上同时地就给数学神秘主义留下了一块儿地盘,这跟科学化的数学本质是格格不入的。可见,秦九韶的天人思想是一种内容上的“天人相分”而形式上的“天人合一”。比如,秦九韶的“治历演纪”题对于“调日法”,其突出的特征就是“不依赖实际观测”和“可预先随意挑选适合需要的日法”③,而这必然会给数学神秘主义提供可乘之机。又比如,秦九韶认为数学具有“通神明,顺性命”的功能,此论显然是将数学看成是形式上的“天人合一”,因为宋代理学家已经将“尽性知天”作为一种非常重要的“天人合一”的思想形式。可是,在秦九韶天人合一思想形式之下却包含着丰富的天人相分的思想内容。比如,我们在前面讲过,秦九韶数学思想的根本特点是“经世务,类万物”,甚至罗见今先生认为秦九韶的“大衍求一术”完全是“借易法之名,施秦法之实”④。而“秦法之实”绝不是“占筮”性质的迷信,而是为了解决经济计算问题的一种

---

① 中外数学简史编写组编:《中国数学简史》,山东教育出版社 1986 年版,第 277 页。

② 秦九昭:《数书九章·序》,中华书局 1985 年版,第 1 页。

③ 吴文浚主编:《秦九韶与〈数书九章〉》,北京师范大学出版社 1987 年版,第 334 页。

④ 吴文浚主编:《秦九韶与〈数书九章〉》,北京师范大学出版社 1987 年版,第 101 页。

"以机械化的思想方法为特色"①的数学工具。通过以上分析，我们可以得出结论说，秦九韶之所以能取得"中世纪世界数学的最高水平"②这样的辉煌成就，主要是由于"天人相分"思想作用的结果，是其"实用主义"数学思想与南宋社会经济发展相互结合的必然产物。

## 第六节　"天人相分"与宋代科技高峰

### 一、"天人相分"是成就宋代科技高峰的基本动力

如果我们把北宋的科技思想看成一个整体，那么它的优势是不言而喻的，关于这一点，中国学界之梁启超、胡适、陈寅恪诸前辈，外国之李约瑟、席文、尤里达、寺地遵、山田庆儿等学者，都已作出了肯定的回答和阐释③，笔者不必多言。然而，从中国古代传统的思想背景看，究竟北宋科技发展是受"天人合一"观念的支配还是受"天人合一"与"天人二分"两种观念的支配，却是我们必须要回答的问题。

毫无疑问，在"天人合一"的思维模式中绝对不可能培育出像沈括这样杰出的科学家。沈括是一位具有开拓意识的创造性人才，他不"袭故"，因而能在第一时间内，对"理"这个新的思想范畴做出积极的反应，李申说："《梦溪笔谈》对于自然界的认识若归为一句话，那就是'万事万物都有个理'。"④而"理"这个概念本身则包含着"天人二分"与"天人合一"两个方面的内容，是"分"与"合"的对立统一体。在中国，"天人合一"是其传统文化的内质，关于这个特点，中外学者已经论述得很到位了，似无再作补充或重复之必要。所以，本节仅就被学界所忽视或者说重视不够的"天人二分"思想即"分"的一面略抒几点管见。

第一，包含着"天人二分"思想的"理"是北宋学者对人类主观能动性的一种理性透视，甚至从某种意义上说，也是北宋学者努力张扬和超越自我的一种学术主动，而这种学术主动的特征之一就是"分"的思想格外地被凸现了出来。如周敦颐、张载、程颐、王安石、张伯端等，他们在自己的著述里就程度不

① 吴文浚主编:《秦九韶与〈数书九章〉》序，北京师范大学出版社1987年版。

② 吴文浚主编:《秦九韶与〈数书九章〉》，北京师范大学出版社1987年版，第6页。

③ 请参见梁启超:《论中国学术思想变迁之大势》；胡适:《中国哲学里的科学精神与方法》；陈寅恪:《邓广铭宋史职官志考证序》；李约瑟:《中国古代科学思想史》；尤里达:《中国古代的物理学和自然观》；寺地遵:《宋代的自然观》；山田庆儿:《模式·认识·制造——中国科学的思想风土》，等。

④ 《中国古代哲学与自然科学》，中国社会科学出版社1993年版，第63页。

同地表现出了对“分”这个思想的关注和钟情,这大概是跟声张自主创新的宋学精神相适应的。例如,周敦颐是北宋理学的“开山祖”,他的《太极图说》就多次讲到“分”的思想。他说:“太极动而生阳,动极而静,静而生阴,静极复动。一动一静,互为其根。分阴分阳,两仪立焉。”又说:“惟人也,得其秀而最灵。形既生矣,神发知矣,五性感动而善恶分,万事出矣。”①在这里,不仅天地(即两仪)以“分”为存在的前提,而且人类的意识活动亦以“分”为立人的基础。朱熹解释说:“五常之性,感物而动,而阳善阴恶,又以类分,而五性之殊,散为万事。”②其中“五常之性,感物而动”讲的就是人类的主观能动性。在《通书·诚几德第三章》里,周敦颐甚至对“几”的量度还作出了说明。他说:“诚无为,几善恶。”③何为“几”?朱熹云:“几者,动之微,善恶之所由分也。”④“动而未形、有无之间者,几也。”故此,朱熹才称其为“实理发见之端”⑤的创见。切切实实,现代自然科学围绕着“几”这种客观现象已经提出了许多重大的科学理论(即实理),如混沌理论、耗散结构理论等,这些科学事例很生动地说明“几”是可以量度的,特别是“几”作为激发人的主观能动性的一个积极因素,它对北宋科学技术的发展起到了促进作用,这一点亦是应当肯定的。

第二,从“天人二分”的角度看,“理”是一个标示包含无穷个实理性问题的集合,而这些问题往往是科学研究的原点,同时,由于这个问题集本身已经建构为一种对象性的客体实在,也就是说,不管主体性的人是否关照它们,它们始终都处在一种本然的状态,然而却诱导着人类的好奇心,所以从这个角度说,这些问题与人类的认识之间有一种相分即不依赖于人的意识而独立存在的客观趋向。如《河南程氏遗书》按内容分,可分成语录和问题两种体裁,其中讲求“道问学”的程颐尤善于问题式的探寻真理,而有关他的那部分内容,实际上就是由“理”所组合成的一个问题集,其中不乏对“理”的直接追问。试枚举若干实例如下:

1.问:“至诚可以蹈水火,有此理否?”⑥

2.问:“某尝读《华严经》,第一真空绝相观,第二事理无碍观,第三事事五

---

① 周敦颐:《周敦颐集·太极图说》,岳麓书社2002年版,第4、7页。

② 周敦颐:《周敦颐集·太极图说》,岳麓书社2002年版,第7页。

③ 周敦颐:《周敦颐集·诚几德第三章》,岳麓书社2002年版,第19页。

④ 周敦颐:《周敦颐集·诚几德第三章》,岳麓书社2002年版,第19页。

⑤ 周敦颐:《周敦颐集·圣第四章》,岳麓书社2002年版,第21页。

⑥ 程颢、程颐:《河南程氏遗书》卷十八《刘元承手编》,《二程集》上,中华书局1981年版,第189页。

碍观，譬如镜灯之类，包含万象，无有穷尽。此理如何？”①

3.问：“邵尧夫能推数，见物寿长短始终，有此理否？”②

4.或曰：“传记有言，太古之时，人有牛首蛇身者，莫无此理否？”③

程颐说：“天人所为，各自有分。”④而上面的这些问题实质上就是“各自有分”的一种思维结果，它反映了科技发展的内在必然，是一种积极的科学研究态度。因为“问题”是科学研究的起点，而“问题”意识则是科学研究所必须具备的基本素质要求。

所以，不仅程颐将“理”看成是一个问题集，事实上，北宋的很多其他学者也都自觉地把“理”作为一个问题来对待。如沈括云：“日之盈缩，其消长以渐，无一日顿殊之理。”⑤又说：“‘五石’诸散用钟乳为主，复用术，理极相反，不知何谓？”⑥可见，这里所说的“理”指的都是某一个具体问题，且都是科学问题。因为沈括所求解的问题不仅可解，而且其本身就蕴涵着问题域、求解目标、应答域和背景知识，是个既有继承又有创新的辩证过程。比如，对中国古代的晷漏问题，因“其步漏之术皆未合天度”，故沈括“以理求之”。他说：“冬至日行速，天运已期而日已过表，故百刻而有余；夏至日行迟，天运未期而日已至表，故不及百刻。既得此数，然后复求晷景漏刻，莫不泯合。”⑦而实践证明，只要把“理”的这层内容切实地贯彻到实际工作中去，就必然会推动科学研究的不断深入和人的思维能力的提高。所以，英国科学哲学家波普尔反对归纳主义所提出的“科学研究始于观察”说，坚持认为“科学仅仅从问题开始”⑧，甚至在《客观知识》一书中，波普尔进一步断言：“知识的增长是从旧问题到新问题。”⑨由此可见，波普尔所说的问题尤其是那些跟自然界运动变化规律密切相关的新问题，往往就是“天人二分”思想自我发展的一种本质要求，是人

---

① 程颢、程颐：《河南程氏遗书》卷十八《刘元承手编》，《二程集》上，中华书局1981年版，第195页。

② 程颢、程颐：《河南程氏遗书》卷十八《刘元承手编》，《二程集》上，中华书局1981年版，第197页。

③ 程颢、程颐：《河南程氏遗书》卷十八《刘元承手编》，《二程集》上，中华书局1981年版，第198页。

④ 程颢、程颐：《河南程氏遗书》卷十五《入关语录》，《二程集》上，中华书局1981年版，第158页。

⑤ 沈括：《梦溪笔谈》卷七《象数一》，岳麓书社1998年版，第59页。

⑥ 沈括：《梦溪笔谈》卷十八《技艺》，岳麓书社1998年版，第150页。

⑦ 沈括：《梦溪笔谈》卷七《象数一》，岳麓书社1998年版，第59页。

⑧ 波普尔：《猜想与反驳》，上海译文出版社1986年版，第222页。

⑨ 波普尔：《客观知识》，上海译文出版社1987年版，第258页。

类理性力量的一种动态化的自我展示。

第三,以“天人二分”为基础,北宋士大夫所苦苦追索的“理”范畴,已不单是抽象的概念,而且还是具体的实践活动。北宋理学家注重“格物”的日常实践,以“积习”(即实践经验)作为“穷理”重要手段,从而丰富了“理”这个新思想范式的基本内涵。因此,程颐说:“凡眼前无非是物,物物皆有理。如火之所以热,水之所以寒,至于君臣父子间皆是理。”①在他看来,“格物”不能仅格一物,而是“徧求”②万物。所谓“徧求”就是“今日格一件,明日又格一件”③。显然,这一件又一件的“格物”工夫,实际就是不断实践的过程。然而,在程颐看来,这个实践过程固然十分重要,但人们不能用它来取代一日又一日之“思”的功夫,因为对于“穷理”来说,“格”(即格物)与“思”(即致知)是两个既对立又统一的认识过程,其在认识过程中的前提与作用有所不同,如“格”的认识论前提是“天人二分”,而“思”的认识论前提则是“天人合一”。故,程颐说:“能致知,则思一日愈明一日,久而后有觉也。”④恰恰就是在这里,朱熹与陆九渊两人产生了认识分歧。其中陆九渊反对朱熹“格物致知”的根据就是因为在朱熹那里,“穷理”必须要经过格具体事物之理这个长久的社会实践过程,而对于这个过程,陆九渊认为没有必要,因为“心即理”,所以认识的方法就应该是直接去“发明本心”。诚然,“理”在北宋确有当作“发明本心”来看待之人,但更多的人则常常把它作为一种客观的人类实践活动去施用。如欧阳修说:“若犹疑于虚实之间,则更加尽理推穷辨正”⑤,王安石亦说:“方陛下励精众治,事事皆欲尽理之时”⑥。此处两举“尽理”,都是努力去做、去实践的意思。此外,北宋士人对于那些不该做而做了的事情,亦往往被斥之以“岂容此理”或“岂有此理”,如“国君不以僭天下,莫之敢议,

① 程颢、程颐:《河南程氏遗书》卷十九《杨遵道录》,《二程集》上,中华书局 1981 年版,第 247 页。

② 程颢、程颐:《河南程氏遗书》卷十九《杨遵道录》,《二程集》上,中华书局 1981 年版,第 247 页。

③ 程颢、程颐:《河南程氏遗书》卷十八《刘元承手编》,《二程集》上,中华书局 1981 年版,第 188 页。

④ 程颢、程颐:《河南程氏遗书》卷十八《刘元承手编》,《二程集》上,中华书局 1981 年版,第 186 页。

⑤ 欧阳修撰,李逸安点校:《欧阳修全集》卷九十三《乞辨明蒋之奇言事札子》,中华书局 2001 年版,第 1379 页。

⑥ 王安石:《王安石全集》卷四十四《乞解机务札子》,吉林人民出版社 1996 年版,第 451 页。

谓之无故而得进,岂容此理!”①在此,“岂容此理”的意思就是说不应当那么做事。

“理”既然跟人们的日常生活实践联系得这么密切,那么,“理”自身就必然会分出层次来。而身处不同地位的人,他们的具体实践内容就理应有所不同。对此,程颐曾说过这样的话:

1.“或问:‘人有耻不能之心,如何?’曰:‘技艺不能,安足耻?为士者,当知道。’”②

2.“问:‘人有日诵万言,或妙绝技艺,此可学否?’曰:‘不可。大凡所受之才,虽加勉强,止可少进,而钝者不可使利也。惟理可进。除是积学既久,能变得气质,则愚必明,柔必强。盖大贤以下即论才,大贤以上更不论才。圣人与天地合德,日月合明。六尺之躯,能有多少技能?圣人忘己,更不论才。”③

3.“问:‘及其至也,圣人有所不能。不知圣人亦何有不能、不知也?’曰:‘天下之理,圣人岂有不尽者?盖于事有所不徧知,不徧能也。至纤悉委曲处,如农圃百工之事,孔子亦岂能知哉?’”④

“为士者,当知道”而可以不求技艺,正像孔子没必要尽知“农圃百工之事”一样。因为士之为道是为了做“大贤以上”之人,即“圣人”。对于“圣人”而言,“天人合一”即“与天地合德,日月合明”是其人生的唯一目标,所以“圣人忘己”就不需要学习那些“妙绝技艺”了。然而,“大贤以下”之人毕竟占社会的多数,由于他们不能“忘己”,故须以“纤悉委曲处”用功,对他们来讲,与天人二分密切相关的“农圃百工之事”皆有理,都是“理”的体认,“至如一物一事,虽小,皆有是理。”⑤可见,“天人合一”与“天人二分”在北宋士大夫的头脑中具有极强的针对性,两者分别施用于不同层次的社会成员。当然,我们可以实事求是地讲,对于任何一个社会,从事“纤悉委曲”工作的人终究是多数,而广大的民众则永远是科技实践的主体。在北宋,虽然由于阶级和社会的局限性,程颐不免还存在着歧视民众科技劳动的思想倾向,但同时我们还应看到北

---

① 张耒:《柯山集》卷四十二《太宁寺僧堂记》,文渊阁四库全书本。

② 程颢、程颐:《河南程氏遗书》卷十八《刘元承手编》,《二程集》上,中华书局1981年版,第189页。

③ 程颢、程颐:《河南程氏遗书》卷十八《刘元承手编》,《二程集》上,中华书局1981年版,第191页。

④ 程颢、程颐:《河南程氏遗书》卷十八《刘元承手编》,《二程集》上,中华书局1981年版,第226页。

⑤ 程颢、程颐:《河南程氏遗书》卷十五《入关语录》,《二程集》上,中华书局1981年版,第157页。

宋毕竟已渐渐步入平民化社会这个历史事实,而程颐的思想则亦不能不贴近这个社会现实,因此,他说:"学者须是务实"①。就这一点说,程颐已经朦胧地意识到了社会民众与其科技发展之间的辩证关系,而一般的科技实践活动就根植于广大的民众之中,这应当是程颐想说但却没有说出来的一个思想。而之所以如此,主要是因为"天人二分"还没有成为程颐思想的主流。在北宋,沈括则明白地看到了这一点,他说:"至于技巧器械,大小尺寸,黑黄苍赤,岂能尽出于圣人?百工、群有司、市井、田野之人,莫不预焉。"②由于沈括看到了科技发展本身所具有的这个特征,所以他才有可能曲尊就卑,深入社会实际,注重调查研究,虚心向百姓学习和求教,从而撰成了《梦溪笔谈》这部具有世界意义的科技奇书。北宋释家契嵩说:"物皆在命,不知命则事,失其所也。故人贵尽理而造命。命也者,天人之交也。"③在此,契嵩指出众人的日常社会实践活动多是"不知命则事",也就是说没有自觉地把"天人之交"(即天人二分)作为其日常社会实践活动的物质基础。换一个角度看,契嵩似乎已经发现了存在于北宋学术自身中的那个"天漏",即北宋学者对"天人二分"思想研究和阐释得还很不够,广大民众对它的了解远远不能适应社会发展的需要这个社会现实,可惜他也无法改变之。

综上所述,我们不难得出这样一个结论:"天人二分"思想在北宋并不是不重要,也不是没有人来提倡,而是由于士者多被"今之学者,大抵为名"④的风气所染,因而使"天人二分"思想不能发展与成熟起来,但"天人二分"思想仍以其独特的方式推动着北宋社会的发展和科技的进步。

## 二、"天人相分"与平民科技意识的提高

在中国古代的历史发展长河中,北宋是平民教育做得最好的一个历史时期。以范仲淹庆历新政为标志,当时出现了官学与私学并行的多渠道办学模式和格局。随后,学校教育从南到北,从东到西,在全国范围内兴起了一股办学热潮,据《宋史》卷一百六十七《职官七》载,"自是州郡无不有学",《欧阳文忠公全集》卷三十九也说,"海隅徼塞,四方万里之外莫不皆有学"。可见,在那个时候,北宋的整体教育形势是多么喜人。如东南沿海一带是学校教育最

① 程颢、程颐:《河南程氏遗书》卷十八《刘元承手编》,《二程集》上,中华书局 1981 年版,第 219 页。

② 沈括:《长兴集》卷七《上欧阳参政书》,文渊阁四库全书本。

③ 契嵩:《镡津集》卷五《说命》,文渊阁四库全书本。

④ 程颢、程颐:《河南程氏遗书》卷十八《刘元承手编》,《二程集》上,中华书局 1981 年版,第 219 页。

为发达的地区,被陈青之先生称为“活的教育”的胡瑗先在苏州开办私学,后主持苏州郡学,他所创立的“分斋教学法”成为后代官学教育的基本模式,对明清的学校教育产生了深远影响,故《苏州府志》卷二十六《学校篇》云:“天下郡县学莫盛于宋,然其始亦由于吴中。”四川是北宋所辖领域的最西端,再向西就属于吐蕃的统治范围了。由于历史文化的长期积淀,四川在北宋即出现了书卷风流的人文气象,如宋初成都华阳人彭乘家有万卷藏书①;梓州路荣州杨处士更筑室百楹,用于藏书②;而宋神宗时签书益州判官沈立则“悉以公粟售书,积卷数万”③,等等。与此相应,四川的印书业也处于领先地位,如宋人王明清《挥麈录余话》卷2载有官印图书以“蜀中为最”的话,而北宋《开宝藏》在成都的印行则进一步奠定了四川在全国印刷业中的龙头地位。有了这样的文化基础,四川的教育呈现出异军突起的态势就不难理解了。如梓州路的普州在北宋前“鲜知学者”,宋仁宗以后“俗遂变”④;其“乡学”与“山学”教育形成特色,尤其是对出现在眉州、普州等地的“山学”,宋人赵与时直率地承认“余未之闻”⑤。地处岭南的两广教育尽管起步较晚,但藉庆历厉学兴校之东风,州学、县学及私学相继在广州、柳州、雷州等地出现,对此,宋人余靖在《武溪集》卷六中破例用四个篇章来描述岭南的教育发展状况。作为北宋都城之所在地,东京开封、京西路及京东路,学校教育更是空前发达,据统计,至大观八年(1108)仅京西路一地的官学就达到了“三千三百余区”⑥,其教育的普及率在全国来说应当是比较高的。

北宋教育不仅表现为量的扩张,而且也表现为质的飞跃。

首先,北宋教育不存在严重的性别歧视,平民在一定条件下均享有接受教育的机会。如司马光说,“古之贤女,无不好学”⑦,又说,“为人母者不患不慈,患于知爱而不知教也”(同前),可见,旨在培养知识女性的北宋“贤女”教育与旨在训导“三纲五常”和“从一而终”的明代“贞女”教育相比,简直有天壤之别。虽然史学界对北宋女子在官学中的地位还没有形成一致看法,但女

① 脱脱等:《宋史》卷二百九十八《彭乘传》,中华书局 1975 年版,第 9900 页。

② 《丹渊集》卷三十八《荣州杨处士墓志铭》。

③ 脱脱等:《宋史》卷三百三十三《沈立传》,中华书局 1975 年版,第 10699 页。

④ 李焘:《续资治通鉴长编》卷一百九“天圣八年正月辛巳条”,中华书局 1992 年版,第 2536 页。

⑤ 赵与时:《宾退录》卷一,上海古籍出版社 1983 年版,第 8 页。

⑥ 黄以周:《续资治通鉴长编拾补》卷二十八“徽宗大观二年五月庚戌条”,中华书局 2004 年版,第 939 页。

⑦ 司马光:《温公家范》卷六《女》,天津古籍出版社 1995 年版,第 108 页。

子在私学里受教育的事实却是无可争辩的，如谢希孟之母通经，其“子女皆自教”①；王安石对家中女子进行诗书教育，其妻、其妹、其女皆有诗名；喻皓授其女以建造技艺，甚至她还著有《木经》一卷②。北宋流传着许多“陈母教子”、“欧母画荻”的故事，涌现出了不少“孟母型”的知识女性，这从一个侧面反映了北宋女性能够接受良好教育的社会现实。

其次，受教育的对象不仅仅局限于士族子女，一般平民家的子弟亦同样有接受教育和参加竞争性科举考试的机会。在北宋，为了打开孤寒家子弟进入学校接受知识教育的门户，人们创造了“义学”这种办学模式。如天禧年间（1017—1021），湘阴人邓咸在长沙创设义学，以训族子弟及四方游学；皇祐元年（1049），范仲淹在苏州创设义庄并附设义学，供族人子弟免费入学；治圣年间（1094—1098），厉伯诠在东阳始创夏厉义塾，免费栽培厉族子弟。尽管从全民的角度看，北宋的义学还限于家族之内，但它也毕竟为更多的下层平民家子弟来分享有限的教育资源创造了条件，是北宋教育昌盛的一个重要标志。而为了扭转从唐末以来所形成的“读书无用”的愚昧之见，北宋政府除了从政策上通过不断扩大取士名额来激励和扶持读书人专心学业外，宋真宗更积极张扬读书的崇高价值，他在《劝学》一文中，将读书说成是人生最美好的东西，在他看来，人生的崇高理想和愿望只有通过读书才能实现，故北宋儒生汪洙把“万般皆下品，惟有读书高”写进了他的《神童诗》，于是这句话也就成为深入到千百万青年学子内心里的一种价值理念。与此相适应，北宋政府还通过取士不问门第和对势家子弟加以限制的办法，设法保证那些具有真才实学的平民子弟能被选拔到各级政府中来，如宋仁宗时的“四贤相”李迪、王曾、张知白和杜衍在入仕前都曾是一芥寒儒。而为避免造成专业技术人才的失意落魄，北宋对技术官职也进行了一定程度的改革，如技术官的选拔按专业性质进行试补、荫补或荐补，所谓“补”当然是对“科举”制的补充，所以从这个角度讲，士举与技术官之间还是有所区别的。但考虑到专业技术本身具有“隐密性”的特点，北宋政府特别制定了技术官可恩荫子弟“各从其父学”的“畴人之法”，这是北宋官制的一个重大进步，因为它对专业技术的历史延续是很有意义的。

再次，北宋的技术教育开始向制度化和规范化的方向发展。胡瑗所创“分斋教学法”的实质就是把学问分成经义和治事两斋，前者以六经为主，后者以专业技术培训为要。不过，在地位上，经义是主科，治事是副科，副科共分

① 何乔远：《闽书》卷一百四十一《闺阁志》，福建人民出版社 1995 年版，第 4160 页。

② 王士祯：《香祖笔记》卷七。

治兵、治民、水利和算术四类。虽然从总体上说,北宋"与士大夫治天下"的家法并没有给予技术官以应有的政治地位,甚至在士大夫的观念中还存在着"应伎术官不得与士大夫齿"[①]认识误区和政治偏见,但它却对民间技术的规范化教育开辟了一条新路子,尤其是对民间培养既懂技术理论又有专业实践经验的技术人才具有积极的指导作用。所以从这个层面讲,《武经总要》、《营造法式》、《证类本草》、《新仪象法要》等这几部重要的技术著作,实际上都是为了行业规范而编写的教材。如李诫在《进新修营造法式序》中针对建筑领域所存在的"董役之官才非兼技,不知以材而定分"现象,提出"事为之制"的主张,这"制"既是政府对建筑工程所制定的行业法规,也是民间建筑技术教育的范本和教材。而苏颂水运仪象制造技术的失传,实在跟北宋忽视这项世界级技术教育的社会现实有着密切关系。

在北宋的价值体系里,技术官的本质是"执伎以事上"[②]。因此,北宋政府采取两种途径来实施科学技术的创新工程,一是把全国各地的优秀匠师集中在一起,统一领导,协同攻关,并尽可能地对人才进行新的优化组合;二是奖励技术发明。如苏颂在建造水运仪象台的过程中,先后从全国各地聘用了许多不同专业的优秀技师,即有算术家韩公廉,寿州州学教授王沇之,大史局夏官正周日严,秋官正于太古,冬官正张仲宣,局生袁惟几、苗景、张端,节级刘仲景,学生侯永和、于汤臣,画师尹清等,试想如果没有这么一支精干的科学研究队伍,就凭苏颂一个人的力量是很难完成水运仪象台的建造任务的。而苏颂的成功之处就在于他具有出色的管理才能和应用系统规律对各种人才进行知识组合的能力。北宋政府为了垄断全国的人才资源,曾不止一次地通过行政手段将散居各地的技术人才集中在京城,由中央政府统一管理和使用,这些措施从现象上看,似乎有点差强人意,难免挫伤人才的积极性和创造性,其实不然,因为从北宋的整体科技实践成效来看,在一定条件下,集中优秀人才的创造合力,实施重大科研项目的联合攻关,正是积弱多病的北宋王朝之所以能把中国古代科学技术推向最高峰的关键,而沈括、苏颂、李诫等人正是赖于北宋科学技术的集权政策才成就了他们的一番事业。当然,假如北宋政府仅仅停留在这个层面,就很难保证其科技创新能力的持久性,而且它的人才垄断政策,也很难在有限的历史时段内将所有人才延揽无余。所以北宋政府在推行人才垄断政策的同时,对那些不能集合在京城但在各自领域却做出了发明创造的各色人才,由皇帝亲自进行奖励,这是北宋最高级别的奖赏了,可见北宋

① 王林:《宋朝燕翼诒谋录》卷二,中华书局 1985 年版,第 11 页。

② 脱脱等:《宋史》卷一百六十六《职官六》,中华书局 1975 年版,第 3941 页。

王朝对技术创新工作的重视程度。据《宋史》、《续资治通鉴长编》等文献记载，北宋的技术发明家冯继昇、唐福、项绾、石归宋、焦偓、王亨、僧怀丙等，都曾受到过皇帝的赏赐。不过，能够有机会受此殊荣者，毕竟是少数，而大多数发明家却没有这么幸运，他们有的甚至连名字都没有传下来，如火药配方、指南鱼、踏犁、"影青"白瓷的发明者；有的科学家则是通过某些私人著作的记载才得以传世，才没有被历史的记忆所湮没，如建筑大师喻皓和李诫、首创活字印刷术的毕昇、"合龙门"的水工高超、发明增乘开方法的贾宪等。此外，尚有无数不知名的科技工作者，默默无闻地为北宋的科技进步贡献了他们的聪明才智，如俞琰在《席上腐谈》中记载着一位不知姓名的道人，用非常巧妙的装置对大气压力作用做了"演示实验"；洪迈《夷坚志》则首次记载了由北宋无名氏所发明的暖水瓶；庄季裕《鸡肋篇》更载有许多诸如定州织"刻丝"、岭南"养柑蚁"防治柑橘虫害、单株选择法等先进的民间技术方法等。总之，中国乃至世界科学技术若干领域的发端，均可追溯到北宋，北宋是中国古代科学技术发展的"主焦点"。而上述事例再一次证明，那无数知名或不知名的平民科学家才是北宋科技创新的真正动力，北宋正是因为他们的创造热情和奉献精神才最终奠定了她在中国古代科技发展史上的"高峰"地位，才成就了"华夏民族之文化，历数千载之演进，造极于赵宋之世"①的历史创举。

## 三、"天人相分"与经验性的科技思维意识

黑格尔的哲学体系由三部分组成：逻辑学、自然哲学和精神哲学。其中逻辑学是根本性的东西，是自然哲学和精神哲学存在和发展的基础，而自然哲学则是逻辑学自我异化的产物，换句话说，所谓自然哲学实际上就是以"逻辑学"为模式考察自然界。从这个角度讲，自然界本身是理性的派生物，是理性发展过程中的一个阶段。这样，理性的人与自然界就构成了一对矛盾，因而成为"天人相分"的理论基础。

在宋代，程朱理学亦是用黑格尔的方法来论证天与人之间的相互关系的。比如，周敦颐的《太极图》阐释说：

"无极而太极。太极动而生阳，动极而静；静而生阴，静极复动。一动一静，互为其根。分阴分阳，两仪立焉。阳变阴合，而生水、火、木、金、土。五气顺布，四时行焉。五行，一阴阳也；阴阳，一太极也；太极，本无极也。五行之生也，各一其性。无极之真，二五之精，妙合而凝，乾道成男，坤道成女。二气交感，化生万物，万物生生而变化无穷焉。惟人也，得其秀而最灵。形既生矣，神

① 陈寅恪：《〈宋史·职官志考证〉序》。

发知矣,五性感动而善恶分,万事出矣。"

如果把黑格尔的哲学思想体系与周敦颐的哲学思想加以比照,我们就会发现两者之间的差异:在黑格尔那里,"绝对精神"异化为自然界,而自然界的展开却是呈现出自然科学的形式,即力学、物理学和有机学;相反,在周敦颐这里,"太极"演化为一系列僵硬的范畴,即阴阳、五行及万物。毫无疑问,这些范畴本身还不是"科学",尽管周敦颐的哲学思想也是对中国古代传统文化的一种概括和总结,但中国古代的传统文化是"经验性"的抽象。对此,黑格尔评论说:"中国是停留在抽象里面的;当他们过渡到具体者时,他们所谓具体者在理论方面乃是感性对象的外在联结;那是没有〔逻辑的、必然的〕秩序的,也没有根本的直观在内的。再进一步的具体者就是道德。"①也就是说,中国古代的传统思维范畴产生出了以"道德"为核心内容的"天人相分"思想,而没有产生出以"科学"为核心内容的"天人相分"思想。于是,以儒学为基本构架的中国传统文化就对"道德"与"科学"的关系得出了下面的结论:

"是故德成而上,艺成而下,行成而先,事成而后。"②

在这样的理念之下,一旦"科学"与"道德"发生了冲突,其结果总是以牺牲"科学"来捍卫"道德"的尊严,这反映了一个事实,即"道德"相对于"科学"具有神圣的不可侵犯性。例如,《南史》卷三十五《顾觊之传》载:

"大明元年(457)征守度支尚书,转吏部尚书。时沛郡相县唐赐往比村彭家饮酒还,因得病,吐蛊二十余物。赐妻张从赐临终言,死后亲刳腹,五藏悉糜碎。郡县以张忍行刳剖,赐子副又不禁止。论妻伤夫,五岁刑,子不孝父母,子弃市。并非科例。三公郎刘勰议:'赐妻痛遵往言,儿识谢及理,考事原心,非在忍害,谓宜哀矜。'觊之议:'以妻子而行忍酷,不宜曲通小情,谓副为不孝,张同不道。'诏如觊之议。"

"考事原心"是一种科学的方法,是推动科学技术向前发展的关键性智力因素。在西方,近代科学诞生的重要标志就是机械自然观与实验—数学方法论的建立。而笛卡尔对机械自然观的表述如下:

第一,自然与人是完全不同的两类东西,人是自然界的旁观者;

第二,自然界中只有物质和运动,一切感性事物均由物质的运动造成;

第三,所有的运动本质上都是机械位移运动;

第四,宏观的感性事物由微观的物质微粒构成;

第五,自然界一切物体包括人体都是某种机械;

① [德]黑格尔:《哲学史讲演录》第一卷,商务印书馆 1997 年版,第 132 页。

② 《礼记·乐记下》。

第六，自然这部大机器是上帝制造的。①

在笛卡尔的这些表述中，我们至少可提炼出两个思想要点：一是“天人相分”思想成为近代机械自然观的理论基础；二是“机械自然观”与人体解剖具有直接的关系，甚至在某种程度上说，近代机械自然观就是在人体解剖实践的基础上而产生的。西方医学走过了从动物解剖到人体解剖的医学发展之路，从历史上看，由维萨留斯通过人类尸体解剖而构建的系统人体实体解剖模型，成为近现代实验医学发展的基本指南。以此为前提，哈维在解剖实验的基础上进一步发现了血液循环运动规律，使生命医学变成为真正的科学。与西方医学的发展道路不同，宋代的医学不能说不发达，但是就总体水平而言，宋代医学仍然停留在经验医学的阶段，而没有能够走向实验医学之路。关于经验医学与实验医学的区别，法国科学家贝尔纳说：

“正如对于经验主义医生一样，对于实验医生来讲，了解奎宁能治好发烧，这是不够的；对他特别重要的是要知道为什么发烧，并且要考虑奎宁能治好发烧的机制。这一切与实验医生有关，因为从一开始他就知道，用奎宁能治好发烧的事实，不再是一件经验的和孤立的事实，而是一件科学的事实。那么，这一件事实将与使它和其他现象有联系的一些条件有关，并且我们将由此被带进认识机体的规则和调节现象表现的可能性中去。特别使实验医生关心的，正是力求在与所有其他的实验科学相同的原理上来建立医学。”②

前面说过，在西方，近代解剖学的建立起自法医学的引导与示范作用。大家知道，宋代的法医学亦很发达，比如，宋慈的《洗冤集录》就是世界上第一部系统的法医学专著，而自从《洗冤集录》问世以后，它所提出的观点几乎成了历代封建法官断狱决案的“金科玉律”，可见其影响之深。宋慈在《洗冤集录》序言中说：

“狱事莫重于大辟，大辟莫重于初情，初情莫重于检验。盖死生出入之权舆，幽枉屈伸之机括，于是乎决。法中所以通差今佐理掾者，谨之至也。年来州县，悉以委之初官，付之右选，更历未深，骤然尝试，重以仵作之欺伪，吏胥之奸巧，虚幻变化，茫不可诘。纵有敏者，一心两目，亦无所用其智，而况遥望而弗亲，掩鼻而不屑者哉！慈四叨臬寄，他无寸长，独于狱案，审之又审，不敢萌一毫慢易心。若灼然知其为欺，则亟与驳下；或疑信未决，必反复深思，惟恐率然而行，死者虚被涝漉。每念狱情之失，多起于发端之差；定验之误，皆原于历试之浅。遂博采近世所传诸书，自《内恕录》以下，凡数家，会而粹之，厘而正

① 吴国盛：《科学的历程》，北京大学出版社2002年版，第240页。

② [法]贝尔纳：《实验医学研究导论》，商务印书馆1996年版，第219页。

之，增以己见，总为一编，名曰《洗冤集录》。”

但是宋慈所说的“检验”，仍停留在体表的“观察”，而没有进一步深入到尸体解剖的“实验”中去，从这个意义上说，宋慈的法医学依然没有超出“经验医学”的范畴，因为“观察法”是经验思维的基本方法。所以，中国传统医学的“望、闻、问、切”实际上亦是一种以功能表象观察为中心的“经验医学”。以方剂学为例，沈括说：“世之为方者，称其治效，常喜过实。《千金》、《肘后》之类，犹多溢言，使人不敢复信。予所谓良方者，必目睹其验，始著于篇，闻不预也。”①此处之“验”从狭义的角度说是“效验”，然从广义的角度说则是“经验”，故中医处方一般都称作“经验方”。因此，明代医学家汪昂在《医方集解·序》中说：“方之祖始于仲景。后人触类扩而充之，不可计殚，然皆不能越仲景之范围。”而后世医者在处方时，多“取古人已验之成规而斟酌用之”。所以，宋代的医学尤以方剂学最为发达，据《宋史》卷二百七《艺文志》统计，仅以“方”命名的医方书就达 88 种，尚不包括像《圣济总录》、《小儿药证直诀》等这些没有挂以“方”名的医方书。其中《太平圣惠方》和《圣济总录》载方均逾万首，在这些医方中，有些属于基本方，但更多的则是加减方和民间自创方。那么，这么多的医方究竟是如何发明的？中医讲究对症用药，此“症”主要是指人体的生理和病理性的证象，是外在性的东西，而医者则通过“以象测藏”、“以表度里”和“司外揣内”的方法来诊断病情，然后再根据阴阳五行学说与人体脏腑经络之间的对应关系去选择适当的药物，用于治疗疾病，由于这个诊治系统依靠的主要是书本知识和一定的临床经验，所以宋代有“儒医”之称，同时宋代文人编撰医方也就成了一种“时尚”。贝尔纳说：“实验医学，就其实验科学的本质来讲，没有体系，治疗或治病，它什么也不排斥；实验医学相信和承认一切，只要它建立在观察的基础上，并被实验所证明。”②又说：实验医学“必须接受经验疗法，但是想把它视为体系，则是反科学的一种倾向。至于体系派，或学说派的医生，都是一些不求助于实验，但凭经验的人，他们将纯假设或许多事实联系起来，这是经验主义凭理想的体系告诉他们的，然后，他们由此推理出一系列他们的医学行为的准则。”③在 13 世纪，宋代医学大体上可视为“体系派”，而金代的医学则大体上可视为“学说派”，如刘完素的“寒凉派”、张从正的“攻下派”、李杲的“补土派”等。当然，这种划分是相对的，比如，宋

① 虞信棠、金良年编：《梦溪笔谈校证》卷九，《胡道静文集》，上海人民出版社 2011 年版，第 282 页。

② ［法］贝尔纳：《实验医学研究导论》，商务印书馆 1996 年版，第 218 页。

③ ［法］贝尔纳：《实验医学研究导论》，商务印书馆 1996 年版，第 221 页。

代医学除了"体系派"之外，还盛行"运气学说"。而"运气学说"比较典型地反映了经验思维的另一种广泛施用的方法——比类法。如，宋徽宗说：

"十二经脉以气为阳，以血为阴，周行一身，分流如汲，以应地之经水十有二焉。足阳明合于海，足太阳合于清，足少阳合于渭，足太阴合于湖，以至于足厥阴之合于沔，足少阴之合汝，手阳明之合江，手太阳之合淮，手少阳之合漯，手太阴之合河，手心主之合漳，手少阴之合济。凡皆外有原而内有所禀，外内相贯，如环无端。"①

这是一种生理之比类，此外，还有药理之比类。例如：

"蝉吸风，用以治风；虻饮血，用以治血；鼠善穿，以消腹满；獭善水，以除水胀；乘风莫如鸢，故以治风眩；川泳莫如鱼，故以治水肿；蜂房成于蜂，故以治蜂螫；鼠妇生于湿，故以利水道，所谓因其性而为之用者如此。"②

像"因其性而为之用者"的用药方法，纯粹是一种经验思维，它同近代意义上的"科学"并不是一回事。然而，在特定的历史背景下，我们必须承认这种经验思维法的部分有效性。拿鼠妇来说，《中药大辞典》载其功能主治共有四项：破血，利水，解毒，止痛。《日华子本草》亦说：鼠妇具有"通小便"的作用，故《千金方》发明有"治产后小便不利"方："鼠妇七枚，熬为屑，作一服，酒调下。"《山东中草药手册》亦载有"治小便不利"方："鼠妇一钱五分，车前子四钱，泽泻三钱，灯心一钱。水煎服。"③又，蝉蜕的功能主治为"散风热，宣肺，定痉"。《本草纲目》卷四十一《虫部·蝉蜕》载："治头风眩运，皮肤风热，痘疹作痒，破伤风及丁肿毒疮，大人失音，小儿噤风天吊，惊哭夜啼，阴肿。"由于蝉蜕的"散风热"功能可靠，故《太平圣惠方》、《姚僧坦集验方》、《时病论》、《赤水玄珠》等医书都载有蝉蜕治疗"风热证"的验方。其中《时病论·辛凉解表法》载："治风温初起，风热新感，冬温袭肺，咳嗽；薄荷一钱五分，蝉退一钱（去足、翅），前胡一钱五分，淡豆豉四钱，瓜蒌壳二钱，牛蒡子一钱五分。煎服。"有临床报道，取蝉蜕洗净，晒干，炒焦，研末，过筛，炼蜜为丸，用以治疗慢性荨麻疹 30 例，取得了治愈 7 例、显效 15 例、好转 5 例的效果④。可见，以经验思维为特点的中医学在治病效果上应当肯定是卓有成效的。因此，席文认

---

① 宋徽宗:《圣济经》卷四《远道篇·候气守经章第三》，人民卫生出版社 1990 年版，第 78 页。

② 宋徽宗:《圣济经》卷九《药理篇·权通意使章第四》，人民卫生出版社 1990 年版，第 173 页。

③ 南京中医药大学编:《中药大辞典》下册，上海科学技术出版社 1993 年版，第 2499 页。

④ 南京中医药大学编:《中药大辞典》下册，上海科学技术出版社 1993 年版，第 2558—2559 页。

为:在1850年之前,中国与欧洲在医学方面难分轩轾①。而贝尔纳在阐述经验医学与实验医学的关系时说得好:“经验主义医学和实验医学不是毫不相容的;相反,它们应该是彼此不可分的。”②又说:“我支持一种纯科学的见解,因为这是经验主义和建立在真正的实验方法上的实验的理性结合,我将很容易便证明这一点。事实上,我们已看见,在根据支配事实的规律来预见事实以前,必须通过经验或偶然性来观察事实;正如根据一种科学的理论做实验以前,必须凭经验来实验或观察一样。然而,经验主义从这个关系来看;正如已说过的那样,因为经验主义不是一种确定的状态;由此得出的模糊的和无意识的经验,人们可以称之为医学灵感,之后通过有意识的和推理的实验方法转化为科学的概念。”③尽管宋代的中医学从总体上讲,还没有能够实现由“医学灵感”通过“有意识的和推理的实验方法”而转化为“科学的概念”,进而实现由“经验医学”向“实验医学”跨越,但正如“医学在达到自己确定的实验阶段以前需要经过经验主义”④一样,宋代医学还处于“推测”的医学阶段。然而,它经过一定时间的资料积累之后,中国医学注定会“逐渐摆脱经验主义”,这是中国医学发展的必然趋势和客观规律。

如前所述,《洗冤集录》不是从解剖的层面去观察和鉴别人体的精细结构,而是从整体上来对人体与外伤之间进行“直接、偶然、简单的描述和连接”,虽然它有不精确之嫌,但那毕竟是一种客观的描述,同样有助于法官对案件的决断。实际上,整体思维不仅表现在医学领域,而且更渗透到了农业、天文、数学、建筑等宋代的各个科学技术领域,甚至人们的日常生活领域里,因而它是宋代经验思维的一种主要形式。不过,我们不能孤立和片面的强调“整体思维”而忽视了“部分思维”,事实上,在中国古代,人们亦从来没有离开部分而讲整体。因为在宇宙的统一体内,部分与整体是两个既相区别又相联系的方面。一方面,整体由各个部分组成,整体不能脱离各个部分而孤立存在;另一方面,各个部分作为整体存在的因素或过程,总是处于与其他部分的相互作用和相互影响之中,它们对于维持系统整体的正常结构和功能都是不可或缺的。所以,《周易·系辞下》说:“有天道焉,有人道焉,有地道焉,兼三才而两之,故六。六者非它也,三材之道也。”在此,“三才”指天、地、人是毫无疑问的,关键是我们究竟应当如何理解“三才”之间的相互关系。首先,“三

① 席文:《为什么中国没有发生科学革命》,载《科学与哲学》1984年第1期,第5页。
② [法]贝尔纳:《实验医学研究导论》,商务印书馆1996年版,第215页。
③ [法]贝尔纳:《实验医学研究导论》,商务印书馆1996年版,第221页。
④ [法]贝尔纳:《实验医学研究导论》,商务印书馆1996年版,第225页。

才”各自具有相对的独立性，以“分”为前提；其次，“三才”各自相互关节而组成一个有机的整体，以“合”为归宿。故《吕氏春秋》卷二十六《士容论·审时》云：“夫稼，为之者人也，生之者地也，养之者天也。”而这个思想为宋代的陈旉所继承和发展，尤其是陈旉根据有宋代社会与科技发展的实际情况，审时度势，顺应宋学“与天相参”的天人思想潮流，在《列子》思想的基础上，明确提出了“在耕稼盗天地之时利”[①]的天人相分命题，使之与中国古代传统农学中的经验思维方式相结合，因而把天、地、人相参的法则具体化为一种科学研究的思想指南和理论纲领。《列子·天瑞篇》：“吾闻天有时，地有利。吾盗天地之时利，云雨之滂润，山泽之产育，以生吾禾，殖吾稼，筑吾垣，建吾舍。陆盗禽兽，水盗鱼鳖，亡非盗也。夫禾稼、土木、禽兽、鱼鳖，皆天之所生，岂吾之所有？然吾盗天而亡殃。”在这里，陈旉绝对不是简单地重复《列子》所说过的话，而是在积极地张扬一种“贵人”的天人精神。《说文》释“盗”云：“私利物也。”以此则“盗天地之时利”的意思就是指人通过一定的劳动手段而使“天地之时利”都来为自身的目的服务，它显示了人对于自然界的能动性。具体表现在以下几个方面：一是人能比较充分地利用“天时”与“地利”或称“地宜”，如陈旉说：“种莳之事，各有攸叙，能知时宜，不违先后之序，则相继以生成，相资以利用，种无虚日，收无虚月，一岁所资，绵绵相继，尚何匮乏之足患，冻绥之足忧哉！”[②]二是人类通过科技实践活动，能够做到使地力常新，并且能不断提高粮食亩产量，如陈旉说：“或谓土敝则草木不长，气衰则生物不遂，凡田土种三五年，其力已乏。斯语殆不然也，是未深思也。若能时加新沃之土壤，以粪治之，则益精熟肥美，其力当常新壮矣，抑何弊何衰之有！”[③]因此，陈旉成为宋代天人相分思想发展史上努力阐扬人定胜天思想的一个光辉范例。三是人的目的性和计划性，使实现天、地、人“三位一体”的重要条件，同时，人的能动性的发挥程度还要受到现实条件的制约，因为自由是对必然性的认识。所以陈旉说：“凡事豫则立，不豫则废。求而无之实难，过求何害？农事尤宜念虑者也。”且“凡从事于务者，皆当量力而为之，不可苟且，贪多务得，以致终无成遂也。传曰：少则得，多则惑。况稼穑在艰难之尤者，讵可不先度其财足以赡，力足以给，优游不迫，可以取必效，然后为之？傥或财不赡、力不给，而务多贪得，未免苟简灭裂之患，十不得一二，幸其成功，已不可必矣。虽多其田亩，是多其患害，未见其利益也。若深思熟计，既善其始，又善其中，终必有成遂之常矣，岂

---

① 《陈旉农书》卷上《天时之宜篇》，知不足斋丛书本。

② 《陈旉农书》卷上《六种之宜篇》，知不足斋丛书本。

③ 《陈旉农书》卷上《粪田之宜篇》，知不足斋丛书本。

徒徼一时之幸哉。"①但话又说回来,人的能动性无论多么发挥,都不能违背自然规律,只有尊重自然规律,按照自然规律从事农业生产,才能真正实现"百谷之成"的愿望和目标,因此,陈旉说:"然则顺天地时利之宜,识阴阳消长之理,则百谷之成,斯可必矣。"②显然,此处的"顺天地时利之宜"已经不同于前面的"盗天地之时利"思想了,它已经是一种非常讲求天、地、人"三位一体"的"天人合一"思想了,同时亦是一种典型的"天人一也"的简易经验思维。

一般来说,天学较之农学和医学更加接近"天人合一"的理想境界,因之,亦更多经验性的直观和推测。爱因斯坦曾说:"知识不能单从经验中得出,而只能从理智的发明同观察到的事实两者的比较中得出。"③因此,宋代天文学的总体发展水平虽较唐代有所进步,但也往往受到以下几个条件的限制:

1.浑天说是其基本的天体观测与推算模型。如朱熹说:"要看历数子细,只是'璇玑玉衡'疏载王蕃《浑天说》一段极精密,可检看,便是说一个现成天地了。"④而,王蕃《浑天说》中所说的"一个现成天地"究竟是什么样子的?宋人李昉等说:"浑天之作,由来尚矣。考之於天,信而有证。旧说天地之体,状如鸟卵,天包地外,犹壳之裹黄也。周回如弹丸,故曰浑天,言其形体浑浑如也。周天三百六十五度五百八十九分度之百四十五,东西南北,展转周规,半覆地上,半在地下,故二十八宿半见半隐。以仪准之,其见常一百八十二度有奇,是以知其半覆地上、半在地下也。黄赤二道相与交错,其间相去二十七度。以两仪准之,俱三百六十五度。有赤道见者,常百八十二度半强。又南北考之,天见者亦一百八十二度半强。是知天之体圆如弹丸。北出地三十六度,是知南极入地亦三十六度,而两极相去百八十二度半强也。"⑤由于宋朝的皇帝特别迷信"天赋君权"说,所以他们一方面禁止民间对天文现象的观测和研究,另一方面却加紧对天文仪器的研制与历法的制定。一般而言,天学的基础在于观测星象,它既是宋代进行天文仪器研制的内动力,同时又是历法制定的科学依据。从文献记载所反映出来的史实看,宋代的天学基础理论是浑天说,而天文仪器的制造亦以浑天仪的制造最为出色。其中从宋仁宗开始至北宋末年,宋朝政府曾先后进行了五次大型的浑仪制造活动,计有"皇祐新浑仪"、"熙宁浑仪"、"元丰浑仪"、"元祐浑天仪象与浑仪"及"宣和玑衡",而"元祐浑天仪象与浑仪"的制造代表着宋代浑仪制造的最高成就。

---

① 《陈旉农书》卷上《财力之宜篇》。

② 《陈旉农书》卷上《天时之宜篇》。

③ [美]爱因斯坦:《爱因斯坦文集》第一卷,商务印书馆 1976 年版,第 278 页。

④ 黎靖德编:《朱子语类》卷二《理气下·天地下》,中华书局 1994 年版,第 15 页。

⑤ 李昉等:《太平御览》卷二《天部二·浑仪》,中华书局影印,1960 年版,第 10—11 页。

2.地心说是宋人解释一切天体现象的逻辑前提。从根源上讲,地心说是一种经验事实,但不是观测事实,而在经验思维占统治地位的宋代,人们还没有足够的观测事实以证明地心说的谬误。如朱熹在坚持“浑天说”的基础上对“地球为中心”论作了下面的描述,他说:“天地初间,只是阴阳二气。这个气运行,磨来磨去,磨得急了,便拶许多渣滓,里面无处出,便结个地在中央。气之清者便为天,为日月,为星辰,只在外常周环运转。地便只在中央不动,不是在下。”①又说:“天以气而依地之形,地以形而附天之气。天包乎地,地特天中之一物尔。天以气而运乎外,故地搉在中间,隤然不动。使天之运有一息停,则地须陷下。”②从历史上看,罗马时代托勒密在《天文学大成》中所提出的“地心说”与东汉时期张衡在《浑天仪注》中所述之“浑天仪”可谓当时世界天文学领域里的双璧,相互辉映而光照四海。虽然张衡的“浑天仪”没有明确提出“地心说”,但它却包含着“地动说”的萌芽,就此来说,它的进步性是不言而喻的。入北宋之后,理学大师张载则依“浑天说”极其清晰地表述了昼夜变化与地球自转之间的内在关系,他说:“恒星所以为昼夜者,直以地气乘机左旋于中。”③又“凡圜转之物,动必有机;既谓之机,则动非自外也。”④可惜,宋人没有能够突破“浑天仪”的宇宙天体模型,因而局限了人们由经验思维向理论思维的转进。正如陈美东先生所说:“总的说来,浑天说是一种以大地为中心、有一个浑圆的天壳绕它旋转的宇宙结构模式。它同古希腊托勒玫的地心说有不少相似之处,只是前者不如后者完备。它是以对天象的直观观察作为基础的,能比较好地解释一些天体的视运动现象,在历法中有比较大的实用意义。应该说,在古代的条件下,它仍不失为一种有价值的宇宙结构学说。”⑤

3.天不仅是一个自然的客体,而且更是一个至善的道德实体。从作为一个自然的客体看,《周易·系辞上》说:“太极生两仪,两仪生四象,四象生八卦,八卦定吉凶,吉凶生大业。”而从作为一个道德的实体看,则《周易·系辞上》又说:“夫乾确然,示人易也;坤隤然,示人简矣。”⑥“易简之善配至德”⑦,“一阴一阳之谓道,继之者善也,成之者性也。”⑧宋人讲“天”,虽然不惟“道德

① 黎靖德编:《朱子语类》卷一《理气上·太极天地上》,中华书局 1994 年版,第 6 页。

② 黎靖德编:《朱子语类》卷一《理气上·太极天地上》,中华书局 1994 年版,第 6 页。

③ 张载:《正蒙·参两篇》,《张载集》,中华书局 1978 年版,第 11 页。

④ 张载:《正蒙·参两篇》,《张载集》,中华书局 1978 年版,第 11 页。

⑤ 陈美东:《中国古代的宇宙理论》,载《中国古代科技成就》,中国青年出版社 1978 年版,第 43 页。

⑥ 《周易·系辞下》。

⑦ 《周易·系辞上》。

⑧ 《周易·系辞上》。

的实体”,但从“道德的实体”这个角度来谈天说地,却是其主要的方面。例如,程颐说:

“‘天尊,地卑。’尊卑之位定,而乾坤之义明矣。高卑既别,贵贱之位分矣。阳动阴静,各有其常,则刚柔判矣。事有理,物有形也。事则有类,形则有群,善恶分而吉凶生矣。象见于天,形成于地,变化之迹见矣。阴阳之交相轧,八方之气相推荡,雷霆以动之,风雨以润之,日月运行,寒暑相推,而成造化之功。得乾者成男,得坤者成女。乾当始物,坤当成物。乾坤之道,易简而已。乾始物之道易,坤成物之道简……圣贤德业久大,得易简之道也。天下之道,易简而已。有理而后有象,‘成位乎其中’也。”①

说“天下之道,易简而已”没有错,事实上,就形式而言,近代科学的最显著特征就是“易简”。如开普勒在第谷天文观测数据的前提下,总结出了“行星运动三大定律”。1609 年,开普勒在《论火星的运动》一书中公布了他所发现的两个定律:一是火星的运行轨道为椭圆,太阳位于这个椭圆的一个焦点上;二是在相同的时间内,太阳和火星的连线所划出的面积相等。1619 年,开普勒在《世界的和谐》一书中又发表了他所发现的第三个定律:太阳系中任何两颗行星公转周期的平方比等于它们轨道半径的立方比。可见,《周易》的天道“易简”原则在开普勒的三个定律中得到了具体的体现,由此更加强了人们认为天是完美与和谐的宇宙实体这个古老的传统观念。然而,中国传统中的“天”不仅是自然的,而且是道德的。在宋代,道德天是天学思想的主流。对此,朱熹有很多议论,在他看来,天与道德本来就是结合在一体的,他说:

“天之所以为天者,理而已。天非有此道理不能为天。故苍苍者,即此道理之天。”②

“盖谓仁者,天地生物之心,而人物所得以为心,则是天地人物莫不同有是心,而心德未尝不贯通也。虽其为天地,为人物,各有不同,然其实则有一条脉络相贯。故体认得此心,而有以存养之,则心理无所不到,而自然无不爱矣。才少有私欲蔽之,则便间断,发出来爱,便有不到处。故世之忍心无恩者,只是私欲蔽锢,不曾认得我与天地万物心相贯通之理。故求仁之切要,只在不失其本心而已。”③

由这两段引文,不难看出。在宋代,人们对“天”的理解与西方近代对

---

① 程颢、程颐:《河南程氏经说》卷一《易说》,《二程集》下,中华书局 1981 年版,第 1027 页。

② 黎靖德编:《朱子语类》卷二十五《论语七·八佾篇》,中华书局 1994 年版,第 621 页。

③ 黎靖德编:《朱子语类》卷九十五《程子之书一》,中华书局 1994 年版,第 2424—2425 页。

"天"的理解是截然不同的。冯友兰先生把两者的这种本质差异概括为"为天地立心"与"为自然立法"的对立。蒙培元先生进一步解释说:两者"其所以不同,就在于'为天地立心'是建立在人与自然统一的有机整体论之上的,是建立在自然界有'内在价值'的基本前提之上的。"而"为自然立法"则是"建立在人与自然相分离的主体哲学之上的,是建立在自然界没有'内在价值'的认识之上的。"①在这里,对于这种"二元式"的对待与定位,究竟是否符合朱熹的本意,暂且不论,仅就其将中西两种哲学思想传统作了上述的区分本身来说,就是非常有意义的一件事情。而从方法论上讲,用人的道德属性去说明天的自然属性,并赋予其道德的价值和意义,应当说是程朱理学的显著特征之一。现在的问题是,这种道德属性一定是建立在"天人合一"思想基础之上吗?朱熹自己对这个问题作了如下的回答,他说:

"'赞天地之化育。'人在天地中间,虽只是一理,然天人所为,各自有分,人做得底,却有天做不得底。如天能生物,而耕种必用人;水能润物,而灌溉必用人;火能熯物,而薪爨必用人。裁成辅相,须是人做,非赞助而何?程先生言:'参赞之义,非谓赞助。',此说非是。"②

显然,朱熹对二程从"天人合一"的角度来界定"赞天地之化育"的内涵,认为人无条件地服从于天理而只见"合"而不见"分"的观念,极为不满意。在他看来,"天人合一"不是在任何条件下都可适用的思想范畴,因此,他非常欣赏二程"天人二分"的说法,认为:"程子说赞化处,谓'天人所为,各自有分',说得好!"③因此,把人的道德特性赋予天,应当说是宋人简易经验思维的一种必然结果,从这个角度说,宋人经验性科技思维的思想基础应为"天人相分"而不是"天人合一"。这样,我们就看到了无论是西方还是东方,人类在面对自然万物时所处的科技思维状态具有一致性,而不是把科技思维一分为二成两种对立的形式。毫无疑问,西方近代科学经历了"经验思维"的历史阶段,而不是从一开始就是"理性思维";中国古代科学与西方近代科学相比,两者的主要差异在于前者完成了由经验思维向理性思维的转化,而后者直到宋代还仍然停留在经验思维的水平,没有能够实现由经验性思维向理性思维的历史跨越。

---

① 蒙培元:《关于中国哲学生态观的几个问题》,《中国哲学史》2003年第4期。

② 黎靖德编:《朱子语类》卷六十四《中庸三·第二十二章》,中华书局1994年版,第1570页。

③ 黎靖德编:《朱子语类》卷六十四《中庸三·第二十二章》,中华书局1994年版,第1570页。

# 第六章　宋代“天人相分”思想的历史地位和时代局限

## 第一节　宋代“天人相分”的历史地位

### 一、丰富了传统“天人”关系的内容

在宋代以前,中国古代天人关系的主要内容包括:

(1)神与人合一。根据“前仰韶文化”出土文物中所发现的人像绘画来判断,在原始社会早期,“神”的崇拜及其祭祀已经是人们日常生活的最重要的组成部分之一了。那时,由于社会生产力极不发达,且生活环境又十分恶劣,故“神”的崇拜对于维持人们正常的生活秩序具有特别重要的意义。“神”对于人来说,它的存在显然是外在的。比如,红山文化所出土的裸体女神像①,这些偶像神不仅外在于人类,而且是一种凌驾于人类之上的宗教力量。恩格斯曾经指出:“一切宗教都不过是支配着人们日常生活的外部力量在人们头脑中的幻想的反映,在这种反映中,人间的力量采取了超人间的力量的形式。”②从“天人关系”的角度讲,这是“天人相分”的原始形式。当然,这种“天人相分”思想与春秋以后所形成的“天人相分”思想相比,具有根本不同的内容。因为后者所强调的重点是人间的力量,而前者所强调的恰好相反,它看重的不是人间的力量而是神的力量。于是,在这样的历史前提下,人类祖先便产生了某种原始的宗教意识,譬如,《说文解字》释“娲”字云:“娲,古之神圣女,化育万物者也。”可见,“娲”就是一种专司生育的“神”。故《说文解字》释“神”字说:“神,天神引出万物者也。”如果说“娲”还不是一个独立的“神”的话,用《国语》的话说就是“人神杂糅”或者“人神不分”,那么,“天神”便是一个独立意义上的“神”,它已经是“人的本质力量的异化”形式了。所以,“天神”概念的出现标志着“神”作为独立于人类社会之外的一种物质力量而普遍

① 郭大顺、张克举:《辽宁省喀左县东山嘴红山文化建筑群发掘简报》,载《文物》1984 年第 11 期。

② 《马克思恩格斯选集》第 3 卷,人民出版社 1972 年版,第 354 页。

地存在于人们的观念里。一般而言,天上的神与人间的王权是统一的,在人类社会早期,人间的王权通常也采取“神权”的形式,所以当人间的王权发生更替或变故的时候,天上的“神”则往往会发生动摇,相应地,“神”亦不得不适应性地改变一下自己的存在形式,这便是“通天者王”的基本内涵。

(2)“天”的地位由“神”向“非神”的转化。周革商命不仅是一种物质的力量,而且更是一种精神的力量。当然,西周人绝不会利用商朝的保护神来庇护自己的命运,于是,周人便创造了“天”或“天命”这种新的宗教形式以替代商朝的“帝命”。如《尚书·周书·多士》载:“予亦念天,即于殷大戾,肆不正。”此“予”指周成王,这句话的意思是说,周成王考虑到天明只是夺取殷国,而不是要治殷民的罪,所以作为殷民就应该顺从天的意志,服从周朝的统治。故周王对殷民经常有“天命不易”、“天命不僭”①的训诫。在周人看来,“天”的意志有两种表现,它既能“棐忱辞”②,又能“降威”③和“降割”④,此“割”即害之意。对于“天”的权威,西周统治者当然希望“时惟天命,无违”⑤,然而,被统治者能接受西周统治者的这种“愚民”心态吗?考《诗经》之“风、雅、颂”类型,其对待“天”的态度截然有别,差异颇大。一般而言,从西周最高统治者到普通的下民,随着社会地位的下降,其“天”的政治地位亦越来越淡化,以至于在普通民众的头脑里,“天”仅仅是一个“自然”性的存在。比如,《诗经·周颂·天作》云:“天作高山,大王荒之。”此“天”即为自然之天;《诗经·周颂·昊天有成命》又云:“昊天有成命,二后受之。”此“天”为主宰之天,由此西周最高统治者便享有了对“天命”这个宗教神的“独占”,而一般的官吏和下民则无缘于“天命”。所以,在一般的官吏心目中,“天”的观念就要相对地复杂一些。一方面,“天”还扮演着“上帝”的角色,神圣不可侵犯,故云:“荡荡上帝,下民之辟;疾威上帝,其命多辟。”⑥另一方面,随着官吏阶层中激进人士疑天思潮的兴起,“天”这个高高在上的“宗教神”亦渐渐地失去了其神秘的光环,因此,周人说:“明明在下,赫赫在上,天难忱斯。”⑦不仅“疑天”、“惑天”,而且还“责天”,这是当时西周公卿大夫士阶层的一种比较普遍的心态,同时也是西周“天人关系”演变过程中所出现的一个新的思想特点。如《诗经·大雅·板》

---

① 《尚书·周书·大诰》。

② 《尚书·周书·大诰》。

③ 《尚书·周书·大诰》。

④ 《尚书·周书·大诰》。

⑤ 《尚书·周书·多士》。

⑥ 《诗经·大雅·荡》。

⑦ 《诗经·大雅·大明》。

说:“天之方难,无然宪宪”、“天之方虐,无然謔謔”,《诗经·小雅·节南山》又说:“昊天不傭,降此鞠訩;昊天不惠,降此大戾”,等等。不难想见,由西周官吏阶层中的激进人士所发动的这场“疑天”和“责天”思潮,表明到西周末年整个士大夫阶层普遍地出现了天神信仰危机,而这场信仰危机的思想史意义就在于它促使人们重新思考和认识“天”这种客观存在,并为春秋战国时期以理性而不是信仰为特征的哲学思维形式的出现创造了历史条件。

(3)否定“天”的神性与提升“人”的能动性,应是一物之两面。黑格尔曾经说过:“当一个民族脱离了它的具体生活,当阶级地位发生了分化和区别,而整个民族快要接近于没落,内心的要求与外在的现实发生了裂痕,而旧有的宗教形式已不复令人满足,精神对它的现实生活表示漠不关心,或表示厌烦与不满,共同的伦理生活因而解体时,——哲学思想就会开始出现。”①对于西周的士大夫来说,当周天子的权威已为诸侯的相互征伐所代替,因而导致礼崩乐坏,战乱不止的社会局面时,他们的“内心要求”与“外在现实”必然会发生断裂现象。于是,由传统的“天人关系”开始发展出了帕森斯所说的“哲学的突破”。在中国,如果以春秋社会为基准,那么,它的前面就是一个神学时代,而它的后面则是一个哲学或人学的时代。其中,站在这个时代最前面的两位哲学人物就是孔子与老子。由于孔子与老子在中国古代思想史上的特殊地位,故黑格尔把孔子的思想称为“士大夫的宗教”,而将老子的思想称为“道家”,却不称作“道教”,并把老子思想的核心概念“道”理解为西学意义上的“理性”②。在某种意义上说,“士大夫的宗教”也可视为“人的宗教”,它是西周以来社会现实的一种意识形态化,是中国古代传统文化的脊梁。故孔子说:“天地之性,人为贵。”③籍此,沿着孔子的哲学理路,儒学在其传承过程中,逐渐地由孔子的“贵人”观而发展出各种各样的“民本”思想。如《春秋左传·桓公六年》载季梁的话说:“夫民,神之主也,是以圣王先成民而后致力于神。”从天人关系的角度讲,这显然是一种崇民抑神的“民本”思想。又,《孟子》卷十四《尽心章句下》说:“民为贵,社稷次之,君为轻。”在这里,孟子的“民本”思想与季梁的民本思想,其立脚点有所不同,而从民众与国家政治的关系看,此为“民贵君轻”的一派思想。再如,《荀子》卷八《君道》说:“君者,仪也;民者,景也;仪正而景正。君者,槃也;民者,水也;槃圆而水圆。”又说:“君子者,天地之参

① [德]黑格尔:《哲学史讲演录》第一卷,商务印书馆 1997 年版,第 54 页。

② [德]黑格尔:《哲学史讲演录》第一卷,商务印书馆 1997 年版,第 125—126 页。

③ 《孝经·圣治章》。

也，万物之总也，民之父母也。”①这种“君仪民景”的观念与孟子的“民贵君轻”思想正好相反，实际上，在荀子的思维世界里，作为“景民”的“民”是指“乱民”，因而在封建制度的“王权”下，“景民”就由一个从“治”到“制”的发展过程②。这是因为“人性”是恶的，而对于“恶”的人性，就必须通过强制的手段，“故制礼义以分之，使有贫富贵贱之等”③，“是以为之起礼义，制法度，以矫饰人之情性而正之”④。用董仲舒的话说，就是“天生民性，有善质而未能善，於是为之立王以善之，此天意也。民受未能善之性於天，而退受成性之教於王，王承天意以成民之性为任者也。”⑤可见，诸子时期人们对“人”的价值定位，尚存在着很大的分歧。但不管怎么说，“天”的性质却发生了根本性的变化。

第一，由“神化”的“天”转变为“人化”的“天”。其中，“自然天”也是“人化天”的一部分。因为在“神化天”的文化背景下，“天”是不可度量的，如《鹖冠子》卷中《度万》云：“天者，神也；地者，形也。”“所谓天者，非是苍苍之气之谓天也”，而是“言其然物而无胜者也。”其“然”同“燃”，它是祭祀的基本内涵。也就是说，“天”与“人”的沟通不是认识与被认识的关系，而是崇拜与被崇拜的关系，在这样的前提下，“天”是宗教的对象，而不是科学的对象。故麦克斯·缪勒认为，在世界范围内，许多原始文化都是以天来代表至上神的⑥，而中国的原始文化亦复如此。于是，《论衡·祭意》说：“王者祭天地”，而祭祀的方式是“燔柴于大坛，祭天也”。这说明“祭天”的活动不仅是王者的特权，而且只有用“火”的方式才能与天沟通。与之相反，在“人化天”的文化背景下，“天”则变成了一个可以观察与测算的自然之物。如孔子说：“天何言哉，四时行焉，百物生焉，天何言哉。”⑦《春秋左传·昭公三十二年》亦说：“天有三辰，地有五行。”《孟子·梁惠王上》更说：“七八月之间旱，则苗槁矣。天油然作云，沛然作雨，则苗浡然兴之矣。”又“天之高也，星辰之远也，苟求其故，千岁之日至，可坐而致也。”⑧虽然按照历史的惯性思维，孔孟思想的深处还多

---

① 《荀子》卷五《王制》。

② 方永：《中国古代儒家民本思想的演变》，武汉大学哲学院在线论文，2009年9月5日。

③ 《荀子》卷五《王制篇》。

④ 《荀子》卷十七《性恶篇》。

⑤ 董仲舒：《春秋繁露》卷十《深察名号》，中华书局1975年版；苏舆撰，钟哲点校：《春秋繁露义证》卷十《深察名号第三十五》，中华书局1992年版，第302页。

⑥ ［英］麦克斯·缪勒：《宗教学导论》，上海人民出版社1989年版，第92、133、189页。

⑦ 《论语·阳货》。

⑧ 《孟子·离娄下》。

少保留着宗教天的烙印,但是就其主导倾向而言,他们把“天”的自然属性置于一个很显眼和突出的地位,这本身就表明了他们对待“天人关系”的一种态度,这种态度归纳起来就是一句话,“天”一旦被剥去了神圣的外衣,它本身则变成了一个可以认知的科学对象。所以,有人说:“在中国哲学发展史上孔子第一个把天与命的概念分开使用……还首次提出了未来可知论的思想。”①因此,儒学本身与科学的发展并不矛盾,甚至在一定程度上,它的“天人相分”思想还有助于科学的发展,其根源就在于此。

第二,从思维方式的角度看,为了体现人对于“天”的能动性,人们改变了过去以“天”为基准来思考人的方式,而是倒置过来,以人为基准来重新审视和考察“天”本身的存在价值与意义,于是,“道德之天”便合规律地变成了儒学讨论“天人关系”的立脚点。在春秋以前,“天”俨然一副凶神恶煞的模样,它老是板个着面孔,时而“有夏多罪,天命殛之”②,时而“天惟丧殷”③。如此喜怒无常的“天”,高高在上,神威可惧,故西周人不得不发出“天明畏”④的感叹。实际上,从“天人关系”的立场讲,“畏天”的思想把本来属于人的责任转嫁给了“天”,这样民众对统治者的不满只能对“天”发泄,如此一来,人与人的矛盾就转变成了人与天的矛盾,从这个层面上说,“天人关系”在特定历史条件下起到了缓和阶级矛盾的作用,因此,董仲舒便提出了“天人之际,合而为一”⑤的思想命题。然而,人的责任怎么能轻易地就转嫁给了“天”呢?故周内史叔兴说:“阴阳之事,非吉凶所生也,吉凶由人。”⑥这样,从“吉凶由人”的观点出发,人找到了解决“天”为什么总是喜怒无常的方案,那就是把“吉凶”的性质赋予“天”,从而使“天”的意志以“人”的性质表现为转移,“明德赏罚”⑦。所以,“皇天无亲,唯德是依。”⑧“德”是周人为了论证自己代殷而立的合理性所提出的新概念,这个概念后来为孔孟所继承,并成为儒家学说的核心思想之一。如孔子说:“中庸之为德也,其至矣乎!”⑨《易·系辞下》又说:“天地之大德曰生。”《礼记·大学》更说:“大学之道,在明明德。”朱熹《大学章

① 杨凤麟:《孔子的哲学思想及其在哲学上的贡献》,载《孔子诞辰2540周年纪念与学术讨论会论文集》,三联书店上海分店1992年版,第1631页。

② 《尚书·汤誓》。

③ 《尚书·大诰》。

④ 《尚书·大诰》。

⑤ 董仲舒:《春秋繁露》卷十《深察名号》,中华书局1975年版,第60页。

⑥ 《春秋左传·僖公十六年》。

⑦ 《尚书·康诰》。

⑧ 《尚书·吕刑》。

⑨ 《论语·雍也》。

句》释:“明德者,人之所得乎天,而虚灵不昧,以具众理而应万事者也。”可见,把“德”与“天”的内在属性结合起来,从而将人的能动性提升到一个非常高的价值层位,是宋代新儒学的一个重要特征。实际上,与董仲舒“以天观人”的“天人合一”观相反,司马迁早就提出了“以人观天”的“天人相分”思想。他说:“天人之际,承敝通变。”①其“承敝通变”的实质当然是以人的活动为其主导地位的。故班固评价司马迁的思想特征是:“究天人之际,通古今之变,成一家之言。”②对此,瞿林东先生认为,一部《史记》反复“表明作为有意志的‘天’的隐退”而相应地却凸显了“人”和“事”的主体价值与历史地位。其具体表现是:“第一,是对‘天道’的怀疑和否定。第二,是着力阐明人在历史进程中的主体作用。第三,是揭示‘时势’与人的历史活动的关系。”③

应当承认,继承和发扬司马迁“究天人之际”的思想传统,更加理性地来思考人对于“天”的存在价值和意义,正是宋代新儒学着力改造传统儒学的一个逻辑切点。众所周知,无论是韩愈还是二程,他们几乎都有一个基本认识,那就是儒学发展到孟子的时代,便戛然而止了。然后,他们都认为自己才是孔孟学说的真正传人。不过,在“天人关系”问题上,二程的思想与韩愈的思想有着很大的不同。比如,韩愈说:“形而上者谓之天,形而下者谓之地,命于其间者谓之人。”而“人者,夷狄禽兽之主也。”④人仅仅才是“夷狄禽兽之主”,这是不是有些太“矮化”人的存在价值了。与此不同,二程则赋予人以积极的能动性,尤其人的价值只有通过把握天的功能特性才能最终地表现出来。如二程说:“天地所以不已,有常久之道也。人能常于可久之道,则与天地合。”⑤其中“人能常于可久之道”,即是人对于“天”的一种积极性和能动性。又,程颐说:“‘赞天地之化育’,自人而言之,从尽其性至尽物之性,然后可以赞天地之化育,可以与天地参矣。”⑥此“参”即干预之意,就是说,人类能将自己的意志施加在天地万物的上面,并对天地万物的运动变化产生一定的影响。

在二程看来,人之所以能将自己的意志施加在天地万物的上面,是因为人类由“混天人为一”转向了“别天人为二”。故他们说:“若夫天之所为,人之所

① 司马迁:《史记》卷一百三十《太史公自序》,中华书局2013年版,第3999页。

② 班固:《汉书》卷六十二《司马迁传》,中华书局1962年版,第2735页。

③ 瞿林东:《天人关系与历史运动》,载《史学月刊》2004年第9期。

④ 魏仲举:《五百家注昌黎文集》卷十一《原人》,文渊阁四库全书本。

⑤ 程颢、程颐:《河南程氏粹言》卷二《天地篇》,《二程集》下,中华书局1981年版,第1225页。

⑥ 程颢、程颐:《河南程氏遗书》卷十五《入关语录》,《二程集》上,中华书局1981年版,第158页。

能,则各有分矣。”①当然,把“天”与“人”从功能上加以区别,并不等于二程就必然地承认“天人交相胜”的思想命题。如有人问:“无乃天数人事交相胜负,有多寡之应耶?”二程回答说:“似之,未易言也。”②同孔子对待“天命”的态度一样,二程虽然对于“天”与“人”能否“交相胜”的问题,始终没有作出肯定的回答,但这并不影响二程在更高的认识层面上对“天人关系”作进一步的开拓与发展。

首先,二程把孔子以“天人合一”为内核的“天命”观改造成为以“天”与“人”既“分”又“合”为内在根据的“天理”说。孔子一方面说“五十而知天命”,另一方面又说君子“畏天命”,那么,“天命”究竟与“天人关系”的两个方面有何关联呢?唐人李翱说:“天命之谓性,是天人相与一也。”③又“天命之谓性,易者理性之书也。先儒失其传,惟孟轲得仲尼之蕴,故《尽心章》云:‘尽其心所以知性,修性所以知天命。’极至之说,诸子罕造其微。”④把“天命”看作是“性”,这是唐代以前儒学的一个基本观点,到二程时,“天命”变成了“天理”,这个转换不只是形式上的改头换面,而是一种思维方式的变革,是一种由外向内的认知调度。故程颐说:“性即理也,所谓理,性是也。”⑤此“理”的结构基础是“天人相分”与“天人合一”的结合。比如,程颐说:“所谓‘人者天地之心’,及‘天聪明自我民聪明’,止谓只是一理,而天人所为,各自有分。”⑥“天人相分”由于以器质性的工具为手段,且它的主要目标使对象发生“人为性”或“为人性”的变化,所以往往表现为外向性的特征,如仪器制造、成型的生产工具、土木建筑等。然而,“天理”的主要特征不是外向性的,故二程说:“性不可以内外言。”⑦此“性”与“天理”同,至于“性”或“天理”为什么不能言内外,二程解释道:“某欲以金作器比性成形。先生曰:‘金可以比气,不可以比性。’”可见,“气”是有形体的存在,而“性”则是无形体的存在。从理论上讲,“性”或“天理”对于“气”来说具有排异性,但是二程所创立的“理学派”与

---

① 程颢、程颐:《河南程氏粹言》卷二《天地篇》,《二程集》下,中华书局1981年版,第1225页。

② 程颢、程颐:《河南程氏粹言》卷二《天地篇》,《二程集》下,中华书局1981年版,第1226页。

③ 李翱:《论语笔解》卷上《学而篇》。

④ 李翱:《论语笔解》卷上《学而篇》。

⑤ 程颢、程颐:《河南程氏遗书》卷二十二上《伊川亲录》,《二程集》上,中华书局1981年版,第292页。

⑥ 程颢、程颐:《河南程氏遗书》卷十五《入关语录》,《二程集》上,中华书局1981年版,第158页。

⑦ 程颢、程颐:《河南程氏遗书》卷三《谢显道记忆平日语》,《二程集》上,中华书局1981年版,第64页。

陆、王“心学派”的不同,主要就表现在前者还不完全裂内外而是在一定条件下使内外兼容,因此,二程在建立他们的思想体系时就必然会遇到这样的矛盾境地:道德性的“天人合一”与功利性的“天人相分”不得不共处于一个矛盾的统一体中,故二程说:“理与心一,而人不能会之为一。”①这句话的前半句是说“理与心一”是一种道德理想,是每个人生所追求的目标,而后半句则是说在现实社会中道德理想常常遭遇到来自实际生活或“天人相分”思想的挑战,所以“人不能会之为一”。以此为前提,二程提出了“天理”与“人欲”这对相互对立的思想范畴,并使“天人相分”与“天人合一”在极性的条件下成为一物之两体。比如,二程说:“人心莫不有知;惟蔽于人欲,则亡天理也。”②又说:“甚矣,欲之害人也!人不为善,欲诱之也。诱之而不知,则至于灭天理而不知反,故目则欲色,耳则欲声,鼻则欲香,口则欲味,体则欲安。此皆有以使之也。然则何以窒其欲?曰思而已矣。觉莫要于思,惟思为能窒欲。”③其“思”当然是一种心理活动,而“心本至虚,必应物无迹也。”④在这里,我们看到了二程由“分”向“合”、由“外”向“内”的知识转移倾向。但是,就北宋的整个知识形态来说,以“天人相分”为特征的离心性的知识观较之以“天人合一”为特征的向心性的知识观,更具有社会基础,因此,北宋的科技文化发展基本上没有受到“天人合一”思想的影响。

其次,“天人关系”的外延愈加宽广,特别是经过二程的努力,传统的“天人关系”发展到宋代已经演变成一个包含诸多范畴的逻辑体系,从而使经验性的“天人关系”转化为一门具有理性特色的知识学。从逻辑的角度看,在唐代以前,“天人关系”一般仅仅局限在探讨“天道”与“人道”各自的性质和功能这个范围内,因而并没有形成属于知识学的逻辑范畴。其具体表现是:

(1)“有神论”与“无神论”之争。孔子相信“命运”的不可抗性,故他说:“获罪于天,无所祷也。”⑤与之相反,墨子作“非命”以倡导“力”对于人生的价值和意义,实开以“经验”为基本特色的中国古代传统“天人相分”思想的先河。墨子说:“执有命者之言,不可不非,此天下之大害也。”⑥又说:对于现实

---

① 程颢、程颐:《河南程氏遗书》卷五,《二程集》上,中华书局 1981 年版,第 76 页。

② 程颢、程颐:《河南程氏遗书》卷十一《师训》,《二程集》上,中华书局 1981 年版,第 123 页。

③ 程颢、程颐:《河南程氏粹言》卷三《心性篇》,《二程集》下,中华书局 1981 年版,第 1260 页。

④ 程颢、程颐:《河南程氏粹言》卷三《心性篇》,《二程集》下,中华书局 1981 年版,第 1254 页。

⑤ 《论语》卷三《八佾》。

⑥ 《墨子》卷九《非命上》。

的人,“赖其力者生,不赖其力者不生。”①此“力”主要是指借助工具所从事的劳动生产,故墨子说:“我有天志,譬若轮人之有规,匠人之有矩,轮匠执其规矩,以度天下之方圆。”②不管墨子在“天人关系”问题上的态度有多少变化,也不管其思想多么复杂,从主流观点看,墨子用“人的实际劳动能力”来解释“天”,并赋予“天”以客观实在性的特色,仅此而言,他不仅是个无神论者,而且还是个功利主义者。在汉代,董仲舒将天上的“神”与地上的“君主”结合起来,建立了一个庞大的封建神学体系。董仲舒认为:“天者,百神之君也。”③而人间的君主不是由“时势”造就的能够反映特定历史阶段和社会发展要求的历史人物,而是上天按照它自己的意志安排在人间的代言人。故董仲舒说:“受命之君,天意之所予也。”④又说:“唯天子受命于天,天下受命于天子。”⑤君主的命运真得“受命于天”吗?天下的民众是否有权选择他们自己的命运呢?这是汉代“天人关系”所要解决的一个非常重要的课题。与董仲舒的神学目的论相反,王充认为:“天地,含气之自然也。”⑥既然如此,那么,天就既不能支配万物也不能主宰人类的命运。所以,“天复于上,地偃于下,下气蒸上,上气降下,万物自生其间也。”⑦又“夫天地合气,人偶自生也。”⑧作为“偶自生”的人类,只能生之于“人气”,而不能生之于“天”,更不能产之于“龙”。于是,王充态度坚决地说:“儒者称圣人之生不因人气,更禀气于天……如实论之,虚妄言也。”⑨且“天地之间,异类之物,相与交接,未之有也。”⑩可惜,王充

① 《墨子》卷八《非乐上》。

② 《墨子》卷七《天志上》。

③ 董仲舒:《春秋繁露》卷十四《郊语》,中华书局1975年版;苏舆撰,钟哲点校:《春秋繁露义证》卷十四《郊语第六十五》,中华书局1992年版,第398页。

④ 董仲舒:《春秋繁露》卷十《深察名号》,中华书局1975年版;苏舆撰,钟哲点校:《春秋繁露义证》卷十《深察名号第三十五》,中华书局1992年版,第286页。

⑤ 董仲舒:《春秋繁露》卷十一《为人者天》,中华书局1975年版;苏舆撰,钟哲点校:《春秋繁露义证》卷十一《为人者天第四十一》,中华书局1992年版,第319页。

⑥ 王充:《论衡·谈天篇》,商务印书馆1947年版;黄晖撰:《论衡校释(附刘盼遂集解)》卷第十一《谈天篇》,《新编诸子集成(第一辑)》,中华书局1990年版,第473页。

⑦ 王充:《论衡·自然篇》,商务印书馆1947年版;黄晖撰:《论衡校释(附刘盼遂集解)》卷第十八《自然篇》,《新编诸子集成(第一辑)》,中华书局1990年版,第782页。

⑧ 王充:《论衡·物势篇》,商务印书馆1947年版;黄晖撰:《论衡校释(附刘盼遂集解)》卷第三《物势篇》,《新编诸子集成(第一辑)》,中华书局1990年版,第144页。

⑨ 王充:《论衡·奇怪篇》,商务印书馆1947年版;黄晖撰:《论衡校释(附刘盼遂集解)》卷第三《奇怪篇》,《新编诸子集成(第一辑)》,中华书局1990年版,第156—159页。

⑩ 王充:《论衡·奇怪篇》,商务印书馆1947年版;黄晖撰:《论衡校释(附刘盼遂集解)》卷第三《奇怪篇》,《新编诸子集成(第一辑)》,中华书局1990年版,第162页。

在自然观上是坚定的“无神论”者,但当他进入到社会历史领域之后,却又陷入了历史唯心论。为了克服王充的这个思想缺陷,东汉的另一位无神论者王符以先秦以来的“民本”思想为基础,旗帜鲜明地提出了“天以民为心”的命题,多少肯定了人民群众对于封建君主存亡的历史作用。如王符说:“帝以天为制,天以民为心,民之所欲,天必从之。”①又“国之所以为国者,以有民也。”②在这里,“民”虽然不是被理直气壮地提高到决定君主命运的地位,但王符毕竟曲折地触及到了社会历史发展的规律问题,就此而言,他的思想是进步的和具有理论深度的。围绕着有神论与无神论的问题,唐代的柳宗元与韩愈也曾展开了一场影响不小的思想论战。韩愈认为:“贤与不肖存乎己,贵与贱、祸与福存乎天。”③以此为前提,韩愈甚至说出了“残民者昌,佑民者殃”④这样大长封建统治者威风的话,完全违背了人民群众的愿望与意志。对此,柳宗元虽然认为这是韩愈的一时气话,并不能表达韩愈的真实思想,但那终归是一种蔑视人民群众的信号,不可不重视,所以,为了说明人民群众对于君主命运的决定作用,柳宗元提出了君主“受命不于天,于其人”⑤的主张。在这里,“人”不是指圣人,也不是指“生人之心”,而是由人民群众的要求与愿望所构成的社会发展趋势,或称之为“势”。柳宗元说:“彼封建者,更古圣王尧、舜、禹、汤、文、武而莫能去之,盖非不欲去之也,势不可也。”⑥在柳宗元看来,人类社会的发展规律是一个由“公”到“私”,再到“公”的不断否定的历史过程。他说:“彼其初与万物皆生,草木榛榛,鹿豕狉狉,人不能搏噬。”⑦由于社会生产力十分低下,当时的人们必须依靠集体的力量才能生存,这是由当时的历史环境所决定的。后来,社会生产力有了一定的发展,产品有了一定的富裕,于是,由“聚群”到“诸侯之列”,再到“天下会于一”⑧,所以,封建制的产生仅仅是社会进化的一个必然阶段,然而它绝不是最美好的社会阶段,因为它是一个“私”的制度,即“私其力于己也,私其卫于子孙也。”⑨因此,“私”的制度必定

---

① 王符撰,汪继培笺,彭铎校正:《潜夫论》卷一《遏利第三》,《新编诸子集成(第一辑)》,中华书局1985年版,第26页。

② 王符撰,汪继培笺,彭铎校正:《潜夫论》卷四《爱日第十八》,《新编诸子集成(第一辑)》,中华书局1985年版,第210页。

③ 魏仲举:《五百家注昌黎文集》卷十七《与卫中行书》。

④ 柳宗元:《柳宗元集》卷十六《天说》,中华书局1979年版,第441页。

⑤ 柳宗元:《柳宗元集》卷一《贞符》,中华书局1979年版,第35页。

⑥ 柳宗元:《柳宗元集》卷三《封建论》,中华书局1979年版,第70页。

⑦ 柳宗元:《柳宗元集》卷三《封建论》,中华书局1979年版,第70页。

⑧ 柳宗元:《柳宗元集》卷三《封建论》,中华书局1979年版,第70页。

⑨ 柳宗元:《柳宗元集》卷三《封建论》,中华书局1979年版,第74页。

为“公”的制度所否定，用柳宗元的话说就是用“郡邑制”取代“封建制”。他说：“秦之所以革之者，其为制，公之大者也，其情私也，私其一己之威也，私其尽臣畜于我也。然而公天下之端自秦始。”①柳宗元由于受历史条件的局限，他不可能预见只有社会主义才能真正实现“公天下”的社会理想，但是他看到了“郡邑制”仅仅是“公天下”的初级阶段，这是柳宗元高于前人的地方。

(2)道德天与自然天之辨。将“天”作“道德”的解释，始自孟子。孟子说：“诚者，天之道也；思诚者，人之道也。”②显然，孟子继承了郭店楚简《穷达以时》之“天人有分”的思想传统，所以孟子讲“天人关系”是先讲“分”，然后再讲“合”，而上面的“诚”与“思诚”的关系实际上就是以“分”为前提的。在此基础上，孟子进一步说：“尽其心者，知其性也。知其性，则知天矣。”③此“心”、“性”与“天”的统一就是一种完整意义上的“天人合一”境界。当然，孟子的这种认识是与老子的“自然天”相对抗的。因为老子用“道”来取代“天”，并且从逻辑的序列上讲，“道”处于“天”之上的位置。他说：“故道大，天大，地大，王亦大。域中有四大，而王居其一焉。人法地，地法天，天法道，道法自然。”④在老子的“天人关系”序列中，从“人”到“自然”，而“天”变成了一个环节，这样的“天”，其至上地位被彻底地推翻了，它对“有神论”是一种批判。然而，在孟子看来，由“人”的心性到“知天”，已经到头了，他不希望在“天”的身后再另外设置比“天”更高的和更基本的“自然实体”。毫无疑问，在“自然天”的背景下，人类知识必然走向外在，科学技术必然发展成为社会的主流文化。老子当然看到了这一点，但他并不希望人类的命运为这些外在性的科技知识所支配，于是，他便提出了自然无为、人亦无为的思想。老子说：“学不学，复众人之所过，以辅万物之自然，而不敢为。”⑤“学”有过错吗？在老子看来，“学”存在着“感官经验”的缺陷，因此，人的思维很容易为“感官经验”的误区所迷惑，从而影响人们对自然界和人类行为的正确认识。在现实的思维运动过程中，“学”的这种“误区”往往不是愈来愈缩小，相反，随着人类经验知识的不断增长，“学”的“误区”反而越来越扩大化。在这样的历史条件下，老子才提出以“不学”来消解“学”给人们所造成的思想危害。所以，老子

---

① 柳宗元：《柳宗元集》卷三《封建论》，中华书局1979年版，第74页。

② 《孟子》卷七《离娄章句上》。

③ 《孟子》卷十三《尽心章句上》。

④ 《老子道德经》二十五章。苏辙：《道德真经注》二十五章《有物混成》，华东师范大学出版社2010年版，第34页。

⑤ 《老子道德经》六十四章。苏辙：《道德真经注》六十四《其安易持》，华东师范大学出版社2010年版，第76页。

说:“天下多忌讳,而民弥贫;民多利器,国家滋昏;人多伎巧,奇物滋起;法令滋彰,盗贼多有。故圣人云:‘我无为而民自化,我好静而民自正,我无事而民自富,我无欲而民自朴。”①如果以“利器”和“伎巧”为基准,那么,老子所要告诉我们的问题就是:对于物质利益一类的客观存在,人们最好是用理性的头脑去看待它们,而不要让它们迷惑了人们的感觉器官,更不要让它们成为人类相互争斗的祸根。于是,老子提出了“塞其兑,闭其门,挫其锐,解其分”②的方案。而这个方案的实质就是理性扩张,同时削弱感觉经验在人类认识过程中的作用。与老子的“自然天”以理性主义为其学理基础的特点不同,传统儒学的“道德天”却是以经验主义为其学理的基础。对此,邓思平先生已经出版了《经验主义的孔子道德思想及其历史演变》一书,笔者不必再加赘论。但有一点我们需要强调一下,那就是班固曾经评价儒学的价值观说:儒家“宗师仲尼,以重其言,于道最为高。孔子曰:‘如有所誉,其有所试。’”③何为“试”?师古曰:“《论语》载孔子之言也。言于人有所称誉者,辄试以事,取其实效也。”其“实效”就是一种经验,由此可见,孔子的道德学说是以现实社会的生活经验为基本原则的,所以,他说的“道”是可以感知的、有文本可据的和有圣言贤行可效法的,这是孔子之“道”与老子之“道”的重要区别。

当然,对于上述两个问题,宋人又作了进一步的推演与发展。比如,对于“道”这个概念,宋代新儒学就远远地超越了传统儒学的“经验性”局域,从而使儒学的进路由外在转向内在,或者说由外王转向了内圣。不过,从天人相分的角度看,宋代新儒学与传统儒学相比,前者不仅将传统儒学中“天”与“人”相对立的一面明朗化了,而且还建构了一个空前发达的逻辑范畴体系,蒙培元先生则称作“理学范畴系统”④。归纳起来,其主要的逻辑范畴有:

(1)理与气。

(2)一与两。

(3)天命之性与气质之性。

(4)道心与人心。

(5)天理与人欲。

(6)已发与未发。

---

① 《老子道德经》五十七章。苏辙:《道德真经注》五十七章《以正治国》,华东师范大学出版社2010年版,第69页。

② 《老子道德经》五十六章。苏辙:《道德真经注》五十六章《知者不言》,华东师范大学出版社2010年版,第67页。

③ 班固:《汉书》卷三十《艺文志》,中华书局1962年版,第1728页。

④ 蒙培元:《理学范畴系统》,人民出版社1998年版。

(7)形而上与形而下。

与先秦的逻辑范畴有所不同,宋代新儒学非常强调从对立的状态中去诠释各个范畴之间的相互联系和相互作用。如张载说:“感而后有通,不有两则无一。”①故“合虚与气,有性之名;合性与知觉,有心之名。”②又如,二程说:“万物莫不有对,一阴一阳,一善一恶,阳长则阴消,善增则恶灭。斯理也,推之其远乎?人只要知此耳。”③这里所说的“知此”,从“天人相分”的视角看,显然是指“天”与“人”的对立及其与“天人关系”有关的各个逻辑范畴之间的对立和转化。因此,朱熹说:“分阴分阳,两仪立焉,便是局定底,天地上下四方是也。”④可见,朱熹把“分两”看成是事物存在的基本方式,正是从这样的前提出发,朱熹批评在“阴阳关系”问题上只讲“合”不讲“分”的错误倾向,他说:“阴阳之理,有会处,有分处,事皆如此。仅浙中学者只说合处、混一处,都不理会分处。”⑤而“分”绝不是为了“分”而“分”,而是为了矛盾的转化,为了事物的易变,所以,朱熹说:“一动一静,互为其根,便是流行底,寒暑往来是也。”⑥大家知道,康德在他的知性学说里,提出了十二个知性范畴,其中“量”由“单一性”、“多数性”和“总体性”三个范畴组成;“关系”由“实体性”、“因果性”和“共存性”三个范畴组成;“质”由“实在性”、“否定性”和“限制性”三个范畴组成;“样式”由“可能性”、“存在性”和“必然性”三个范畴组成。在康德看来,这些范畴虽然不是来自经验,而是先天固有的思维形式,但是范畴离开了经验,就不能构成知识,从这个意义上说,范畴只能适用于经验世界,却不能适用于理性世界。至于三个范畴之间的相互关系,康德认为,第三个范畴是前面两个相互对立着的矛盾范畴的综合。由于康德看不到两个矛盾范畴之间的关系不仅是对立的,而且还是转化的,所以,他最终陷入了不能自拔的“二律背反”的理性矛盾之中,黑格尔将此称为“否定的理性思维方式”。黑格尔批判地继承了康德哲学的范畴思想,并将辩证法引入到范畴自身的运动变化之中,即在对立中把握统一,他认为,本质的差别就是对立,就是事物的内在否定性,由此黑格尔揭示了事物存在和发展的否定之否定规律。他说:“因为自

① 张载:《正蒙·太和篇》,《张载集》,中华书局1978年版,第9页。

② 张载:《正蒙·太和篇》,《张载集》,中华书局1978年版,第9页。

③ 程颢、程颐:《河南程氏遗书》卷十一《师训》,《二程集》上,中华书局1981年版,第123页。

④ 黎靖德编:《朱子语类》卷六十五《易一》,中华书局1994年版,第1602页。

⑤ 黎靖德编:《朱子语类》卷六十五《易一》,中华书局1994年版,第1602页。

⑥ 黎靖德编:《朱子语类》卷六十五《易一》,中华书局1994年版,第1602页。

在的肯定物本身就是否定,所以它超出自己并引起自身的变化。”①由于黑格尔从形式上亦沿用了康德的“三一式”即正、反、合知性范畴思想,所以,他既讲“分”即矛盾的对立,又讲“合”即矛盾的转化。这一点也为朱熹的范畴思想所具有,可见,宋代新儒学的“天人关系”思想确实具有思辨性的特点。比如,孔子说:“吾无知乎哉?无知也。有鄙夫问于我,空空如也;我叩其两端而竭焉。”②其中“叩其两端”指的是发现矛盾,用赵纪彬先生的话说,就是“发现了形式逻辑的矛盾律”③。如果赵先生的论断能够成立,那么,程朱理学则以自己的方式发现了辩证逻辑的对立统一规律。因此,从形式逻辑到辩证逻辑,无疑的是“天人关系”思想内涵的一次质的飞跃。

## 二、突破了“天人”关系的“形而上”局域

把“天”看作本体性的思想范畴,应是老子哲学的重要特征。人生活在一个现实世界里,或称现象界里,或称此岸世界里,因此,人们在很长的历史时期内,仅仅关心人的存在,而对于人之外的存在是漠不关心的。也就是说,上古时期,人们所谈论的“天”其实仅仅是指与人类生活经验密切相关的那一部分存在,甚至那能够主宰人类命运的神,也不外是人类生活经验的一种映射。故孔子说:

“天何言哉?四时行焉,百物生焉,天何言哉?”④

“不怨天,不尤人,下学而上达。”⑤

“不知命,无以为君子也。”⑥

“未能事人,焉能事鬼。”⑦

在此,不论是“天”、“命”,还是“鬼”,它们都与人类的生产或生活实际相联系,甚至在一定意义上说,它们是构成人类自身存在和发展的一种文化环境与外在条件。比如,越国大夫范蠡在进谏越王勾践时说:

“夫国家之事,有持盈,有定倾,有节事。”

“持盈者与天,定倾者与人,节事者与地。王不问,蠡不敢言。天道盈而不溢,盛而不骄,劳而不矜其功。夫圣人随时以行,是谓守时。天时不作,弗为

---

① 黑格尔:《逻辑学》下卷,商务印书馆1976年版,第64页。

② 《论语·子罕篇》。

③ 赵纪彬:《中国哲学思想》,中华书局1948年版,第60页。

④ 《论语·八佾篇》。

⑤ 《论语·宪问篇》。

⑥ 《论语·尧曰篇》。

⑦ 《论语·先进篇》。

人客;人事不起,弗为之始。今君王未盈而溢,未盛而骄,不劳而矜其功,天时不作而先为人客,人事不起而创为之始,此逆于天而不和于人。王若行之,将妨于国家,靡王躬身。"①

显而易见,范蠡所说的"天"是属于感觉经验范围内的"天",严格地讲,这是一种形而下的存在。当然,人类的思维绝不甘心地安分于这样的存在,它必然会在适当的时候向形而上的存在跃迁。在西方,康德创造了一个类似于中国传统文化中"天"的概念既"物自体"。在康德看来,"物自体"是超验的,是一个属于形而上的存在,而与之相对立的存在则是属于形而下的"现象界"即人类生活的经验世界。换言之,"物自体"是对"现象界"的否定,是一个只能由理性思维去认识和把握的客观存在。在中国,老子亦创造了一个比"天"价位更高的概念,那就是"道"。可以肯定地说,在老子看来,"道"是不可感知的和超验的,更是一个非道德的实体。所以,老子说:

"有物混成,先天地生,寂兮廖兮,独立不改,周行而不殆,可以为天下母,吾不知其名,字之曰道。"②

"道之为物,惟恍惟忽。忽兮恍兮,其中有象;恍兮忽兮,其中有物。"③

"其上不皦,其下不昧,绳绳不可名,复归于无物。是谓无状之状,无象之象,是谓恍忽。"④

"道可道,非常道;名可名,非常名。无名,天地之始;有名,万物之母。"⑤

实际上,"无名"是指超验的世界,而"有名"则是指经验的世界。同康德在"现象界"与"物自体"之间划了一条不可逾越的鸿沟一样,老子在"有名"与"无名"之间亦设置了一道不可跨越的障碍。比如,老子说:"涤除玄览,能无疵乎?"⑥"玄览"对应于"道"这个抽象的存在,而"道"本身是非知识性的,所以,在经验世界里所形成的各种知识虽然可以认识宇宙万物,但是它却不能够认识"道"。那么,人类靠什么方式与"道"相互沟通呢?靠"玄览"。河上

---

① 《国语》卷二十一《越语下》,上海古籍出版社1978年版,第641页。

② 《老子道德经》二十五章。苏辙:《道德真经注》二十五章《有物混成》,华东师范大学出版社2010年版,第33页。

③ 《老子道德经》二十一章。苏辙:《道德真经注》二十一章《孔德之容》,华东师范大学出版社2010年版,第28页。

④ 《老子道德经》十四章。苏辙:《道德真经注》十四章《视之不见》,华东师范大学出版社2010年版,第14—15页。

⑤ 《老子道德经》一章。苏辙:《道德真经注》一章《道可道》,华东师范大学出版社2010年版,第1页。

⑥ 《老子道德经》十章。苏辙:《道德真经注》十章《载营魄》,华东师范大学出版社2010年版,第10页。

公注:“心居玄冥之处,览知万物,故谓之玄览。”其实,在老子的视野里,“疵”指经验知识,而“无疵”则指对经验知识的否定。因为老子认为如果不把经验知识完全彻底地从人们的心灵中祛除,就根本无法进入“致虚极,守静笃”①的“玄览”境界。老子看到了经验知识的某些缺陷,当然,从一定意义上说,经验知识的缺陷实则就是“人道”的缺陷。所以,老子教导人们应当抛弃不完美的“人道”,而去追求具有最高审美价值的“天道”。因此,老子说:“天地不仁,以万物为刍狗;圣人不仁,以百姓为刍狗。”②对此,冯契先生评论说:在老子看来,“自然界无所谓仁爱,圣人对百姓也不施仁爱,就像束草为狗,用作祭物,祭祀完了,就把它丢掉,根本无所谓爱憎。从天地的观点来看,人不过万物中之一物,所以不应强调人道原则。《老子》说:‘大道废,有仁义。’③认为像儒墨那样热衷于仁义,正是废弃了大道的表现。反过来说,真正要把握大道,那就应‘绝仁弃义’。可见,《老子》把天道与人道对立起来,以为天道就是对人道的否定。”④把“天道”形而上学化,同时却将“人道”形而下学化,这种不对等的“天人相分”思想,很容易“矮化”人的主观能动性,甚至会导致有神论和不可知论。比如,庄子说:“吾生也有涯,而知也无涯,以有涯随无涯,殆已。”⑤此处之“知无涯”实际上是老子“道体”的另一种说法,在庄子的文本里,有时还称作“大知”、“无待”、“大通”等。庄子说:“夫道,有情有信,无为无形;可传而不可受,可得而不可见;自本自根,未有天地,自古以固存。”⑥像康德一样,庄子亦把超验的“道”看成一个不能用“知识”去沟通的“物自体”。庄子认为,“知识”是一种有形的物化形态,它的特点是“可受”、“可见”。故庄子云:“万物以形相生。”⑦那么,“以形相生”究竟会给宇宙万物带来什么样的后果呢?庄子说:“以道观之,物无贵贱;以物观之,自贵而相贱。”⑧分别“贵贱”是“以形相生”的一个重要后果,而“有成与亏”⑨则是“以形相生”的又一重要

① 《老子道德经》十六章。苏辙:《道德真经注》十六章《致虚极》,华东师范大学出版社2010年版,第17页。

② 《老子道德经》五章。苏辙:《道德真经注》五章《天地不仁》,华东师范大学出版社2010年版,第5页。

③ 《老子道德经》十八章。苏辙:《道德真经注》十八章《大道废》,华东师范大学出版社2010年版,第34页。

④ 冯契:《中国古代哲学的逻辑发展》上册,上海人民出版社1983年版,第121页。

⑤ 《庄子》卷一《养生主》。

⑥ 《庄子》卷二《大宗师》。

⑦ 《庄子》卷六《知北游》。

⑧ 《庄子》卷四《秋水》。

⑨ 《庄子》卷一《齐物论》。

后果。因此,有形的肉体限制了人的自由,给人带来无穷的烦恼、痛苦和忧愁,因为与"有形"的人相伴生的是"死生、存亡、穷达、贫富、贤与不肖、毁誉、饥渴、寒暑"[①]等等这些必然会引起种种苦恼的事情,所以人之为人,"一受其成形,不亡以待尽,与物相刃相靡,其行尽如驰,而莫之能止,不亦悲乎!终身役役,而不见其成功,苶然疲役而不知其所归,可不哀邪!人谓之不死,奚益!其形化,其心与之然,可不谓大哀乎?"[②]还有比这更可怕的是:"黥汝以仁义,而劓汝以是非。"[③]而为了使人"不哀"、"不悲"、"不黥"、"不劓",庄子主张:"堕肢体,黜聪明,离形去知,同于大通,此谓坐忘。"[④]在此,庄子实际上将"人"分裂为"有形"和"无形"两个部分,而这两个部分与"天道"的关系是这样的:"有形"的"人"属于经验形态的存在形式,他们用知识这种方式与其他的物质形态进行沟通和联系,然而,这类人却不能与"天道"合二为一。从形式上看,"有形"的"人"与"无形"的"天道"之间表现为"此岸"与"彼岸"的关系,或者说是"相互分离"的关系,它是先秦时期"天人相分"思想的一种形式。当然,这是一种消极的和形而上学的形式,是"天人相分"的一种极端形式,宋代的程朱理学就继承了庄子"天人相分"的这种形式,并成为他们提出"存天理,灭人欲"命题的基本理论基础。与"有形"的"人"不同,"无形"的"人"不受"知识形态"的局限,因而"不物于物"[⑤],"不以心捐道,不以人助天"[⑥]。这种由"有形体"的人进化到"无形体"的人,即做到"形有所忘"[⑦]而后,就变成了"真人"[⑧]。从"天人关系"的角度看,"真人"指的是一种什么样的存在状态呢?庄子说:"朝彻而后能见独。"[⑨]"独"本来是"道"的一种特性,现在,"道"独而不独了,因为"真人"不仅能"见"道,而且还能与道为一。在庄子看来,"道"无名,"圣人"亦"无名","道"无已,"至人"亦"无已"[⑩],所以,"无形"的人"上与造物者游,而下与外死生无终始者为友。"[⑪]通俗地说,就是"天地与我并生,

① 《庄子》卷二《德充符》。
② 《庄子》卷一《齐物论》。
③ 《庄子》卷二《大宗师》。
④ 《庄子》卷二《大宗师》。
⑤ 《庄子》卷五《山木》。
⑥ 《庄子》卷二《大宗师》。
⑦ 《庄子》卷二《德充符》。
⑧ 《庄子》卷二《大宗师》。
⑨ 《庄子》卷二《大宗师》。
⑩ 《庄子》卷一《逍遥游》。
⑪ 《庄子》卷八《天下》。

而万物与我为一"①。显而易见,这是一种"天人合一"的思想,是当人与人自相分裂以后,尤其是人把人的一切现实特性完全抽象化之后的一种必然归宿。当然,对于庄子这种对人的抽象规定性,子思却提出了不同的主张。因为子思承认,庄子比老子高明的地方,就是他把人的思维特性以抽象的形式去"形而下"化了,即庄子的"真人"意识可以看作是对人"形而上"的一种努力。尽管这种努力是空洞的和失真的,甚至是"幻妄"的,但它毕竟推动了"天人关系"的"形而上"进程。在子思的观念里,"命"不再是一种外在于人的力量,而是一种与人相统一的本性。他说:"天命之谓性,率性之谓道,修道之谓教。道也者,不可须臾离也;可离,非道也。"②这段话的批判矛头直指老庄的独"道"思想,子思认为,不应当脱离"人"的特性去理解"道",也就是说,我们不能在人的特性之外,另外再虚设一个独来独往的精神实体,因为"道"的性质归根到底就是人的性质,所以,子思说:"自诚明,谓之性。"(子思:《中庸》第二十一章)"诚"是《中庸》一书的核心概念,也是架构"天"与"人"之间相互联系的一座桥梁。因为"天"与"人"指现实的人而不是抽象的人在老庄的头脑中处于相互对峙的状态,两者间无法用知识来沟通。可是,子思却明确地指出:"诚者,非自成己而已也,所以成物也。成己,仁也;成物,知也。性之德也,合内外之道也。"③显然,子思在此将"诚"作了本体的解释,因为"诚"是形成宇宙万物和人类本身的一种原始动力,它属于"形而上学"的范畴。至此,"天"、"道"、"性"、"命"、"诚"等概念,都被纳入了本体论的范畴,也就是说,随着"性"、"命"、"诚"等概念的先验化,人们便可以在一个"形而上"的大背景下来谈论"天人关系"了。

当然,"天人关系"的"形而上学"化不仅需要一定的理论条件,而且更需要一定的社会条件。大家知道,自东汉以后,社会上出现了一个以"服膺儒教"为特色的豪族集团,比如,汝南袁氏、弘农杨氏、河内司马氏等④。前面讲过,儒教在"天人关系"方面的显著特征是重视人道,因此,当那些望门豪族被渲染了儒教文化的色彩之后,他们又常常凭借其雄厚的经济势力而进入到其封建统治政权的官僚结构之中,成为世家公卿,遂为"士族大姓",而这种局面一直维持到黄巢起义之后,士族一统天下的时代才算告结束。如《新唐书》卷一百九十九《柳冲传》载:"魏氏立九品,置中正,尊世胄,卑寒士,权归右姓,其

---

① 《庄子》卷一《齐物论》。
② 子思:《中庸》第一章。
③ 子思:《中庸》第二十五章。
④ 陈寅恪:《魏晋南北朝史讲演录》,黄山书社 1999 年版,第 3 页。

州大中正、主簿,郡中正、功曹,皆取著姓士族为之,以定门胄,品藻人物。晋、宋因之,始尚姓已。然其别贵贱,分士庶,不可易也。”由于“著姓士族”的价值观以尚名为特色,所以一般史学家将其称为“名士”,而“名士”有两个重要的特征:一是“清谈”,二是“门第”。其中“清谈”基于“九品中正”制度,如“郡中正”一职就是专于负责品评本郡人才,并定其品级,品极分九等,是谓“九品中正”制,它是魏晋时期朝廷选拔各级官吏的重要依据。由于“中正”一职基本上都是大姓名士担任,所以,名士的志趣与喜好就逐渐地形成为当时士族社会共同追求的一种风度和时尚。与汉儒注重著述与文本语言的学术研究风气不同,魏晋时期的“名士”更加看重语言的直接交流,因此,语言冗长对“名士”来说是最忌讳的。如《世说新语·文学》载:“乐令善于清言,而不长于手笔。将让河南尹,请潘岳为表。潘云:‘可作耳。要当得君意。’乐为述己所以为让,标位二百语许。潘直取错综,便成名笔。”所以,他们之间的语言交流,不管是辩论还是答问,都以清新高远为基准,如《世说新语》便是魏晋名士“清谈”的记录,故人们将这种思想交流的方式称之为“清谈”。一般地讲,“清谈”不能漫无边际,而是以三玄(《老子》、《庄子》、《周易》)为内容,主要围绕有与无、生与死、动与静、名教与自然、圣人有情或无情、声有无哀乐、言能否尽意等形而上的问题进行讨论,从而探幽发微,品才论道。如《世说新语·德行》载:

“晋文王称阮嗣宗至慎,每与之言,言皆玄远,未尝臧否人物。”

“清谈”不去“臧否人物”,以之有别于东汉的“清议”,虽然在一定意义上讲,“清谈”是“清议”的一种自然延续。

“王戎云:‘太保居在正始中,不在能言之流;及与之言,理中清远。将无以德掩其言!”①

“诸名士共至洛水戏。还,乐令问王夷甫曰:‘今日戏乐乎?’王曰:‘裴仆射善谈名理,混混有雅致;张茂先论《史》、《汉》,靡靡可听;我与王安丰说延陵、子房,亦超超玄箸。”②

此“理中清远”、“混混有雅致”、“靡靡可听”、“超超玄箸”等特征恰恰就是“清谈”的价值和意义,就是它的进步之处。

《世说新语·言语》又载:

“何平叔注《老子》,始成,诣王辅嗣。见王《注》精奇,乃神伏曰:‘若斯人,可与论天人之际矣!’因以所注为《道德二论》。”

这说明魏晋“清谈”亦不离“论天人之际”这个中心议题,只不过,他们是

① 刘义庆:《世说新语·德行》。

② 刘义庆:《世说新语·言语》。

在"形而上"的层面来谈论"天人之际"问题的。从辩论双方的矛盾焦点看,无论是士族的代表何晏、王弼、郭象,还是庶族的代表嵇康、阮籍、杨泉等,他们所关注的基本问题已经不是抽象人的生活,而是现实人的生活,因此,李泽厚先生将它称为是"人的觉醒"①,是"在怀疑和否定旧有传统标准和信仰价值的条件下,人对自己生命、意义、命运的重新发现、思索、把握和追求。"②一方面,魏晋名士为了给豪族及其所有的庄园主经济寻找其存在的合理性与理论依据,他们将"无形"与"有形"对立起来,认为前者是本,后者是末。如王弼说:"道以无形无名成济万物。"③所以,"无"是"体","有"是"用"④。在王弼的观念里,"有形则有分",而"分不能统众"⑤。实际上,"无形"是指精神性的东西,是"本",而"有形"则指物质性的东西,是"末"。至于两者的取舍问题,王弼的态度是:"崇本息末。"⑥在现实的社会关系中,士族是庄园经济的主体,他们由于已经满足了物质的需要,自然就在价值观上趋向于精神性的追求。然而,那些游离于庄园经济之外的庶族,他们对生活的第一需要却是如何拥有更多的物质财富,这样,他们如果想要满足自己的生活愿望,就必然要从豪族的物质成果中分割掉他们的一些既得利益,显然,这是整个士族集团所不能答应的,因此,为了争取人生价值和自身利益的庶族激进派人物如嵇康、鲍敬言等,他们便把斗争的矛头直指士族中的上层统治者,鲍敬言甚至提出了"古者无君,胜于今世"⑦的论题,以表示他对现行士族统治制度的强烈不满。另一方面,很多士者从"天"与"人"的对立关系中,发现了"圣人"的两重性问题,即"圣人"即有与天相通的一面,同时又有与人相同的一面。比如,何邵引王弼的话说:"圣人茂于人者,神明也;同于人者,人情也。神明茂,故能体冲和以通无;五情同,故不能无哀乐以应物。"⑧而"常无欲以观其妙"⑨及"使民无知无欲"⑩则是老子哲学的基本立场,与之相对,孔子大胆声张:"饮食男女,人之

---

① 李泽厚:《美的历程》,天津社会科学院出版社2002年版,第147页。

② 李泽厚:《美的历程》,天津社会科学院出版社2002年版,第152页。

③ 王弼:《老子注》第二十八章。

④ 王弼:《老子注》第三十八章。

⑤ 王弼:《老子注》第四十一章。

⑥ 王弼:《老子微指略例》。

⑦ 葛洪:《抱朴子·诘鲍篇》。

⑧ 何邵:《王弼传》。

⑨ 《老子道德经》一章。苏辙:《道德真经注》一章《道可道》,华东师范大学出版社2010年版,第1页。

⑩ 《老子道德经》三章。苏辙:《道德真经注》三章《不尚贤》,华东师范大学出版社2010年版,第4页。

大欲存焉。"①可见,王弼的两重人实际上是对儒道两家思想的一种杂糅和整合。所以,从天人关系的视角看,王弼的两重人思想在客观上为"天人关系"的形而下化创造了条件,或者说魏晋玄学成为由先秦两汉的形而上天人观转向宋代形而下天人观的一个非常重要的逻辑环节和纽带。

另外,从形式上讲,魏晋玄学对宋学的影响亦是可以肯定的。如,《世说新语·文学》篇载:"阮宣子有令闻,太尉王夷甫见而问曰:'《老》、《庄》与圣教同异?'对曰:'将无同?'太尉善其言,辟之为掾。世谓'三语掾'。卫玠嘲之曰:'一言可辟,何假于三?'宣子曰:'苟是天下人望,亦可无言而辟,复何假一?'遂相与为友。"这段话倘若不去作绝对化的理解,我们就能发现,"清谈"的一个很大的特点就是简易,后来禅宗更"不立文字",大概与"清谈"的立言宗旨有某种内在的联系。故释迦牟尼传妙法于"禅宗初祖"云:"吾有正法眼藏,涅槃妙心,实相无相,微妙法门,不立之字,教外别法,付嘱摩诃迦叶。"②《坛经·机缘》更载有惠能大师与无尽藏的一段对话:

"师自黄梅得法,回至韶州曹侯村,人无知者。有儒士刘志略,礼遇甚厚。志略有姑为尼,名无尽藏,常诵《大涅槃经》。师暂听,即知妙义,遂为解说。尼乃执卷问字,师曰:'字即不识,义即请问。'尼曰:'字尚不识,焉能会义?'师曰:'诸佛妙理,非关文字。'尼惊异之,遍告里中耆德云:'此是有道之士,宜请供养。'"

可见,禅宗教义的基本指导思想,仍然是以"无形之道"为"妙门"的。因为文字属于"有形"的东西,而"有形"的东西必然有规定性,可是禅道是没有规定性的。故王弼说:"欲言无邪?而万物由以成。欲言有邪?而不见其形。"③又说:"言者所以明象,得象而忘言。象者所以存意,得意而忘象。"④就文字与"诸佛妙理"的关系来说,"文字"是"象",而"意"即"诸佛妙理"。在惠能的认识领域里,如果仅仅拘于文字,就无法渐入禅理,从这层意义上,惠能反对"立文字"。所以禅宗的禅法是"以心传心,以法印法,不立文字,见性成佛"。⑤

宋儒对禅宗的"以心传心,不立文字"说反响十分强烈,比如,陈抟说:"羲皇始画卦……不立文字,使天下之人观其象而已。能合象焉则吉凶应,违其象

① 《礼记·礼运》。

② 释普济:《五灯会元》卷一《七佛·释迦牟尼佛》,中华书局1984年版,第10页。

③ 王弼:《老子注》十四章。

④ 王弼:《周易略例·明象》;楼宇烈校释:《王弼集校释》,中华书局1999年版,第609页。

⑤ 释普济:《五灯会元》卷十二《南岳下十四世·智海平禅师法嗣》,中华书局1984年版,第769页。

则吉凶反。后世卦画不明，易道不传，圣人于是不得已而有辞。学者谓易止于是，而不知有画矣。”①朱熹亦说：“某不立文字，寻常只是讲论。适来所说，尽之矣。若吾友得之于心，推而行之，一向用工，尽有无限，何消某写出！若于心未契，纵使写在纸上，看来是甚么物事？吾友只在纸上寻讨，又济甚事！”②至于朱熹为什么如此崇尚“不立文字”说，其主要原因还在于“病传注诵习之烦”③。对此，他自己有一段论述：

“释氏书其初只有《四十二章经》，所言甚鄙俚。后来日添月益，皆是中华文士相助撰集。如晋宋间自立讲师，孰为释迦，孰为阿难，孰为迦叶，各相问难。笔之於书，转相欺诳。大抵多是剽窃老子、列子意思，变换推衍以文其说。《大般若经》卷帙甚多，自觉支离，故节缩为《心经》一卷。《楞严经》只是强立一两个意义，只管叠将去，数节之后，全无意味。若《圆觉经》本初亦能几何？只鄙俚甚处便是，其余增益附会者尔。佛学其初只说空，后来说动静，支蔓既甚，达磨遂脱然不立文字，只是默然端坐，便心静见理。此说一行，前面许多皆不足道，老氏亦难为抗衡了。今日释氏，其盛极矣。但程先生所谓‘攻之者执理反出其下’。吾儒执理既自卑汙，宜乎攻之而不胜也。”④

当然，从另外一个角度说，“不立文字”正是为了消解那些无谓的“形而上”之哲学争论，因而把人们的注意力由注经解典转移到日常的生活实践中来，于是，朱熹坚持认为，行比知“重”，他说：“论先后，当以致知为先；论轻重，当以力行为重。”⑤所以，“重行”是其“不立文字”的一种必然后果。比如，朱熹说：“今之学者，直与古异，今人只是强探向上去，古人则逐步步实做将去。”⑥所谓“强探向上去”就是将一般的理论问题“形而上”化，使之远离生活现实，从而变成“空中楼阁”，如邵雍的“象数学”就是如此。而“逐步步实做将去”则是指将“形而上”的问题“形而下”化，使之变成可以操作和可以实践的现实问题。如朱熹说：“圣门日用工夫，甚觉浅近。然推之理，无有不包，无有不贯，及其充广，可与天地同其广大。故为圣，为贤，位天地，育万物，只此一理而已。”⑦那么，在宋代，人们是不是已经开始用生活的眼光来审视“天”与

---

① 冯椅：《厚斋易学》卷五《易辑传》，文渊阁四库全书本。

② 黎靖德编：《朱子语类》卷一百一十八《朱子十五 · 训门人六》，中华书局 1994 年版，第 2862 页。

③ 马端临：《文献通考》卷二百四十《经籍考》。

④ 黎靖德编：《朱子语类》卷一百二十六《释氏》，中华书局 1994 年版，第 3010 页。

⑤ 黎靖德编：《朱子语类》卷九《学三》，中华书局 1994 年版，第 148 页。

⑥ 黎靖德编：《朱子语类》卷八《学二》，中华书局 1994 年版，第 139 页。

⑦ 黎靖德编：《朱子语类》卷八《学二》，中华书局 1994 年版，第 130 页。

“人”的关系了呢？前已述及,“理”是一个多元化的概念,亦是一个与宋代多元性社会发展状况相适应的思想范畴。在各种复杂的关系中,我们若从“形而上”与“形而下”的角度看,则“理”既是“形而上”的,又是“形而下”的,它是两者的统一,这是一种情形。比如,二程说:“盖上天之载,无声无臭,其体则谓之易,其理则谓之道,其用则谓之神,其命于人则谓之性,率性则谓之道,修道则谓之教。孟子去其中又发挥出浩然之气,可谓尽矣……形而上为道,形而下为器,须著如此说。器亦道,道亦器,但得道在,不系今与后,己与人。”①可见,“天”、“道”与“理”是统一的,而“理”与“器”也是统一的,在二程看来,孟子从“理”中“发挥出浩然之气”,是他的一个非常重要的理论贡献。在此基础上,二程对“理”的各种规定(包括质与量两个方面)又作了新的论证与综合。另外,如果我们从矛盾不平衡性的视角看,则“形而下”是“理”的主要方面,它决定着“理”这个矛盾统一体的性质和发展方向,这是又一种情形。比如,二程说:“天地之间,非独人为至灵,自家心便是草木鸟兽之心也,但人受天地之中以生尔。”②在此,“中”即“正”的意思。虽然从空间坐标看,人居坐标的中心点上,但就整个空间平面而言,人与物都处在同一个空间背景之下,因而具有平等性。用二程的话说就是“人在天地之间,与万物同流,天几时分别出是人是物?”③不过,宇宙万物的生成毕竟是有先后次序的,因此,在进化的时间轴上,必然有高级的物种与低级的物种之区分,从这个角度讲,人与物又具有了不平等性。所以,二程说:“礼一失则为夷狄,再失则为禽兽。”④这句话可作进化论来理解,即“礼”是进化的一种产物,是人类进入文明时期的重要标志,以此为基准,则由低级到高级的进化序列就是禽兽——夷狄——人。二程说:

“孟子将四端便为四体,仁便是一个木气象,恻隐之心便是一个生物春底气象,羞恶之心便是一个秋底气象,只有一个去就断割底气象,便是义也。推之四端皆然。此个事,又着个甚安排得也？此个道理,虽牛马血气之类亦然,都恁备具,只是流形不同,各随形气,后便昏了佗气。如其子爱其母,母爱其子,亦有木底气象,又岂无羞恶之心？如避害就利,别所爱恶,一一理完。更如

① 程颢、程颐:《河南程氏遗书》卷一《端伯传师说》,《二程集》上,中华书局 1981 年版,第 4 页。

② 程颢、程颐:《河南程氏遗书》卷一《端伯传师说》,《二程集》上,中华书局 1981 年版,第 4 页。

③ 程颢、程颐:《河南程氏遗书》卷二上《元丰己未吕与叔东见二先生语》,《二程集》上,中华书局 1981 年版,第 30 页。

④ 程颢、程颐:《河南程氏遗书》卷二上《元丰己未吕与叔东见二先生语》,《二程集》上,中华书局 1981 年版,第 43 页。

猕猴尤似人，故于兽中最为智巧，童昏之人见解不及者多矣。然而唯人气最清，可以辅相裁成，‘天地设位，圣人成能’，直行乎天地之中，所以为三才。天地本一物，地亦天也。只是人为天地心，是心之动，则分了天为上，地为下。兼三才而两之，故六也。”

“天地之气，远近异像，则知愈远则愈异。至如人形有异，曾何足论！如史册有鬼国狗国，百种怪异，固亦有之，要之这个理则一般。其必一作有。异者，譬如海中之虫鱼鸟兽，不啻百千万亿，卒无有同于陆上之物。虽极其异，要之只是水族而已。”①

这两段话主要讲物种的进化，进化分形体与智能两个方面：从形体的角度看，二程提出了“天地之气，远近异像，则知愈远则愈异”的进化规律。从终极的意义上说，形体的对称与和谐是自然界运动变化的必然结果，但这需要经历一个演进的过程，比如，从水族动物到陆族动物，最后到人类，动物的形体确实变得越来越对称和优美。如果用现代人的形体标准看待远古时代的人类祖先，我们就会感觉到远古时代的人类长得都很丑陋，同样，再过几万年之后，那时的人类看我们现代人，正像我们看远古人一样感到面目丑陋。然而，单就形体而言，人无法与天相分离。所以，智力的进化对于人与天的“分”与“合”，具有至为关键的意义。如“天地本一物，地亦天也。只是人为天地心，是心之动，则分了天为上，地为下”其实就是“人”与“天”的“分”，故有“三才”之说。在此，人心是分别“人天”的物质基础。人不仅为自己立命，而且更为“天地立心”，在二程看来，“天地之心”即是“道心”。于是，当自然界创造了人这个具有“智巧”的生命体之后，便出现了“道心”与“人心”的矛盾对立。相对于以老庄思想为内容的魏晋玄学，将“天人关系”形而上的情形，二程的“道心”与“人心”论显然已经去“形而上”化了，而更加趋向于现实的生活，同时也更加“形而下”了。如，二程说：“‘人心’，私欲也；‘道心’，正心也。”②又说：“人心私欲，故危殆。道心天理，故精微。”③我们在前面反复强调了这样一点，那就是程朱理学所讲的“天理”与“人欲”问题，主要是针对宋代士大夫日益堕落的士风现象而发，在当时的特殊历史条件下，它具有一定的匡正时弊作用。更重要的是，它为宋代的思想发展定下了一个基调，即人们应当在现实的社会生活

① 程颢、程颐：《河南程氏遗书》卷二下《附东见录后》，《二程集》上，中华书局1981年版，第54页。

② 程颢、程颐：《河南程氏遗书》卷十九《杨遵道录》，《二程集》上，中华书局1981年版，第256页。

③ 程颢、程颐：《河南程氏遗书》卷二十四《邹德久本》，《二程集》上，中华书局1981年版，第312页。

这个平台上来探讨“天”与“人”的相互关系问题,包括“天人相分”和“天人合一”两个方面。譬如,以“天人相分”为基础的“公”与“私”问题,就是一个与现实生活密切相关的问题。程颐说:“公则一,私则万殊。至当归一,精义无二。人心不同如面,只是私心。”①此“一”是指“天理”,指“同”,又指“天心”,而“私”则指“私欲”,指“不同”。故程颐说:“合而听之则圣,公则自同。若有私心便不同,同即是天心。”②可见,当程颐说“至当归一,精义无二”或者“同”时,是在讲“天人合一”的思想,然而,当他将讲“人心不同如面,只是私心”或者“不同”时,却是在讲“天人相分”思想。所以,在程颐看来,究竟是“天人相分”还是“天人合一”,那要看是在什么样的语境里了,因为在不同的语境里,“天人关系”的表现形式是不一样的。再进一步,二程又说:“‘唯仁者能好人,能恶人。’仁者用心以公,故能好恶人。公最近仁。人循私欲则不忠,公理则忠矣。以公理施于人,所以恕也。”③此处之“公理”与“仁”相关节,从表面上看,好像是重复孔子的思想,实际上,这是一次经过了否定的肯定,是一次否定之否定。特别是二程提出“以公理施于人,所以恕也”的主张,应当说是对孔子思想的再创造,是“天人合一”的一种新的表达方式,无疑地,它已经属于形而下的道德问题了。

另外,宋代功利派不仅讲“公”与“私”的问题,而且也在“天人关系”的前提下来讲“公”与“私”的问题。如李觏这样说道:“天生斯民矣,能为民立君,而不能为君养民。立君者,天也;养民者,君也。非天命之私一人,为亿万人也。民之所归,天之所右也;民之所去,天之所左也。”④在这里,“公”指“亿万人”或曰“民”,即“民”就是“天”,反过来,站在“亿万人”之上的“君”对“天”来说则是“私”。“天道”公而非私,这是宋代功利派思想的一个基本认识,甚至理学派亦多持此论。因此,李觏说:“天下至公也,一身至私也,循公而灭私,是五尺竖子咸知之也。然而鲜能者,道不胜乎欲也。”⑤同程朱一样,李觏亦把“天理”即“公”与“私欲”对立了起来,亦用“天人相分”的极端形式来表达他的与现实生活紧密相连的功利思想。但李觏与程朱的不同在于,前者的

① 程颢、程颐:《河南程氏遗书》卷十五《入关语录》,《二程集》上,中华书局1981年版,第144页。

② 程颢、程颐:《河南程氏遗书》卷十五《入关语录》,《二程集》上,中华书局1981年版,第145页。

③ 程颢、程颐:《河南程氏外书》卷四《程氏学拾遗书》,《二程集》上,中华书局1981年版,第372页。

④ 李觏:《李觏集》卷十七《强兵策第七》,中华书局1981年版,第168页。

⑤ 李觏:《李觏集》卷二十七《上富舍人书》,中华书局1981年版,第277页。

着眼点是在“道不胜乎欲”这个命题上,而程朱理学的着眼点却是在“存天理,灭人欲”的命题,两者可以说是针锋相对,各持一端。从历史上看,李觏的思想由于王安石的支持,在北宋及南宋前期基本上处在主流意识的轴心上,对宋代社会的历史进步产生了积极的作用和影响,同时,它与北宋多样化的社会发展状况相适应,因而反映了北宋社会发展的客观趋势与内在规律,从而推动了北宋道德建设的多元化与形而下化的历史进程。可是,从南宋中后期开始,程朱理学逐渐占据了国家意识形态的统治地位,因此,从国家意识形态的角度说,“天”与“人”的关系发生了倒置现象,即在功利的意识中,君主或私应为民或公负责,因而才有“循公而灭私”之主张,反过来,在程朱理学的意识中,民应对君主负责,于是便有了“公理则忠矣”和“以公理施于人,所以恕也”的说法。只要我们仔细地比较一下,就会发现上面两种主张在本质上是不一样的,它们代表着宋代两种不同的思想潮流。

## 三、开辟了儒学发展的新时代

“天人关系”是中国哲学史的基本问题,同时亦是中国古代思想史的核心问题之一。目前已知,郭店楚简所发现的《穷达以时》、《五行》、《成之闻之》及《性自命出》等文献,是中国古代讨论“天人关系”最原始、最集中和最完备的历史资料。根据庞朴先生的研究,在上述文献中,已经出现了讨论“天人关系”的三种形式:(1)天人有分;(2)天人合一;(3)天人非一非二,亦一亦二,或者叫做二而不二,不二而二①。其证据是:

“有天有人,天人有分。察天人之分,而知所行矣。有其人,无其世,虽贤弗行矣。苟有其世,何难之有哉?”②

很明显,这是关于“天人有分”思想的一种说法。

“仁形于内谓之德之行,不形于内谓之行。义形于内谓之德之行,不形于内谓之行。礼形于内谓之德之行,不形于内谓之行。智形于内谓之德之行,不形于内谓之行。圣形于内谓之德之行,不形于内谓之行。”③

在这里,“天”与“人”在道德的范围内相互统一,不可分离,是谓天人合一的形式。

“凡人虽有性,心无定志,待物而后作,待悦而后行,待习而后定。喜怒哀悲之气,性也。及其见于外,则物取之也。性自命出,命自天降。道始于情,情

① 庞朴:《天人三式——郭店楚简所见天人关系试论》,Confucius2000网,2004—2—21。

② 《穷达以时》。

③ 《五行》。

生于性。始者近情，终者近义，知情者能出之，知义者能入之。好恶，性也。所好所恶，物也。善不'善，性也'。所善所不善，势也。"①

此段话，着重讲"天"、"命"、"性"、"情"、"道"等几个概念及其相互关系。至于"天人关系"则在这段话的言语之间，人们发现作者的基本态度是隐"天道"而显"人道"，所以《性自命出》中才有"凡道，心术为主。道四术，唯人道为可道也，其三术者，道之而已"②的说法，这可以看作是天人关系中的"不二而二"形式，同时也是人之为人所最终追求和循导的根本价值所在。

过去，由于文献的缺失，我们对于从孔子到孟子与荀子之间思想的演变过程看的不是十分明晰，因为孔子好像没有提出过明确的"天人相分"与"天人合一"思想，那么，过了一段历史时期之后，怎么突然之间在儒学内部就冒出了截然不同的两派天人思想呢？难道孟子与荀子的思想在理论上都无所本根了吗？看来不是。郭店楚简的发现给我们提供了答案，那就是在孔孟之间曾经产生过一部比《论语》还要综合的早期儒家经典。至于这部著作为何没有像《论语》、《孟子》、《荀子》那样流传下来，可能有很多历史的原因。但是有一点是可以肯定的，即这部儒家经典中的有关思想几乎都被战国时期的儒家学者吸收到他们各自的著述中去了，并且成为各家相互论争的基本理论依据，而这也必将会成为今后学界研究和探讨的重大理论课题之一。

仅就天人关系而言，郭店楚简与战国时期儒家各派思想之间存在着一定的内在关系，为了阐释问题的方便，我们不妨略作表述如下：

第一，孟子继承和发展了郭店楚简中的"天人合一"思想。孟子说："仁义礼智，非由外铄我也，我固有之也，弗思耳矣。"③从源流上看，这个思想不见于孔子的言论之中，但郭店楚简有一篇《五行》，其中就有仁、义、礼、智"形于内"的论述（引文见前），故《语丛一》又说："凡有血气者，皆有喜有怒，有慎有庄。其体有容，有色有声，有嗅有味，有气有志。凡物有本有卯，有终有始。容色，目司也。声，耳司也。嗅，鼻司也。味，口司也。气，容司也。志，心司。"以此为前提，《语丛三》更提出了"有性有生"的命题，它实际上构成了孟子"人性论"的思想基础。所以，学界多主张就郭店楚简的主流思想而言，它应属于思孟一派的早期儒家的历史文献，因而成为从孔子到孟子思想发展与演变的一个非常重要的思想环节。

第二，告子继承和发展了郭店楚简中的"天人不二而二"思想。告子没有

① 《性自命出》。

② 荆门市博物馆编：《郭店楚墓竹简》，文物出版社1998年版，第179、180页。

③ 《孟子》卷十一《告子章句上》。

专门的著作流传下来，但《孟子》有《告子篇》，其中载有告子思想的主要观点，如《孟子·告子上》载：“告子曰：‘食色，性也。仁，内也，非外也。义，外也，非内也。’”这种“仁”内“义”外主张的原始起点，我们可以落脚于郭店楚简中的《性自命出》一篇。如《性自命出》云：“笃，仁之方也。仁，性或生之。忠信者，情之方也。情出於性。”由此可见，“仁”通过“性”与“情”相连接，也就是说，“性”是“内仁”与“外情”的结合体。大家知道，由坚持“内仁”而否定“外情”的思孟一派，衍生出孟子的“人性善”主张，是为“天人合一”的思想；反之，由坚持“外情”而否定“内仁”的荀子一派，则衍生出“人性恶”的主张，是为“天人相分”的思想；至于告子，介于孟子的“人性善”与荀子的“人性恶”之间，主张性无善恶说。如，告子曰：“性犹杞柳也，义犹桮棬也，以人性为仁义，犹以杞柳为桮棬。”①这段话的意思是说，“性”没有先天的善与恶，凡善与恶都是后天的生活环境所造成的。

第三，荀子继承和发展了郭店楚简中的“天人相分”思想。《荀子·天论篇》云：“天行有常，不为尧存，不为桀亡。应之以治则吉，应之以乱则凶。强本而节用，则天不能贫。养备而动时，则天不能病。修道而不贰，则天不能祸。故水旱不能使之饥，寒暑不能使之疾，妖怪不能使之凶。本荒而用侈，则天不能使之富。养略而动罕，则天不能使之全。倍道而妄行，则天不能使之吉。故水旱未至而饥，寒暑未薄而疾，妖怪未至而凶。受时与治世同，而殃祸与治世异，不可以怨天，其道然也。故明于天人之分，则可谓至人矣。”显而易见，荀子的“天人相分”思想直接源自郭店楚简中的《穷达以时》篇。进一步，荀子从“天人之分”的命题中又推导出“性伪之分”的命题，因而更加丰富了先秦“天人关系”的内容。故荀子说：“凡性者，天之就也，不可学，不可事。礼义者，圣人之所生也，人之所学而能，所事而成者也。不可学，不可事，而在人者，谓之性；可学而能，可事而成之在人者，谓之伪。是性伪之分也。”②

显然，从孔子到郭店楚简，表明早期儒学在这个过程中经历了一个多样化的发展时期，而郭店楚简中的各篇应当是对当时各家思想的一次积极总结，并由此造成了战国中期以后在天人关系方面所出现的一分为三局面。然而，由于社会历史发展的复杂性和曲折性，到汉武帝“独尊儒术”之后，儒学的三分局面开始趋于统一，其中在董仲舒“正名”理论的作用下，孔孟之道便被确立为封建统治政权的意识形态，自此思孟一派成为儒学的正统，而荀子一派则变成了儒学的异端。正如李约瑟先生所说：“在西方，认为人生便有原始罪孽的

---

① 《孟子》卷十一《告子上》。

② 《荀子·性恶篇》。

奥古斯丁学说 Augustinism 成为正统派,而反对此说的派来基学说 Pelagianism 被视为异端。在中国,正相反,孟子成为儒家的正统派,而荀卿被视为异端人物。"①那么,这种价值导向究竟对中国古代社会的发展将会产生何种影响呢?前面说过,思孟一派的思想实质是"内仁",而荀子一派的思想实质则是"外情"。如果用宋人的观点来讲,就是前者以"天理"为其学说的归宿,而后者则以"人欲"为其学说的归宿。在人类社会的历史进程中,由于"人欲"的需要是外在的,它必然表现为人们对各种物质利益的追求,从而推动科学技术的发展与社会的进步。当然,这绝不意味着"天理"说就不能推动人类文明的发展与社会的进步了。实际上,我们的目的只是在于说明两者的侧重面不同,一个是道德伦理层面的,另一个则是物质利益层面的,仅此而已。所以,从学术的观点看,虽然这两派观点相互对立和论争,但是它们在现实生活中却是很难截然分开的。这就是为什么在中国古代"内仁"思想占主导地位的历史背景下,科学技术和物质生活还能在一个相当长的历史时期内保持着世界领先地位的原因所在。

东汉以后,佛教入主中国。而佛教的传入,无疑地引起了中国古代传统文化的剧烈震荡,并带来了儒释道三教格局的新变化,特别是原来儒学独尊的地位由此而面临着非常严重的挑战。事实上,到两晋之后,佛教异军突起,人隆势盛,大有取代儒学的正统地位而变成为"国教"的发展态势。如"般若学"从玄学中吸收思想营养,尤其是道安等僧人摈斥"于理多违"②的"格义"旧学,主张不执著文句,而是坚持在融贯大义的基础上对佛教经典的解释可以自由发挥,百家争鸣,因此,它极大地促进了佛学思想的中国化进程,同时也为南北朝"以佛化治国"局面的出现创造了社会条件。所以,南朝宋文帝说:"佛法汪汪,尤为名理,并足以开奖人意。若使率土之滨,皆纯此化,则吾坐致太平,夫复何事?"③这是南朝帝王对佛教"治心"功能的基本认识,而当时佛教的迅猛发展在一定意义上是对这个功能的确证。因此,梁武帝为了统治民心的需要,干脆于天监三年(504)正式宣布佛教为国教。不仅如此,梁武帝更宣称:"道有九十六种,唯佛一道,是为正道;其余九十五道,皆为外道,朕舍外道,以事如来。"④虽然南朝各代的国运都不长久,但是这个事实并没有动摇隋唐帝王对佛教的信仰以及他们对佛教事业继续扶持和大力发展的决心。如李世民说:

① [英]李约瑟:《中国古代科学思想史》,江西人民出版社 2002 年版,第 24 页。

② 释慧皎:《高僧传》卷五《释僧先传》,上海古籍出版社 1994 年版,第 195 页。

③ 释慧皎:《高僧传》卷七《慧严传》,上海古籍出版社 1994 年版,第 394 页。

④ 《全梁文》卷四梁武帝《敕舍道事佛》。

“今李家据国，李老在前；若释家治化，则释门居上。”①后来，武则天一改以李姓为尊的特权地位，公然宣布为“爰开‘革命’之阶，方启‘惟新’之运”的需要，“自今已后，释教宜在道法之上，缁服处黄冠之前”②，此立国宗旨一出，佛教大兴。而为了表示对佛祖的无比崇敬之心，武则天竟然将她的尊号定为“慈氏越古金轮圣神皇帝”，同时改元“证圣”，以体现她具有“独立天下，则阳之刚亢明烈可有矣”的品质和天赋。随后，她率领百官礼拜神秀大师，并请法藏、慧安、仁俭等多位佛教大德入宫问道，待以师礼；她为新起的并能够反映庶族思想愿望的佛教宗派如华严宗、禅宗等，积极创造其向社会各阶层渗透和传播的有利条件，从而使它们成为既受朝廷尊宠同时又具有广泛社会影响和适合于封建统治政权需要的思想上层建筑；她不遗余力，修建佛寺，时人有“殿堂佛宇，处处皆有”③之说；她鼓励寺院开设戏场，并设有“法僧”、“僧兵”等。据《资治通鉴》载：“元初，明堂既成，太后命僧怀义作夹紵大像，其小指中犹容数十人。于明堂北构天堂以贮之。堂始构为风所摧，更构之，日役万人，采木江领，数年之间，所费以万亿计，府藏为之耗竭。”④可见，有唐一代崇佛、佞佛之风的炽盛，无其右者。

与佛教的极盛状况相比，儒学则处于一个相对的低落期。然而，儒学的低落丝毫不能说明儒学本身所关注的“天人关系”问题亦随之而低落下去了，因为佛教在中国化的历史演变过程中，同样也是以“天人关系”为其理论轴心的。大家知道，儒学从汉武帝之后，孟子的“天人合一”说已经成为儒学的主导思想。可是，佛教在这个问题上的基本理路与儒学的主导思想有所不同，其主要的区别就在于佛教的中国化过程是以揭示“天”与“人”的矛盾冲突为前提的。比如，桓玄说：“佛所贵无为，殷勤在于绝欲。而比者凌迟遂失斯道。京师竞其奢淫。荣观纷于朝市。天府以之倾匮。名器为之秽黩。避役钟于百里。逋逃盈于寺庙。”⑤在此，“真”与“俗”（指“世俗地主”与“世俗王权”）之间的矛盾冲突已经是非常严重了，在一定条件下，追求物质生活的享受并非都是坏事，问题是要看追求物质生活的享受本身是否有利于生产力的发展。就上面的史料讲，佛教徒追求物质生活的享受本身显然是阻碍了社会生产力的发展，因此，应当加以遏止。仅此而言，桓玄主张“绝欲”，已与道教的基调相

---

① 《大正大藏经》第五十二卷道宣《集古今佛道论衡》卷丙，第 386 页上。

② 《唐大诏令集》卷一百一十三《释教在道法之上制》。

③ 王溥：《唐会要》卷四十九《像》，中华书局 1955 年版，第 857 页。

④ 司马光：《资治通鉴》卷二百五《唐纪二十一·则天顺圣皇后中之上》，中华书局 1956 年版，第 6498 页。

⑤ 释僧祐：《弘明集》卷十一《桓玄辅政欲沙汰众僧与僚属教》。

重合。于是,慧远说:“其为教也。达患累缘于有身。不存身以息患。知生生由于禀化。不顺化以求宗。求宗不由于顺化。则不重运通之资。息患不由于存身。则不贵厚生之益。此理之与形乖,道之与俗反者也。”故“凡在出家,皆遁世以求其志,变俗以达共道。变俗则服章不得与世典同礼,遁世则宜高尚其迹。夫然者,故能拯溺俗於沈流,拔幽根於重劫。远通三乘之津,广开人天之路。”[①]显然,这是在用佛教理论来阐释儒家的“天人合一”思想。但是,如果我们就此认为,佛教归根到底是儒教的附庸,就大错而特错了。实际上,佛教试图以它自身的“超验性”即佛理来弥补儒学“经验性”即俗道的不足,从“天人关系”的角度看,这是一种理论的深化和思想的进步。如慧远说:“夫幽宗旷邈,神道精微,可以理寻,难以事诘。”又说:“分至则止其智之所不知,而不关其外者也。”[②]这两段话的意思是说,佛教所探讨的主要是“天”的问题,是“幽宗旷邈”的形而上问题,而儒教所讨论的主要是“人”的问题,是“不关其外者”的形而下问题。换言之,佛教所关心的是“天”的无限性问题,而儒教所关心的则是“人”的有限性问题。所以,佛儒两教在本质上不是决然对立的,而是互补的和相融的。由此可见,“天人关系”在魏晋时期表现为佛与儒两教的相互关系问题,应是一个时代所面临的重大理论课题。同时,由“佛理”与“俗道”的矛盾冲突,我们亦能够多少看出宋儒提出“天理”与“人欲”这个关系问题的一些历史性的演变轨迹。

其实,在现实的社会历史条件下,佛教与儒教的矛盾冲突基于下面这样一个事实:佛教通过“出世”的道路,试图在世俗的社会政治之外,建立一个不受世俗社会所操纵和控制的僧人世界,可是,佛教的这个路径扰乱了儒教所预设的封建统治秩序,而儒教的根本教理绝不允许任何游离于世俗政权之外的社会力量的存在。所以,从天人关系的角度讲,佛教构建的是一个天国的世界,而儒教所构建的则是一个人间世界。与儒教内部出现的各种天人关系形式不同,在佛儒两教相互对立的背景下,天人相分已经转变成为两种宗教势力的对立,这是在两汉以前不曾出现过的一种情形,是天人关系在新的历史环境中的一种变体。因此,到唐代中后期,围绕儒佛两教能否统一的问题,形成了两派相互对立的观点。其中一派以韩愈为代表,另一派以柳宗元为代表。而在如何对待佛教的地位问题上,韩愈持否定态度,与之相反,柳宗元却持肯定态度。对此,如果我们不把他们放在当时佛儒两家如何处理天人关系的历史背景里,

---

① 释僧祐:《弘明集》卷五《沙门不敬王者论·出家第二》。

② 释僧祐:《弘明集》卷五《沙门不敬王者论·体极不兼应四》,收录《中国哲学史资料选辑:魏晋隋唐之部(上、中、下)》,中华书局1990年版,第544页。

就根本没有办法理解为什么会在两位古文运动的领袖之间出现那样截然不同的态度。韩愈站在复兴儒学的立场上，以“天人合一”为武器去辟佛斥佛，他说：“事佛求福，反更得祸。”①故应“人其人，火其书，庐其居。”②在这里，我们首先肯定韩愈批判佛教的基本立场是正确的，但他采取的方式却是不可取的。从人类认识的运动过程来看，佛老两教都讲求宇宙的本体，崇体而抑用，韩愈认为：儒家的“入世”之道是“合仁与义言之也”，而佛教的“出世”之道却是“灭其天常”，“必弃而君臣，去而父子，禁而相生养之道，以求其所谓清净寂灭者”③，在佛教的教理看来，“天”是超验的存在，是“真”，因而是理性思维的对象，从这个意义上说，佛教亦是理性主义的一种，与之相对，“人”则是一种具有现实的经验存在物，是“妄”，因而是感觉经验的对象，它是应当被摈弃的。然而，在儒学看来，恰恰相反，“人”是真实的存在，而“天”却是虚妄的存在，是应当被摈弃的。可见，韩愈的认识方法是用经验论去反对唯理论，此“理”指佛理。针对韩愈批判佛教的片面性，柳宗元肯定佛教中亦有合理的因素和成分。他说：“退之忿其外而遗其中，是知石而不知蕴玉也。”④在这里，柳宗元的说法有道理吗？回答是肯定的。黑格尔在《哲学史讲演录》第一卷中曾谈到中国先秦哲学的特征，他说：“中国是停留在抽象里面的；当他们过渡到具体者时，他们所谓具体者在理论方面乃是感性对象的外在联结；那是没有〔逻辑的，必然的〕秩序的，也没有根本的直观在内的。再进一步的具体者就是道德。”⑤在形式上，印度哲学比中国哲学又高了一个层次，在黑格尔的理念世界里，印度哲学亦名“心智实体化”才是哲学发展的真正基础和开端。黑格尔说：心智实体化“并不是精神与自然的合一，而恰好是相反。对于精神来说，观察自然只是一种手段，只是思想的练习，这种练习以心灵的自由为目的。‘心智实体化’在印度人看来，是最后的目的，但在哲学中一般说来它是真正的基础、开端；哲学的思考就是这种唯心论：真理的基础是自为的思想。”⑥从天人关系的角度说，在黑格尔看来，印度哲学的特点是“天人相分”，而它亦是宋代儒学反对佛教的原因之一。然而，印度哲学的“天人相分”是一种没有统一性的“分”，即“天上站立着心智实体化，于是地上就变得干燥而荒凉。”⑦当

① 魏仲举：《五百家注昌黎文集》卷三十九《论佛骨表》，文渊阁四库全书本。

② 魏仲举：《五百家注昌黎文集》卷十一《原道》，文渊阁四库全书本。

③ 魏仲举：《五百家注昌黎文集》卷十一《原道》，文渊阁四库全书本。

④ 柳宗元：《柳宗元集》卷二十五《送僧浩初序》，中华书局 1979 年版，第 674 页。

⑤ ［德］黑格尔：《哲学史讲演录》第一卷，商务印书馆 1997 年版，第 132 页。

⑥ ［德］黑格尔：《哲学史讲演录》第一卷，商务印书馆 1997 年版，第 151 页。

⑦ ［德］黑格尔：《哲学史讲演录》第一卷，商务印书馆 1997 年版，第 154 页。

然,我们也可以从中国哲学与希腊哲学的对比中,发现中国哲学的特点所在。顾准先生说:"希腊人并非不关心政治问题……然而,思考宇宙问题是他们首先着重的,也是希腊思想的特色。"①换言之,希腊人"思考宇宙问题,而不是'史官文化'。"②与之相反,中国哲学家"所思考的问题,无不与维护政治权威有关"③,所以,范文澜先生将它称作"史官文化",而"所谓史官文化者,以政治权威为无上权威,使文化从属于政治权威,绝对不得涉及超过政治权威的宇宙与其他问题的这种文化之谓也。"④可见,希腊哲学与印度哲学有相近之处,因为他们都是以思考宇宙问题为目的的。以此为前提,我们发现宋代儒学通过唐代古文运动这个否定的环节,特别是通过儒释两教的融合,其"天人关系"问题必然在更高的层面上合规律地获得进一步的拓展。正如有人所说:北宋五子"在接受道教、佛教等新文明的理论体系的挑战之后,从理论的高度上,而非感性的或情绪的角度上,重构出一套观念体系,用以回应道佛极高的抽象概念能力所建构出的极其广博高深的理论系统,使儒家哲学思想除了官方的提倡,以及长期以来在社会人心所造成的传统影响外,在理论效力的竞争上,回复其在中国文化思想体系中的一定地位。"所以,宋明儒学的英文名写作 Neo-Confucianist,译为"新儒学"⑤。冯友兰先生又称为"更新的儒家"⑥。

那么,相对于先秦儒学,宋代新儒学究竟"新"在何处?

牟宗三对这个问题曾经做出过回答,在他看来,宋儒始以孔、孟并称而非周、孔并称,"这是思想世界里面一个极为重要的分水岭",因为"周公创建的政教,究竟属外王而非内圣的,所以当宋儒为了对抗佛教,而深论'性理'的奥义之时,他们必须标出讲'内圣'之学的代表思想家,于是放弃了周公,而代以讲内圣之学的孟子,这是中国哲学史上的一个大关键。"⑦或者说,"宋儒由于对抗佛教,而把儒家内圣、成德的内在义理特别提出来,发挥与锤炼,这就是新之所以新了。"⑧因此,牟宗三将"外王"与"内圣"看成是先秦儒学与宋代新儒学相互区别的关键标志。而冯友兰则是把"宇宙论"作为宋代新儒学的一个重要标志。在中国古代思想史上,《周易》是讲"宇宙论"的,但它的宇宙论则

① 顾准:《顾准文稿》,中国青年出版社 2002 年版,第 238 页。
② 顾准:《顾准文稿》,中国青年出版社 2002 年版,第 237 页。
③ 顾准:《顾准文稿》,中国青年出版社 2002 年版,第 238 页。
④ 顾准:《顾准文稿》,中国青年出版社 2002 年版,第 239 页。
⑤ 牟宗三:《宋明儒学的问题与发展》,华东师范大学出版社 2004 年版,第 6 页。
⑥ 冯友兰:《中国哲学简史》,新世界出版社 2004 年版,第 273 页。
⑦ 牟宗三:《宋明儒学的问题与发展》,华东师范大学出版社 2004 年版,第 11 页。
⑧ 牟宗三:《宋明儒学的问题与发展》,华东师范大学出版社 2004 年版,第 11 页。

是为了人类道德中心这个目标服务的，所以，“《易传》讲‘乾元’虽然是宇宙论的，最后根据还是道德的意义。”①用“天人关系”的术语说，《易传》的“宇宙论”是一种“天人合一”的“宇宙论”。与《易传》的“宇宙论”思想不同，佛教的“宇宙论”却是脱离了道德的纯粹“宇宙论”，牟宗三将它称作“宇宙论中心”，即“割断了道德”②的“宇宙论”。如果用“天人关系”的术语说，那么，佛教的“宇宙论”就是一种“天人相分”的“宇宙论”。对此，张载有下面一段论述：

“知虚空即气，则有无、隐显、神化、性命通一无二，顾聚散、出入、形不形，能推本所从来，则深于《易》者也。若谓虚能生气，则虚无穷，气有限，体用殊绝，入老氏‘有生于无’自然之论，不识所谓有无混一之常；若谓万象为太虚中所见之物，则物与虚不相资，形自形，性自性，形性、天人不相待而有，陷于浮屠以山河大地为见病之说。此道不明，正由懵者略知体虚空为性，不知本天道为用，反以人见之小因缘天地。明有不尽，则诬世界乾坤为幻化。幽明不能举其要，遂躐等妄意而然。不悟一阴一阳范围天地、通乎昼夜、三极大中之矩，遂使儒、佛、老、庄混然一涂。语天道性命者，不罔于恍惚梦幻，则定以‘有生于无’，为穷高极微之论。入德之途，不知择术而求，多见其蔽于诐而陷于淫矣。”③

在这段话里，张载指出儒佛的区别就在于前者讲“天人合一”，而后者言“天人相分”或云“天人不相待”。虽然佛教所说的“天人相分”从本质上看并不是一种积极的“天人相分”思想，但是我们且不可忽视了它在中国古代“天人关系”发展过程中的重要作用，或者说环节作用。因为先秦儒学的主导思想是“天人合一”，而对“天人合一”思想进行真正有效之回应的不是来自荀子，也不是来自王充，而是来自佛教。当然，佛教在“天”与“人”的关系问题上，其本身也经过了从肯定“虚无”的“般若”即一种“纯一的真理”或称“真如”、“佛性”、“天理”等到肯定“实有”的人的“真性”的理论转型，比如，僧肇的《不真空论》说：“夫至虚无生者，盖是般若玄鉴之妙趣，有物之宗极者也。”可见，“般若”是独立于万物及人类之外的存在实体，它本身是一个“万有”的理念。然而，把“般若”与“人性”割裂开来，将“般若”孤立起来，使其远离“世俗”的实际需要，它则很难为广大的庶族士者所尊奉，所以，法藏认为：“法相宗说佛性是‘真’，现实世界是‘妄’。‘真’和‘妄’（真如世界和现实世界）不

① 牟宗三：《宋明儒学的问题与发展》，华东师范大学出版社 2004 年版，第 90 页。

② 牟宗三：《宋明儒学的问题与发展》，华东师范大学出版社 2004 年版，第 89 页。

③ 张载：《正蒙·太和篇》，《张载集》，中华书局 1978 年版，第 8 页。

应分割得太辽远,太辽远了就会挫伤人们走向天国的积极性。"[①]于是,华严宗批判了"人天教"、"小乘教"、"大乘法相教"等,并将人的主体性原则引入佛教的教理之中,提出了一系列心性学的概念和范畴,成为程朱理学"体用一源"论的直接理论来源。[②] 故宗密说:"一切有情,皆有本觉真心,无始以来,常住清净,昭昭不昧,了了常知,亦名佛性,亦名如来藏。从无始际、妄相翳之不自觉知、但认凡质故、着结业受生死苦。大觉愍之说一切皆空。又开示灵觉真心清净全同诸佛。故华严经云:佛子、无一众生而不具有如来智慧。但以妄想执着,而不证得。若离妄想、一切智、自然智、无碍智、即得现前。"[③]显而易见,从魏晋到隋唐佛教本身亦在逐渐地"儒学化",所以它内部便出现了由"天人相分"到"天人合一"的演进,而对于这种历史性的变化,我们自然应当将它分成前后两段,至于张载说"若谓万象为太虚中所见之物,则物与虚不相资,形自形,性自性,形性、天人不相待而有,陷于浮屠以山河大地为见病之说",此"天人不相待而有"的佛教学说,主要是指魏晋时期的外来宗教而言。相对于魏晋佛教,隋唐佛教完成了佛教中国化的历史过程。在这样的前提下,佛教的"心性"理论始成为唐代佛教的基本意识形态。前面说过,如果我们把先秦儒学的"天人合一"思想看成是"天人关系"发展史上的肯定阶段,那么,魏晋时期佛教的"天人相分"论就是对先秦儒学的"天人合一"思想的否定,亦即"天人关系"发展史上的否定阶段,而宋代新儒学的"天人合一"学说则是对魏晋时期佛教的"天人相分"论再否定,换言之,它也可称为"天人关系"发展史上的否定之否定阶段。不过,宋代新儒学的"天人合一"学说对魏晋时期佛教的"天人相分"论否定之否定,并不是对先秦儒学"天人合一"思想的简单重复,而是在吸收了隋唐佛教"心性"说的合理因素之后的一次飞跃,是螺旋式的上升,是包含着新质因素的部分质变。对此,冯契先生说:"天、道、性命为先秦哲学中之主要观念,而理、气、心、性则为宋明哲学及其以后的中心观念。两类观念亦有明确的相关性,显出思想形式及思想内涵的一个发展。"[④]因此,从辩证逻辑的发展规律看,就"天人关系"的内部矛盾而言,宋代新儒学的"新"主要就表现在它的"天人合一"思想,是包含着"天人相分"思想内容的"天人合一",而宋代"天人相分"思想之丰富性和复杂性的根源亦在于此。

---

① 任继愈:《中国哲学史》第三册,人民出版社 1979 年版,第 71 页。

② 任继愈:《中国哲学史》第三册,人民出版社 1979 年版,第 77 页。

③ 宗密:《大正新修大正藏经》卷四十五《原人论》,第 710 页上。

④ 冯契:《论中国古代的科学方法和逻辑范畴》,载《中国哲学范畴集》,人民出版社 1985 年版,第 69 页。

## 第二节　宋代“天人相分”思想的时代局限

由前面的论述，我们不难发现，“天人相分”本身亦是一个复杂的矛盾统一体，从其内在的结构来说，它既有消极的因素，又有积极的成分。不过，就它的主要方面而言，其积极的因素起着主导和支配作用。如，“义理派”便是以“天人相分”为骨架来结构其“以心性为中心范畴的道德形上哲学”①体系的；功利派的主要代表人物王安石不仅用“天人相分”论批判了“天人感应”的宗教神学和谶纬迷信，而且还成为其“熙宁变法”的理论基础；沈括自觉地以“天人相分”的理论思想为指导，提出了“原其理”的客观真理论和科学的求真主张，并以多方面的发明创造而推动了宋代科学技术的进步，等等。然而，从总体上看，“天人相分”在理论形态方面还存在着一定的缺陷，因而它总是这样或那样地局限着其应有功能的正常发挥，所以，我们在考察“李约瑟难题”时，这应是一个不可回避的历史课题。

下面，我们从三个方面来剖析宋代“天人相分”思想的时代局限。

### 一、缺乏系统性与理论性

就中国古代“天人相分”的表现形式而言，它本身可分成两个部分：外在的形态与内在的形态。其中，外在的形态具体可划分成如下几种形式：

（一）在“天”与“人”的对立过程中，将两者极化为两个各自孤立的思维单元，或者仅仅强调“天”的绝对性与至上性，而隐匿了“人”的能动性与主体性，如《庄子·杂篇·列御寇》云：“古之人，天而不人。”这种只见“天”而不见“人”的观点，即是“天人相分”思想的一种极端形态，这是一方面，另一方面，或者反过来仅仅强调“人”的绝对性与至上性，而隐匿了“天”的客观性与规律性，如《说文》释“女娲”云：“化万物者也”，且“抟黄土作人”②。尽管女娲创造的仅仅是“黄种人”，但她被看作是宇宙万物的创造者却是可以肯定的，而这实际上是以后人们轻视自然规律的思想基础，如《逸周书·文传》之“人强胜天”就是一个鲜明的例子。所以，宋人张轼说：“中古以降，人伪日滋，天机日浇，以性灭命者，必以人而胜天；以命废性者，必以天而胜人，天人之理，颠倒错乱。”③看来，把“天人相分”思想极端化的倾向，在中古时期的封建社会里，曾

① 蒙培元：《理学范畴系统》，人民出版社1998年版，第173页。

② 李昉等：《太平御览》卷七十八《女娲氏》，中华书局影印，1960年版，第365页。

③ 张栻：《南轩易说》卷三《说卦》，《张栻全集》上，长春出版社1999年版，第44页。

产生了十分广泛的影响。不仅中古,而且向前追溯到先秦的儒道两派,从原则上讲,也是以极端化"天人相分"的姿态来出现的,所以梁启超先生说:"道家哲学有与儒家根本不同之处。儒家以人为中心,道家以自然界为中心。儒家道家皆言'道',然儒家以人类心力为万能,以道为人类不断努力所创造,故曰:'人能弘道,非道弘人。'道家以自然界理法为万能,以道为先天的存在且一成不变,故曰'人法地,地法天,天法道,道法自然'。"①

(二)同前面的不平衡论相反,在"天"与"人"的对立关系中,还有一种形式上的平衡论学说。所谓平衡论学说就是人们既不偏向"天"的一方,又不偏向"人"的一方,而是在"天"与"人"的相互关系中,保持双方的动态平衡。如,传曰:"人众能胜天,天定亦能胜人。"②这种既肯定"天"的作用,同时又承认人的主观能动性的"天人相分"观即是一种典型的平衡论。在宋代,人们的"天人相分"思想,比较普遍地采用了这一种形式。

(三)用体用关系来诠释"天"与"人"的矛盾,认为"天"是体而"人"是"用"。如,老子说:"天下万物生于有,有生于无。"③对此,张载认为是割裂了天人关系中的"体"与"用"关系,故他说:"老氏'有生於无'自然之论,不识所谓有无混一之常。"④这里的"无"指无形的道或天,而"有"则指有形的万物和人类。一般认为,张载在"天人关系"问题上是讲"天人不二"的,其实不尽然。因为在不同的语境之下,"天人"与"体用"两者之间绝不是一一对应的关系。比如,张载说:"天能谓性,人谋谓能。大人尽性,不以天能为能,而以人谋为能,故天地设位,圣人成能。"⑤又说:"天道即性也,故思知人者不可不知天,能知天斯能知人矣。"⑥可见,张载在"天人"问题上不是不讲"体用二分"的,在此,"天"为"体",而"人"为"用"的主张很明确和清晰,故张载说:"自然人谋合,盖一体也,人谋之所经画,亦莫非天理耳。"⑦由此可知,人相对于自然界的能动性表现不过是"天性"的一种功用而已。

于外在的形态之外,尚有内在的形态。细言之,"天人关系"的内在形态,主要表现为以下两种形式:

第一,"天人相参"。比如,荀子说:"天有其时,地有其财,人有其治。夫

① 梁启超:《先秦政治思想史》,东方出版社 1996 年版,第 122—123 页。

② 黄仲炎:《春秋通说》卷二《桓公·十有五年》,文渊阁四库全书本。

③ 叶玉麟译:《老子道德经》下篇《四十章》,广益书局 1948 年版,第 33—34 页。

④ 张载:《正蒙·太和篇》,《张载集》,中华书局 1978 年版,第 8 页。

⑤ 张载:《横渠易说·系辞下》,《张载集》,中华书局 1978 年版,第 232 页。

⑥ 张载:《横渠易说·系辞下》,《张载集》,中华书局 1978 年版,第 234 页。

⑦ 张载:《横渠易说·系辞下》,《张载集》,中华书局 1978 年版,第 232 页。

是之谓能参,舍其所以参而原其所参,则惑矣。"①"天有其时,地有其财,人有其治"被称作"三才",其中"天有其时"是基础,是因,而"地有其财"是"天有其时"运动变化的产物,是实现"天人"相互作用的中间环节,所以,人类通过对"时"与"财"的认识与改造,从而把自己的存在印记在作为客观对象的"时"与"财"上,即"人能治天时地财而用之,则是参于天地。"②在此,"参"不仅将天、地、人置于同一个平台,而且更突出了人的能动地位,在荀子看来,宇宙万物之所以有条不紊,井然有序,主要是因为人具有主观能动性。他说:"天能生物,不能辩物也;地能载人,不能治人也;宇中万物,生人之属,待圣人然后分也。"③此"分"不是一般地分割,而是按照人类之所需对宇宙万物的"分门别类",它是人类科学认识的基本功能。从这样的立场出发,有人概括荀子的"天人相分"思想是"天乃独立运行,治乱在人道,天人分裂,相参相用"④在此基础上,《黄帝内经灵枢经·玉版》说:"且夫人者,天地之镇也,其不可不参乎?"可见,由"天地之镇"的内在特制而外在化之后,我们便可以感受到里面蕴藏着一股"人定胜天"的气势和力量。虽然"人定胜天"后来经过人为的夸张而演变成了一句政治性的术语,但从历史上看,它对于树立人类摆脱"有神论"之束缚的信念,从而实现人类自身的解放,具有非常深远的实践意义。

第二,"天人相与"。"天人相与"究竟是什么意思?《文中子》中载有下面一段对话:

"文中子曰:'《春秋》其以天道终乎?故止于获麟。《元经》其以人事终乎,故止于陈亡。于是乎天人备矣。'薛收曰:'何谓也?'子曰:'天人相与之际,甚可畏也,故君子备之。"⑤

由此可知,"天人相与"的前提依然是"天人相分",然而,《文中子》为什么说"天人相与之际,甚可畏也"呢?从前面的引述看,人们对"天人相分"本身不仅不言可怕,甚至荀子还提出了"制天命而用之"的思想命题,对人类驾驭自然的能力毫不怀疑。不过,荀子等对"天人相分"的考察仅仅是一般的人的立场和视角,他们还没有进一步对人本身进行考察。而《文中子》所考察的是历史过程中的人,按照通行的分法,他将人分为"君子"与"小人"两类。当

---

① 《荀子》卷十一《天论》。

② 《荀子》卷十一《天论》。

③ 《荀子》卷十一《天论》。

④ 曹胜高:《兼容诸说的荀子——在长春"国学大讲堂"上的讲座》,2006年7月30日,Copyright 2007。

⑤ 王通:《中说·述史篇》,中华书局1985年版,第26页。

然,那时所说的“小人”与我们今天所讲的“小人”,其内涵有所不同,前者主要依身份论,后者则主要依道德论。按照中古时期的社会发展状况,《文中子》对“君子”与“小人”的历史地位作了这样的阐释:

“君子服人之心,不服人之言;服人之言,不服人之身;服人之身,力加之也。君子以义,小人以力,难矣哉!”①

对于“君子”与“小人”究竟谁在历史上所起作用更大的问题,《文中子》似乎很难回答。于是,它才说了一句“难矣哉”的话。我们如果用唯物史观的方法来分析,那么,“君子”显然是封建社会的统治者,他们属于社会的强势群体,是“劳心者”;与之相反,“小人”却是封建社会的被统治者,他们属于社会的弱势群体,是“劳力者”,是推动社会发展的真正物质力量。因此,从历史上看,“劳力”与“劳心”的地位在一定历史条件下是可变的,而对于这种可变性,《文中子》当时根本没有办法来解释,所以,它只能说“天人相与之际,甚可畏也”。

从这个角度说,“天人相参”讲的主要是自然与人的关系,而“天人相与”则主要讲的是社会与人的关系。就“天人相分”的内在逻辑而言,由先秦时期的“天人相参”命题到隋唐时期的“天人相与”命题,非常客观地体现了“天人关系”的历史发展趋势,而宋代“天人相分”思想的丰富性和复杂性正是与这种历史演进的实际过程相一致的。此外,无论是“天人相参”还是“天人相与”,老实说,仅就其认识深度来讲,与西方的“主客二分”观相比较,它们本身所包含的自然观与社会观都远在同时代的西方“主客二分”思想之上。然而,它们为什么不能产生出具有西方思想史意义上的“自然科学”呢?

在西方科学史上,“自然科学”作为一个学术流派始自罗吉尔·培根。大家知道,欧洲的自然科学脱胎于经院哲学,这是西方“天人二分”思想发展的必然结果。大约从 11 世纪开始,欧洲的市民阶级随着工商业的发展而迅速地成长起来,此时他们要求个人利益神圣不可侵犯性,这种个人主义的思潮在客观上与教会的绝对权威发生冲突与对抗。于是,在这样的历史背景下,意大利、法国、英国等国家相继涌现出了抨击正统经院哲学的异端学说和思想,比如,呵维洛伊主义、泛神论神秘主义、唯名论等。其中“唯名论”的代表罗吉尔·培根,在反对神学的斗争过程中,建立了他那以“科学实验”为特征的自然科学学说。罗吉尔·培根说:“没有经验,任何东西都不可能充分被认识。因为获得认识有两种方法,即通过推理和通过实验。推理作出一个结论,并使我们承认这个结论,但并没有使这个结论确实可靠。它也没有消除怀疑,使心

① 王通:《中说·立命篇》,中华书局 1985 年版,第 34—35 页。

灵可以安于对真理的直观,除非心灵对于能被认识的东西有许多论证,但是因为他们缺乏经验,便忽视这些论证,因为既不知道避害也不知道就利。因为一个从来没有看过火的人,也可以用适当的推理来证明火能烧坏、损毁诸物,并毁灭它们。但他的心灵不会因此而满足,他也不会避开火,除非他将手或某些可燃的东西放在火中,使他能由经验证明那推理所教导的东西。”①尽管罗吉尔·培根的思想与近代科学还不完全等同,但他毕竟“明了地唤起了自然研究之必要与方法”②,并成为弗兰西斯·培根实验归纳方法论的直接先导。

在中国,北宋也有一位类似于英国罗吉尔·培根的科学家,他就是被李约瑟称为“中国科技史上的坐标”的沈括。同罗吉尔·培根崇尚科学实验一样,沈括亦认为:“推此而求,自臻至理。”③而“推理”的结果究竟正确与否,其检验的标准则是“实验”,所以,沈括总结汉代以前人们制定历法的经验说:“为历者必有玑衡以自验迹。”④周瀚光先生将它称作“验迹原理”,这说明在沈括看来,科学实验无疑地是一种具有普适性的科学研究方法。

可是,在英国,我们见到的历史真实是从经院哲学衍生出了罗吉尔·培根的自然科学,并由此进一步引发了弗兰西斯·培根实验归纳方法论和新的知识传统。与之不同,在宋代,由沈括的自然科学并没有新的科学知识传统,反而走向了类似于西方经院哲学的思想传统,那就是新儒学或称程朱理学。理学虽然亦有与自然科学发展相适应的一面,但从总体上说,它对自然科学发展所产生的消极影响远远大于它对自然科学发展所产生的积极影响,因此,从沈括之后,中国古代科学发展的总趋势是由高峰转入低落,且由原来的世界领先地位而一步步地变成了落后地位。那么,这种差距是如何形成的呢?

从科学技术发展的内在规律看,罗吉尔·培根的思维方法是充满矛盾的。比如,罗吉尔·培根认为,经验有两种:以自然为对象的属于外在性的感觉经验与以超自然为对象的属于内在性的神启经验。在罗吉尔·培根看来,两种方法相比较,神启经验更加重要,是“更好的方法”,此方法共分七个阶段,即“由纯粹和科学有关的启发”、“德行”、“圣灵的七种礼物”、“上帝在福音书中所规定的至福”、“精神的感官”、“效益”、“极乐”⑤,他说:“凡是在这些经验方

① [英]罗吉尔·培根:《大著作》第六部分,《西方哲学原著选读》上卷,商务印书馆 1981 年版,第 291 页。

② 洪耀勋:《西洋哲学史》,台湾中国文化大学出版部 1983 年版,第 155 页。

③ 沈括:《梦溪笔谈》卷七《象数一》,岳麓书社 1998 年版,第 62 页。

④ 脱脱等:《宋史》卷四十八《天文一》,中华书局 1975 年版,第 955 页。

⑤ [英]罗吉尔·培根:《大著作》第六部分,《西方哲学原著选读》上卷,商务印书馆 1981 年版,第 291 页。

面或其中的一些方面有过刻苦训练的人,就不仅能使自己和别人弄明白精神的事物,而且也弄明白一切人类的科学。"①然而,弗兰西斯·培根却抛弃了罗吉尔·培根思维方法中的"神启经验",却继承和发展了罗吉尔·培根思维方法中的"感觉经验"与"科学实验",之后,弗兰西斯·培根实验归纳方法论与笛卡儿的数学演绎方法相结合,因而催生了伽利略和牛顿的科学方法。而对于伽利略和牛顿科学方法的思想内质,吴国盛先生总结为四个要点:"第一,人与自然相分离;第二,自然界的数学设计;第三,物理世界的还原论说明;第四,自然界与机器的类比。"②一句话,当时在欧洲已经形成了系统化和理论化的"天人相分"思想。

与罗吉尔·培根的思维方法相比,沈括的思维方法也充满了矛盾,而这种矛盾同样集中表现在这样两个方面:一是"感觉经验",二是"神启经验",只是沈括的文本语言是按照中国的传统思维方式来叙述的。如,沈括说:"圣人独得之于心,而不可言喻,故设象以示人。象安能藏往知来,变化而行鬼神?学者当观象以求圣人所以自然得者,宛然可见,然后可以藏往知来,成变化而行鬼神矣。"③此处所说"观象"其实就是指感觉经验,就是指对客观事物的直接反映。但沈括并不局限于感觉经验,在他看来,感性认识有赖于上升到理性认识,故沈括说:"观古人者,当求其意,不徒视其迹。"④在此,"视其迹"之"迹"指的也是经验,而且用罗吉尔·培根的话说,就是"自然的经验",而"当求其意"之"意"指的则是理性认识,等等。毫无疑问,上述这些方面,充分表明沈括的科学方法中确实闪烁着不灭的唯物主义思想光辉,是其成就诸项科学发明创造的基本精神动力。然而,沈括除了承认"感觉经验"对于科学认识的基础地位之外,他还认为"神启经验"也是科学研究的一个必要的组成部分,因而为伪科学的产生和滋长提供了带有权威性的历史依据。比如,沈括说:"山阳有一女巫,其神极灵。予伯氏尝召问之,凡人间物,虽在千里之外,问之皆能言。乃至人中心萌一意,已能知之。坐客方弈棋,试数白黑棋握手中,问其数,莫不符合。更漫取一把棋,不数而问之,是亦不能知数。盖人心所知者,彼则知之;心所无,则莫能知。"⑤这种所谓的"特异功能",实际上是一种伪科学。又比如,沈括说:西戎"有先咒粟以食羊,羊食其粟,则自摇其首,乃杀羊视其

① [英]罗吉尔·培根:《大著作》第六部分,《西方哲学原著选读》上卷,商务印书馆 1981 年版,第 291 页。

② 吴国盛:《科学的历程》,北京大学出版社 2002 年版,第 240 页。

③ 沈括:《梦溪笔谈·补笔谈》卷二《象数》,岳麓书社 1998 年版,第 259 页。

④ 沈括:《梦溪笔谈·补笔谈》卷二《权智》,岳麓书社 1998 年版,第 262 页。

⑤ 沈括:《梦溪笔谈》卷二十《神奇》,岳麓书社 1998 年版,第 162 页。

五藏，谓之‘生跋焦’，其言极有验，委细之事，皆能言之。‘生跋焦’，士人尤神之。”[①]此处之“验”绝对不是指“感官经验”，而是指“神启经验”。同罗吉尔·培根一样，“神启经验”在沈括的认识活动中也占据着非常重要的地位。不过，从宋代社会发展的实际后果看，沈括思想中的两个部分，即“感觉经验”和“神启经验”，或者说“经验主义”与“神秘主义”，就其主要方面来讲，他的“神秘主义”思想获得了比较充分的发展，而他那以“天人相分”为基础的“经验主义”却受到了严重遏止，其被边缘化的态势非常明显。

## 二、宋代士人对伎艺之学的严重歧视

对于这个问题，张邦炜[②]、包伟民[③]等学者已经作了较为深入的分析，本文仅以数学发展的历史状况为例，对宋代的科技政策与科学技术发展的内在关系作一探讨。

大家知道，数学是推动科学技术发展的有力工具。英国著名哲学家罗吉尔·培根曾经说过：“数学是科学的大门钥匙，忽视数学必将伤害所有的知识，因为忽视数学的人是无法了解任何其他科学乃至世界上任何其他事物的。更为严重的是，忽视数学的人不能理解他自己这一疏忽，最终将导致无法寻求任何补救的措施。”中国具有悠久的数学传统，至少从《周髀算经》始一直到秦（九韶）、李（冶）、杨（辉）、朱（世杰）四家时期，中国古代的数学的发展程度在整体上略高于同时代的欧洲[④]。在宋代，由于数学的群众基础比较厚实，因而即使宋朝政府没有给予数学发展以一定的政策支持，它仍然取得了可惜的成就。据《宋史》及宋人的文集记载，“胡瑗晓算法，能将先儒所说黄钟管内八百一十分为方分算法，并与郑康成《周礼注》及班固《律历志》古法相合。”[⑤]王洙“至于图纬、阴阳、五行、律吕、星官、算法、训故、字音，无所不学，学必通达，如其专家。”[⑥]徐成甫“颇涉传记、阴阳、医药、算术之学，无所不窥。”[⑦]“吏部令史

① 沈括：《梦溪笔谈》卷十八《技艺》，岳麓书社 1998 年版，第 149 页。

② 参见《宋代伎术官研究》，载台湾《大陆杂志》第 83 卷第 1、2 期，1991 年 7、8 月出版。

③ 参见《宋代伎术官制度述略》，载《漆侠先生纪念文集》，河北大学出版社 2002 年版。

④ 参见黄武雄：《中西数学简史》，台湾人间文化事业公司出版，1980 年附《图表二》。

⑤ 宋祁：《景文集》卷二十七《议乐疏》。

⑥ 欧阳修撰，李逸安点校：《欧阳修全集》卷三十二《翰林侍读侍讲学士王公墓志铭》，中华书局 2001 年版，第 472 页。

⑦ 秦观：《淮海集》卷十六《徐君主簿行状》，《四库备要》第 78 册，中华书局 1989 年版，第 129 页。

韩公廉晓算术,有巧思。”[①]而苏颂更是星官、算法等“无所不通”[②]刘景晖则于“古今奇文、星经、地志、卜算、时日、玉函秘方、稗官怪录,皆渔猎不遗。”[③]由此可见,宋代科技能够步入当时世界历史的最高峰,跟宋代民间具有广泛习学算法的社会风气密切相关。群众的参与和广大士人的学习数学之热情,固然是促成宋代数学发达的原因之一,但在中国古代君主集权制度下,单单依靠群众的热情是远远不够的,它要想得到持续不断地发达就必须有政府的支持和整个士大夫官僚集团的推动。然而,恰恰在这一方面,宋代做得很不够,甚至在某种程度上还落后于隋唐。

隋唐的数学教育制度比较完备,形成了一套从小学到大学的数学教育体系,为我国古代数学的发展提供了制度保证。《隋书》卷二十八《百官志下》载:

“国子寺(元隶太常)祭酒(一人),属官有主簿、录事(各一人),统国子、太学、四门、书算学,各置博士(国子、太学、四门各五人,书、算各二人)、助教(国子、太学、四门各五人,书、算各二人)、学生(国子一百四十人,太学、四门各三百六十人,书四十人,算八十人)等员。”

虽然,与国子、太学和四门相比,隋唐时期的算学起点不高,其政治待遇亦很低,比如,《旧唐书》卷四十四《职官志三》记载,其国子博士正五品上,国子助教从六品上;太学博士正六品上,太学助教从七品上;四门博士正七品上,四门助教从八品上;算学博士从九品下。尽管算学博士的官位甚低,可是它的职责却很重,“博士掌教文武八品已下及庶人子为生者。二分其经,以为之业。习《九章》、《海岛》、《孙子》、《五曹》、《张邱建》、《夏侯阳》、《周髀》十五人,习《缀术》、《缉古》十五人,其《纪遗》、《三等数》亦兼习之。”[④]其中像《缀术》这样的高深之学,非政府大力支持不能传播,而算学博士仅限于“掌教文武八品已下及庶人子为生者”,其在朝中真正有势力者既然离“算学”教育如此得遥远,我们又怎么能奢望他们去支持数学事业的发展呢！这个事实证明隋唐政府还没有足够的诚意来发展中国的传统数学,但是我们也应当看到,隋唐政府毕竟将算学从“史官”中独立出来,并使数学真正地变成一门科学,仅此而言,它具有非常重要的现实意义。如《宋史》卷六十八《律历志一》载:

“《周礼》,保氏教国子以六艺,其六曰九数,谓方田、粟米、差分、少广、商

---

① 脱脱等:《宋史》卷三百四十《苏颂传》,中华书局 1975 年版,第 10866 页。

② 脱脱等:《宋史》卷三百四十《苏颂传》,中华书局 1975 年版,第 10867 页。

③ 刘才邵:《檆溪居士集》卷十二《亡叔墓志铭》,文渊阁四库全书本。

④ 刘昫:《旧唐书》卷四十四《职官志三》,中华书局 1975 年版,第 1892 页。

功、均输、方程、赢朒、旁要，是为九章。其后又有《海岛》、《孙子》、《五曹》、《张邱建》、《夏侯阳》、《周髀》、《缀术》、《缉古》等法相因而起，历代传习，谓之小学。唐试右千牛卫胄曹参军陈从运著《得一算经》，其术以因折而成，取损益之道，且变而通之，皆合于数。复有徐仁美者，作《增成玄一法》，设九十三问，以立新术，大则测于天地，细则极于微妙，虽粗述其事，亦适用于时。古者命官属于太史，汉、魏之世，皆在史官。隋氏始置算学博士于国庠，唐增其员，宋因而不改。”

在唐代，唐太宗较为看重国学，其算学亦沾光不小，甚至书算学的生员曾达至 3260 人之多①，可谓兴盛空前。可惜，好景不长，显庆二年(657)“九月废书、算、律学”②《新唐书》卷二十四《礼仪四》亦载：高宗显庆“二年，废书、算、律学。龙朔二年(662)正月，东都置国子监丞、主簿、录事各一员，四门助教博士、四门生三百员，四门俊士二百员。二月，复置律及书、算学。三年(663)以书隶兰台，算隶秘阁局，律隶详刑寺。”恢复了算学的建置，固然可喜，但仔细想来，好生生的一门科学，却被玩弄于唐朝皇帝的股掌之中，而且是寄养在“秘阁局”膝下，名不正言不顺，从此，算学一蹶不振，再也无法重现昔日的风采了。据《唐会要》卷六十六《东都国子监》载：

元和二年(808)十二月，“国子监奏。两京诸馆学生。总六百五十员。请每馆定额如后。两监学生。总五百五十员。国子馆八十员。太学馆七十员。四门馆三百员。广文馆六十员。律馆二十员。书馆十员。算馆十员。”

又，“东都国子监。量置学生一百员。国子馆十五员。太学馆十五员。四门馆五十员。广文馆十员。律馆十员。书馆三员。算馆二员。”

从“算馆十员”到“算馆二员”，实际上，算学作为传统的“六艺”之一，已经名存实亡了。这种视数术为儿戏的做法，深刻地影响了宋代高端统治者的决策，它给中国封建社会后期的数学发展造成了严重的不良后果。如前面引文所言，“隋氏始置算学博士于国庠，唐增其员，宋因而不改。”其实，切不说宋代能够继续发扬和推进隋及唐前期的数学教育成果与教育制度，它就连作秀的事情都做不来，“算学科”在国子监名下是想立就立，想废就废，如同走马灯一般，随意性太大，在这样的历史条件下，欲通过政府支持的途径来发展数学教育事业是很难的。比如，宋神宗元丰七年(1084)二月，“吏部乞于四选补算

① 王溥：《唐会要》卷三十五《学校》，中华书局 1955 年版，第 633 页。

② 刘昫：《旧唐书》卷四《高宗上》，中华书局 1975 年版，第 78 页。

学博士阙，从之。”[①]于是，“四选命官通算学者许于吏部就试，其合格者上等除博士，中、次者为学谕。”[②]或许是为了给算学发展创造良好的物质条件以吸引英才俊士来投身于数学的研究，宋哲宗元祐元年(1086)政府决定修造校舍，然这项计划亦很快落空。故《宋会要辑稿》崇儒三之二云：

“今取到国子监合干人状，称本监自官制奉行，后来检坐上件格子，申乞修置算学。准朝旨踏逐到武学东大街北，其地堪修算学，乞令工部下所属检计修造，奉圣旨依。今看详上件，算学已准朝旨盖造，即未曾兴工。其试选学官未有人应格。窃虑将来建学之后，养士设科徒有烦费，实于国事无补。今欲乞赐详酌寝罢。”

宋哲宗之所以“诏罢修建”算学校舍，是因为他考虑到两个因素：一是“其试选学官未有人应格”，也就是说当时社会上根本没有士人去应试算学，这可能是宋朝长期轻视数学教育的一种必然结果；二是“虑将来建学之后，养士设科徒有烦费，实于国事无补”，此种说法看似客观，实甚荒谬。宋朝财力再困难，也不至于连几个算学博士都养不起。显然，这是宋哲宗的一种推脱之辞，因为对数学的轻视是一个观念问题，而不是一个经济问题，例如，在宋代民间有很多习算法者，难道这些民间习算者的家境比宋朝政府还富有吗！实际上，宋哲宗的做法是宋朝士大夫阶层长期贱视数学这种流习的一种客观反映。然而，社会经济的发展毕竟不能离开数学这门“艺术”，因此，宋徽宗即位不久，即在崇宁三年(1104)着手重设算学。对此，《宋会要辑稿》崇儒三载：

“神宗皇帝，追复三代，修立法令，将建学焉，属元祐异议，遂不及行。方今绍述圣绪，小大之政，靡不修举。则算学之设，实始先志，推而行之，宜在今日。今将元丰算学条制重加删润，修成敕令，并对修看详一部，以《崇宁国子监算学敕令格式》为名，乞赐施行。”

单就算学一门颁行敕令格式，这在宋代是第一次，可见，宋徽宗对算学的重视。从法律的角度看，宋代的敕，是皇帝在特定的时间里对特定的人或事而颁布的指示或决定，它凸显着皇帝的权威，因而其效力大于律。依宋朝成法，皇帝的“手谕”只有经中书省制论和门下省封驳，然后再由皇帝颁布，才能成为通行全国的“敕”。至于“令”则是从正面约束禁止行为人不得为一定行为的法律规定；“格”是划分吏民等级以及有关论等行赏方面的法律规定；“式”是关于体例、楷模方面的规定。所以，按照《崇宁国子监算学敕令格式》的规

---

① 李焘：《续资治通鉴长编》卷三百四十三《起神宗元丰七年二月丙戌条》，中华书局 1992 年版，第 8247 页。

② 脱脱等：《宋史》卷一百六十四《职官四》，中华书局 1975 年版，第 3880 页。

定,“以《九章》、《周髀》及假设疑数为算问,仍兼《海岛》、《孙子》、《五曹》、《张邱建》、《夏侯阳》算法并历算、三式、天文书为本科,本科外人占一小经,原占大经者,听公私试三舍法,略如太学上舍三等推恩以通仕、登仕、将仕郎为次。”①显然,宋徽宗的主观愿望是想通过上面的激励机制来促进宋代数学事业的发展,但是这种局面仅仅维持了两年,便又夭折了,而当时的数学研究也未见什么起色。故《宋史》卷一百六十四《职官志四》云:

“(崇宁)五年,罢算学,令附于国子监。十一月,从薛昂请,复置算学。大观三年,太常寺考究,以黄帝为先师,自常先、力牧至周王朴以上从祀,凡七十人。四年,以算学生并入太史局。宣和二年,诏并罢官吏。”

这种反复无常的心态,反映了整个宋代官僚士大夫集团对于数学这门科学的歪曲、压抑和非难。比如,二程说:邵雍的象数学“难以治天下国家。”②此论与宋哲宗对于数学“于国事无补”的认识不谋而合,如出一辙,可见,士大夫阶层确实存在着一股压抑数学研究的思想势力,这股势力深刻地影响着宋代高端人物的决策,甚至宋代最高统治者还阻止数学家与一般朝官的实际接触,据《宋史》卷十二《仁宗四》载:“(至和元年)十二月丙午,诏司天监天文、算术官毋得出入臣僚家。”因此,一般朝官也就难以对数学这门学问作出一个符合实际的正确认识,而这也是宋代为什么不能通过国家支持的途径来推动数学事业继续向前发展的历史原因。如果说北宋对传统数学的支持还做点表面文章的话,那么,南宋统治者已经是连表面的文章都不做了,他们干脆将“算学科”从国子监中划掉了,永远不再设立。故宋人鲍澣之这样评论南宋政府的数学发展状况:“此学既废,非独好之者寡,而《九章》正经,亦几泯没无传矣。”③所以,宋代特别是南宋数学的进步主要依靠的是民间力量,而不是依靠国家的力量。例如:

“楚衍,开封胙城人。少通四声字母,里人柳曜师事衍,里中以先生目之。衍于《九章》、《缉古》、《缀术》、《海岛》诸算经尤得其妙。”④

“近世司天算,楚衍为首。既老昏,有弟子贾宪、朱吉著名。宪今为左班殿直,吉隶太史。宪运算亦妙,有书传于世。吉駮宪弃去余分,于法未尽。”⑤

---

① 马端临:《文献通考》卷四十二《学校三》。

② 程颢、程颐:《河南程氏遗书》卷第二上《元丰己未吕与叔东见二先生语》,《二程集》上,中华书局 1981 年版,第 45 页。

③ 刘徽:《九章算术・后序》,中华书局 1985 年版,第 189 页。

④ 脱脱等:《宋史》卷四百六十二《楚衍传》,中华书局 1975 年版,第 13517—13518 页。

⑤ 王洙:《王氏谈录・历官》,载陈继儒辑《宝颜堂秘笈》,《广集》第二十轶,转引自钱宝琮《中国数学史》,科学出版社 1964 年版,第 145 页。

"(侯无可)博闻强记,贯涉万类,若礼之制度,乐之形声,《诗》之比兴,《易》之象数,天文地理,阴阳气运,医药算数之学,无不究其渊源。"故其"就学者日众,虽边隅远人,皆愿受业。"①

民间数学与国子监之"算学科"相比,其传授途径受各种因素的限制,必然不如国家更有能力使其在历史上延续。如果国家不舍得去为数学发展投入,那数学的前途就相当的危险了。以《缀术》的失传为例,由《宋史·楚衍传》知,《缀术》在北宋前期还流传于民间,虽然北宋元丰七年(1084)曾将十种数学书籍雕版印刷,但《缀术》是有名无书,故到崇宁三年时,算学科的数学教材里就没有《缀术》了,而政和三年(1113)宋朝所颁布的算学教材里则只有《九章》、《周髀》、《海岛》、《孙子》、《五曹》、《张邱建》、《夏侯阳》七部数学典籍②。有人说,《缀术》的失传主要是由于其内容的艰涩难懂,这是不确当的。因为北宋政府只要诚心去保护中国古代的优秀数学遗产,它就没有理由失传于北宋中后期。然而,北宋的最高统治者功利心太强,一切都以是否于"有补国事"为支持与否的标准。宋太宗说:"以国家大事足食为先,今亿兆至蕃,未闻有九年之蓄,令两制议致丰盈之术以闻。"③宋神宗又进一步强调说:"政事之先,理财为急。"④所以,在北宋统治者看不出数学理论有何直接的经济意义的情况下,那些与社会的现实利益关系比较疏远的抽象数学自然就被人们所丢弃了,难怪宋哲宗对于数学的价值说出了"于国事无补"那样既尖刻又无知的话。这样看来,并不是《缀术》本身深奥难学,而是北宋统治者本心就没有打算让它保留下去的必要。从内容上讲,能够为宋代统治者认可并给予一定支持的数学典籍,无一不与经济相联系。如《九章算术》的最大长处是与生产实践和衣食住行相结合,应用性、目的性十分明确。因此,南宋杨辉著《九章算法纂类》与秦九韶的《数书九章》都很幸运地被保留下来了。据明朝《算法统宗·算经源流》称:在宋代元丰以来所刊刻的数学书籍像《议古根源》、《益古算法》、《证古算法》、《明古算法》、《办古算法》、《金科算法》、《应用算法》等却因经济性质不强烈而相继散失于民间。宋人研究数学讲究经济实用,关于这一特点,由下面的实例为证:

① 程颢、程颐:《河南程氏文集》卷四《华阴侯先生墓志铭》,《二程集》上,中华书局 1981 年版,第 504—505 页。

② 苗书梅等点校:《宋会要辑稿》崇儒三,河南大学出版社 2000 年版,第 155 页。

③ 李焘:《续资治通鉴长编》卷四十一"太宗至道三年五月庚午",中华书局 1992 年版,第 865 页。

④ 李焘:《续资治通鉴长编》卷二百十二"神宗熙宁三年六月辛巳",中华书局 1992 年版,第 5157 页。

“绍兴十八年举行经界案祖逐项斟酌，取其简便易行将来不至烦扰者分明晓谕，并将田形算法镂版行下四县，先令人吏习学指教民户，务要人人通晓。”①

“乡在临漳，访问打量算法，得书数种，比此加详，然乡民卒乍不能通晓，反成费力，后得一法，只于田段中间，先取正方步数却计其外尖斜屈曲处，约凑成方，却自省事。”②

上面两段引文说明了两个问题：一是在生产实践的过程中，人们习惯于用“简便易行”的算法来为其日常的经济活动服务，不然的话，再深刻的算法也无法在社会上广泛流传；二是算书里的方法常常不能解决现实生活中的实际问题，所以人们便发明一些更方便和更实用的数学方法，结果便出现了这样一种尴尬局面，人们所发现的新方法在书本里根本就看不到，而书本里的方法又不实用，久而久之，人们当然就不怎么拿书本当回事，这应是造成宋代大量数学书籍散失的主要原因之一。

然而，数学在宋代民间逐渐演变成为卜筮的一种工具，这是宋代数学发展的一种畸形形式。比如，北宋真宗时谢绛曾严厉地指出：“近岁不逞之徒，讬言数术，以先生、处士自名，秃巾短褐，内结权倖，外走州邑，甚者矫诬诏书，傲忽官吏。请严禁止。”③而很多数学家本身则对科学的数学知识与卜筮不加区分，他们把算法跟卜筮混淆起来，这在客观上影响了作为科学的数学之进步。譬如，“（周）克明精于数术，凡律历、天官、五行、谶纬及三式风云、龟筮之书，靡不究其指要。”④而大观三年（1109）十一月，太常寺将作为科学的数学家与作为占卜的数术家一起配享黄帝，故《宋史全文》载其事曰：“被旨，天文、算学合奉安先师，并配享从祀……宜尊黄帝为先师，而以其当时之臣风后、力牧、大鸿、大挠、隶首，容成、车区、常仪为配享，又以后世精于数术者商巫咸、周箕子、周商高、周荣方、晋史苏、秦卜徒父已上七十人拟从祀。”⑤对于这次闹剧，洪迈在《容斋随笔・三笔》一书中更有详细地记载，他说：

“大观中，置算学如庠序之制，三年三月，诏以文宣王为先师，兖、邹、荆三国公配飨，十哲从祀，而列自昔著名算数之人绘像於两廊，加赐五等之爵。於

① 朱熹：《晦庵先生朱文公文集》卷二十一《回申转运司乞候冬季打量状》，《朱子全书》，上海古籍出版社、安徽教育出版社 2002 年版，第 964 页。

② 朱熹：《晦庵先生朱文公文集》卷五十一《答黄子耕》，《朱子全书》，上海古籍出版社、安徽教育出版社 2002 年版，第 2384 页。

③ 脱脱等：《宋史》卷二百九十五《谢绛传》，中华书局 1975 年版，第 9845 页。

④ 脱脱等：《宋史》卷四百六十一《周克明传》，中华书局 1975 年版，第 13504 页。

⑤ 佚名：《宋史全文》卷十四《宋徽宗》，黑龙江人民出版社 2004 年版，第 799 页。

是中书舍人张邦昌定其名:风后、大桡、隶首、容成、箕子、商高、常仆、鬼臾区、巫咸九人封公,史苏、卜徒父、卜偃、梓贞、卜楚邱、史赵、史墨、裨灶、荣方、甘德、石申、鲜于妄人、耿寿昌、夏侯胜、京房、翼奉、李寻、张衡、周兴、单扬、樊英、郭璞、何承天、宋景业、萧吉、临孝恭、张胄玄、王朴二十八人封伯,邓平、刘洪、管辂、赵达、祖冲之、殷绍、信都芳、许遵、耿询、刘焯、刘炫、傅仁均、王孝通、瞿昙罗、李淳风、王希明、李鼎祚、边冈、郎顗、襄楷二十人封子,司马季主、洛下闳、严君平、刘徽、姜岌、张邱建、夏侯阳、甄鸾、卢太翼九人封男。考其所条具,固有於传记无闻者,而高下等差,殊为乖谬。如司马季主、严君平止於男爵,鲜于妄人、洛下闳同定《太初历》,而妄人封伯,下闳封男,尤可笑也。十一月,又改以黄帝为先师云。"

且不说此"格"本身的乖谬与可笑,单就其所选人物的杂乱和匪思而言,它事实上已经将数学置于"雕虫小技"的境地了。因为像被封为"公"那些所谓的"算数之人",他们实际上都是以卜筮为业者。《周易·系辞上》云:"极数知来之谓占。"将数学的价值与功能定位在"知来"的层面上,使得数学从一开始就被披上了神秘的外衣,所以在宋人的观念里,卜筮为数学的最高境界,其"格"为"公",而真正从事科学研究者却被看作是数学的最低层,其"格"为"男"。于是,秦九韶为了使自己的数学研究具有高尚的意义,他不得不把自己的学问跟"易道"贯穿起来,认为"昆仑旁薄,道本虚一。圣有大衍,微寓于《易》。"①在秦九韶看来,"天象、历度谓之缀术,太乙、壬、甲谓之三式,皆曰内算,言其秘也。《九章》所载,即周官九数,系于方圆者为叀术,皆曰外算,对内而言也。其用相通,不可歧二。"②将"数学"与占卜术混淆起来,是秦九韶的一种观念性错误。但是,造成这种现象的根源在于宋朝政府,在于当时的整个社会的尚占风气和整个士大夫阶层疏远数学研究的思想意识。朱熹反复说道:"《易》本为卜筮而作。"③又"八卦之画,本为占筮。"④由此可见,在宋代这个特定的历史条件下,人们对传统数学的认识,已是占筮的成分远远大于其科学的成分,正因为这样的缘故,所以人们才舍去数学的"科学因素"而去追求它的占筮效果。而那些作为占筮者的数学家,其社会地位则亦大大地高于作为科学研究的数学家的社会地位,关于这一点,除了前面宋朝政府在大观三年所议定的算家之"格"外,我们还可通过以下几则事例反映出来。

① 秦九韶:《数书九章·序》,中华书局 1985 年版,第 2 页。
② 秦九韶:《数书九章·序》,中华书局 1985 年版,第 1 页。
③ 黎靖德编:《朱子语类》卷六十六《易二·卜筮》,中华书局 1994 年版,第 1620 页。
④ 黎靖德编:《朱子语类》卷六十六《易二·卜筮》,中华书局 1994 年版,第 1622 页。

“福州推官刘抃挟数术言人祸福，多游公卿门。”①

“夫六艺群书唯天文、数术探赜索隐，钩深致远。”②

“数术穷天地而谈万物之宗。”③

由于“凡天下之数术皆宗《易》”④的缘故，在宋代，精通“数术”是一件非常荣耀的事情，而《宋史》及宋人文集中都有为数术家立传的事例，相反，真正从事科学的数学研究者，却很少有人为他们立传，于是宋代很多属于科学的著名“数术”家，如创造“正负开方术”的刘益、给出用增乘方法开高次方的贾宪、组合数学家杨辉等，他们尽管在数学领域作出了突出的贡献，可是在宋代却没有一个人愿意为他们树碑立传。之所以如此，是因为宋人普遍存在着这样一种意识，那就是“尊之则圣人之徒，抑之则张衡数术之伍也”⑤。此“数术”是科学意义的“数术”，而不是占筮层面上的“数术”。在所谓的宋代“文治”社会里，作为占筮的“数术”与作为科学的“数术”竟然形成如此巨大的反差，它确实给宋代数学的发展带来了不少麻烦，并成为阻碍宋代数学进步的一个极大的社会因素。

数学发展需要国家力量的大力支持，尤其在传统数学向近代数学转折的历史时期更是如此。台湾学者黄武雄在《中西数学简史》一书中，曾对宋代数学的性质作过这样的评价，他说：“不管在代数方法或转化方法上，中国数学家在定量方面的努力都已接近饱和，必须转向，去做定性的工作。例如在代数方法上有了天元术、四元术，便须转个方向去考虑根与系数的定性关系，才能再往前推进，做到像十九世纪 Abel，Galois 的方程论那样的工作而在转化方法上，有了个别的关系也须要改做些定性的考虑，到定性方面去找寻有系统的转化关系，发展出像解析几何之类的工作。”⑥宋代既没有出现解析几何，同时更没有出现变量数学，而解析几何与变量数学则是近代数学的基本特征。至于宋代为什么不能由传统数学转向近代数学，原因很多，其中最基本的原因有两个：经济与教育。在这里，我们仅从比较教育学的视角来寻找一下宋代数学教育与欧洲近代数学教育的重要差异究竟在何处？

正如前面所说，宋代的社会经济在整体上呈现繁荣的发展态势，然而，宋

① 脱脱等：《宋史》卷三百二《贾黯传》，中华书局 1975 年版，第 10015 页。

② 范晔：《后汉书》志第二《律历中》，中华书局 1965 年版，第 3043 页。

③ 黄庭坚著，郑永晓整理：《叔父十九先生祭文》，《黄庭坚全集辑校编年中册》，江西人民出版社 2008 年版，第 697 页。

④ 真德秀：《西山文集》卷三十五，叶清父同归录后序。

⑤ 王十朋：《梅溪集》卷十五《策问》。

⑥ 黄武雄：《中西数学简史》，台湾人间文化事业公司出版，1980 年版，第 31—32 页。

代数学教育的重心在民间，不在政府，政府于数学教育关注不多，至于给予的物质支持就更少了，而这种情况在同时代的欧洲却是见不到的。众所周知，欧洲的大学兴起于12世纪，而大学的出现是改变人类历史命运的最重要的历史事件。有人统计说："也许萨莱诺是最古老的大学，从十世纪起它就是医学学习的中心。波隆那大学（University of Bologna）和巴黎大学也是十分古老的大学，前者大约建于1150年，后者于十二世纪快终结时才建成。牛津、剑桥、蒙比利埃、萨拉曼卡和那不勒斯等著名院校的历史仅次于以上几所大学。日尔曼直到十四世纪才有大学，在布拉格、维也纳、海德堡和科隆出现了类似的学校。到中世纪末期西欧已经建立起八十多所大学。"①一般认为，15世纪初当为中世纪的末期，值此之际，文艺复兴运动正在意大利形成并逐渐开始向欧洲各主要国家渗透和蔓延。当然，欧洲最初的大学都是为基督教服务的，不过，数学教育后来却变成为欧洲大学教育的主要课程之一。本来意大利的数学家斐波那契（Leonardo Fibonacci，1170—1250）早在1202年就出版了《算盘书》一书，在该书中，他提出了著名的"斐波那契数列"，即

斐波那契数列：1，1，2，3，5，8，13，21，34，55，89，144，233，……

其通项公式为：$a_n = \frac{\sqrt{5}}{5}\left[\left(\frac{\sqrt{5}+1}{2}\right)^n - \left(\frac{1-\sqrt{5}}{2}\right)^n\right]$

这是一种全新的数学思想，至今斐波那契数列仍具有广阔的应用前景。可惜，此后的欧洲却陷入了持续达百年之久的战乱，它完全扰动了欧洲数学的近代化历程。但是，近代数学不是孤立的科学现象，它的成长与发展需要适当的社会条件，尤其需要人们在城市化的过程中去积极地培育一种把演绎推理与自由创造结合起来的数学精神。从这个角度讲，欧洲数学虽然在13、14世纪没有出现重大的创新性成果，但是这个时期却诞生了一大批综合性大学，如英国的剑桥大学（1209）、法国的图户兹大学（1230）、意大利的那不勒斯大学（1224）、西班牙的帕伦西大学（1212）、葡萄牙的里斯本大学（1290）等等，这些大学尽管以神学教育为主，可它们所倡导的那种自由讨论式的教育理念却成为后来近代数学诞生的重要前提。当时，有两种大学教学管理模式在欧洲非常流行，一种是"以学生为主体"的波沦亚大学管理模式，另一种是"以教师为主体"的巴黎大学管理模式。这两种大学教育管理模式的基本指导思想就是倡导自由创造的风气，培养具有独立思维能力的科研和管理人才。例如，罗吉尔·培根（1214—1294）在牛津大学教物理和数学，他认为影响人们独立思考

① ［美］爱德华·麦克诺尔·伯恩斯、菲力浦·李·拉尔夫：《世界文明史》第2卷，商务印书馆1990年版，第64—65页。

的主要因素有四:“屈从于谬误甚多、毫无价值的权威;习惯的影响;流行的偏见;以及由于我们认识的骄妄虚夸而来的我们自己的潜在的无知。”①巴黎大学的神学教授邓斯·司各脱(1270—1308)主张将神学与科学分开,因为科学以实物世界为研究对象,属于理性范畴,而数学就是一种理性的精神。在此思想启蒙的召唤下,米兰大学的数学教授卢加·帕西奥里(1445—1514)于1494年出版了《算术、几何、比和比例集成》一书,他在书中提出了“$X^2+Mx=N$, $X^3+N=mX$(m,n是正数)现在不可解,正像化图为方问题一样”这样极富挑战性的代数学问题。不久,自学成材的塔尔塔利亚(1499?—1557)与波伦亚大学的数学教授费洛的学生菲俄都自称已经求得了三次方程的解法。究竟应当由谁先拥有解三次方程的发明权,人们自然想到了通过数学竞赛的办法来一决雌雄。于是,1535年2月22日,在意大利的米兰大教堂,举行了一次仅有塔尔塔利亚和菲俄参加的数学竞赛。最后,塔尔塔利亚赢得了比赛。1545年,意大利帕维亚大学的医学教授卡当(1501—1376)出版了《大术》一书,书中三次及四次方程式提出了系统性的解法。然而,名义上拥有对三次方程解法发明权的塔尔塔利亚不服,他提出要与卡当进行公开的数学竞赛,这次竞赛虽说卡当没有亲自参加,但他的学生费拉里(1522—1565)代师迎接挑战,这次竞赛塔尔塔利亚输给了发明四次方程解法的费拉里。而卡当身为医师,却在多所大学讲授数学。毫无疑问,卡当第一个将虚数引入代数学,并确定虚数是方程式的根。后来,法国数学家韦达进一步完善了三、四次方程的解法,并建立了方程根与系数之间的关系。在此,我们实际上已经不在乎究竟谁是三次方程解法的真正发明者这个问题了,因为我们感兴趣的是弥漫于各个大学讲堂上的那种自由争论和自由创造的数学研究氛围,因为那是一种真正意义上的理性精神。

然而,在宋代,国子监是一个官僚机构,一般说来,人们的创造性思想成果只有服从于某种权威才会被官方所认可。譬如,秦九韶在《数书九章·序》里就一再声明他的数学研究是“本太虚生一”之旨,而杨辉在《续古摘奇算法》中亦把“天生神物,圣人则之”的河图和洛书作为其“纵横图”的两个基本图式。美国学者M.克莱因说:“罗马文明是产生不出数学的,因为罗马人太注重实际效用,所以目光短浅。”又说:“罗马人的实用主义结出的是不育之果,而基督教的神秘主义坚持要完全无视自然界,实际效果是阻碍了知识的进步,扼杀了创新精神。”②数学在罗马的境遇有些类似我国的宋朝,如前所述,宋朝政府的

① ［英］罗吉尔·培根:《大著作》第六部分,《西方哲学原著选读》上卷,商务印书馆1981年版,第285页。

② ［美］M.克莱因:《西方文化中的数学》,复旦大学出版社2005年版,第95页。

治国理念是以理财为先，这种策略虽然不能说"目光短浅"，但它不利于数学的发展却是可以肯定的。而存在于罗马的基督教神秘主义在中国的宋代则变成了道学神秘主义，关于道学神秘主义阻碍数学科学的发展，钱宝琮先生在《宋元时期数学与道学的关系》一文中已经作出了肯定的回答，他说："道学体系中的'象数学'是一种数字神秘主义思想，也不能有助于数学的发展。"①

## 三、缺乏引导"近代工业革命"在中国产生的社会基础

中国是一个古老的农耕社会，商品经济发育得很不完善，因而以农业文明为轴心，在中国古代形成了两种社会进化模式，一种是以中原农业经济为基础所形成的礼制社会，另一种是以"四夷"之非农业经济为特点的"无礼"社会。由文献记载知，至少从炎黄时期开始，中原地区就出现了以农业经济为基础的礼制文明。如《帝王世纪》第一说：炎帝"作耒耜，始教民耕农……是为农皇。"后来黄帝更"时播百谷草木，淳化鸟兽虫蛾，旁罗日月星辰水波土石金玉，劳动心力耳目，节用水火材物。"②是故，炎黄便成为以农业为经济特征的华夏民族的代名词。然而，黄帝如何去实现国家的统一与社会秩序的稳定呢？司马迁说："置左右大监，监于万国。万国和，而鬼神山川封禅与为多焉。"③《史记索隐》释："言万国和同，而鬼神山川封禅祭祀之事，自古以来帝皇之中，推许黄帝以为多。多犹大也。"诚然，维持国家的统一，"鬼神山川封禅祭祀"绝不是唯一的途径和方式，但在中国古代却是非常重要的方式之一。而对于礼的起源，《礼记·礼运》篇说：

"夫礼之初，始诸饮食，其燔黍捭豚，污尊而抔饮，蒉桴而土鼓，犹若可以致其敬于鬼神。"

至于"敬于鬼神"的"礼"与"治理国家"之间究竟有何联系？孔子有一段十分经典的阐释，他说：

"夫礼，先王以承天之道，以治人之情，故失之者死，得之者生。《诗》曰：'相鼠无体，人而无礼。人而无礼，胡不遄死？'是故礼必本于天，殽于地，列于鬼神，达于丧、祭、射、御、冠、昏、朝、聘，故圣人以礼示之，故天下国家可得而正也。"④这里有一个比较现实的问题，所谓"本于天，殽于地"的天和地应当是个什么样子，基于"中国戎夷五方"⑤这个观念，人们对他们视野中的天地作出

① 《钱宝琮科学史论文选集》，科学出版社 1983 年版，第 579 页。

② 司马迁：《史记》卷一《五帝本纪》，中华书局 2013 年版，第 7 页。

③ 司马迁：《史记》卷一《五帝本纪》，中华书局 2013 年版，第 7 页。

④ 《礼记·礼运》。

⑤ 《礼记·王制》。

了一番直观的描述,比如,《周髀算经》卷下载:

“极下者其地高人所居六万里,滂沲四隤而下。天之中央,亦高四旁六万里。故日光外所照,经八十一万里,周二百四十三万里,故日运行处极北。北方日中,南方夜半,日在极东;东方日中,西方夜半,日在极南;南方日中,北方夜半,日在极西;西方日中.东方夜半。凡此四方者,天地四极四和,昼夜易处,加四时相及,然其阴阳所终,冬夏所极,皆若一也。天象盖笠,地法覆槃,天离地八万里,冬至之日,虽在外衡,常出极下地上二万里,故日兆月,月光乃出,故成明月,星辰乃得行列。”

在此,“天像盖笠,地法覆槃”不仅是整个盖天说的中心思想,而且它实际上还是中国封建礼制文化的自然科学基础。与“盖天说”相联系,“璇玑”这个词的具体涵义,在学界颇有争议。但不管怎样,有一点似乎是可以肯定的,那就是它所指其实应是一种在天地间至高至上的权力与地位。《春秋公羊经传·隐公元年》说:“何言乎王正月?大一统也。”把这种“大一统”与“盖天说”结合起来,就构成了中国古代封建社会条件下的“天下观”,它的实质和核心是以“王权”为特征,既没有国权又没有民权,《诗经·小雅·北山》将其概括为下面一句话:“普天之下,莫非王土,率土之滨,莫非王臣。”所以,在“盖天说”的语境下,必然形成两种不对称的社会存在:中心文化与边缘文化的对立和矛盾。由于中国“王权”是以华夏民族为中心的,因此,《春秋公羊传·成公十五年》载:“春秋内其国而外诸夏;内诸夏而外夷狄。”此处之“内夏外夷”就成为中国封建王朝处理对外关系的一条基本原则。而这条原则的基本内涵,杜佑《通典》卷一百九十五《边防十一·北狄二·匈奴下》引汉班固的论说,可看作是一种带有普遍性的观念。文云:

“先王度土,中立封畿。分九州,列五服,物土贡,制外内。(杜佑注云:土贡者,各因其土所生之物而贡也。制外内,谓五服之差,远近异制也。)或修刑政,或昭文德,远近之势异也。是以春秋内诸夏,而外夷狄。夷狄之人贪而好利,被发左衽,人面兽心,其与中国殊章服,异习俗,饮食不同,言语不通,僻居北垂寒露之野,逐草随畜射猎为生。隔以山谷,壅以沙漠,天地所以绝外内也。是故圣王禽兽畜之,不与约誓,不就攻伐;约之则费赂而见欺,攻之则劳师而招寇。其地不可耕而食也,其人不可臣而畜也,是以外而不内,疏而不戚(杜佑注云:戚,近也)。政教不及其人,正朔不加其国;来则惩而御之,去则备而守之。其慕义而贡献,则接之以礼让。羁縻不绝,使曲在彼,盖圣王制御蛮夷之常道也。”

这段话虽然很长,但其要点比较突出,归结起来,可以概括为两句话,即“不就攻伐”和“其慕义而贡献,则接之以礼让”。其中“攻伐”是一种武力,它的实质就是"霸权"。这里有一个问题需要说明,众所周知,中国古代不乏崇尚武力的历史时期,比如秦始皇、汉武帝、唐太宗等,然而,中国从古至今却并没有因为他们的存在而走向"霸权主义"的道路。相反,日本的封建历史并不比我国长,但它在近代却走向了"军国主义"的道路。仔细想来,对于两者的这种历史选择,固然不是一两句话就能够说清楚的,不过,从理论的层面讲,日本的"武士道"对于其"军国主义"的形成起到了助燃的作用,而在中国,那些帝王头脑中的"霸权"意识始终遭到儒学主流思想的阻挠和压制,因而它无法形成一种国家精神,则是一个不争的事实。关于这一点,宋代的表现最为典型。如二程说:"王道如砥,本乎人情,出乎礼义,若履大路而行,无复回曲。霸者崎岖反侧于曲径之中,而卒不可与入尧、舜之道。"①朱熹更说:"秦始皇、汉武帝、唐太宗欲无夷狄,是皆好大喜功,穷兵黩武之过。"②在宋代,主张"崇王抑霸"者绝对形成了一股不小的社会势力。从历史上看,宋之前历代封建王朝与西方联系的主要途径是陆路交通,自张骞通西域之后,丝绸之路既是中国与中亚及欧洲各国经济联系的大动脉,同时又是中国与中亚及欧洲各国军事联系的主渠道。自宋之后,随着政治中心的东移,中国与欧亚非诸国的联系方式逐渐由陆路改为海路。可以肯定地说,通过海路,中国与世界各国联系的范围更加广泛,如下图③所示。

在宋代,中原王朝接连遭受到北方契丹、西夏及女真诸少数民族政权的挤压,由北宋到南宋,其统治领域越来越少。然而,宋代的经济贸易却获得了空前的发展,其原因何在?在一定意义上讲,南宋是一个经济强国,但它并没有藉此而变成为一个军事强国。从种种迹象来看,南宋要想建立它的海上霸权地位是很容易的。可是,南宋并没有那样去做。这里的主要原因就是"不就攻伐"。因此,就宋代的整个战略思想来说,防御是其军事战略的总体指导原则,而防御正是其"不就攻伐"思想的具体体现。尽管对于宋代的军事防御战略,学界持批评意见的人较多,不过,任何事情都应历史地看,军事防御固然有其被动之处,但它在一定程度上通过对"王权"的施行而限制了"霸权"本身的扩张空间,因而在宋朝的"王权"庇护下,宋朝与其他国家之间就形成了一种经济上的"朝贡"关系和政治上的"宗蕃"关系。所以,"王权"的内涵就是"其慕义而贡献,则接之以礼让"。我们说中华民族是礼仪之邦,这句话实实在

---

① 程颢、程颐:《河南程氏文集》卷一《论王霸劄子》,《二程集》上,中华书局 1981 年版,第 450—451 页。

② 朱熹:《晦庵先生朱文公文集》卷七十三《杂著》,《朱子全书》,上海古籍出版社、安徽教育出版社 2002 年版,第 3553 页。

③ http://baike.baidu.com/pic/1/1156323373828783.jpg.

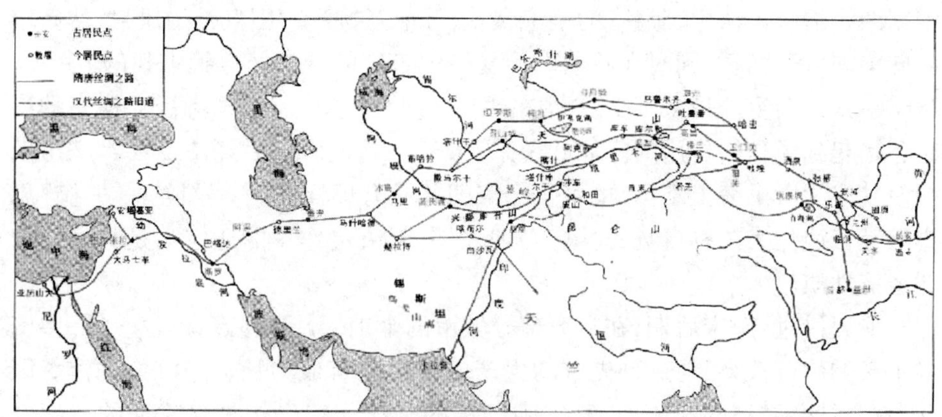


（图一）陆上丝绸之路

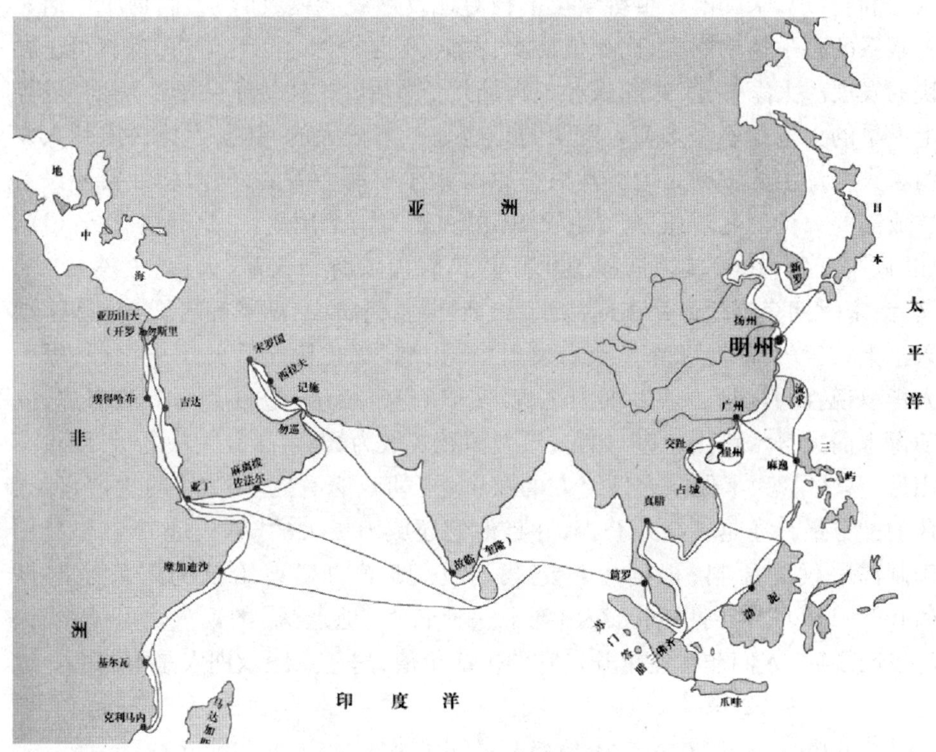


（图二）海上丝绸之路

在,而绝不是一句简单的客套话。可见,“王权”的基本特点就是在中国周边国家的统治者承认中国皇帝的至上权威,并愿意接受中国皇帝的册封,然后定期向中国皇帝朝贡,同时在政治上接受中国皇帝的保护。尽管宋朝的“王权”策略给其社会生活带来不少负面影响,但总的说来它对于维持社会秩序的稳定还是起到了积极作用的。如此说来,宋朝尤其是南宋的经济发展本来足以能使其成为一个海上霸国,可事实上宋朝并没有那样去做。这除了“王权”思想已经普遍化为一种自觉的社会心理之外,起决定作用的还应当是封建社会的经济性质。

前面讲过,南宋后期,在沿海部分城市的个别生产领域逐渐发生了一些资本主义的生产关系,但这种先进的生产方式还没有成为社会经济的主流。因此,就其社会经济的主流而言,宋朝经济的总体面貌仍然是封建性的自然经济。也就是说,虽然当时各地的经济发展水平不平衡,但全国性的供求关系却大体上能够通过自我调控来实现,而不需要开辟国外市场。由于这个社会特点,我们发现,宋朝的军事科学技术相对地发展就缓慢,而与人们物质生活紧密联系的科学技术门类,比如植物学、农学、医学、建筑学、化学等,都获得了较快的发展。大家知道,宋朝已经把火药用于军事,并外传于欧洲。然而,世界上最早的火枪却不是宋朝人发明的。这是一个很大的问题,为什么宋朝人发明了火药却不能发明火枪?其根本原因就在于社会需要,即宋朝社会还没有造成需要火枪的客观条件。因为宋朝的火药有两个用途:一是制造火药武器,如“咸平三年(1000)八月,神卫水军队长唐福献所制火箭、火毬、火蒺藜。”①又,南宋时期李宝曾命兵士向敌船“火箭环射,箭所中,烟焰旋起。”②而南宋绍兴三十一年(1161),宋军甚至有发射“霹雳炮”以击败金兵的历史记载,据明人杨慎说:此霹雳炮“盖以纸为之,而实以石灰、硫磺,炮自空而下坠水中,硫磺得水而火自水跳出,其声如雷,纸裂而石灰散为烟雾,眯其人马之目,咫尺不相见。”③尽管为了保守火药组方的秘密,宋朝政府有“禁其传”的规定,但火药的配方最终还是被金人获得,并且他们还威力更大的“铁火炮”④。二是用于制作爆仗的原料,根据史料记载,我国真正的烟火始自南宋孝宗时期(1163—1189),当时民间已经出现了一种名为“地老鼠”的烟火。可见,当火药发明之后,人们非常注重开发它的生活价值,这一点跟欧洲人是不同的。比

---

① 脱脱等:《宋史》卷一百九十七《兵十一》,中华书局 1975 年版,第 4910 页。

② 脱脱等:《宋史》卷三百七十《李宝传》,中华书局 1975 年版,第 11501 页。

③ 杨慎:《升庵集》卷四十七《海鳅船》。张燧:《采石之战有先备》。

④ 赵与襄:《辛巳泣蕲录》,中华书局 1985 年版,第 20 页。

如，当欧洲人拥有了火炮技术之后，很多科学家为了使炮弹的射程更易命中目标，他们开始计算炮弹的运动轨迹，在这种条件下，笛卡尔、费马等人便引入了坐标系，于是解析几何诞生了。可见，解析几何的产生是与火药技术应用于军事这个历史过程相联系的。这样，我们就容易理解在宋元时期的中国为什么不能产生解析几何的社会原因。

责任编辑:马长虹
封面设计:徐　晖

**图书在版编目(CIP)数据**

宋代天人相分思想研究:以哲学与科学的关系为视角/吕变庭 著. —北京:
人民出版社,2017.11
ISBN 978-7-01-017814-1

Ⅰ.①宋…　Ⅱ.①吕…　Ⅲ.①天人关系-研究-中国-宋代　Ⅳ.①B2

中国版本图书馆 CIP 数据核字(2017)第 141368 号

**宋代天人相分思想研究**
SONGDAI TIANREN XIANGFEN SIXIANG YANJIU
——以哲学与科学的关系为视角

吕变庭　著

人民出版社 出版发行
(100706　北京市东城区隆福寺街 99 号)

涿州市星河印刷有限公司印刷　新华书店经销

2017 年 11 月第 1 版　2017 年 11 月北京第 1 次印刷
开本:710 毫米×1000 毫米 1/16　印张:38.25
字数:710 千字　印数:0,001-3,000 册

ISBN 978-7-01-017814-1　定价:88.00 元

邮购地址 100706　北京市东城区隆福寺街 99 号
人民东方图书销售中心　电话 (010)65250042　65289539